LES PERSONNES
La protection des mineurs et des majeurs

DROIT CIVIL

LES PERSONNES
La protection des mineurs et des majeurs

Philippe MALAURIE
Professeur émérite à l'Université Panthéon-Assas (Paris II)

5ᵉ édition à jour au 15 août 2010

DEFRÉNOIS

DROIT CIVIL

Philippe MALAURIE • Laurent AYNÈS

Présentation de la collection

La collection de Droit civil réunit, outre Philippe Malaurie et Laurent Aynès, des auteurs qui ont le souci de renouveler l'exposé du droit positif et des questions qu'il suscite.
Les ouvrages s'adressent à ceux qui - étudiants, universitaires, professionnels - ont le désir de comprendre, en suivant une méthode vivante et rigoureuse, ce qui demeure l'armature du corps social.

Introduction générale
Les personnes – La protection des mineurs et des majeurs
Les biens
Les obligations
Les contrats spéciaux
Les sûretés – La publicité foncière
La famille
Les successions – Les libéralités
Les régimes matrimoniaux

© 2010, Defrénois, Lextenso éditions
33, rue du Mail, 75081 Paris Cedex 02
ISBN : 978-2-85623-186-9
ISSN : 1958-9905

SOMMAIRE

PREMIÈRE PARTIE
PERSONNES

LIVRE I
PERSONNES PHYSIQUES

TITRE I. – EXISTENCE DE LA PERSONNE	7
Chapitre unique. – Naissance et mort	9
TITRE II. – IDENTIFICATION DE LA PERSONNE	25
Sous-titre I. – Nom	27
Chapitre I. – Éléments et attribution du nom	31
Chapitre II. – Nature et régime du nom	49
Sous-titre II. – Domicile	65
Sous-titre III. – Actes de l'état civil	79
TITRE III. – DROITS DE LA PERSONNE	89
Sous-titre I. – Égalité civile	91
Sous-titre II. – Droits de la personnalité	95
Chapitre I. – Libertés civiles	99
Chapitre II. – Droits de la personnalité (au sens étroit)	105
Sous-chapitre I. – Respect de l'intégrité physique	107
Sous-chapitre II. – Respect de la dignité humaine	121

LIVRE II
PERSONNES MORALES

Premières vues sur les personnes morales	161
Chapitre I. – Semi-personnalité	165
Chapitre II. – Diversité des personnes morales	171
Chapitre III. – Régime des personnes morales	201

DEUXIÈME PARTIE
PERSONNES PROTÉGÉES

Premières vues sur les personnes protégées 221

TITRE I. – MINEURS 245

Premières vues sur la minorité 247
Chapitre I. – Droit commun de la minorité 251
Chapitre II. – Administration des biens et émancipation 259

TITRE II. – MAJEURS PROTÉGÉS 277

Premières vues sur les majeurs protégés 279
Chapitre I. – Protections légales inorganisées 293
Chapitre II. – Protections légales organisées 309

AVANT-PROPOS DE LA 3ᵉ ÉDITION

Comme hier et peut-être comme demain, l'homme d'aujourd'hui pose plus de questions qu'il ne donne de réponses. Plus qu'hier et peut-être demain encore plus, tout a été et sera remis en cause, sans pourtant qu'aucun des principes qui constituent notre humanisme ne puisse s'effacer, au moins dans les consciences. Le lancement de l'« homme affranchi » n'a pas fait disparaître le vieil homme, ce qui n'empêche pas la « modernité » d'être sans cesse renouvelée : « le monde ancien s'en est allé, un monde nouveau est né » [1] ; *le mot de Saint Paul a plus de 2 000 ans et à tous moments est recréé, pas seulement par et pour les Chrétiens, mais par et pour l'humanité tout entière. L'homme de 2007 continue le même combat, toujours identique à lui-même, avec de nouveaux visages : sans parler de la lutte contre soi-même, il y a la domination de la nature, la maîtrise de l'irrationnel, de la science et de la technique et le refus du triomphe de l'argent. À tous moments, le même combat, avec la même récurrence et les mêmes retournements, car l'ego, l'argent, la nature, l'irrationnel, la science et la technique prennent à leur tour leur revanche. La personne veut être libérée de l'esclavage que lui fait peser le destin, une libération inachevée, la richesse de la vie tenant à son inachèvement, sans jamais atteindre la plénitude.*

La vieillesse est fatale, de plus en plus répandue avec le prolongement de la vie humaine ; une des difficultés de la vie est qu'il est difficile d'en sortir dignement, ayant à faire face à l'irruption invincible des forces élémentaires ; le législateur a voulu protéger la vieillesse autant qu'il est possible (loi du 5 mars 2007 sur la protection des majeurs). L'honneur d'une société est d'en refuser le fatum *; mais jamais la fatalité ne pourra être vaincue, étant le principe et la fin de tout.*

La loi – celle de 2007 comme les autres – est imparfaite, se nourrissant d'illusions en croyant que sa seule vertu, comme par miracle, abolira les contraintes qui pèsent sur la personne, les épreuves qui l'attendent et la vieillesse qui presque toujours la diminue. De beaux discours ne suffisent pas, et même ne servent à rien ; ce qu'il faut ce sont des règles simples, visant la longue durée et se nourrissant de l'humanisme.

*
* *

Souvent, pour faire face à la nature, la violence et la déchéance des hommes, la loi semble ne constituer qu'un bloc de mots lourds et bruts, presque insignifiants. Avec et malgré cette pesanteur, le droit des personnes et des incapacités essaie de faire échapper les personnes et les incapables à tout ce qui est violence, lourdeur ou déchéance, pour en faire des êtres libres. La loi est loin du compte mais au moins elle a la bonne volonté.

Le 21 juin 2007

Ph. M.

---

1. Saint Paul. *Corinthiens*, 5.14-20. De même, *Apocalypse*, 21, 4.

AVANT-PROPOS DE LA 4ᵉ ÉDITION

D'année en année, d'une édition à une autre, les données fondamentales du droit des personnes ne changent guère, tout en étant dominées par notre monde foisonnant d'inimaginables potentialités, de toutes les contradictions humaines et se dirigeant, inconscient et les yeux ouverts, vers un avenir, toujours ouvert, la vie, la personnalité et la mort. Aujourd'hui, la question principale n'est plus seulement celle que soulève la vieillesse, si importants et graves en soient les défis, mais le magnifique et terrible pouvoir que l'homme exerce sur la procréation, qui lui impose une difficile et incertaine bioéthique, sans cesse remise en débats.

Le 26 mai 2009
Ph. M.

PRINCIPALES ABRÉVIATIONS

Sources du droit (Codes, Constitutions...)

ACP = Ancien Code pénal
ACPC = Ancien Code de procédure civile
BGB = Bürgerliches Gesetzbuch (Code civil allemand)
CASF = Code de l'action sociale et des familles
C. assur. = Code des assurances
C. aviation = Code de l'aviation civile et commerciale
CCH = Code de la construction et de l'habitation
C. civ. = Code civil
C. com. = Code de commerce
C. communes = Code des communes
C. consom. = Code de la consommation
Ccs = Code civil suisse
C. déb. Boiss. = Code des débits de boissons
C. dom. Ét. = Code du domaine de l'État
C. dr. can. = Code de droit canonique
C. env. = Code de l'environnement
C. fam. = ancien Code de la famille et de l'aide sociale
C. for. = Code forestier
CGCT = Code général des collectivités territoriales
CGI = Code général des impôts
Circ. = circulaire
C. minier = Code minier
C. mon. fin. = Code monétaire et financier
C. Nap. = Code Napoléon (édition de 1804)

C. nat. = Code de la nationalité
C.O. = Code suisse des obligations
Const. = Constitution
C. org. jud. = Code de l'organisation judiciaire
Conv. EDH = Convention européenne des droits de l'homme
C. pén. = Code pénal
C. pr. civ. = Code de procédure civile
C. pr. pén. = Code de procédure pénale
C. propr. intell. = Code de la propriété intellectuelle
C. rur. = Code rural
C. santé publ. = Code de la santé publique
CSS = Code de la sécurité sociale
C. trav. = Code du travail
C. trib. adm. = Code des tribunaux administratifs et des cours administratives d'appel (ancien)
C. urb. = Code de l'urbanisme
D. = décret
D.-L. = décret-loi
DDH = Déclaration des droits de l'homme et du citoyen (1789)
DUDH = Déclaration universelle des droits de l'homme et du citoyen
L. = loi
LPF = Livre des procédures fiscales
Ord. = ordonnance
Rép. min. = réponse ministérielle écrite

Publications (Annales, Recueils, Revues...)

Administrer = Revue Administrer
AIJC = Annuaire international de justice constitutionnelle
AJDA = Actualité juridique de droit administratif
AJPI = Actualité juridique de la propriété immobilière
ALD = Actualité législative Dalloz
Ann. dr. com. = Annales du droit commercial
Annuaire fr. dr. int. = Annuaire français de droit international

Ann. propr. ind. = Annales de la propriété industrielle
Arch. phil. dr. = Archives de philosophie du droit
Arch. pol. crim. = Archives de police criminelle
ATF = Annales du Tribunal fédéral (Suisse)
BOCC = Bulletin officiel de la concurrence et de la consommation
BOSP = Bulletin officiel du service des prix

Bull. cass. ass. plén. = Bulletin des arrêts de la Cour de cassation (assemblée plénière)
Bull. civ. = Bulletin des arrêts de la Cour de cassation (chambres civiles)
Bull. crim. = Bulletin des arrêts de la Cour de cassation (chambre criminelle)
Bull. Joly Sociétés = Bulletin mensuel Joly Sociétés
Cah. dr. auteur = Cahiers du droit d'auteur
Cah. dr. entr. = Cahiers de droit de l'entreprise
Cah. dr. eur. = Cahiers de droit européen
CJEG = Cahiers juridiques de l'électricité et du gaz
Comm. com. électr. = Communication – Commerce électronique
Contrats, conc. consom. = Contrats, concurrence, consommation
D. = Recueil Dalloz
DA = Recueil Dalloz analytique
D. Aff. = Dalloz Affaires
Dalloz Jur. gén. = Dalloz Jurisprudence générale
DC = Recueil Dalloz critique
Defrénois = Répertoire général du notariat Defrénois
DH = Recueil Dalloz hebdomadaire
Dig. = Digeste
DMF = Droit maritime français
Doc. fr. = La documentation française
DP = Recueil Dalloz périodique
Dr. adm. = Droit administratif
Dr. et patr. = Droit et patrimoine
Dr. Famille = Droit de la famille
Droits = Revue Droits
Dr. ouvrier = Droit ouvrier
Dr. pén. = Droit pénal
Dr. prat. com. int. = Droit et pratique du commerce international
Dr. soc. = Droit social
Dr. sociétés = Droit des sociétés
EDCE = Études et documents du Conseil d'État
GAJA = Grands arrêts – Jurisprudence administrative
GAJ civ. = Grands arrêts – Jurisprudence civile
GACEDH = Grands arrêts – Jurisprudence de la Cour européenne des droits de l'homme
GAJCJCE = Grands arrêts – Jurisprudence de la Cour de justice des Communautés européennes
GAJDIP = Grands arrêts – Jurisprudence française de droit international privé
Gaz. Pal. = Gazette du Palais

GDCC = Grandes décisions du Conseil constitutionnel
J.-Cl. civil = Jurisclasseur civil
J.-Cl. com. = Jurisclasseur commercial
JCP E = Jurisclasseur périodique (semaine juridique), édition entreprises
JCP G = Jurisclasseur périodique (semaine juridique), édition générale
JCP N = Jurisclasseur périodique (semaine juridique), édition notariale
JDI = Journal du droit international (Clunet)
JO = Journal officiel de la République française (lois et règlements)
JOAN Q/JO Sénat Q = Journal officiel de la République française (questions écrites au ministre, Assemblée nationale, Sénat)
JOCE = Journal officiel des Communautés européennes
JO déb. = Journal officiel de la République française (débats parlementaires)
Journ. not. = Journal des notaires et des avocats
LPA = *Les Petites Affiches*
Lebon = Recueil des décisions du Conseil d'État
Quot. jur. = Quotidien juridique
RJDA = Revue de jurisprudence de Droit des Affaires (Francis Lefebvre)
RFD aérien = Revue française de droit aérien
RD bancaire et bourse = Revue de droit bancaire et de la bourse
RDC = Revue des contrats
RDI = Revue de droit immobilier
RDP = Revue du droit public
R. dr. can. = Revue de droit canonique
RD rur. = Revue de droit rural
RDSS = Revue de droit sanitaire et social
RD uniforme = Revue du droit uniforme
Rec. CJCE = Recueil des arrêts de la Cour de justice des Communautés européennes
Rec. Cons. const. = Recueil des décisions du Conseil constitutionnel
Rec. cours La Haye = Recueil des cours de l'Académie de droit international de La Haye
Rép. civ. Dalloz = Répertoire Dalloz de droit civil
Rép. com. Dalloz = Répertoire Dalloz de droit commercial
Rép. pén. Dalloz = Répertoire Dalloz de droit pénal
Rép. pr. civ. Dalloz = Répertoire Dalloz de procédure civile

Rép. sociétés Dalloz = Répertoire Dalloz du droit des sociétés
Rép. trav. Dalloz = Répertoire Dalloz de droit du travail
Rev. arb. = Revue de l'arbitrage
Rev. crit. = Revue critique de législation et de jurisprudence
Rev. crit. DIP = Revue critique de droit international privé
Rev. dr. fam. = Revue du droit de la famille
Rev. hist. fac. droit = Revue d'histoire des facultés de droit et de la science juridique
Rev. loyers = Revue des loyers
Rev. proc. coll. = Revue des procédures collectives
Rev. sc. mor. et polit. = Revue de science morale et politique
Rev. sociétés = Revue des sociétés
RFDA = Revue française de droit administratif
RFD const. = Revue française de droit constitutionnel
RGAT = Revue générale des assurances terrestres
RGD int. publ. = Revue générale de droit international public
RGDP = Revue générale des procédures
RHD = Revue historique du droit

RIDA = Revue internationale du droit d'auteur
RID comp. = Revue internationale de droit comparé
RID éco. = Revue internationale de droit économique
RID pén. = Revue internationale de droit pénal
RJ com. = Revue de jurisprudence commerciale
RJF = Revue de jurisprudence fiscale
RJPF = Revue juridique Personnes et Famille
RJS = Revue de jurisprudence sociale
RRJ = Revue de recherche juridique (Aix-en-Provence)
RSC = Revue de science criminelle et de droit pénal comparé
R. sociologie = Revue française de sociologie
RTD civ. = Revue trimestrielle de droit civil
RTD com. = Revue trimestrielle de droit commercial et de droit économique
RTD eur. = Revue trimestrielle de droit européen
RTDH = Revue trimestrielle des droits de l'homme
S. = Recueil Sirey

Juridictions

CA = arrêt de la *Court of Appeal* (Grande-Bretagne)
CA = arrêt d'une cour d'appel
CAA = arrêt d'une cour administrative d'appel
Cass. ass. plén. = arrêt de l'assemblée plénière de la Cour de cassation
Cass. ch. mixte = arrêt d'une chambre mixte de la Cour de cassation
Cass. ch. réunies = arrêt des chambres réunies de la Cour de cassation
Cass. civ. = arrêt d'une chambre civile de la Cour de cassation
Cass. com. = arrêt de la chambre commerciale et financière de la Cour de cassation
Cass. crim. = arrêt de la chambre criminelle de la Cour de cassation
Cass. soc. = arrêt de la chambre sociale de la Cour de cassation
CE = arrêt du Conseil d'État
CEDH = arrêt de la Cour européenne des droits de l'homme
CJCE = arrêt de la Cour de justice des Communautés européennes

Cons. const. = décision du Conseil constitutionnel
Cons. prud'h. = Conseil des prud'hommes
JAF = décision d'un juge aux affaires familiales
J.d.t. = décision d'un juge des tutelles
KB = arrêt du *King's bench* (Banc du roi) (Grande-Bretagne)
QB = arrêt du *Queen's Bench* (Banc de la reine) (Grande-Bretagne)
Réf. = ordonnance d'un juge des référés
Req. = arrêt de la chambre des requêtes de la Cour de cassation
sent. arb. = sentence arbitrale
sol. impl. = solution implicite
TA = jugement d'un tribunal administratif
T. civ. = jugement d'un tribunal civil
T. com. = jugement d'un tribunal de commerce
T. confl. = décision du Tribunal des conflits
T. corr. = jugement d'un tribunal de grande instance, chambre correctionnelle

T.f. = arrêt du Tribunal fédéral (Suisse)
TGI = jugement d'un tribunal de grande instance

TI = jugement d'un tribunal d'instance
TPICE = Tribunal de première instance des Communautés européennes

Acronymes

AFNOR = Association française de normalisation
CCI = Chambre de commerce internationale
Ccne = Comité consultatif national d'éthique pour les sciences de la vie et de la santé
CEE = Communauté économique européenne
DDASS = Direction départementale de l'action sanitaire et sociale
DPU = Droit de préemption urbain

IRPI = Institut de recherche en propriété intellectuelle
OPE = offre publique d'échange de valeurs mobilières
POS = plan d'occupation des sols
PUAM = Presses universitaires de l'Université d'Aix-Marseille
PUF = Presses universitaires de France
SA = société anonyme
SARL = société à responsabilité limitée
SAS = société anonyme simplifiée
SCI = société civile immobilière
SNC = société en nom collectif

Abréviations usuelles

A. = arrêté
Adde = ajouter
Aff. = affaire
al. = alinéa
Ann. = annales
Appr. = approbative (note)
Arg. = argument
Art. = article
Art. cit. = article cité
Av. gal. = avocat général
cbné = combiné
cf. = se reporter à
chron. = chronique
col. = colonne
comp. = comparer
concl. = conclusions
cons. = consorts
Contra = solution contraire
crit. = critique (note)
DIP = Droit international public/Droit international privé
doctr. = doctrine
éd. = édition
eod. vo = *eodem verbo* = au même mot
Et. = Mélanges

ib. = *ibid.* = *ibidem* = au même endroit
infra = ci-dessous
IR = informations rapides
loc. cit. = *loco citato* = à l'endroit cité
m. n./ déc./ concl. = même note/ décision/ conclusion
n. = note
n.p.B. = non publié au Bulletin des arrêts de la Cour de cassation (inédit)
op. cit. = *opere citato* = dans l'ouvrage cité
passim = çà et là
préc. = précité
pub. = publié
rapp. = rapport
Sect. = section
sté = société
somm. = sommaires
supra = ci-dessus
TCF DIP = Travaux du Comité français de DIP
th. = thèse
V. = voyez
v = *versus* = contre
vo = *verbo* = mot (*vis* = *verbis* = mots)

*et** = décisions particulièrement importantes

Sauf indication contraire, les articles cités se réfèrent au Code civil.

BIBLIOGRAPHIE GÉNÉRALE

Manuels. A. Batteur, *Droit des personnes, des familles et des majeurs protégés*, LGDJ, 4ᵉ éd., 2009 ; J. Carbonnier, *Droit civil*, t. I, Les personnes, PUF, Thémis, 21ᵉ éd., 2000 ; G. Cornu, *Droit civil*, Les personnes, Montchrestien, 13ᵉ éd., 2007 ; Th. Garé, *Droit des personnes et de la famille*, Montchrestien, Focus, 3ᵉ éd., 2004 ; Mazeaud, *Leçons de droit civil*, t. 1, 2ᵉ vol., Les personnes, 8ᵉ éd., par Fl. Laroche-Gisserot, Montchrestien, 1997 ; Fr. Terré et D. Fenouillet, *Les personnes, la famille, les incapacités*, 7ᵉ éd., Dalloz, 2005 ; B. Teyssié, *Les personnes*, 9ᵉ éd., Litec, 2005 ; Fr. Zenati-Castaing et Th. Revet, *Droit des personnes*, PUF, Droit fondamental, 2006.

Traités. *Traité de droit civil*, sous la direction de J. Ghestin, Les personnes, par G. Goubeaux, LGDJ, 1989.

■ PREMIÈRE PARTIE ■

PERSONNES

Dieu créa l'homme à son image [1]

1. Personnes, animaux, sujets de droit. — Les personnes [2] sont les seuls sujets de droit. Aujourd'hui, on parle des « droits de l'animal », ce qui n'a guère de sens. Sans doute, l'animal est-il protégé par la loi : il est « un être sensible », (L. 10 juill. 1976) ; la loi contemporaine dispose en outre qu'il est plus qu'une chose (L. 6 janv. 1999, modifiant l'art. 528) ; mais il demeure un bien et un objet et n'est pas un sujet de droit : il ne peut avoir de droits subjectifs [3]. Cependant, comme tout ce qui est vivant et toute la création, il doit être respecté [4]. L'ensemble de ces aspects ne suffit pas à en faire une personne.

---

1. *Genèse*, I, 27.
2. **Étymologie** de personne : du latin *persona, ae* = masque de théâtre (*per sonare* = pour se faire entendre du public), puis rôle attribué à ce masque, puis personnage correspondant à ce rôle : ce qui caractérise la personne ce sont donc son pouvoir d'action et ses relations avec les autres. **Définition** : le mot n'a pas seulement une acception juridique ; il est aussi utilisé par la théologie chrétienne. Pour exprimer le mystère de la Trinité (un seul Dieu en trois personnes), les conciles de Nicée et de Constantinople (IVe s.) avaient utilisé les mots grecs προσωπον et υποστασις, traduits en latin par *persona*. Saint Augustin en avait reconnu le caractère approximatif, surtout dans leur traduction latine : « *Les ressources verbales humaines sont d'une grande indigence* » (*La Trinité*, V, 10 ; VII, 10, in *Philosophie, catéchèse, polémique*, Pléiade, *Œuvres*, t. III, 2002, p. 415 et 457-458).
3. Ex. : n'ayant pas de personnalité juridique, les animaux ne peuvent recevoir de libéralités et la jurisprudence annule les legs faits à des chats ou à des chevaux. V. *Droit des successions*, coll. Droit civil. *Contra*, S. ANTOINE, J.- P. MARGUÉNAUD et quelques autres qui y voient un sujet de droit, *infra*, note 4 ; Comp. Fr. NIETZCHE. *L'Antéchrist*, 1888, p. 14 : « *Nous ne faisons plus descendre l'homme de l'"esprit", nous l'avons replacé parmi les animaux* ».
4. **Biblio.** : W. JEANDIDIER, « La protection pénale de l'animal », *Ét. A. Chavanne*, Litec, 1992, p. 83 s. ; J.-P. MARGUÉNAUD, *L'animal en droit privé*, th. Limoges, PUF, 1992, préf. J.-Cl. Lombois ; du même, « La personnalité juridique des animaux », *D.* 1998, chr. 205 ; « La protection juridique du lien d'affection envers un animal », *D.* 2004.3008. La loi pénale punit les auteurs de mauvais traitements infligés aux animaux : L. de Gramont, L 2 juill. 1850 ; C. pén., art. 521-1. La loi du 21 juin 2008 protège les personnes contre les chiens dangereux (C. pén., art. 221-6-2 ; C. rur., art. L. 211-11 s.). Malgré leur cruauté, les spectacles taurins bénéficient d'immunités en cas de « *tradition locale ininterrompue* » ; la jurisprudence leur est favorable ; ex. : Cass. civ. 2e, 10 juin 2004, *Bull. civ.* II, n° 295 ; JCP G 2004.II.10162, n. de Montredon : jugé que ces spectacles sont licites dès lors qu'ils ont lieu « *dans un ensemble démographique local (même si la ville en cause ne connaît pas cette tradition) où l'existence d'une tradition taurine ininterrompue se caractérisait par l'organisation régulière de corridas* » ; Cass. civ. 1re, 7 févr. 2006, *Bull. civ.* I, n° 50 ; JCP G 2006.II.10073 n. E. de Montredon précise que cette « *tradition locale ininterrompue* » peut être déduite « *de l'intérêt que lui portait un nombre suffisant de personnes* ». *Cf.* aussi L. 10 juill. 1976, art. 9 : « *Tout animal étant un être sensible doit être placé par son propriétaire dans des conditions compatibles avec les impératifs biologiques de son espèce* ». Un

Il y a entre la personne humaine et l'animal une différence ontologique bien que l'analogie ait parfois été tentée : par exemple, selon plusieurs auteurs, l'animal pourrait être, dans certaines hypothèses, une « personne par destination » (par exemple, le chien d'un aveugle) [5] et même une « personne par nature » (ou plutôt, « par incorporation ») dans le cas de xénogreffes (greffes chez l'homme d'organes d'animaux) [6]. Ces artifices relèvent de la magie et sont contraires au bon sens : autant dire que les aliments seraient devenus, lorsqu'ils sont mangés, des « personnes par incorporation » et, avant d'être consommés, des « personnes par anticipation » ; on pourrait aussi, à l'inverse, prétendre que notre corps est une chose par anticipation parce qu'après la mort, il retourne en poussière. Restons-en aux idées simples : l'animal n'est pas une personne, n'a ni patrimoine, ni droits subjectifs. Il y a un danger mortel à réifier la personne et personnaliser l'animal. L'homme est absolument irréductible aux animaux et a une grandeur que n'a aucunement le reste de la création.

Le sujet [7] de droit s'oppose à l'objet de droit. C'est une notion récente qui se confond avec celle de « personne », pourtant plus ancienne venant du droit romain. Ce qui le caractérise, c'est de pouvoir agir (actes juridiques, action en justice), d'avoir une volonté et des intérêts et être ainsi titulaire de droits et tenu d'obligations (il a un patrimoine).

On parle aussi de « non-sujets de droit » [8] : « *ceux qui auraient vocation théorique à être sujet de droit et qui sont empêchés de l'être* » ; la liste est hétérogène : par exemple, l'*infans*, les incapables, les « petites personnes morales » (dépourvues de la personnalité juridique, par exemple les associations non déclarées) [9], les enfants à naître, les embryons [10], les animaux.

La notion juridique de personne s'est lentement dégagée au cours de l'histoire ; elle a permis le développement libre de l'activité humaine en en faisant une activité responsable ; techniquement, en droit civil, elle a une première signification : que chaque personne est responsable de ses actes sur l'ensemble de ses biens et seulement sur ses biens.

Il en existe deux catégories : les personnes physiques (Livre I) et les personnes morales (Livre II). Elles ont en commun la qualité de sujet de droit et, en conséquence, l'aptitude à participer à l'activité juridique. À la différence des personnes physiques, les personnes morales n'ont pas de réalité biologique.

---

décret du 19 octobre 1987 réglemente les expériences sur les animaux (*cf.* C. pén., art. 521-2). La loi du 6 janvier 1999 protège... les êtres humains contre les animaux sauvages, dangereux et errants... et les animaux contre les êtres humains (S. Antoine, *D.* 1999, chr. 166). L'UNESCO a proclamé en 1978 une « *Déclaration des droits de l'animal* » calquée sur la Déclaration des droits de l'homme et du citoyen. Comp. Paul Claudel : tout dans la nature, notamment les animaux, chante la gloire de Dieu. Ex. : « *Les animaux à l'œuvre sur le monde, c'est le monde en proie à l'intelligence* », « Quelques planches du bestiaire spirituel », in *Œuvres en prose*, Pléiade, 1965, p. 988. Le droit anglais est très protecteur des animaux : C. Hiscock-Lageot et A.M. Méthy, « Les animaux de cirque et le droit anglais », *RRJ* 2003.561.

5. TGI Lille, 23 mars 1999, *D.* 1999.350, n. appr. X. Labbée ; *Defrénois* 1999, art. 37048, n. crit. Ph. Malaurie : lors d'un accident de la circulation, un chien d'aveugle avait été blessé ; pour calculer l'indemnité due par le responsable à l'aveugle, propriétaire du chien, le tribunal a qualifié le chien de « *prothèse vivante* ».

6. X. Labbée, n. préc.

7. **Étymologie** de sujet : du latin *subjectus, a, um*, lui-même dérivé de *subjicio, ere* = soumettre. **Biblio** : *Arch. phil. dr.*, « Le sujet de droit », 1989, t. 34.

8. J. Carbonnier, in *Arch. phil. dr.*, cité *supra*, note 7, p. 197-207.

9. *Infra*, n° 400.

10. *Infra*, nos 299-303. Pour les enfants sans vie, *infra*, n° 6.

■ LIVRE I ■

PERSONNES PHYSIQUES

Les personnes physiques [1] soulèvent quatre questions juridiques principales : leur existence (Titre I), leur identification (Titre II), leurs droits (Titre III) (Première partie) et leur capacité (Deuxième partie). À ces quatre égards, elles constituent des individus dont la singularité est irréductible ; leur cadre familial exerce une influence sur leur identification et sur leur protection quand elles sont vulnérables ce que naguère on appelait leur incapacité.

2. Unité ou fractionnement de la personne ? — Selon la conception juridique française traditionnelle, la personne est toujours la même, de la naissance à la mort, ou dans ses différentes activités : privées ou publiques, familiales ou professionnelles. Un courant sociologique contemporain tend au contraire à en affirmer le fractionnement, distinguant la personne commerçante et la personne civile, le professionnel et le consommateur, l'enfant, l'adulte et le vieillard, affirmant aussi que la personne n'aurait pas la même personnalité selon l'activité qu'elle exerce ou selon son âge et sa santé [2]. Fractionnement qui entraînerait l'abandon du lien que le droit établit entre la personne et le patrimoine, l'abandon de l'unité du patrimoine [3] et la diversification des droits de la personnalité [4].

3. L'âme et le corps. — Comme le droit romain, le Code Napoléon avait de la personne, même physique, une conception désincarnée : un être plus défini par le droit que par la nature ; non un individu fait d'une âme et d'un corps, mais plus abstraitement, un titulaire de droits et d'obligations pouvant exercer une activité juridique ; à cet égard, la définition est la même pour les personnes physiques et les personnes morales. La personne est ainsi comprise d'une manière purement juridique.

Depuis 1960 environ, deux éléments se sont ajoutés à cette analyse traditionnelle et l'ont rendue moins abstraite ; ils ont fait apparaître en droit l'âme et le corps de la personne. D'une part,

---

1. **Biblio. :** B. EDELMAN, *La personne en danger,* PUF, 1999 (recueil d'articles dénonçant les dangers tenant à la mondialisation de l'économie et à la révolution technico-scientifique).
2. Ex. : *Sociologie du patrimoine. La réalité de la règle de l'unicité au patrimoine (dans la perspective de la fiducie),* dir. M.-A. FRISON-ROCHE et Fr. TERRÉ, 1995, Laboratoire de sociologie juridique Paris II.
3. A.-L. THOMAT-RAYNAUD, *L'unité du patrimoine : essai critique,* th. Toulouse, éd. Defrénois, 2007, nos 552 s.
4. *Infra,* n° 309.

la personne est souvent dégradée, dans son âme plus que dans son corps, par la société contemporaine notamment les médias ; pour la protéger, le droit lui reconnaît « les droits de la personnalité » qui protègent sa vie privée et son identité ; derrière l'activité de la personne apparaît ainsi son intimité. D'autre part, en raison des transformations que connaît la médecine, le droit prend plus conscience que naguère du corps humain ; il implique que le corps n'est pas une chose, tout en le traitant parfois comme une marchandise (le sang, les organes, etc.) ; ce sont les difficultés contemporaines de la bioéthique : le corps est-il une partie de la personne [5] ? Ses organes sont-ils des choses ?

4. Réification de la personne. — La distinction entre la personne humaine et la chose constitue le fondement principal de notre civilisation. En France, elle a permis de libérer l'homme de l'esclavage [6] et de conférer à l'étranger les mêmes droits qu'au national [7] ; c'est sur elle que repose la dignité de la personne. On vend une vache ou un terrain, pas un homme ; on mène à l'abattoir une vache ou on détruit un bâtiment, pas un homme.

Pourtant, des philosophes, parmi les plus grands, ont fait le rapprochement. Tout le monde connaît le mot de Pascal : « *L'homme n'est qu'un roseau, le plus faible de la nature ; mais c'est un roseau pensant* ». Celui de Descartes est encore plus fort : « *Je suis une chose qui pense* ». Une chose qui pense demeure-t-elle une chose ou devient-elle un être ?

Juridiquement, la distinction entre la personne et la chose a d'abord été mise à l'épreuve par le travail humain, naguère considéré comme une marchandise relevant de la loi de l'offre et de la demande [8] ; malgré les interventions législatives du dernier siècle, en fait, le travailleur demeure souvent encore le rouage d'une machine.

Aujourd'hui, la distinction est devenue altérée par toutes sortes de règles disparates, traduisant progressivement une réification partielle de la personne et une personnification partielle de la chose. Certaines sont peu importantes : par exemple, dans le droit des contrats, on contracte avec un distributeur automatique ou on signe au moyen d'un code informatique ; ces manifestations de la déshumanisation du droit sont mineures. Il y a aussi une commercialisation larvée de la personne, notamment du droit à l'image, qualifié de droit de la personnalité et tendant à constituer une source de revenus [9] ; ou bien lorsque le dommage moral (la souffrance) est réparé au moyen d'une somme d'argent. Dans les mœurs et la pornographie contemporaines, la femme et le sexe sont traités comme des choses ; ainsi, pour la Cour de justice des Communautés

---

5. V. J. P. BAUD, *L'affaire de la main volée. Une histoire juridique du corps*, Seuil, 1993 ; B. EDELMAN, « L'homme aux cellules d'or », *D.* 1989, chr. 225, reproduit in *La personne en danger*, cité *supra*, note 1, p. 289 (une personne a-t-elle un droit pécuniaire sur ses cellules ? *Cf.* l'espèce américaine où des médecins avaient utilisé les tissus d'un patient sans son consentement pour en faire un instrument thérapeutique productif d'immenses ressources (médicales et financières)) ; *infra*, n°s 289 s.

6. DL, 27 avr.-3 mai 1848, L. Schloecher : « *Le gouvernement provisoire, considérant que l'esclavage est un attentat contre la dignité humaine ; qu'en détruisant le libre arbitre de l'homme, il supprime le principe naturel du droit et du devoir ; qu'il est une violation flagrante du dogme républicain* : Art. 1. *L'esclavage sera entièrement aboli dans les colonies et possessions françaises, deux mois après la promulgation du présent décret dans chacune d'elles* ». Entre 1804 et 1848, les esclaves se trouvant dans les colonies françaises avaient diminué en nombre et leur condition s'était améliorée ; ils étaient considérés comme des personnes et non plus traités comme des choses ; J. CARBONNIER, « L'esclavage sous le régime du Code civil », *Flexible droit*, LGDJ, 10e éd., 2001, p. 247.

Sur l'horreur que représente l'esclavage : HOMÈRE, *Iliade*, VI, 456-458 ; Hector pressent sa mort et la future captivité d'Andromaque, son épouse :
« *Et, peut-être, un jour, dans Argos, tu tisseras la laine pour un autre
Et tu porteras l'eau des sources* [...]
Bien malgré toi, sous la pression d'une dure nécessité ».

7. Au contraire de l'Antiquité grecque : EURIPIDE, *Iphigénie à Aulis*, v 1400 : « *Aux barbares* (c'est-à-dire les étrangers), *il convient que les Grecs commandent* [...] ; *car eux sont des esclaves, nous sommes des hommes libres* » ; ISOCRATE, *Sur l'échange*, XV, 293 : « *La nature humaine est au-dessus des autres animaux et la race grecque au-dessus des barbares* ».

8. J. RIVERO et J. SAVATIER, *Droit du travail*, PUF, 13e éd., 1994, p. 80 : le contrat de travail « *touche au droit des personnes, car il ne porte pas simplement sur une marchandise, une chose, mais comporte un engagement sur la personne du travailleur* ».

9. *Infra*, n°s 333 s.

européennes [10], la prostitution est, à l'intérieur de l'Union européenne, une activité économique indépendante, bénéficiant de la liberté d'établissement et de la libre prestation des services ; la Cour refuse d'examiner si cette activité est contraire à la dignité de la personne [11]. Sans parler de la « cession » d'un joueur de football d'un club à un autre : le joueur est traité comme une marchandise et son prix est débattu dans une sorte de marché [12]. La réification de la personne est encore plus nette dans les conséquences qu'entraînent les progrès de la médecine : ceux de la réanimation [13] et surtout de la génétique ; donner un organe ou disposer d'un embryon et de ses cellules [14], n'est-ce pas chosifier la personne, tout au moins ce qui constitue son physique ?

Réifier la personne, c'est, au sens propre des mots, rendre inhumaine la personne. C'est sur la différence entre la personne et la chose que se jouera le XXIe siècle [15].

---

10. Dont les principes sont parfois dominés par la relativité, afin de respecter la diversité culturelle caractérisant l'Europe : Ex. CJCE, 14 oct. 2004, *Omega Spielhaller*, JCP G 2004.II.10199, n. J. Cl. Zarka : une activité économique peut être interdite par un État lorsqu'elle porte atteinte à la dignité humaine, au contraire des autres États de l'Union européenne ; en l'espèce, les autorités allemandes avaient en 1994 interdit un jeu de laser autorisé au Royaume-Uni, consistant à tuer des cibles humaines (fictives) ; jugé que cette interdiction n'était pas contraire au droit de l'Union.
11. CJCE, 20 nov. 2001, *dame Jany c. Pays-Bas* ; v. S. Retterer, « L'activité de prostitution exercée à titre indépendant : une activité économique au sens du droit communautaire », *D.* 2002. 2144.
12. La validité des clauses prévoyant une « indemnité de transfert » pour des sportifs a été débattue devant la CJCE ; jugé que ces clauses, quand elles comportent une discrimination tenant à la nationalité, violent les règles communautaires, ce qui implique, *a contrario*, leur validité en l'absence de discriminations nationales : 15 déc. 1995, *Bosman*, JCP G 1996.II.22660, n. G. Auneau ; *Gaz. Pal.* 1996.I.242, concl. Lenz ; J. P. Cot, « Bosman, travailleur ou marchandise ? », *Gaz. Pal.* 1996.I, doctr. 98. L'avocat général devant la CJCE avait souhaité que la Cour allât beaucoup plus loin et que les montants de ces transferts fussent limités au montant des sommes que l'ancien club avait engagées pour former le joueur ; en outre, cette rémunération n'aurait dû être envisageable que pour le premier transfert et réduite proportionnellement au nombre des années passées dans le club, puisque l'effort financier aurait été amorti (point 239). Actuellement, ce « marché » met en jeu d'énormes sommes et profite à quelques courtiers bien organisés en une communauté fermée.
13. Ex. : le grabataire en coma prolongé doit, pour être indemnisé de son dommage moral, être traité comme toute autre personne, *infra*, n° 10.
14. Sur le sort de l'embryon tel que le prévoit la loi du 29 juillet 1994 sur les dons d'organes, *infra*, n°s 7 et 299-302.
15. La Cour de cassation a décidé par de nombreux arrêts depuis le 29 juin 2002, que l'atteinte involontaire à la vie d'un embryon viable, même tout proche de la naissance, n'était pas un homicide involontaire, parce qu'elle n'avait pas porté atteinte à la vie d'« *autrui* » : *infra*, n° 7, note 6 ; un des premiers arrêts du XXIe siècle a donc décidé qu'un enfant proche de la naissance, pas encore né, ne devait pas être traité comme une personne.

TITRE I

EXISTENCE DE LA PERSONNE

■ CHAPITRE UNIQUE ■

NAISSANCE ET MORT

En première vue, pour les personnes physiques la personnalité juridique apparaît lors de la naissance (Section I) et disparaît par la mort (Section II)[1]. À plusieurs égards, ce n'est qu'une approximation, notamment parce qu'il y a des états d'incertitude entre la vie et la mort, l'absence et la disparition (Section III).

5. Données de la nature et pouvoirs de l'homme (génome et qualité de la vie). — Pendant des millénaires, la naissance et la mort ont relevé de la **nature** ; pendant des siècles, la médecine a soigné les hommes en protégeant la vie et en aidant la nature, jamais en la dénaturant[2]. La médecine contemporaine a changé les mentalités. La science (parfois pour améliorer la qualité de la vie) et les volontés individuelles (pour satisfaire les désirs personnels : d'enfant, de vie et de mort) entendent avoir un pouvoir sur la procréation et sur la mort. L'humanisme y résistera-t-il ?

La médecine a connu ces soixante dernières années des transformations considérables : la vie peut être transmise d'une manière différente de celle que connaît la nature ; la « qualité de la vie » peut être appréciée avant la naissance par un diagnostic prénatal ou préimplantatoire ; la vie peut être secourue par des transplantations prénatales et même transformée en modifiant les gènes ; la survie peut être assurée de manière artificielle ; le destin biologique, l'identité et le secret du génome peuvent être percés.

L'homme a désormais le pouvoir technique de modifier le **génome humain**[3], en transformant sa propre espèce. La loi veut maîtriser ce pouvoir (art. 16-4, L. sur la bioéthique des 29 juillet 1994 et 6 août 2004). Elle énonce un principe, plus religieux et philosophique que juridique : « *nul ne*

---

1. **Biblio.** : X. LABBÉE, *La condition juridique du corps humain avant la naissance et après la mort*, th. Lille, Pr. Un. Lille, 1989.
2. **Mythologie** : Lorsque le dieu grec de la médecine, Asclépios (l'Esculape des Latins), ressuscita les morts en utilisant le sang d'une des trois Gorgones, la Méduse romaine qu'avait tuée Athéna, déesse de l'intelligence, Zeus le foudroya afin que ne fût pas bouleversé l'ordre du monde. La signification du mythe est claire : l'art de guérir est limité par les lois éternelles du monde. Celui de la Méduse est plus mystérieux ; de son vivant, elle pétrifiait ceux qu'elle fixait de son regard ; si invincible fût son pouvoir, il a été dominé par Athéna : l'intelligence et l'esprit de mesure sont plus forts que la terreur et la violence.
Textes : C. déont. méd., article 1 codifié dans C. santé publ., art. R. 4127-2 : « *Le médecin, au service de l'individu et de la santé publique, exerce sa mission dans le respect de la vie humaine, de la personne et de sa dignité. Le respect dû à la personne ne cesse pas de s'imposer après la mort* ».
3. **Définition** de génome : lot chromosomique du gamète de chaque espèce. **Étymologie** de génome : du grec γ&eacgr ;νος, ους, = naissance.

peut porter atteinte à l'espèce humaine » (al. 1)[4], puis énonce trois prohibitions condamnant les « *pratiques eugéniques* » (al. 2), ce qui est obscur – qu'est-ce qu'une « pratique » ? –, le clonage reproductif (al. 3)[5], et l'altération génétique (al. 4) qui par exemple permettrait la conception d'êtres hybrides – les monstres mythologiques ou médiévaux.

La **qualité de la vie**[6] est une notion vague ; dans le langage courant, elle signifie une « belle » vie : bonheur, plaisir, santé, amours, jeunesse, fortune, beauté, intelligence, puissance, jouissances, bonne nourriture, réussite, beau logement, nombreux et charmants amis, etc. En droit et en morale, la question ne se pose que lorsqu'il y a à choisir entre la suppression et la qualité de la vie. Trois réponses contradictoires sont concevables ; elles mettent toutes les trois en cause les grands problèmes moraux de la médecine et de la société contemporaines ; bien qu'opposées, elles ont des interférences ; toutes suscitent des objections, catégoriques pour certaines, nuancées pour d'autres. 1°) L'utilitarisme (la morale du bonheur) : le maintien en vie d'un malade ne serait acceptable que si la survie était vivable (l'expression de « vivable » est ambiguë : tolérable ? agréable ?) ; ce qui signifie qu'il existerait des malades pour lesquels la vie ne vaudrait pas la peine d'être vécue et qu'il ne faudrait dépenser ni argent ni efforts pour eux ; par exemple, un ménage décide de supprimer un fœtus mal formé, ou un enfant gravement déficient, ou un vieillard gâteux : il vaudrait mieux un enfant de bonne qualité qu'un enfant grabataire ; rien ne serait pire que le naufrage de la vieillesse, etc. Objection : c'est de l'eugénisme[7]. 2°) L'autonomie de la volonté : tout malade est libre ; dans la mesure où il est lucide et informé, ce serait à lui de prendre la décision de vivre ou de mourir. Objection : quelles sont sa lucidité et son information ? 3°) L'impératif absolu du sacré de la vie (la tradition judéo-chrétienne) ; nul ne peut disposer de la vie : ni de la sienne, ni de celle d'autrui. Objection : la procréation médicalement assistée, le coma dépassé, l'acharnement thérapeutique obligent à une casuistique de ce qui est permis et de ce qui est défendu.

Le législateur a entendu par les lois sur la bioéthique régler ces questions touchant aux fondements de la vie et de la morale, qui pourtant ne relèvent guère du droit. La difficulté a été mal surmontée par le Parlement, malgré le soin qu'il y a apporté. La loi affirme des principes philosophiques sans guère de valeur normative (ex. : art. 16 L. 29 juill. 1994), « *La loi assure la primauté de la personne, interdit toute atteinte à la dignité de celle-ci et garantit le respect de l'être humain dès le commencement de sa vie* »...), ou bien, au contraire, énonce une réglementation minutieuse.

Section I
NAISSANCE

En première vue, il paraît évident que la naissance est la première condition d'existence de la personnalité ; ce n'est pourtant qu'une approximation. Parfois, elle n'est pas une condition suffisante : pour exister, il ne suffit pas d'être né, il faut être né viable. Parfois même, elle n'est pas le commencement de la personnalité, qui, rétroactivement, peut remonter à la conception, voire au-delà : la loi, comme souvent, façonne la nature.

---

4. **Biblio** importante : ex. : M. P. Peis-Hitier ; « Recherche d'une qualification juridique de l'espèce humaine », *D.* 2005.263.

5. *Infra*, n° 304.

6. A. Fagot-Largeault, « Réflexions sur la notion de qualité de la vie », *Arch. phil. dr.*, 1991.135 ; B. Edelman, « Génétique et liberté », *Droits* 1991, p. 31 s., reproduit in *La personne en danger*, p. 447 et s. (sévère sur le risque d'eugénisme, où il voit une conséquence, qu'il juge fatale, de la génétique contemporaine) ; v. la critique de L. Ferry, « L'humanisme juridique en question », *Droits*, p. 43 s., qui lui reproche sa « *haine de la modernité* ».

7. **Étymologie** d'eugénisme : du grec ευ = bien + γενος = race ; l'eugénisme repose sur le postulat que les races seraient inégales ; il voudrait que celles qu'il estime les mieux douées prévalent sur celles qu'il estime moins bonnes.

6. Naissance, viabilité, enfants mort-nés. — La naissance est un fait qui intéresse la société : il est donc nécessaire qu'elle soit constatée de manière incontestable par un acte de l'état civil, l'acte de naissance. Dans les trois jours, elle doit être déclarée à la mairie du lieu de l'accouchement (art. 55, al. 1) ; le déclarant indique le nom, les prénoms, le sexe de l'enfant et la date de la naissance. Il n'est pas obligatoire de donner le nom du père, ni même celui de la mère (art. 57) ; ces indications, quand elles sont faites, produisent des conséquences importantes sur la filiation. *Sur l'acte de naissance des enfants nés d'une mère porteuse*[8].

La naissance est le fait de naître vivant : le mort-né n'est pas une personne. À la différence de certains droits étrangers, tels que les droits allemand et suisse, le droit français refuse la personnalité juridique à l'enfant né sans être viable. La viabilité suppose une maturité et une conformation qui relèvent de données biologiques et médicales. Le pouvoir conféré à la médecine de dire si un enfant est viable est lourd de conséquences successorales (art. 725, al. 1).

Conformément à une tradition immémoriale, les enfants mort-nés ne sont pas des personnes, mais leur état civil a beaucoup changé depuis la fin du siècle dernier, afin de tenir compte de la douleur des parents ; mais sans conséquences juridiques : un humanisme de compassion associé à une médicalisation du droit des personnes. Pendant longtemps, un acte d'état civil (un double acte simultané, l'un de naissance, l'autre de décès) ne pouvait être établi que si l'enfant mort dès sa naissance était viable, viabilité que la jurisprudence définissait en se référant à la durée légale de grossesse d'une durée minimum de 180 jours (art. 311, L.1972)[9], critère que des circulaires avaient assoupli (22 juill. 1993, 30 nov. 2001)[10]. Une loi du 8 janvier 1993 (C. civ., art. 79-1, al. 2) a permis d'établir des actes *d'enfants sans vie*, ne se référant plus à la naissance ni au décès. Changeant sa jurisprudence de 1874, la Cour de cassation a décidé que ces actes devaient être dressés sans s'attacher ni au poids du fœtus ni à la durée de la grossesse[11] : la référence à la viabilité est abandonnée. Pour empêcher que fût dressé un acte d'état civil pour toutes les fins de grossesse même très précoces, un décret du 20 août 2008 a subordonné l'établissement de ces actes à un certificat médical d'accouchement[12], bien que souvent il puisse être ambigu. L'enfant sans vie avec certificat d'accouchement a donc un état civil et un prénom et peut avoir une sépulture, mais n'a pas de nom de famille, bien qu'il puisse figurer sur le livret de famille ; incohérence qui disparaîtra peut-être. Derrière cette évolution toute technique, sont en jeu les notions fondamentales de l'existence.

7. Embryon et personnalité. — Jusqu'à sa naissance, l'enfant n'a pas une personnalité distincte de celle de sa mère ; il est, comme disaient les Romains, *pars viscerum matris* (un morceau des entrailles de sa mère)[13].

---

8. *Infra*, n° 298.
9. Cass. crim., 7 août 1874, *DP* 1875.I.5 ; *S.* 1875.I.41, n. E. Villey : « *l'être qui vient au monde avant ce terme* (180 jours de grossesse), *privé non seulement de la vie, mais des conditions organiques indispensables à l'existence, ne constitue qu'un produit innomé* (sic) *et non un enfant* ».
10. 22 semaines d'aménorrhée (absence de règles chez la mère) ou un poids de 500 grammes.
11. Cass. civ. 1re, 6 févr. 2008, 3 *arrêts*, 06.16498, 06.16499, 06.16509, *Bull. civ.* I, n°s 41 et 42 ; *D.* 2008.483, obs. Guiomard et 638, n. Chauvin ; *JCP* G 2008.II.10045, n. Grég. Loiseau ; *Defrénois* 2008.866, n. crit. J. Massip ; *Dr. Famille* 2008.34, n. crit. P. Murat : « *l'art. 79-1, al. 2 ne subordonne l'établissement d'un acte d'enfant sans vie ni au poids du fœtus, ni à la durée de la grossesse* ».
12. Définition par une circulaire « *recueil d'un corps formé et sexué, quand bien même le processus de maturation est inachevé et à l'exclusion des masses musculaires sans aspect morphologique* » ; J. Hauser (*RTD civ.* 2010.75) ne voit guère de différence avec l'ancien critère de viabilité (poids du fœtus et durée de la grossesse).
13. **Biblio.** : considérable. Ex. : J. Ph. Lévy et A. Castaldo, *Histoire du droit civil*, Dalloz, 2002, n° 173 ; N. Massager, *Les droits de l'enfant à naître*, th. Bruxelles, Bruylant, 1997 ; A. Bertrand-Mirkovic, *La personne humaine (Étude visant à clarifier la situation de l'enfant à naître)*, Paris II, PUAM, 2003 ; J. J. Taisne, « La protection de la vie humaine hors du droit des personnes », in Colloque *La vie humaine mise sur le marché, LPA*, 5 déc. 2002 ; Cl. Neirinck, « L'embryon humain ; une catégorie juridique à dimension variable », *D.* 2003.841.

La législation sur l'avortement (1975) continue à déchaîner les passions, notamment sur la nature de l'embryon [14]. Aucune disposition légale ou réglementaire ne la précise : une personne ou une chose ? Malgré les critiques d'une doctrine presque unanime [15], la Cour de cassation refuse de qualifier d'homicide involontaire l'atteinte non intentionnelle à la vie de l'embryon [16]. Comme la science contemporaine, la théologie catholique dit que la vie humaine commence à la conception ; elle ajoute que l'embryon doit être traité comme une personne [17] et sa dignité doit être respectée [18]. Le Comité consultatif national d'éthique a dit qu'il constituait une « *personne potentielle* » (avis du 23 mars 1984) ; il a ensuite précisé qu'« *il ne peut en aucun cas être considéré comme un déchet* » [19]. La loi du 29 juillet 1994 sur les dons d'organes (art. 9) permet de mettre fin à la conservation des embryons surgelés « *existants* » à la date de promulgation de la loi, pour dire que l'on peut les détruire [20]. Une décision a jugé que la détérioration fautive d'un embryon *in vitro* par un établissement médical ne constituait un préjudice réparable que s'il avait fait l'objet d'un « *projet parental* » [21].

Selon une règle qui remonte à Rome, l'enfant est selon son intérêt réputé être né au jour de sa conception : *infans conceptus pro nato habetur quoties de commodis ejus agitur*. Par exemple, il

---

14. Cl. SUREAU, « L'être prénatal : illusion biologique, réalité humaine ou enjeu politique ? », in *Science, éthique et droit*, ouvr. coll., dir. N. LE DOUARIN et Cath. PUIGELIER, Odile Jacob, 2007.201 s. pour lequel l'embryon est un être humain et même, médicalement, un patient mais un être qui peut être détruit : ni une personne, ni une chose. La *loi Veil* du 17 janvier 1975 sur *l'interruption volontaire de grossesse* (l'avortement) commence par une profession de foi aux antipodes de ce qu'elle décide : art. 1 : « *La loi garantit le respect de tout être humain dès le commencement de la vie* » ; mais elle permet l'avortement volontaire avant la douzième semaine de grossesse à la femme enceinte qui est « *dans une situation de détresse* » appréciée discrétionnairement par la femme, qui a ainsi un droit de vie et de mort sur l'embryon.
15. J. SAINTE-ROSE, « L'enfant à naître : un objet destructible sans destinée humaine ? », *JCP* G 2004.I.194.
16. Jurisprudence commencée en 1994, souvent réitérée. Ex. : Cass. ass. plén., 29 juin 2001, *Bull. civ. ass. plén.*, n° 8 ; *D.* 2001.2917, n. Y. Mayaud ; *JCP* G 2001.II.10659, n. M. L. Rassat : « *l'interprétation stricte de la loi pénale s'oppose à ce que l'incrimination prévue à l'art. 221-6 C. pén. soit étendue au cas de l'enfant à naître dont le régime juridique relève des textes particuliers sur l'embryon ou le fœtus* ». Ceux qui défendent cette jurisprudence estiment qu'elle est imposée par un « droit à l'avortement » résultant de la loi *Veil*, qui n'est pourtant pas en cause. Au contraire, Cass. crim. 2 déc. 2003, *D.* 2004.449, n. crit. J. Pradel : il y a homicide par imprudence lorsque l'enfant est décédé, à la suite d'un accident dont avait été victime sa mère, une heure après sa naissance. Aucune femme ne pourra comprendre la différence entre l'embryon mort une minute avant ou une minute après sa naissance. La CEDH (8 juill. 2004, *Vo c. France*, *D.* 2004.2456, n. crit. J. Pradel, 2535, obs. crit. I. Berro-Lefèvre ; *JCP* G 2004.II.10158, n. crit. L. Levinet ; *Dr. Famille* 2004, n° 194, n. P. Murat ; *RTD civ.* 2004.799, obs. crit. J.-P. Marguénaud ; *Grands arrêts*, n° 9 ; E. SERVERIN, « Réparer ou punir ? » *D.* 2004.2801 (approb.) a refusé de condamner la France pour cette jurisprudence : « *le point de départ du droit à la vie relève de l'appréciation des États [...] ; en France, la façon d'assurer la protection de l'embryon dépend de positions variées au sein de la société française ; [...] quant au plan européen, il n'y a pas de consensus sur la nature et le statut de l'embryon ; tout au plus peut-on trouver comme dénominateur commun l'appartenance à l'espèce humaine* ».
17. Donum vitae, *Instruction* (de l'Église catholique) *sur le respect de la vie humaine naissante et la dignité de la procréation*, Congrégation pour la doctrine de la foi, Rome, 1987 : « *L'être humain doit être respecté et traité comme une personne dès sa conception, et donc dès ce moment on doit lui reconnaître les droits de la personne, parmi lesquels en premier lieu le droit inviolable de tout être humain innocent à la vie* ».
18. Dignitas personae, *Instruction* (de l'Église catholique) *sur certaines questions de bioéthique* (Rome, décembre 2008), jugeant illicites la fécondation *in vitro*, les mères porteuses, le clonage, l'eugénisme et les manipulations de l'embryon et du patrimoine génétique : « *l'embryon humain a, dès le commencement, la dignité propre d'une personne* ». Plus que *Donum vitae*, l'instruction montre comment les avancées de la science doivent et peuvent se concilier avec la dignité de l'être humain.
19. Avis CCNE, 22 sept. 2005, cité *supra*, n° 6 ; ce qui appelle « *des interrogations de la société sur l'existence en elle-même d'un être à venir* ».
20. *Infra*, n° 301.
21. CAA Douai, 6 déc. 2005, *D.* 2006.1205, obs. crit. J. Chr. Galloux ; *RJPF* 2006, n° 6, p. 10, n. R. Egéa ; *RTD civ.* 2006.87, obs. J. Hauser ; infirmant TA Amiens, 9 mars 2004, *D.* 2004.1051, n. X. Labbée ; *JCP* G 2005.II.10003, n. I. Coppart ; *RTD civ.* 2004.488, obs. J. Hauser. *Cf.* J. Chr. GALLOUX, obs. préc. : « *la perte d'un enfant à naître vaut moins que celle d'un animal* ».

pourra recueillir une succession ouverte pendant sa conception (art. 725, al. 1) ; la règle s'applique aux donations et aux legs (art. 906) [22] ; si l'enfant est né hors mariage, il peut être reconnu par son père ou par sa mère avant sa naissance (une reconnaissance prénatale) [23]. La règle *infans conceptus...* ne signifie pas que l'embryon soit une personne, puisqu'il ne peut agir ; or, la personnalité juridique, c'est le pouvoir d'agir ; la règle suppose aussi que l'enfant soit né vivant et viable et y trouve son intérêt ; elle est faite pour qu'il acquière des droits successoraux.

Le diagnostic prénatal permet de découvrir les malformations et les maladies de l'embryon (C. santé. publ., art. L. 2131-1 et s.) [24] ; l'embryon est donc considéré comme un être médical. La loi a soumis ce diagnostic à certaines conditions, notamment en imposant un agrément administratif aux établissements voulant le pratiquer (C. santé publ., *ibid.*) et le consentement de la mère et du couple (C. civ., art. 16-3). Les investigations sont plus étendues dans les grossesses à risques.

En fait, le diagnostic prénatal comporte un risque d'eugénisme (la recherche de « l'enfant parfait ») ; aussi, la loi du 6 août 2004 révisant les lois de bioéthique a-t-elle supprimé le conseil génétique antérieurement prévu dans la consultation médicale (C. santé publ., art. L. 2131-1, al. 1). En outre le diagnostic comporte un risque d'erreurs : des « faux positifs » conduisant à des avortements médicalement injustifiables et des « faux négatifs » conduisant à la naissance d'enfants handicapés [25] ; *pour les « recherches » sur l'embryon* [26].

8. Preuve de la vie. — La preuve de la vie est moins organisée que celle de la mort : la vie est présumée chez celui qui est né – elle est induite de l'acte de naissance [27].

9. Sexe et transsexualisme. — Le sexe est un élément essentiel de la personne qui en permet la reproduction [28] et en traduit l'inachève-

---

22. La jurisprudence applique l'adage de temps à autre : Ex. : Cass. ch. réunies, 8 mars 1939, *veuve Héranval, DC* 1941.37 ; *S* 1941.I.25, n. H. Batiffol ; jugé, dans cette espèce autrefois fameuse (l'évolution du droit de la filiation lui a fait perdre son intérêt pratique), que l'enfant conçu avant le mariage né après sa célébration, était légitime dès sa conception, et avait donc, en cas d'accident du travail mortel survenu à son père avant sa naissance alors qu'il était conçu, droit aux rentes d'accidents du travail, alors réservées aux enfants légitimes : la légitimité remontait donc à la conception, même antérieure au mariage.
23. Le point de départ de cette jurisprudence est très ancien : Cass. civ., 16 déc. 1811, *Jur. gén., v° Paternité et filiation*, n° 520 ; *S.* 1809-1811.I.433 : « *L'enfant conçu peut être reconnu avant la naissance* ».
24. Pour le diagnostic préimplantatoire, *infra*, n° 302.
25. Ce qui a donné lieu à l'arrêt *Perruche* : Cass. ass. plén., 17 nov. 2001, *D.* 2001.316, concl. J. Sainte-Rose, 332, n. D. Mazeaud, 336, n. P. Jourdain : lors d'un examen prénatal, ni le laboratoire d'échographie ni le médecin n'avaient diagnostiqué l'anomalie de l'embryon ; l'enfant qui naquit fut handicapé et obtint du laboratoire et du médecin la réparation du préjudice subi, bien que leurs fautes n'eûssent pas été la cause de l'handicap ; la loi *Kouchner* du 4 mars 2002 modifiée, maintenant codifiée dans le CASF, art. L. 114-5, brisa cette jurisprudence et la réparation du préjudice causé par le handicap fut renvoyée à la solidarité nationale. La CEDH, 6 oct. 2005, *D.* 2006, IR. 1915 a refusé de condamner la France, sauf pour avoir appliqué la loi aux instances en cours. Ainsi, la Cour de cassation écarte-t-elle l'application de la loi *Kouchner* aux examens prénataux antérieurs à sa mise en vigueur : Cass. civ. 1re, 24 janv. 2006, *Bull. civ.* I, nos 29, 39, 31 ; *D.* 2006, IR 325, obs. Gallmeister ; *RTD civ.* 2006.263, obs. J.-P. Marguénaud.
26. *Infra*, n° 303.
27. *Infra*, n° 17.
28. **Biblio.** : Fr. Caballero, *Droit du sexe*, LGDJ, 2010. Une documentation minutieuse sur le droit et les pratiques sexuelles contemporaines, avec de larges ouvertures historiques. Libertaire, exaltant « *la liberté sexuelle au nom des exigences de la société démocratique du troisième millénaire* » ; pour lui, le sexe a des droits imprescriptibles, qui doivent être limités le moins possible ; liberté qu'il juge insuffisante malgré ses « *avancées* », dénonçant « *la barbarie biblique* » et « *l'obscurantisme de l'Église* », favorable à la prostitution, « *une activité bienfaisante* » et à « *l'assistance sexuelle* » (masturbation, fellation, etc.) aux handicapés, chaud partisan de l'homosexualité, critiquant la répression actuelle de la pédophilie et de la pornographie, reprochant à la dignité de la personne de constituer une

ment[29] : il assure l'accomplissement de la personne, la rencontre avec la différence. Il explique que les hommes soient attirés par les femmes, et réciproquement. Il est d'un ordre physiologique. On avait longtemps pensé qu'il était seulement constitué par une anatomie externe[30], puisque le droit civil comme la médecine traditionnelle ne s'attachaient qu'aux apparences ; aussi était-il simple. Aujourd'hui, il ne l'est plus.

La médecine contemporaine voit dans le sexe une réalité plus complexe : chromosomique (immuable), anatomique (que la médecine et la chirurgie peuvent modifier presque complètement), psychologique (qui dépend des comportements individuels et sociaux, et donc susceptible de changements). Parfois est même niée la différence de sexe[31] : la réalité anthropologique serait l'être humain, non l'homme ou la femme. Dans les années 1950 est née au États-Unis la théorie du *gender* ; depuis 1970 elle s'est vulgarisée dans tous les pays occidentaux : la masculinité et la féminité ne seraient pas déterminées par une identité sexuelle, mais par la culture et l'« orientation sexuelle » serait librement choisie par chaque être ; elle se substituerait à l'identité sexuelle ; ce qui compterait dans l'orientation sexuelle serait donc des différences culturelles et non physiologiques. Ex. : Simone de Beauvoir « *on ne naît pas femme, on le devient* ». Il y aurait ainsi dans la réalité humaine non deux sexes, mais cinq « genres », voire davantage (ils sont « flexibles ») : homme, femme, homosexuel masculin, homosexuel féminin, lesbienne, transsexuel, bisexuel, intersexuel (état intermédiaire entre homme et femme)[32], etc.

---

atteinte au plaisir sexuel, « *le* nec plus ultra *des plaisirs offerts par la nature à l'humanité souffrante* », critiquant le mariage, « *case hyménéenne* », etc. Il stigmatise l'inflation des lois incriminant les infractions sexuelles, indigne de la « *société démocratique du troisième millénaire* ». Il relève l'augmentation des incarcérations pour délits et crimes sexuels et des maladies sexuellement transmissibles, sans indiquer qu'elles sont la conséquence de la liberté sexuelle.

Une vision idyllique du sexe triomphant, ignorant les réalités complexes qui constituent un couple humain. Dans la copulation des animaux, il n'y a que du sexe. Les hommes et les femmes vivent autrement leur union, qui ne relève pas que du sexe, mais surtout de leurs sentiments et tout leur être, sauf quand ils se conduisent comme des animaux. La liberté sexuelle mène à l'obscurantisme et à la barbarie.

29. PLATON, *Le Banquet*. Discours d'Aristophane (éd. Garnier, n°s XIV et XV) : « *Jadis notre nature n'était pas ce qu'elle est à présent : elle était bien différente* [...] (Les diverses espèces d'homme) *étaient d'une force et d'une vigueur extraordinaires, et comme ils avaient de grands courages, ils attaquèrent les dieux. Alors Zeus délibéra avec les autres dieux sur le parti à prendre. Le cas était embarrassant ; ils ne pouvaient se décider à tuer les hommes et à détruire la race humaine à coups de tonnerre, comme ils avaient tué les géants* [...]. *Enfin, Zeus, ayant trouvé, non sans peine, un expédient prit la parole : "Je crois, dit-il, tenir le moyen de conserver les hommes tout en mettant un terme à leur licence : c'est de les rendre plus faibles. Je vais immédiatement les couper en deux, l'un après l'autre* [...] *Or quand le corps eut été ainsi divisé, chacun, regrettant sa moitié, allait à elle ; s'embrassant et s'enlaçant les uns avec les autres avec le désir de se fondre ensemble, les hommes mouraient de faim et d'inaction, parce qu'ils ne pouvaient rien faire les uns sans les autres* [...]. *Alors Zeus, touché de pitié, imagina un autre expédient : il transporta les organes de la génération sur le devant* [...]. *C'est de ce moment que date l'amour inné des hommes les uns pour les autres : l'amour recompose l'antique nature, s'efforce de fondre deux êtres en un seul, et de guérir la nature humaine* ».

30. Ce fut dans le droit du mariage que la Cour de cassation eut l'occasion de le dire : Cass. civ., 6 avr. 1903, *DP* 1904.I.395, concl. Baudoin ; *S*, 1904.I.273, n. Wahl : « *Le mariage ne peut être légalement contracté qu'entre deux personnes appartenant l'une au sexe masculin et l'autre au sexe féminin.* » En l'espèce, l'épouse était dépourvue d'organes génitaux internes, mais avait les apparences de la féminité ; la Cour de cassation a cassé la décision de la cour d'appel qui avait annulé le mariage entre deux êtres qui ne lui avaient pas paru de sexes différents.

31. *Contra* : Genèse, I, 27 : « *Dieu les créa homme et femme* ». Dans son origine même, l'être humain a été créé différent, pour faire corps avec un autre : pour se donner. Le don de soi est une des significations de la sexualité.

32. Ex. : changement de sexe d'un enfant intersexuel : Versailles, 22 juin 2000, *JCP* G 2001.II.10595, n. P. Guez ; lors de sa naissance, un enfant avait des organes sexuels masculins insuffisants ; à l'état civil, il avait été déclaré de sexe masculin ; la médecine, n'étant pas parvenue à affirmer sa masculinité, développa sa physiologie féminine ; à la demande des parents, la cour de Versailles ordonna la modification de l'acte d'état civil et du prénom : « *L'enfant est considéré par sa famille et toutes les personnes qui l'entourent comme étant de sexe féminin* ».

Le sexe a toujours été un élément essentiel de la personnalité et donc du droit. Aujourd'hui, il obsède la société. Il a de plus en plus d'importance en droit : non seulement l'égalité des sexes [33], mais aussi le transsexualisme [34] : un homme veut devenir une femme, ou, plus rarement, l'inverse. Ainsi après avoir refusé qu'un individu pût changer de sexe, qu'elles qu'en fûssent les justifications médicales, telles que les souffrances du transexuel [35], la Cour de cassation, parce que la Cour européenne des droits de l'homme avait condamné la France [36], a changé sa jurisprudence [37].

Désormais, une modification du sexe dans la mention de l'acte de naissance est médicalement autorisée si quatre conditions sont réunies : 1°) que le transsexualisme soit reconnu par un expert médical désigné par le juge ; 2°) que la conversion sexuelle soit antérieure à la saisine du juge ; 3°) que le transsexuel ait l'apparence physique du sexe qu'il revendique ; 4°) qu'il en ait le comportement social. La Cour de cassation n'a pas précisé les conséquences du transsexualisme sur le mariage antérieur, qui, semble-t-il, ne peut survivre [38] ni sur la filiation. Quelle va être la condition des enfants nés du premier sexe [39] ? Des auteurs vont jusqu'à dire que le

---

33. *Infra*, n°s 271-272.
34. **Étymologie** de transsexuel : de *trans* = au-delà de ; marque le changement. **Définition** (donnée par la CEDH, 17 oct. 1986) : « *Les personnes qui, tout en appartenant physiquement à un sexe, ont le sentiment d'appartenir à l'autre* ».
35. Cass. civ. 1re, 21 mai 1990, *Dominique Nadaud*, *Bull. civ.* I, n° 117 ; *D.* 1991.169, rap. Massip ; *JCP* G 1990.II.21588, m. rap., concl. Flipo ; *Gaz. Pal.* 16-17 janv. 1991, trois arrêts, m. concl. ; *RTD civ.* 1991.289, obs. J. Hauser.
36. CEDH, 25 mars 1992, *D.* 1993.101, n. J. P. Marguénaud ; *JCP* G 1992.II.21955, n. Th. Garé ; *Defrénois* 1992, art. 35334, 2e esp. La jurisprudence de la Cour est évolutive : 1re étape : CEDH, 30 juill. 1998, *D.* 1998, som. 370, obs. J. C. Renucci ; *JCP* G 1999.I.105, n° 42, obs. Fr. Sudre ; *RTD civ.* 1999.59, obs. J. Hauser ; 1001, obs. J. P. Marguénaud ; *Dr. Famille* 1999.22, obs. B. Delamy : jugé que le Royaume-Uni avait le droit de ne pas modifier l'état civil du transsexuel ; 2e étape : la Cour a ultérieurement opéré un revirement et condamné le Royaume-Uni pour avoir privé « *en toute circonstance* » le transsexuel du droit de se marier : *Goodwin c. Royaume-Uni*, 11 juill. 2002, *D.* 2003.525, obs. C. Birsan ; 2032, n. A-S Chavent-Leclère ; *JCP* G 2003.I.109, n° 16, obs. Fr. Sudre, 132, n° 23, obs. Chr. Byk, I. 150, n° 3, obs. B. Teyssié ; *Dr. Famille* 2002, n° 133, obs. A. Gouttenoire-Cornut ; *idem* pour la CJCE, 10 juin 2003, *JCP* G. 2004.I.139, n° 48 ; 27 avril 2006, *D.* 2007.1107, obs. J. Chr. Galloux et H. Gaumont-Prat ; jugé que ne pas tenir compte du nouveau sexe masculin de la transsexuelle pour calculer sa retraite constitue une discrimination condamnable (A. BUGADA, *D.* 2006.1628) *id.* Une synthèse sur la compréhension de la sexualité par le droit européen a été tentée par le colloque de Limoges, avril 2004, dir. O. Dubois et J. P. Marguénaud, Pedone, 2007.
37. **Cass. ass. plén., 11 déc. 1992, deux arrêts, *Bull. civ. ass. plén.*, n° 13 ; *JCP* G 1993.II.21991, concl. Jéol, n. Mémeteau ; *Gaz. Pal.* 15 avr. 1993 ; *Defrénois* 1993, art. 35.505 : « *Lorsque, à la suite d'un traitement médico-chirurgical, subi dans un but thérapeutique, une personne, présentant le syndrome du transsexualisme, ne possède plus tous les caractères de son sexe d'origine et a pris une apparence physique la rapprochant de l'autre sexe, auquel correspond son comportement social, le principe du respect dû à la vie privée justifie que son état civil indique désormais le sexe dont elle a l'apparence ; le principe de l'indisponibilité de l'état des personnes ne fait pas obstacle à une telle modification* ».
38. Nîmes, 7 juin 2000, *Dr. Famille* 2001, n° 4, n. H. Lécuyer : le transsexualisme est une faute justifiant le divorce pour faute ; TGI Caen, 28 mai 2001, *D.* 2002.124, n. L. Mauger-Vielpeau : divorce pour faute, parce que le transsexuel « *s'est enfermé dans un comportement égocentrique* ».
39. CA Aix, 12 mars 2002, *D.* 2003 1528, n. E. Cadou maintenu par Cass. civ. 1re, 18 mai 2005, *Bull. civ.* I, n° 211 ; *JCP* G 2005.I.137, obs. Chr. Byk : annulation de la reconnaissance de paternité de complaisance faite par une lesbienne, après la modification de son état civil pour transsexualisme, la transformant en homme, mais accordant un droit de visite au transsexuel. Michel S. (femme lors de la conception de l'enfant), dit la cour, « *ne peut davantage se prévaloir d'une possession d'état dans la mesure où celle-ci, fût-elle établie, ce qui n'est pas le cas en l'espèce, ne pourrait en tout état de cause établir la filiation paternelle dès lors que celle-ci est contredite par les conditions même de la naissance de l'enfant et par l'impossibilité physiologique pour l'appelant, compte tenu de son état, de procéder* ». Cette « reconnaissance » n'était pas soumise à l'art. 311-20, al. 2, L. 29 juillet 1994 qui interdit la contestation « *d'un consentement à une procréation médicalement assistée* ». Il serait inintelligible et

transsexualisme doit être considéré « *comme la pierre de touche des droits individuels de la personne* »[40].

Section II
MORT

10. Définition et preuve. — La personnalité juridique s'achève à la mort, qui éteint les droits et les dettes viagers du défunt et transmet son patrimoine aux continuateurs de sa personne : les successeurs[41]. C'est par la mort et la naissance que l'humanité se renouvelle. La preuve de la mort soulève des difficultés[42] qui relèvent de la médecine ; elle pose aussi des problèmes moraux, notamment avec l'acharnement thérapeutique[43] et l'euthanasie.

La mort est la fin de la vie, c'est-à-dire l'arrêt complet et irréversible des fonctions vitales. Pendant longtemps, elle était le fait de rendre le dernier soupir et de n'avoir plus de cœur qui battait : il n'y avait plus de respiration ni de circulation sanguine. Aujourd'hui, elle n'intervient pas toujours d'un seul coup[44] ; la définition médicale de la mort a changé : elle est devenue la mort cérébrale. En cas d'électro-encéphalogramme plat, le cœur peut encore battre, les poumons respirer, le corps ne présente pas les aspects d'un cadavre, la mort est pourtant acquise, car le cerveau est mort[45] : le diagnostic de mort cérébrale autorise le prélèvement d'organes vitaux.

---

burlesque qu'une femme puisse être qualifiée de « père » d'un enfant ; le droit des personnes repose sur une anthropologie, non sur des constructions juridiques.
40. A. Leborgne, *RJPF*, 2002-11/20 ; A. Bugada, cité *supra*, note 36.
41. *Successions et libéralités*, coll. Droit civil.
42. *Cf.* Cass. civ., 23 mai 1841, *S*. 1841.I.320 ; en l'espèce, un individu avait été condamné aux travaux forcés à perpétuité par contumace, ce qui, par application du droit alors applicable, avait entraîné la confiscation générale de ses biens par l'État ; l'Administration des domaines avait été nommée séquestre de ses biens. Une succession (celle de sa mère) s'était ultérieurement ouverte, à laquelle il était appelé et donc l'État par l'effet de la confiscation ; des héritiers du 2ᵉ rang (en l'espèce, des neveux de la *de cujus*) avaient contesté que le condamné fût alors vivant pour recueillir la succession. Comme l'administration des domaines n'était pas parvenue à faire la preuve de l'existence de ce condamné au jour du décès de sa mère, elle n'a pu recueillir les biens successoraux, qui ont été dévolus aux héritiers du 2ᵉ rang.
43. La question se pose dans le droit de la responsabilité civile : quel est le préjudice moral réparable lorsque la victime est grabataire, en état comateux, privée de toute conscience ? Après avoir hésité, la Cour de cassation a refusé de faire des différences avec les autres personnes humaines : Cass. civ. 2ᵉ, 22 févr. 1995, *Bull. civ*. II, nº 61 ; *D*. 1995.69, n. Chartier ; *JCP* G 1995.II.22570, n. Y. Dagorne-Labbé : « *L'état végétatif d'une personne humaine n'excluant aucun chef d'indemnisation, son préjudice doit être réparé dans tous ses éléments* ». Avis du Comité consult. nat. d'éthique, 10 mars 1986 : « *Ce sont des êtres humains* ».
44. M. Fr. Callu, « Autour de la mort : variations sur "Madame se meurt, Madame est morte" », *RTD civ*. 1999.313 et s. : l'auteur distingue le moribond (pas mort, ni médicalement, ni juridiquement), le mourant (le comateux), le gisant (mort médicalement et juridiquement), mais chez qui subsistent des fonctions vitales (ex. : battements du cœur) permettant le prélèvement d'organes.
45. C. santé publ., art. R. 1232-1 (*D*. 2 déc. 1996) : le texte décrit le constat de la mort en cas de prélèvement d'organes. S'il y a *arrêt cardiaque et respiratoire persistant*, il faut pour que la mort soit établie une... : 1°) absence totale de conscience et d'activité motrice spontanée ;... 2°) abolition de tous les réflexes du tronc cérébral ;... 3°) absence totale de ventilation spontanée. En cas de décès clinique, alors que la fonction hémodynamique (circulation du sang) est assurée par ventilation mécanique, il faut deux encéphalogrammes nuls ou une angiographie (radiographie des vaisseaux) « objectivant » un arrêt de la circulation encéphalique. *Cf.* *CE ass., 2 juill. 1993, *Milhaud, D*. 1994.74, n. J. M. Peyrical ; *JCP* G 1993.II.22133, n. P. Gonod ; *RTD civ.* 1992.303, obs. J. Hauser ; en l'espèce, un médecin avait procédé à une expérimentation sur un « sujet » en état de mort cérébrale, maintenu depuis plusieurs mois en survie somatique ; le Conseil de l'ordre lui avait infligé un blâme ; recours du médecin devant le Conseil d'État qui a jugé que le Conseil de l'ordre avait commis une erreur de droit : les procédés utilisés par le médecin pour savoir si le « sujet » était mort « *reconnus valables par le ministre chargé de la santé, en application de l'article 21, D. 31 mars 1978 [...] constituent des modes de preuve dont les résultats*

Comme la naissance, la mort doit être déclarée et officiellement constatée. L'acte de décès est dressé par l'officier d'état civil de la commune où le décès a eu lieu, sur la déclaration d'une personne quelconque (art. 78) [46]. Il suppose un cadavre. Sinon, il faut un jugement déclaratif qui en « *tient lieu* » (art. 91, al. 3) ; « tient lieu », parce qu'on n'est plus dans le domaine des constatations de faits, mais dans celui des présomptions, qu'énoncent les règles de l'absence et de la disparition.

Lorsque plusieurs personnes sont héritières l'une de l'autre et périssent dans un même événement (par exemple, une catastrophe aérienne), sans que l'on puisse savoir celle qui est morte la première, le Code Napoléon avait posé des présomptions (art. 720-730) (appelées la théorie des comourants), aujourd'hui abandonnées (art. 725-1, L. 3 déc. 2001).

11. Présence et disparition de la mort. — Pour beaucoup de gens, la mort est l'horreur absolue. Pour ceux qui croient en la Résurrection, elle est une vie nouvelle. Notre société essaye de la faire disparaître du paysage familial et quotidien. On est prié de mourir vite, proprement et discrètement, entouré de spécialistes, à l'hôpital par exemple.

12. La fin de la vie ; euthanasie, soins palliatifs. — L'euthanasie [47] suscite un débat récent, récurrent, souvent âpre et émotif et parfois difficile ; la Cour européenne des droits de l'homme a refusé de condamner la Grande-Bretagne qui continuait à l'interdire [48]. Les données – médicales et juridiques – deviennent de plus en plus circonstanciées ; le droit se médicalise, et inversement, la médecine se juridicise.

Il faut distinguer les trois sens du mot : le refus des thérapies actives (ex., l'acharnement thérapeutique), le soulagement de la mort et de ses angoisses (les soins palliatifs) et l'acte intentionnel de donner la mort.

Dans le débat, il y a du *Pour* : 1°) chacun devrait être libre de mourir comme il l'entend ; 2°) le fondement de la vie d'un être humain résiderait dans sa dignité ; aussi, le fait de provoquer la mort de celui qui la demande pour mettre un terme à d'intolérables souffrances ne serait pas un homicide ; 3°) l'acharnement thérapeutique déifirait la vie et dégraderait l'homme [49] ; 4°) le malade, capable et conscient, aurait le droit de refuser qu'on le soigne (art. 16-3) [50].

Il y aussi du *Contre* : 1°) l'euthanasie n'est pas une affaire privée : elle marque l'attitude que la société a envers la personne, à laquelle le médecin doit reconnaître une grandeur et une dignité inaltérables [51] ; 2°) le médecin ne peut ratifier un désir de mort [52] car sa mission est de soigner ;

---

concordants permettaient de conclure à la mort de l'intéressé ». Mais il a maintenu la condamnation en opérant une substitution de motifs : « *L'expérimentation ne répond pas à une nécessité scientifique reconnue ; et [...] l'intéressé n'a pas donné son consentement de son vivant ou l'accord de ses proches, s'il en existe, n'a pas été obtenu* » ; G. LEBRETON, « Le droit, la médecine et la mort », *D.* 1994, chr. 352. *Sur la loi du 25 juillet 1994 relative aux expérimentations médicales, infra*, n° 306.

46. Il n'est pas nécessaire que la constatation matérielle du décès ait eu lieu, ni qu'un permis d'inhumer ait été délivré. Le contrôle médical s'exerce lors de la mise en bière et de l'inhumation : il faut une autorisation de l'officier de l'état civil, donnée après la production d'un certificat médical : CGCT, art. L. 2223-42.

47. **Étymologie** d'euthanasie : du grec ευ = bien + θανατος = mort. = mort douce. **Définition actuelle :** mise à mort d'une personne pour lui éviter des souffrances ou une déchéance, qu'elle l'ait ou non voulu. **Biblio. :** J.-L. BAUDOUIN et D. BLONDEAU, *Éthique de la mort et droit à la mort*, PUF, 1993 ; H. BARON, « De Quinlen à Schivo : le droit à la mort et le droit à la vie en droit américain », *RTD civ.* 2004.673 montre la vivacité des débats actuels ; favorable à l'euthanasie.

48. CEDH, 29 avr. 2002, *dame Pretty c/ Royaume-Uni*, *Defrénois* 2002, art. 37598, n. appr. Ph. Malaurie ; *JCP* G 2002.I.157, n°s 1 et 13, obs. Fr. Sudre, 2003.II.10062, n. crit. C. Girault ; *RTD civ.* 2002.482, obs. J. Hauser, 858, obs. J.-P. Marguénaud ; *Grands arrêts CEDH*, n° 44.

49. C. déont. méd., art. 37 : « [...] *Le médecin doit* [...] *éviter toute obstination déraisonnable dans les investigations ou la thérapeutique* ».

50. V. *infra*, n° 290.

51. C. déont. méd., art. 2 : « *Le médecin, au service de l'individu et de la santé publique, exerce sa mission dans le respect de la vie humaine, de la personne et de sa dignité* ».

52. *Ib.*, art. 38, al. 2 : « *Il* (le médecin) *n'a pas le droit de provoquer délibérément la mort* ».

3°) si le patient n'a pas exprimé sa volonté ou ne peut le faire, des héritiers cupides favoriseront la mort de leur auteur en disant que c'était pour son bien.

La question ne relève guère du droit [53] sauf qu'en l'état, l'euthanasie (au sens d'acte intentionnel de donner la mort) n'est pas un fait justificatif en cas de poursuites pénales [54]. Les soins palliatifs, pris avec l'accord du patient ou de ses proches, interrompent les thérapies actives et laissent venir la mort à son heure, accompagnant celui qui part [55] et adoucissant les souffrances de l'agonie [56]. La loi du 4 mars 2002 en a fait un droit du malade (C. santé publ., art. L. 1110-5, al. 3 et 4 et 1110-9). Celle du 22 avril 2005 (L. *Léonetti*) sur la fin de vie [57] dissuade le personnel soignant de poursuivre ses soins avec une « *obstination déraisonnable* » (art. L. 1110-5, al. 2), permet un traitement anti-douleur « à double effet » (c'est-à-dire avec un risque fatal) pour une personne en fin de vie (art. L. 1110-5 dern. alin.), et à un patient qui n'est pas en fin de vie de limiter ou d'arrêter tout traitement (art. L. 1111-10). Il peut rédiger des « *directives anticipées ayant trois ans de validité* » exprimant sa volonté sur les actes à prendre lors de sa fin de vie ; ces directives ne lient pas le médecin, qui doit simplement « *en tenir compte* » ; le patient peut aussi désigner une « *personne de confiance* » que le médecin devra consulter lors de la fin de vie (art. L. 1111-11).

En décembre 2008, une mission parlementaire (la commission Léonetti), chargée d'examiner l'opportunité d'une nouvelle loi sur l'euthanasie a refusé de la légaliser. La modification la plus importante que propose le Conseil d'État (avis du 6 mai 2009) est de prévoir une procédure collégiale pour les arrêts de traitement d'un patient inconscient. Notre actuel droit sur la fin de vie se résume en quatre règles : concertation de l'équipe médicale, directives anticipées, désignation d'une personne de confiance, avis de la famille et des proches.

Section III
ABSENCE ET DISPARITION

13. Vivant ou mort ? – Dans le langage courant, l'absence [58] est la non-présence. Dans le langage juridique, elle prend un sens différent : l'état d'une personne dont on ne sait si elle est encore vivante ou déjà morte.

L'institution a été créée par le Code Napoléon (ch. IV du titre IV du livre I ; art. 112-143), sans doute à la suite des déplacements de populations et des ravages causés par la Révolution, les

---

53. Marie DE HENNEZEL, « Rapport sur la fin de vie et l'accompagnement », octobre 2003. Synthèse. « *Il faut absolument distinguer les limitations et arrêts de traitements devenus inutiles ou refusés par le patient – ce qui relève d'une bonne pratique médicale – de l'euthanasie qui est l'acte de provoquer la mort. Il faut également distinguer de l'euthanasie certaines pratiques de soulagement des douleurs réfractaires ou des angoisses insupportables, qui peuvent entraîner une mort non recherchée [...]. Cette question de l'intention est à remettre au cœur du débat.* »
54. Ex. : Cass. crim., 19 févr. 1997, *D.* 1998.236 : doit être condamné pour homicide involontaire le médecin anesthésiste qui interrompt la réanimation « *en désaccord avec toute logique et toute éthique médicale et contraire aux règles consacrées par la pratique* ».
55. C. déont. méd., art. 38, al. 1 : « *Le médecin doit accompagner le mourant jusqu'à ses derniers moments, assurer par des soins et des mesures appropriés la qualité d'une vie qui prend fin, sauvegarder la dignité du malade et réconforter son entourage* ».
56. **Étymologie** d'agonie : du grec αγωνιχ = lutte, angoisse.
57. A. CHEYNET DE BEAUPRÉ (TERRASSON DE FOUGÈRES), « La loi sur la fin de vie », *D.* 2005.164 ; Fr. VIALLA, *D.* 2005.1797 ; Ph. MALAURIE, *Defrénois* 2005, art. 38228.
58. **Étymologie** d'absence : du latin *absum, esse* = être éloigné de, être absent.

guerres [59] et l'émigration. Elle avait été conçue pour protéger le patrimoine de l'absent, la mort de l'absent n'étant jamais certaine, bien qu'avec l'écoulement du temps, la probabilité s'en accrût. Cette incertitude conduisait à gérer le patrimoine de l'absent comme s'il était vivant (le régime de l'« administration provisoire ») et à liquider les successions qui lui étaient dévolues comme s'il était mort, sauf la pétition d'hérédité (c'est-à-dire une action en revendication de la succession qu'il exerçait) s'il réapparaissait.

Jugé trop lourde et inadaptée aux progrès des communications, l'absence créée en 1804 a vu son régime simplifié par la loi du 28 décembre 1977.

La lourdeur des règles napoléoniennes a eu aussi pour conséquence qu'en 1945 on lui a ajouté un doublet simplificateur, la disparition (art. 88-92), au cas où les circonstances ont rendu très probable le décès parce qu'il y avait eu péril de mort.

14. Sociologie. — Absence et disparition ont en commun qu'on ne retrouve ni le cadavre ni la personne. Ce qui recouvre des hypothèses sociologiquement diverses. Ceux qui sont partis volontairement sans laisser d'adresse et sans esprit de retour, pour fuir une famille, une femme, des créanciers, une police ou un régime politique. Ceux qui sont partis volontairement en voyage, avec l'esprit de retour, mais où le retour n'a jamais eu lieu. Ceux qui sont partis pour la guerre et n'en sont pas revenus, du moins avec les autres [60]. Ceux qui disparaissent faussement afin de faire naître au profit d'un tiers le droit à l'assurance sur la vie qu'ils avaient souscrite, ce qui est une absence frauduleuse. Également frauduleuse est l'hypothèse inverse où les successibles d'une personne vivante la déclarent faussement disparue, afin de s'emparer de sa succession.

Situations qui doivent être distinguées des amnésiques, des non-présents et des taisants. Des uns et des autres, on sait qu'ils sont vivants, mais inactifs. L'amnésique ignore son passé et son identité. Le non-présent ne peut gérer son patrimoine parce qu'il est retenu contre sa volonté loin de son domicile. Le taisant oppose un mutisme et une inertie irréductibles (par exemple, il ne répond jamais aux lettres), ce qui paralyse l'administration et la liquidation des successions : la bête noire des notaires. La loi du 23 juin 2006 relative aux successions s'est efforcée de remédier aux inconvénients que suscitent les non-présents et les taisants au moyen d'un mandat judiciaire (aux effets limités) confié à un notaire (art. 813-1).

En 2006 ont été présentées 302 demandes de constatation de présomption d'absence, 199 demandes de déclaration d'absence et 255 demandes de jugements déclaratifs de décès en cas de disparition [61].

Seront successivement étudiées l'absence (§ 1) et la disparition (§ 2).

§ 1. Absence

15. Incertitudes sur la vie et la mort. — Dans le Code Napoléon, le régime de l'absence était marqué par la succession de trois phases, séparées par de longs délais ; elles étaient toutes

---

59. Ce qui, jusqu'en 1830, avait suscité un contentieux. Ex. : Cass. civ., 9 mars 1819, *Jur. gén.*, v° *Absence-absent*, n° 641. En 1812, le jeune Armand, âgé de 20 ans, avait été incorporé dans le 1er régiment des voltigeurs de la garde ; il était parti avec son régiment pour la campagne de Russie ; le 3 décembre (peu après la Bérézina), en revenant de Moscou, il était resté en arrière de son corps et était rayé des contrôles de sa compagnie. Une succession lui fut dévolue en 1813 : ses héritiers pouvaient-ils la recueillir ? Une loi du 11 ventôse an II (jamais abrogée) réputait vivants « *les défenseurs de la patrie* » à l'effet de recueillir les successions ouvertes à leur profit ; la question posée aux juges était de savoir si l'on pouvait être un « *défenseur de la patrie* » quand on avait été rayé des cadres. Réponse : oui, si les circonstances le démontrent.

60. Le thème littéraire est classique : Ulysse (son absence dura 20 ans), *Le colonel Chabert* de Balzac (guerres napoléoniennes) (qui a inspiré deux films : 1943 avec Raimu, 1994 avec Gérard Depardieu) et *Le voyageur sans bagage* de Jean Anouilh (guerre de 14) dont Anouilh a, en 1943, tiré un film aussi noir que sa pièce, avec Pierre Fresnay inoubliable, et Jean Giraudoux, *Siegfried*, 1928 : pendant la guerre de 1914, un soldat français disparut ; amnésique, il fut soigné dans un hôpital militaire allemand, puis devint le maître de sa nouvelle patrie ; curieux symbole (surtout à l'époque) des relations franco-allemandes et de la guerre.

61. *Annuaire statistique de la justice*, 2008.

dominées par l'incertitude, où les perspectives de vie et de mort changeaient au fur et à mesure que le temps s'écoulait : au début, pari sur la vie ; à la fin, pari sur la mort. Le rythme du temps était lent.

La loi de 1977 n'a fait disparaître ni l'incertitude ni son évolution ; elle s'est bornée à en accélérer le rythme, tirer des conséquences de la probabilité de la mort et simplifier le régime [62]. L'absence est désormais divisée en deux étapes : la présomption (I) et la déclaration d'absence (II), toutes deux constatées par le juge. La seconde peut ne pas être précédée par la première et s'en trouve retardée ; la première peut ne pas être suivie par la seconde : la situation est alors définitivement provisoire (si l'on peut dire).

I. — Présomption d'absence

A. Conditions

La présomption d'absence suppose des conditions de fond et des conditions d'exercice, prévues les unes et les autres par l'article 112.

16. Conditions de fond et d'exercice. — Quant au fond, pour qu'une présomption d'absence puisse être constatée, il faut mais il suffit qu'une personne ait « *cessé de paraître au lieu de son domicile ou de sa résidence sans que l'on en ait eu de nouvelles* » (art. 112). La loi n'impose donc aucune condition de délai ; cependant, s'il s'est écoulé 20 ans depuis les dernières nouvelles, on peut d'emblée passer à la deuxième phase, la déclaration d'absence.

Les conditions d'exercice qui permettent la constatation de la présomption d'absence sont légères. Toute personne qui y a intérêt, même le Ministère public, qui doit veiller aux intérêts des incapables, peut la provoquer. La constatation en est faite par le juge des tutelles, juge qui organise la protection des incapables. Le rapprochement n'est pas fortuit : la condition de l'absent ressemble à celle de l'incapable. Le juge des tutelles vérifie l'existence des conditions qui constituent l'absence, mais n'en apprécie pas l'opportunité.

B. Effets

Ce qui caractérise la présomption d'absence est que le présumé absent est, malgré les doutes sur son existence, présumé vivant, au moins à certains égards. Il faut veiller à ses intérêts patrimoniaux parce qu'il ne donne plus signe de vie.

17. Présomption de vie. — Toute personne est présumée vivante, même si elle est présumée absente [63]. La présomption d'existence du présumé absent n'est pas

---

62. **Biblio.** : A. Breton, « L'absence selon la loi du 28 décembre 1977, Variations sur le thème de l'incertitude », *D.* 1978, chr. 241.
63. À l'égard des pensions de vieillesse et de la Sécurité sociale, les arrêts sont divisés. **1°** Selon les plus nombreux, le présumé absent est présumé vivant : Ex. : Cass. soc., 19 févr. 1998, *Bull. civ.* V, n° 97 : « *M. Eymar-Dauphin, disparu de son domicile le 14 juin 1984 et déclaré présumé absent le 27 septembre 1985, doit être tenu pour vivant, en sorte que, jusqu'au jugement déclaratif d'absence, la personne désignée pour le représenter doit continuer à percevoir les arrérages de sa pension de vieillesse, celle-ci étant la contrepartie des cotisations versées au cours de son activité professionnelle.* » ; **2°** Selon d'autres, le conjoint du présumé absent ne peut obtenir la pension de réversion qu'en prouvant l'existence de son époux. Ex. : Cass. soc., 9 juill. 1992, *Bull. civ.* V, n° 464 ; *Défrénois* 1993.290, n. J. Massip, « *Le service d'une pension de réversion du régime général de la sécurité sociale obéit à des règles propres [...] ; l'obligation de verser ces arrérages cesse à partir du jour où le titulaire de la pension a disparu de son domicile, qu'il ait été ou non déclaré en état de présomption d'absence* ».

énoncée par les textes, mais affirmée par beaucoup de commentateurs de la loi qui se fondent sur les travaux parlementaires, sur un *a contrario* de l'article 128 [64] et sur une déduction de l'article 725, alinéa 2 [65].

Pourtant, il existe des cas où le présumé absent ne peut exercer les droits impliquant la preuve de sa vie ; par exemple, la rente viagère ; l'article 1983 dispose : « *Le propriétaire d'une rente viagère n'en peut demander les arrérages qu'en justifiant de son existence* » [66] ; ou une créance alimentaire ; ou le bénéfice de l'aide sociale ; ou la rémunération d'une activité [67].

18. Protection du patrimoine. — La constatation judiciaire de la présomption d'absence produit deux conséquences patrimoniales. D'une part, elle permet d'organiser une administration judiciaire du patrimoine de l'absent, calquée sur celle d'un mineur (art. 113) : le juge peut désigner un parent ou un allié, voire un tiers pour représenter le présumé absent et administrer ses biens (art. 113) [68] ; ce représentant pourra se faire rémunérer (art. 114, al. 3). À cet égard, les règles légales comportent une extension et une limitation.

L'extension a pour objet les non-présents, c'est-à-dire les « *personnes qui, par suite d'éloignement, se trouvent malgré elles hors d'état de manifester leur volonté* » (art. 120) : par exemple, une personne retenue en otage, ou bien en déplacement dans une région avec laquelle les communications sont interrompues : elle n'est pas absente (au sens juridique), puisqu'il n'y a pas d'incertitude sur son existence ; mais comme l'absent, elle ne peut pourvoir à ses intérêts. Une restriction : la protection judiciaire du patrimoine du présumé absent a un caractère subsidiaire : elle ne s'applique ni quand l'intéressé a laissé une procuration pour le représenter ou administrer son bien, ni quand son conjoint peut assurer la protection des intérêts en cause par l'application du régime matrimonial [69] (art. 121) ; dans ces deux cas, il n'est pas nécessaire d'organiser la protection des intérêts du présumé absent, autrement assurée.

La constatation judiciaire de la présomption d'absence permet d'abréger à dix ans le délai de vingt ans aux termes duquel la déclaration judiciaire d'absence peut être prononcée (art. 122).

II. — Déclaration d'absence

Si l'absence de nouvelles et la non-présence se prolongent, la mort devient probable : le tribunal peut prononcer une déclaration d'absence ; les conséquences en sont importantes (B.) ; aussi ses conditions sont rigoureuses (A.).

---

64. L'article 128 prévoit que le jugement déclaratif d'absence produit les mêmes effets qu'un acte de décès ; *a contrario,* pas le jugement énonçant la présomption d'absence.
65. Voici le raisonnement en forme de syllogisme. Pour succéder, il faut exister lors de l'ouverture de la succession (art. 725, al. 1) ; or le présumé absent peut succéder (art. 725, al. 2) ; donc le présumé absent est présumé vivant.
66. Cass. civ. 1re, 12 janv. 1994, *Bull. civ.* I, n° 22 ; *JCP* G 1994.II.22.331, n. crit. Y. Dagorne-Labbé ; *RTD civ.* 1994.833, obs. J. Hauser : en l'espèce, l'existence d'une tutelle sur le crédit-rentier laissait « *présumer que celui-ci était en vie* ».
67. Ex. : Bordeaux, 20 mai 1997, *Défrénois* 1998, art. 36802, n. J. Bernard de Saint Affrique ; en l'espèce, un employé à un office d'HLM avait décidé de disparaître et ne rejoignit pas son service ; jugé que l'administration pouvait le rayer des cadres.
68. Cass. civ. 1re, 17 mars 1987, *Bull. civ.* I, n° 93 ; *Défrénois* 1987, art. 34044, n° 59, p. 1068, obs. J. Massip ; *Gaz. Pal.* 2 janv. 1988, m. n. : « *Le juge des tutelles a un pouvoir souverain pour apprécier s'il doit procéder ou non au remplacement de l'administrateur précédemment désigné* ».
69. Lorsqu'un époux est hors d'état d'exprimer sa volonté, son conjoint peut se faire habiliter en justice à le représenter (art. 219), ou se faire autoriser à passer seul un acte pour lequel le concours de l'époux était nécessaire (art. 217).

A. Conditions

Les conditions de fond et d'exercice sont plus contraignantes pour prononcer une déclaration d'absence que lorsqu'il s'agit de présomption d'absence.

19. Dix ou vingt ans. — Lorsqu'il s'agit de déclaration d'absence, la loi impose une condition de fond, un délai, inexistant pour la présomption d'absence. Délai qui varie selon les cas. 1) S'il y a eu une constatation judiciaire de la présomption d'absence, il est de dix ans et court du jugement ; cette constatation peut résulter de la procédure qui vient d'être décrite, ou de celle qui résulte d'un transfert de pouvoirs entre époux si ce transfert a eu l'absence pour cause. 2) Sans constatation judiciaire de l'absence, la déclaration d'absence est possible au bout de vingt ans.

20. Requête. — La condition d'exercice consiste en une demande adressée au juge, qui est une requête parce que la procédure n'est pas contradictoire. Elle peut être faite par toute personne intéressée ou même par le Ministère public. Elle doit être publiée ; la publicité prévue par la loi (art. 123) n'est guère formaliste ; comme la plupart des publicités légales, elle n'est pas efficace : des extraits de la requête doivent être publiés dans deux journaux du département ou du pays étranger dans lequel le prétendu absent avait son domicile ou sa résidence. Le tribunal peut ajouter d'autres mesures de publicité, s'il les juge utiles. S'il décide de déclarer l'absence, des extraits du jugement doivent être publiés dans les mêmes conditions et mentionné dans ses actes de l'état civil (art. 127).

La requête est transmise par le Ministère public au tribunal (art. 124), non au juge des tutelles qui n'est compétent que pour constater une présomption d'absence. Le tribunal examine non seulement si la condition de délai est remplie, mais « *les circonstances qui peuvent expliquer le défaut de nouvelles* » : il doit être convaincu que le décès est probable.

B. Effets

21. Présomption de décès. — La déclaration d'absence rend probable le décès et en produit les effets juridiques (art. 128) ; à la différence des droits étrangers (italien, suisse et allemand), la loi distingue, avec une subtilité sans doute excessive, le jugement déclaratif d'absence et le jugement déclaratif de décès bien qu'ils aient un et l'autre presque les mêmes conséquences.

La déclaration d'absence est prononcée par le tribunal de grande instance et produit, sans rétroactivité, tous les effets du décès : ouverture de la succession, dissolution du régime matrimonial et du mariage.

22. Retour de l'absent. — Si l'absent revient, ses héritiers doivent lui restituer ses biens dans l'état où ils se trouvent, le prix de ceux qui ont été aliénés et ceux acquis en remploi des capitaux ou des revenus échus à son profit (art. 130), ce qui est une hypothèse de subrogation réelle : un bien est substitué à un autre avec la même affectation. Les héritiers conservent les revenus des biens et les intérêts des capitaux pour ne pas être écrasés par le poids de la restitution (pourtant, ils n'étaient propriétaires ni de ces biens ni de ces capitaux). Si la déclaration d'absence a été frauduleuse, les héritiers doivent restituer en outre les revenus produits par les biens et leurs intérêts légaux à compter de leur perception (art. 131), ce qui est une sanction de la fraude.

En tout état de cause, le mariage de l'absent demeure dissous (art. 132).

§ 2. Disparition

23. La vie en danger. — Depuis 1945, une procédure plus simple et plus rapide, la disparition, permet de déclarer judiciairement le décès, lorsqu'une personne a disparu « *dans des circonstances de nature à mettre sa vie en danger* », sans que le corps ait été retrouvé (art. 88, al. 1) : par exemple, une catastrophe minière, un naufrage [70], un grand incendie, un raz de marée, et surtout une guerre ; la loi assimile à cette hypothèse celle où le décès est certain lorsque le corps n'a pu être retrouvé (art. 88, al. 3). La mort étant alors très probable, la loi a jugé inutile d'engager les héritiers dans la lourde procédure de l'absence. Le tribunal fixe la date de la mort sur de simples présomptions, et tout se passe comme si le décès avait été constaté par un acte d'état civil ordinaire. Le jugement déclaratif de décès produit effet au jour de la mort présumée. Sauf cette rétroactivité, ses effets sont ceux d'un jugement déclaratif d'absence.

Nos 24-99 réservés.

---

70. Ex. : Cass. civ. 1re, 14 mars 1995, *Bull. civ.* I, n° 125 ; *Defrénois* 1995, art. 36.210, n° 123, obs. J. Massip ; *RTD civ.* 1995.323, obs. J. Hauser : « *le navire à bord duquel il* (le disparu) *se trouvait était au large, par mer agitée d'une température de 9°* ».

■ TITRE II ■

IDENTIFICATION DE LA PERSONNE

100. Différents modes d'identification. — Les modes d'identification de la personne ont évolué [1]. On évoquera schématiquement les droits antiques, puis, plus longuement, le droit civil positif et enfin quelques mots sur des procédés contemporains n'ayant pas encore pénétré le droit civil.

1) Dans les droits antiques, l'identification de la personne était faite par son nom, celui de son père et son pays [2]. Il était inutile d'indiquer le domicile ou la résidence dans une petite communauté où presque tout le monde se connaissait.

2) Dans le droit civil positif, en ses données classiques, trois éléments permettent d'identifier la personne : le nom la désigne (s/titre I), le domicile la situe (s/titre II), l'état civil l'enregistre (s/titre III).

Le nom, le domicile et les actes de l'état civil traduisent la complexité de la personne et de son identification. Ils sont d'abord des institutions de police civile, soucieuses d'identifier la personne et donc dominées par des considérations d'intérêt public. Mais ils ne sont pas que cela.

3) D'autres éléments, plus modernes par leur technique, permettent aussi d'identifier la personne : ils sont plus scientifiques, mieux individualisés, mais n'expriment pas la personnalité de l'individu. Ils sont surtout utilisés par l'administration et la police. Ainsi, une photographie, un numéro (par ex. celui de la Sécurité sociale), les empreintes digitales, l'informatique.

Plus récemment, les empreintes génétiques sont devenues des modes d'identification en ayant été encadrées par la loi (C. civ., art. 16-11 ; C. santé publ., art. L. 1131-1). Elles supposent des mesures d'enquête ou d'instruction ordonnées lors d'une procédure judiciaire. La loi du 20 novembre 2007 relative à la maîtrise de l'immigration, à l'intégration et à l'asile permet l'utilisation de tests génétiques, afin d'établir la filiation lorsque dans les pays de l'intéressé n'existent pas ou sont douteux les actes d'état civil (C. entrée et séjour des étrangers [...], art. L. 116-6, al. 2). Cette règle, assez discutable, sera peut-être remise en cause lors de la prochaine révision des lois sur la bioéthique. Les empreintes génétiques des personnes condamnées à une peine d'emprisonnement sont conservées dans le fichier national automatique des empreintes génétiques, de façon à rechercher les auteurs d'infractions à l'aide de leur « profil génétique ». Elles sont conservées pendant quarante ans pour les personnes définitivement condamnées et

---

1. **Biblio. :** *L'identité de la personne humaine*, dir. J. POUSSON-PETIT, Bruylant, 2002.
2. Ex. : HOMÈRE, *L'Odyssée*, X, 325 : Circé s'adresse à Ulysse : « τιζ ποθευ ειζ ανδρων ποθι τοι πολιο ηδε τοχη εζ ? (Qui es-tu, quels sont ton peuple, ta ville et ta famille ?). M. BRUGUIÈRE, « Le domicile dans les droits antiques », *Ét. G. Marty*, Toulouse, 1978, p. 199-219.

vingt-cinq ans pour celles qui ont été mise en cause (plus de 600 000 fiches ; en Grande-Bretagne, 3 millions). En matière civile, la loi impose le consentement de l'intéressé, même après son décès (L. 6 août 2004), ce qui condamne la jurisprudence antérieure relative à des affaires de recherche ou de contestation de paternité [3].

101. Identité de la personne et état civil. — L'identification de la personne constitue un élément de son état [4] civil, c'est-à-dire la place qu'elle occupe pendant sa vie dans la société et dans la famille auxquelles elle appartient : le fait d'*être*[5]. L'état en traduit les qualités permanentes, celles qui ne changent pas selon le lieu où elle se trouve : la nationalité, la filiation, le mariage et le sexe [6].

Bien qu'ils soient aussi importants pour déterminer une personnalité, la vieillesse [7], la santé [8], la religion [9], la profession, la vie privée [10], la fortune [11], la culture, l'environnement, l'origine [12] et l'inconscient n'en font pas partie, soit parce qu'ils sont trop changeants (la vieillesse et la santé) ou trop inconnus (la culture, l'environnement et l'inconscient), dépendent trop de la volonté (la profession) ou à cause de la laïcité de notre droit (la religion).

N°s 102-107 réservés.

---

3. Ex. : Paris, 6 nov. 1997, aff. *Yves Montand, D.* 1998.122, n. Ph. Malaurie ; TGI Orléans, réf. 18 oct. 1999, *D.* 2000.620, n. B. Beignier. Pour une recherche de paternité naturelle *post-mortem*, la Cour de cassation juge suffisant le consentement des héritiers du défunt : Cass. civ. 1re, 13 juill. 2001, *Bull. civ.* I, n° 203 ; *Defrénois* 2002, art. 37478, n° 4, obs. J. Massip ; *RTD civ.* 2001.863, obs. J. Hauser.

4. **Étymologie** d'état : du latin *status, us* = état de repos, immobilité ; dérivé du verbe *sto, are* = exister, se maintenir.

5. Pour le judaïsme, plus que la personne et son nom, l'essence de l'existence et de la vie se trouve dans l'être. Dieu se nomme à Moïse : « *Je suis celui qui suis* » (Exode : 3,14) ; le nom place l'être dans l'univers : « *l'homme donna un nom à tous les bestiaux, aux oiseaux du ciel et à toutes les bêtes sauvages* » (Gen., 2, 20). Il ne s'agit donc pas seulement de la personne humaine mais de toute existence animée.

6. Sur l'atteinte que la transsexualité apporte à la stabilité de l'état, *supra*, n° 9.

7. G. Cornu, « L'âge civil », *Ét. Roubier*, Dalloz, 1961, t. II, p. 9-36 ; G. Lyon-Caen, « Une vieillesse sans droits », *D.* 1991, chr. 111 ; Ph. Malaurie, « Le grand âge », *Defrénois* 2009, art. 38887 ; au contraire, la jeunesse est constitutive d'une incapacité, la minorité. J. Savatier, « Âge et travail », *Ét. J. Pélissier*, Dalloz, 2004.

8. R. Savatier, « Un attribut essentiel de l'état des personnes : la santé humaine », *D.* 1958, chr. 95. Lorsque la maladie altère les facultés mentales d'une personne majeure, elle est la cause d'une protection juridique (qu'on appelait naguère une incapacité), celle des majeurs protégés.

9. J. Carbonnier, n. *D.* 1948.581.

10. Cass. crim., 16 avr. 1980, *D.* 1981.68, n. crit. J. Mestre. En espèce, il a été décidé que la loi du 9 juillet 1970 déclarant applicables dans les territoires d'outre-mer les « *dispositions relatives à l'état et à la capacité des personnes* » ne comprenait pas les règles pénales protégeant le droit de chacun au respect de sa vie privée (C. civ., art. 9) ; Cass. civ. 1re, 13 avr. 1988, aff. *Farah Dibah, Bull. civ.* I, n° 98 ; *JCP* G 1989.II.21320, n. E. Putman : en droit international privé (des photographies de l'ancienne impératrice d'Iran avaient été publiées par un magazine français) : « *les conséquences de l'atteinte à la vie privée d'une personne ou la violation du droit qu'elle possède sur son image relèvent de la loi du lieu où ces faits ont été commis* » ; ce n'est donc pas une règle faisant partie de l'état des personnes, qui, elle, relève de la loi nationale.

11. *Infra*, n° 324.

12. Sur le droit de connaître ses origines : CEDH, 13 févr. 2003, *Odièvre c. France, JCP* G 2003.II.10049, n. Fr. Sudre et A. Gouttenoire-Cornut ; Ph. Malaurie, *JCP* G 2003.I.120 ; Bl. Mallet-Bricourt, *D.* 2003.1240.

■ Sous-Titre I ■

Nom

108. Le nom et la personne. — Plus encore que le domicile, le nom identifie la personne[1] ; derrière cette identification, il y a un individu, avec sa personnalité intime et secrète[2] ; il y a surtout les autres (la famille, présente, passée et future, les tiers, la société, l'État). Le nom est la moins rationnelle des identifications, ce qui en explique la richesse. Sa valeur sociale tient à ce qu'il implique, plus ou moins, le rattachement d'une personne à un groupe social ; il évoque l'histoire familiale de la personne qu'il désigne, en même temps que, de manière incertaine, il en suggère l'origine territoriale, l'appartenance à une culture, à une région ou à un État ; maintenant, il essaye de traduire une des idéologies modernes, l'égalité entre les sexes et entre les filiations.

Ce rattachement est mystérieux, car il a une signification mystique[3], touchant aux profondeurs de la vie sociale, de la famille et de la personne[4]. Enracinement dans une histoire, source de prestige ou de vanité (les noms illustres), de préjudice (les noms odieux ou ridicules) ou de profit (le nom commercial), le nom n'est pas neutre : instrument de police, droit individuel, expression d'une appartenance familiale, il est aussi un phénomène de civilisation ou, pour employer le langage d'aujourd'hui, un signe culturel. On compare parfois le nom à un masque[5], car la personne se cache toujours : son masque de théâtre (*persona*)[6], son visage, son nom. Le nom a des facettes multiples.

109. Antinomies du nom. — Les diverses fonctions du nom expliquent ses antinomies : entre l'usage non écrit et la loi, parlementaire ou réglementaire ; entre la personne, la famille et l'État ; entre la liberté et le commandement ; entre la

---

1. **Biblio.** : G. Loiseau, *Le nom, objet d'un contrat*, th., Paris I, LGDJ, 1997.
2. *Cf.* Le duo d'amour de Roméo et Juliette (A. II, Sc. 2) : « Juliette : *Qu'y a-t-il dans un nom ? Ce que nous nommons rose sous un tout autre nom a un parfum aussi suave ; Roméo, s'il ne s'appelait pas Roméo, resterait cette adorable merveille qu'il possède sans aucun titre. Roméo, abandonne ton nom, et pour ton nom qui ne fait pas partie de toi, prends-moi tout entière. Roméo : Je te prends au mot. Appelle-moi seulement amour, et j'aurai un baptême nouveau. Désormais, plus jamais je ne serai Roméo.* »
3. Exode, 3, 13 : « Moïse dit à Dieu : Voici, je vais trouver les Israélites et je leur dirai : "Le Dieu de vos pères m'a envoyé vers vous." Mais s'ils me disent : "Quel est son nom ?" Que leur dirai-je ? Dieu dit à Moïse : "Je suis celui qui est" ».
4. Ex. : Le fait de s'appeler de La Rochefoucauld, Dupont, Lévy, Smith, Boivert, Greenwood, Mahmoud ou Le Van Vien n'a pas, pour la plupart des personnes, la même signification.
5. M. Gobert, « Le nom ou la redécouverte d'un masque », JCP G 1980.I.2966.
6. *Supra*, n° 1.

volonté de l'individu et les limites que lui impose la société ; entre l'idéologie égalitaire (l'égalité de l'homme et de la femme) et le poids de la tradition ; entre la nation et l'étranger ; entre la non-patrimonialisation et le commerce.

110. Usage et loi. — Le nom dépend d'abord de l'usage, comme tout ce qui relève de la langue ; c'est l'usage qui l'a fait naître et le fait vivre. Il est aussi soumis à la loi écrite : l'identification d'une personne, surtout dans une société aussi nombreuse et agitée que la nôtre, ne peut accepter un nom imprécis, variable selon les moments, les lieux, la volonté de l'intéressé et les attitudes des autres. Cette antinomie met ainsi en jeu la source juridique du nom : usage, loi ou règlement ? Elle met aussi en cause sa fixité ou ses changements.

Dans ce domaine, comme dans d'autres, la loi (L. 4 mars 2002 souvent modifiée) et le droit européen exprimé par la Cour européenne des droits de l'homme [7] interviennent de plus en plus en raison de l'idéologie unitaire et égalitaire de l'Europe, traduisant une indifférence à l'histoire, à la tradition et à la diversité des cultures : mais la loi nouvelle n'est pas impérative et l'usage continuera d'exercer sans doute un rôle prépondérant.

111. Personne, famille et État. — Le nom est enraciné dans le tréfonds de la personne, puisqu'il en est le signe. Il est aussi l'expression de son appartenance à un groupe familial. Ces deux aspects ne se contredisent pas, car une personnalité dépend en partie du groupe familial auquel elle appartient : le nom fait partie de l'état de la personne et du droit civil. Et l'on comprend ainsi les règles d'attribution du nom : par la filiation et par le mariage, c'est-à-dire par la famille.

De même, il est lié à l'État, car il est une institution de police permettant d'identifier une personne. Là aussi, l'opposition n'est pas tranchée : une personnalité dépend, en partie, du groupe national auquel elle appartient ; le nom relève des lois de police et du droit administratif. Et l'on comprend la dépendance du nom aux services de l'état civil.

112. Liberté, volonté et commandement. — Les interférences entre la liberté et le commandement et entre la personnalité, la famille et l'État mêlent tous les aspects du nom : la combinaison en est compliquée. Si le nom exprimait seulement une personnalité, il devrait uniquement dépendre de la volonté individuelle de celui qui le porte : chacun devrait pouvoir se définir comme il l'entend ; on comprend le régime du pseudonyme, librement choisi par son auteur ; on comprend aussi le rôle important que depuis 2002 la loi confère à la volonté individuelle, traduisant la place croissante que celle-ci joue maintenant dans le droit de la famille. Si le nom était seulement un procédé d'identification de la personne, il devrait uniquement dépendre de l'État ; on comprend le régime de la fixité du nom. S'il traduisait seulement une appartenance à une famille, il devrait uniquement dépendre de celui ou de ceux qui dirigent la famille ; on comprend le régime traditionnel du prénom, son choix, ses changements et l'attribution du nom de famille.

Si le nom exprime, comme une langue, la civilisation d'une société et son histoire, il est lié aux usages sociaux, à des pratiques administratives, des habitudes individuelles et familiales, des actes de volonté individuelle et des idéologies passionnelles. S'impose ainsi l'entrelacs complexe de la loi, de la volonté individuelle et de l'usage. Sauf avec de grandes contraintes, à elle seule, la loi serait impuissante à régir le tréfonds d'une personne : toute l'histoire de ses échecs est là pour le montrer. À elle seule, la volonté individuelle serait également impuissante. Le pouvoir de l'usage est aussi incertain que l'est l'inconscient collectif.

113. Nation et étranger. — Le nom est l'expression d'une communauté nationale. La nation française est de plus en plus ouverte ; ses nationaux ont souvent des origines multiples : des Germains, des Latins, des Celtes, des Africains, des Basques, des Juifs, des Arabes, des Vikings, des Anglais, des Écossais, des Slaves, des Chinois, etc. ; il y a de nombreux étrangers, de passage ou

---

7. CEDH, 22 févr. 1994, *Burghartz c. Suisse*, D. 1995.5, n. J. P. Marguénaud ; JCP G 1995.I.3823, n° 31, obs. Fr. Sudre : « *La progression vers l'égalité des sexes est aujourd'hui un but important des États membres du Conseil de l'Europe ; partant, seules des considérations très fortes peuvent amener à estimer compatibles avec la Convention* (Conv. EDH) *une différence de traitement fondée exclusivement sur le sexe* » ; sur cet arrêt, v. aussi *infra*, n°s 110 et 148.

sédentaires ; il y a aussi des naturalisés. Cette multiplicité d'origines se retrouve dans le nom. Le nom est une rencontre avec l'étranger, sa langue et ses caractères (dans tous les sens du mot). Et l'on comprend la francisation des noms étrangers.

114. Extrapatrimonialité et commerce. — Le nom est en principe en dehors et au-dessus du patrimoine, comme la personne. Il est aussi un signe, source de réputation et de profits. Dans une société dominée par l'argent, comme l'est devenue la nôtre, il y a une tendance à la commercialisation du nom. Et l'on comprend le régime du nom commercial et ses relations avec le nom de famille qui ne cessent de se distendre.

115. Conclusion : nom et idéologies. — La multiplicité de ces données explique le caractère complexe qu'a pris le nom dans la société contemporaine. Complexité encore plus marquée par les lois du 4 mars 2002 et du 18 juin 2003, inspirées par les idéologies contemporaines : égalité entre l'homme et la femme, entre les enfants légitimes et naturels, influences des droits étrangers et de la jurisprudence de la Cour européenne des droits de l'homme.

Seront successivement examinés les éléments et l'attribution du nom (Chapitre I), sa nature juridique et son régime (Chapitre II).

N° 116 réservé.

CHAPITRE I

ÉLÉMENTS ET ATTRIBUTION DU NOM

Section I
ÉLÉMENTS DU NOM

117. Histoire. — La configuration du nom varie avec les peuples ; elle est diverse selon les structures sociales, l'histoire des nations et leurs idéologies. On se bornera à en donner un schéma. La ligne d'évolution est simple : d'une appellation individuelle, il est devenu la désignation d'une situation familiale, elle-même changeante [1].

Primitivement, le nom était unique et individuel, chaque individu n'en avait qu'un parce que le nom de la personne était la personne elle-même. Par exemple, chez les Hébreux : Adam ou Ève ; ces noms avaient généralement un sens religieux et étaient souvent théophores [2]. Chez les Grecs, le nom était également individuel et avait une signification moins mystique, plutôt physique ou morale [3]. Deux conceptions du monde.

Peu à peu, il est devenu familial ; en même temps qu'il désignait l'individu, il en a indiqué l'origine. 1) Dans une première étape, a été ajouté au nom individuel celui du père : le nom individualisait la personne, en marquant sa filiation, exprimée par un génitif [4]. 2) Dans une deuxième étape, a été ajoutée au nom individuel à signification familiale une caractéristique personnelle ; par exemple, chez les Romains, le nom était composé de trois éléments : le *nomen*, le *prenomen* et le *cognomen* [5]. 3) Dans une troisième étape, le mécanisme a été simplifié, avec l'adjonction d'éléments politiques et religieux. Par exemple, pendant l'Ancien droit, le nom comportait d'abord le nom de baptême, que l'on appelait aussi le petit nom, le nom propre ou le prénom (*Christian Name,* disaient les Anglais) qui, primitivement, était le vrai nom de l'individu ; il était un nom chrétien, souvent biblique, traduisant l'appartenance religieuse de l'intéressé. À ce nom, s'était, pour les nobles, ajouté celui du fief ou le titre nobiliaire, expressions d'un ordre social et affirmations d'un pouvoir. Chez les roturiers, au nom de baptême s'était adjointe une

---

1. **Biblio. s. l'histoire** : A. LEFEBVRE-TEILLARD, *Le nom. Droit et histoire*, PUF, 1990 ; J.-Ph. LÉVY et A. CASTALDO, *Histoire du droit civil*, Dalloz, 2002, n°s 48 s.
2. Ex. : Jean = Dieu accorde ; Matthieu = don de Dieu ; Gabriel = l'homme de Dieu ; Emmanuel = Dieu avec nous ; Michel = qui peut ressembler à Dieu ; Raphaël = Dieu guérit ; Abraham = le père est en haut ; Israël = fort contre Dieu ; Joseph = Dieu ajoute, etc.
3. Ex. : Alexandre = celui qui repousse l'ennemi ; Démosthène = la force du peuple ; André = viril ; Eulalie = celle qui est éloquente ; Philippe = l'ami des chevaux ; Nicolas = la victoire du peuple.
4. **Étymologie** de génitif : *genitivus, a, um* = celui qui engendre ; cf. aussi génital. Ex. : chez les musulmans, Mohamed ben Mahmoud = Mohamed, fils de Mahmoud ; chez les Russes, Ivanovitch = le fils d'Ivan ; chez les Anglais, Smithson = le fils de Smith.
5. Ex. : Marcus Tullius Cicero. Marcus est le prénom ; Tullius désigne la *gens* (le groupe familial) à laquelle l'intéressé appartient ; Cicero (= pois chiche) est un sobriquet, c'est-à-dire un surnom (*cognomen* = *cum* (= avec) + *nomen* (= nom)) qui individualise la personne par un de ses traits physiques.

identification par un sobriquet, le surnom (*Surname*, disent les Anglais), évoquant la profession, une malformation physique ou le lieu dans lequel vivait l'intéressé [6].

118. Moyen-Âge : révolution onomastique, patronyme. — Entre le XIIe et le XVe siècles, selon les régions, le sobriquet s'est conservé dans la famille ; il s'est alors transformé et devenu le patronyme. Ce fut une énorme révolution silencieuse, la révolution onomastique, d'autant plus qu'à partir de l'ordonnance de Villers-Cotterêts (1539), les curés des paroisses ont dû tenir les registres de baptême, qui mentionnaient le nom de baptême et le patronyme.

La révolution onomastique est un événement capital dans l'histoire de la France, de sa civilisation, et même, plus généralement, dans celle de l'Occident. Elle a fixé la personnalité de l'individu dans ses deux racines, la famille et la terre. D'abord, tous et même les serfs ont eu, avec le christianisme, le nom de baptême que l'Église leur avait donné. Leur personnalité s'est épanouie et leur condition familiale s'est affirmée du jour où leur surnom s'est transmis par effet de l'usage, de père en fils ; le patronyme était né.

Apparaît ainsi dans son nom le double visage de la personne humaine. Son patronyme, devenu le nom de famille, traduit son appartenance à une famille ; son prénom l'individualise. Chaque être est à la fois différent et semblable au sein de sa famille. C'est ainsi que s'est façonné, depuis plus de dix siècles, l'homme de l'Occident : un être libre aux racines solides.

119. Temps contemporains ; crise du patronyme ; nom de famille. — Ces règles se sont appliquées au fil du temps sans trop de heurts, avec des modifications mineures, jusqu'à aujourd'hui où le développement de deux idéologies, l'égalité et la liberté, a suscité la crise du patronyme. D'abord, l'égalité de sexes. Pourquoi, s'était-on demandé, le privilège de masculinité que traduisait le mot même de « patronyme » [7] ? La femme de l'Occident n'était-elle pas autant que l'homme un être libre aux racines solides ? Pourquoi l'enfant n'acquerrait-il que le nom de son père ? Était-ce le père seul qui l'avait engendré, sans la mère ? Et l'épouse ? Quel est son nom ? Celui de son père ou celui de son mari ? N'en aurait-elle pas un qui lui soit propre ? Pourquoi ne pas venir à un « nom parental », de la même manière qu'on a substitué l'autorité parentale à l'ancienne puissance paternelle ? Puis, la liberté : pourquoi s'être fait imposer un patronyme, alors qu'est devenue si grande la liberté de choisir un prénom ?

La crise du patronyme présente, à première vue, des aspects insignifiants, parfois dérisoires, car elle est le fait d'une partie très minoritaire de l'opinion et ne touche pas le profond de la société ; mais elle en traduit l'évolution lente. Pour exprimer l'égalité des sexes dans le nom et une certaine aspiration à la liberté, plusieurs propositions avaient précédé la loi de 4 mars 2002. Ou bien affirmer et maintenir l'unité de la famille : un seul nom pour le père, la mère et les enfants, qui pouvait être celui du père ou de la mère, ou des deux ensemble. Ou bien, plus de noms de famille : chacun le sien ; et l'unité de la famille, la racine de la plupart des êtres, son passé, son histoire ?

La loi de 23 décembre 1985 avait essayé de résoudre le casse-tête de l'onomastique égalitaire et libérale, en faisant appel à l'usage, le maître de la matière ; elle a créé un nouveau nom, le nom d'usage, dont la pratique a peu usé. La loi du 4 mars 2002 a franchi le pas. Elle était si compliquée qu'elle a été modifiée par celle du 18 juin 2003, qui, pratiquement, s'était bornée à en retarder l'application au 1er janvier 2005 ; le double nom, contraire à nos traditions et à notre psychologie sociale, sera probablement peu utilisé et le nom du père continuera à s'appliquer dans plus de 90 % des cas : l'usage sera plus fort que la loi.

---

6. J. BRISSAUD, *Manuel d'histoire du droit français*, 1898, p. 474. Ex. : liste des serfs de l'abbaye de Déols (1223) : *barba nova* (barbe neuve) ; *pedechaux* (pieds chauds) ; *li cadurera* (le couturier) ; *lauvernaz* (l'auvergnat), etc.

7. **Étymologie** de patronyme : du grec πατρωνυμος, lui-même dérivé de πατηρ = père + ονομα = nom. Le patronyme traduisait l'ancienne prédominance masculine. Longtemps le mot de père avait une résonance religieuse (Jupiter, (*Ju-pater*) le plus grand dieu romain ; Dieu le père, dans le dogme chrétien de la Sainte Trinité) ; *cf.* aussi le sens mystique de *patrie*, aujourd'hui en recul.

120. Droit comparé. — Dans les civilisations voisines de la nôtre, le système contemporain le plus libéral est celui de l'Angleterre où, s'ils sont connus sous ce nom *(Reputation)*, les individus choisissent et modifient librement leur nom. Ainsi, le père et la mère peuvent donner à leur enfant au registre des naissances un *Surname* différent de celui de leurs parents : de même, une personne peut, en changeant de nom, prendre celui d'un individu déjà connu ; il n'y a pas alors de préjudice réparable. En fait, dans la quasi-totalité des familles, la femme porte le nom de son mari, c'est lui qui est transmis aux enfants du ménage et un pourcentage insignifiant de la population change de nom [8].

Le droit allemand, selon le BGB dans sa rédaction initiale, imposait l'unité du « nom conjugal » et la prépondérance masculine car la femme mariée prenait le nom de son mari. Afin de mettre un terme à cette discrimination sexiste, une loi de 1976 avait permis que le nom conjugal fût celui du mari ou celui de la femme et à défaut de déclaration devant l'officier d'état civil, le nom du mari – ce qui devint 90 % des cas ; aussi, la Cour constitutionnelle jugea-t-elle en 1996 que cette disposition était inconstitutionnelle ; la loi du 16 décembre 1997 cessa d'imposer un nom conjugal. À défaut de déclaration devant l'officier d'état civil, les époux conservent leur nom, mais peuvent se raviser au cours de leur mariage. En fait, 90 % (?) des époux continuent à porter un nom conjugal, celui du mari : la tradition l'a emporté sur la réforme. Le nom des enfants légitimes est le nom conjugal ; à défaut, celui qu'ont choisi les deux parents ; à défaut, celui d'un parent désigné par le tribunal de la famille. Tous les enfants des mêmes parents doivent porter le même nom. L'enfant illégitime peut porter le nom du père. Le droit allemand a donc écarté le système du double nom, qu'a choisi la loi française du 4 mars 2002 [9].

L'Espagne connaît depuis longtemps le régime du double nom : l'enfant légitime prend comme premier nom le premier nom de son père et, comme deuxième, le premier nom de sa mère.

La Grèce ignore le nom familial commun ; avant le mariage, le nom des futurs enfants est établi par une déclaration commune et irrévocable des parents faite par acte authentique : soit celui de l'un de deux parents, soit la combinaison des deux noms ; à défaut, les enfants ont le nom de leur père. Le système est proche de celui de la loi française du 4 mars 2002.

Le nom est composé d'éléments nécessaires (§ 1) et accessoires (§ 2).

§ 1. Éléments nécessaires

Les éléments nécessaires au nom sont au nombre de deux : le nom de famille (I) et le prénom (II).

I. — Nom de famille

121. Du patronyme au nom de la famille. — Bien que naguère l'expression fût courante, il eût mieux valu, pour éviter un pléonasme, ne pas appeler le patronyme [10] « nom patronymique » : le patronyme était par lui-même un nom, identifiant un individu en l'intégrant dans une famille au moyen du nom paternel, généralement celui du mari. Aujourd'hui, afin d'exprimer dans l'identité originaire d'une personne l'égalité des sexes, le patronyme a été remplacé par le nom de famille.

---

8. Halsbury, *Laws of England*, Butterworth, London, 1981, 4e éd., vol. 35, 1173 et 1176 ; *cf.* aussi M. Killerby, « Précisions sur le droit anglais du nom », in *La nouvelle loi sur le nom*, cité *infra*, n° 140, p. 183 ; G. Sutton, « Le nom aux États-Unis », *RTD civ.* 1990.427 (la loi confère une grande liberté, mais la pratique n'en use guère, sauf les immigrants pour angliciser leur nom).

9. Fr. Fürkel, « La réglementation du nom en République fédérale d'Allemagne », in *L'identité de la personne humaine*, dir. J. Pousson-Petit, Bruylant, 2002, p. 67 s.

10. **Pratique onomastique :** Martin est porté par 168 000 personnes ; Bernard... 98 000 ; Durand... 78 000 ; Dubois... 77 000 ; Petit... 76 000 ; Malaurie... 1 200 (ne pas confondre avec Mallory, d'origine irlandaise).

Il se transmet par filiation, selon des règles longtemps impératives qui variaient selon la nature de la filiation. Le nombre des noms en France est difficile à évaluer : il serait d'environ 1 300 000, le record mondial de la diversité des noms de famille (un symbole de la diversité française ?). Les noms sont très inégalement répartis. L'INSEE les a classés en quatre catégories. Un quart de la population porte les noms les plus fréquents (1 000 noms) : un deuxième quart porte les noms fréquents (6 000) ; un troisième porte les noms rares (33 000) ; un quatrième porte les noms très rares (210 000).

II. — Prénom

122. Des calendriers à la liberté. — Dans l'Ancien droit et les églises chrétiennes, le nom de baptême était l'élément principal identifiant la personne. Le rôle du nom de famille est devenu important au fur et à mesure que la société française s'est laïcisée ; aussi, celui du prénom a-t-il décliné.

Le prénom [11] individualise les membres d'une même famille portant le même nom de famille. Il n'est pas seulement un procédé d'identification ; il est aussi le rattachement d'une personne à une tradition familiale et, dans certaines familles, à son patron, sorte d'éponyme sous le nom duquel elle est placée [12].

Le prénom est choisi par les parents, le premier acte de l'autorité parentale conjointe [13]. Ce choix peut être commandé par la fidélité à la famille [14], une croyance religieuse [15], l'attachement à une mode [16], voire des convictions politiques [17].

L'immense variété des croyances, des totems et des modes avait longtemps incité le législateur à limiter la liberté du choix. La loi du 11 germinal an XI disposait : « *Les noms en usage dans les différents calendriers et ceux des personnages*

---

11. **Biblio.** : M.-C. DE L'ISLE, *Le prénom*, th., Bordeaux, ronéo, 1984. **Étymologie** de prénom : du latin *praenomen, inis*, composé de *prae* = avant + *nomen, inis* = nom. **Histoire révolutionnaire** : Ph. DAUMAS, « Prénoms et Révolution, 1775-1825 », *R. hist. mod. et cont.*, 1997.109-132 : Qu'est-ce qu'un « prénom révolutionnaire » en l'an II ? Brutus, Marat et Liberté le sont sûrement ; Victoire et Rose sont ambigus ; Jean et Marie relèvent du martyrologe chrétien ; et Jonquille ?

12. Cl. LÉVI-STRAUSS, *La pensée sauvage*, Plon, 1962, p. 220 s.

13. Mais CEDH, 24 oct. 1996, *Fleur de Marie*, JCP G 1997.I.4000, n° 32, obs. Fr. Sudre : jugé que le prénom, comme le nom de famille, constitue un droit de l'homme, lié au respect de la vie privée ; la Cour contrôle donc le refus d'un prénom par l'État.

14. Ex. : il est courant que l'aîné des garçons porte le prénom du grand-père paternel et l'aînée des filles celui de la grand-mère maternelle.

15. Ex. : des noms de saints chrétiens : *cf.*. le C. dr. can., Can., 855 : « *Les parents, les parrains et le curé veilleront à ce que ne soit pas donné de prénom étranger au sens chrétien* ».

16. J. DUPAQUIER, J.-P. PELISSIER et D. REBAUDO, *Au temps des Jules*, éd. Christian Bourgeois, 1987. Vers 1840, beaucoup de Jules, mais aussi des Édouard, des Léon ou des Émile ; les prénoms traditionnels Jean, Pierre et Louis, Marie, Jeanne ou Louise demeuraient en tête du peloton. Le prénom leader traditionnel (Jean) a reculé du début (24,7 %) à la fin (8,8 %) du siècle : « *L'indice d'une montée de l'individualisme* ». Les prénoms ont eu à partir du XIXe siècle « *une durée de vie de plus en plus courte* ». La gloire de Chateaubriand expliqua le succès de René de 1810 à 1829 ; celle de V. Hugo celui de Victor entre 1860 et 1870. Celui d'Eugénie culmina vers 1880 (pourquoi ? L'Empire s'était effondré en 1870). Aujourd'hui, la mode des prénoms est devenue aussi éphémère que celle des idoles : des chanteuses (ex. : Sheila ou Madonna), des chanteurs (Johnny) ou des stars (ex. : Marilyn) ; Ph. BESNARD, *La cote des prénoms en 1994*, éd. Balland, 1993. En 2009, dans les familles bourgeoises (carnets du jour du journal le *Figaro*), les dix prénoms féminins les plus pratiqués sont (dans l'ordre), Louise, Joséphine, Victoria, Alice, Héloïse, Inès, Jeanne, Margaux, Chloé, Eléonore ; les dix prénoms masculins : Paul, Arthur, Gaspard, Alexandre, Gabriel, Jules, Maxence, Charles, Grégoire, Jean.

17. Ex. : Philippe, entre 1940 et 1944 ; Charles, entre 1945 et 1947, 1958 et 1969. En 1938, après les accords de Munich, un père de famille, pacifiste et munichois, avait voulu prénommer son enfant *Daladier, Chamberlain, On désire la paix* ; l'officier d'état civil l'avait accepté (pauvre gosse !), mais le curé (qui veillait à l'intérêt spirituel de l'enfant et était un homme d'esprit) avait imposé le nom de baptême de Désiré (KERLEVEO, *L'église catholique en régime français de séparation*, 1962, t. III, p. 120).

connus de l'histoire ancienne pourront seuls être reçus comme prénoms ». La loi du 8 janvier 1993 a abrogé ce texte ; désormais, les parents sont libres de choisir les prénoms de l'enfant (art. 57, al. 2) ; mais si le ou les prénoms ou leur association avec les autres prénoms ou avec le nom sont contraires à l'intérêt de l'enfant ou aux droits des tiers, l'officier d'état civil en avertit le procureur de la République, qui peut saisir le juge aux affaires familiales ; celui-ci a la faculté en ordonner la suppression sur les registres d'état civil et, éventuellement, en attribuer un autre (art. 57, al. 4) ; le système est l'inverse de celui de la loi de l'an XI : le principe est désormais la liberté [18].

La notion de « calendrier » avait soulevé des difficultés : un certain nombre de maires avaient cru pouvoir la comprendre étroitement afin de refuser des prénoms qu'ils trouvaient insolites. Le « calendrier », au sens de la loi de germinal, n'était pas le calendrier des postes, bien que certains maires s'y fussent laissé prendre en appelant l'enfant par exemple *Fêtenat*. Ce n'était pas non plus les calendriers français. Des tribunaux avaient pourtant tiré prétexte d'une prétendue notion de « calendrier français » pour refuser des prénoms bretons, étrangers ou agrestes, mais la jurisprudence est devenue libérale : il n'existe, en effet, pas de « prénoms français ».

§ 2. Éléments accessoires

Le nom comporte d'autres éléments qui en sont l'accessoire, dans les deux sens du terme : ils n'existent pas toujours et sont donc facultatifs ; ils ne sont portés que par une toute petite catégorie de gens. Tels sont le surnom et le pseudonyme (I), les titres nobiliaires et la particule (II).

I. — Surnom et pseudonyme

123. Surnom. — Le surnom est une appellation que l'entourage donne à une personne, d'une manière constante et publique : il n'est pas choisi par l'intéressé, mais lui est imposé par son milieu [19].

La plupart des noms ont pour origine des surnoms : les sobriquets. Aujourd'hui, les noms sont fixés ; aussi le surnom n'a-t-il aucune valeur juridique, sauf comme signature. Il est cependant un élément d'identification dans les pièces administratives, étant accompagné du mot « dit ».

124. Pseudonyme. — Le pseudonyme [20] est un nom volontairement choisi par une personne pour exercer, sous un masque, une activité littéraire, artistique, militaire (le « nom de guerre ») ou religieuse (le « nom de religion ») [21]. Comme toute identification de la personne, il met en cause à la fois un intérêt public et des intérêts privés.

---

18. Les refus sont rares : Bordeaux, 22 oct. 2009, *Dr. Famille* janv. 2010, 3, obs. Lamarche : « *la raison motivant les parents dans le choix des prénoms ressortit à leur intimité familiale* ». A été **admis** : Canta (même arrêt : prénom tiré du nom d'un chanteur populaire qui avait assassiné sa compagne et dont le procès avait été médiatisé). Ont été **refusés** : Assedic, Exocet, Marti (orthographe catalane), Babar, Babord et Tribord (pour des jumeaux), Aude (pour le nom de famille Vaisselle)... **acceptés** : Zébulon (Besançon, 18 nov. 1999, *D.* 2001.1133, n. Cath. Philippe et Fr. Pouëch), Tokalie (édifice religieux du IVe s. de la Cappadoce : Caen, 30 avr. 1998, *RTD civ.* 1999.813, obs. J. Hauser), Mégane, pour Renaud (ce qui évoque une automobile : Rennes, 4 mai 2000, *JCP* G 2001.IV.2655) ; sur le contrôle de la CEDH, v. CEDH, 24 oct. 1996, *Fleur de Marie*, préc., *supra*, note 13.
19. Ex. : Pierrot le fou ; le grand Charles ; Filou le long ; Valentin le désossé ; le grand Phildar, etc.
20. **Étymologie** de pseudonyme : du grec φςευδος, εος = mensonge + ονομα, ατος = nom.
21. Cass. civ. 1re, 23 févr. 1965, *Bull. civ.* I, n° 148 ; *D.* 1965.387, n. F. B. ; *JCP* G 1965.II.14255, n. P. Nepveu ; *RTD civ.* 1966.69, obs. R. Nerson : « *Le pseudonyme est un nom de fantaisie librement choisi par une personne pour masquer au public sa personnalité véritable dans l'exercice d'une activité particulière.* » V. par ex. : Molière, Voltaire, Stendhal, Georges Courteline, Anatole France, Curnonsky, Jules Romains, André Maurois, Philippe Leclerc, etc.

L'intérêt public ne délimite la liberté du pseudonyme que si est en jeu une activité intéressant l'État ; ainsi en est-il de l'exercice de certaines professions, par exemple la médecine (C. santé publ., art. L. 4113-3, intégrant le C. déont. méd., art. 75) ou l'armée. Le pseudonyme ne peut figurer sur des pièces officielles (à la différence du surnom), parce que nul ne peut se constituer son titre [22]. Au regard des intérêts privés, les tiers peuvent s'opposer au port par autrui d'un pseudonyme qui serait leur nom de famille, dans les mêmes conditions où ils peuvent interdire l'usurpation de leur nom [23] ; réciproquement, le porteur du pseudonyme qui en a eu un usage prolongé et notoire, peut le protéger contre les usurpations car le pseudonyme est à la fois la propriété de son titulaire et le signe de sa personnalité [24].

À la différence du nom, le pseudonyme ne se transmet pas aux héritiers de l'auteur ou de l'artiste, sauf accord de ce dernier [25] ; les héritiers peuvent agir afin de faire respecter le pseudonyme de leur auteur [26].

II. — Titres nobiliaires

À la différence du surnom ou du pseudonyme, les titres nobiliaires font partie du nom. Bien qu'ils aient des affinités, il faut distinguer la particule, le titre de noblesse et l'armoirie.

125. Particule. — La particule (de, du) n'est pas un signe de noblesse. Elle est souvent d'origine rurale : pour distinguer plusieurs personnes portant le même nom, on en indiquait jadis l'origine territoriale [27]. Elle fait partie du nom, est transmise comme lui par dévolution héréditaire, protégée comme lui par les tribunaux et peut, exceptionnellement, être rétablie par une longue possession [28].

Par vanité, un certain nombre de gens recherchent la particule [29], cette « friandise », disait Saint-Simon. Autrefois, certains ne la portaient pas bien qu'elle fît partie de leur nom, par peur pendant la Terreur et le Directoire. Il s'agissait de ne pas paraître ce que l'on était.

---

22. CE, 24 oct. 1952, *sieur Senétain, dit Gonzalez de Gaspard*, Rec. CE (Lebon) p. 462, concl. Letourneur : le pseudonyme ne peut figurer sur les pièces militaires.

23. Ex. : Paris, 26 sept 2007, *RTD civ.* 2008.77, obs. J. Hauser : une demoiselle C. T. exerçait la profession d'artiste interprète « *dans le domaine du charme, de l'érotisme et de la pornographie* » sous le pseudonyme de Katsumi. Une demoiselle avec le même nom, de même nationalité, de même origine asiatique, de même apparence physique a pu s'y opposer : « *Mlle Katsumi est en droit de revendiquer des règles morales différentes de celles de Mlle C. T. et peut estimer à cet égard, qu'être confondue avec une actrice de films pornographiques porte à l'honneur et à la réputation et qu'elle subit "de fait" par la confusion qui est faite avec cette dernière [...] un préjudice* ».

24. Ex. : Paris, 15 sept. 1999, *Gus, D.* 2000.801, n. Ph. Bonfils : « *Le nom de fantaisie librement choisi pour masquer au public la personnalité véritable d'un individu dans l'exercice d'une activité particulière telle qu'artistique, littéraire ou même privée, est protégeable à l'égal du nom patronymique comme constituant une propriété lorsque, par un usage prolongé et notoire, il s'est incorporé à cet individu et est devenu pour le public le signe de sa personnalité.* »

25. Ex. : TGI, réf., Paris, 2 mars 1973, *Verchuren, D.* 1973.320, n. R. Lindon. En l'espèce, un accordéoniste, connu sous son pseudonyme *André Verchuren* a, à bon droit, interdit à son fils de jouer de l'accordéon sous le pseudonyme *Verchuren junior* : « *Le pseudonyme dans le domaine littéraire et artistique ne se transmet pas aux descendants de l'auteur, ni de l'artiste, sauf accord de ce dernier.* »

26. TGI Paris, 5 juill. 1995, *Cath. Allégret-Livi*, aff. *Y. Montand, D.* 1996.174, n. J. Ravanas : « *le titre "Enfin je m'appelle Montand" imprimé à l'aide de caractères de grandes dimensions, en première page de la revue Gala sous le portrait de la jeune Aurore Drossard accolé à celui d'Yves Montand, annonce, en ce qui concerne l'usage de ce pseudonyme, une information parfaitement inexacte* ». Condamnation de *Gala* à des dommages-intérêts.

27. Ex. : Merlin de Douai, Dupont de Nemours, etc. Quand le « de » est soudé, le nom est roturier : ex. : Debray, Debrion, Debrosse, Debru, Derenner, etc. Quand la particule est détachée, elle marque parfois un nom noble ; le second élément désigne l'ancien fief.

28. *Infra*, n° 152.

29. Ce qui ne date pas d'aujourd'hui ; *cf.* Ch. Loyseau, *Traité des ordres et simples dignités*, 1613, chr. XI, n° 59 : « *Il y a un peu d'excuse en la vanité de nos modernes traisneurs d'épée, qui n'ayant point*

126. Titre de noblesse. — La noblesse et le titre de noblesse ne doivent pas non plus être confondus avec le nom de famille. Ils sont l'un et l'autre des vestiges de l'ancienne France [30] qui, malgré la Révolution, demeurent vivants, au moins pour une infime partie de la population française [31]. En elle-même, la noblesse [32] est une qualité du caractère. Juridiquement, elle était un des trois ordres de l'ancien régime, système social fondé sur l'inégalité. Elle n'était pas nécessairement titrée (à la différence de la noblesse d'Empire) et conférait plusieurs privilèges à ses membres ; elle a disparu dans la nuit du 4 août. Depuis nous vivons dans un régime d'égalité civile et politique.

Les titres de noblesse [33] (prince, duc, etc.) étaient dans l'Ancien régime la marque ou le souvenir d'une fonction [34] ; ils n'étaient pas conférés à une famille, mais à une personne, au moyen d'un « acte de collation ». Comme la noblesse, ils ont été abolis dans la nuit du 4 août, mais ont été rétablis en 1814 et en 1852 ; ils subsistent donc. Ils ont aujourd'hui une triple nature : à la fois, un accessoire honorifique et une partie du nom ; mais il y a une autonomie du titre de noblesse. Cette triple nature exprime les règles complexes d'attribution, de dévolution et de compétence qui en assurent la protection judiciaire.

1) Le titre n'est généralement conféré qu'à une seule personne ; seul le chef de famille a le droit de le porter ; il n'a pas le pouvoir d'en céder même la jouissance. Cependant, un usage de pure courtoisie (par conséquent, sans portée juridique) attribue aux cadets des titres de grade décroissant. Bien que le titre n'appartienne qu'à une personne, il honore toute la famille : aussi, tous ses membres peuvent-ils agir en justice afin de le faire protéger [35].

2) Parce qu'il n'est qu'un accessoire du nom [36], il est acquis [37] et dévolu à cause de mort selon des règles différentes de celles du nom, fixées par l'acte originaire de collation [38]. En général, il est dévolu de mâle en mâle, par ordre de primogéniture, ce qui est contraire aux principes français de

---

de seigneurie, dont ils puissent prendre le nom, ajoutent seulement un de ou un du devant celui de leurs pères, ce qui se fait en guise de seigneurie ».

30. Qui se perdait souvent, par les partages successoraux, dans la ruralité : CHATEAUBRIAND, *Mémoires d'outre-tombe*, L. I, Ch. 1, Pléiade, 1951, t. I, p. 12 : « *Ces cadets des cadets arrivaient promptement au partage d'un pigeon, d'un lapin, d'une canardière, ou d'un chien de chasse, bien qu'ils fussent toujours chevaliers hauts et puissants seigneurs d'un colombier, d'une crapaudière ou d'une garenne* ».

31. Ex. pour les ducs héréditaires : 200 titres furent créés ; il n'en demeure qu'une trentaine.

32. **Étymologie** de noblesse : du latin *nobilis, is e* = connu, dérivé de *nosco, ere* = connaître.

33. *Cf.* D. 5 nov. 1789, réglant la nomination des suppléants à l'Assemblée législative : « *Il n'y a plus en France aucune distinction d'ordres* ».

34. **Biblio.** : H.-L. BRIN, « La survie des titres de noblesse dans le droit moderne », *RTD civ.* 1969.205 ; ex. : Prince, du latin *princeps, ipis* = premier ; duc du latin *dux, ucis* = conducteur, chef ; marquis = seigneur de la marche, du francique *marka* = frontière ; comte, du latin *comes, itis* = compagnon de l'empereur (Charlemagne).

35. Ex. Cass. civ. 1re, 30 sept. 2003, *de Moreira c. de Bourbon-Parme, Bull. civ.* I, n° 196 ; *JCP* G 2004.II.10119, n. A. Zelcevic-Duchamel, 2e esp : « *tous les membres de la famille titrée qui n'ont pas droit au titre, mais dont le nom est honoré par lui, ont un intérêt moral à en faire cesser l'usurpation* ».

36. Cass. civ., 25 oct. 1898, aff. *du duc de Montebello, DP* 1899.I.166, concl. Desjardins ; *S* 1899.I.117 : « *On ne saurait confondre avec un nom patronymique qui, ayant pour destination de désigner une personne, passe nécessairement et indéfiniment à tous ses enfants sans distinction, un titre émané de la puissance souveraine, destiné, non à désigner, mais à honorer celui auquel il a été conféré.* » ; sur cet arrêt, v. aussi *infra*, note 37.

37. Il y a plus d'un siècle, la Cour de cassation en avait tiré pour conséquence la renaissance du titre à chaque transmission, libéré des obligations antérieures ; Cass. civ., 25 oct. 1898, cité *supra*. Cette jurisprudence est abandonnée : Cass. com., 21 oct. 1997, *de Choiseul, Bull. civ.* IV, n° 278 ; *D.* 1997, IR, 249 ; *JCP* G 1998.II.10072, n. J. Casey ; *RTD civ.* 1998.340, obs. J. Hauser ; en 1912, J. B. Gaston de Choiseul-Praslin, duc de Praslin, avait autorisé un confiseur de Montargis à utiliser l'enseigne et la marque « *du maréchal de Praslin Duc de Choiseul* » ; en 1993, le nouveau duc de Praslin interdit vainement au confiseur de continuer à utiliser l'enseigne et la marque ; *infra*, n° 169.

38. Cass. civ., 11 mai 1948, *marquis de Noailles, D.* 1948.335 ; *S.* 1949.I.1, n. Lussan. Le titre de noblesse ne s'acquiert pas, à la différence du nom, « *par le simple usage, même prolongé ; il lui faut, à l'origine, une investiture émanant de l'autorité souveraine.* ». En l'espèce, le duc de Noailles avait saisi les juges judiciaires afin d'interdire à son neveu, François de Noailles, de porter le titre de marquis. La cour d'appel, approuvée par la Cour de cassation, a ordonné un sursis à statuer « *en impartissant à*

la succession héréditaire (art. 735) [39] ; en cas de divorce, sauf autorisation du mari, la femme divorcée ne peut porter le titre de son mari, même si elle conserve l'usage du nom marital [40].

3) Le titre fait partie du nom, ce qui détermine les subtiles règles de compétence en assurant la protection judiciaire. Le tribunal de grande instance est compétent pour le protéger en cas d'usurpation ou d'utilisation abusive [41], ou ordonner une rectification de l'acte d'état civil en cas d'erreur [42]. Si, lors de la contestation, lorsqu'il est nécessaire d'interpréter l'acte de collation ou d'en vérifier l'existence ou la validité, il s'agit de l'interprétation ou de la contestation d'un acte administratif, soustraite aux tribunaux judiciaires et renvoyée aux juridictions administratives [43].

127. Armoiries. — Les armoiries [44] sont un signe de reconnaissance d'une famille [45] ; elles expriment, avec élégance, l'orgueil de son origine. Elles désignent aussi, de manière moins visible, la place qu'y occupe chaque individu. Elles ont ainsi, comme tout ce qui est relatif au nom, un aspect à la fois familial et individuel. Elles sont apparues pendant les croisades, lorsque le chevalier, enfermé dans sa cuirasse, avait besoin d'être reconnu de tous, malgré les différences de langage de ce monde cosmopolite ; ces signes de reconnaissance se portaient sur les armes et les armures (de là, le mot). Elles sont, comme le nom, protégées contre toute usurpation ou utilisation abusive [46]. Elles ne sont pas nécessairement attachées à un titre de noblesse : les

---

François de Noailles un délai pour obtenir de l'autorité compétente les attestations de nature à justifier sa prétention ».

39. Ex. : Req., 30 déc. 1867, *de Montmorency-Luxembourg c. de Talleyrand-Périgord*, DP 1868.I.49 : « *on ne saurait confondre un nom avec un titre ; le premier passe à tous les descendants indéfiniment sans distinction de sexe, tandis que le second ne se transmet qu'aux descendants mâles, par ordre de primogéniture* ».

40. Bourges, 24 févr. 1998, *de Clermont-Tonnerre*, JCP G 1998.II.10072, n. L. Ruet ; *RTD civ.* 1998.654, obs. J. Hauser : « *Le principe du droit nobiliaire* [...] *veut que le titre* [...] *ne se transmet que de mâle en mâle par primogéniture dans la filiation légitime directe et ne peut honorer qu'une personne à la fois* [...] *; si Mme de Clermont-Tonnerre* [...] *a quelque fondement moral à soutenir que la tradition la reconnaît comme seule duchesse pour avoir été unie au duc de Clermont-Tonnerre par un lien matrimonial indissoluble, la juxtaposition actuelle des principes nobiliaires de l'ancien régime et du droit républicain du divorce ne peut qu'aboutir à trancher en sa défaveur* » ; en conséquence, après son divorce, Mme de C.-T. n'a pu faire usage du titre de duchesse.

41. * T. confl., 17 juin. 1899, aff. *de Dreux-Brézé*, DP 1900.III.100 ; S. 1900.III.17, n. M. Hauriou : « *Si l'autorité judiciaire est incompétente pour vérifier les titres de noblesse, il lui appartient, néanmoins, de connaître des actions fondées sur de prétendues atteintes aux droits pouvant résulter, pour ceux qui les ont obtenus, des titres de noblesse régulièrement conférés.* » En l'espèce, le marquis de Dreux-Brézé avait voulu interdire à son neveu de porter le titre de vicomte. Jugé que les autorités et les juridictions administratives étaient incompétentes. Antérieurement, le marquis avait, aussi vainement, voulu interdire à ce même neveu de porter le nom de de Dreux-Brézé (*infra*, n° 152).

42. Ex. : Paris, 16 mars 1910, *prince d'Essling, duc de Rivoli*, DP 1912.I.325 ; en l'espèce, le père avait obtenu la rectification de l'acte de naissance de son fils mineur, Masséna de Rivoli, par l'addition du titre de comte.

43. Le port en France d'un titre nobiliaire étranger doit être autorisé par le chef de l'État (D. 5 mars 1859) ; v. toutefois TGI Bordeaux, 17 févr. 2000, D. 2001.2921, n. crit. E. Agostini : « *Le fait pour Mme Philippe de Rothschild d'avoir fait usage du titre de « Baronne »* [...]*, alors que le port de ce titre nobiliaire étranger n'avait pas été autorisé par le chef de l'État, n'est pas constitutif d'un délit et en particulier du délit d'usurpation de titres prévu par l'article 433-17 C. pén.* ».

44. **Étymologie** d'armoirie : de armoyer, lui-même dérivé d'armure et d'arme. **Biblio.** : R. CHABANNE, *Le régime juridique des armoiries*, 1954 ; G. D'HAUCOURT et G. DURIVAULT, *Le Blason*, PUF, Que sais-je ?, 10e éd., 1995.

45. TGI Paris, 21 déc. 1988, *prince Henri d'Orléans*, JCP G 1989.II.21213, n. P. Ourliac, confirmé par Paris, 22 nov. 1989, D. 1990, IR 4 ; JCP G 1990.II.21460 ; *Gaz. Pal.* 8 mars 1990 : « *Les armoiries sont des marques de reconnaissance accessoires du nom de famille auquel elles se rattachent indissolublement, que cette famille soit ou non d'origine noble ; il s'ensuit qu'elles sont l'attribut de toute la famille, et elles jouissent de la même protection que le nom lui-même.* » Il s'agissait, en l'espèce, de savoir qui avait le droit de porter les armes de France, des Orléans ou des Bourbons d'Espagne. Jugé : « *Il n'appartient pas à une juridiction de la République d'arbitrer la rivalité dynastique qui sous-tend en réalité cette querelle héraldique* » ; l'action a été déclarée irrecevable, faute de préjudice actuel et certain. Sur la même querelle dynastique, portant cette fois sur le nom, *infra*, n° 152.

46. Ex. : Paris, 20 déc. 1949, aff. *de Failly*, D. 1951.204, concl. M. Rolland, n. Fr. Luchaire ; *Gaz. Pal.* 1950.I.193, concl. M. Rolland ; jugé en l'espèce qu'un négociant viticulteur ne pouvait coller sur ses

familles roturières peuvent avoir des armoiries [47] ; les règles de compétence judiciaire sont les mêmes que celles qui s'appliquent au nom et différentes de celles qui régissent les titres de noblesse ; la compétence du tribunal de grande instance est exclusive [48].

Section II
ATTRIBUTION DU NOM

128. Titre et possession. — À première vue, le nom est lié à l'acte d'état civil, « le titre ». Comme le prévoit la loi du 6 fructidor an II : « *Aucun citoyen ne pourra porter de nom ni de prénom autres que ceux exprimés dans son acte de naissance* » [49]. Le nom est traditionnellement lié à la filiation, beaucoup plus, malgré l'article 334-6, qu'à la possession d'état [50] : l'acte de naissance fait présumer le droit au nom [51], un peu de la même manière que le titre de propriété fait présumer le droit de propriété sur un immeuble. Aujourd'hui, depuis les lois du 4 mars 2002 et du 18 juin 2003, il est également dépendant de la volonté des parents.

La source principale des noms français est l'usage qui s'était établi pendant l'ancienne France : le titre écrit faisait présumer la possession [52] et la possession donnait droit au nom. Le nom a donc deux sources, le titre écrit et la possession [53]. Aujourd'hui, le principal dans une civilisation aussi bureaucratique que la nôtre est devenu le titre, l'acte de naissance, ce qui explique les rapports entre le nom et l'état civil.

129. État civil et nom. — Les règles relatives à l'attribution du nom sont liées à la détermination de l'état et dépendent donc de l'organisation de la famille ; elles résultent, en principe, de la filiation et de la volonté des parents (§ 1) et subissent l'influence du mariage (§ 2) ; l'autorité publique n'intervient qu'à titre subsidiaire (§ 3) ; la volonté individuelle peut modifier ces règles en adoptant un nom d'usage (§ 4).

---

bouteilles de champagne les armoiries d'une vieille famille champenoise, même si dans le château qu'il avait acheté, ces armoiries se trouvaient frappées de-ci, de-là.

47. Ex. : TGI Paris, 21 déc. 1988, *prince Henri d'Orléans*, cité *supra*, note 45 ; Paris, 20 déc. 1949, cité *supra*, note 46.

48. Ex. : Paris, 20 déc. 1949, cité *supra*, note 46 : « *Les tribunaux judiciaires compétents pour examiner les litiges relatifs aux noms patronymiques sont également compétents pour connaître des contestations qui peuvent être soulevées au sujet des armoiries* ».

49. *Infra*, n°s 149-151.

50. *Cass. civ. 1re, 16 juin 1998, *Bull. civ.* I, n° 215 ; *D.* 1998, som. 355, obs. Fr. Granet ; 1999.360, n. J. Massip ; *JCP* G 1998.II.10057, n. D. Gutmann ; *RTD civ.* 1998.879, obs. J. Hauser ; *Dr. Famille* 1998, n° 151, obs. P. Murat : « *La possession d'état n'est pas un mode autonome d'acquisition du nom patronymique* ». Sur l'acquisition par prescription, *infra*, n° 152.

51. Req., 17 nov. 1891, *Savignac*, DP 1893.I.244 ; S, 1893.I.25, n. Lallier : « *La loi ne peut avoir été violée par un arrêt qui ne fait rien d'autre que consacrer au profit du défendeur éventuel la force légale attachée à son acte de naissance, à celui de son père et à une possession conforme à ces actes pendant le cours d'un siècle* ».

52. Ex. : Req., 15 mai 1867, *de Crussol*, DP 1867.I.241 : « *Le silence d'un siècle imputable à ceux qui l'ont gardé est un fait dont ceux-ci doivent supporter la responsabilité, si, par l'effet de ce silence, des usages sincères se sont établis sur la tête de tierces personnes étrangères à toute pensée d'usurpation et si ces usages, faisant naître une identité ou une quasi-identité de nom involontairement subie, ont imposé leur loi à tous et consacré des droits manifestés par les actes de naissance et la possession de plusieurs générations* ».

53. * Cass. civ., 1er juin 1863, *de Bousquet*, DP 1863.I.451 : « *La propriété des noms patronymiques s'établit par les actes de l'état civil et la possession* » ; *Contra* : * Cass. civ. 1re, 16 juin 1998, cité *supra*, note 50.

130. Égalité et liberté. — Les bouleversements contemporains du droit de la famille ont produit des effets sur ces règles. Le modèle a été pendant près d'un millénaire la famille légitime, dominée par la primauté du mari, aussi bien pour ses enfants que sur son épouse : le patronyme. La filiation naturelle avait essayé de s'adapter à ce système.

Aujourd'hui, le droit de la famille est devenu dominé par les deux principes de l'égalité civile et de la liberté. Une double égalité, entre mari et femme et entre enfants légitimes et naturels ; un esprit de liberté souffle aussi sur lui, ce qui ne peut pas ne pas avoir d'incidences sur l'attribution du nom. La loi du 23 décembre 1985 en a été une première manifestation, mais partielle, en instituant le nom d'usage. Puis, la Cour européenne des droits de l'homme a condamné la Suisse dont sur ce point le droit était comparable au nôtre [54], ce qui a amené le législateur à intervenir.

131. La loi nouvelle ; critiques. — La loi du 4 mars 2002 sur le nom de famille (modifiée L. 18 juin 2003 avant même son entrée en vigueur et O. 4 juill. 2005 ratifiée avec des modifications substantielles par la loi du 16 janv. 2009 : quatre lois en six ans), a voulu accomplir cette égalité ; elle est applicable depuis le 1er janvier 2005 ; elle a essayé de mettre fin à la suprématie paternelle. Mais une de ses dispositions (C. civ., art. 311-21, al. 1, dern. phrase) prévoit qu'« *en l'absence de déclaration conjointe à l'officier d'état civil mentionnant le choix du nom de l'enfant, celui-ci prend le nom du père* ».

Elle a suscité les critiques d'une grande partie de la doctrine [55], et de l'unanimité des notaires, généalogistes, psychologues, anthropologues – tous ceux qui vivent l'onomastique, notamment parce qu'elle ne répond aucunement aux changements contemporains de société tout en contredisant nos traditions, notre culture et notre psychologie sociale : elle tend à imposer un nom double à l'enfant, afin d'en exprimer la double origine – paternelle et maternelle – ; or, dans nos habitudes ancestrales, l'identité de la personne s'exprime généralement par un nom simple ; le nom double, pour existant qu'il soit, est insolite. La loi est également contraire à une autre donnée de notre psychologie sociale : elle confère aux parents une certaine liberté pour déterminer le nom de leurs enfants (comparable, bien que moins grande, au choix des prénoms), ce que M. Jean Massip appelle une « *privatisation du droit du nom patronymique* » ; or, dans les mentalités, le nom est un symbole social et familial, non une œuvre parentale. La loi veut effacer le rôle du père et par un effet pervers risque de susciter des conflits familiaux. En outre, elle est compliquée : les services de l'état civil, les pratiques individuelles et l'informatique ont le plus grand mal à l'appliquer [56]. La loi du 18 juin 2003 a été sensible à ces difficultés pratiques mais à elles seules : elle a maintenu l'économie générale de la loi de 2002 mais en a retardé l'application au 1er septembre 2003 et l'a écartée pour les enfants nés avant cette date ; derrière ces difficultés administratives, il y a une réalité sociale invisible, inavouée et profonde [57].

---

54. CEDH, 22 févr. 1994, *Burghartz c. Suisse*, cité supra, n° 110 : « *La Cour rappelle que la progression vers l'égalité des sexes est aujourd'hui un but important des États membres du Conseil de l'Europe* ». Cf. aussi CEDH, 16 nov. 2004, *Ünal Tekeli c. Turquie, RJPF* 2005-2/22, n. M. Chr. Meyzeaud-Garaud ; jugé que « *constitue une discrimination fondée sur le sexe, la loi turque qui impose à la femme mariée l'obligation de renoncer à son nom de famille originaire alors que l'homme garde le sien sans aucun changement lié à l'union matrimoniale* ».

55. J. Foyer, « Du nom patronymique au nom de famille », *Ét. A. Decocq*, Litec, 2004, p. 241 s. ; D. Gutmann, *Le sentiment d'identité, Étude du droit des personnes et de la famille*, th., Paris II, LGDJ 2000, préf. Fr. Terré, n° 428 : « *une ruine de notre système de l'état civil* » ; Th. Garé, « Aperçu rapide (très critique) », *JCP* G 2003, Actualités, 370 ; J. Massip, *Le nom de famille*, éd. Defrénois, 2005 ; F. Vasseur-Lambry, « Le nom de famille : réforme achevée ou casse-tête en perspective ? », *RJPF* 2005.2.II ; G. Cornu, Manuel, n° 571. Cependant une opinion favorable, I. Corpart, « La vision égalitaire de la dévolution du nom de famille », *D.* 2003.2845.

56. Décret d'application du 29 oct. 2004 ; Circulaire du 6 déc. 2004 (116 pages !) complétée par la circulaire du 30 juin 2006.

57. Pour 2005, un peu moins de 40 000 déclarations de choix de doubles noms, soit 4,8 % des naissances (surtout dans les couples étrangers). Dans 81 % de ces 4,8 %, il s'agit du nom du père accolé à celui de la mère.

Pour échapper à ces difficultés tout en répondant aux objectifs recherchés par le législateur, un auteur avait proposé deux suggestions simples [58] ; elles écartaient toutes deux le nom double, qui comporte « *des inconvénients psychologiques graves* ». La première, proche du droit allemand de 1976 [59], voulait conférer au nom un caractère familial ; lors du mariage, les époux auraient choisi le nom de famille qui eût été soit celui du mari, soit celui de la femme ; dans la seconde, le nom serait devenu davantage une expression de la personnalité : l'enfant aurait porté le nom soit du père, soit de la mère, selon ce qui eût été déclaré à l'officier d'état civil.

§ 1. Filiation

132. Une interaction. — Il existe entre la filiation et le nom une interaction. La filiation transmet le nom et, inversement, le nom peut contribuer à prouver la filiation, car étant un élément constitutif de la possession d'état (*nomen*, *tractatus*, *fama*, art. 311-2), il est une preuve de la filiation. Longtemps, la loi a distingué la filiation légitime (découlant du mariage) et la filiation naturelle (hors mariage), ce qui avait des effets sur l'attribution du nom. Distinction qu'a fait disparaître l'ordonnance du 4 juillet 2005.

133. Ancienne distinction entre filiations légitime et naturelle. — La filiation légitime était un effet du mariage. Depuis les lois du 4 mars 2002 et du 18 juin 2003, l'enfant légitime pouvait, selon la déclaration de ses parents, porter, ou le nom du mari de la mère, ou celui de la mère, ou les deux accolés ; à défaut de déclaration, il avait celui du mari (art. 311-21 anc.).

La filiation naturelle était hors mariage ; malgré l'égalité de principe entre les filiations légitime et naturelle (art. 334 anc., L. 3 janv. 1972), la situation était différente de celle de la filiation légitime, car le nom était la traduction d'une situation familiale. Or, trois traits caractérisaient la famille naturelle. 1) La diversité des situations de fait ; aussi l'attribution du nom avait-t-elle un régime diversifié. 2) La filiation naturelle avait souvent un caractère matriarcal : l'enfant avait plus de liens avec sa mère qu'avec son père ; aussi portait-t-il généralement le nom de sa mère. 3) La famille naturelle était plus constituée par des relations interindividuelles que par une unité familiale, ce qui expliquait les distinctions légales.

Il n'y avait pas de difficultés lorsque la filiation naturelle n'était établie qu'à l'égard d'un parent : l'enfant en portait le nom. Par exemple, l'enfant avait le nom de la mère si elle seule avait reconnu l'enfant et que la filiation paternelle n'avait pas été établie. Il n'y avait pas non plus de difficultés lorsque la filiation naturelle était établie simultanément à l'égard des deux parents ; s'appliquait le même régime que celui de la filiation légitime : l'enfant portait le nom, ou du père, ou de la mère, ou des deux accolés, dans l'ordre choisi par les parents dans leur déclaration conjointe (art. 311-21 anc.).

Lorsque la filiation n'avait été établie qu'en second lieu à l'égard du père, l'enfant portait le nom de la mère. Pendant la minorité de l'enfant et avec son accord s'il avait plus de treize ans, les parents pouvaient décider que l'enfant prendrait par substitution le nom de celui de ses parents à l'égard duquel la filiation a été établie en second lieu, ou que l'enfant porterait accolés les deux noms du père et de la mère dans l'ordre qu'ils avaient choisi (art. 334-2 anc.).

134. Droit nouveau : le choix du nom de famille. — La loi nouvelle entend n'établir aucune différence entre la filiation légitime et la filiation naturelle, ni entre la filiation paternelle et la filiation maternelle, ce qui l'amène à des dispositions complexes. Le principe est pourtant simple : il est posé par l'article 321-21 nouveau du Code civil. Lorsque la filiation du premier enfant est établie au même moment à l'égard des deux parents, les parents choisissent le nom de famille qui devra être le même pour tous les enfants – soit celui du père, soit celui de la mère,

---

58. J. Massip, « Suggestions pour une modification des règles du Code civil relatives au nom et aux prénoms », *Defrénois* 2002, art. 37588.
59. *Supra*, n° 120.

soit leurs deux noms « *accolés* » dans l'ordre qu'ils ont choisi [60] (pas plus d'un nom de famille pour chacun d'eux) ; les noms composés constituent, dit la circulaire, une « *entité unique* » [61].

Lorsque la filiation de l'enfant naturel n'est pas établie à l'égard des deux parents de manière simultanée, les règles en cours continuent à s'appliquer.

Lorsque, lors de la déclaration de naissance, la filiation n'est établie qu'à l'égard d'un seul parent, l'enfant porte le nom de ce parent (art. 311-23, al. 1). Si, à l'égard du second parent, le lien de filiation n'est établi qu'après mais pendant la minorité de l'enfant, les parents peuvent par une déclaration conjointe changer le nom de l'enfant (par ex. celui du père au lieu de celui de la mère ou les deux noms accostés (al. 2)). Si l'enfant a plus de treize ans, son consentement personnel est nécessaire (al. 3).

Le changement de nom ne peut plus résulter d'une action en justice, qu'a fait disparaître l'ordonnance de 2005.

135. Droit nouveau (suite) : l'unité de la fratrie. — Dans la rédaction initiale de la loi (L. 4 mars 2002), le principe de l'unité de la fratrie avait été posé en termes assez clairs : « *le nom dévolu au premier enfant vaut pour les autres enfants communs* » (art. 311-21). Voulant améliorer le texte, la loi de 2003 l'a rendu obscur : pas seulement le nom dévolu mais aussi le nom choisi ; pas seulement le nom initial, mais aussi le nom modifié par une déclaration conjointe.

136. Filiation adoptive. — Dans la filiation adoptive, le principe est que le changement de nom résulte de l'adoption comme de tout changement de filiation [62]. L'adoption exerce sur le nom une influence croissante : tendant à intégrer l'enfant adoptif dans la famille de l'adoptant, elle en entraîne tous les signes.

Il en existe plusieurs variétés (deux, voire trois) qui agrègent plus ou moins l'enfant dans la famille de l'adoptant : l'attribution du nom en manifeste l'intensité. En cas d'adoption plénière qui assimile l'enfant adoptif à ce qu'était un enfant légitime, ce sont les règles générales qui s'appliquent : les parents donnent le nom du père, ou de la mère, ou les deux accolés, dans l'ordre qu'ils ont choisi (art. 357-1) ; l'enfant perd son nom originaire, voire ses prénoms.

En cas d'adoption simple, le législateur a eu beaucoup de difficultés ; la loi de 2002 avait prévu un système complexe qui aboutissait, si l'adoption avait été faite par les deux époux, à ce que le nom de l'adopté eût pu être composé par quatre vocables (!). Depuis la réforme de 2003, le nom de l'adopté résulte de l'adjonction du premier nom de l'adoptant à celui de l'enfant ; en cas

---

60. La circulaire décidait que le double nom (les deux noms accolés) devait être séparé par un double tiret -- afin de le distinguer des noms composés, simplement séparés par le sigle -. La pratique n'a pas respecté cette règle administrative tatillonne. Le TGI de Lille, 3 juillet 2008, *Défrénois* 2008.2064, n. appr. J. Massip ; *RTD civ.* 2009.90, obs. J. Hauser, a décidé que cette circulaire n'avait pas de valeur normative et refusé d'appliquer le double tiret « *signe inconnu de la langue française [...] et ne peut donc, comme tel, sans avis de l'Académie française, figurer dans un acte public français* ». Le Conseil d'État l'a jugé illégal : CE, 4 déc. 2009, *Défrénois* 2010.680, obs. J. Massip ; *RTD civ.* 2010.295, obs. J. Hauser.

61. Ex. : un enfant ayant pour père M. Giscard d'Estaing et pour mère Mme Dupont de Nemours, pourra s'appeler Giscard d'Estaing--Dupont de Nemours, ou Dupont de Nemours--Giscard d'Estaing, ou Giscard d'Estaing, ou Dupont de Nemours, mais ni Giscard--Dupont, ni Giscard d'Estaing--Dupont ni Giscard d'Estaing--Nemours, ni Nemours--d'Estaing, ni Nemours--Giscard, ni Nemours--Giscard d'Estaing, ni Dupont de Nemours--Giscard.

62. Cass. civ. 1re, 8 oct. 2008, 07.16067 et 07.18811, *Bull. civ.* I, n° 220 ; *JCP* G 2008 act. 614, obs. Y. Favier, 2009.II.10191, avis Mellotée ; *Défrénois* 2008.2417, obs. J. Massip : « *Le changement de nom consécutif à un changement de filiation, serait-ce par adoption simple, s'étend aux enfants mineurs sans qu'il soit possible de déroger à cette règle* ».

d'adoption par deux époux, l'adjonction sera soit le nom du mari, soit celui de la femme (avec le maximum d'un nom) ; à défaut d'accord, le nom du mari (art. 363) [63].

§ 2. Mariage et concubinage

137. Épouse et nom marital. — Les lois de 2002 et de 2003 n'ont pas modifié les effets du mariage sur le nom. Les deux époux sont, dans l'usage, réunis, en général, sous une appellation unique : l'unicité du nom traduit, en fait, l'unité du foyer ; mais, en droit, la femme mariée conserve son nom de jeune fille ; elle peut ainsi « *naviguer entre les deux noms* » [64].

C'est une question qui a toujours été agitée et difficile. La femme mariée passe en effet d'un toit et d'un nom à un autre, celui de sa famille à celui du mari ; d'avoir successivement ou simultanément deux noms, c'est comme si elle n'en avait aucun, car une individualité ne peut être qu'unique, et une personnalité, en général, s'épanouit dans la stabilité. La question est devenue encore plus tourmentée en raison de l'égalité entre les sexes, devenue une des nouvelles idéologies.

La tradition est qu'en fait, l'épouse, même veuve, remplace son nom originaire (qu'on appelle souvent son « nom de jeune fille ») par celui du mari ou, plus rarement, l'ajoute à son nom [65]. <u>Elle ne perd pas son nom originaire</u>. Elle peut donc être désignée sous son nom de jeune fille (son nom originaire, son « vrai nom ») ou sous son nom <u>marital (son nom d'usage)</u> [66]. <u>Elle a seulement l'usage de celui de son mari (art. 264 et 300)</u> [67]. <u>Ce n'est pas pour elle une obligation, seulement un droit, que le mari ne peut lui retirer qu'en cas d'abus</u> [68].

Aujourd'hui, en fait, un certain nombre de femmes mariées ne veulent pas porter le nom de leur mari, même si elles lui sont attachées. Il est important de souligner qu'en droit la femme a conservé son nom originaire car, dans les actes administratifs, elle est souvent désignée sous son

---

63. Chambéry, 5 janv. 2010, *Defrénois* 2010.861, obs. J. Massip : un adopté simple peut conserver son nom d'origine.
64. Fl. Laroche-Gisserot, « Nom de la femme mariée : le désordre notable », *D.* 2003.633. L'auteur souhaite une réforme législative.
65. Merlin, Rép. 1827, v° *Nom*, § II, III : « *L'usage où sont les femmes de porter le nom de leur mari remonte au XVIIIe siècle, mais il paraît qu'alors cette coutume n'était établie que dans les grandes maisons.* » *Cf.* aussi Req., 16 mars 1841, cité, *infra*, n° 154. « *Les femmes, entrant par le mariage dans une famille étrangère, cessent de porter le nom de leur père.* » « *Cessent de porter* » veut dire qu'elles n'en ont plus l'usage.
66. Un moment, par application littérale de la loi de fructidor (*supra*, n° 128 et *infra*, n° 149), la première chambre civile de la Cour de cassation avait déclaré nul un acte de poursuite fiscale désignant une femme mariée sous le seul nom de son mari (Cass. civ. 1re, 6 févr. 2001, *Bull. civ.*, I, n° 25) ; les autres chambres de la Cour de cassation (Com. et 3e Civ.) n'ont pas suivi cette jurisprudence, contraire à l'usage ; finalement la première chambre civile s'est inclinée : Cass. civ. 1re, 6 mars 2007, *Bull. civ.* I, n° 97 ; *JCP* G 2007.II.10094, n. crit. Grég. Loiseau (qui y voit une atteinte à l'identité féminine) ; *D.* 2007.950, n. P. Guiomard ; *RTD civ.* 2007.308, obs. J. Hauser : « *la règle fixée par l'art. 4 de la loi du 6 fructidor an. Il selon laquelle il est expressément défendu à tous fonctionnaires publics, comme les huissiers du Trésor, de désigner les citoyens dans les actes autrement que par le nom de famille n'est pas prescrite à peine de nullité de ces actes* ».
67. Ex. : Paris, 17 sept. 1941, *DA* 1941.364 : jugé, en rejetant l'action du Ministère public, qu'une pharmacienne mariée avait le droit de faire figurer son nom de femme mariée sur les médicaments qu'elle fabriquait et vendait. Or, la réglementation pharmaceutique oblige le fabricant d'un médicament à y apposer son nom.
68. Ex. : TGI Bordeaux, 25 févr. 1986, *D.* 1986.305, n. E. Agostini. Jugé, en l'espèce, qu'un mari ne pouvait interdire à son épouse de se présenter sous son nom de femme mariée candidate dans une élection politique, bien qu'il fût aussi candidat dans un bord politique opposé, mais dans une région éloignée, aucune confusion n'étant alors possible (les époux étaient en instance de divorce).

nom de femme mariée. La femme ne peut transmettre que son nom, non celui de son mari [69] ; ainsi, l'enfant adultérin *a matre*, désavoué par le mari, porte le nom de sa mère ; l'enfant naturel de la veuve porte le nom originaire de la mère, non le nom d'usage qu'elle porte ; l'enfant adopté par la femme seule porte le nom de la femme, même si elle est mariée. Inversement, le mari peut adjoindre le nom de son épouse au sien (arg. art. 300) ; il y a ainsi une différence entre femme et mari : pour l'épouse, substitution de nom, pour l'époux, addition.

138. Divorce. — Par le nom qu'il porte, l'époux divorcé révèle qu'il a plus d'indépendance que n'en a le veuf, bien qu'à cause de la diversité des situations, la règle soit complexe : il existe un principe comportant deux exceptions [70]. Le principe est que l'époux divorcé perd l'usage du nom de son conjoint (art. 264, al. 1). Puisqu'il n'y a plus de mariage, il n'y a plus de nom commun ; le nouveau nom traduit la nouvelle liberté et la nouvelle indépendance des anciens époux. La règle a une exception : l'un des époux, notamment la femme peut porter le nom du conjoint qui y a consenti, avec l'autorisation du juge « s'il justifie qu'un intérêt particulier s'y rattache pour lui ou pour les enfants » (art. 264, al. 2) [71]. Sur le titre de noblesse [72].

Cette autorisation peut être donnée pour un temps limité [73]. Elle ne peut être révoquée que pour de justes motifs [74] et devient caduque si la femme mariée se remarie [75] : une femme ne peut avoir, ni dans son nom, ni dans son état civil, deux maris. À nouveau, on voit combien le nom traduit un état familial.

139. Concubine. — Le concubinage calque le mariage. Souvent, en fait, les concubines portent le nom du concubin (de la même manière qu'elles ont un anneau de faux « mariage » et une bague de fausses « fiançailles » ou qu'elles ont

---

69. Ex. : Paris, 22 sept. 1993, *D.* 1993, IR, 227 ; *RTD civ.* 1994.73, obs. J. Hauser ; en l'espèce, une femme mariée avait « *pendant de nombreuses années* » utilisé le nom de son mari dans l'exercice de son commerce ; jugé que l'acquéreur du fonds de commerce ne pouvait « *revendiquer en tant que nom commercial* » ce nom ; la femme ne pouvait transmettre aucun droit sur ce nom.
70. **Biblio.** : A. Breton, « Le nom de l'épouse divorcée », *Ét. R. Rodière*, Dalloz, 1981, p. 17 s.
71. L'expression d'« intérêt particulier », dont use l'article 264, al. 2, permet de recouvrir des situations diverses : généralement, il s'agit **d'intérêt professionnel** : une commerçante, une artiste ou une femme écrivain avait acquis une notoriété sous le nom de son mari et subirait un préjudice si elle changeait de nom. Cette condition n'est pas nécessaire : Cass. civ. 2e, 26 juill. 1982, *Bull. civ.* II, n° 106 ; *D.* 1982, IR, 426 ; *Defrénois* 1983, art. 33082, n° 42, obs. J. Massip : cassation d'un arrêt qui avait décidé que « " *L'intérêt particulier* " auquel se réfère le texte (art. 264, al. 3 ; aujourd'hui, al. 2) *doit s'entendre de l'utilisation du nom dans une profession ou une activité où la femme a acquis* (en l'espèce) *une certaine renommée sous le nom de son mari et qu'elle ne justifiait pas avoir acquis une notoriété particulière.* » Souvent aussi, l'« *intérêt particulier* » vient de **l'habitude**, tenant à la durée du mariage. Ex. : TGI Paris, 4 mars 1977, *D.* 1978, IR, 38, obs. A. Bénabent : « *Tel est le cas lorsque le mariage a été célébré depuis plus de trente-six ans ; elle* (la femme) *porte le nom de son mari depuis cette date, et a été toujours connue sous ce nom par son employeur, ses collègues de travail et les services administratifs ou sociaux avec lesquels elle a été en rapport* ». Ou à une **raison religieuse** : TGI Boulogne, 7 mars 1977, *D.* 1978, IR, 37, 2e esp., obs. A. Bénabent : « *L'éthique* (sic) *d'indissolubilité du mariage professée par la femme...* ». Ou **l'intérêt des enfants** confiés à la garde de la mère qui, grâce à la conservation par la femme du nom marital, vivent dans un symbolique foyer conjugal fictif : TGI Paris, 18 janv. 1977, *D.* 1978, IR, 37 ; *Contra* : Aix, 13 juin 1979, *D.* 1981, IR, 271, obs. A. Bénabent : « *L'intérêt pour l'épouse et l'enfant vivant avec elle d'être connus sous un seul et même nom ne répond pas, à défaut d'autres circonstances de fait, à la notion d'intérêt particulier visée par l'article 264, al. 3* ».
72. *Supra*, n° 126.
73. TGI Paris, 18 janv. 1977, cité *supra*, note 71.
74. Paris, 9 mars 1979, *D.* 1980.471, n. J. Massip.
75. * TGI Paris, 10 févr. 1981, aff. *Isabelle de Wangen D.* 1981.443 ; *JCP* G 1981.II.19624, n. D. Huet-Weiller : « *On ne voit pas ce qui pourrait justifier une ex-épouse à continuer d'user d'une prérogative exceptionnelle qui lui avait été consentie en sa qualité de femme divorcée, alors qu'en contractant une nouvelle union elle acquiert un statut matrimonial nouveau qui lui confère l'usage d'un autre nom* ».

fait un faux « voyage de noces », avec un faux « déjeuner de mariage » et, plus rarement, reçu de faux « cadeaux de mariage »). Le faux ménage veut par l'usage du nom donner l'illusion du vrai, mais c'est un usage illicite [76].

Aussi, n'est-ce pas le « nom d'usage » qu'autorise la loi du 23 décembre 1985. En cas de rupture, le concubin peut en interdire l'emploi à son ancienne concubine [77]. Ce qui révèle le caractère éphémère du concubinage, un de ses traits distinctifs continuant à l'opposer au mariage. V. *toutefois pour la carte grise* [78].

§ 3. Attribution administrative

140. L'officier d'état civil. — Lorsque la filiation n'a pas été juridiquement établie, ce qui est le cas des enfants hors mariage non reconnus ou des enfants trouvés, l'officier d'état civil attribue lui-même un nom à l'enfant. On lui recommande de choisir un nom qui n'en révèle pas l'origine.

Cette activité de l'officier d'état civil est sous le contrôle du juge. L'instruction générale de l'état civil invite les officiers d'état civil à donner à l'enfant une suite de prénoms dont le dernier sera son nom de famille, et redeviendra un simple prénom en cas d'établissement ultérieur de la filiation.

§ 4. Nom d'usage et nom de domaine

141. La première réforme : le nom d'usage. — Avant la loi du 4 mars 2002, la majorité des Français demeurait attachée au système traditionnel du patronyme. Pour mettre un terme à la prééminence masculine dans le régime du nom, le législateur avait d'abord effectué une réforme prudente et limitée : la loi du 23 décembre 1985 (art. 43) prévoit que « *toute personne majeure peut ajouter à son nom, à titre d'usage, le nom de celui des parents qui ne lui a pas transmis le sien* [79] » ; elle consacre ainsi la faculté qu'a depuis longtemps la femme mariée de porter le nom de son mari [80], bien que le conjoint ne soit pas un parent ; elle prévoit aussi qu'« *à l'égard des enfants mineurs, cette faculté est mise en œuvre par les titulaires de l'autorité parentale* » [81]. Pour la première fois depuis brumaire an II, une place, bien que limitée, a été ainsi laissée dans l'attribution du nom de

---

76. TGI Briey, 30 juin 1966, *JCP* G 1967.II.15130 : jugé que l'épouse pouvait demander la réparation du préjudice que lui avait causé son mari en présentant sa concubine sous son nom marital.
77. Paris, 17 avr. 1989, *D.* 1989, IR, 160 ; refus de l'utilisation artistique du nom d'un danseur et chorégraphe de jazz par sa « *compagne* » : « *L'usage du patronyme sans autorisation doit donc être interdit* ».
78. CE, 14 déc. 1988, *D.* 1989.338, concl. Fornacciari : « *En cas de pluralité de propriétaires d'un même véhicule, le certificat d'immatriculation doit mentionner le nom de chacun des copropriétaires* ».
79. CREDOC (Centre de recherches pour l'étude et l'observation des conditions de vie), *Le nom de la mère*, 1982, ronéo, commente un sondage fait en 1979 par la SOFRES pour le laboratoire de sociologie de Paris II et préparant la réforme des régimes matrimoniaux. Ex. : La transmission du nom du père aux enfants : Satisfaisant : 65 %. Insatisfaisant : 21 %.
80. **Biblio. :** *La nouvelle loi sur le nom*, Laborat. [...] de droit privé de l'Université de Lille II, LGDJ, 1988 ; R. Lindon, « La nouvelle disposition législative relative à la transmission du nom », *D.* 1986, chr. 82 ; R. Lindon et D. Amson, « Une gestation difficile : le "nom d'usage" », *D.* 1986, chr. 267.
81. En cas d'autorité parentale **conjointe :** Cass. civ. 1re, 3 mars 2009, n° 05.17163, *Bull. civ.* I, n° 42 ; *D.* 2009.803, n. V. Egea ; *JCP* G 2009, act. 137, obs. Th. Garé ; *Défrénois* 2009.1152, obs. J. Massip : « *l'un d'eux ne peut adjoindre, seul, à titre d'usage, son nom à celui de l'autre, sans recueillir au préalable, l'accord de ce dernier ; à défaut le juge peut autoriser cette adjonction* » : lorsque l'autorité parentale est exercée par **un seul parent** : Cass. civ. 2e, 17 mai 1995, *JCP* G 1995.IV.1654, celui-ci « *peut, sans autorisation judiciaire, adjoindre à titre d'usage son nom à celui de son enfant mineur* ».

famille à la volonté individuelle. La loi de 4 mars 2002 est allée plus loin dans cette privatisation du nom. Le « nom d'usage », à beaucoup d'égards, a la même fonction que le nom de famille : signature, indication dans les documents administratifs, utilisation commerciale et littéraire.

Il a sur le nom de famille deux infériorités. D'une part, il n'est pas transmissible : il disparaît avec celui qui s'en servait. D'autre part, il ne figure pas dans les actes de l'état civil. Le « nom d'usage » n'est pas entré dans l'usage ; pas plus qu'en Angleterre, on n'use beaucoup de la liberté de choisir ou de changer son nom. Il serait naïf de croire que l'on modifie à coups de lois des usages et le tréfonds d'une civilisation, façonnée par près de dix siècles d'histoire ; le droit comparé, la linguistique et la pratique actuelle [82] sont là pour le prouver.

142. Nom de domaine ; le monde virtuel. — Le commerce en ligne (Internet) comporte une identification du site, le nom de domaine, innovation juridique d'inspiration américaine qui, comme tous les droits virtuels apparus à notre époque (personne virtuelle, domicile virtuel, nom virtuel), a, au moins pour l'instant, du mal à s'intégrer dans les structures du droit civil. Il est à la fois nom commercial, adresse, signe distinctif, enseigne et propriété commerciale – dont l'importance économique ne cesse de croître [83]. Il développe certains des aspects contemporains de la personne : commercialisation, dématérialisation, abstraction, déshumanisation, technicisation et mondialisation, car Internet est un réseau mondial.

En 2008, il en existait plus d'un million : 300 000 en France et 170 millions dans le monde (beaucoup plus que les noms de famille ou les noms commerciaux). En application du Code des postes et communications électroniques (art. 45 L), le décret du 6 février 2007 en fixe le régime [84], en respectant la Charte de nommage [85] périodiquement modifiée, elle-même dépendante de l'ICANN, *Internet Corporation for Assigned Names and Numbers*, organisme dont la compétence est mondiale, attribuant les suffixes des noms de domaine désignant les rattachements par zones géographiques (ex. fr. pour la France) et génériques (com, net, org). Le nommage est mondial, utilisant des concepts américains parfois difficiles à transposer dans la pensée juridique française. En France, un « *bureau d'enregistrement* » applique les règles de désignation et d'enregistrement de ces noms (le nommage) avec le pouvoir de refuser ceux qui sont inutilisables (dénommés « termes fondamentaux » ou illicites), ou en ordonner la suppression ou le transfert : il n'est donc pas, malgré son titre, un simple organe d'enregistrement. La durée de validité du nom de domaine est de 12 mois pour les noms en.fr, renouvelable par tacite reconduction sauf suppression par le bureau d'enregistrement. Elle peut être de 1 à 10 ans pour les noms en.com, durée déterminée par le contrat entre le titulaire et le bureau d'enregistrement.

Le nom de domaine n'est protégé que s'il n'est pas purement descriptif. En outre, un nom susceptible d'être confondu avec un autre nom de domaine déjà protégé ne peut être choisi [86], sauf bonne foi du demandeur. De même, ne peut être choisi un nom de domaine identique à un nom de famille d'une personne notoirement connue (art. R. 2044-45 et 2044-46). Ces règles

---

82. En 1989, seulement 5 400 cartes nationales d'identité sur 4 000 000 avaient été délivrées avec mention d'un nom d'usage : déclaration à l'Assemblée nationale de M. Vauzelle, garde des Sceaux (*JO* déb. AN, 1992, 726, col. gauche).
83. O. SAVARY et E. DUBUISSON, « Le régime du nom de domaine », *Défrénois* 2009.713.
84. C. MANARA. « Le décret relatif à l'attribution des noms de domaine français », *D.* 2007.1740.
85. Le nommage est une dénomination propre à l'immatériel, différente de celle du monde physique (noms de famille, appellations d'origine, marques). Ex. : www.u-paris2.fr (Université Panthéon-Assas, Paris II).
86. Jurisprudence constante ; ex. : Lyon, 31 janvier 2008, *JCP* G 2008.II.10136, n. C. Chabert : « *Le nom de domaine pneus – online, qui réunissait deux mots ordinairement utilisés de manière tout à fait séparée, présentait à l'époque de son choix une certaine originalité et n'était pas purement descriptif* ». Condamnation à des dommages-intérêts de l'entreprise allemande qui après sa concurrente la sté *Pneus – Online Suisse* a utilisé pour ce même commerce le nom de domaine *pneuonline.com* « *dont elle ne pouvait ignorer qu'ils* (les sites litigieux) *créaient ou risquaient de créer, en raison de la proximité des noms utilisés, une grande confusion dans l'esprit des internautes* ».

s'inspirent du droit de la concurrence déloyale et parasitisme en interdisant le risque de confusion [87]. Le conflit avec le nom de famille ou la marque [88] se règle donc par l'antériorité d'usage lorsque les activités sont similaires et qu'il y a un risque de confusion.

Comme le droit français, la CEDH décide qu'un nom de domaine constitue un « bien » (au sens de la Convention EDH), qui doit être protégé s'il porte atteinte à une marque [89].

Nos 143-147 réservés.

---

87. Ex. : Cass. com., 7 juill. 2004, *Bull. civ.* IV, n° 149 ; *D.* 2004.2151, obs. C. Manara : jugé qu'il y a concurrence déloyale du fait de l'entreprise prenant comme nom de domaine le nom commercial d'une autre entreprise ayant sur elle une antériorité d'usage « *dans un même secteur d'activité et sur une même zone géographique* ».

88. Cass. com., 13 déc. 2005, *Bull. civ.* IV, n° 254 ; *D.* 2006.63, obs. C. Manara ; *Contrats, conc., consommation* 2006.26, n. M. Malaurie-Vignal : « *un nom de domaine ne peut contrefaire par reproduction ou par imitation une marque antérieure [...] que si les produits et services offerts sur ce site sont soit identiques, soit similaires à ceux visés dans l'enregistrement de la marque et de nature à entraîner un risque de confusion dans l'esprit du public* » ; en l'espèce, jugé que la sté *Soficar* (une sté de holding financière) en enregistrant le nom de domaine « Locatour.com » n'avait ni porté atteinte au nom de domaine, ni contrefait la marque « Locatour » dont était titulaire la sté *Le Tourisme moderne* (agence de voyages) parce que ces deux sociétés n'exerçant pas des activités identiques ou concurrentes il n'y avait pas de risque de confusion.

89. CEDH, 18 sept. 2007, *JCP* G 2008.I.158, n° 1, obs. Ch. Caron.

■ CHAPITRE II ■

NATURE ET RÉGIME DU NOM

148. Les cinq natures du nom. — La nature juridique du nom est, depuis plus d'une centaine d'années, l'objet d'une controverse qui, à la longue, devient évanescente.

La jurisprudence y a longtemps vu un **droit de propriété**, sorte de copropriété familiale [1], ce qui n'était conciliable ni avec l'indisponibilité du nom telle qu'elle existe en matière civile, ni avec jurisprudence contemporaine où une personne peut se voir interdire l'utilisation commerciale de son propre nom [2]. Planiol en avait fait une institution de **police civile**, sorte d'immatriculation des personnes [3] ; ce qui n'était guère compatible avec le pouvoir qu'a aujourd'hui la volonté (sous certaines limites) dans l'attribution du nom (prénoms, nom de famille et nom d'usage) ; ce qui n'était pas compatible non plus avec le pouvoir de défendre le nom en justice contre les usurpations par les tiers. D'autres y avaient vu une **marque de la filiation et de l'état familial** [4], un droit individuel [5], un droit de la personnalité [6]

---

1. La tête d'une longue série jurisprudentielle est Req., 16 mars 1841, *Jur. gén.*, v° Nom-Prénom, n° 19 ; *S*, 1841.I.352 : « *Les noms patronymiques des familles sont leur propriété ; si les femmes, en entrant par le mariage dans une famille étrangère, cessent de porter le nom de leur père, ce nom, les souvenirs d'estime et d'honneur qui peuvent y être attachés, sont un bien qui fait partie de leur patrimoine et qui ne saurait manquer de leur être toujours précieux* ».
2. *Infra*, n° 167.
3. M. PLANIOL, *Traité élémentaire de droit civil*, t. I, Pichon, 5ᵉ éd., 1908, n° 398 : « *Le nom est une institution de police civile ; il est la forme obligatoire de la désignation des personnes ; mais il n'est pas plus un objet de propriété que ne le sont les numéros matricules ; il n'est pas aliénable : la loi ne le met pas à la disposition de celui qui le porte, et elle l'établit beaucoup moins dans son intérêt que dans l'intérêt général* ».
4. A. COLIN, n. *DP* 1904.II.1, sp. p. 2, col. droite, sous Paris, 21 janv. 1903 : « *Les procès relatifs au nom patronymique mettent en définitive en jeu une question de filiation, et le nom patronymique ne nous paraît pas définissable autrement que comme la marque distinctive et extérieure de l'état, ou, plus exactement encore, de cet élément de l'état qui réside dans la filiation, à l'un quelconque de ses degrés. Toute question relative au nom de famille est donc, en principe, une question d'état* ».
5. A. PONSARD, n. sous Cass. civ. 1ʳᵉ, 16 nov. 1982, *JCP* G 1983.II.19954 : « *Ne doit-on pas [...] accentuer les prérogatives individuelles sur le nom ? On constate d'ailleurs que le nom est de moins en moins le reflet de la situation familiale* ».
6. C'est la position la plus répandue ; ex. : MARTY et RAYNAUD, n° 26 ; P. KAYSER, « La défense du nom de la famille d'après la jurisprudence civile et la jurisprudence administrative », *RTD civ.* 1959.10 et s.

ou un droit de l'homme lié au respect de la vie privée [7]. D'autres **distinguent** [8] le nom commercial et le nom civil. Le nom commercial est approprié ; au contraire, en matière civile, le nom est, soit un aspect de l'état (action en réclamation du nom, ou en contestation contre les usurpateurs), soit un droit de la personnalité (action contre l'atteinte au nom) ; dans ces deux hypothèses, il n'est pas l'objet d'une véritable propriété, puisqu'il ne peut être cédé. La distinction ne peut, cependant, être tranchée, car même lorsque le nom de famille est utilisé comme nom commercial, il conserve une empreinte familiale et personnelle, mais de moins en moins.

La controverse s'explique non seulement parce que, sociologiquement, le nom recouvre des réalités diverses et que les réactions sont différentes à l'égard des noms rares, parce qu'illustres ou étrangers, et à l'égard des noms communs ; surtout parce qu'entre l'individu et son nom existe un lien à double face. Au regard de l'État, qui veut retrouver l'individu grâce à son nom, ce lien doit, semble-t-il, être fixe et presque indissoluble. Pour l'individu, le nom est un signe de sa personnalité, en même temps que l'expression d'un état familial, voire la source d'intérêts pécuniaires ; ces différentes prérogatives peuvent se modifier. Seront successivement étudiées l'immutabilité du nom (Section I) et sa protection (Section II).

Section I
IMMUTABILITÉ DU NOM

Le principe de l'immutabilité du nom est énoncé pour des raisons politiques, notamment l'intérêt de l'État (§ 1) ; il peut être écarté pour des raisons également politiques ou privées (§ 2). Il est en recul.

§ 1. Principe

À la différence de certains droits plus libéraux que le nôtre, comme le droit anglais, le droit français impose l'immutabilité du nom. Avant d'en voir les conséquences (II), en sera exposée l'origine (I).

I. — Origine

149. Histoire. — Le principe de l'immutabilité du nom vient de l'Ancien régime ; il avait été énoncé, non sans de grandes difficultés, au XVIe siècle [9] et fut rappelé au XVIIIe siècle, sans guère plus de succès [10]. Il entendait empêcher les roturiers de s'immiscer dans l'ordre de la noblesse ;

---

7. CEDH, 22 févr. 1994, *Burghartz c. Suisse*, cité *supra*, n° 110 : le nom « *en tant que moyen d'identification personnelle et de rattachement à une famille* » intéresse la vie privée et familiale de l'individu.
8. J. CARBONNIER, n° 36.
9. Ord. d'Amboise, du 29 mars 1555, art. 9 : « *Fait défense, à toutes personnes de changer leurs noms et armes, sans avoir obtenu des lettres de dispense et permission, à peine de 1 000 livres d'amende, d'être punis comme faussaires et privés de tout degré et privilège de noblesse* ». L'ordonnance, n'ayant pas été enregistrée, n'a pas eu force de loi : MERLIN, Rép. 1827, v° *Promesse de changer de nom*.
10. Ord. 1629 (Code « Michaut », par dérision, le garde des Sceaux Michel de Marillac) : « *Tous gentilshommes doivent signer en tous actes et contrats du nom de leur famille, et non de leurs seigneuries, sous peine de faux et d'amende arbitraire.* » Les parlements ont saboté le Code Michaut.

mais le roi pouvait autoriser un changement de nom [11]. Le principe paraissait lié à une donnée politique aujourd'hui révolue, la division de l'ancienne France en ordres.

Aussi la Révolution a-t-elle d'abord rompu avec un système devenu abhorré. La loi du 24 brumaire an II a donné à chaque citoyen la possibilité de changer de nom par simple déclaration [12]. Ce qui n'était pas seulement le vent de liberté qui soufflait alors sur la Révolution, et une rupture avec l'ordre ancien, mais également une technique révolutionnaire classique. Chaque individu rompt avec son passé en changeant son nom. Ainsi, la conversion religieuse entraîne-t-elle généralement un changement du nom ; la conversion au christianisme, par exemple, impose l'abandon du nom païen et l'adoption d'un nouveau nom, le nom de baptême. De même, dans la naturalisation, l'étranger naturalisé français peut faire franciser son nom. Lors d'annexions, on voit aussi des changements de nom se réaliser, de manière plus ou moins impérative, parfois de manière insidieuse [13]. Le nom est une réalité culturelle, ou pour employer le langage d'aujourd'hui un « phénomène de société ».

Ce système a été rapidement abandonné par la Convention pour des nécessités de police, alors très pressantes, par la loi du 6 fructidor an II, article 1 : « *Aucun citoyen ne peut porter de nom ni de prénom autres que ceux exprimés par son acte de naissance* ». Cette loi a imposé l'immutabilité du nom, règle qui, pendant longtemps, n'avait connu que des exceptions de portée limitée, aujourd'hui de plus d'importance.

II. — Conséquences du principe

Le principe de l'immutabilité du nom produit deux espèces de conséquences ; les unes sont pénales et mineures (A), les autres sont civiles et plus importantes (B).

A. Conséquences pénales

150. Nom d'emprunt. — La loi de fructidor comportait des dispositions pénales sévères, aujourd'hui abrogées par désuétude (ce qui est extraordinaire pour une loi pénale). Il n'y a d'infraction que si l'usurpation d'un nom a été faite en vue de s'attribuer des distinctions honorifiques, ou commise dans des actes publics (par exemple, liste électorale, acte de l'état civil, demande en justice) (C. pén., art. 433-19 et 434-23). La loi pénale n'interdit pas, en général, de masquer sa personnalité sous un pseudonyme ou un nom d'usage ; la loi civile empêche ce pseudonyme et ce nom d'usage d'être transmissibles.

B. Conséquences civiles

151. Port obligatoire du nom. — Dans les rapports de la personne avec les autorités publiques, l'immutabilité du nom a une conséquence indirecte parfois mal connue : l'obligation et le droit de porter son nom. Ce fut longtemps une obligation ; par exemple, dans les actes authentiques, tels qu'actes d'état civil, actes notariés et même actes de procédure (à cet égard, la jurisprudence s'est assouplie [14]) ; mais cette obligation n'existe pas à l'égard des actes privés, tels que les actes sous seing privé. Un court moment, la Cour de cassation en avait aussi fait un droit pour les femmes

---

11. 1) Ex. : le procureur Rollet, ridiculisé par Boileau *(Satires)* (« *J'appelle un chat un chat, et Rollet un fripon* ») se fit autoriser par le Roi à prendre le nom de Saint-But. 2) Ex. : Guillaume Jouvenal (ou Juvenel) fut chancelier de France, sous le nom de Juvénal des Ursins (immortalisé par le tableau de Jean Fouquet), sans avoir obtenu d'autorisation royale. Le droit n'était pas fixé.

12. L 24 brumaire an II : « *Décret relatif à la faculté qu'ont tous les citoyens de se nommer comme il leur plaît en se conformant aux formalités prescrites par la loi* ».

13. Ex. : 1) Au Canada, dans certaines provinces anglophones, il est impossible à celui qui porte un nom « français » (ex. : Boileau ou Boivert) de trouver un emploi s'il n'anglicise son nom (ex. : Drinkwater ou Greenwood). 2) La décolonisation des colonies françaises et belges a souvent entraîné une défrancisation du nom (la plus contraignante fut celle du Zaïre).

14. Cass. civ. 1re, 11 juin 1963, *D.* 1964.186 : le porteur d'un nom composé avait agi en justice en ne portant que la seconde partie de son nom (*Dubois de Gennes*) ; jugé que son action était recevable.

mariées, en déclarant nulle la saisie engagée par le fisc qui ne mentionnait que son nom de femme mariée ; cette jurisprudence a été abandonnée tant elle était contraire à l'usage [15].

152. Imprescriptibilité et possession du nom. — L'imprescriptibilité du nom est la conséquence civile la plus remarquable, mais nuancée, de son immutabilité ; elle intervient aussi bien pour l'acquisition du nom que pour sa perte. Le nom ne peut être acquis par prescription [16]. Ainsi, quand bien même un pseudonyme a été constamment porté, ou le nom d'autrui, ou son propre nom mais altéré, il ne peut, être transmis à ses héritiers [17]. De même, peut être revendiqué un nom autrefois porté [18] sans le pouvoir du juge de décider qu'il y avait eu renonciation en raison de la durée des possessions respectives et des « circonstances » [19]. La loi écarte donc le principe général de la prescriptibilité de toutes choses : la longue durée ne peut en principe faire ni acquérir ni perdre un nom.

Ce qui serait une position intenable si on l'appliquait avec rigueur, car la quasi-totalité des noms ont la possession pour origine. Aussi est-elle tempérée par une deuxième règle. La jurisprudence dans des procès dynastiques, acharnés, interminables et obscurs, admet, dans de rares hypo-

---

15. *Supra*, n° 136.
16. Ex. : Req., 14 avr. 1934, *DH* 1934.265 : « *La prescription est inadmissible dans une matière régie par l'article 2226 ; si l'usage et la possession qui exercent leur action inévitable sur les noms comme sur toutes choses peuvent cependant être quelquefois pris en considération pour légitimer l'usage d'un nom, les juges du fond ont à cet égard un pouvoir souverain d'appréciation, la loi n'ayant réglé ni la durée ni les conditions de cette possession et de cet usage.* » En l'espèce, Isidore Reynaud avait donné à son fonds de commerce de droguerie-herboristerie le nom commercial « Reynaud de Mazan » ; jugé que le nom « de Mazan » constituait une usurpation ; sur l'action exercée par la dame du Fabre de Mazan, les consorts Reynaud ont vainement prétendu « *avoir prescrit le droit de se servir du nom commercial qui leur était contesté* ».
17. Ex. : Cass. civ. 1re, 11 juill. 2006, *Poirot de Fontenay, Bull. civ.* I, n° 377 ; *JCP* G 2006.IV.2757 ; *RTD civ.* 2006.735, obs. J. Hauser ; en l'espèce, le père du demandeur s'appelait Poirot et avait sciemment pris le nom de Fontenay pendant la guerre ; puis, voici quarante ans, celui de Poirot de Fontenay enregistré dans l'acte de naissance de ses enfants ; par la suite, ce nouveau nom avait été « *associé à l'élection de "Miss France", événement de grande renommée* » (sic) ; à la demande du ministère public, se fondant sur le principe d'immutabilité du nom, la cour d'appel a ordonné la substitution dans les actes de l'état civil du nom de Poirot à celui de Poirot de Fontenay ; rejet du pourvoi : « *la cour d'appel, qui a tenu compte des conséquences médiatiques, a pu retenir que, malgré l'atteinte portée à la vie privée des demandeurs, la rectification de son état civil imposée par la loi s'imposait pour la protection de l'intérêt général* ».
18. Ex. : Cass. civ. 1re, 15 mars 1988, *Bull. civ.* I, n° 78 ; *D.* 1988.549, n. J. Massip ; *Defrénois* 1988, art. 34309, n° 72, p. 1010, m. n. : « *Si la possession loyale et prolongée d'un nom est propre à conférer à l'individu qui le porte le droit à ce nom, elle ne fait pas obstacle à ce que celui-ci, renonçant à s'en prévaloir, revendique le nom de ses ancêtres qu'il n'a pas perdu en raison de l'usage d'un autre nom par ses ascendants les plus proches.* » En l'espèce, Y. Saintecatherine demandait à ce que fût rectifié son état civil en « *"de Sainte-Catherine", nom qu'ont porté ses ancêtres et c'est à la suite d'une erreur des services de l'état civil commise lors de l'établissement de l'acte de naissance de son arrière-grand-père, en 1860, que le nom avait été écrit sans particule* ». La cour d'appel s'y était refusée, pensant sans doute (*cf.* R. Savatier, n. *DP* 1923.I.81) que lorsqu'un individu et sa famille sont depuis longtemps connus sous un nom incontesté, il y a plus d'inconvénients à le modifier pour tenir compte d'un lointain passé, qu'à le maintenir. Cassation.
19. Cass. civ. 1re, 17 déc. 2008, *D.* 2009.747, n° 07.10068 ; *Juris-Data*, n° 2008-046275 ; *Delablondinière*, *JCP* G 2009.IV.1136 ; *RJPF* 2009 2/14 : « *la possession loyale et prolongée d'un nom confère à l'individu qui le porte le droit à ce nom ; cette possession, qui ne fait pas obstacle à ce que cet individu revendique le nom de ses ancêtres, permet au juge d'apprécier s'il y a lieu d'accueillir cette revendication, en considérant notamment la durée respective et l'ancienneté des possessions invoquées, ainsi que les circonstances dans lesquelles elles se sont succédé* ». En l'espèce, a été déboutée la requérante qui demandait à porter le nom « de la Blondinière » que ses ancêtres avaient porté pendant 68 ans mais auquel ils avaient ensuite renoncé, portant celui « delablondinière » : « *eu égard aux circonstances, dont la durée des possessions, il n'y avait pas lieu de faire droit à la demande de rectification d'état civil* ».

thèses, qu'une très longue prescription – traditionnellement plus de cent ans [20] – fasse ou ne fasse pas [21], à raison des éléments de fait, acquérir un nom ; le Conseil d'État continue à exiger une possession qui a duré plus de trois générations.

La portée de cette jurisprudence est limitée en raison des deux conditions auxquelles elle est subordonnée qui ressemblent à celles auxquelles est soumise la prescription civile acquisitive. Il faut que la prescription soit continue [22] ; il ne faut pas qu'il y ait eu à l'origine de cette prescription une mauvaise foi du porteur du nom, c'est-à-dire que le changement de nom ait été volontaire [23]. La conséquence en est que les juges, en raison des circonstances, tiennent compte tantôt de la possession passée, tantôt de la possession actuelle [24] ; les juges du fond ont un pouvoir souverain [25].

§ 2. TEMPÉRAMENTS

L'immutabilité du nom peut être écartée pour des intérêts privés (changement de nom) (I) ou nationaux (francisation du nom) (II).

153. Changements administratifs et judiciaires. — Le changement de nom ne peut résulter que d'une procédure, tantôt administrative, tantôt judiciaire, sans qu'un critère rationnel puisse justifier cette répartition entre les deux compétences. On peut peut-être l'expliquer, parce que le nom a deux natures : dans la mesure où il est une institution de police, il appartient à l'autorité administrative de connaître

---

20. Ex. : Req., 10 nov. 1897, de Dreux, marquis de Brézé, DP 1898.I.242 ; S, 1899.I.337 : « *La règle toute négative qui écarte en matière de nom la prescription acquisitive définie par l'article 2219 (aujourd'hui 2258), n'empêche pas que l'usage et la possession ne puissent quelquefois être pris en considération en cette matière ;* [...] *l'arrêt attaqué déclare que le défendeur éventuel a, depuis plus d'un siècle, par lui ou par ses auteurs, la possession loyale, publique et incontestée du nom de Dreux-Brézé, que lui conteste aujourd'hui son oncle, le marquis de Brézé ;* [...] *en décidant, dans ces conditions, que le nom de Dreux-Brézé appartient légitimement au défendeur éventuel, la cour d'Angers n'a violé aucun des textes de lois visés au pourvoi* ».

21. *Cass. civ. 1re, 30 sept. 2003, Henri d'Orléans, Bull. civ. I, n° 195 ; D. 2004.86. 1re esp., n. Grég. Loiseau ; JCP G 2004.II.10119, 1re esp., n. A. Zelcevic-Duhamel. En l'espèce, poursuivant une longue querelle dynastique, le prince Henri d'Orléans, comte de Paris, a prétendu vainement pouvoir être nommé Henri de Bourbon ; il était le descendant direct de Philippe d'Orléans, frère cadet de Louis XIV : la cour de Paris, dont l'arrêt a été maintenu par la Cour de cassation, avait relevé que le demandeur n'avait pas rapporté la preuve de l'usage du nom de Bourbon par ses ancêtres à un moment quelconque (Philippe d'Orléans était titré duc d'Orléans et non de Bourbon) ni de l'interruption de la possession du nom d'Orléans. V. Jean FOYER, « Droit du nom et prétentions dynastiques », D. 2005.2050.

22. Cass. civ. 1re, 10 mai 2005, Bull. civ. I, n° 202 ; D. 2005, IR. 1377 ; en l'espèce, les époux Quincey soutenaient que « *depuis au moins 1650* » leurs ancêtres s'appelaient de Quincey, qu'ils avaient abandonné la particule pendant la Révolution et en demandaient le rétablissement. Leur demande a été rejetée, parce que cette possession avait été intermittente.

23. Cass. civ. 1re, 17 mai 1966, aff. Mortomart, Bull. civ. I, n° 299 ; D. 1966.631 ; JCP G 1967.II.14934, n. Nepveu ; jugé en cette espèce que le sieur Mortomart de Boisse n'avait pas le droit de porter le nom de Mortemart que la famille avait usurpé en 1750 : « *Les dispositions de la loi du 6 fructidor an II n'ont pas eu pour effet de fixer des noms auxquels on ne pouvait pas légitimement prétendre* » ; après des rebondissements, la décision a été maintenue : Cass. civ. 1re, 6 nov. 1985, Bull. civ. I, n° 291 ; D. 1986, IR, 447, obs. R. Lindon et D. Amson. Pour une autre branche de la famille, le contraire a été jugé, là aussi avec la bénédiction de la Cour de cassation : Cass. civ. 1re, 31 janv. 1978, Bull. civ. I, n° 41 ; D. 1979.182, n. R. Savatier ; JCP G 1979.II.19035 bis, n. P. Nérac ; RTD civ. 1979.121, obs. R. Nerson ; au contraire l'aff. Arbellot de Rouffignac, infra, n° 162.

24. A. CHAMOULAUD-TRAPIERS, « La possession du nom patronymique », D. 1998, chr. 39.

25. Cass. civ. 1re, 6 avr. 1994, Bull. civ. I, n° 141 ; D. 1994, IR, 123 : « *La loi n'ayant réglé ni la durée, ni les conditions de la possession propre à conférer le droit au nom, il appartient aux juges du fond d'en apprécier souverainement la loyauté et les effets* » ; en l'espèce, le nom réclamé par le requérant n'avait figuré que dans un acte de 1753 et n'avait plus été porté par la suite ; la cour d'appel « *estime souverainement que la possession de ce nom n'a pas été suffisamment prolongée pour conférer un droit sur le patronyme* ».

ses changements ; dans la mesure où il est un élément de l'état, ses changements relèvent de la compétence judiciaire. Comme le révèle le droit international privé, le nom est surtout un signe d'appartenance familiale [26].

Il serait souhaitable que disparaisse cette dualité des compétences et que toutes les demandes de changement de nom et de prénom soient confiées à l'autorité judiciaire, plus précisément au juge aux affaires familiales, autorité locale mieux placée que l'État pour comprendre ce genre de questions.

I. — Changements de nom proprement dits

Le changement peut porter sur le nom de famille (A) ou sur le prénom (B).

A. Changement du nom de famille

La loi du 11 germinal an XI, évoquée à propos des prénoms [27], avait énoncé le droit commun des changements de nom, également autorisés par une autre loi, mais avec une portée plus restreinte, afin de relever le nom des citoyens morts pour la patrie. La loi du 8 janvier 1993 a abrogé la loi de l'an XI, mais repris ses règles en les assouplissant.

154. Droit commun : l'intérêt légitime. — Aux termes de la loi de 1993, sauf lorsque le changement est lié à une modification de la filiation [28], seule (à la demande des parents lorsqu'il s'agit d'un enfant [29]), une autorisation administrative peut permettre le changement de nom (art. 61 à 61-4) qui résulte donc d'une procédure administrative et non judiciaire [30]. En 2005, il y a eu 6 590 demandes [31], dont plus de 3/4 ont été admises ; *pour l'enfant naturel* [32].

Il faut une autorisation donnée par décret ; le ministre de la Justice peut (avant le D. du 20 janv. 1994, il devait prendre l'avis du Conseil d'État). Les conditions de fond que prévoit la loi sont vagues : il suffit qu'une personne ait « un intérêt légitime », notamment pour « *éviter l'extinction du nom porté par un ascendant ou un collatéral du demandeur jusqu'au quatrième degré* ».

En fait, le Conseil d'État demeure presque aussi sévère après la loi de 1993 qu'avant ; il rejette les demandes inspirées par la vanité, assez nombreuses [33] ou par l'intérêt professionnel. La demande n'est accueillie que dans cinq séries d'hypothèses : 1°) lorsque le nom est ridicule [34],

---

26. Cass. civ. 1re, 7 oct. 1997, *Bull. civ.* I, n° 265 ; *D.* 1998, som., 299, obs. A. Bottiau : « *La loi des effets du mariage est compétente pour régir la transmission du nom aux enfants légitimes* ».
27. *Supra*, n° 122.
28. Si le changement de nom résulte d'une modification de l'état du *grand-père* (établissement d'une filiation naturelle) ; ce changement portait effet sur les petits-enfants, dont le consentement n'est pas exigé dès l'âge de treize ans, mais seulement après leur majorité : Toulouse, 20 juin 2001, *D.* 2002.131, n. S. Mirabail ; *LPA*, 17 mai 2002, n. J. Massip.
29. Des deux parents : CE, 27 juill. 2005, *JCP* G 2005.IV.3150.
30. Req., 22 déc. 1914, *DP* 1916.I.195 : « *Il n'appartient pas à l'autorité judiciaire de connaître des questions relatives aux demandes de changements ou d'addition de nom ; la solution de ces questions appartient au chef de l'État* ». (Depuis la Constitution de 1946, au gouvernement).
31. *Annuaire statistique de la justice*, 2005.
32. *Supra*, n° 134.
33. Ex. : des noms d'apparence nobiliaire, même si la particule est incluse dans le nom : ex. : Dorpierre, bien que ce fût la traduction de Goldstein, nom du demandeur (Pépy, *op. cit., infra*, note 34).
34. D. Pépy, « Les changements de nom dans le droit français », *EDCE*, 1977-78, p. 31 s. : « *Sont considérés comme ridicules les noms correspondants à des noms d'animaux, ou du moins à certains d'entre eux (par ex. : Canard, Vache, Veau, Chamot (sic), Bourrique, Beccas (sic), etc.). Par contre, ne sont pas considérés comme ridicules d'autres noms d'animaux (Bœuf, Taureau, Chèvre, Rossignol,*

grossier ou tristement célèbre ; 2°) lorsqu'il a une consonance étrangère ou susceptible d'être gênante [35] ; 3°) lorsqu'une personne veut acquérir le pseudonyme sous lequel elle s'est illustrée [36] ; 4°) pour, rarement, relever un nom illustre qui va s'éteindre et avait été porté par un ancêtre [37] ; 5°) lorsque le porteur du nom a subi des violences de son père. Il y aurait une psychanalyse à faire des demandes de changements de noms, ce qui se comprend car un changement de nom est un peu une nouvelle identité [38].

Le décret est publié au *Journal officiel* ; il n'a d'effets que si aucune opposition justifiée n'a été faite pendant deux mois par « *tout intéressé* » (art. 61-1), c'est-à-dire : 1°) un porteur du nom que veut prendre celui qui demande à en changer [39], ou, plus rarement 2°) un membre de la famille de celui qui veut changer de nom [40]. L'opposition est accueillie par le Conseil d'État lorsque deux conditions sont réunies : 1) il y a un risque de confusion [41] ; 2) la confusion est préjudiciable à l'opposant [42].

Léopard, etc.). Sont considérés comme ridicules certains noms qui peuvent faire l'objet de railleries ou de moqueries, ou qui ont une consonance malsonnante (Tripe, Fromage, Dodo, Cimetière, Folachier, Cocu, Cucu, etc.). N'ont pas été admises par contre les demandes de changement de nom tendant à abandonner des noms tels que Le Poil ou Pied. Il en va de même pour des noms patronymiques correspondant à des adjectifs qualificatifs prêtant à plaisanterie (par ex. : Crétin, Hideux, Nigot (sic), Moche). Ont été rejetées par contre des demandes portant sur des noms tels que Vilain, Le Barbo, etc. ». V. aussi F. THIBAUT, *éd. loc.*, p. 30 : il est ridicule... pour un professeur de s'appeler Barbant... un dentiste Vieilledent... un pharmacien Danger... un médecin Bourreau. Et Valdebouse, Taillefumier, Tournevache, Boulepiquante, Delapisse, Cocu, Vérole, Chaucouillon, Grosbidet et Baisolit ?

35. Sauf lorsqu'il s'agit de noms couramment portés depuis plusieurs générations, spécialement dans les régions frontalières : ex. : est rejetée la demande de substituer Plenkaert en Plencart. En l'état, les noms vietnamiens ou arabes sont facilement changés (ex. : Le Van Nyan est changé en Le Vielant) : PÉPY, *op. cit.*, *supra*, note 34.

36. Ex. : Maréchal Leclerc (de Hauteclocque) ; André Maurois ; Jules Romains (Farigoule).

37. Il faut que le requérant prouve de façon certaine l'existence du lien et qu'il n'y ait pas de porteurs actuels du nom (ou qu'ils adhèrent ou ne s'opposent pas à la requête). Ex. : Doumer (Nivel-Doumer), Picasso (Ruiz-Picasso) au lieu de Gilot, Funck-Brentano (au lieu de Funck), Foch (Becourt-Foch) au lieu de Becourt, d'Estaing (Giscard d'Estaing) au lieu de Giscard.

38. Ex. : Le sieur Grenouille demande à s'appeler Delétang ; Crétin... Leveillé ; Cocu... Beauchamp (ou encore Cossu, ou encore Coque, ou encore Cocud, ou encore Coçu) ; Putin... Mutin ; Saucisse... Baron ; Lanusse... Clistère (ou encore Viscère) ; Ventre... Beaumont ; Labit... Eauclair ; Couillaut... Coulombier ; Corbeau... Archangel ; Miquet... Tarzan ; Grosgras... Lefray ; Leborgne... Soleillant ; Poubelle... Fontaine.

39. Il faut que ce nom soit notoire et peu répandu : CE, 21 avr. 1997, *Abbé Laurentin*, D. 1997, IR, 139 : « *En dépit de la notoriété acquise, dans leur domaine respectif par plusieurs membres de la famille qui s'opposent à ce changement, leur patronyme est suffisamment répandu pour que le préjudice allégué par eux ne puisse en l'espèce être regardé comme établi* » ; CE, 23 mai 1890, DP 1892.III.4 : peuvent faire opposition les membres de la famille, même s'ils ne portent pas personnellement le nom ; par ex. : les femmes mariées (Cass. civ., 16 mars 1841, *Jur. gén.*, v° Nom, n° 57) ou les enfants, pour le nom de leur mère (Req., 18 mars 1834, *ibid*, n° 2).

40. Ex. : Le père peut faire opposition au changement de nom de son fils : CE, 9 déc. 1983, *Vladescu*, D. 1984.158, concl. Genevois : « *Compte tenu de l'intérêt moral qui s'attache au nom patronymique et à sa perpétuation par les membres de la famille qui le portent, M. Gabriel Vladescu est recevable à faire opposition au décret en date du 21 mai 1982, par lequel son fils majeur, M. Patrick Vladescu, a été autorisé à substituer à son nom patronymique celui de Prat* ». En l'espèce, l'opposition, bien que, recevable, n'a pas été jugée fondée et donc été rejetée ; le requérant à l'opposition avait vainement invoqué le caractère illustre de son nom.

41. Rejet de l'opposition, le risque de confusion n'existant pas : CE, 24 oct. 2005, *Dr. Famille* 2006.39, n. de Silva (d'Artagnan).

42. CE, 8 juin 1978, *Rec. CE* 241, concl. Genevois ; *AJDA* 1978.554, n. O. Dutheillet de Lamothe et Y. Robineau.

Le changement de nom produit ses conséquences sur la famille du demandeur (époux et enfants mineurs) [43]. Ce que l'on appelle un « effet collectif ». Conformément à la Convention internationale de New York du 26 janvier 1990 sur les droits de l'enfant, la loi impose le consentement des enfants de plus de treize ans (art. 61-2).

155. Relèvement des noms. — Les héritiers d'un nom illustre [44] ou de citoyens morts pour la patrie et sans postérité peuvent demander à en relever le nom par une procédure judiciaire de rectification de l'acte de l'état civil (L 2 juill. 1923).

B. CHANGEMENT DU PRÉNOM

156. Intérêt légitime. — Depuis la loi du 12 novembre 1955 (aujourd'hui C. civ., art. 60), sont permises la substitution et l'adjonction de prénoms « *en cas d'intérêt légitime* ».

Antérieurement, la jurisprudence affirmait le principe de l'immutabilité absolue des prénoms, pas tellement pour respecter les droits de l'autorité parentale, mais afin d'assurer, pour des raisons de police, la permanence de l'état civil. Depuis la réforme de 1955, la loi n'a guère changé : elle s'est bornée en 1993 à donner compétence au JAF et imposer le consentement de l'enfant âgé de plus de treize ans. Pourtant, il y a une lente évolution, comme dans le choix initial des prénoms. Sous l'empire de la loi de 1955, la jurisprudence était assez sévère. Les tribunaux avaient d'abord refusé de prendre en considération un intérêt racial (notamment, en raison de sa consonance hébraïque). Puis il avait été admis qu'il y avait un intérêt légitime à changer un prénom « arabe » en un prénom « français » [45], afin de mieux s'intégrer dans la communauté nationale ou, à l'inverse, à changer un prénom « français » en un prénom « arabe » en cas de conversion à l'Islam [46]. Mais il existait des décisions restrictives, qui sentaient le racisme, l'antisémitisme et l'anticléricalisme ou respiraient la tracasserie administrative et judiciaire, par exemple en interdisant l'interversion des prénoms. Depuis 1993, la jurisprudence devient plus libérale : elle admet le changement pour raison de conversion religieuse [47] ou d'identité culturelle [48] ou d'usage prolongé [49] à la condition

---

43. CE, 30 juin 2000, *Akierman, épouse Lévy*, D. 2001.3486, n. crit. J. Massip ; *Dr. Famille* 2001, n° 44, obs. crit. P. Murat ; *RTD civ.* 2000.799, obs. crit. J. Hauser ; jugé que la mère ne pouvait s'opposer à l'effet du changement de nom sur l'enfant mineur de treize ans, obtenu par le père (*Lévy* avait changé son nom en *Letellier*) ; cette décision, unanimement critiquée, méconnaissait les droits de la mère sur son enfant mineur.

44. « Illustre » est plus que « célèbre » ex. : CE, 24 mai 2006, *Ripaud de Montaudevert, RTD civ.* 2006.534, obs. J. Hauser ; *RJPF* 2006 11/16 ; en l'espèce, le sieur Lefebvre a vainement demandé à reprendre le nom d'un de ses ancêtres, Ripaud de Montaudevert, qui était un corsaire célèbre ; car malgré sa notoriété, national ce nom n'avait pas été illustre.

45. Cass. civ. 1re, 26 janv. 1965, *Bull. civ.* I, n° 77 ; D. 1965.216 ; *JCP* G 1965.II.14064, concl. R. Lindon ; *Gaz. Pal.* 1965.I.335.

46. Cass. civ. 1re, 6 mars 1990, *Bull. civ.* I, n° 62 ; D. 1990.477, n. J. Massip ; *Defrénois* 1990, art. 34791, n° 38, m. n. ; *RTD civ.* 1991.449, obs. J. Hauser, cassant Paris, 20 nov. 1987, D. 1988, IR, 30.

47. *Paris, 26 sept. 1996, *Defrénois* 1997, art. 36634, n° 95, obs. J. Massip : lors de son mariage avec M. Hassan, Marie-Christine se convertit au judaïsme ; elle obtint alors l'adjonction du prénom Sarah ; ultérieurement, elle obtint la suppression de Marie-Christine, suspect d'être « *en contradiction avec l'identité juive* ».

48. Cass. civ. 1re, 2 mars 1999, *Bull. civ.* I, n° 76 ; *JCP* G 1999.II. 10089, n. Th. Garé ; *Defrénois* 1999, art. 37031, n° 63, obs. J. Massip ; *RTD civ.* 1999.358, obs. J. Hauser ; jugé qu'un Français d'origine algérienne et de confession musulmane, qui avait choisi un prénom chrétien lors de sa réintégration dans la nationalité française, pouvait reprendre son prénom musulman originaire.

49. Paris, 21 nov. 1995, D. 1996.355, n. crit. Th. Garé : « *L'usage prolongé d'un prénom suffit à caractériser l'intérêt légitime au changement* ».

de ne pas être ridicule ou trop insolite [50]. En 2006, il y a eu 2 710 demandes de changement de prénom [51].

157. Transsexualisme. — Lorsque les tribunaux décidaient que le transsexuel ne pouvait faire changer son état civil, ils admettaient que le transsexualisme constituait un intérêt légitime pour changer de prénom. Après le renversement de jurisprudence qui permet le changement d'état [52], la question ne se pose plus.

158. Ridicule. — Le changement de prénom ne paraît pas avoir été demandé aux tribunaux pour le motif que le prénom serait ridicule. Non seulement, le ridicule du prénom lui-même [53], mais aussi celui de sa combinaison avec le nom de famille.

Par exemple, des parents donnent à leur enfant un prénom qui, combiné à son nom, produit un effet cocasse [54]. La notion de ridicule ne peut se définir en droit ; comme tout ce qui intéresse la théorie du prénom (et presque tout ce qui intéresse celle du nom), elle relève de l'usage et de la notion d'intérêt légitime.

Le prénom étranger peut être francisé, comme le nom.

II. — Francisation

159. Orthographe, traduction, modification. — La question du nom étranger et de l'étranger naturalisé français fait apparaître à nouveau les deux aspects du nom : la mesure dans laquelle est en cause l'intérêt public et celle dans laquelle est en jeu l'intérêt privé. Ici, l'intérêt public incite au changement du nom ; il est opportun de faciliter l'intégration à la communauté nationale des étrangers naturalisés, afin que le port d'un nom étranger n'en gêne pas l'intégration.

Il y a eu d'assez grandes difficultés pour que le droit traduise ces principes, tant est fort l'attachement à la vieille idée de permanence de l'état civil. La loi a adopté trois solutions successives, de portée croissante : la francisation par l'orthographe, par la traduction et enfin par la modification. L'ordonnance du 2 février 1945 n'avait permis qu'une modification de l'orthographe du nom étranger ; elle avait donné compétence aux tribunaux judiciaires, qui avaient interprété le texte d'une manière restrictive. La loi du 3 avril 1950 a soustrait la francisation de nom aux tribunaux judiciaires, pour la confier à l'autorité administrative : elle autorisait la francisation du nom par sa traduction et, afin de sauvegarder les droits des tiers, organisait une publicité du nom francisé et un système d'opposition analogues à ceux que la loi de 1993 a prévus pour les changements de nom.

Les lois de 1965 puis du 25 octobre 1972 (modifiées en 1973 et 1974 et reprises, presque sans changement, par la loi de 1993 sauf la compétence du juge aux

---

50. Cass. civ. 1re, 20 févr. 1996, *Bull. civ.* I, n° 98 ; *JCP* G 1996.IV.868 ; *Defrénois* 1996, art. 36381, n° 86, obs. J. Massip ; art. 36667, n. Fr. Ruet ; *RTD civ.* 1996.356, obs. J. Hauser ; en l'espèce, une demoiselle prénommée Edith Catherine demandait à avoir comme nouveau prénom Ed Cath. Elle a été déboutée : « *Le désir de Mlle Balaguer de substituer à ses prénoms leurs diminutifs déjà utilisés dans la vie courante ne reposait pas sur un intérêt de nature à justifier sa demande* ».
51. *Annuaire statistique de la justice*, 2008.
52. *Supra*, n° 9.
53. TGI Lille, 18 oct. 2003, *D.* 2004.2675. n. X. Labbée : même si le ridicule n'existe que dans la communauté étrangère à laquelle appartient l'enfant (Mélanie, en grec, évoque le malheur (la couleur noire) et au Liban, une grosse femme). Un changement de prénom autorisé à l'étranger lie les juridictions françaises : Cass. civ. 1re, 25 oct. 2005, *Bull. civ.* I, n° 39 ; *RTD civ.* 2006.86, obs. J. Hauser ; Brigitte peut donc se prénommer Bibi en France, puisque les juridictions suisses l'ont permis pour la Suisse.
54. Ex. : les demoiselles... Selz ou Javel, prénommées Aude...Tournel, prénommée Marie ; les sieurs... Tronc, prénommé Paul... Bon, prénommé Jean... Aymard, prénommé Jean... Pons, prénommé Pierre... Rousseau, prénommé Jean-Jacques... Defrotté, prénommé Jean-Aymard.

affaires familiales) sont allées plus loin : tout en maintenant l'organisation de la loi de 1950, elles ont autorisé la francisation du nom et du prénom afin de leur enlever l'apparence et la consonance étrangères [55]. Il n'y a pas de critère précis qui permette de dire quand un nom ou un prénom est étranger et devient français. Ici encore, tout relève de l'usage, comme toujours (ou presque) en matière linguistique.

Section II
PROTECTION DU NOM

160. Usage du nom d'autrui. — Dans les relations privées, le nom est à la fois l'expression d'un état familial et le signe d'une personnalité : ceux qui le portent peuvent empêcher que des tiers ne fassent naître une confusion [56]. La confusion peut résulter d'une usurpation qui porte atteinte aux droits familiaux ou d'une utilisation commerciale ou professionnelle dans une profession libérale, ou littéraire, qui porte atteinte aux droits individuels du porteur du nom. L'analyse commande une distinction, ouvrant plus ou moins largement l'attribution de l'action ; les membres de la famille peuvent interdire l'usurpation du nom (§ 1), tout individu a le droit de faire sanctionner l'utilisation abusive de son nom (§ 2) [57].

§ 1. Usurpation du nom

Le nom traduit souvent une sorte de patrimoine collectif qui fait l'honneur d'une famille ; chacun de ses membres peut interdire qu'un tiers ne cherche, en en portant indûment le nom, à s'intégrer dans la famille ou à acquérir une parcelle de son prestige et de ce patrimoine collectif. Il faut donc définir l'usurpation et déterminer l'attribution et les conditions de l'action.

161. Usurpation. — L'usurpation d'un nom est le port sans droit du nom d'autrui. Elle est illicite lorsqu'existe un risque de confusion avec un nom régulièrement acquis. Un nom est régulièrement acquis s'il repose sur un titre ou une possession « *constante, prolongée, loyale, continue et notoire* » [58].

Il y a usurpation de nom même s'il s'agit d'un nom composé dont le demandeur ne porte qu'une partie [59]. Ces procès ont longtemps été interminables et animés de passions opiniâtres. Le

---

55. Un taux très faible : 0,64 % des personnes qui acquièrent la nationalité française en 2005 : sur 101 785 personnes (enfants mineurs compris) ayant bénéficié de l'élan collectif de l'acquisition de la nationalité française (art. 22-1), 657 ont obtenu la francisation de leur nom : Rép. min. n° 108 116, JOAN Q. 1er mai 2007, p. 4096.
56. Pour le nom d'une personne morale, *infra*, n° 438.
57. **Biblio.** : Ph. Nérac, *La protection du nom en droit civil*, th., Lille, PUF, s. d. (1975 (?)).
58. L'appréciation de cette possession dépend des circonstances de fait.
59. Ex. : Cass. civ. 1re, 19 nov. 1957, aff. *de Tocqueville*, Bull. civ. I, n° 443 ; D. 1958.283 ; Gaz. Pal. 1958.I.117 ; en l'espèce, « *sur une action introduite par Cléret de Tocqueville en usurpation de nom contre Grouard de Tocqueville, ce dernier a formé une demande reconventionnelle, et conclu à ce qu'il soit interdit au demandeur au principal d'user du nom de "de Tocqueville" sans le faire précéder de son nom patronymique personnel* ». La cour d'appel avait rejeté la demande reconventionnelle : « *Il est d'un usage constant dans les familles dont le nom est multiple de ne porter usuellement que la dernière partie* ». Cassation : « *L'usage ainsi invoqué par les juges du fond ne saurait prévaloir contre une disposition légale présentant un caractère d'ordre public* ».

nom, alors, était lié à l'esprit de famille, parfois à la pure chicane. Le contentieux semble en voie de disparition.

162. Attribution de l'action. — L'attribution de l'action est soumise à des règles strictes et souples ; une fois de plus apparaît l'ambiguïté du nom. D'un côté, le droit à contester une usurpation ne peut être conféré à celui qui n'a aucun droit sur le nom, ce qui d'évidence est une règle qui s'impose : quel titre Durand aurait-il à défendre le nom de Cossé-Brissac ? La jurisprudence est à cet égard pointilleuse : il faut porter légitimement et exactement le même nom que celui qui a été usurpé [60]. D'un autre côté, peuvent agir tous les membres de la famille dont un des ancêtres a porté le nom litigieux, même s'ils ne le portent pas actuellement, tels que les filles mariées ou les descendants par les femmes [61]. Le nom n'est pas ici un élément de la personnalité, mais une partie du statut familial ou, pour employer le langage de la propriété, le droit au nom « appartient collectivement » à la famille.

L'accord ou l'inaction prolongée du porteur du nom constitue une renonciation à en critiquer l'usurpation.

163. Conditions de l'action. — Il n'est nécessaire de prouver ni le préjudice du demandeur, ni la faute du défendeur, car ce n'est pas une action en responsabilité : une protection de la propriété du nom, qui, elle non plus, n'est pas soumise à la preuve d'un préjudice. Mais il faut avoir un intérêt à agir ; ce qui signifie que seuls les noms rares ou illustres peuvent donner lieu à protection, parce que le risque de confusion est inexistant à l'égard des noms communs, si répandus que la confusion en est généralisée.

On a reproché à cette règle de ne pas être démocratique : si nous sommes tous égaux, tous les noms le sont et devraient être également protégés. Mais la réalité l'impose ; si un nom (ex. : Martin ou Dupont) est très répandu, on ne peut le protéger contre le risque de confusion, tient de sa nature.

164. Effets de l'action. — À celui qui n'a aucun droit d'user du nom qu'on lui conteste, le juge fera défense de le porter, au besoin sous astreinte [62]. Il y aura aussi une condamnation à des dommages-intérêts si l'usurpation a causé un préjudice.

---

60. Cf. l'aff. *Arbellot de Rouffignac* aux multiples péripéties (plus de 20 ans de procès). En l'espèce, le marquis Martial de Roffignac avait entendu interdire à la famille Arbellot de se faire appeler Arbellot de Rouffignac ou de Rouffignac ou Rouffignac. Première étape. Martial réussit : * Cass. civ. 1re, 13 juill. 1955, *D.* 1955.717. Deuxième étape. Martial échoue : * Cass. civ. 1re, 14 oct. 1969, *Bull. civ.* I, n° 298 ; *D.* 1970.66. Troisième étape. Les Arbellot triomphent : * Cass. civ. 1re, 7 janv. 1975, *Bull. civ.* I, n° 6 ; *RTD civ.* 1976.692, obs. R. Nerson ; Jacques-Marie Arbellot, fils de Jean-Jacques, réussit dans la tierce opposition qu'il forme contre le dernier arrêt de cour d'appel (Poitiers) : « *Si un intérêt moral justifie la défense d'un nom patronymique anciennement connu et porté au cours des siècles, encore faut-il que celui qui entend défendre ce nom le porte effectivement [...] ; tel n'est pas le cas pour de Roffignac qui prétend défendre l'usage du patronyme de Rouffignac qui n'est identique au sien, ni phonétiquement, ni graphiquement* ».
61. Cass. civ. 1re, 5 févr. 1968, aff. du *prince de Luxembourg, Bull. civ.* I, n° 49 ; *JCP* G 1968.II.15670 ; *Gaz. Pal.* 1968.I.264 : « *Le droit de contester le nom usurpé n'est pas restreint, dans la famille, aux personnes qui portent légitimement son nom ; tous ses membres ont un droit égal d'empêcher qu'un étranger puisse prétendre se rattacher à leur maison* ». En l'espèce, la comtesse de Dreux-Brézé, le comte de Bouillé et le comte de Durfort, agissant en qualité de descendants du prince de Luxembourg, décédé en 1878 sans postérité, ont pu interdire à un sieur Tandefeld de porter le nom de prince, comte ou baron de Ligny-Luxembourg. Par conséquent, la femme mariée peut défendre son nom de jeune fille, ou celui de son mari, même mort ; de même, le mari peut défendre le nom de jeune fille de son épouse.
62. Req., 14 mars 1913, aff. *de Bari, DP* 1916.I.248 : interdiction faite au demandeur au pourvoi, sous astreinte « *de porter les noms de Bourbon et de Bari, dans l'ensemble des circonstances de la vie et de l'obliger à supprimer, dans toutes publications, l'indication de sa personnalité sous le nom de vicomte de Bari* ».

§ 2. Utilisations abusives du nom

165. Risque de confusion. — Toute utilisation du nom d'autrui n'est pas une usurpation car elle peut avoir lieu sans vouloir se l'attribuer : par exemple, l'utilisation commerciale ou la création romanesque. Cette utilisation ne porte pas atteinte à l'honneur familial, mais risque de susciter une confusion préjudiciable au porteur du nom : chacun a le droit de ne pas être pris pour ce qu'il n'est pas : il peut donc faire interdire l'usage abusif du nom. Le risque de confusion est différent en matière commerciale où la preuve du préjudice n'est pas exigée (I) et dans les activités de profession libérale (II) ou en matière littéraire où il faut prouver le préjudice que cause au porteur du nom l'utilisation de son nom (III).

I. — Usage commercial

166. Valeur pécuniaire et spécialité du commerce. — Le nom commercial est un moyen de faire connaître son activité commerciale : il identifie un fonds de commerce et sert à rallier la clientèle, de la même manière que d'autres signes distinctifs comme l'enseigne ou les marques ou dans le commerce en ligne (internet) le nom de domaine [63] ; il a une valeur pécuniaire, parfois considérable, aujourd'hui croissante ; il détermine souvent la valeur du fonds [64]. Il est l'objet d'une propriété incorporelle depuis longtemps protégée par la loi contre toute usurpation (L 18 juill. 1824) ; la protection est spéciale à l'activité commerciale exercée par une société commerciale [65]. Il est susceptible d'être cédé, ce que n'aurait pas permis le droit civil, attaché à l'indisponibilité du nom. Il peut être un nom de fantaisie [66] à condition de ne pas être générique, car il entretiendrait la confusion [67] ; son étude relève du droit commercial.

Le développement contemporain des affaires accroît les différences entre le nom de famille, mode d'identification de la personne et attribut de la personnalité, à ce titre, inaliénable et le nom commercial, signe distinctif d'un commerce et élément attractif de la clientèle et, à ce titre, patrimonial. Lorsqu'un nom commercial a pour origine un nom de famille, il existe un lien entre eux : le nom de famille marque le commerce. Ces liens tendent à se distendre : la protection du commerce l'emporte peu à peu sur le respect des droits de la personnalité.

167. Concurrence déloyale. — L'utilisation commerciale de son propre nom ou de son pseudonyme [68] est licite (C. propr. intell., art. L. 713-6). Elle soulève des difficultés lorsque ce nom a déjà été utilisé comme nom commercial ou comme marque dans un commerce identique par un homonyme à cause du risque de confusion, susceptible de détourner la clientèle par une concurrence déloyale (*ib.* art. L. 711-4).

---

63. *Supra*, n° 141.
64. **Biblio.** : Alexandre MENDOZA, *Les noms de l'entreprise*, thèse, PUAM, 2003.
65. Cass. com., 27 mai 1986, *Ritz, Bull. civ.* IV, n° 105 : l'hôtel Ritz (mondialement connu) ne peut interdire à une société commerciale exploitant des produits de beauté d'utiliser le nom « Charles of the Ritz ».
66. Ex. : *Au bonheur des dames, Au bon marché, Au Printemps*, etc.
67. Ex. : T. com. Nanterre, 13 avr. 1995, *D.* 1996, som., 180 : « *Le terme de téléachat* [...] *est à la disposition de tous et il ne peut donc figurer seul* (comme nom commercial) *à peine d'entretenir la confusion d'où pourrait naître une concurrence déloyale* ».
68. Ex. : Cass. com., 3 mars 1981, *Bull. civ.* IV, n° 120.

Traditionnellement, tout commerçant avait le droit de faire un usage commercial de son nom de famille, même utilisé par un concurrent [69] ; la règle se fondait sur le droit que le commerçant avait sur son propre nom. Mais il devait empêcher la similitude, par exemple en le faisant précéder de son prénom [70] ou de toute autre manière [71]. Encore fallait-il qu'il fût l'exploitant effectif du commerce qui portait son nom ; il ne pouvait donner son nom homonyme d'une marque prestigieuse s'il n'était qu'un prête-nom [72] (dans son sens littéral et juridique) : la fraude était évidente.

La jurisprudence contemporaine est plus rigoureuse ; elle ne se contente plus de l'adjonction du prénom ou d'un autre élément distinctif pour que disparaisse le risque de confusion. Elle interdit, purement et simplement, l'usage de son propre nom dans son commerce dès lors que, dans le même genre de commerce, il a été utilisé de façon notoire par un homonyme ou un membre de la même famille [73] parce que la confusion serait ineffaçable.

Le régime du nom commercial est différent de celui du droit civil. L'utilisation commerciale du nom d'autrui n'est pas interdite : un commerçant a la faculté d'exercer son commerce sous un nom de fantaisie qui peut être celui d'autrui [74]. De même, une personne n'a pas le droit de s'opposer à l'utilisation commerciale de son nom lorsqu'elle l'a autorisée ou qu'il n'y a pas de risque de confusion.

168. 1°) Utilisation commerciale. — L'utilisation commerciale d'un nom de famille est licite lorsque le porteur du nom a permis à un commerçant de l'utiliser comme nom commercial, marque ou dénomination d'une société. Cette cession est valable sauf lorsqu'elle est frauduleuse [75]. Cette utilisation résulte rarement d'un acte déterminé ; le plus souvent, elle est la conséquence de l'insertion du

---

69. Ex. : * Cass. civ., 30 janv. 1878, *Pianos Erard*, *DP* 1878.I.231 ; *S*, 1878.I.289, n. Ch. Lyon-Caen : « *Vu l'article 544 ; tout individu qui exerce réellement et personnellement un commerce ou une industrie a le droit incontestable d'inscrire son nom patronymique sur ses enseignes, annonces et factures et sur les produits de sa fabrication ; cet emploi du nom patronymique est une des formes permises de la jouissance et de la disposition, attributs essentiels de la propriété ; il appartient aux tribunaux de réprimer l'abus qui serait fait de ce droit pour usurper à l'aide d'une confusion frauduleuse les avantages du crédit et de la réputation acquis à un tiers, déjà connu sous le même nom ; si les pouvoirs du juge à cet égard doivent avoir toute l'étendue nécessaire pour assurer leur efficacité, ils ne sauraient aller jusqu'à priver un commerçant de la faculté de se servir du nom qui lui appartient dans les faits et actes de son commerce, par une interdiction absolue, qui constituerait une atteinte portée à son droit de propriété.* » En l'espèce, la cour d'appel avait interdit à Nicolas Erard d'utiliser son nom, même précédé de son prénom, dans la fabrication et le commerce des pianos, à cause de la confusion avec la maison de pianos de la veuve Erard. Cassation.

70. Ex. : Cass. com., 5 nov. 1985, *Morabito*, *Bull. civ.* IV, n° 261. En l'espèce, la société Morabito, titulaire de la marque Morabito et commerçante en joaillerie, a obtenu de la cour d'appel : 1) la condamnation pour contrefaçon de Pascal Morabito qui pratiquait le commerce de joaillerie sous son nom, 2) la réglementation de l'usage de la dénomination Morabito par Pascal Morabito ; rejet du pourvoi : « *Sans prononcer d'interdiction, la cour d'appel a pu, par l'adjonction du prénom, réglementer l'usage du nom patronymique dans les activités professionnelles de Pascal Morabito* ».

71. Ex. : date de la fondation de la maison.

72. Ex. : T. civ. Seine, 16 déc. 1949, *Clicquot*, *D.* 1950, som. 51 : un nommé Clicquot de Tessencourt, étranger à la fabrication des vins de Champagne, avait cédé son nom à une société qui commercialisait les vins de Champagne sans participer à l'activité de cette société. Jugé qu'il était interdit d'utiliser son nom pour ce commerce.

73. Ex. : * Cass. com., 9 nov. 1987, *Michel Leclerc* (l'épicier, également distributeur d'essence dans les grandes surfaces) c. *Édouard Leclerc* (un frère, également épicier et distributeur d'essence), *Bull. civ.* IV, n° 234 : « *La cour d'appel a souverainement retenu que le mot Leclerc, par sa notoriété, en constituait la partie attractive et avait provoqué des confusions ; en l'état de ces énonciations et constatations, la cour d'appel a légalement justifié sa décision sur la nullité de la marque de M. Michel Leclerc* ».

74. Ex. Cass. civ. 1re, 26 mai 1970, *Dop*, *D.* 1970. 520 ; un sieur François Dop a vainement voulu s'opposer à l'usage de la marque Dop déposée par la sté L'Oréal ; « *l'utilisation de la marque "DOP" par la sté L'Oréal n'avait pas causé un risque de confusion avec François* ».

75. Ex. : une entreprise ne peut utiliser le nom d'une personne qui susciterait une confusion avec une autre : ex. : Paris, 30 mai 1988, *Givenchy*, *D.* 1989, som. 130, 5e esp. ; *RDPI* 1989, n° 19, p. 83 : la sté

nom ou fondateur dans la dénomination de la société qu'il a créée. Le nom de famille s'est alors détaché de la personne qui le porte pour s'appliquer au commerce qu'il désigne : il devient une propriété incorporelle et donc cessible, comme les autres éléments incorporels du fonds de commerce. Afin d'assurer la stabilité du commerce, cette cession est définitive et irrévocable (sauf si le contraire avait été stipulé), même lorsque le porteur du nom et les membres de sa famille cessent de diriger l'entreprise [76].

L'étendue de l'utilisation commerciale du nom de famille par l'effet de sa cession a donné lieu à une jurisprudence évolutive, qui en a changé l'économie. Au lendemain de l'arrêt *Bordas*, il avait semblé que cette autorisation permettait de déposer le nom de famille commercialement cédé à titre de marque et d'enseigne, sauf exclusion expresse par la cession [77]. Mais en 2003, l'arrêt *Ducasse* a décidé que ce droit au dépôt de marque était exclu (sauf accord express), si lors de la cession (*id est* lors de la création de la société avec sa dénomination sociale) si le nom de famille était commercialement notoire [78] ; il a été ensuite précisé que cette notoriété devrait être nationale [79], ce qui en fait est assez rare. Ainsi, en général, le droit de déposer un nom de famille commercialement exploité à titre de marque résulte simplement de son insertion dans la dénomination sociale, sauf si ce nom était nationalement notoire.

Le prénom d'une personne peut être utilisé sans autorisation par autrui pour son usage commercial [80], sauf s'il présentait une originalité ; il aurait alors le même régime que le nom de famille [81].

Balmain ne peut prétendre user du nom de M. Toffin de Givenchy, son salarié, « *afin de se placer dans le sillage de la sté Givenchy et bénéficier de sa notoriété* ». Il y aurait parasitisme.

76. Ex. : ** Cass. com., 12 mars 1985, aff. *Bordas, Bull. civ.* IV, n° 95 ; *D.* 1985.471, n. appr. J. Ghestin ; *JCP* G 1985.II.20400, concl. Montanier, n. crit. G. Bonet ; *Gaz. Pal.* 1985.I.245, n. G. Le Tallec : « *Le principe de l'inaliénabilité et de l'imprescriptibilité du nom patronymique, qui empêche son titulaire d'en disposer librement pour identifier au même titre une autre personne physique, ne s'oppose pas à la conclusion d'un accord portant sur l'utilisation de ce nom comme dénomination sociale ou nom commercial* ». En l'espèce, Pierre Bordas avait fondé une société d'édition qui portait son nom ; ultérieurement, la majorité des actions ayant changé de mains, Pierre Bordas donna sa démission de président-directeur général, puis vainement voulut interdire à la société dans laquelle il n'avait plus d'intérêts de porter son nom.

77. Ex. : ** Cass. com., 12 mars 1985, aff. *Bordas*, cité *supra*.

78. * Cass. com., 6 mai 2003, *Alain Ducasse, Bull. civ.* IV, n° 69 ; *D.* 2003.2228, n. Grég. Loiseau, som. 2629, obs. S. Durrande ; *AJ* 1565, obs. J. Daleau ; 2004, som. 268, obs. J.-C. Hallouin ; en l'espèce, Alain Ducasse, chef cuisinier dont le nom est devenu notoire dans la gastronomie, avait constitué avec d'autres associés la sté Alain Ducasse diffusion (Sté ADD), à laquelle il avait apporté son nom ; déposant par la suite son nom de famille en une marque de fabrique pour sa propre entreprise, il demanda la nullité du dépôt effectué par la sté ADD : cassation de l'arrêt qui l'avait débouté : « *il n'était ni établi, ni même allégué que M. Ducasse aurait renoncé à ses droits de propriété incorporelle sur son patronyme* ».

79. Cass. com., 24 juin 2008, *sté André Beau*, n°s 07-10756 et 07-12115, *Bull. civ.* IV, n° 129 ; *D.* 2008.2569, n. Alexandra Mendoza-Caminade ; *JCP* G 2008.IV.2385 ; *RJPF* 2008 10/14 ; Juris-Data 2008/045937 : « *Le consentement donné par un associé-fondateur dont le nom est notoirement connu sur l'ensemble du territoire national, à l'insertion de son nom de famille dans la dénomination d'une société exerçant une activité dans le même domaine, ne saurait, sans accord de sa part, et en l'absence de renonciation expresse ou tacite à ses droits patrimoniaux, autoriser la société à déposer ce patronyme à titre de marque pour désigner les mêmes produits ou services* ». La CJCE a sur la notoriété de la marque une position différente, estimant que la notoriété peut n'exister que sur une « *partie substantielle* » d'un territoire national, par exemple lorsqu'elle est connue dans une région ou un département : 22 nov. 2007, *JCP* G 2008.I.158, n° 9, obs. Chr. Caron.

80. Ex. : Le fait de se prénommer Jean ou Marie ne permet pas d'interdire à un restaurant de s'appeler « chez Jean » ou « À la jolie Marie ».

81. Ex. : TGI Seine, 9 oct. 1963, *Soraya, Gaz. Pal.* 1964.I.73 ; Paris, 19 janv. 1962, *D.* 1962, som. 65 ; *RTD civ.* 1962.304, obs. H. Desbois : « *Les prénoms isolés du nom patronymique, pour être employés autrement que l'exige leur fonction normale, qui est celle de différencier les membres d'une même famille, peuvent constituer un pseudonyme, c'est-à-dire une appellation de fantaisie destinée à masquer la véritable identité de ceux qui l'empruntent en fonction d'une activité particulière à laquelle ils entendent se livrer ; commet une faute, celui qui utilise un tel pseudonyme déjà adopté par une*

169. 2°) Absence de confusion. — L'utilisation commerciale du nom d'autrui est également licite s'il n'y a pas de risque de confusion ; la licéité de l'utilisation commerciale du nom d'autrui sans autorisation cesse là où commence la confusion parce qu'il y a atteinte au droit de la personnalité. Le risque n'est pas le même selon qu'il s'agisse de noms illustres ou communs.

L'utilisation commerciale du nom d'autrui sans autorisation est interdite pour les noms célèbres ou aristocratiques lorsqu'il y a un risque de confusion [82]. Pour les noms communs, la libre utilisation commerciale du nom d'autrui est le plus souvent licite. Étant répandu, le nom commun constitue lui-même la confusion. La libre utilisation commerciale d'un nom commun ne cesse d'être licite que si ce nom avait acquis une notoriété : il n'est plus commun [83].

II. — Utilisation professionnelle

170. Sociétés civiles professionnelles. — La loi modifiée du 29 novembre 1966 a permis la constitution de sociétés civiles professionnelles (SCP) pour l'exercice des professions libérales réglementées (notaires, avocats, médecins, etc.). Elles sont désignées par une raison sociale, qui comprend tout ou partie du nom des associés. Elles peuvent conserver le nom des anciens associés, à condition 1°) dit la loi (art. 8), que ce nom soit précédé du mot « anciennement », afin d'éviter que les clients croient que cet associé exerce toujours ; 2°) dit la Cour de cassation [84], que cet associé ou ses héritiers ait donné leur accord. En raison du caractère personnel des activités exercées par ces sociétés, le nom reste lié à la personne des associés, à la différence de ce qu'a décidé la jurisprudence *Bordas* dans les sociétés commerciales [85].

III. — Utilisation littéraire

171. Confusion préjudiciable. — L'utilisation littéraire du nom d'autrui est libre, parce que, comme le disent les tribunaux, les noms sont « le fonds commun de l'histoire ». Elle n'est irrégulière que si deux conditions sont remplies : 1) le porteur du nom peut être confondu avec le héros romanesque ; 2) cette confusion lui porte préjudice. La libre utilisation littéraire du nom d'autrui est donc plus large que ne

---

personne qui en a eu la première possession, sans qu'il puisse justifier l'usage de ses prénoms à titre de pseudonyme par un droit sur les noms de son état civil ».
82. **Interdiction :** ex. : Paris, 24 janv. 1962, *duc de Luynes, D.* 1962.639 : on ne peut faire commerce de rouge à lèvres sous le nom de Luynes, sans l'accord du porteur du nom. **Pas d'interdiction :** Cass. com., 21 oct. 1997, *de Choiseul, Bull. civ.* IV, n° 278 ; *D.* 1997, IR, 249 ; *JCP* G 1998.II.10071, n. J. Casey ; *RTD civ.* 1998.340, obs. J. Hauser ; *RTD com.* 1998.152, obs. Cl. Champaud et D. Danel, cité *supra*, n° 126 : « M. de Choiseul ne démontre pas que l'existence de la marque soit de nature à créer une confusion avec sa personne » : le titre de noblesse était attribué au duc de Praslin, le nom porté était Choiseul.
83. Usage commercial du nom : Cass. civ. 1re, 19 déc. 1967, aff. *Savignac, D.* 1968.277, n. F. Beaumaine ; *JCP* G 1968.II.15466 : « *Il est nécessaire, lorsque le nom est utilisé à des fins commerciales ou publicitaires, que le demandeur* (qui prétend qu'il y avait eu une usurpation du nom) *justifie l'existence d'une confusion possible à laquelle il a intérêt à mettre fin* » : jugé qu'un commerçant pouvait vendre des tissus sous le nom de Savignac, bien qu'il fût porté par autrui, du moment qu'il n'y avait pas de risque de confusion.
84. Cass. civ. 1re, 1er juill. 1997, *Bull. civ.* I, n° 227 ; *JCP* G 1998.II.10001, n. crit. G. Loiseau ; *RTD civ.* 1998.340, obs. J. Hauser : « *la possibilité offerte par l'article 8, alinéa 2, L. 29 novembre 1966, dans sa rédaction de la loi du 23 décembre 1972, de conserver le nom d'un ou de plusieurs anciens associés dans la raison sociale d'une SCP, nom dont la présence est par nature liée à l'exercice de l'activité professionnelle, ne dispense pas la société d'obtenir l'accord de celui qui cesse son activité ou de ses héritiers* ».
85. *Supra*, n° 168.

l'est son utilisation commerciale, car il faut, pour l'interdire, non seulement démontrer le risque de confusion, mais aussi qu'elle cause préjudice au porteur du nom.

Le risque de confusion se présente dans des termes comparables à ceux qui règlent l'utilisation commerciale du nom. Il apparaît facilement pour les noms illustres ; il est même présumé [86]. Pour les noms communs, il faut une analogie dans les circonstances de vie entre le personnage fictif et le titulaire du nom [87]. Il est en outre exigé que le personnage fictif homonyme soit grotesque, déplaisant ou ridicule ; le porteur d'un nom ne peut se plaindre qu'il y ait une analogie frappante entre le héros homonyme d'un roman et lui-même si le héros n'a pas eu une conduite déplaisante [88].

Cette exigence du préjudice disparaît lorsqu'est racontée, sous son nom véritable [89] ou non [90], l'histoire d'autrui, parce qu'il y a alors une atteinte aux droits de la personnalité qui doivent être protégés, même s'il n'y a eu aucun préjudice.

N°s 172-198 réservés.

---

86. T. civ. Seine, 1er déc. 1926, *duc de Brissac*, *DH* 1927.127 : en l'espèce, l'auteur d'un roman avait donné à un de ses personnages le nom de Brissac ; ce personnage était ridicule mais ne présentait, sauf le nom, aucune analogie avec le demandeur ; jugé cependant que l'auteur devait changer le nom du héros.

87. 1) **Absence de confusion**. Ex. : T. civ. Seine, 18 juill. 1941, *Montherlant*, *Gaz. Pal.* 1941.II.235.
2) **Existence d'une confusion**, T. civ. Seine, 15 févr. 1882, *E. Zola*, *S*, 1884.II.21, n. J. E. Labbé. En l'espèce, E. Zola avait dénommé un de ses personnages Duverdy, avocat à la cour ; or, il existait un magistrat qui en portait le nom. A fortiori, lorsqu'il y a une identité totale, même si l'histoire est fictive : Paris, 16 mars 1974, *Chemin*, *D.* 1974, som., 70 ; *JCP* G 1975.II.17935 : « *En utilisant sciemment et sans son autorisation les nom et prénom d'un individu et en y ajoutant le nom de l'entreprise (Simca) dans laquelle il exerce d'importantes fonctions, la société productrice et le réalisateur du film ont commis une faute dont ils doivent réparer les conséquences, les amis et connaissances de celui dont le nom a été utilisé n'ayant pas manqué de penser qu'il avait retiré un avantage pécuniaire de cette utilisation* ». En l'espèce, Claude Lelouch dans son film *Le voyou* (1970) avait un personnage principal qui était une canaille disant : « *Je suis Henri Chemin, Directeur des relations publiques de Simca* » ; or, il existait un Henri Chemin, directeur des compétitions chez Simca et qui entretenait des relations amicales avec Cl. Lelouch. Bien que ce dernier, à la demande de H. Chemin, eût fait disparaître ce nom, il a été condamné à 12 000 F de dommages-intérêts.

88. Ex. : TGI Seine, 22 oct. 1963, *Gaz. Pal.* 1964.I.186 ; *RTD civ.* 1965.105, obs. H. Desbois. En l'espèce, le sieur de Courcelles dont le nom n'était porté en France que par une seule famille, a obtenu qu'un romancier fût obligé de changer le nom d'une de ses héroïnes qui était dénommée de Courcelles et représentée « *allongée sur un lit auprès d'un homme* », puis portant le bâtard d'un criminel ; jugé qu'il y avait un risque de confusion susceptible de causer un préjudice. Au contraire, Paris, 24 mai 1975, *San Antonio*, *D.* 1975.488 ; *RTD civ.* 1975.525, obs. R. Nerson : le comte et la comtesse de Béru n'ont pu interdire au romancier San Antonio (Frédéric Dard) de désigner un de ses personnages sous le nom du commissaire Bérurier, dit Béru, parce qu'il n'y avait pas de risque de confusion. TGI Seine, 13 mars 1962, *D.* 1963, som. 121 ; *Gaz. Pal.* 1962.II.158 : jugé que le prince d'Aremberg ne pouvait s'opposer à l'emploi du nom d'Aremberg dans le film *Babette s'en va-t-en guerre* (1958), car le général d'Aremberg qui y était figuré n'avait pas un rôle odieux, mais seulement naïf puisqu'il avait été séduit par Mlle Brigitte Bardot ; Paris, 30 oct. 1998, *Bidochon*, *D.* 1999, IR, 259 ; *RTD civ.* 1999.61, obs. J. Hauser : « *Aucun rapprochement n'est possible entre ces personnages de fiction marginaux, et le requérant, personnage honorable et sympathique* ».

89. Cass. civ. 1re, 13 févr. 1985, aff. *Mesrine*, *Bull. civ.* I, n° 64 ; *D.* 1985.488, 2e esp., n. B. Edelman : « *L'utilisation dans une œuvre qui n'est que partiellement de fiction, sans qu'elles l'aient autorisée, des prénoms et noms de personnes existantes et identifiables comme telle, tant en raison de cette utilisation que de l'évocation des événements véritables auxquelles elles ont été mêlées, constitue à elle seule une atteinte illicite à l'intimité de leur vie privée dès lors que l'œuvre est censée les représenter dans leur existence quotidienne à l'intérieur de leur domicile ; même à supposer qu'elle ne comporte rien de désobligeant à leur égard, une telle intrusion justifie les mesures ordonnées par l'arrêt attaqué* ».

90. Cass. civ. 1re, 7 févr. 2006, *Bull. civ.* I, n° 59 ; *D.* 2006.IR.605 ; *JCP* G 2006.II.10041, n. G. Loiseau ; *RTD civ.* 2006.279, obs. J. Hauser ; pour la protection de la vie privée, v. *infra*, n° 326.

… SOUS-TITRE II …

DOMICILE

vicissitude : changement successif

199. Généralités. — Le domicile[1] est le second élément permettant d'identifier les personnes physiques[2]. Le nom les désigne, le domicile les situe. Le domicile est à la fois la patrie, le village et la maison auxquels l'individu est attaché et rattaché. Il répond surtout à des fins de police civile, pour permettre de trouver la personne qui y est toujours censée présente. Il n'est pas que cela ; il a la même ambiguïté que le nom, car il présente aussi un aspect familial et constitue également un élément intime de la personnalité ; il est le lieu (ou les lieux) où une personne mène sa vie, familiale et professionnelle, c'est-à-dire le milieu dans lequel elle vit. Cette ambiguïté apparaît aussi bien dans les caractères du domicile (Section I) que dans sa détermination (Section II).

Il traduit une donnée naturelle, constante et universelle : le lien entre une personne et un lieu, même lorsqu'elle s'en absente temporairement. Il a connu des vicissitudes dans l'histoire et comporte, en droit comparé, des régimes divers. Son évolution dépend de plusieurs facteurs : ses rapports avec l'Administration, avec les droits de la personnalité, avec le vagabondage et avec les notions voisines de résidence et de demeure. 1°) Dans les années 1960, Jean Carbonnier avait envisagé une réforme du droit civil du domicile, consistant notamment à substituer à l'actuel critère incertain du principal établissement (art. 102, al. 1) un rattachement précis (*cf.* l'« esquisse » : « *Une personne peut avoir plusieurs habitations ; elle n'a qu'un domicile ; le domicile est là où elle exerce ses droits politiques ; si elle n'en a pas, là où elle a déclaré en mairie le fixer* »). Le projet fut abandonné[3], car les droits civils d'une personne ne doivent pas dépendre de ses droits politiques (C. civ., art. 7). Ultérieurement, il avait un moment songé aux liens du domicile avec l'adresse postale[4], pourtant souvent sans rapports avec le domicile. 2°) Plus encore que ne l'a fait le Code civil, la Cour européenne des droits de l'homme lie le domicile à la personne et au respect de sa vie privée[5]. Sur les rapports du domicile… avec le vagabondage[6]… avec la résidence[7].

---

1. **Étymologie** de domicile : du latin *domus, us* = maison + *colo, ere* = habiter.
2. Sur le domicile des personnes morales, *infra*, n° 439.
3. J. Carbonnier, « De quelques actes manqués en législation », *Ét. P. Catala*, Litec, 2001, p. 3 s. sp. 8, reproduit dans *Écrits*, PUF, 2008, pp. 745-754.
4. J. Carbonnier, *Droit civil, Les personnes*, PUF, 21ᵉ éd., 2000, n° 58, p. 105.
5. *Infra*, n° 215.
6. *Infra*, n° 208.
7. *Infra*, n° 214.

200. Histoire. — L'identification d'une personne ne s'est pas faite tout de suite par son domicile, mais d'abord par des notions plus sociales et plus juridiques : la patrie (la cité) et la famille (*origo* = l'origine).

À Rome, le domicile a eu, pendant longtemps, une signification religieuse ; initialement, il était le lieu où la famille vénérait les lares, les pénates et *Vesta*, divinités protectrices du foyer. Pendant toute l'histoire romaine, il a suscité de nombreuses hésitations, surtout sur sa définition : était-il le centre des activités de la personne ou son établissement stable [8] ? Aussi, sur l'importance respective des deux éléments qui toujours l'ont constitué : le fait objectif de la demeure (*factum*) et l'intention d'y rester (*animus manendi*). Une même personne devait-elle avoir nécessairement un domicile, n'en avoir qu'un ou pouvait-elle en avoir plusieurs ? Quel était le rapport entre le domicile et la résidence ? Le droit romain avait aussi été un peu incertain sur la plus ou moins grande fixité du domicile et sur les domiciles légaux (notamment, celui de la femme mariée). Les caractères, les subtilités et les hésitations du droit romain ont marqué la théorie française du domicile.

Dans l'Ancien droit, le domicile a surtout servi à résoudre les conflits de coutumes. Le statut personnel d'une personne était alors régi par la loi de son domicile, c'est-à-dire, par exemple, par la coutume de Normandie ou par celle de Paris, selon que la personne était domiciliée en Normandie ou dans le ressort de la coutume de Paris [9].

Dans le droit contemporain, son histoire est restée paisible, longtemps dominée par la technique – surtout celle de la procédure civile. Aujourd'hui, apparaissent trois nouveaux aspects : l'un plus abstrait que jamais, avec le domicile virtuel de l'Internet, les autres au contraire, plus sociologiques et très concrets : 1°) les effets sur l'habitat de la pollution que combat le droit de l'environnement ; 2°) le besoin de sécurité dans les grandes villes, surtout pour les riches et les vieux qui tendent à s'enfermer pour se protéger.

201. Droit comparé. — Comme dans l'Ancien droit français, le domicile a dans la *Common Law* presque uniquement pour objet de déterminer le rattachement international d'une personne, de dire, par exemple, si elle est soumise au droit anglais, au droit écossais, au droit indien ou à celui de l'État de New York [10]. Beaucoup plus que le droit français contemporain, le droit anglais rattache la personne à son domicile d'origine et est très exigeant pour qu'elle puisse en acquérir un nouveau, un domicile « de choix » [11]. Du temps où la Grande-Bretagne possédait un immense

---

8. Dig., Livre L, 1, 27, Ulpien (début du IIIe s., fin de l'époque classique) : « 1) *Si quelqu'un a ses affaires, non à la campagne, mais dans une ville où il vend, achète, contracte, jouit des bains, des spectacles, célèbre les fêtes, profite de tous les avantages de la ville et ne jouisse d'aucun de ceux de la campagne, il a, semble-t-il, son domicile dans cette ville, plutôt que dans sa propriété rurale.* 2) *Celse* (un jurisconsulte romain du IIe s.) *au livre I du Digeste traite du point suivant : quelqu'un, ayant deux maisons, n'habite pas moins l'une que l'autre. La question est de savoir où est son domicile, si on peut le déterminer par l'intention. Je doute que l'on puisse avoir un domicile dans les deux lieux, si l'intention n'a pas été d'en avoir un dans l'un des deux endroits ; il est vrai que l'on peut en avoir deux, quoique ce soit difficile, de même qu'il est difficile que quelqu'un soit sans domicile. Je pense que cela arrive cependant : si quelqu'un a quitté son domicile pour voyager sur mer ou sur terre ou se demande vers quel endroit se réfugier ou s'installer, il est sans domicile.* » Ulpien pose ainsi les problèmes actuels 1) de la détermination du domicile quand le centre des intérêts ne coïncide pas avec l'habitation ; 2) de la dualité des domiciles ; 3) et de son inexistence. Cf. aussi le *Codex*, de Justinien 10, 40, 7, 1 (Constitution de Dioclétien, fin du IIIe s.). « *Le domicile se trouve là où l'homme établit son foyer et l'ensemble de ses intérêts* ».

9. Cf. POTHIER, *Coutume d'Orléans*, t. I, Introduction générale aux coutumes, n° 7 : « *Ces statuts personnels n'ont lieu qu'à l'égard des personnes qui y sont sujettes par le domicile qu'elles ont dans le baillage d'Orléans, ou autres lieux régis par notre coutume* »..., n° 8... « *C'est le lieu où une personne a établi le siège principal de sa demeure et de ses affaires* », n° 9 : « *Observez qu'il n'est pas néanmoins toujours nécessaire qu'une personne ait actuellement une demeure dans un lieu, pour que ce lieu soit celui de son domicile : car une personne ne peut, à la vérité, établir son domicile dans un lieu qu'animo et facto, en s'établissant une demeure ; mais le domicile une fois établi dans un lieu peut s'y retenir animo solo. C'est ce qui arrive lorsqu'une personne quitte le lieu de son domicile pour un long voyage...* ».

10. **Biblio.** : R. CASSIN, « La nouvelle conception du domicile dans le règlement des conflits de lois », *Rec. cours La Haye*, t. 34, 1930, p. 668.

11. L'arrêt de principe est *Udny v Udny*, LR I Sc., et Div., 441. V aussi *Re Winans* H.L. 1914, AC 387. Dans cette dernière espèce, Winans était un ingénieur américain, né aux États-Unis en 1823, qu'il quitta

empire colonial, le droit anglais, pourtant insensible sur ce point à la nationalité, pouvait ainsi régir presque tous les sujets britanniques vivant outre-mer. Il est possible qu'à la suite de la disparition de l'empire britannique, la définition anglaise du domicile confère plus d'importance à la réalité et à la volonté de la personne [12] ; il est à craindre qu'elle continue à être subtile, comme l'est aussi, mais à un moindre degré, celle du droit français.

Les droits germaniques définissent le domicile en s'attachant à la résidence et à l'intention de la personne [13].

En droit comparé, les définitions du domicile sont assez diverses [14].

Section I
CARACTÈRES DU DOMICILE

Le domicile a des caractères nuancés parce que sa notion est relative (§ 1) et qu'il est nécessaire et unique (§ 2).

§ 1. Relativité de la notion

Le domicile est le lieu auquel une personne est rattachée [15]. Les raisons qui fondent ce rattachement sont nombreuses ; la définition de l'endroit où il est situé dépend des intérêts en jeu ; la diversité des rôles que remplit le domicile explique les relativités de sa définition (I) et de son réalisme (II).

I. — Relativité de la définition

Le lieu auquel une personne est rattachée peut être compris d'une manière plus ou moins lâche, selon que ce rattachement est dans un lieu précis ou auprès d'une autorité locale ou dans un système juridique.

202. Rattachement à un lieu précis. — La loi conçoit souvent le domicile comme l'endroit où l'on peut efficacement trouver la personne. Il existe en effet une présomption de présence de la personne en ce lieu. Le domicile a alors la précision d'une adresse postale. Ce rattachement apparaît, par exemple, dans la procédure civile.

à l'âge de 36 ans afin de servir les Russes en Russie pendant la guerre de Crimée ; il y resta de longues années, puis, sa santé déclinant, se retira à Brighton, en Angleterre, qu'il quitta de temps à autre pour faire des voyages, sans jamais revenir aux États-Unis. Il mourut en Angleterre à l'âge de 74 ans. Pour rejeter la prétention du fisc britannique à faire payer des droits sur cette succession, la Chambre des Lords jugea que Winans n'avait pas perdu son domicile d'origine et était resté domicilié aux États-Unis.

12. H. MUIR WATT, « Note sur l'évolution de la conception du domicile au Royaume-Uni », *Rev. crit. DIP* 1988.403.

13. BGB, § 7, al. 1 : « *Quiconque s'établit à demeure dans un lieu y fixe son domicile* » : Ccs, art. 23, 2° : « *Le domicile de toute personne est au lieu où elle réside avec l'intention de s'y établir* ».

14. J. VANDERLINDEN, *Ubi domicilium, ibi jus universale ?*, *RID comp.* 1985, 303 et s., p. 326 : « *L'universalité actuelle de la notion du domicile ? Je la crois inexistante* [...]. *Des millions de Musulmans voient à travers le monde leur statut permanent réglé par l'Islam et* [...] *celui-ci ignore tout de la notion de domicile* [...]. *Les définitions actuelles sont-elles, dans leurs variations, exclusivement le reflet du souci d'originalité des législateurs ? Je réponds également par la négative* ».

15. AUBRY et RAU, t. I, 7ᵉ éd. par A. Ponsard, n° 571, donnent une définition encore plus abstraite : « *La relation juridique existant entre une personne et un lieu* ». Critique de RIPERT et BOULANGER, t. I, LGDJ, n° 920. « *C'est substituer inutilement une notion abstraite, difficile à saisir, à une notion concrète, claire par elle-même* ».

Les actes de procédure adressés par une partie à une autre doivent être signifiés au domicile ou à la résidence du destinataire s'ils ne peuvent l'être à sa personne (C. pr. civ., art. 655) ; les significations faites ailleurs sont inefficaces.

203. Rattachement à une autorité. — La loi se sert souvent aussi du domicile afin de délimiter la compétence territoriale d'une autorité. Le domicile n'a plus alors la précision d'une adresse postale ; il est situé dans le ressort territorial de cette autorité.

Par exemple, en procédure civile, la compétence territoriale d'une juridiction est fixée par le « *lieu où demeure le défendeur* » (C. pr. civ., art. 46) ; le domicile, à ce point de vue, c'est être domicilié dans le ressort de cette juridiction. De même, en droit civil, la compétence territoriale d'un officier d'état civil est souvent fixée par le domicile des parties ; par exemple, en matière de mariage, c'est le domicile des futurs époux (C. civ., art. 165) : le « domicile matrimonial », c'est-à-dire le fait d'habiter dans l'enceinte de la commune. Le domicile, dans le droit de la nationalité, est « *une résidence effective présentant un caractère stable et permanent, et coïncidant avec le centre des attaches familiales et des occupations professionnelles* »[16]. Dernier exemple : le rattachement d'une succession : « *Les successions s'ouvrent [...] au dernier domicile du défunt* » (art. 720).

204. Rattachement à un système juridique. — Le domicile rattache parfois une situation à un système juridique en droit international privé. Ce rôle était important dans notre Ancien droit. Il est resté capital en *Common Law* ; il conserve un rôle mineur et résiduel dans le droit français contemporain : par exemple une règle de droit international privé, les successions mobilières sont régies par la loi du dernier domicile du défunt.

Longtemps, la tradition, héritée de l'Ancien droit, a rapproché le domicile, au sens du droit international privé, du domicile d'origine, lui-même lié à l'idée de patrie. Le domicile international, à ce point de vue, est le fait de vivre habituellement dans un pays qui a un système de droit unifié. Ainsi, on est domicilié en Alsace-Moselle, ou en Italie, ou en Écosse, parce que chacun de ces territoires a un système juridique qui lui est propre. Cette notion ne coïncide ni avec une adresse postale, ni avec le ressort territorial d'un État. Ainsi, on est domicilié en Angleterre ou en Écosse, non en Grande-Bretagne, ce qui ne voudrait rien dire ; de même, on est domicilié dans le Massachussets ou dans le New-Jersey, non dans les États-Unis, ce qui non plus ne voudrait rien dire ; on est domicilié au Québec ou dans l'Ontario, non au Canada, ce qui ne voudrait non plus rien dire car ni la Grande-Bretagne, ni les États-Unis, ni le Canada n'ont de système juridique unifié.

Le rôle international du domicile est particulièrement important dans les États dont le droit n'est pas unifié, où il est l'équivalent d'une petite patrie. Il est vraisemblable qu'il exercera un rôle croissant dans le domaine des relations européennes de droit privé ; comme toutes les évolutions profondes, elle se fera lentement.

II. — Relatif réalisme

205. Antinomies et artifices. — La multiplicité des intérêts auxquels répond le domicile entraîne une antinomie, source d'artifices. Toute sa théorie résulte d'une dialectique entre le réalisme du fait et la précision de sa détermination.

Le domicile doit avoir dans les faits une base réelle et correspondre, autant que possible, au lieu où la personne se trouve réellement. Ce réalisme est nécessaire afin de satisfaire les différents intérêts en présence : aussi bien ceux de la personne considérée que ceux des tiers, qui ne peuvent connaître le domicile d'une personne que par l'examen des faits, c'est-à-dire des réalités. Le réalisme ne saurait être exclusif car, à cause de la mobilité des personnes physiques, leur domicile est souvent difficile à déterminer. Il est donc utile, dans l'intérêt des tiers, de donner

---

16. Ex. : Cass. civ. 1re, 29 juin 1983, *Bull. civ.* I, n° 194 ; *Rev. crit. DIP* 1984.77, n. P. Lagarde.

certitude et stabilité au domicile, ce qui amène parfois à s'éloigner de la réalité et faire du domicile une notion artificielle.

206. Droit positif : le principal établissement. — Le Code civil (art. 102) définit et détermine le domicile d'une manière abstraite : « *le principal établissement* ». L'abstraction a ses avantages dans une matière où l'on ne peut se dispenser d'artifice ; elle suscite aussi des inconvénients, dans une matière où l'on ne peut se dispenser de réalisme. Aussi est-elle tempérée dans deux directions, l'une de réalisme, l'autre de fiction. D'une part, la jurisprudence a, d'une manière large, assoupli la notion de domicile, lui conférant un certain réalisme. D'autre part, les particuliers, dans les règlements de leurs rapports privés, adoptent souvent un domicile conventionnel, le domicile élu, purement fictif ; fiction qui ne présente aucun inconvénient puisqu'elle est limitée à un rapport déterminé et créé par les intéressés eux-mêmes, qui n'y recourent que s'ils y trouvent des avantages.

§ 2. Nécessité et unicité du domicile

La nécessité et l'unicité du domicile sont caractéristiques du droit français ; elles manifestent le lien entre la personnalité, le domicile et le patrimoine. Toute personne a nécessairement une personnalité, un patrimoine et un domicile et n'en a qu'un seul.

I. — Nécessité du domicile

207. Personnalité, domicile et résidence. — De même que chaque personne a une personnalité et un patrimoine, en droit, toute personne a un domicile : c'est une nécessité de police qui en même temps constitue une commodité pour les intérêts des particuliers. En fait, il n'en a pas toujours été ainsi ; de tout temps, il y a eu des errants et d'éternels voyageurs : des gyrovagues [17]. Aussi la loi fixe-t-elle parfois le domicile des personnes errantes [18].

En outre, elle assouplit l'exigence du domicile à l'égard de la procédure. L'article 43 du Code de procédure civile admet qu'il peut y avoir une absence de domicile ; si le défendeur n'a pas de domicile, le tribunal compétent sera celui de la résidence du défendeur ; la jurisprudence se contente à cet égard de l'absence de domicile connu afin de ne pas entraver l'action du demandeur. La résidence joue donc pour la compétence judiciaire le rôle d'un domicile subsidiaire.

208. Vagabonds ; nomades ; sans domicile fixe. — Dans les pays totalitaires, par exemple l'Europe de l'Est du temps où elle était communiste, on punissait les personnes qui ne vivaient pas

---

17. Ex. : Fr. Schubert le chante dans un *Lied die Schöne Müllerin* (La belle meunière) : *Das Wandern* (Le voyage) : « ... *O Wandern, Wandern, meine Lust, O Wandern ! Herr Meister und Frau Meisterin, Lasst mich in Frieden weiterziehn Und Wandern.* » (Voyage, voyage mon délice ; Oh voyage ! Maître et Maîtresse, laissez-moi partir en paix et voyager). Ou bien dans *Die Winterreise* (le voyage d'hiver) : *Der Wegweiser* (Le poteau indicateur) : « *Einen Weiser seh ich stehen Unverrückt vor meinem Blick : Eine Strasse muss ich gehen, Die noch keiner ging zurück* » (Le poteau que je vois ne répond pas à mes questions : la route que je dois prendre est celle d'où nul n'est jamais revenu). Il y a aussi les vagabonds de tous les temps (cf. le film d'Agnès Varda, *Sans toit, ni loi*, 1985, l'histoire d'une fille à la dérive qui a tout quitté « pour prendre la route »). Il y a surtout Abraham : *Genèse*, XII, 1 : « *Dieu dit à Abraham* : *"Quitte ton pays, ta parenté et la maison de ton père, pour le pays que je t'indiquerai"* ».

18. *Infra*, n° 221.

à l'endroit où elles étaient enregistrées. Cette politique n'a jamais été celle du droit français [19]. Depuis 1993, on parle de personnes « sans domicile fixe » (SDF), non pour réprimer, mais pour secourir [20]. La CEDH, après avoir hésité, n'oblige pas les États à assurer un domicile aux personnes errantes (il s'agissait de tsiganes) [21].

II. — Unicité du domicile

De même que chaque personne n'a qu'une seule personnalité et qu'un seul patrimoine, elle n'a qu'un seul domicile. Parmi ses différents établissements, il faut chercher le principal, puisque la loi définit le domicile comme le « *principal établissement* ». L'application en est parfois difficile et incommode. De la même manière que l'unicité du patrimoine a été assouplie par la théorie des personnes morales (avant de disparaître aujourd'hui), la jurisprudence et la loi ont admis des tempéraments à l'unicité du domicile, qui ont pris une telle importance que l'on peut se demander s'ils n'entraînent pas la subversion du principe. Ces tempéraments sont au nombre de deux : la jurisprudence des gares principales et la théorie des domiciles spéciaux.

209. Jurisprudence des gares principales. — Une entreprise, lorsqu'elle a la forme juridique d'une société, a son domicile à son siège social souvent situé à Paris. Si elle a plusieurs succursales, l'établissement du domicile au siège social présente des inconvénients : l'encombrement des juridictions parisiennes, et surtout la gêne pour les commerçants de province dans leurs relations avec les sociétés parisiennes ; ils préfèrent plaider là où la société a des succursales importantes, c'est-à-dire non un bureau quelconque, mais une succursale ayant des services administratifs à même de suivre la procédure. Cette jurisprudence s'est d'abord appliquée en matière de chemins de fer, aussi l'appelle-t-on la jurisprudence des gares principales. Un contractant de la SNCF peut l'assigner, non devant la juridiction du ressort de n'importe quelle gare, mais devant celle dans le ressort de laquelle se trouve une gare principale [22]. Une règle semblable intéresse la compétence judiciaire internationale à l'intérieur de l'Union européenne [23].

L'explication juridique n'est pas de dire que la société a une pluralité des domiciles dans chacune de ses succursales mais qu'elle est censée avoir tacitement élu domicile à ses succursales

---

19. Ch. LAVIALLE, « La circulation et le stationnement des "gens du voyage" », *JCP* G 1992.I.3566.
20. CE, 28 juill. 1989, *RDSS* 1990.132, concl. Tuot : prise en charge par l'État des personnes sans domicile fixe dépourvues d'un domicile de secours antérieur.
21. CEDH, 18 janv. 2001, *Chapman c. Royaume-Uni, D.* 2002.2758, n. Fiorina ; *RTDH* 2001.887, obs. Fr. Sudre ; *RTD civ.* 2001.448, obs. J.-P. Marguénaud ; *Grands arrêts* n° 45 : « *L'article 8 ne reconnaît pas comme tel le droit de se voir fournir un domicile* [...] ; *il existe malheureusement dans les États contractants beaucoup de personnes sans domicile* ». En France, le ministère de l'Intérieur ne sait comment leur délivrer une « carte nationale d'identité » qui suppose un domicile (*Rép. min.* 62674, *JOAN* Q, 7 déc. 1992, p. 5557 ; *JCP* G 1993.V.13) ; les statistiques sont incertaines et variables, ne serait-ce que parce que la définition du SDF n'existe pas et ne peut exister. 250 000 pour la « grande exclusion » en 1993, dont 10 000 environ à Paris.
22. Ex. : * Req., 19 juin 1876, *Chemin de fer d'Orléans, DP* 1877.I.134 ; *S,* 1876.I.383 : « *Au point de vue de l'article 59 anc., C. pr. civ.* (auj. 43 C. pr. civ.), *les compagnies de chemin de fer, assignées à l'occasion de leur commerce, ont leur siège social non seulement au lieu de leur principal établissement, mais encore dans les villes où il existe des gares assez importantes pour être considérées comme des succursales de ces compagnies* ». Cette jurisprudence intéresse le domicile des personnes morales ; *infra,* n° 440.
23. Convention de Bruxelles du 27 sept. 1968, art. 5, 5° : « *Le défendeur domicilié dans le territoire d'un État contractant peut être attrait dans un autre État contractant* [...] 5° *S'il s'agit d'une contestation relative à l'exploitation d'une succursale, d'une agence ou de tout autre établissement, devant le tribunal du lieu de leur situation* ».

importantes pour les affaires qu'elle peut faire avec des tiers. Derrière ces techniques de procédure, il y a une particularité française : le centralisme parisien et les difficultés de la régionalisation.

210. Domiciles spéciaux. — Pour l'exercice de certains droits, la loi donne du domicile une définition particulière, différente de celle de l'article 102, plus réaliste et plus proche de la résidence. Par exemple, en droit public, le domicile électoral (C. élect., art. L. 11), le domicile de secours (CASF, art. L. 122-2 et L. 122-3) sont définis par la loi ; le domicile fiscal est, pour la loi, la résidence habituelle et le centre des intérêts (CGI, art. 4, B). En droit pénal, la notion de domicile retenue à l'égard de l'incrimination constituée par la violation de domicile (C. pén., art. 126-4) est différente de celle que donne le droit civil ; le domicile est, alors, toute habitation, même temporaire, du moment qu'elle est réelle[24] ; les personnes morales ont, elles aussi, droit au respect de leur domicile[25].

On trouve, même en droit civil, des domiciles spéciaux ; par exemple, ceux qui découlent du mariage. Il faut distinguer le domicile matrimonial, le domicile conjugal et le domicile commun. Le domicile matrimonial apparaît lors de la formation du mariage : il est le lieu où l'on peut se marier. Le domicile conjugal apparaît lors du divorce : il fixe la compétence territoriale du tribunal pouvant connaître du divorce. Le domicile commun apparaît en droit international privé : il est le pays où deux époux de nationalités différentes habitent, même s'ils y résident séparément (ex. : art. 309).

Section II
DÉTERMINATION DU DOMICILE

La loi française donne du domicile une définition très générale : « *Le domicile de tout Français est au lieu où il a son principal établissement* » (art. 102) ; elle paraît impliquer qu'il se trouve au lieu où une personne s'est installée avec l'intention de demeurer ; telle est la règle générale : le domicile est volontaire (§ 1). La loi, à côté de ce domicile volontaire, a prévu un certain nombre de domiciles légaux, qui peuvent n'avoir aucun rapport avec l'habitation ; ils sont attribués impérativement à une personne, à cause de sa situation de dépendance (§ 2). Enfin, les particuliers, pour une opération particulière, peuvent avoir situé leur établissement ; il s'agit d'un domicile élu (§ 3).

§ 1. Domicile volontaire

Le « *principal établissement* » auquel se réfère l'article 102 est une notion complexe. Il n'est pas nécessairement le lieu où se trouve actuellement une personne, parce que celui-ci peut être fugitif ; il faut qu'à côté d'un élément objectif (matériel) de l'établissement (le *factum*) (I) existe une donnée subjective (psychologique),

---

24. Ex. : Cass. crim., 4 janv. 1977, *Bull. crim.*, n° 6 ; *D.* 1977, IR, 63 : « *Le terme de domicile ne désigne pas seulement le lieu où une personne a son principal établissement, mais encore, comme en l'espèce, le lieu où, qu'elle y habite ou non, elle a le droit de se dire chez elle, quels que soient le titre juridique de son occupation et l'affectation donnée aux locaux* » ; en l'espèce, l'héritier d'un concubin avait pénétré par effraction dans l'appartement que la concubine avait occupé pendant la durée de l'union, puis quitté, mais « *où elle avait un important mobilier, y avait une femme de chambre et s'y rendait d'une façon habituelle* » ; jugé qu'il y avait eu violation de domicile.
25. *Infra*, n° 440.

l'intention d'y rester (l'*animus*) (II). Ces deux éléments sont subtils, ce qui explique les critiques que l'on adresse souvent à la théorie française du domicile (III).

I. — *Factum*

211. Résidence familiale ou centre d'intérêts ? — Le domicile est le lieu où une personne a son établissement. Établissement qui peut être soit sa résidence familiale, là où elle habite d'une manière durable, soit le centre de ses intérêts, là où se trouvent ses intérêts économiques et s'exerce sa profession. Généralement, le centre des intérêts professionnels coïncide avec la résidence, mais pas toujours.

Il semblerait rationnel de se faire une notion toute relative du domicile et dire que le domicile n'est pas le même selon qu'il s'agit d'intérêts familiaux (il serait situé à la résidence) ou patrimoniaux (il se trouverait au centre d'intérêts). L'inconvénient tient à ce que la distinction serait difficile à appliquer. Il existe en effet beaucoup de questions mixtes, familiales et patrimoniales ; par exemple, les successions ou les régimes matrimoniaux, mettant en cause les deux aspects du domicile. En réalité, la jurisprudence procède d'une manière empirique : elle rejette l'exception d'incompétence chaque fois qu'elle lui paraît ne constituer qu'une pure chicane [26].

II. — *Animus*

Il faut que l'établissement soit le principal établissement pour être qualifié de domicile. C'est une question d'intention que de savoir si le lieu où une personne habite est son principal établissement. La difficulté apparaît surtout au cas de changement de domicile. Deux méthodes permettent d'y parvenir. L'une est négative et tournée vers le passé : il faut avoir perdu l'esprit de retour dans son ancien domicile. L'autre est positive et tournée vers l'avenir : il faut avoir l'intention de rester dans son nouveau domicile.

212. Perte de l'esprit de retour. — Le domicile, dit-on souvent, est l'endroit où une personne vit avec la perte de tout esprit de retour au lieu où elle vivait antérieurement [27]. La jurisprudence a appliqué cette notion [28] ;

---

26. J. CARBONNIER, titre du n° 60, *Détermination du domicile en général*.
27. Cf. J. DU BELLAY, *Les regrets* :
« *Quand reverrai-je, hélas, de mon petit village*
Fumer la cheminée, et en quelle saison
Reverrai-je le clos de ma pauvre maison
Qui m'est une province et beaucoup davantage ?
Plus me plaît le séjour qu'ont bâti mes aïeux
Que des palais romains les fronts audacieux,
Plus que le marbre dur me plaît l'ardoise fine [...]
Plus mon Loire gaulois que le Tibre latin,
Plus mon petit Liré que le mont Palatin
Et plus que l'air marin, la douceur angevine. »
28. 1er ex. (ancien) : Req., 10 vendémiaire an XIII, *succession du général Destaing*, Jur. gén., v° Domicile, n° 48 : « 1) *Il est de principe que le domicile d'origine se conserve tant que la volonté de le remplacer par un autre n'est pas indiquée de manière expresse et positive ;* 2) *il est prouvé que le général Destaing n'avait quitté la commune d'Aurillac, lieu de sa naissance, où il exerçait alors la profession du barreau (sic), que pour se rendre à l'armée d'Orient [...] ; d'où il suit que la succession dudit général Destaing doit être censée ouverte à Aurillac* »... 2e ex. (plus récent) : Poitiers, 4 janv. 1967, *succession du maréchal Pétain*, Gaz. Pal. 1967.I.71 : pour savoir où était, au moment de sa mort, le dernier domicile du maréchal Pétain (qui déterminait la compétence territoriale du tribunal devant connaître des litiges relatifs à sa succession), jugé qu'il ne se trouvait pas à l'île d'Yeu, où il était mort en

la méthode amène à effectuer des recherches d'intention parfois incertaines [29].

213. Intention de demeurer : le *home*. — Il semble plus exact de suivre une autre méthode, définissant de manière positive l'intention exigée en matière de domicile, la volonté de fixer en un lieu son principal établissement, avec l'intention d'y demeurer (ce que l'on peut appeler l'*animus manendi*). L'esprit de retour garde, de ce point de vue, un rôle, mais présenté autrement. Le domicile est le lieu que l'on quitte avec l'esprit de retour, celui où l'on veut vivre et dont on n'accepte de s'éloigner qu'avec le désir et l'espoir d'y revenir dès que la cause de l'absence aura cessé. C'est le *home*, que chante l'Écossais, le foyer que l'on peut avoir quitté avec ses pieds, mais où l'on continue à vivre avec son cœur [30].

L'exigence de cette intention domiciliaire positive est plus facilement démontrable que ne l'est la notion négative de la perte de l'esprit de retour, d'autant qu'un élément matériel, la stabilité de l'établissement, la fait généralement présumer. Dans le droit international privé contemporain (sauf le droit de la nationalité), l'*animus manendi* est souvent induit de la stabilité de l'établissement, de façon à situer le domicile d'un individu dans le pays où il vit effectivement [31].

III. — Appréciation

214. Comparaison du domicile et de la résidence. — Les incertitudes que comportent ces deux éléments du domicile expliquent les nombreux litiges que sa détermination suscite et l'apparence d'arbitraire jurisprudentiel.

Pour y échapper, on utilise maintenant une autre notion : celle de « résidence [32] habituelle » ou de « résidence principale » (pour l'opposer à la « résidence secondaire »), notion que le législateur moderne utilise en procédure civile, en droit fiscal, en droit social, en droit administratif et en droit international privé ; elle est apparemment plus réaliste et plus certaine. Mais c'est une illusion de croire qu'elle fait disparaître toute incertitude, et notamment toute difficulté de recherche de l'intention ; la résidence habituelle doit être stable et distinguée de l'habitation fugitive ou du séjour passager. La seule manière d'y parvenir est de rechercher l'intention. La différence qui apparaît alors entre le domicile et la résidence est une

---

captivité, parce qu'il ne s'y était pas rendu librement, n'avait évidemment pas l'intention d'y rester et avait, comme tous les détenus, l'esprit de retour à la liberté ; il n'était pas non plus à Vichy, où l'installation du gouvernement était provisoire ; il n'était pas non plus à Madrid, où il avait été ambassadeur de France ; il était demeuré à Paris, même si toutes sortes de papiers administratifs avaient dit le contraire (ex. : carte d'identité).

29. Ex. : il y a eu d'innombrables réfugiés que l'horreur des temps avait amené à s'établir en France et qui attendaient le retour de la paix chez eux pour revenir dans leur patrie : vietnamiens, cambodgiens, libanais, polonais, hongrois, roumains, chiliens, cubains, chinois, albanais, croates, kurdes, iraniens, irakiens, palestiniens, afghans, etc.). Le domicile de retraite qu'un Anglais, à la fin de sa carrière, établit sur la Côte-d'Azur ne supprime pas toujours chez lui la nostalgie des brouillards londoniens. Le même raisonnement s'applique aux travailleurs immigrés. Il n'y a qu'un domicile vers lequel on va sans esprit de retour et qui soit irréversible, c'est le séjour des morts, la patrie céleste. Cf. Ph. MALAURIE, n. *D.* 1966.4, sous Cass. civ. 2ᵉ, 3 juin 1964.

30. « *My heart is in the Highlands*
   My heart is not here. »

31. Ex. : Metz, 28 janv. 1992, *Rev. crit. DIP* 1993.29, n. H. Muir Watt ; en l'espèce, il s'agissait d'un stage professionnel effectué en France par des époux congolais ; ils avaient prolongé leur séjour en France au-delà des besoins de leur formation ; jugé qu'ils avaient en France leur établissement effectif et que les tribunaux français pouvaient donc connaître de leur divorce.

32. **Étymologie** de résidence : du latin *re*, préverbe qui indique un mouvement en arrière + *sedeo, ere* = s'asseoir, s'arrêter, s'établir. **Biblio. :** A. MARTIN-SERF, « Du domicile à la résidence », *RTD civ.* 1978.535.

question de degrés : le domicile suppose l'intention de demeurer tandis que la résidence celle de rester [33].

215. Quiétude de l'environnement ? — La Cour européenne des droits de l'homme fait apparaître une autre vision du domicile plus concrète et sociologique, étrangère à son abstraction et à sa technicité traditionnelles. Afin de défendre la sphère d'intimité à laquelle a droit la personne, elle se fonde sur l'article 8 de la Convention européenne des droits de l'homme, pour affirmer un « *droit au respect du domicile* », impliquant le droit de vivre dans un environnement sain [34] : un droit civil écologique, facilement utopique dans la société contemporaine. La pollution viole le domicile, un peu comme un voleur.

§ 2. DOMICILES LÉGAUX

La loi détermine, dans un certain nombre de cas, le domicile d'une personne. Il s'agit du domicile légal. Ces domiciles sont, en droit, exceptionnels, mais, en fait, s'appliquent à un grand nombre de personnes ; le plus souvent, ils sont aussi justifiés par l'application de la règle générale. Quand bien même ils ne correspondraient pas au domicile volontaire, le domicile légal l'emporte sur le domicile réel.

216. Domicile légal et domicile d'origine. — Plusieurs auteurs enseignent, à l'image du droit anglais et de l'Ancien droit, que le premier des domiciles légaux est le domicile d'origine, celui qu'une personne a lors de sa naissance et qu'elle acquiert par filiation [35] ; un domicile qui, en quelque sorte, est transmis par voie de succession et de filiation. La Cour de cassation a même une fois dit, en droit international privé, que le domicile d'origine d'une personne était le domicile d'origine de son père [36]. Ce qui créait une situation singulière, car de qui le père tient-il son domicile d'origine, si ce n'est de son propre père ? Si bien que le domicile d'origine remonterait la chaîne de toutes les générations et que le domicile d'origine de toutes les personnes se situerait à l'origine du monde ; l'humanité entière aurait, dans cette acception, pour domicile la Mésopotamie, là où seraient nés Adam et Ève [37]. En réalité, la loi française ne connaît pas comme domicile légal le domicile d'origine. Il n'existe que deux catégories de domiciles légaux : les domiciles familiaux (I) et professionnels (II).

I. — Domiciles familiaux

217. Femme mariée. — Pendant longtemps, le domicile familial légal le plus important a été celui de la femme mariée, impérativement domiciliée chez son mari, même en cas de séparation de fait. La règle ne disparaissait qu'en cas de séparation de corps et, bien entendu, de divorce. Ce n'était pas parce que la femme mariée était subordonnée à son mari et juridiquement incapable, mais parce que l'unité d'habitation, la cohabitation, a longtemps paru être le fondement de la vie conjugale, et qu'aussi il paraissait opportun qu'il y eût une unité dans l'administration du patrimoine.

Par souci d'égalité entre les époux, la loi du 11 juillet 1975 relative au divorce a supprimé ce qui paraissait constituer un résidu de l'ancienne prépondérance

---

33. *Cf.* Ph. MALAURIE, *JDI* 1966.90.
34. Jurisprudence souvent réitérée depuis CEDH, 9 déc. 1994, *Lopez Ostra c. Espagne*, *JCP* G 1995.I.3823, n° 33, obs. Fr. Sudre ; *RTD civ.* 1996.507, obs. J. P. Marguénaud ; *Grands arrêts*, n° 3, « *des atteintes graves à l'environnement peuvent affecter le bien-être d'une personne et la priver de la jouissance de son domicile de manière à nuire à sa vie privée et familiale* » (§ 51), v. aussi CEDH : 16 nov. 2004, *Moreno Gomez*, *JCP* G 2005.I.103, n° 12, obs. Fr. Sudre. Ces atteintes peuvent être « *immatérielles ou incorporelles, telles que les bruits, les émissions et autres ingérences* ».
35. J. CARBONNIER, intitulé du titre n° 60.
36. Cass. civ., 4 nov. 1952, *Rev. crit. DIP* 1953.729, n. crit. Ph. Francescakis : « *La mineure partage le droit de domicile de son père* » (sic).
37. Ph. FRANCESCAKIS, cité, *supra*.

maritale. Mais l'indépendance de la femme mariée doit continuer à se concilier avec ses obligations conjugales : l'article 108 nouveau a prévu que « *le mari et la femme peuvent avoir un domicile distinct sans qu'il soit pour autant porté atteinte aux règles relatives à la communauté de vie* » : la cohabitation est remplacée par la notion plus diffuse de communauté de vie.

La loi a aussi songé à la séparation de résidences au cours de la procédure de divorce ou de séparation de corps : c'est en ce cas qu'apparaît surtout l'utilité des domiciles distincts (art. 108-1). La réforme produit alors des conséquences importantes : admettre une nouvelle compréhension des rapports conjugaux où la communauté de vie n'est pas incompatible avec la vie séparée.

Il subsiste deux domiciles légaux de caractère familial : celui des mineurs non émancipés et celui de certains majeurs protégés.

218. Mineurs non émancipés et majeurs sous tutelle. — Le mineur non émancipé a un domicile d'emprunt : celui de ses parents, afin d'assurer l'unité familiale (art. 108-2), et s'il n'a plus de parents, celui de son tuteur [38] : il s'agit d'un domicile de droit, par conséquent indépendant de l'habitation réelle [39] ; même si l'enfant est confié à un tiers, il est domicilié chez ses parents. Si, pendant la minorité, les parents changent de domicile, il en est de même du mineur ; si les parents ont un domicile distinct, l'enfant a son domicile chez celui avec lequel il réside. L'administration de ses biens est ainsi centralisée chez le parent qui a l'administration légale ou la tutelle. Donc si les parents sont divorcés, l'enfant a pour domicile celui du parent avec lequel il réside ; si l'enfant n'a pas de filiation établie, son domicile est chez son tuteur.

Lorsque le mineur devient capable (par son émancipation ou sa majorité), il est libre de choisir sa résidence [40] et peut avoir un domicile distinct. Le majeur sous tutelle a son domicile légal chez son tuteur (art. 108-3). Les autres majeurs protégés, notamment le majeur sous curatelle, n'ont pas de domiciles légaux.

II. — Domiciles professionnels

219. Domestiques. — Le domestique est domicilié chez son maître (art. 109), ce qui est une règle surannée. Elle peut traduire la réalité, lorsque le domestique habite chez son maître. Même s'il n'y a pas de cohabitation, le domicile légal continue à s'appliquer [41].

220. Fonctionnaires à vie. — Les fonctionnaires à vie ont un domicile légal au lieu où s'exercent leurs fonctions (art. 106). Ce domicile légal ne s'applique qu'aux fonctionnaires inamovibles, c'est-à-dire uniquement aux magistrats du siège (les juges).

---

38. Cass. civ. 1re, 20 juin 1995, *Bull. civ.* I, n° 272 ; *Defrénois* 1996, art. 36272, n° 10 : « *Le mineur en tutelle est domicilié chez son tuteur* » ; peu importe que l'enfant réside ailleurs.

39. Ex. : Cass. civ. 2e, 6 déc. 1968, *Bull. civ.* II, n° 299 : « *Le placement des enfants dans un établissement scolaire, même éloigné, n'a pas pour effet de modifier leur domicile qui reste fixé chez celui des parents qui est titulaire de la garde.* » En l'espèce, la mère divorcée, à laquelle la garde de ses enfants mineurs avait été confiée, vivait à l'étranger (au Brésil) ; le juge avait prescrit que ses enfants devaient être élevés dans un internat situé en France. Entre autres griefs, la mère avait vainement reproché à ce jugement d'avoir décidé que les enfants mineurs « *obligatoirement domiciliés chez le parent gardien, ne sauraient avoir leur résidence dans un lieu différent* ».

40. Ex. : Cass. civ. 2e, 28 janv. 1981, *Bull. civ.* II, n° 19. En l'espèce les juges avaient refusé à un père de subordonner sa contribution à l'entretien de ses enfants majeurs qui poursuivaient leurs études à « *la condition qu'ils viennent vivre avec lui au domicile conjugal, ce qui lui permettrait de surveiller leurs études* » ; le père et la mère étaient en instance de divorce et les enfants avaient décidé, à leur majorité, de continuer à vivre avec leur mère.

41. Ex. : Le jardinier d'une villa de vacances a pour domicile la demeure de ville de son maître, ce qui n'a aucun rapport avec la réalité.

221. Bateliers et forains. — La nécessité d'un domicile a toujours soulevé des difficultés pour les errants. Aussi, d'autorité, la loi leur en attribue-t-elle un ; elle procédait autrefois d'une manière rigide. Aujourd'hui, le Code civil permet aux bateliers et aux forains de fixer leur domicile dans une des communes avec lesquelles ils ont une attache : les bateliers dans les principaux ports de navigation fluviale et les forains dans une des communes sur le territoire desquelles ils circulent (art. 102, al. 2).

§ 3. Domicile élu

L'élection [42] de domicile est un procédé d'assouplissement que la pratique a imaginé afin de tempérer la rigidité du domicile (art. 111). <u>Dans un acte juridique</u>, les parties peuvent avoir élu <u>domicile en un</u> lieu (ex. : <u>une étude de notaire</u>) pour y localiser les conséquences que cet acte peut produire.

222. Les oreilles coupées. — L'élection de domicile a pour raison d'être de faciliter la signification des actes de procédure. Elle a eu pour premier motif de soustraire les huissiers aux violences de certains nobles qui, jusqu'aux Valois, n'hésitaient pas à couper les oreilles à un huissier, à le jeter par la fenêtre ou à le tuer avant qu'il ne parvienne au château. Aujourd'hui, l'élection de domicile est devenue une simplification de l'exécution du jugement et de la communication, notamment des actes de procédure. Elle est une source d'économie et de rapidité, mais continue à soulever beaucoup de contentieux.

L'élection du domicile peut être imposée par la loi ou avoir été voulue par les parties (I) ; ses effets dépendent de sa source et de sa nature juridique (II).

I. — Sources

L'élection de domicile peut être imposée par la loi ou être volontaire.

223. Élection de domicile imposée par la loi. — Parfois, la loi oblige celui qui fait un acte à élire domicile en un lieu où les tiers intéressés pourront aisément accomplir les formalités que comporte l'exercice de leurs droits. Par exemple, celui qui fait opposition au mariage est tenu d'élire domicile au lieu où le mariage doit être célébré (art. 176), ce qui facilite la procédure de mainlevée que voudraient exercer les époux ; ils n'ont pas à aller au lointain domicile de l'opposant pour l'accomplir.

224. Élection de domicile volontaire. — Ces dispositions légales sont exceptionnelles. Ordinairement, la source de l'élection de domicile est expressément convenue. Parfois, elle est tacite [43] ; c'est ainsi que l'on peut expliquer la jurisprudence des gares principales.

L'élection de domicile peut être fixée dans un lieu quelconque : dans une ville, dans une étude d'avoué ou même au domicile réel de l'intéressé, ce qui lui confère plus de stabilité ; les déplacements ultérieurs du domicile réel ne l'affecteront pas.

II. — Nature et effets

A. Nature juridique

225. Domicile fictif ? — Le domicile élu n'est pas un vrai domicile, mais est, dit-on, un domicile fictif ; ce recours à la fiction n'est, comme toujours, qu'une explication verbale et il faut

---

42. **Étymologie** d'élection : du latin *electio, onis* = choix.
43. Ex. : Cass. soc., 10 mars 1965, *Bull. civ.* V, n° 212 : « *Le domicile d'un employeur, en tant que tel, se trouve à son domicile commercial ou industriel qui vaut, au moins comme domicile élu, l'élection étant tacite* ».

essayer de justifier directement les résultats que l'on veut atteindre. On y a parfois vu un mandat [44], bien que les deux institutions aient beaucoup de différences (ex. : révocabilité du mandat, expiration du mandat par la mort du mandant). Il paraît plus exact de voir dans l'élection de domicile une dérogation aux effets normaux du domicile réel [45]. Toutes ces analyses ont pour conséquence d'interpréter restrictivement l'élection de domicile. *Sur un autre domicile fictif, le domicile « virtuel » d'Internet* [46].

B. Effets

À trois égards, les effets de l'élection de domicile sont limités : leur étendue dépend de la volonté des parties et des règles légales ; ils sont purement relatifs et plus ou moins obligatoires.

226. Compétence et pouvoirs. — Les effets produits par l'élection de domicile sont plus ou moins étendus selon la volonté des parties et les dispositions légales. Habituellement, l'élection de domicile a pour conséquence d'attribuer compétence au tribunal du lieu indiqué ; mais le Code de procédure civile (art. 48) rend impératives les règles de compétence territoriale, sauf entre commerçants, ce qui prive d'effets, à cet égard, l'élection de domicile entre particuliers ou entre commerçants et particuliers. En outre, elle peut, si elle est faite chez une personne déterminée, donner à cette dernière mandat pour recevoir les actes qui y sont signifiés [47] et lui imposer l'obligation de les transmettre à leur destinataire. Ce mandat peut être plus large ; par exemple, permettre à celui chez lequel le domicile est élu de recevoir un paiement et même, si la précision en a été stipulée, d'en donner quittance.

227. Relativité et spécialité. — Les effets de l'élection de domicile sont relatifs, à un double point de vue ; d'une part, ils ne jouent que dans les relations entre les parties, non dans celles que l'une d'elles a avec un tiers [48] ; d'autre part, ils n'existent que pour l'acte en vue duquel elle a été faite. Pour toutes les autres opérations des parties, le domicile réel doit être pris en considération.

Par conséquent, l'élection de domicile est spéciale : celle qui est faite pour un acte déterminé, chez un notaire, un huissier ou un avocat permet d'accomplir en ce lieu les significations

---

44. DEMOLOMBE, *Cours de Code Napoléon* (Hachette), t. I, 2ᵉ éd., 1860, n° 372 : « *L'élection de domicile est une espèce de mandat, par lequel je charge une personne de recevoir pour moi les significations qui me seront adressées chez elle* ».
45. Cass. civ., 19 janv. 1915, *DP* 1919.I.40 : « *Vu l'article 111 ; d'une part, si l'élection de domicile ne fait pas, en principe, cesser les effets ordinaires du domicile général et s'il est, par suite, toujours loisible aux parties de faire à ce dernier domicile les significations relatives à l'exécution de leur convention, cette règle reçoit exception lorsque l'élection de domicile a été faite dans l'intérêt même de la partie de laquelle elle procède.* » Sur cet arrêt, *infra*, n° 228.
46. *Infra*, n° 439.
47. Comp. la rédaction de Cass. com., 5 mars 2002, *Bull. civ.* IV, n° 46 ; *D.* 2002, AJ. 1202, obs. A. Lienhard : « *ayant relevé que la banque avait été avisée à domicile élu et dès lors que l'élection de domicile emporte pouvoir de recevoir toute notification* »...
48. Ex. : Req., 22 juin 1896, *DP* 1898.I.83 : « *Si, pour l'exécution d'un acte, les parties peuvent faire élection de domicile dans un autre lieu que celui de leur domicile réel, cette convention n'a d'effet qu'entre elles et ne peut être opposée aux tiers.* » En l'espèce, Douare (demeurant à Avignon) et Chabrolles (demeurant à Mirande, dans le département du Gers) s'étaient associés afin d'exécuter des travaux publics pour l'État ; cet acte comportait une élection de domicile dans l'arrondissement de Mirande. Un créancier de Douare a voulu saisir-arrêter les sommes dues par l'État à celui-ci et l'assigna devant le tribunal d'Avignon ; Douare invoqua vainement l'élection de domicile pour faire juger que ce tribunal n'était pas compétent.

nécessaires à l'exécution de cet acte, mais, sauf clauses particulières, ne confère pas au notaire, à l'huissier ou à l'avocat le pouvoir de recevoir un paiement ni d'en donner quittance [49].

228. Caractère obligatoire ou facultatif. — Les effets de l'élection de domicile ne sont pas toujours obligatoires ; on peut, en principe, continuer à donner effet au domicile réel, pour y adresser par exemple les significations [50] : la personne y est censée présente [51]. Il en est autrement si l'élection de domicile avait été faite dans l'intérêt d'une seule partie ; l'autre devrait s'y conformer et ne pourrait choisir son domicile réel [52] ; de même, l'élection de domicile est obligatoire pour les deux parties si elle a été faite dans leur intérêt commun [53].

Nos 229-248 réservés.

---

49. Ex. : Req., 25 janv. 1893, *DP* 1893.I.183 ; *S*, 1894.I.186 : « *Aux termes de l'article 1239, le payement doit être fait au créancier ou à quelqu'un ayant pouvoir sur lui* (sic) ; *parmi les effets de l'élection de domicile, l'article 111 ne comprend pas le pouvoir de payer à celui qui habite le domicile élu ; les juges du fait n'ont relevé aucune circonstance de nature à faire supposer que Jouzeau* (le notaire) *aurait reçu mandat de toucher pour les défendeurs éventuels* ». Jugé, par conséquent, que n'étaient pas libératoires les paiements faits par le débiteur au notaire chez lequel une élection de domicile avait été faite pour les paiements des intérêts et le remboursement du capital, mais non pour donner quittance. S'il est stipulé que le paiement peut être fait au domicile élu, c'est là que peuvent être faites les offres réelles : Req., 28 avr. 1814, *Jur. gén.*, v° *Domicile élu*, n° 22.

50. Cass. civ. 1re, 17 oct. 1962, *Bull. civ.* I, n° 430 ; *Gaz. Pal.* 1962.II.237, « *en cas d'existence d'un domicile élu, la signification d'un exploit au domicile réel de la partie restait possible et valable* ».

51. *Supra*, n° 202.

52. Cass. civ., 19 janv. 1915, cité *supra*, n° 225.

53. * Cass. com., 17 juill. 1950, *veuve Schweitzer*, *D*. 1950.682 ; *S*, 1951.I.16 ; *RTD civ.* 1951.119, obs. P. Raynaud : « *Si l'élection de domicile ne fait pas, en principe, cesser les effets ordinaires du domicile général et s'il est, par suite, toujours loisible de faire à ce dernier domicile les significations relatives à l'exécution de leur convention, cette règle reçoit exception lorsque l'élection de domicile a été faite dans l'intérêt même de la partie de laquelle elle procède, ou dans l'intérêt commun des parties* ».

■ Sous-Titre III ■

Actes de l'état civil

249. Définition. — On peut définir les actes de l'état civil en s'attachant aux trois mots de l'expression [1]. Actes : ce sont des écrits instrumentaires [2] dressés par des agents de l'autorité publique, les officiers [3] d'état civil, et destinés à recevoir, à conserver et à publier l'état d'une personne, caractérisé par les grands événements de la vie humaine [4] : des faits (les deux principaux étant la naissance et le décès) et des actes (le principal étant le mariage) [5]. Mais uniquement son état civil, c'est-à-dire la condition d'une personne au regard du droit civil, non son état politique (ses qualités de national et de citoyen).

Il permet de prouver l'état d'une personne et met en archives tous les événements civils de sa vie [6].

250. Histoire : du sacrement à la laïcité et à l'informatique. — C'est une matière très réglementaire et assez bureaucratique. Elle présente un intérêt capital, notamment pratique, car elle établit une preuve préconstituée de l'état, où les contestations sont extrêmement rares ; son histoire en révèle l'importance politique.

L'histoire des actes de l'état civil est liée à celle de la laïcité [7]. Son origine se trouve dans la pratique de l'Église catholique. Pendant longtemps, ce fut au moyen de la possession (la possession d'état) que l'on prouvait l'état civil : c'était donc par des enquêtes que l'on constatait les naissances, les mariages et les décès. Peu à peu, les curés ont établi sur leurs registres

---

1. **Biblio.** : *Instruction générale relative à l'état civil*, JO, 1994 ; A. Ponsard, « Quelques aspects de l'évolution du droit des actes de l'état civil », *Ét. R. Savatier*, Dalloz, 1965, p. 779 s.
2. **Étymologie** d'instrumentaire : du latin *instrumentum, i*, lui-même dérivé du verbe *instruo, ere* = équiper, bâtir. L'acte instrumentaire (= écrit établissant un acte ou un fait) doit être distingué de l'acte juridique (*negotium*), c'est-à-dire la manifestation de volonté destinée à produire des effets de droit.
3. **Étymologie** d'officiel : du latin *officialis, is, e* = chargé d'une fonction (*officium*).
4. *Rapport au Tribunat par le tribun Siméon*, n° 29, *Jur. gén.* v° Acte de l'état civil, n° 20 :... « Destinés à marquer les trois grandes époques de la vie, ils (les registres des actes de l'état civil) nous rappellent que nous naissons, que nous nous reproduisons, que nous mourons tous selon les mêmes lois... ».
5. *Cf.* la définition donnée par Cass. civ. 1re, 14 juin 1983, *Bull. civ.* I, n° 174 : « L'acte de l'état civil est un écrit dans lequel l'autorité publique constate, d'une manière authentique, un événement dont dépend l'état d'une ou de plusieurs personnes » ; jugé que tel n'était pas le cas du « document intitulé "acte de mariage" établi le 24 février 1976 par le bureau d'état civil turc d'Izmir [...] en raison de son imprécision sur la date, le lieu des prétendus mariages, l'identité des parties et l'ancienneté des événements qui remontaient à plus d'un siècle ».
6. I. Ardeef, n. sous Paris, 19 oct. 2000, *D.* 2001.1275.
7. J.-Ph. Lévy et A. Castaldo, *Histoire du droit civil*, Dalloz, 2002, n°s 40 s.

paroissiaux les actes de baptême, de mariage et de sépulture (en terre ecclésiastique) : leur objet n'était pas temporel, mais sacramentaire. À partir du XVIe siècle, la monarchie rendit obligatoire la tenue de ces registres, les transformant progressivement en registres d'état civil [8] : la marche vers la laïcité commençait et prit une orientation décisive avec le drame des protestants. L'édit de Nantes (1598) avait permis à leurs ministres de constater leur état civil, droit que leur retira la révocation de l'édit (1685) : la naissance et le mariage des protestants n'étaient plus constatés par des registres. L'édit du 17 novembre 1787, sous l'inspiration de Malesherbes (l'édit de tolérance), chargea la justice royale de dresser ces actes, ce qui fut une étape vers la laïcisation. Après l'émeute du 10 août 1792, au dernier jour de l'Assemblée législative, fut adopté le décret du 20 septembre 1792 qui confia l'état civil aux municipalités [9] : la laïcisation était consommée. La Terreur accentua la lutte contre l'Église catholique : la laïcisation devenait totalitaire. Le Code Napoléon a maintenu les principes, en atténuant l'anticléricalisme [10].

Après les orages, la matière est devenue, et définitivement, paisible sans être pourtant immuable. Son domaine s'est étendu, sa source est maintenant réglementaire et sort peu à peu du Code civil où, rationnellement, elle ne devrait pas se trouver ; les solennités s'estompent ou s'évanouissent ; l'esprit en est presque complètement technique. Prochainement, l'informatique s'en emparera : le sacrement sera oublié. Il reste l'esprit d'« archives » : une mémoire et la pesanteur de l'Administration et de la justice.

251. Droit anglais. — Le droit de l'Angleterre et du pays de Galles (l'Écosse et l'Irlande du Nord ont un régime analogue, avec des différences mineures) a une conception très différente des actes de l'état civil ; sans doute en raison de son attachement à la liberté individuelle, il n'exerce pas de contrôle sur les individus au moyen de copies ou d'extraits d'actes des registres de l'état civil, ou par l'établissement obligatoire d'une carte d'identité. Le *Registar* inscrit dans un registre toutes les naissances, y compris celles des enfants mort-nés [11], tous les décès et tous les mariages civils ou religieux célébrés en Angleterre ou au pays de Galles ; un autre officier inscrit sur un autre registre les adoptions. Ces registres servent à relater des faits, ne sont pas mis à jour et ne sont pas modifiables. Toute personne a le droit d'y accéder et peut obtenir une copie certifiée de l'acte. Dans l'état actuel du droit (des réformes sont envisagées), ces registres ne permettent pas d'établir l'identité d'une personne.

---

8. Ce fut d'abord par l'ordonnance de Villers-Cotterêts de 1539, puis, surtout, celle de Blois (1579), art. 81 : « *Pour éviter les preuves par témoins, que l'on est souvent contraint de faire en justice, touchant les naissances, mariages, morts et enterrements des personnes, enjoignons nos greffiers en chef de poursuivre pour chacun de tous curés, ou leurs vicaires, du ressort de leurs sièges, d'apporter dedans deux mois après la fin de chaque année, les registres des baptêmes, mariages et sépultures de leurs paroisses fais en icelle année.*

9. M. GARAUD et SZRAMKIEWICZ, *La Révolution française et la famille*, PUF, 1978, préf. J. Carbonnier, p. 30 s., préf. publiée dans J. CARBONNIER, *Écrits*, PUF, 2008, p. 136 ; Éd. CHAMPION, *La séparation des Églises et de l'État ; introduction à l'histoire religieuse de la Révolution française*, Paris, 1903, p. 205 : « *... Le sacrement cessait d'être nécessaire pour fonder la famille, selon l'État ; une sanction terrestre remplaçant la sanction céleste dans les actes les plus graves de la vie humaine. L'Église se trouvait dépouillée de son privilège le plus précieux. La perte de ses biens temporels n'est rien auprès de celle-là* ».

10. J. CARBONNIER, « La laïcisation de l'état civil » (inédit, mars 1999), *Écrits*, PUF, 2008, pp. 189-198 : « *Longtemps on a cru que Jules Ferry à travers l'école avait institué une morale d'État quasi religieuse, d'essence néo-kantienne, mais cela même s'est évanoui. S'il doit y avoir intégration, elle se fera par la sécularisation. Un vide, diront certains, et les autres diront : un espace* » (p. 198).

11. Comme maintenant en France (*supra*, n° 6).

Section I
ORGANISATION

§ 1. Officiers d'état civil

252. Maire, adjoint et conseiller municipal. — Depuis 1792, la mission d'établir et de conserver les registres d'état civil appartient aux communes, héritières des paroisses de l'Ancien régime. La qualité d'officier d'état civil n'est pas déterminée directement par le Code civil, à cause de son caractère réglementaire, mais par les lois municipales avec un grand luxe de détails. La fonction n'a cessé de se bureaucratiser.

<small>Le service de l'état civil est tenu par les maires et les agents communaux au nom de l'État ; c'est donc l'État qui est responsable des fautes du personnel et du service [12]. Dans la loi du 28 pluviôse an VIII, le maire pouvait déléguer ses fonctions à l'un de ses adjoints pris dans l'ordre des nominations [13] ; puis (actuellement, CGCT, art. L. 122-11), sans être astreint à suivre un ordre déterminé, à un adjoint ou, en l'absence ou en cas d'empêchement d'un adjoint, à un conseiller municipal quelconque. Dans le cas d'empêchement du maire, par suppléance du maire, un de ses adjoints (*ibid.* art. R. 2122-10). Le maire peut déléguer ses pouvoirs à des agents communaux pour recevoir, rédiger et signer les actes d'état civil autres que les actes de mariage (*ibid.*). La fonction peut être exercée par un délégué du préfet, ce qui permet de briser un refus illégitime du maire.</small>

L'authenticité des actes de l'état civil s'est donc, au fil des temps, dégradée. Pour qu'un acte soit vraiment authentique et doté de sa très forte force probante, il faudrait, dans la rigueur des principes, qu'il ait été reçu personnellement par l'officier public compétent (ici, le maire), qui a constaté personnellement les déclarations des comparants *ex propriis sensibus* (de ses propres sens). Ce qui cesse d'être exact lorsque l'officier d'état civil a délégué ses pouvoirs.

<small>L'officier d'état civil exerce une fonction d'ordre judiciaire et est donc soumis à l'autorité, non du préfet, mais du procureur de la République.</small>

§ 2. Registres et actes

I. — Règles générales

253. Matériel. — Les actes d'état civil sont écrits sur des registres (*D.*, 3 août 1962, art. 1), non sur des feuilles volantes qui s'égareraient facilement. Les registres sont établis en double afin d'en mieux assurer la conservation ; cette tenue est l'objet d'une réglementation précise (numérotation des pages, papier,

---

<small>12. Cass. civ. 1re, 14 nov. 2006, *Bull. civ.* I, n° 478 « *Une telle action* (en responsabilité pour faute personnelle de l'officier d'état civil) *devait être dirigée contre l'État et était irrecevable à l'encontre de la commune, dès lors que le maire et les agents communaux assuraient le service public de l'état civil au nom de l'État* ».
13. Ce qui, à la fin du XIXe siècle, avait suscité un beau procès et une belle question. À Montrouge, un maire avait délégué ses pouvoirs pour la célébration des mariages à un conseiller municipal, sans avoir respecté l'ordre du tableau qu'imposait alors la réglementation administrative ; la délégation était nulle. Le conseiller municipal n'était donc pas un officier d'état civil, mais en avait l'apparence. Jugé que cette irrégularité était insuffisante pour entraîner la nullité des mariages célébrés : Cass. civ., 7 août 1883, aff. *des mariages de Montrouge, DP* 1884.I.5 ; *S* 1884.I.5, n. J. E. Labbé.</small>

expédition, reliure, clôture, tables). Une informatisation (qualifiée d'automatisation) est en cours.

Un livret de famille est remis aux intéressés ; il raconte brièvement (par extraits) l'histoire de la famille (mariage, naissance et adoption des enfants, décès des enfants et des époux, divorces) ; il a presque la même valeur probante que les actes de l'état civil ; aussi faut-il les reproduire fidèlement. Il était initialement réservé aux personnes mariées, a été étendu aux père et mère non mariés, auxquels maintenant un livret commun peut être délivré, ce qui est une consécration juridique indirecte de l'union libre.

254. Rédaction. — Les actes sont rédigés par l'officier d'état civil, sur l'initiative des parties dans le cas du mariage, ou des déclarants dans les cas de la naissance et du décès, parfois en présence de témoins.

Comme ce sont des actes solennels, la loi précise leurs mentions obligatoires : article 34 :... « *L'année, le jour et l'heure où ils seront reçus, les prénoms et nom de l'officier d'état civil, les prénoms, noms, professions et domiciles de tous ceux qui y sont dénommés* ». Il ne peut écrire que ce qu'il doit indiquer ; il n'a pas le droit par exemple de faire état de la religion, de la nationalité [14], des causes du décès (ex. : le suicide). Il peut énoncer les surnoms [15] et les titres de noblesse [16], non les pseudonymes.

255. Nullité. — Habituellement, les formalités que doit remplir un acte solennel sont requises à peine de nullité. Mais, malgré le caractère solennel de l'acte, les tribunaux écartent la nullité chaque fois que, quels que soient ses vices de forme, l'acte est exact et exempt de fraude. La nullité de l'acte de mariage relève de la nullité du mariage lui-même.

On dit parfois, pour rendre compte de cette raréfaction de la nullité, qu'elle n'est prononcée que si la forme méconnue était substantielle [17]. Le libéralisme jurisprudentiel est en réalité plus étendu [18] ; il s'applique quelle que soit la gravité de vice, même s'il touche une forme substantielle [19].

---

14. T. civ. La Rochelle, 24 juin 1913, *DP* 1916.II.1. En l'espèce, un homme, poursuivi pour insoumission (il refusait de faire son service militaire), afin de démontrer qu'il n'était pas Français, a vainement demandé que l'indication de sa qualité de Suisse fût mentionnée sur son acte de naissance.
15. *Inst. gale état civil*, n° 126 : « *Peuvent notamment être indiqués : les surnoms ou sobriquets, si une confusion est à craindre entre plusieurs homonymes ; en pareil cas, le surnom doit être précédé de l'adjectif « dit »*. En revanche, les pseudonymes ne doivent pas figurer dans les actes » ; *supra*, n° 124.
16. Req., 26 oct. 1897, *DP* 1897.I.584 : « *Si, d'une part, les articles 34 et 57, énumératifs des énonciations substantielles que doivent contenir les actes de l'état civil, n'excluent pas d'autres mentions complétives, telles que des titres nobiliaires propres à mieux constater l'identité de ceux qui y sont dénommés, et si, d'autre part, il appartient aux tribunaux d'ordonner par voie de rectification l'addition de ces mentions dans ces actes, ce n'est que lorsqu'elles sont justifiées par des titres réguliers d'autorité incontestable dont l'application ne soulève aucune difficulté et n'exige aucune vérification* » ; v. *supra*, n° 126.
17. Marty et Raynaud, n° 777.
18. Aubry et Rau, t. I, 7ᵉ éd. par A. Ponsard, 1964, n° 239 ; « *La loi n'ayant pas attaché la peine de nullité à l'inobservation de ces règles s'en est remise aux tribunaux pour apprécier, suivant les circonstances, le degré de foi que méritent les actes qui présenteraient des irrégularités plus ou moins graves* ».
19. Ex. : absence de signature de l'acte par une partie (en ces diverses espèces, il s'agissait de reconnaissances d'enfant naturel) : * Req., 28 nov. 1876, *Routa, DP* 1877.I.367 : « *L'article 39 ne prononce pas la nullité pour absence de signature des comparants ; si, par suite, cette circonstance ne suffit pas pour faire annuler l'acte, il y a lieu néanmoins pour le juge d'examiner si cette irrégularité est le résultat d'une inattention ou d'une inadvertance ou si elle doit être attribuée à un changement de volonté du comparant non signataire* ». Jugé qu'en l'espèce, la reconnaissance était nulle, parce que l'omission de la signature avait été délibérée ; au contraire, Req., 23 juin 1869, *DP* 1871.I.327 : jugé que la reconnaissance était valable, parce que l'omission avait été involontaire.

II. — Règles particulières

256. Acte de naissance. — Des différents actes d'état civil, le plus important est l'acte de naissance : ils est le commencement. Toute naissance [20] doit être déclarée dans les trois jours qui suivent l'accouchement (art. 55) par le père ou toute personne ayant assisté à l'accouchement [21].

L'acte de naissance contient les nom, prénom, âge, profession et domicile du déclarant, le jour, l'heure et le lieu de naissance, le sexe [22] et le prénom de l'enfant (art. 57, al. 1). Si l'enfant naît d'une femme mariée, l'indication du nom du mari entraîne la présomption de paternité légitime (art. 314, 4 juill. 2005).

L'acte de naissance devient un droit – on a le droit à voir établie son identité – : toute personne, même née à l'étranger, doit pouvoir inscrire son acte de naissance [23].

Les mères porteuses ont soulevé des difficultés. Cette pratique, interdite par le droit français (C. civ., art. 16-7) [24], est admise par certains pays. La Cour de cassation a refusé que soit inscrit en France l'acte de naissance dressé en Californie [25] d'un enfant qui y était né, à la suite d'une gestation pour autrui autorisée par cet État (la mère gestatrice était américaine, les parents génétiques et d'intention français) : l'enfant n'a donc pas en France d'acte de naissance ; mais il peut invoquer (non sans risque de difficultés) l'acte de naissance dressé à l'étranger. Dans la préparation de la révision des lois de bioéthique, l'office parlementaire d'évaluation des choix scientifique et technologique (OPECST), (constitué à parité de députés et de sénateurs) propose de maintenir l'interdiction, qu'au contraire voudrait supprimer le Sénat en l'encadrant de conditions qui, sans doute, seraient illusoires [26]. Dans un avis du 6 mai 2009, le Conseil d'État propose aussi de maintenir l'interdiction, sauf à admettre la transcription de la seule filiation paternelle ; la filiation maternelle continuant à ne pouvoir être inscrite.

257. Acte de décès. — Tout décès doit être constaté par un acte de l'état civil « *sur la déclaration d'un parent du défunt ou sur celle d'une personne possédant sur son état civil les renseignements les plus exacts et les plus complets qu'il sera possible* » (art. 78) ; l'acte doit notamment mentionner « *le jour, l'heure et le lieu du décès* » (art. 79, 1°) ; ces indications peuvent être contestées [27].

---

20. Il faut qu'il s'agisse d'une vraie naissance ; *supra*, n° 6.
21. La mère n'y est pas tenue. La Cour de cassation le dit d'une façon qu'aucune femme ne pourra comprendre : Cass. crim., 10 sept. 1847, *DP* 1847.I.302 : « *Dans ces expressions générales* (les personnes ayant assisté à l'accouchement), *l'article 357, C. pén., pas plus que l'article 56, C. civ., n'ont pu comprendre la mère, pour qui l'accouchement est un fait personnel auquel ne peut s'appliquer la simple qualification d'assistance* » : la mère n'assisterait donc pas à l'accouchement de son enfant !
22. Sur le transsexualisme, v. *supra*, n°s 9 et 157.
23. Paris, 2 avr. 1998, *D.* 1998, IR, 137 ; *RTD civ.* 1998.651, obs. J. Hauser : « *Un intérêt d'ordre public s'attache à ce que toute personne vivant habituellement en France, même si elle est née à l'étranger* (en l'espèce, en Turquie) *et possède une nationalité étrangère, soit pourvue d'un acte de l'état civil* ». Sur l'état civil des enfants nés d'une mère porteuse : *infra*, n° 298.
24. *Infra*, n° 298.
25. * Cass. ass. plén., 17 déc. 2008, *Mennesson*, *Bull. civ. ass. plén.*, n° 289 ; *D.* 2009.332, avis D. Sarcelet, 340, n. L. Brunet ; *JCP* G 2009.II.10020 n. A. Mirkovic, 10021, n. L. d'Avout ; *Défrénois* 2009.549, obs. J. Massip et sur renvoi, Paris, 18 mars 2010, *JCP* G 2010, 498, n. app. A. Mirkovic, *D.* 2010.1663, n. G. Géraud de la Pradelle ; *AJ Famille* 2010.223, n. Chénédé ; *RTD civ.* 2010, obs. J. Hauser : « *Les énonciations inscrites sur les actes d'état civil* (dressés en Californie) *ne pouvaient résulter que d'une convention portant sur la gestation pour autrui, de sorte que le ministère public justifiait d'un intérêt à agir en nullité des transcriptions* » de cet acte rédigées en France.
26. *Infra*, n° 298.
27. Ex. : Cass. civ. 1re, 28 janv. 1957, *Bull. civ.* I, n° 43 : « *Si, à défaut de toute autre indication, le décès doit être réputé s'être produit le jour où il est constaté par l'officier d'état civil, cette présomption*

Section II
Utilité

§ 1. Publicité

258. Copies et extraits. — Les actes de l'état civil sont faits pour être mis à la disposition du public (à la différence d'autres actes authentiques, tels que les actes notariés, qui ne peuvent être communiqués qu'aux parties (L. 25 ventôse an XI, art. 25)). Non directement, mais par l'intermédiaire de copies ou d'extraits, qui ne sont pas remis aux mêmes personnes.

Tout le monde peut obtenir une **copie intégrale** d'un acte de décès ; lorsqu'il s'agit d'un autre acte (par exemple, un acte de naissance ou de mariage ou une reconnaissance d'enfant né hors mariage), elle ne peut être communiquée qu'à la personne en cause, ses ascendants et descendants, son conjoint, son représentant légal ou le procureur de la République. Tout le monde peut obtenir un **extrait sommaire** d'un acte de naissance ou de mariage (ils n'indiquent pas la filiation) ; les intéressés qui n'auraient pu en obtenir une copie intégrale (les administrations publiques et les héritiers) peuvent avoir un extrait plus complet, qui indique la filiation mais sans préciser si les père et mère sont mariés ; ces précautions sont prises afin de ne pas divulguer une qualité d'enfant né hors mariage. Les administrations doivent se contenter d'**attestations** établies par l'intéressé lui-même sur papier libre ; les relations entre les administrations et les usagers reposent désormais sur des rapports de confiance.

259. Répertoire civil. — Les actes de l'état civil ne mentionnent pas les événements intéressant la capacité d'un individu ou plutôt ceux qui entraînent son incapacité. Ce qui ne soulève aucune difficulté pour la minorité qui dépend de l'âge, lui-même dépendant de la date de naissance de l'enfant[28] et, par conséquent, facile à connaître. Mais depuis 1968, il a été jugé opportun de publier les incapacités des majeurs : la mise en curatelle ou en tutelle puis, ultérieurement, les modifications du régime matrimonial et l'absence. Ce à quoi répond le répertoire civil (C. pr. civ., art. 1057-1061), une publicité au deuxième degré, qui n'intervient que s'il s'est produit quelque chose susceptible de causer préjudice à un tiers.

Si aucune mention ne figure en marge de l'acte de naissance, il ne s'est rien passé, sauf éventuellement une sauvegarde de justice qui échappe délibérément à toute publicité[29]. Si figure en marge la mention *Répertoire civil*, avec sa date, le contractant éventuel pourra interroger le *Répertoire* qui lui communiquera les décisions limitant la capacité et le pouvoir de l'intéressé.

§ 2. Force probante

260. Inscription de faux. — La force probante des actes de l'état civil est singulière ; elle est maintenant écornée par la bureaucratisation contemporaine. Elle est exclusive et énergique.

---

peut être détruite par tout intéressé établissant le moment précis du décès » ; Cass. civ. 1re, 7 janv. 1997, *JCP* G 1997.II.22830, n. B. Beignier ; *RTD civ.* 1997.393, obs. J. Hauser ; n.p.B. : jugé qu'un coma dépassé n'était pas la mort ; sa preuve ne permettait donc pas de remettre en cause les indications de l'acte de décès.

28. *Infra*, n° 597.
29. *Infra*, n° 728.

Exclusive, parce qu'en général les naissances, les mariages et les décès ne peuvent être prouvés que par les actes de l'état civil. Ce n'est que dans des cas exceptionnels que sont admis des jugements supplétifs [30].

Énergique, parce qu'ils sont des actes authentiques [31] ; ayant été dressés par des officiers publics, ils font foi jusqu'à inscription de faux (art. 1319 ; *D.*, 3 août 1962, art. 13), une action compliquée et périlleuse.

Conformément à la théorie générale des actes authentiques, cette forte force probante ne s'attache qu'à ce que l'officier d'état civil a constaté par lui-même (ou ses délégués), *ex propriis sensibus* (de ses propres sens) [32].

Section III
Contentieux

En dehors de leur nullité [33], les actes de l'état civil peuvent susciter deux sortes d'actions en justice pour les rectifier ou y suppléer.

En 2006, il y a eu 1 237 demandes de rectification et 695 demandes de jugement supplétif ou de reconstitution d'un acte de l'état civil [34].

261. Rectification d'un acte et action d'état. — Si pour une raison ou pour une autre, il faut modifier un acte de l'état civil par une addition, un retranchement ou un changement, l'officier d'état civil ne peut y procéder lui-même et aucune autorité administrative (par exemple, un préfet) ne pourrait le lui ordonner ; il faut une décision judiciaire. Des distinctions subtiles doivent être faites selon l'objet du changement : elles en commandent la procédure.

S'il s'agit d'erreurs ou d'inadvertances purement matérielles [35] et évidentes, la rectification est simple ; elle est ordonnée par le parquet (art. 99, al. 4), ce que l'on appelle une rectification administrative. Si la faute commise dans l'acte n'est pas d'ordre purement matériel, la rectification est judiciaire ; la procédure est plus simple que celle du droit commun ; la demande est introduite par une requête – non une assignation – devant le président du tribunal – non le tribunal (art. 99, al. 1 ; C. pr. civ., art. 1046 et s.). Comme son nom l'indique, l'action a uniquement pour objet un acte de l'état civil et une rectification ; elle ne peut être relative à un état. La différence entre une action en rectification d'un acte de l'état civil et une action d'état est importante, car l'action d'état relève du tribunal et est soumise à des conditions particulières de preuve et de délai. Elle n'est pas facile à faire, car il est parfois délicat de distinguer un changement de pure forme et un changement de fond.

---

30. *Infra*, n° 262.
31. **Étymologie** d'authentique : du grec αυθεντιχος, η, ον = dont l'autorité n'est pas douteuse.
32. *Cf.* les critiques de J. Carbonnier, n° 74, b : « *La force probante jusqu'à inscription de faux a été restreinte à quelques points sans intérêt* ».
33. *Supra*, n° 252.
34. *Annuaire statistique de la justice*, 2008.
35. Ex. : une faute d'orthographe sur le nom ou sur le prénom. Ou bien une absurdité : TGI Lille, ord., 6 juill. 2002, D. 2002.2901, n. X. Labbée : en marge de l'acte de naissance d'une femme était mentionné son mariage avec une autre femme. Ou bien la mention que l'enfant est né de père ou de mère inconnu. Ou que deux personnes vivent maritalement. Ces indications, même exactes, ne doivent pas figurer dans un acte de l'état civil.

Le critère est pourtant simple : l'action en rectification est d'un ordre purement formel ; elle tend ou à rectifier – l'acte comporte une erreur matérielle, par exemple sur le sexe [36] ou sur le nom si l'erreur est récente [37] – ; ou à compléter – l'acte est incomplet, par exemple il oublie un prénom [38] – ; ou à effacer – l'acte comporte une indication matériellement inexacte en énonçant que la mère était mariée alors qu'elle ne l'était pas [39] – ; peu importe que l'erreur matérielle de l'acte ait été ou non volontaire [40]. Au contraire, est une action d'état celle qui s'attaque au fond du droit, à l'état que l'acte constate, par exemple, la détermination du père ou de la mère, un changement de sexe [41] ou de père.

262. Jugement supplétif. — Un jugement peut remplacer un acte de l'état civil lorsque aucun acte n'a été dressé ; par exemple, parce que la naissance n'a pas été déclarée dans les trois jours (art. 55) ; ou bien lorsque le décès est certain, mais que le cadavre n'a pas été retrouvé (art. 88). Comme dans notre Ancien droit, un jugement permet aussi d'établir un état lorsque l'acte n'a pas été dressé ou été perdu pour une raison de force majeure (art. 46) ; ce texte a été appliqué à un amnésique [42].

Ces hypothèses se posent rarement aux juges, car lorsque les registres ont été détruits par un drame historique, ils sont généralement reconstitués [43]. Mais les tribunaux ont, par une interprétation prétorienne, assimilé à la perte des registres l'impossibilité d'y accéder pour une raison de force majeure [44].

---

36. * Cass. civ. 1re, 26 janv. 1983, aff. *Frédérica, Bull. civ.* I, n° 38 ; *Defrénois* 1983, art. 33133, n° 74, obs. J. Massip : est une action en rectification d'état civil l'action qui n'a « *pour objet que de réparer une erreur sur le sexe et une omission quant au prénom* [...] *et* (elle) *ne* (s'analyse) *ni en une action relative à la véracité ou au caractère mensonger de la filiation résultant de cette reconnaissance, ni en une demande tendant à suppléer un acte de l'état civil* ». En l'espèce, les futurs époux avaient en 1948 reconnu, avant leur mariage « *pour leur fils un enfant...* » prénommé Frédéric et né en 1934. Ultérieurement, une dame prénommée Frédérika, se prétendant l'enfant de ces époux, obtint une rectification de l'acte de l'état civil, malgré l'opposition d'un enfant du premier lit. V. dans la même affaire, * Cass. civ. 1re, 2 juin 1987, cité *infra*, note 38. Il est difficile de comprendre que l'on puisse qualifier d'erreur formelle ou rédactionnelle une erreur sur le sexe.
37. Bordeaux, 11 sept. 1997, *RTD civ.* 1999.62, obs. J. Hauser : la rectification n'est possible que s'il s'agit « *d'erreurs matérielles récentes par rapport à un ensemble de titres ou une possession d'état sans ambiguïté* ».
38. * Cass. civ. 1re, 26 janv. 1983, aff. *Frédérica*, cité, *supra* note 36.
39. Ex. : Cass. civ. 1re, 14 mai 1985, *Bull. civ.* I, n° 150 ; *Defrénois* 1986, art. 33735, n° 41, p. 722, obs. J. Massip : « *L'action de Mme D. en ce qu'elle avait pour objet de faire supprimer de l'acte de naissance de ses fils, la mention erronée qu'elle était, à l'époque de la naissance, l'épouse de M. Z, s'analysait bien en une action en rectification de l'état civil* ». En l'espèce, des enfants étaient nés plus de 300 jours après le divorce de leurs parents avec l'indication des noms du mari et de la mère « *son épouse* » ; pour supprimer ces deux derniers mots, jugé qu'il s'agissait simplement d'une action en rectification d'un acte de l'état civil.
40. * Cass. civ. 1re, 2 juin 1987, aff. *Frédérica, Bull. civ.* I, n° 175 ; *D.* 1987, IR, 145 ; *Defrénois* 1987, art. 34108, n° 91, p. 1389, obs. J. Massip : « *L'article 99 ne distingue pas selon le caractère volontaire ou non des erreurs contenues dans les actes de l'état civil* » ; v. aussi, dans la même affaire, * Cass. civ. 1re, 26 janv. 1983, cité *supra*, note 36.
41. Sur le transsexualisme, *supra*, nos 9 et 157.
42. TGI Lille, 28 sept. 1995, *D.* 1997.29, n. X. Labbée ; *Defrénois* 1997, art. 36.591, n° 61, obs. J. Massip.
43. Ex. : L. 19 juill. 1871 et 12 févr. 1872 ordonnant la reconstitution des registres de Paris détruits pendant la Commune.
44. * Cass. civ. 1re, 12 juill. 1960, aff. *Salomon Kirzner, Bull. civ.* I, n° 386 ; *D.* 1961, som. 25 : « *L'article 46 autorise la preuve, tant par titres que par témoins, du contenu des actes de l'état civil en cas d'impossibilité matérielle pour les intéressés de produire ces actes* ». En l'espèce, il s'agissait d'une personne résidant aux États-Unis, qui devait faire, à l'égard du fisc français, la preuve de sa naissance ; elle était née « *dans la partie de Russie et d'Autriche devenue depuis longtemps* (sic) *la Pologne, laquelle a été dévastée par la suite par deux guerres* ». Jugé que la preuve était libre. Cf. aussi Req., 14 nov. 1922, *DP* 1924.I.79 ; *S*, 1924.I.71 ; en l'espèce, il s'agissait d'une émigrée russe, entendant prouver que son

La preuve doit avoir deux objets. D'une part, que le registre n'a pas été tenu ou été perdu ou est inaccessible pour des raisons de force majeure. D'autre part, l'existence de l'état qui pourra être prouvée, dit la loi, « *tant par les registres et papiers émanés des père et mère décédés que par témoins* », c'est-à-dire que la preuve est libre.

Nos 263-268 réservés.

---

mariage avait été célébré en l'église Saint-Louis des Français de Moscou ; au moment où elle avait intenté son action, la Russie était bouleversée par la révolution communiste ; jugé que la preuve était libre.

TITRE III

DROITS DE LA PERSONNE

Toutes les personnes physiques sont égales ; tel est le principe de l'égalité civile (Sous-titre I) ; un certain nombre de prérogatives, de plus en plus nombreuses, sont attachées à la personnalité (Sous-titre II).

■ SOUS-TITRE I ■

ÉGALITÉ CIVILE

269. Égalité, Constitution, nature. — Ce qui distingue les personnes physiques des personnes morales n'est pas seulement leur existence biologique, mais aussi leur égalité [1] civile de principe, alors que les personnes morales sont par nature diverses et inégales.

L'égalité civile est un principe constitutionnel résultant de la Déclaration des droits de l'homme et du citoyen de 1789 (art. 1). « *Les hommes naissent et demeurent libres et égaux en droit. Les distinctions sociales ne peuvent être fondées que sur l'utilité commune* ». Ce qui est différent dans la nature, où les hommes sont en fait dissemblables.

270. Égalité et discriminations. — L'égalité civile n'est pas une égalité réelle, concrète (chacun aurait les mêmes revenus et la même quantité de biens que les autres) ; elle est abstraite, une égalité de vocation. Elle n'impose la parité que d'une manière limitée [2].

Elle n'oblige pas à attribuer les mêmes droits à tout le monde. Il est juste que les droits soient différents lorsque les situations sont différentes [3] : ce ne sont pas des

---

1. St. PAUL, *Ép. aux Galates* : « *Il n'y a ni Juif, ni Grec, il n'y a ni esclave, ni homme libre, il n'y a ni homme, ni femme, car vous tous ne faites qu'un dans le Christ Jésus* ». EURIPIDE, *Les Phéniciennes*, Jocaste, v. 545 s. : « *Car l'égalité est pour les humains une haute loi, tandis que contre le mieux pourvu, le moins bien partagé entre toujours en guerre et donne le signal des jours d'inimitié* ».
Biblio. : L. MAYAUX, « L'égalité en droit civil », *JCP* G 1992.I.3611 ; Ph. JESTAZ, « Le principe d'égalité des personnes en droit privé », in *La personne humaine, sujet de droit*, 4ᵉ Journ. R. Savatier, PUF, 1994 ; V. LASSERRE-KIESOW, « L'égalité », *JCP* G 2010.643. L'auteur cite Georges Ripert : « *La poursuite de l'égalité sociale conduit à la destruction de l'égalité civile* », mais aussi Benjamin Constant : « *La perfectibilité de l'espèce humaine (n'est) autre chose que la tendance vers l'égalité* ». L'étude énumère les multiples combats vers l'égalité « *un immense défi* ».
Étymologie d'égalité : *Aequus, a, um* = uni dans le sens horizontal, sans inégalités, puis, ne penchant d'aucun côté ; impartial.
2. Cons. const., 16 mars 2006, *Loi sur la parité* : l'objectif de parité qui découle de l'article 3 de la Constitution ne s'applique qu'aux élections à des mandats ou des fonctions politiques : F. MELIN-SOUCRAMANIEN, « La parité n'est pas l'égalité », D. 2006.873.
3. Ex. : Cons. const., 16 janv. 1982, aff. *des nationalisations*, D. 1983.169 ; *JCP* G 1982.II.13533 ; *Les grands arrêts du droit civil*, n° 1 ; *Les grandes décisions du Cons. const.*, n° 32 ; n° 30 : « *Le principe d'égalité ne fait pas obstacle à ce qu'une loi établisse des règles non identiques à l'égard de catégories de personnes se trouvant dans des conditions différentes, mais il ne peut en être ainsi que lorsque cette non-identité est justifiée par la différence de situations et n'est pas incompatible avec la finalité de la loi* ».

discriminations, des faveurs ou des privilèges. Mais il est difficile de savoir quand les situations sont vraiment différentes.

Elle n'est pas imposée par la nature des choses : elle varie selon les temps et selon les lieux. Il y a des époques et des pays qui tendent à l'égalité, il y a des époques et des pays cruellement discriminatoires ; il y a les riches et les pauvres, les forts et les faibles, ceux qui travaillent et les chômeurs, les Français et les étrangers. Cependant, l'histoire a une constante : la lutte plurimillénaire en Occident des juristes pour l'égalité.

271. Inégalités civiles. — L'Ancien droit était inégalitaire dans les statuts politiques, où la société était divisée en ordres [4]. S'inspirant de l'esprit révolutionnaire, qu'exprime la Déclaration des droits de l'homme, le Code civil a, au contraire, posé le principe de l'égalité civile (art. 8 : « *Tout Français jouira des droits civils* ») et fait disparaître certaines inégalités, notamment en matière successorale où ont été supprimés les privilèges de masculinité et de primogéniture (art. 735) ; ce qui maintenant est devenu un principe constitutionnel [5], qu'impose aussi la Convention européenne des droits de l'homme (art. 14) [6]. Par la suite, le débat a porté essentiellement sur trois questions : la condition de l'étranger, qui relève du droit international privé, les enfants naturels et la femme mariée, ce qui a mené à poser le principe de l'égalité entre l'homme et la femme.

À l'égard des **enfants naturels**, le Code Napoléon avait un souci de prophylaxie civile ; afin de favoriser le mariage, il frappait les parents non mariés dans leur partie sensible, en donnant plus de droits aux enfants légitimes qu'aux enfants naturels. Cette politique a été abandonnée par la loi du 3 janvier 1972, confirmée, à cet égard, par l'ordonnance du 4 juillet 2005 (art. 310) qui pose le principe de l'égalité entre les enfants naturels et légitimes ; pendant trente ans, il en était resté un vestige à l'encontre de l'enfant adultérin en concours avec le conjoint ou les enfants légitimes de son auteur ; il a été supprimé par la loi du 3 décembre 2001 à la suite de la condamnation de la France par la CEDH [7].

À l'égard de la **femme mariée**, le Code Napoléon avait, comme le faisait l'Ancien droit, énoncé la prédominance maritale, conférant au mari une puissance maritale rendant incapable la femme mariée ; pendant la durée du mariage, l'épouse était soumise à un statut d'effacement ; en contrepartie, elle bénéficiait de garanties ; principe que traditionnellement les Allemands avaient aussi, en l'énonçant sous le nom de la théorie des trois K (*Kirche* = église ; *Kinder* = enfants ; *Küche* = cuisine) [8]. Ce n'était pas tellement une inégalité tenant au sexe (la femme célibataire avait les mêmes droits civils que l'homme), mais un effet du mariage et du régime matrimonial.

---

4. POTHIER, *Introduction générale aux coutumes*, éd. Bugnet, 1845, t. I, n° 37 : « *On divise encore les personnes en* clercs *et* laïques. *Les clercs ou ecclésiastiques sont distingués des laïques par plusieurs privilèges que nos rois ont accordés au clergé*. [...] » n° 38 : « *Enfin, on distingue les personnes en* nobles *et non nobles. La noblesse qui distingue les nobles des non-nobles consiste en certains titres d'honneur et certains privilèges qui leur sont accordés...* » ; M. GARAUD, *La Révolution et l'égalité civile*, Sirey, 1953.
5. Cons. const., 27 déc. 1973, *JCP* G 1974.II.17691, *Les grandes décisions du Cons. const.*, n° 21 ; le « *principe de l'égalité devant la loi, contenu dans la Déclaration des droits de l'homme de 1789* » est un principe constitutionnel.
6. Conv. EDH, art. 14 : « *La jouissance des droits et libertés reconnus dans la présente Convention doit être assurée, sans distinction aucune, fondée notamment sur le sexe, la race, la couleur, la langue, la religion, les opinions politiques ou toutes autres opinions, l'origine nationale ou sociale, l'appartenance à une minorité nationale, la fortune, la naissance ou toute autre situation* ».
7. CEDH, 1er févr. 2000, *Mazurek c. France*, D. 2000.332, n. Thierry ; *JCP* G 2000.II.10286, n. A. Gouttenoire-Cornut et Fr. Sudre ; *Grands arrêts* CEDH, n° 51 : « *L'enfant adultérin ne saurait se voir reprocher des faits qui ne lui sont pas imputables* ».
8. Dont l'esprit se retrouve dans GOETHE, *Hermann et Dorothée*, et la sensibilité allemande des XIXe et XXe siècles.

L'infériorité de la femme mariée a été combattue depuis plus d'un siècle. Une série de lois (1938, 1942, 1965, 1985) l'a progressivement fait disparaître, dont sont restées des séquelles dans le régime du nom : l'épouse a l'usage du nom de son mari, l'enfant légitime portait le nom du père ; cette masculinité du nom de famille a été, en partie, supprimée par la loi du 4 mars 2002 [9]. L'égalité entre l'homme et la femme est généralement invoquée afin d'imposer une parité, protectrice des femmes, notamment en droit civil, pour rapprocher la condition de la femme de celle de l'homme, qui, dans les faits, est souvent plus avantageuse. Mais il arrive, notamment en droit du travail, que l'égalité soit invoquée au profit de l'homme [10]. L'égalité civile entre l'homme et la femme a été la transformation la plus importante qu'ait connue notre droit civil depuis 1804.

272. La guerre des sexes. — Les femmes continuent à être en fait victimes d'inégalités, notamment en matière professionnelle [11]. L'idéologie contemporaine voit parfois dans les relations entre les sexes un conflit (la « guerre des sexes » des années 1990, qui avait suivi la « libération » sexuelle des années 1960).

L'homosexualité ne doit pas non plus être une cause de discrimination. Pendant longtemps, les couples homosexuels ne bénéficiaient pas des droits conférés aux concubins hétérosexuels. La loi sur le Pacs du 15 novembre 1999 (C. civ., art. 515-1 et s.) a fait disparaître cette différence. La loi a aussi fait de l'homophobie une infraction [12].

273. Discriminations. — Au nom de l'égalité et de la dignité de la personne, des lois successives luttent contre la discrimination, en en élargissant les causes et les domaines [13].

Depuis longtemps, le droit pénal punit les discriminations faites en raison de l'origine, du sexe, des mœurs, de la race [14], de l'orientation sexuelle ou de la religion (C. pén., art. 225-1), et les incitations faites par la presse à la discrimination, à la haine ou à la violence en raison « *de l'appartenance ou de la non-appartenance à une ethnie, une nation, une race ou une religion déterminée* [15] ».

---

9. *Supra*, n°s 133 et 136.
10. Cass. soc., 27 févr. 1991, *Bull. civ.* V, n° 101. En l'espèce, la clause d'une convention collective de travail prévoyait qu'une prime de crèche serait versée aux mères de famille ; jugé que cette clause était partiellement nulle et que la prime devait aussi profiter aux pères ; Cass. soc., 18 déc. 2007, *Bull. civ.* V, n° 215 ; *JCP* G 2008.II.10023, n. D. Jacotot ; en l'espèce, le statut de la RATP (régie autonome des transports parisiens) conférait des avantages sociaux aux agents féminins divorcés ; jugé par application du « *principe communautaire d'égalité de traitement entre travailleurs masculins et féminins en matière d'emploi et de travail* » que ces avantages devaient bénéficier aussi aux agents masculins divorcés.
11. Ex. : l'infériorité de la rémunération féminine : CJCE, 15 juin 1978, *Defrenne*, Rec. 1365 ; *Les grands arrêts de la CJCE*, t. II, 2e éd., Dalloz, 1988, n° 51 A, point A : « *On ne saurait mettre en doute le fait que l'élimination des discriminations fondées sur le sexe des travailleurs fait partie de ces droits fondamentaux* » de la personne humaine, qui, eux-mêmes, font partie des principes généraux du droit européen. Aujourd'hui, des lois successives répètent, presque toujours avec un succès médiocre, le principe de l'égalité professionnelle ; en dernier lieu L. 23 mars 2006.
12. **Étymologie** d'homophobie : haine de ce qui est semblable. **Jurisprudence** : Cass. crim., 12 nov. 2008, *Christian Vanneste*, *JCP* G 2008 II 10206, n. E. Dreyer ; *D.* 2009.402, n. J. Pradel ; *RJPF* 2009 3/11, n. E. Putman ; *Légipresse*, févr. 2009.12, n. G. Tillemont : « *En matière de presse, il appartient à la Cour de cassation d'exercer un contrôle sur le sens et la portée des propos poursuivis ; les restrictions à la liberté d'expression sont de droit étroit* » ; l'arrêt signifie que ne sont punissables que les propos homophobes portant à la haine.
13. *Rapport annuel 2008 de la Cour de cassation*, La Documentation française, 2009, « Les discriminations devant la Cour de cassation ».
14. Ex. : Cass. crim., 14 nov. 1989, *Bull. crim.*, n° 416 : jugé que l'art. 416, C. pén., s'applique à l'employeur qui, dans une proposition d'embauche, avait mentionné : « *Éviter le personnel de couleur* ».
15. Ex. : Cass. crim., 16 avr. 1991, *Le fluide glacial*, *Bull. crim.*, n° 182 ; *JCP* G 1991.IV.294 ; en l'espèce, ce magazine avait publié un dessin de couverture représentant une religieuse d'aspect grotesque gonflant devant un arbre de Noël un Christ en croix, au moyen d'une pompe à vélo ; une bande dessinée, consacrée aux aventures de « *Sœur Marie-Thérèse des Batignolles* », était intitulée « *Le bouc est mis, sœur* ». Jugé que l'« *Association générale contre le racisme et pour le respect de l'identité française et chrétienne* » (l'Agrif) pouvait se constituer partie civile : « *Le racisme visé par l'article 48-1 de la loi du 28 juillet 1881* (*infra*, n° 340) [...] *s'entend de toute discrimination fondée sur l'origine ou l'appartenance ou la non-appartenance soit à une race, soit à une ethnie, soit à une nation, soit à une religion*

Une loi du 24 mai 2008, transposant une directive européenne, ajoute de nouvelles causes de discriminations interdites : le sexe, les convictions (?), l'handicap, l'âge ; elle différencie la prohibition, distinguant la protection sociale, l'accès au travail, ou aux biens (?) ou les fournitures de biens ou de services ; elle permet des discriminations dans certains cas, lorsqu'elles sont justifiées par un but légitime. A été aussi instituée une « haute autorité » de lutte contre les discriminations et pour l'égalité (la « Halde », L. 30 décembre 2004). Depuis sa création, les plaintes qu'elle reçoit intéressent surtout [16] l'emploi et le logement, particulièrement en raison de l'origine, de la santé et du handicap.

Nos 274-279 réservés.

---

sans restriction, ni exclusion ». De même, a été annulée la délibération d'un jury d'examen en recrutement d'un officier de police, où avaient été posées au candidat des questions sur ses pratiques religieuses et celles de son épouse (« Pratiquez-vous le Ramadan ? Votre épouse porte-t-elle le voile », etc.). CE, 10 avr. 2009, *JCP* G 2009.II.10088, n. D. Jean-Pierre. Sur ces arrêts, *infra*, n° 441.

16. La CEDH a une compréhension large de la discrimination : jugé que constitue une discrimination indirecte le placement d'enfants roms en raison de leurs connaissances linguistiques insuffisantes de la langue croate : CEDH, gr. ch., 16 mars 2010, *Orsus c. Croatie*, *JCP* G 2010.394, n. C. Richerel.

Sous-Titre II

Droits de la personnalité

prolétaire — citoyen pauvre

280. Des droits innés et étendus. — En agissant, une personne peut acquérir des droits : par exemple un droit de propriété ou de créance. À côté de ces droits qu'elle acquiert, elle possède aussi un certain nombre de prérogatives qui lui sont innées, du seul fait qu'elle est une personne humaine, prérogatives qui ne résultent pas de son activité car elle les acquiert au berceau. Ces prérogatives innées sont appelées « droits de l'homme et du citoyen » lorsqu'elles ont pour objet de limiter les pouvoirs de l'État. On les qualifie « droits de la personnalité » lorsqu'elles sont invoquées dans les rapports entre particuliers ; elles signifient que toute personne a droit au respect par les tiers de sa liberté et de son intégrité physique et morale [1].

Toute personne en bénéficie. Même le prolétaire. Même (en théorie) le nourrisson, alors que dans l'opinion courante, la personnalité n'apparaît vraiment que vers l'âge de trois ou de quatre ans. Même une personne morale (par exemple, une société commerciale) [2], bien qu'elle n'ait ni personnalité au sens psychologique du terme, ni sentiments.

Les droits de la personnalité sont une notion récente, étrangère aux sociétés antiques notamment la Grèce ; ils sont apparus au début du XXe siècle [3], sans doute sous des influences germanique et américaine (*right of privacy*). Ils sont en extension constante et deviennent des « droits fondamentaux » de plus en plus nombreux [4] ; les droits de la personnalité apparaissent dans presque tout le droit civil : le mariage, la liberté contractuelle, le droit de propriété, la filiation, le droit de succession [5], le droit moral de la propriété littéraire et artistique [6], mettent en cause la personnalité. De la même manière, on pourrait aussi rattacher l'ensemble du droit aux droits de l'homme. Tout serait-il droits de la personnalité et droits de l'homme ? Ce serait une vue démesurée et confuse. Les droits de la personnalité sont plus précis : ils mettent en cause directement la personnalité.

La protection de la personnalité s'étend au fur et à mesure que se développent les idéologies qui la blessent et les techniques modernes de communication : un droit n'apparaît que lorsqu'il est

---

1. **Biblio. :** B. BEIGNIER, *Les droits de la personnalité*, PUF, Que sais-je ?, 1992 ; A. DECOCQ, *Essai d'une théorie générale des droits de la personne*, th. Paris, LGDJ, 1960 ; P. KAYSER, « Les droits de la personnalité, aspects théoriques et pratiques », *RTD civ.* 1971.445 et s. ; P. KAYSER, « Le Conseil constitutionnel protecteur du secret de la vie privée à l'égard des lois », *Ét. P. Raynaud,* Dalloz, 1985.

2. *Infra*, n° 441.

3. H. E. PERREAU, « Les droits de la personnalité », *RTD civ.* 1909.51.

4. X. DUPRÉ DE BOULOIS, « Les notions de liberté et de droits fondamentaux en droit privé », *JCP* G 2008.I.211.

5. CEDH, 6 févr. 2000, *Mazurek c. France*, cité *supra*, n° 271.

6. Ex. : GOUBEAUX, *Les personnes*, n° 285 ; CORNU, n°s 62 et 1696 ; *contra*, P. Y. GAUTIER, *Propriété littéraire et artistique*, PUF, 6e éd., 2007, n° 189.

menacé. Ce sont surtout les personnes dont la vie est publique (particulièrement le monde de la politique et celui du spectacle) qui y sont vulnérables : ce sont elles qui ont le plus nourri la jurisprudence.

Jusqu'en 1970, seuls y faisaient allusion quelques textes dispersés dans plusieurs lois pénales et civiles. À partir de la seconde moitié du XXe siècle, la jurisprudence s'est étoffée. La loi du 17 juillet 1970 leur a consacré une disposition du Code civil, l'article 9. Dès lors, de nombreuses personnes, notamment les vedettes du cinéma, de la littérature et du sport puis du monde politique ont invoqué ces droits : la jurisprudence a suscité la loi, la loi a nourri la jurisprudence, la jurisprudence a développé le contentieux – un triple engrenage classique. Une réforme leur a donné un nouveau souffle, avec l'extension du référé : C. pr. civ., art. 809, D. 17 juin 1987 : « *Le président* (du tribunal de grande instance) *peut toujours, même en présence d'une contestation sérieuse, prescrire en référé les mesures conservatoires ou de remise en état qui s'imposent, soit pour prévenir un dommage imminent, soit pour faire cesser un trouble manifestement illicite* ». Ce texte est surtout appliqué lorsqu'existe un « *trouble manifestement illicite* », notamment une atteinte aux droits de la personnalité.

De nombreuses autres dispositions législatives tendent presque aux mêmes fins, chacune avec son particularisme et son autonomie : la protection de la personne contre les atteintes médiatiques est devenue abondante, complexe et fragmentée. Outre la responsabilité civile fondée sur la faute (art. 1382) et les infractions de diffamation, d'injure et de discrimination (L. 29 juill. 1881 sur la liberté de la presse)[7], il y a aussi une foule d'autres règles : le respect... de la vie privée (art. 9)[8] ... de la présomption d'innocence (art. 9-1)[9] ... du droit à l'image[10], la sanction... de la dénonciation calomnieuse (C. pén., art. 226-10)[11] ... du dénigrement[12] ... des données à caractère personnel diffusées sur Internet (L. 6 juillet 1978 relative aux fichiers et aux libertés individuelles et publiques)[13]. Multiplication de règles à la fois semblables et différentes, avec les habituels conflits de qualification. La méthode paraît simple dans son principe : les règles spéciales écartent les règles générales, mais son application est une source d'incertitudes.

281. Convention européenne des droits de l'homme. — Les droits de la personnalité ont été aussi développés par la Convention européenne des droits de l'homme, à laquelle la foisonnante jurisprudence de la Cour européenne des droits de l'homme a donné une grande extension, et qu'appliquent directement les tribunaux français en s'y référant de plus en plus[14].

Les dispositions de la Convention les plus fréquemment appliquées en droit privé sont le droit... à un procès équitable, d'une durée raisonnable, devant un tribunal impartial et indépendant (art. 6)... au respect de la vie privée (art. 8)... à la liberté de pensée, de conscience, de religion et d'expression (art. 9 et 10)[15] ... au

---

7. *Infra*, n° 342.
8. *Infra*, n° 344.
9. *Infra*, n° 313.
10. *Infra*, n°s 333 s.
11. *Infra*, n° 344.
12. *Infra*, n° 441.
13. *Infra*, n° 317.
14. **Biblio. :** J.-P. Marguénaud, *La Cour européenne des droits de l'homme*, 2002 ; Fr. Sudre, *Droit international et européen des droits de l'homme*, PUF, 5e éd., 2001 ; *La Convention européenne des droits de l'homme*, Que sais-je ?, PUF, 7e éd., 2008 ; A. Debet, *L'influence de la Convention européenne des droits de l'homme sur le droit civil*, th. Paris II, Dalloz, 2002, préf. L. Leveneur ; Fr. Sudre *etalii.*, *Les grands arrêts de la Cour européenne des droits de l'homme*, PUF, 4e éd., 2007 ; critique : Ph. Malaurie, « Grands arrêts, petits arrêts, mauvais arrêts de la CEDH », *Défrénois* 2007.348.
15. *Infra*, n°s 311, 346 et 444.

mariage et à la fondation d'une famille (art. 12) et l'interdiction des traitements inhumains ou dégradants (art. 3)[16].

Les « droits de l'homme » sont devenus les droits sociologiquement communs aux États européens et donc évolutifs.

La Cour européenne entreprend une double et difficile conciliation entre d'une part les prérogatives des États et les droits des individus[17], et d'autre part l'universalisme des droits de l'homme et la diversité des cultures européennes, ce qui explique que ses décisions soient complexes, lourdes et circonstanciées, avec une langue alambiquée, parfois si nuancée qu'elle se noie dans les détails et se contredit souvent. Elle croule sous les recours, n'est soumise à aucun autre contrôle que le sien. Elle exerce sur la législation et la jurisprudence des États un contrôle indépendant, vigilant, minutieux et tatillon, parfois, s'attachant plus aux apparences qu'aux réalités. Elle est d'une grande sévérité envers les États et inversement, d'une indulgence également très grande envers les individus, surtout lorsqu'il s'agit de leur liberté sexuelle.

282. Une transcendance évolutive et diverse. — L'engouement que l'on porte aujourd'hui aux droits de la personnalité tient au développement de l'individualisme, à l'accroissement de l'activité humaine et à une nouvelle transcendance, sacralisant la personne. Une transcendance sans transcendance, entendant dépasser le droit positif, une idéologie qui voudrait se substituer à la tradition, à l'expérience et aux données politiques, historiques et culturelles d'une société[18]. En France, la jurisprudence de la CEDH relative aux droits de la personnalité est parfois sévèrement jugée tant dans sa forme (un droit devenu presque purement judiciaire, instable avec une motivation interminable) que dans le fond (des valeurs qui se substituent aux nôtres), la méthode (un droit fragmenté et pointilliste) et le principe lui-même (un droit omnipotent, contraire au principe de la séparation des pouvoirs) : le gouvernement des juges[19].

283. À chacun le sien. — Cette conception mystique des droits de la personnalité est excessive. Il n'y a pas ici, pas plus qu'ailleurs, de droits absolus ; ces droits peuvent entrer en conflits avec d'autres prérogatives qui empiètent sur eux[20]. Le seul droit absolu est le respect de la dignité humaine[21]. Le problème juridique et politique est, comme toujours, de donner à chacun le sien, c'est-à-dire de fixer la mesure des droits de la personnalité. Aujourd'hui, beaucoup de désirs deviennent, abusivement, de nouveaux droits de l'homme : des créances sans débiteur.

S'ajoutant aux droits de l'homme et du citoyen énoncés par la Déclaration de 1789 qui conféraient des libertés en limitant les pouvoirs de l'État, sont apparus de nouveaux droits de l'homme – ceux de la deuxième génération –, des créances impliquant l'intervention de l'État. Ils sont devenus très nombreux. Le droit... d'asile... au respect de la vie privée (*infra*, n° 314)... à la dignité (*infra*, n° 309)... à l'image (*infra*, n°s 332 et s.)... à l'honneur (*infra*, n° 341)... à un procès

---

16. Ex. : CEDH, 25 mars 1993, *Costello-Roberts c. Royaume-Uni*, JCP G 1994.II.22262 : « *Ne constitue pas un traitement dégradant contraire à l'article 3 de la Convention EDH le châtiment corporel consistant pour le directeur d'une école privée britannique à administrer trois coups de chaussures de gymnastique à semelle de caoutchouc sur le derrière, par-dessus le short, d'un élève* ».
17. Ex. CEDH, 7 nov. 2002, *Madsen c. Danemark* et 9 mars 2004, *Wretlund c. Suède*, D. 2005.36, n. J. Mouly et J.-P. Marguénaud : jugé que l'employeur a le droit d'exercer des prélèvements d'urine sur des membres de l'équipage d'un ferry ou le personnel d'une centrale nucléaire : cette exigence est, dit la Cour, justifiée par un objectif légitime (la recherche de l'alcool et de la drogue) et proportionnée avec lui.
18. Comp. M. KUNDERA, *L'immortalité*, Gallimard, p. 166 s. « *Je ne connais pas un homme politique qui n'invoque dix fois par jour "la lutte pour les droits de l'homme" ou "les droits de l'homme qu'on a bafoués"* [...] *Le monde est devenu un droit de l'homme et tout s'est mué en droit : le désir d'amour, le désir de repos en droit au repos, le désir d'amitié en droit à l'amitié, le désir de rouler trop vite en droit de rouler trop vite, le désir de bonheur en droit au bonheur, le désir de publier un livre en droit de publier un livre, le désir de crier la nuit dans les rues en droit de crier la nuit dans les rues* ».
19. Ph. MALAURIE, « Jean Foyer et la Cour européenne des droits de l'homme », *In Memoriam de Jean Foyer*, Litec, 2010, p. 203.
20. Ex. : D. BREILLAT, « La hiérarchie des droits de l'homme », *Ét. Ph. Ardant*, LGDJ, 1999, p. 353 s. : l'auteur a des doutes sur cette hiérarchie.
21. Ph. MALAURIE, « Le droit et la dignité humaine », *Études*, (revue jésuite), 2003.619 s.

équitable... à ne pas subir des traitements inhumains (*supra*, n° 281)... au mariage et à la fondation d'une famille *(ib.)*... au nom (*supra*, n° 148)... au prénom (*supra*, n° 122)... d'échapper à l'esclavage domestique (*infra*, n° 287)... à la grève (Préambule de la Constitution de 1946)... à la contraception et à l'avortement (C. santé publ., art. L. 2211 et s.)... à recevoir des soins (L. 3 mars 2002)... notamment des soins palliatifs (*supra*, n° 12)... le droit d'un détenu à ne pas subir le tabagisme [22] ... à pouvoir exercer ses voies de recours [23] ... à l'électricité (L. 10 févr. 2000, art. 1)... au transport (L 30 déc. 1982, art. 2)... à un logement décent (L. 6 juill. 1989, art. 1) [24] ... à la libre « orientation » sexuelle (Traité d'Amsterdam sur l'Union européenne)... à pratiquer le sadomasochisme (*infra*, n° 312) – sans oublier le droit de propriété –. Sont revendiqués les droits... à l'enfant, pour justifier la procréation médicalement assistée... au bonheur... à changer de sexe (*supra*, n° 157)... aux loisirs... à l'éducation... à l'erreur... au divorce... à l'autonomie [25], etc. Mais, en l'état, le droit à... l'euthanasie (*supra*, n° 11) et à connaître ses origines [26] n'ont pas été reconnus. Tout deviendrait-il « droit de l'homme » [27] ? S'ajoutent maintenant les « droits » de l'animal (*supra*, n° 1).

Les droits de la personnalité humaine sont divers et présentent une grande variété. Les uns ont un caractère de libertés civiles (Chapitre I) ; les autres sont, plus techniquement, de véritables droits (Chapitre II).

N° 284 réservé.

---

22. CE, 8 sept. 2005, *D.* 2006.124, n. X. Bloy.
23. CEDH, 17 janv. 2006, *D.* 2006.1209, n. F. Defferrand et V. Durlette.
24. Cons. const., 18 janv. 1995, *D.* 1997, som. 137, obs. P. Gaïa : le droit au logement est un « *objectif* (ce n'est donc pas un principe) *de valeur constitutionnelle qui procède à la fois de ce que chacun a le droit de mener une vie familiale normale et du principe du respect de la dignité de la personne humaine* » ; limité par Cons. const., 29 juill. 1998, *D.* 1999.269, n. crit. W. Sabete : « *S'il appartient au législateur de mettre en œuvre l'objectif de valeur constitutionnelle que constitue la possibilité pour toute personne de disposer d'un logement décent, et s'il lui est loisible, à cette fin, d'apporter au droit de propriété les limitations qu'il estime nécessaires, c'est à la condition que celles-ci n'aient pas un caractère de gravité tel que le sens et la portée de ce droit soient dénaturés* ».
25. Un des derniers nés de la CEDH devenu un des plus actifs ; il a été posé pour la première fois par la CEDH, 29 avril 2002, *Pretty c. Royaume-Uni*, cité *supra*, n° 12 : chacun, selon la Cour, doit pouvoir mener sa vie comme il l'entend, y compris en se mettant physiquement ou moralement en danger : ainsi, CEDH, 17 février 2005, *K.A. et A.D. c. Belgique*, cité *infra*, n° 312. Il n'est pas un droit absolu : il ne confère pas le droit au suicide, CEDH, 29 avril 2002 préc. V. M. FABRE-MAGNAN, « Le domaine de l'autonomie personnelle, l'indisponibilité du corps humain et justice sociale », *D.* 2008.31 sous CEDH, 17 févr. 2005, *K. A. et A. D. c. Belgique*, préc. (très critique).
26. CEDH, *Odièvre c. France*, 13 févr. 2003, *JCP* G 2003.II.10049, n. Fr. Sudre et A. Gouttenoire-Cornut ; *Grands arrêts* CEDH, n° 39 ; *cf.* les opinions contradictoires : chr. Ph. MALAURIE, *ib.* I.120 ; Bl. MALLET-BRICOURT, *D.* 2003.1240. Une demande sur deux aboutit à la levée du secret ; entre 2007 et 2008, 3 889 demandes ont été enregistrées, *RJPF* 2009, 2/9.
27. D. GUTMANN, « Les droits de l'homme ont-ils l'avenir du droit ? », in *Ét. François Terré*, Dalloz, 1999, p. 329 ; D. COHEN, « Le droit à... », p. 393 s. (très critique) ; E. DREYER, « La fonction des droits fondamentaux dans l'ordre juridique », *D.* 2006.748. J.-P. FELDMAN, « Le président, le Préambule et les droits de l'homme », *JCP* G 2008, art. 50, critique les projets de Nicolas Sarkozy, Président de la République, tendant à ajouter au Préambule de la Constitution de nouveaux droits de l'homme.

■ CHAPITRE I ■

LIBERTÉS CIVILES

Pas plus que les libertés publiques, les libertés civiles n'ont une précision suffisante pour constituer de véritables droits subjectifs. Elles s'arrêtent là où commencent celles d'autrui et au moment où apparaissent des droits ou d'autres intérêts prépondérants. La question est de savoir dans quelle mesure le droit d'autrui peut empiéter sur les libertés d'une personne, car encore moins qu'un droit subjectif, aucune liberté n'est absolue : elles sont toutes relatives [1].

Elles sont nombreuses [2] ; trois, particulièrement importantes, sont ici retenues : la liberté de conscience (Section I), celle d'aller où l'on veut (Section II) et celle de faire ce que l'on veut (Section III).

SECTION I

LIBERTÉ DE CONSCIENCE

285. Une liberté constitutionnelle ; voile islamique ; burqa. — La liberté de conscience [3] est une prérogative constitutionnelle [4]. Elle est une conséquence de la liberté d'opinion ; son expression la plus visible est la liberté religieuse [5] : croire ou

---

1. Cons. const., 19-20 juill. 1983, *Démocratisation du secteur public*, JO, 22 juill. : n'étant « *ni générale, ni absolue*, (la liberté d'entreprendre) *ne peut exister que dans le cadre d'une réglementation instituée par la loi* ».
2. En l'état actuel du droit, sont des « libertés fondamentales » la liberté... de conscience... d'aller et venir... de vie privée... d'expression... de presse... d'opinion... de réunion... de manifestation... d'association... d'entreprendre... du commerce et de l'industrie... de la concurrence... d'enseigner... de faire grève... de la libre expression. Elles relèvent surtout du droit public.
3. M. PENDU, « Le fait religieux en droit privé », th. Rennes, éd. Defrénois, 2008, préf. F. Kernaleguen.
4. Cons. const., 23 nov. 1977, *Liberté d'enseignement, Grandes décisions...*, n° 26, n° 5 : « *La liberté de conscience doit être regardée comme l'un des principes fondamentaux de la République* ».
5. Pour ses applications en droit du travail, *infra*, n° 316.

ne pas croire, choisir sa religion et la pratiquer comme on veut, ou en changer, ou l'athéisme, ou l'agnosticisme, ou l'indifférence ; elle est, selon la CEDH, liée à la laïcité[6], ce qui n'est pas toujours vrai, par exemple en Grande-Bretagne, étrangère à la laïcité. Elle est absolue[7] et peut néanmoins être encadrée pour la préservation de l'ordre public[8] par un certain nombre de règles provenant de l'État ou d'autres sources.

Elle peut entrer en conflit avec le pouvoir qu'ont les groupements, pas seulement religieux[9], d'imposer une discipline à leurs membres. Le conflit est sensible lorsqu'il s'agit d'établissements d'enseignement religieux qui ont le droit d'apporter des limites à la liberté de conscience de leur personnel enseignant afin d'assurer leur « caractère propre »[10]. Elle peut aussi entrer en conflit avec la discipline du travail[11] : la loi confère à certaines professions une « clause de conscience » (ex. : médecins, C. santé publ., art. L. 2212-8 ; journalistes, C. trav., art. 7112-5). Elle peut également contrarier la cohésion familiale : notamment dans l'éducation de l'enfant lorsque les deux parents sont en opposition. La loi du 15 mars 2004, souvent désignée sous le nom de loi sur le foulard islamique, a, au nom de la laïcité, interdit le port ostensible de signes religieux dans les établissements publics d'enseignement primaire et secondaire ; lors des débats parlementaires, des milieux juridiques et religieux lui avaient reproché de porter atteinte à la laïcité, qui doit respecter la religion de chacun[12]. Assez rapidement, la loi a été appliquée sans difficulté[13] et la Cour européenne des droits de l'homme l'a approuvée[14].

---

6. CEDH, 13 févr. 2003, *Refah Partisi c. Turquie*, *JCP* G 2003.I.160, n° 15, obs. Fr. Sudre ; *Grands arrêts*, n° 54 : « *La laïcité étant assurément l'un des principes fondateurs de l'État qui cadrent avec la prééminence du droit et le respect des droits de l'homme et de la démocratie* » ; en l'espèce, la Cour européenne a justifié la dissolution par les autorités turques du parti de la prospérité (*Refah Partisi*), parti turc islamique qui voulait imposer la *Charia* à la Turquie, régime « *qui se démarque nettement des valeurs de la Convention* (EDH) ». De même, CEDH, 3 nov. 2009, *Lautse c. Italie*, *D.* 2010.2872, chr. Z. Muzny : condamnation de l'Italie qui admet des crucifix dans des salles de classe d'écoles publiques.
7. CEDH, 25 mai 1993, *Kokkikanis c. Grèce*, *JCP* G 1994.I.3742, n° 32 obs. Fr. Sudre ; *Grands arrêts*, n° 53 : la liberté de pensée, de conscience et de religion est « *l'une des assises d'une "société démocratique"* ». CEDH, 21 févr. 2008, *Alexandridis c. Grèce*, *RJPF* 2008, 5/17, obs. E. Putman : « *Les autorités étatiques n'ont pas le droit d'intervenir dans le domaine de la liberté de conscience de l'individu et de rechercher ses convictions religieuses, ou de l'obliger à manifester ses convictions concernant la divinité* ». CE, 14 mai 1982, *Ass. Internat. pour la conscience de Krishna*, *D.* 1982.516, n. P. Boinot et Chr. Debouy. En pratique, les tribunaux français appliquent mal cette règle lorsque des « sectes » revendiquent la constitution d'une association culturelle ou cultuelle ; *infra*, n° 409 : la Cour de cassation a refusé à *l'Église de scientologie* la qualité de religion : Cass. crim., 30 juin 1999, *D.* 2000.655, n. B. Blard.
8. CEDH, 26 sept. 1996, *Manoussakis c. Grèce*, *AJDA* 1997.390, n. L. Burgogue-Larsen. De même, le Conseil d'État a décidé que la qualité d'association cultuelle ne pouvait être reconnue à une « secte » liée à des groupements condamnés pour méconnaissance de la législation sur l'urbanisme, ici source de l'ordre public : CE, 28 avr. 2004, *Association cultuelle du Vajra triomphant*, *AJDA* 2005.276, concl. S. Boissard ; v. aussi *infra*, n° 407.
9. Ex. la copropriété : Cass. civ. 3e, 8 juin 2006, *aff. des cabanes juives*, *Bull. civ.* III, n° 140 ; *D.* 2006.2887, n. crit. Chr. Atias ; *RJPF* 2006 10/12, n. appr. E. Putman ; *RTD civ.* 2006.722, obs. crit. J.R. Marguénaud ; en l'espèce, des copropriétaires, juifs pratiquants, avaient à l'occasion de la fête juive des cabanes installé sur leur balcon une cabane ; la Cour de cassation approuve la décision qui avait ordonné leur destruction, en application du règlement de copropriété : « *la liberté religieuse, pour fondamentale qu'elle soit, ne pouvait avoir pour effet de rendre licites les violations des dispositions d'un règlement de copropriété* ». Dans le judaïsme, la fête de *Soukkot* (dite des cabanes, ou des huttes, ou des tentes, ou des tabernacles) célèbre à la fois l'automne (où fructifient vignes, oliveraies et vergers) et le salut (le séjour d'Israël dans le désert) ; durant 7 jours du 7e mois, chaque Israëlite est tenu d'habiter dans une hutte faite de branchages, symbolisant à la fois les cabanes occupées par les vignerons pendant les vendanges et les tentes de l'Exode.
10. Ex. : Cass. ass. plén., 19 mai 1978, aff. *du cours Ste-Marthe*, *infra*, n° 316 : jugé qu'un établissement d'enseignement catholique pouvait stipuler dans les contrats de travail conclus avec son personnel, que pour enseigner dans son établissement, on ne pouvait être divorcé.
11. *Infra*, n° 316.
12. Ex. Fl. Bussy, « Le débat sur la laïcité et la loi », *D.* 2004.266 ; A. Garay et E. Tawil, « Tumulte autour de la laïcité », *D.* 2004.225 ; R. Libchaber, « À la croisée des interprétations : le voile et la loi »,

Après de très longs débats qui ont partagé l'opinion publique, le gouvernement, comme l'a fait récemment le droit belge, envisage d'interdire la Burqa (vêtement noir, bleu ou brun enveloppant entièrement la femme sauf les yeux) dans tout l'espace public ; projet qui paraît contraire à la jurisprudence de la CEDH [15] et qu'a condamné un avis consultatif du Conseil d'État [16].

SECTION II
LIBERTÉ DE MOUVEMENT

286. Détention ; expulsion ; résidence forcée, etc. — La liberté de mouvement (ou de locomotion) [17] permet d'aller où l'on veut. La loi pénale tout à la fois la garantit et la limite. Le droit civil ne la reconnaît que de manière indirecte.

Elle est protégée par la loi pénale : la séquestration constitue une infraction lorsqu'elle a été commise sans ordre des autorités compétentes (C. pén., art. 224-1 et s.) ; elle est aussi un droit de l'homme, que garantissent la Constitution et la Convention européenne des droits de l'homme. Elle n'est pas un droit absolu ; les nécessités de la sécurité et de l'ordre publics la limitent : une personne qui a commis une infraction peut être détenue sur décision judiciaire ; et même sans qu'il n'y ait eu ni d'infraction, ni de décision judiciaire, la police peut procéder à des mesures telles que des contrôles d'identité [18] pour des raisons d'intérêt public. La liberté de mouvement et l'intérêt public sont parfois antinomiques et la conciliation n'est pas facile ; notamment, lorsqu'il

---

RTD civ. 2004.161 ; Ph. MALAURIE, « Laïcité, voile islamique et réforme législative », *JCP* G 2004.I.124 ; J. ROBERT, « Cacophonie », *RTD publ.* 2004.309 ; Fr. TERRÉ, dir., « La Laïcité », *Arch. phil. dr.*, 2005, t. 48. *Contra* : P. WEILL, « Lever le voile », *Esprit,* 2005.45. La CEDH n'y est pas hostile, 10 nov. 2005, *Leyla Sahim c. Turquie, Grande chambre,* D. 2006.1719, obs. J.-F. Renucci ; *JCP* G 2006.I.109, n° 17, obs. Fr. Sudre ; *RJPF* 2006, 3/10, obs. E. Putman : le principe de laïcité est « *nécessaire à la protection du système démocratique en Turquie* ».

13. CEDH, 4 déc. 2008, *Belgin Drogu et al. c. France, JCP* G 2008 act. 743 ; *RDP* 2009.916 n. G. Gonzalez : « *la laïcité est un principe constitutionnel fondateur de la République auquel l'ensemble de la population adhère et dont la défense paraît primordiale, notamment à l'école* ».

14. Pour la Cour de cassation : Ex. Cass. civ. 1re, 21 juin 2005, *Bull. civ.* I, n° 271 ; *JCP* G 2005.IV.2818 : jugé que ne constituait pas un trouble manifestement illicite le règlement intérieur d'un établissement d'enseignement privé (qui n'est pas soumis à la loi de 2004) interdisant le port d'un voile islamique dans l'enceinte scolaire. Pour le Conseil d'État : CE, 5 déc. 2007, *JCP* G 2008.IV.1061 et 1062. *Cf.* aussi CE, 15 déc. 2006, n° 289946, *Association United Sikhs et M. Mann Singh* : n'est pas illégale la circulaire ministérielle relative au permis de conduire, exigeant des photos « tête nue » et sans turban.

15. La CEDH a condamné la Turquie, qui avait interdit le port de vêtements exprimant un intégrisme musulman : 22 fevr. 2010, *Ahmet Arslan c. Turquie, JCP* G 2010, 326, n. B. Beldo et 514, n. G. Gonzalez : « *à la différence du port de symboles religieux dans les établissements d'enseignement pubic, où le respect de la neutralité à l'égard des croyants qu'implique le principe de neutralité peut primer sur le libre exercice du droit de manifester sa religion, le port de tenues religieuses pour de simples citoyens dans des lieux publics ouverts à tous ne saurait constituer une menace à l'ordre public ou une pression pour autrui justifiant une ingérence dans la liberté de conscience dès lors que les intéressés n'ont pas cherché à promouvoir leurs convictions religieuses* ». Ce précédent paraît impliquer une éventuelle condamnation de la France si elle interdisait le port de la Burqa dans tout l'espace public. Mais la CEDH peut évoluer, en tenant compte des interventions législatives de plusieurs États européens qui seraient analogues aux actuels projets français.

16. CE, avis, 13 mai 2010 : « *une interdiction absolue et générale du port du voile intégral en tant que telle ne pourrait trouver aucun fondement juridique incontestable [...] et serait exposée à de fortes incertitudes constitutionnelles et conventionnelles* ("*conventionnelle*" évoque la Convention européenne des droits de l'homme et la Cour du même nom) ». Pour le Conseil d'État, l'interdiction ne serait justifiée que dans certains lieux ou pour effectuer certaines démarches – presque l'état actuel du droit positif.

17. **Étymologie** de locomotion : du latin *loco* de *locus, i* = lieu + le verbe latin *moveo, ere* = bouger = bouger en s'éloignant d'un lieu.

18. Cons. const., 19 janv. 1981, *Sécurité et liberté,* D. 1982.441 ; *JCP* G 1981.II.19701 ; *Grandes décisions...,* n° 31, n° 56 : « *La gêne que l'application des dispositions de l'al. 1 précité* (les contrôles d'identité) *peut apporter à la liberté d'aller et venir n'est pas excessive, dès lors que les personnes*

s'agit d'étrangers (Code de l'entrée et du séjour des étrangers et du droit d'asile, Ord. 24 nov. 2004). Les tribunaux sauvegardent, autant qu'il leur est possible, les libertés publiques. Par exemple, l'administration (les préfets, la police, etc.) en portant une atteinte illicite et grave à la liberté d'aller et venir d'un individu commettraient une voie de fait justifiant, malgré le principe de la séparation des pouvoirs, la compétence des tribunaux de l'ordre judiciaire [19] : ils sont en effet, aux termes de la Constitution (art. 66), les gardiens de la liberté individuelle, que contrôle aussi de manière circonstanciée la Cour européenne des droits de l'homme en appliquant le principe de proportionnalité. Les pouvoirs publics ont du mal à maîtriser l'immigration (contrôles d'entrée, reconduction hors de France des clandestins, expulsion d'étrangers délinquants [20] et de Roms, rétention administrative des étrangers en instance d'expulsion, luttes contre les mariages blancs et les paternités de complaisance, polygamies, etc.) : « *la difficile conciliation des droits fondamentaux constitutionnels et conventionnels avec ce qui demeure – mais le moyen de faire autrement – un régime de police* » [21]. Devant l'augmentation du nombre de demandeurs d'asile et l'influence du droit européen, le droit d'asile devient de moins en moins protégé [22].

En droit civil, cette liberté n'est jamais directement méconnue. Elle ne l'est que d'une manière indirecte en obligeant une personne à choisir entre un avantage, par exemple une libéralité, et la liberté de choisir le lieu où elle veut vivre. Par exemple, le libre choix du domicile est un droit fondamental, qu'impose la Convention européenne des droits de l'homme (art. 8) ; les restrictions à cette

---

interpellées peuvent justifier de leur identité "par tout moyen" » ; 5 août 1993, *JO*, 11193 : « *La pratique des contrôles d'identité généralisés et discrétionnaires serait incompatible avec le respect des libertés individuelles* ».

19. Ex. : constitue une voie de fait l'interdiction faite par un préfet à un Français... de circuler sur le territoire national : Cass. civ. 1re, 23 mars 1971, *Bull. civ.* I, n° 100 ; *D.* 1971, som. 159... de quitter le territoire national : Cass. civ. 1re, 28 nov. 1984, *Bull. civ.* I, n° 321 ; *D.* 1985.513, n. Chr. Gavalda ; *JCP* G 1986.II.20600 ; *RFDA* 1985.761, concl. Sadon ; *RTD adm.* 1985.143 ; T. confl., 9 juin 1986, *D.* 1986.493, n. Chr. Gavalda ; *JCP* G 1987.II.20746 ; *AJDA* 1986.456 ; CE ass., 8 avr. 1987, *JCP* G 1987.II.20905 ; *AJDA* 1987.327 ; ces trois juridictions (Cour de cassation, Conseil d'État, Tribunal des conflits) ont le même motif : « *La liberté fondamentale d'aller et venir n'est pas limitée au territoire national, mais comporte également le droit de le quitter* ». Dans ces espèces, le motif pour lequel l'administration voulait limiter la liberté d'aller et venir était fiscal, les contribuables en cause n'ayant pas payé leurs impôts ; *sur la condition d'un étranger expulsé, pacsé avec un Français* : TA Lyon, 6 avr. 2000, *JCP* G 2000.II.10349, n. H. Fulchiron.

20. Jurisprudence abondante. Le principe a été posé par la CEDH, 26 mars 1992, *Bedjoudi c. France*, *D.* 1993, som. 388, obs. crit. J.-F. Renucci ; *Grands arrêts*, CEDH, n° 52 : « *Il incombe aux États contractants d'assurer l'ordre public, en particulier dans l'exercice de leur droit de contrôler l'entrée, le séjour et l'éloignement des non-nationaux ; toutefois, leurs décisions [...] doivent [...] être justifiées par un besoin social impérieux, et, notamment, proportionnées au but légitime poursuivi* ». La Cour est surtout sensible à la gravité des infractions ayant justifié l'expulsion, même prononcée contre un étranger intégré à la France : 8 déc. 1998 et 9 mars 1999, *JCP* G 2001.II.10503, n. M. Levinet : « *L'ingérence dans sa vie privée et familiale que pourrait constituer la mesure d'expulsion du territoire français peut raisonnablement être considérée comme nécessaire, dans une société démocratique, à la défense de l'ordre public et à la prévention des infractions pénales* ». Au contraire, la France est condamnée lorsque les infractions commises par un étranger délinquant n'ont pas une gravité telle qu'elles aient justifié l'expulsion : 13 févr. 2001, *JCP* G 2001.I.342, n° 21, obs. Fr. Sudre, critère qu'applique le Conseil d'État. Ex : CE, 23 avr. 2009, *JCP* G 2009, n° 31-35, n° 174, n. U. Ngampio-Obélé-Bélé : « *Une condamnation pour trafic de stupéfiants ne justifie pas que l'étranger soit expulsé lorsque cette décision porte une atteinte disproportionnée au droit de l'intéressé (père de famille d'enfants mineurs) de mener une vie familiale normale au regard de la gravité de l'infraction pénale constatée* ». C'est donc la Cour européenne qui décide si l'expulsion est justifiée. Sur les arrêtés anti-mendicité : CEDH, 4 juin 2002, *Oliveira c. Pays Bas*, *JCP* G 2002.I.157, n° 24, obs. Fr. Sudre : en l'espèce, jugé que l'interdiction de mendier dans une zone particulière (Amsterdam) n'était pas disproportionnée.

21. D. Turpin, conclusion de son commentaire sur « La loi du 26 novembre 2003 relative à la maîtrise de l'immigration, au séjour des étrangers en France et à la nationalité », *D.* 2004.283.

22. D. Turpin, « La loi du 10 décembre 2003 relative au droit d'asile : d'une « exception française mal assumée à un alignement européen trop bien assuré ! », *D.* 2004, chr. 1034.

liberté ne sont acceptables que si elles sont « *indispensables à la protection de l'entreprise et proportionnées* [...] *au but recherché*[23] ».

Avant cet arrêt, la question intéressait essentiellement le droit des libéralités : quelle était la validité d'une donation subordonnée à la condition que le gratifié habitera une ville déterminée ou au contraire ne viendra jamais y résider ? La jurisprudence avait déclaré que ces clauses n'étaient valables qu'à deux conditions ; d'une part, qu'elles aient été justifiées par un intérêt légitime (par exemple, afin de maintenir une vie familiale dans une maison de famille, ou pour consolider la rupture d'une liaison, en éloignant le tentateur ou la tentatrice) ; d'autre part, qu'elles aient été limitées dans le temps[24]. Cette jurisprudence que J. Carbonnier qualifiait de « *vieillote* »[25] paraît contraire au principe de la liberté de mouvement, tel qu'il est aujourd'hui compris.

Section III
LIBERTÉ D'ACTION

Tout ce qui a pour objet le travail de l'homme intéresse sa personnalité. Ainsi en est-il de la faculté de ne pas travailler, de l'interdiction de travailler, de l'obligation de travailler et du travail indigne.

287. Travail : liberté, interdiction, obligation : les sentinelles de la liberté. — 1°) En principe, on est libre de travailler ou de rester oisif : c'est un droit de la personnalité de faire ce que l'on veut ou de ne rien faire. Cette liberté est limitée par les devoirs que toute personne a envers sa famille ; ainsi, en matière d'obligation alimentaire, l'oisiveté peut faire perdre une créance alimentaire ; de même, avant la loi du 5 mars 2007 sur les majeurs protégés, la paresse pouvait justifier l'ouverture d'une curatelle lorsqu'elle compromettait l'exécution des obligations familiales[26].

2°) Les conventions par lesquelles une personne s'interdit de travailler sont, en principe, nulles, parce qu'elles portent une atteinte à la liberté du travail qui est une liberté civile fondamentale. Elles sont valables si elles sont justifiées par un intérêt légitime et limitées dans le temps et dans l'espace.

Ces conventions (qui habituellement constituent la clause d'un contrat) sont généralement convenues afin d'empêcher une concurrence déloyale[27] par un salarié ou par le cédant d'un fonds de commerce (« clauses de non-concurrence »). Elles sont valables si elles sont limitées dans le temps et dans l'espace, n'empêchent pas le salarié ou le commerçant d'exercer normalement l'activité qui leur est propre et ont une contrepartie financière[28].

3°) Toute obligation de travail perpétuel est nulle[29] : elle établirait une forme civile de travaux forcés à perpétuité. L'article 1780 (*cf.* aussi C. trav., art. L. 1231-1

---

23. Cass. soc., 12 janv. 1999, *Bull. civ.* V, n° 7 ; *D.* 1999, 645, n. J.-P. Marguénaud et J. Mouly ; *JCP* G 1999.I.149, n° 3, obs. B. Teyssié ; *RTD civ.* 1999.358, obs. J. Hauser, cité *infra*, n° 316.
24. Ex. : Req., 17 mars 1925, *DP* 1928.I.176 ; *S.* 1927.I.181.
25. N° 83.
26. *Infra*, n° 791.
27. Ex. : un employé promet à son employeur que s'il vient à le quitter, il n'exercera pas un travail analogue au profit d'un concurrent.
28. *Droit des contrats spéciaux*, coll. Droit civil.
29. Le principe avait été posé un peu avant le troisième quart du XIXe siècle : Cass. civ., 5 févr. 1872, *DP* 1873.I.63 : « *Il est de principe que le louage de services* (qu'on appelle maintenant le contrat de travail), *sans détermination de durée, peut toujours cesser par la libre volonté de l'un ou de l'autre des*

et 1242-1) énonce qu'« *on ne peut engager ses services qu'à temps* » ; par conséquent, un contrat de travail à durée indéterminée peut toujours être unilatéralement rompu. Ces textes interdisent toute restauration conventionnelle du servage : ils sont des sentinelles de la liberté.

<small>Lorsqu'elle est licite, l'obligation d'agir (« de faire », dit-on techniquement) ne peut être l'objet d'une exécution forcée si elle porte atteinte aux droits de la personnalité ; l'article 1142 prévoit qu'elle se résout au cas d'inexécution en dommages-intérêts.</small>

4°) Sont interdits le travail domestique forcé, forme moderne de l'esclavage [30], et plus généralement toute forme de travail incompatible avec la dignité humaine, par exemple, l'exploitation de la vulnérabilité d'autrui (C. pén., art. 225-13 à 16, L. 13 mars 2003) [31].

<small>*contractants, en observant toutefois les délais de congé commandés par l'usage, ainsi que les autres conditions expresses ou tacites de l'engagement* ». Pour les rapports du droit du travail avec le respect de la vie privée, *infra*, n° 316.

30. CEDH, 26 juill. 2003, *Siliadin c. France*, point 148, *D.* 2006.346, obs. D. Roets, 1720, obs. J. F. Renucci ; *JCP* G 2005.II.10142, n. Fr. Sudre ; *RTD civ.* 2005.740, obs. J.-P. Marguénaud ; condamnation de la France pour n'avoir pas suffisamment puni les employeurs français d'une mineure togolaise assurant sans payement un emploi domestique 7 jours sur 7 dans un grand confinement.

31. Arrêt de principe suivi de quelques décisions analogues : Cass. crim., 4 mars 2003, *Bull. crim.*, n° 53 : est coupable d'exploitation de personnes vulnérables (C. pén., art. 225-14) (chômeurs, ruraux sans qualifications et éloignés de leur lieu de travail) l'employeur qui les dirige à grands coups de hurlements, d'insultes publiques et d'humiliations (coupures de chauffage pendant l'hiver, retrait des coussins de chaise, interdiction de porter des gilets protégeant du froid, défense de lever la tête, de parler et de sourire, etc.), « *faisant des travailleurs des prolongements de machines-outils* ».</small>

■ CHAPITRE II ■

DROITS DE LA PERSONNALITÉ

(au sens étroit)

288. Dignité de la personne ; contradictions. — Toute personne humaine a droit à ce que soit respectée sa dignité physique (Sous-Chapitre I) et morale (Sous-Chapitre II). Cette prérogative est souvent opposée à ceux qui professionnellement connaissent de la personnalité d'autrui, les médecins et les journalistes, afin de limiter leur tendance naturelle à un pouvoir de fait (les « quatrièmes pouvoirs »). L'étendue de ces droits est en pleine évolution, et l'on assiste à une désacralisation de la personne physique et même sa « réification », tandis que l'on tend aussi à une certaine sacralisation de sa vie privée qui n'empêche pas sa commercialisation [1].

Le droit s'en occupe de plus en plus ; la jurisprudence est abondante, ayant souvent pour objet les personnages importants de la vie contemporaine – politique, économique, spectacles, littérature – et mettant en cause les évolutions majeures de la société (modes de vie, pratique religieuse, politique). Cette casuistique est souvent anecdotique, vivante, actuelle et parfois amusante et affligeante.

---

1. **Biblio. :** M. A. HERMITTE, « Le corps hors du commerce, hors du marché », *Arch. phil. dr.*, 1988, p. 38 ; Cl. LOMBOIS, *La personne, corps et âme*, 4ᵉ Journées R. Savatier, Poitiers, PUF, 1994.

■ SOUS-CHAPITRE I ■

RESPECT DE L'INTÉGRITÉ PHYSIQUE

Tout individu possède un droit intangible sur son corps : *Noli me tangere* (ne me touche pas). Pas plus qu'un autre, ce droit n'est absolu ; son étendue tend même à diminuer (Section I). Il se poursuit outre-tombe avec la liberté des funérailles (Section II).

Section I
INTÉGRITÉ PHYSIQUE

289. La personne hors du commerce ; vers la commercialisation du corps humain ? — Du droit à l'intégrité physique a longtemps découlé que le corps humain était hors du commerce, n'étant ni une chose, ni encore moins une marchandise (art. 16-1, al. 3). Depuis la prohibition de l'esclavage, le principe s'applique sans guère de discussion à l'aliénation totale du corps humain. Ainsi, le droit civil déclare-t-il illicites les conventions de prostitution ou qui lui ressemblent [1]. La loi pénale punit toute atteinte portée à l'intégrité du corps (crime d'homicide, C. pén., art. 221-1 et s. ; délit de coups et blessures, *ib.*, art. 222-19 et s.) [2].

---

1. Ex. : Convention de tatouage et de détatouage : TGI Paris, 3 juin 1969, *D.* 1970.136 : une convention avait prévu qu'une adolescente mineure tiendrait dans un film le rôle de « *la jeune fille tatouée* » avec la clause suivante : « *Un spécialiste effectuera le tatouage d'une Tour Eiffel avec une rose sur une de vos fesses* [...] ; *le tatouage, une fois ôté de votre corps, restera notre propriété pleine et entière* » (la société productrice du film entendait vendre le tatouage « *au prix d'un Picasso* » (!)). Ces opérations ont causé à la jeune fille un préjudice, corporel et esthétique, dont elle demanda la réparation ; jugé que la convention était nulle et que la société cinématographique devait à l'ex-tatouée une indemnité de 30 000 F.
2. La CEDH y est attentive : ex. : CEDH, 11 juill. 2006, *Jalloh c. Allemagne*, JCP G 2007.I.106, n° 1, obs. crit. Fr. Sudre ; pour obtenir la preuve d'une infraction, les autorités allemandes avaient administré des substances vomitives à un trafiquant de drogues ayant avalé des sachets de cocaïne lors de son arrestation pour les dissimuler ; condamnation de l'Allemagne pour « *traitement inhumain et dégradant contraire à l'article 3 de la Convention* » ; CEDH, 4 juill. 2006, *Ramirez Sanchez* (un des plus dangereux terroristes de l'époque », surnommé *Carlos*) *c. France*, JCP G 2006.I.106, n° 1, obs. Fr. Sudre : la prolongation de l'isolement d'un détenu (qui ne constitue pas en soi un traitement inhumain) doit être spécialement motivée, après un examen « évolutif » des circonstances et de la conduite du détenu.

Les lois du 29 juillet 1994 et du 6 août 2004 sur la bioéthique ont légiféré en la matière avec beaucoup d'ampleur ; elles ont voulu adapter le droit aux transformations de la médecine et de la génétique contemporaines, tout en limitant le pouvoir qu'ont les médecins et les biologistes sur la procréation, la naissance, la vie et la mort : les progrès qu'elles produisent sont égaux aux craintes qu'elles suscitent [3]. On comprend ces hésitations. Selon une tradition millénaire, le corps humain est hors du commerce (indisponible, disait-on aussi). La Cour de cassation l'a affirmé dans l'affaire des « mères porteuses » [4].

Le principe nouveau que pose la loi est nuancé : le corps et ses organes ne peuvent faire l'objet d'un contrat à titre onéreux (C. civ., art. 16-1, al. 3 : « *Le corps humain, ses éléments et ses produits ne peuvent faire l'objet d'un droit patrimonial* »), ce qui implique qu'ils peuvent faire l'objet de contrats à titre gratuit (*cf.* aussi art. 16-5, « *Les conventions ayant pour effet de conférer une valeur patrimoniale au corps humain ou à ses produits sont nulles* »). Désormais, le corps et ses organes ne sont plus indisponibles dans leur objet ; ils peuvent faire l'objet d'actes juridiques du moment que leur cause n'est ni illicite, ni immorale.

Peu à peu, apparaît dans notre droit un commencement de commercialisation du corps humain, (au moins de ses éléments : cœur, rate, poumons, sperme, ovocyte, tissus fœtaux), moins marquée que dans les pays anglo-saxons. De même, si le corps humain ou la « *découverte* » d'un de ses éléments continue à ne pouvoir faire l'objet d'une invention brevetable (C. propr. intell., art. L. 611-18), il peut l'être pour un *« élément isolé ou autrement produit par un procédé technique »* (Directive communautaire du 6 juillet 1998) [5].

290. Actes médicaux. — Ce fut d'abord la licéité des actes médicaux et notamment chirurgicaux qui fut admise, pendant longtemps sans l'appui d'aucun texte, maintenant fondée sur une loi expresse (C. civ., art. 16-3, L. 6 août 2004) ; Trois conditions sont requises, soulevant chacune des difficultés : la nécessité médicale, l'intérêt thérapeutique et le consentement du patient.

1°) La nécessité médicale [6] est parfois incertaine, notamment dans la chirurgie esthétique. Aussi la jurisprudence, puis la loi, ont-elles imposé à ce chirurgien des obligations rigoureuses : une information donnée au patient, un devis, un délai de réflexion et même une abstention si les dangers l'emportent sur les avantages ; l'intervention esthétique est fautive si elle comporte des risques sérieux (C. santé publ., art. L. 6322-2, L. 4 mars 2002, L. *Kouchner*).

En autorisant la stérilisation des majeurs, la loi du 4 juillet 2001, art. 27 (C. santé publ., art. L. 2123-1) a cessé d'y voir un délit pénal [7]. Pour justifier cette atteinte à l'intégrité du corps humain, elle a invoqué : 1°) l'utilité que pourrait avoir la contraception ; 2°) la pratique française

---

3. **Biblio** importante : v. *Droit de la famille*, coll. Droit civil ; notamment J. CARBONNIER, rapport de synthèse à *Génétique, procréation et droit*, Actes au colloque (1983), *Actes Sud*, 1985, pp. 79-84 et 151-157, reproduit dans *Écrits*, PUF, 2008, pp. 71-83 ; avant les lois sur la bioéthique, l'auteur s'interrogeait sur l'utilité de la législation, à laquelle il était défavorable : « *il y a un mystère et un tabou de la matière humaine. La "leçon d'anatomie" n'a pas fini de faire peur. Peut-être le législateur respecterait-il mieux la division des consciences en restant silencieux* [...] *C'est dire que je n'incline pas à ce que soit introduit dans notre droit un statut de l'embryon* » (pp. 79-80).

4. Cass. ass. plén., 31 mai 1991, cité *infra*, n° 298 : « *La convention par laquelle une femme s'engage, fût-ce à titre gratuit, à concevoir et à porter un enfant pour l'abandonner à sa naissance contrevient tant au principe d'ordre public d'indisponibilité du corps humain qu'à celui de l'indisponibilité de l'état des personnes* ». V. *Droit de la famille*, coll. Droit civil, préc.

5. V. les critiques, *infra*, notes 28 et 29, n° 293.

6. Dans sa rédaction initiale (L. 29 juill. 1994), il s'agissait de « *nécessité thérapeutique pour la personne* », c'est-à-dire de soins dispensés dans l'intérêt du patient ; une loi du 27 juillet 1999, l'a remplacée par la « *nécessité médicale* », élargissant ainsi le pouvoir médical ; la loi du 6 août 2004 a ajouté « *l'intérêt thérapeutique d'autrui* », ce qui accroît plus encore le pouvoir médical.

7. Avant la loi de 2001, la Cour de cassation, saisie pour avis par un juge des tutelles, avait déclaré illégale la stérilisation contraceptive en l'absence de nécessité thérapeutique, le consentement de

(il y aurait 30 000 stérilisations annuelles de convenance) ; 3°) les exemples étrangers (anglo-saxons et québecois), malgré leurs dérives. À peu près les mêmes arguments que pour l'avortement. Elle suppose un acte médical (les médecins bénéficient d'une clause de conscience) et chez le demandeur « *une volonté libre, motivée et délibérée, en considération d'une information claire et complète sur ses conséquences* » [8].

2°) En 2004, la loi a ajouté qu'il pouvait y avoir une atteinte légitime à l'intégrité du corps humain « *dans l'intérêt thérapeutique d'autrui* », « *à titre exceptionnel* » ; ce qui permettra les dons d'organes par des personnes vivantes [9].

3°) Même si l'acte médical est justifié par une nécessité vitale, lorsque le patient est capable, son consentement est exigé [10]. Cependant, une jurisprudence *contra legem* continue à justifier l'intervention médicale à laquelle le patient s'était pourtant opposé si elle était susceptible de sauver sa vie [11].

Le caractère obligatoire de plusieurs vaccinations, vaccin par vaccin (ex. BCG, hépatite B et C, tuberculose, etc.) est jugé inopportun par une partie de l'opinion, même médicale. Il dépend de trois facteurs : 1°) les nécessités de la santé publique ; 2°) la compétence des autorités publiques [12] ; 3°) les exigences de morale publique (l'éthique) [13] : liberté individuelle, droit, médecine et morale s'entrecroisent.

4°) La loi du 6 août 2004, en révisant les lois de bioéthique de 1994, a entendu encadrer la médecine prédictive, celle qui est relative aux investigations dans le patrimoine génétique d'une personne. Conformément à sa méthode habituelle, elle a essayé de concilier les intérêts médicaux et scientifiques avec le souci

---

l'intéressé étant insuffisant pour la légitimer : Cass. civ., 6 juill. 1998, *Bull. civ. avis*, n° 10 ; *RTD civ*. 1998.881, obs. J. Hauser.

8. Sur la stérilisation des handicapés mentaux : *infra*, n° 687.

9. *Infra*, n° 293.

10. C. santé publ., art. L. 1111-4, al. 2, L. 4 mars 2002 (L. *Kouchner*) : « *Le médecin doit respecter la volonté de la personne après l'avoir informée des conséquences de son choix* [...]. *Aucun acte médical ni aucun traitement ne peut être pratiqué sans le consentement de la personne et le consentement peut être retiré à tout moment* ». *Cf.* aussi C. déont. méd., in C. santé. publ., art. R. 4127-36.

11. * CE, 26 oct. 2001, *dame Seranayaké*, *JCP* G 2002.II.10025, n. J. Moreau ; *RTD civ*. 2002.484, obs. J. Hauser : en l'espèce, une transfusion sanguine avait été effectuée sur un Témoin de Jéhovah malgré son opposition ; puis le patient était mort ; jugé que l'Assistance publique n'était pas responsable. « *Compte tenu de la situation extrême dans laquelle M. X se trouvait, les médecins qui le soignaient ont choisi, dans le seul but de tenter de le sauver, d'accomplir un acte indispensable à sa survie et proportionné à son état ; dans ces conditions et quelle que fût par ailleurs leur obligation de respecter sa volonté fondée sur ses convictions religieuses, ils n'ont pas commis de faute de nature à engager la responsabilité civile de l'Assistance publique-hôpitaux de Paris* » ; CE réf., 16 août 2002, *JCP* G 2002.II.10184. n. P. Mistretta ; comp. St. Hennette-Vauchez, « Kant contre Jéhovah ? Refus de soins et dignité de la personne humaine », *D.* 2004.3154.

12. Ex. : CE ass., 3 mars 2004, *Ass. liberté, information, santé*, *D.* 2004.1257, n. D. Ritleng ; en l'espèce, était contestée la compétence du ministre de la Défense pour imposer les vaccinations dans les armées contre la typhoïde et la méningite et sur certaines catégories de personnes les vaccinations contre les hépatites B et C. Le Conseil d'État rejeta le recours lorsqu'il s'agit de « *dispositions qui sont directement liées aux risques et exigences spécifiques à l'exigence de la fonction militaire* », mais l'accueillit pour l'hépatite B « *pour les personnes exerçant* [...] *une activité professionnelle les exposant à des risques de contamination ainsi que les élèves et étudiants se préparant à l'exercice de professions médicales* » en raison de l'incompétence du ministre de la Défense en la matière.

13. Ex. : la vaccination obligatoire du BCG. La plupart des pays étrangers l'ont remplacée par une vaccination « ciblée » des enfants « à risques » (c'est-à-dire dans les pays où la tuberculose demeure endémique). Saisi par le Directeur général de la santé, le CCNE en a, au contraire, demandé le maintien surtout pour des raisons de morale sociale (avis n° 92, du 22 juin 2006) : « *le ciblage sur les seuls critères sociaux, économiques et géographiques pourrait être perçu comme une forme de discrimination ou servir d'alibi à une discrimination déguisée* ». L'Académie de médecine et le Conseil national de la pédiatrie sont d'un avis différent : « *ce n'est pas de la vraie morale* [...] *; on va donc poursuivre la vaccination d'enfants qui n'en ont pas besoin avec un petit risque d'effets secondaires pour ne pas discriminer ceux qui en trouvaient bénéfice* ».

d'empêcher l'eugénisme et d'assurer le respect dû à la personne, surtout dans son intimité la plus secrète. Le diagnostic génétique a l'avantage d'améliorer la prévention de beaucoup d'affections – non sans de nombreuses incertitudes – ; mais il présente des risques – notamment celui de la discrimination dans le marché de l'emploi et dans l'assurance [14].

La loi l'a subordonné au consentement exprès et écrit de l'intéressé et en le limitant à des fins médicales et scientifiques (C. civ., art. 16-10), sous la menace de lourdes peines (C. pén. art. 226-25). En outre, si le diagnostic découvre des anomalies génétiques graves, le médecin doit non seulement en informer le patient mais aussi le prévenir des conséquences que son silence ferait courir « *aux membres de sa famille potentiellement concernés* » (C. santé publ., art. L.1131-1, al. 3 et 4). *Sur le diagnostic... prénatal* [15] ... *préimplantatoire* [16].

291. Éléments et produits du corps humain. — Pour sauver des vies humaines, les nécessités thérapeutiques ont amené le législateur à admettre le don d'organes humains. Il l'a d'abord fait au coup par coup, pour un certain nombre d'organes et de produits. Puis, la première loi de bioéthique, celle du 29 juillet 1994, *sur le don et l'utilisation des éléments et produits du corps humain*, a, dans l'ensemble de ses dispositions, posé une règle générale : ces éléments et ces produits peuvent être utilisés à des fins thérapeutiques si le risque encouru est inférieur à l'avantage escompté (C. santé publ., art. L. 1211-6).

La loi assimile aux autres organes (par exemple, le rein) ce qui chez l'homme et la femme assure la génération : les gamètes [17] (sperme et ovule) et même l'embryon. Pourtant la procréation est d'une autre nature que la guérison. Ce n'est pas la même chose de donner son sang et de transmettre la vie.

1°) La loi avait d'abord prévu le legs de la cornée (le legs des yeux) (L. 7 juill. 1949).

2°) Puis elle a régi le don du sang (C. santé publ., art. L. 1221-8 et s., L. 21 juill. 1952, plusieurs fois modifiée) qui n'a pas résolu toutes les difficultés relevant donc du droit commun ; par exemple, la jurisprudence a décidé que le centre de transfusion sanguine devait garantir que le sang était sain et ne transmettait donc ni la syphilis, ni le sida, ni aucune autre maladie microbienne [18] : la cession du sang était ainsi soumise à la garantie des vices cachés, comme la vente d'une marchandise.

3) Dans une étape ultérieure, la loi du 22 décembre 1976 (L. *Caillavet*) a facilité les greffes thérapeutiques d'organes (cœur, reins, foie, etc.), en présumant le consentement du donneur si l'organe avait été prélevé sur un mort, sauf s'il y était opposé de son vivant, ce qui pouvait être prouvé par tous les moyens et devait être inscrit sur un registre (C. santé publ., art. L. 1232-1). Si le malade ou le mort était un incapable (mineur ou majeur sous tutelle), il fallait l'autorisation de son représentant légal (*ib.*, art. L. 1232-2).

4) Puis, des « banques » de sperme (et d'ovocyte) se sont vues reconnaître le droit de recourir au don de gamètes nécessaire à l'insémination artificielle (L. 31 déc. 1991, C. santé publ., art.

---

14. Avis du CCNE du 30 octobre 1995 : « *l'utilisation de ces informations à des fins de sélection ou de discrimination, soit dans le domaine des politiques de santé, de l'emploi ou des systèmes d'assurance, conduirait à franchir une étape d'une extrême gravité vers la mise en cause des principes d'égalité des droits et en dignité, et de solidarité entre les êtres humains sur lesquels repose notre société* ». La loi *Kouchner* du 4 mars 2002 (C. santé publ., art. L. 1141-1) interdit aux compagnies d'assurances sur la vie de tenir compte des examens génétiques.

15. *Supra*, n° 7.

16. *Infra*, n° 299.

17. **Définition :** cellule reproductrice sexuée qui en s'unissant à une autre cellule reproductrice de sexe opposé donne la vie à un nouvel être. **Étymologie** de gamète : du grec γαμετης, ου = époux, lui-même dérivé de γαμος, ου = mariage.

18. **Syphilis :** Cass. civ. 2e, 17 déc. 1954, *D.* 1955.269, n. R. Rodière ; *JCP* G 1955.II.8490, n. R. Savatier. **Sida :** ex. : Cass. civ. 1re, 12 avr. 1995, *Bull. civ.* I, n° 179 : « *Vu l'article 1147* [...] ; *les centres de transfusion sanguine sont tenus de fournir aux receveurs des produits exempts de vices et ils ne peuvent s'exonérer de cette obligation de sécurité que par la preuve d'une cause étrangère qui ne puisse leur être imputée* ».

L. 1244-1 s.), déjà pratiquée depuis une soixantaine d'années et encadrée par une réglementation abondante [19].

5) Un établissement public, l'Agence de la biomédecine (C. santé publ., art. L. 1418-1), s'est vu conférer la maîtrise des greffes, notamment en répartissant les greffons entre les patients.

292. Lois sur la bioéthique. — Les lois des 29 juillet 1994 et 6 août 2004 ont systématisé et généralisé ces règles ; elles ont affirmé de nobles professions de foi, plus philosophiques que normatives : « *La loi assure la primauté de la personne, interdit toute atteinte à la dignité de celle-ci et garantit le respect de l'être humain dès le commencement de la vie.* » (C. civ., art. 16). Elles ont été rapidement dépassées dans un domaine où les techniques médicales et biologiques sont changeantes. Initialement, il avait été prévu qu'elles auraient dû être révisées tous les cinq ans ; ce délai n'a jamais été respecté. Aujourd'hui, le principe d'une révision périodique va être écarté, la révision ne devant avoir lieu à l'avenir qu'en fonction des besoins ; le Conseil d'État demande aussi que le droit de la bioéthique soit construit à partir de principes fondamentaux « *qui ne sont pas contingents et ne peuvent changer au gré de l'évolution des sciences et des techniques* » [20].

Les débats qu'elles suscitent peuvent être ainsi résumés. Les progrès de la médecine – des greffes, de la reproduction et du cerveau – sont-ils compatibles avec l'humanisme et le respect que l'on doit à la personne ? Il y a une médicalisation du droit, avec une tendance à un eugénisme inavoué et inconscient que la loi essaye de tempérer ; ces limites sont fragiles. Dans notre société technicienne, toute découverte scientifique est, à plus ou moins long terme, presque toujours utilisée par la société, même si elle fait naître des drames de conscience, des conflits moraux, et suscite des dangers pour l'humanisme. Devant le mystère de la vie, ces lois procèdent par empirisme.

La troisième révision des lois bioéthiques envisage dix thèmes : 1°) permettre une aide médicale à la procréation pour les femmes célibataires et les couples d'homosexuelles ; 2°) développer le diagnostic préimplantatoire ; 3°) interdire l'accouchement sous X ; 4°) lever l'anonymat du don de sperme et d'ovocyte ; 5°) dédommager les dons d'ovocytes ; 6°) envisager une libre recherche sur les cellules-souches embryonnaires ; 7°) réfléchir au clonage reproductif ; 8°) réfléchir sur les tests génétiques prédictifs, pratiqués à titre onéreux par plusieurs sites internet étrangers ; 9°) réfléchir sur la circulation des informations génétiques susceptibles d'apporter une atteinte à l'intimité de la vie privée ; 10°) la neuro-science. Les arguments échangés sont à peu près les mêmes depuis une vingtaine d'années : *Contra* : le respect de la vie, le risque de l'eugénisme, l'instrumentalisation de l'être humain et de l'embryon ; *Pro* : le progrès médical [21]. L'Église catholique condamne toutes les techniques manipulant la conception (fécondation *in vitro*, eugénisme, mères porteuses et clonage) [22].

L'allongement de la durée de la vie humaine fait naître un débat entre l'Europe et les États-Unis. En Europe, l'homme doit limiter les pouvoirs de la biotechnologie, non aux États-Unis où la science doit utiliser toutes ces possibilités pour dépasser les limites humaines [23].

---

19. *Cf.* O. 22 mai 2008 et D. 19 juin 2008 transposant les directives européennes du 31 mai 2004 (*RTD civ.* 2008.560, obs. A. M. Leroyer), prévoyant l'« autoconservation » des gamètes des personnes « *dont la prise en charge médicale est susceptible d'altérer la fertilité ou dont la fertilité risque d'être prématurément altérée* » (déjà prévue par la L. 6 août 2004), réglant aussi les conditions d'importation, qui, en fait, seront interdites pour les pays ne respectant pas les principes d'anonymat, de gratuité et de consentement prévus par le droit français.

20. Rapport 9 avril 2009 ; J. Bonnard, ch. *D.* 2010.546 et Chr. Byk, *JCP* G 2010, n. 302, qui retient trois principes fondamentaux : 1°) de dignité ; 2°) de consentement du patient ; 3°) de non-discrimination.

21. *Science, éthique et droit,* ouvr. coll. dir. N. M. Le Douarin et Cath. Puigelier, Odile Jacob, 2007.

22. *Supra,* n° 7.

23. Ex. : les recherches génétiques actuelles (notamment aux États-Unis où les laboratoires de biotechnologie fabriquent des cellules humaines avec des molécules de synthèse) ne cessent d'augmenter la

293. Prélèvements d'organes. — Le prélèvement d'organes est permis s'il est gratuit et anonyme. Le pouvoir qu'a la personne de l'autoriser ou de l'interdire diminue et ne s'exerce pas de la même manière selon qu'il s'agit d'un don entre vifs ou d'un prélèvement *post mortem*.

L'Administration (une « agence » spécialisée : l'agence française de sécurité sanitaire des produits de santé) exerce un contrôle minutieux sur le prélèvement, la conservation et la distribution des tissus du corps humain (C. santé publ., art. L. 1243-5, al. 1).

1° *In vivo*

Le prélèvement d'organes *in vivo* est une question difficile [24], car il met en cause des antinomies importantes : l'intégrité physique et morale du donneur et les risques qu'il court ; à l'inverse, les besoins vitaux du receveur. C'est une question émotive, dominée par des sentiments violents : l'urgence, l'angoisse, le danger, le pouvoir médical et l'influence de la famille. Aucun prélèvement ne peut avoir lieu sur un mineur ou un majeur protégé (art. 1231-2).

Il y a, en France, une pénurie de greffons [25].

La loi encadre et limite à des cas exceptionnels les dons d'organes faits par un vivant. Les prélèvements supposent le consentement du donneur et ne peuvent... 1°) porter que sur des organes qui ne sont pas vitaux, par exemple ceux qui sont doubles (ex. : les reins)... 2°) être faits que dans l'intérêt thérapeutique du receveur (art. L. 1231-1)... 3°) sauf la moelle osseuse, n'être effectués qu'au profit des proches du donneur dont la liste est large, comprenant le concubin (*ib.*).

Un comité d'experts doit avoir donné son autorisation ; le donneur après avoir été informé des risques et des conséquences du prélèvement, doit exprimer son consentement devant le président du TGI, consentement révocable, et même expliquer qu'il a bien compris.

2° *Post mortem*

Le prélèvement *post mortem* ne peut être effectué qu'à des fins thérapeutiques ou scientifiques ; il suppose (évidemment) que le donneur soit mort, puis, qu'il ne s'y soit pas opposé de son vivant (art. L. 1232-1). Son consentement est donc présumé, sauf si le donneur était un incapable (mineur ou majeur sous tutelle), le consentement devrait alors être donné par son représentant légal (art. L. 1232-2). La loi de 2004, comme le faisait la jurisprudence, ajoute l'obligation d'informer « *les proches* ».

La personne, non la famille [26], peut s'opposer à ces prélèvements par tous moyens, notamment par une déclaration révocable à tous moments, inscrite sur un registre national automatisé (art. R. 1232-5) [27]. Si le médecin n'a pas connaissance de la volonté du défunt, il doit, dit la loi, s'efforcer de recueillir le témoignage des proches.

3° *Gratuité*

La gratuité du don d'organes est une spécificité française (C. civ., art. 16-6 ; C. santé publ., art. L. 1211-4) ; elle s'oppose à l'aspect mercantile d'autres sociétés industrielles, notamment anglo-saxonnes.

---

longévité humaine. Dans quelques décennies, l'âge de 150 ans ne sera pas inaccessible ; un jour peut-être l'immortalité sera produite en laboratoire. Ce futurisme reprend les mythes de Faust et de Méphistophélès.

24. Fr. Dreifuss-Netter, « Les donneurs vivants, ou la protection des personnes en situations de vulnérabilité », D. 2005.1808.

25. En 2007, 13 081 personnes étaient inscrites sur la liste d'attente ; 4 666 ont été greffées ; 5,6 % des donneurs d'organes étaient vivants (62 % greffes du rein ; 23 % greffes du foie ; 60 % des patients greffés ont vécu plus de cinq ans) 277 malades sont morts faute de greffe (Office parlementaire d'évaluation des choix scientifiques et technologiques, 2008, *Doc. Ass. nat.* n° 1325).

26. CE, 18 mars 1983, *JCP* G 1983.II.20111, n. J. M. Auby.

27. Le registre national des refus compte aujourd'hui environ 50 000 déclarations.

Elle n'existe que pour le donneur, non pour le laboratoire qui produit une valeur ajoutée et doit donc être rémunéré : il y a donc un commerce du sang réglementé par la loi (C. santé publ., art. L. 1242-1). La directive européenne du 7 juillet 1998 sur la brevetabilité des inventions biotechnologiques relatives à la vie humaine est contraire au principe de non-patrimonialité du corps humain et de ses éléments [28] ; elle a été critiquée en France par le comité consultatif national d'éthique : « *La compétition actuelle pour breveter* (des) *recherches hors de toute réflexion d'ensemble et dans le désordre est dangereuse* [...] » [29].

4° Anonymat

Sauf nécessité thérapeutique, la loi impose l'anonymat pour les dons... d'organes *post mortem* (C. civ., art. 16-8 ; C. santé publ., art. L. 1211-5),... de sang (art. L. 1221-8 et 1221-9),... de sperme,... d'ovule et... d'embryon (art. L. 1241-5 et s. ; C. civ., art. 16-19). Ce qui, pour la technique juridique, est étrange : pour qu'il y ait donation, au sens juridique du terme, il faut le consentement d'un donateur et d'un donataire (art. 932) ; et quand il y a anonymat du donneur, il ne peut y avoir de consentement. Mais il ne s'agit pas d'une véritable donation.

L'anonymat de l'aide médicale à la procréation devient contesté [30] et est contraire... à la Convention internationale de New York du 26 janvier 1990 sur les droits de l'enfant [31] ; ... à la plupart des droits étrangers des pays ayant une civilisation comparable à la nôtre [32] ;... à l'intérêt de l'enfant qui, un jour ou l'autre, connaîtra les conditions très particulières dans lesquelles il a été procréé ; ... au respect qu'un homme se doit envers lui-même : il n'est ni un bouc ni un taureau [33]. Ce respect envers soi-même s'est d'une façon millénaire traduit par l'indisponibilité du corps humain : un géniteur ne peut y renoncer par avance. D'ailleurs, les textes comportent des exceptions au secret au profit des médecins (art. 16-9, al. 2 ; C. santé publ., art. L. 1241-6, al. 4). La CEDH a cependant jugé que les droits de l'homme n'imposaient pas celui de connaître ses origines [34]. De même l'Académie de médecine et de nombreuses autorités continuent à croire au bien-fondé de l'anonymat actuel. Le Conseil d'État a rendu un avis nuancé : l'enfant procréé par des gamètes données devrait pouvoir avoir accès à des *informations « non identifiantes »* [35].

294. Avenir ? Xénogreffes. — Les prélèvements d'organes humains seront peut-être à l'avenir remplacés par les xénogreffes (greffes sur l'homme d'organes d'animaux) déjà pratiquées (ex. valves de cœur de porc utilisés chez l'homme) ; pour l'instant, les risques infectieux résultant du franchissement de la barrière des espèces sont considérables. Une recherche importante se développe, notamment aux États-Unis. Leur avenir est incertain.

295. « Restauration » du corps mort. — Lorsque le prélèvement est fait *post mortem*, il faut respecter le corps [36] et épargner aux familles des spectacles affreux : l'aspect extérieur du cadavre avant sa sépulture doit être aussi peu modifié que possible ; tout dépeçage est interdit. Le corps doit, dit la loi, être « restauré » (*ib.*, art. L. 1232-5).

---

28. B. Mathieu, « La directive européenne relative à la brevetabilité des inventions biotechnologiques [...] », *D.* 2001.13.
29. Ch. Byk, « Bioéthique », *JCP* G 2001.I.336, n° 6.
30. V. Depadt-Sebag, « La place des tiers dans la conception d'un enfant né par AMP avec donneur : un secret d'ordre public », *D.* 2010.330 ; A. Batteur « Secrets autour de la conception d'un enfant » in *Ét. Ph. Malaurie*, éd. Defrénois, 2005, p. 34.
31. Art. 7 : « *L'enfant a, dans la mesure du possible, le droit de connaître ses parents* ».
32. La Cour constitutionnelle fédérale allemande (*Bundesverfassungsgericht*) a considéré en 1988 que l'anonymat du don du sperme était contraire à la loi fondamentale. La constitution suisse a, depuis 1992, décidé par référendum que « *l'accès d'une personne aux données relatives à son ascendance est garanti* » ; idem pour la loi autrichienne du 1er juillet 1992 ; la loi suédoise du 20 décembre 1984 a supprimé l'anonymat du géniteur.
33. V. Depadt-Sebag, « Le don de gamètes dans les procréations médicalement assistées ; d'un anonymat imposé à une transparence autorisée », *D.* 2004.891.
34. CEDH, 13 févr. 2003, *Odièvre c. France*, cité *supra*, n°s 101 et 283.
35. CE, 6 mai 2009, avis.
36. Cass. civ. 2e, 17 juill. 1991, *Hôpital Léopold Bellan, Bull. civ.* II, n° 233 ; *D.* 1991, IR, 216 ; *JCP* G 1991.IV.366 ; *RTD civ.* 1992.414, obs. P.-Y. Gautier : jugé qu'un hôpital devait réparer le préjudice moral

Il est licite de « donner (comme disent le texte et la pratique) son corps (mort) à la science » : la réglementation administrative est minutieuse à cet égard ; par exemple, elle impose « *une déclaration écrite en entier, datée et signée de sa main* (celle du donateur) ». L'établissement hospitalier auquel est fait ce « don » remet à « *l'intéressé* » (sic) « *une carte de donateur* » (C. communes, art. R. 363-10). *Sur la sépulture* [37].

296. Trafic d'organes. — Un tourisme de transplantation (10 % des transplantations rénales) se fait aux dépens des personnes les plus pauvres acceptant de vendre leurs organes. Le cours varie selon les pays de 700 dollars en Afrique du Sud à plus de 30 000 aux États-Unis. Les pays « donneurs » sont surtout la Chine (en 2005, 12 000 organes transplantés étaient prélevés sur des condamnés à mort). Le Pakistan pratique aussi une importante commercialisation d'organes jusqu'ici. Le droit est impuissant dans sa lutte contre ces pratiques.

297. Assistance médicale à la procréation. — L'assistance médicale à la procréation (AMP : C. santé publ., art. L 2141-1 et s.), naguère dénommée procréation médicalement assistée (PMA) et plus anciennement procréation artificielle, est entrée dans les mœurs, bien qu'elle soit une épreuve douloureuse pour la femme et comporte un important taux d'échec (60 %). Un enfant sur vingt est aujourd'hui né grâce à elle, dans une proportion importante par une fécondation *in vitro* (FIV). L'opinion l'admet maintenant sans difficultés, sauf dans les milieux catholiques hostiles à la procréation faite par un tiers donneur [38] et à la destruction des embryons. Elle est encadrée par la loi [39], comme l'énonce l'article 2141-2, al. 3, C. sant. publ. : « *L'homme et la femme formant le couple doivent être vivants, en âge de procréer, mariés ou en mesure d'apporter la preuve d'une vie commune d'au moins deux ans et consentant préalablement au transfert des embryons ou à l'insémination. Font obstacle à l'insémination et au transfert des embryons le décès d'un des membres du couple* [40], *le dépôt d'une requête en divorce ou en séparation de corps ou la cessation de la communauté de vie, ainsi que la révocation par écrit du consentement par l'homme ou la femme auprès du médecin chargé de mettre en œuvre l'assistance médicale à la procréation* ».

En 1978 est née Louise Brown, le premier enfant conçu en éprouvette (*in vitro*) ; ce fût un événement de portée considérable, une révolution copernicienne, modifiant les conceptions de paternité et de maternité, de la famille, de l'amour humain qui, depuis toujours, était à la base de la procréation.

éprouvé par les membres de la famille lorsque le corps s'était décomposé le 4e jour après le décès, car il devait « *veiller à la conservation du corps* ».

37. *Infra*, n° 308.
38. La CEDH (1er avril 2010, *SH et al. c. Autriche*, RTD civ. 2010.291, obs. J.-P. Margunaud) estime qu'est discriminatoire le refus d'organiser une AMP par un tiers donneur : « *des considérations de morale et d'acceptabilité sociale ne sont pas des raisons suffisantes pour justifier ce refus* ».
39. Dans l'affaire *Evans c. Royaume-Uni*, la CEDH (7 mars 2006, *D*. 2007.1108, obs. J. Chr. Galloux et H. Gaumont-Prat ; *JCP* G 2006.I.164, n° 7, obs. Fr. Sudre, maintenu par sa Grande chambre, 10 avr. 2007, *JCP* G 2007.II.10097, n. B. Mathieu ; *RTD civ*. 2007.545, obs. J. Hauser) a jugé que tant que la réimplantation n'a pas eu lieu, chacun des parents pouvait s'y opposer : le fait que la loi britannique impose la destruction des embryons lorsque le père génétique (le donneur de sperme) a retiré son consentement ne constituait pas une atteinte à la vie. Ultérieurement, dans une autre affaire elle a décidé en sa Grande Chambre, que n'était pas légitime le refus d'autoriser l'AMP par les autorités britanniques à un couple dont le mari était incarcéré pour une très longue durée : CEDH, 4 déc. 2007, *Dikson c. Royaume-Uni*, *JCP* G 2008.I.110, n° 8, obs. Fr. Sudre ; *RJPI* 2008, 5/13, obs. E. Putman.
40. Interdiction imposée par la Cour de cassation. Ex. : Cass. civ. 1re, 9 janv. 1996, *Bull. civ*. I, n° 21 ; *D*. 1996.376, n. Fr. Dreifuss-Netter ; *JCP* G 1996.II.22666, n. Cl. Neirinck ; *Gaz. Pal*. 1996.II.400 ; *RTD civ*. 1996.359, obs. J. Hauser. Dans cette espèce dramatique, les juges ont refusé une implantation posthume qui avait pourtant de nombreuses justifications ; après une insémination *in vitro* et l'échec des premières implantations, le mari était mort dans un accident de la circulation. La veuve a vainement réclamé l'implantation. Des biologistes et obstétriciens admettent ce genre d'implantation ; d'autres non, car ils s'opposent à « l'enfant de deuil et sans père ».

Dans la préparation de la nouvelle révision des lois sur la bioéthique, presque toutes les conditions limitant actuellement l'AMP ont été, après débats, maintenus : nécessité d'une vie commune de deux ans pour les concubins, interdiction de l'AMP *post mortem*, différence de sexe pour les parents, limite d'âge imposée par la sécurité sociale, anonymat et gratuité du don de gamètes ; recherches sur l'embryon [41].

298. Mères porteuses. — Consacrant la jurisprudence [42], la loi (C. civ., art. 16-7, L. 1994) condamne la gestation pour autrui (parfois appelée les mères porteuses) où une femme (mère gestatrice) porte un embryon pour une autre (mère génétique) privée d'utérus ou ayant un utérus malade ne lui permettant pas la gestation (le problème ne se posera plus lorsque se fabriqueront des utérus artificiels (des incubateurs), ce qui, paraît-il, n'est pas impossible). Ce sont les gamètes des parents d'intention qui ont alors conçu l'embryon, gamète qui peut être le spermatozoïde d'un tiers. Certaines lois étrangères l'admettent (aux États-Unis, mille enfants par an), ce qui soulève des difficultés pour les effets en France de l'acte de naissance régulièrement dressé à l'étranger [43]. En France, elle est demandée par un petit nombre de couples (les chiffres sont incertains, variant de cinquante à trois cents) ; plusieurs la pratiquant clandestinement, souvent à l'étranger. L'opinion – publique et juridique – lui est fortement défavorable [44]. Cependant, le Sénat propose d'autoriser sous certaines conditions [45] la maternité pour autrui [46]. Des oppositions se sont alors montrées [47].

---

41. Dans un avis un peu alambiqué du 6 mai 2009, le Conseil d'État préconise un régime d'autorisations pour la recherche sur l'**embryon** et les **cellules souches** en les soumettant à des conditions strictes : pertinence scientifique (?), perspective de grands progrès thérapeutiques (?), impossibilité de mener la recherche sur d'autres cellules, respect des principes éthiques (?), aucun embryon ne pourrait être conçu pour la recherche. Le **DPN** serait limité à la recherche d'affections d'une particulière gravité ; le **DPI** imposerait l'existence d'affections présentes chez un des parents. Le régime actuel de l'AMP serait maintenu sauf son anonymat : devrait être permis à un enfant lors de sa majorité d'avoir accès à des données non identifiantes et même de connaître l'identité de son auteur biologique. Si celui-ci avait donné son accord. Les tests ***post-mortem*** seraient autorisés « *sur décision du juge après mise en balance des intérêts en présence* » (?), sauf opposition de l'intéressé de son vivant. V. B. MATHIEU, « La position du Conseil d'État sur la révision des lois de bioéthique », *JCP* G 2009.I.251.
42. Cette interdiction a eu trois aspects successifs **1°** la prohibition de l'**adoption** des enfants procréés dans ces conditions : Cass. ass. plén., 31 mai 1991, *Bull. civ. ass. plén.*, n° 4 ; *D.* 1991.417, rappr. Y. Chartier, n. D. Thouvenin : « *cette adoption n'était que l'ultime phase d'un processus d'ensemble destiné à permettre à un couple l'accueil à son foyer d'un enfant, conçu en exécution d'un contrat tendant à l'abandon à sa naissance par sa mère, et que, portant atteinte aux principes de l'indisponibilité du corps humain et de l'état des personnes, ce processus constituait un détournement de l'institution de l'adoption* ». **2°** la loi de bioéthique de 1994 a prohibé la **convention** de mère porteuse : C. civ., art. 16-7 : « *Toute convention portant sur la procréation ou la gestation pour le compte d'autrui est nulle* ». **3°** l'**acte d'état civil** *Cass. civ. 1re, 17 décembre 2008 ; et sur renvoi Paris, 18 mars 2010 *Mennesson*, *supra*, n° 256 : la transcription sur les actes français d'état civil d'un acte de naissance établi à l'étranger d'enfants nés d'une mère porteuse serait susceptible de « *contrarier l'ordre public* » français ; antérieurement, deux cours d'appel avaient jugé le contraire, estimant que le refus de transcription aurait « *des conséquences contraires à l'intérêt supérieur des enfants* ». Dans le monde 500 à 1 000 couples seraient concernés. V. *Droit de la famille*, coll. Droit civil.
43. * Cass civ. 1re, 17 déc. 2008, *Mennesson*, *supra*, note 40.
44. V. *Droit de la famille*, coll. Droit civil ; CE, 6 mai 2009 avis : « *la prise en considération de l'intérêt de l'enfant et de la mère porteuse, principes fondamentaux qui sous tendent l'interdiction actuelle, conduit à recommander de ne pas revenir sur l'interdiction actuelle* ».
45. 1) L'enfant devrait avoir été conçu avec les gamètes du couple demandeur (l'embryon serait transféré dans l'utérus de la mère porteuse). 2) Le couple demandeur devrait être infertile, stable, hétérosexuel et en âge de procréer. 3) La mère porteuse devrait avoir eu un enfant, être en bonne santé et être domiciliée en France. 4) L'agence de la biomédicine devrait avoir donné les agréments. 5) La rémunération serait interdite. 6) La mère porteuse pourrait dans les 3 jours suivant la naissance déclarer qu'elle est la mère légale.
46. Certains sont favorables à une intervention législative ; ex. : G. GÉRAUD DE LA PRADELLE, *D.* 2010.1683, sp. 1087, sur Paris, 18 mars 2010, préc.
47. A. SÉRIAUX, « Maternités pour le compte d'autrui : la mainlevée de l'interdit ? », *D.* 2009.1215.

299. Embryon. — La loi ne détermine pas la nature juridique de l'embryon : le Comité national consultatif d'éthique y a vu une « personne potentielle », définition dont le vague a été critiqué. Les lois sur la bioéthique posent plusieurs règles sur l'embryon *in vitro* dont la nature juridique reste discutée[48] ; elles sont susceptibles d'évoluer dans beaucoup de leurs aspects : le transfert d'embryon, la destruction de l'embryon, le diagnostic préimplantatoire, son utilisation thérapeutique au moyen de cellules souches embryonnaires, le clonage.

Des biologistes et des obstétriciens contemporains ne reconnaissent à l'embryon qu'une « personnalité différée » en retrait sur la « personne potentielle » qu'avait envisagée le CNCE : une « dignité croissante » (Axel Kahn) ou même un « agrégat cellulaire » (R. Frydman), ce qui aboutirait à sa complète réification.

300. Transfert d'embryon. — 1°) L'embryon peut être utilisé pour une assistance médicale à la procréation (AMP) en respectant les conditions prévues par la loi (C. santé publ., art. L. 2141-1 et s.). L'embryon peut être donné à un couple tiers, à titre exceptionnel : l'acte doit être volontaire (le consentement du couple « donneur » doit être donné par écrit) : il faut, en outre, une autorisation judiciaire pour que le couple « accueilleur » puisse l'accepter : « *Le juge s'assure que le couple demandeur remplit les conditions prévues à l'article L. 2141-2 et fait procéder à toutes investigations permettant d'apprécier les conditions d'accueil que le couple est susceptible d'offrir à l'enfant à naître sur les plans familial, éducatif et psychologique* » (art. L. 2141-6, al. 2). Conformément aux principes généraux du droit français de la bioéthique, le transfert ne doit pas comporter de rémunération et doit être anonyme.

301. Destruction de l'embryon. — 2°) Sauf s'il y a une « demande parentale » ou une « demande d'accueil » par un couple tiers, il peut être mis fin à la conservation des embryons ayant plus de cinq ans d'existence (art. L. 2141-4, al. 3).

En 2006, un peu plus de 175 000 embryons étaient conservés en France pour environ 50 000 couples. Un à dix étaient congelés afin de réitérer une implantation en cas d'échec. 83 407 étaient abandonnés (presque autant que ceux qui font l'objet d'un projet parental) ; les parents n'en prévoyant le sort que pour 37 435 ; 9 319 pour la recherche ; 10 239 pour d'autres couples ; 17 877 pour la destruction. Pour les 45 975 abandonnés, on en ignorait le sort.

302. Diagnostic préimplantatoire. — 3°) Le diagnostic préimplantatoire (DPI) recherche *in vitro* si l'embryon est atteint de maladies génétiques. Son principe a été vivement discuté, car plus encore que le diagnostic prénatal[49], il peut constituer une incitation à l'avortement et à l'eugénisme[50]. La loi l'a admis *« à titre exceptionnel »*, le soumettant à des conditions contraignantes, notamment *« que le couple, du fait de sa situation familiale, a une forte probabilité de donner naissance à un enfant atteint d'une maladie génétique d'une particulière gravité reconnue comme incurable au moment du diagnostic »* (art. L. 2131-4, al. 1 et s.).

Il peut aussi être autorisé « *à titre expérimental* », lorsque les parents avaient antérieurement donné naissance à un enfant atteint d'une maladie génétique incurable et que le « *pronostic vital*

---

48. *Supra*, n° 7.
49. Relatif à l'embryon *in utero*, *supra*, n° 7.
50. La recherche de « l'enfant parfait », sélection génétique des êtres humains pourtant, (Mozart, Einstein, Abraham Lincoln, Mendelsohn avaient des anomalies génétiques) est un danger dénoncé par de nombreuses autorités médicales contemporaines (Didier SICARD, président d'honneur du CCNE, Jacques TESTARD, père scientifique du premier « bébé éprouvette » français, 1982) et le Conseil d'État (avis précité du 6 mai 2009, *supra*, note 41).

de l'embryon peut être amélioré (le bébé du double espoir) ». Les deux membres du couple doivent consentir par écrit à ce diagnostic, qui ne peut être effectué qu'après autorisation de l'Agence de la biomédecine (art. L. 2134-4, al. 1 et 2).

303. Recherches sur l'embryon et cellules souches. — 4°) Lors des débats sur la dernière révision des lois sur la bioéthique, la question la plus débattue avait été l'usage thérapeutique des cellules de l'embryon conçu *in vitro*[51] (les « cellules-souches »[52]). La loi de 1994 avait été prudente et ambiguë. Elle avait d'abord dit, et tout le monde était d'accord, qu'un embryon ne pouvait être ni conçu, ni utilisé à des fins commerciales ou industrielles (art. L. 2141-8)[53]. Elle avait aussi précisé qu'il ne pouvait faire l'objet d'« *expérimentations* » ; mais les parents pouvaient « *à titre exceptionnel* » accepter que des « *études* » fûssent entreprises sur cet embryon (*ib.*). Ensuite, la loi de 2004 a prévu qu'il pouvait aussi faire l'objet de « *recherches* », toujours « *à titre exceptionnel* ».

Depuis 1994, le débat a rebondi : a été découvert le rôle thérapeutique que pouvaient avoir les « cellules-souches », au caractère totipotent et indifférencié ; elles sont susceptibles de se transformer en toutes sortes de cellules – cartilagineuses, sanguines, osseuses, musculaires, nerveuses, etc. et peuvent guérir des maladies actuellement incurables (Alzheimer, Parkinson, etc.), en permettant une médecine régénératrice. Ont d'abord été en cause les cellules-souches embryonnaires, provenant d'embryons *in vitro* frais (jusqu'au 7ᵉ jour de la conception). Ce qui a suscité un débat moral, constant dans la bioéthique : l'instrumentalisation de l'embryon, les risques d'eugénisme, d'industrialisation et de création de chimères : pour un « *embryon surnuméraire* », mieux vaut être détruit que de finir sur la paillasse[54]. En outre, il semble qu'elles causent un risque cancérigène ; toute une tendance médicale en déconseille l'usage thérapeutique. Puis a été découverte la richesse de cellules souches dans le cordon ombilical. Sont ensuite apparues les cellules-souches adultes, présentes chez l'adulte, qui ont aussi la capacité de donner naissance à tous les types de cellules spécialisées permettant la réparation du tissu cellulaire. Dans un texte ambigu, la loi de révision du 6 août 2004 permet la recherche sur l'embryon *in vitro* et les cellules embryonnaires et leur usage thérapeutique, si ces thérapies ne peuvent être obtenues autrement (*ib.*, art. L. 2151-5). S'impose alors l'encadrement juridique habituel : autorisation de l'Agence de la biomédecine, accord des parents, gratuité et contrôle de l'importation et de l'exportation (*ib.*, art. L. 2151-6, D. 6 février 2006 codifié, art. R. 2151). Aujourd'hui, existent plus de 50 000 embryons congelés auxquels les géniteurs ont renoncé à leur naissance et vont ainsi constituer des matériaux d'expérimentation. Dans son dernier état, le CCNE[55], l'Office parlementaire d'évaluation des choix scientifiques et technologiques[56] et le Conseil d'État[57] sont devenus favorables à la recherche et sans doute, à l'utilisation thérapeutique de ces cellules, se bornant à les soumettre à l'autorisation de l'Agence de la biomédecine.

---

51. B. MATHIEU, « La recherche sur l'embryon au regard des droits fondamentaux constitutionnels », *D*. 1999, chr. 451 (très critique).
52. Les propriétés de ces cellules avaient été découvertes dans les années 1920. Dans l'état actuel de la science, on en distingue trois catégories : les cellules... totipotentes (qui peuvent tout), qu'on découvre dans un œuf fécondé (ovule + spermatozoïde)... pluripotentes... multipotentes (dont les pouvoirs sont moindres). Ces mécanismes biologiques demeurent encore mystérieux.
53. La Grande Chambre de recours de l'office européen des brevets (OEB) condamne l'« embryon industriel », destiné à servir de matière première aux innovations biomédicales : OEB, Gde Ch. rec., 20 déc. 1999, *D*. 2001.somm.1353, obs. J.-Ch. Galloux ; J.-Ch. GALLOUX, « Non à l'embryon industriel ; le droit européen des brevets au secours de la bioéthique », *D*. 2009.578.
54. *La recherche de l'embryon : qualifications et enjeux*, dir. C. Labrusse-Riou *et al.*, RGDM, Les études hospitalières, n° spéc. 2000.
55. CCNE, avis du 22 juin 2006, *D*. 2007.1109, obs. crit. J. Chr. Galloux et H. Gaumont-Prat : « *Le donneur doit pouvoir influer* (sic) *sur l'utilisation des cellules* » ; l'information du donneur « *peut entraîner une régulation du marché* ».
56. Rapport A.N. n° 3498 et Sénat n° 101 déposé le 6 déc. 2006.
57. CE, 6 mai 2009, avis, recommande « *Un régime permanent d'autorisation* » qui devrait être encadré.

304. Clonage. — 5°) Le clonage [58] humain fait l'objet d'une prohibition expresse, qu'il soit... reproductif (C. civ., art. 16-4, al. 3 ; le Code pénal en fait un crime contre l'espèce humaine (art. 214-2) ; la prohibition est universelle [59])... ou thérapeutique [60] (C. santé publ., art. L. 2151-4) où les hésitations demeurent.

La prohibition du clonage thérapeutique continue à être débattue et est liée à l'utilisation des cellules-souches. Elle se fonde sur de nombreuses raisons : le clonage imposerait la création et la destruction d'embryons en vue de la recherche, ce qui serait contraire aux principes actuels, où l'assistance médicale à la procréation a uniquement pour objet un « projet parental » ; en outre, il constituerait une réification et une instrumentalisation de l'embryon, devenu matériel thérapeutique : il toucherait à l'essence de la vie ; ce clonage causerait autant de risques que le clonage reproductif ; il mènerait nécessairement au clonage reproductif ; ce qui serait médicalement utile deviendrait socialement licite ; pour obtenir un nombre suffisant d'ovocytes féminins, il inciterait à mercantiliser le corps des femmes. En sa faveur : les recherches sur les cellules souches, les nécessités du progrès médical, le combat pour la vie, la compétition scientifique internationale, l'exemple de certains pays étrangers. En 2004 à « titre dérogatoire », il a été autorisé pour une période de cinq ans, à condition de permettre des « *progrès thérapeutiques majeurs* » [61]. Le clonage animal est libre et encouragé ; ses réussites sont incertaines : la brebis *Dolly* (1997) applaudie par les médias est rapidement morte ; en naissant elle était déjà vieille. Le clonage botanique est une pratique très ancienne.

305. Neuroscience. — La prochaine révision de la loi sur la bioéthique y débattera sur la neuroscience et de la neuroimagerie, c'est-à-dire des recherches sur le fonctionnement du cerveau. Pour prévenir les troubles psychiques, est-il légitime de manipuler des cerveaux par des implants cérébraux ou des greffes de cellules, de contrôler des cerveaux afin d'en augmenter la mémoire et la vitesse de calcul, de créer une sorte de nature humaine artificielle supérieure à la nature naturelle.

306. Recherches biomédicales. — La loi du 20 décembre 1988 modifiée (L. *Huriet*, C. santé publ., art. L. 1121-1 et s., art. R. 2001-2053) réglemente les recherches médicales sur l'être humain [62] qu'elle appelle des recherches biomédicales ; elle entend tout à la fois développer la recherche clinique et protéger les personnes qui se prêtent à ces essais, souvent des malades ou des personnes diminuées [63]. Elle encadre ces essais de plusieurs manières afin de protéger ceux qui s'y prêtent. 1°) L'une est conforme à la tradition du droit médical français, en imposant le

---

58. **Définition** : technique consistant à reproduire des organismes vivants génétiquement identiques. **Étymologie** de clonage : du grec χλ&ohacgr ;ν, ωνος =, jeune pousse, petite branche.
59. Littérature abondante pour ses différents aspects biologiques, scientifiques, anthropologiques, moraux, philosophiques et juridiques ; en dernier lieu : G. Raoul-Cormeil, « Clonage reproductif et filiation, La chaîne des interdits », *JCP* G 2008.I.128.
60. N. Le Douarin, *Les cellules souches, porteuses d'immortalité*, « *Contrairement à ce que laissent parfois entendre les polémiques, le clonage thérapeutique ne consiste en aucune façon à produire un clone destiné à fournir des pièces de rechange à la personne dont il serait dérivé. Il se borne à cultiver des tissus dérivés de cellules totipotentes, sans chercher à produire un individu complet où les tissus viendraient à s'intégrer. Les cellules différenciées ainsi obtenues sont destinées à se substituer à des cellules mortes ou malades des patients souffrant de diverses maladies pour lesquelles il n'existe pas de traitement* ».
61. A. Mirovic, « Recherche sur l'embryon : vers la fin d'un grand gâchis éthique », *JCP* G 2009, n° 25, n° 448 : hostile à toute dérogation, qui scientifiquement ne servirait à rien.
62. **Biblio.** : J.-M. Auby, « La loi du 20 décembre 1988 », *JCP* G 1989.I.3384 ; J. Borricand, « Commentaire de la loi du 20 décembre 1988 », *D.* 1989, chr. 167 ; L. Dubouis, « La protection des personnes qui se prêtent à des recherches biomédicales », *RDSS* 1989.155 ; B. Edelman, « Expérimentation sur l'homme : une loi sacrificielle », in *La personne en danger*, PUF, 1999, 323 et s. (très critique) ; J. Galloux, « De la nature juridique du matériel génétique ou la réification du corps humain et du vivant », *RRJ* 1989.521.
63. M. Allais et C. Puigelier, « Pouvoirs d'expérimentation et pouvoir de punir », *in Jean Foyer In memoriam*, Litec, 2010, pp. 19 s., spéc. 20 : « *Parce que ce sont des paralytiques, des orphelins, des bagnards, des prostituées, des esclaves, des colonisés, des fous, des détenus, des internés, des condamnés à mort (c'est-à-dire des corps morts ou avilis) qui ont servi à la science médicale moderne et assumé les dangers de l'expérimentation au profit de la société* ».

consentement de la personne soumise à l'expérience, éclairée par les informations qu'on lui a données (art. L. 1122-1) [64]. 2°) L'essai doit être dirigé par un médecin et comporter un protocole, que les tribunaux interprètent restrictivement [65]. 3°) Le risque ne doit pas être « *hors de proportion avec le bénéfice escompté* » (art. L. 1121-4). 4°) Un « comité consultatif de protection des personnes dans la recherche biomédicale » (CCPPRB) doit donner son avis (art. L. 1121-4). 5°) Sont spécialement protégés les femmes enceintes, les parturientes, les mères qui allaitent, les prisonniers, les incapables et les personnes en état de mort cérébrale (art. L. 1121-5 à 1121-8). 6°) Une « indemnité de compensation » peut être versée, avec un plafond annuel (art. 1121-11, 2°). L'inobservation de ces règles est punie par le Code pénal (art. 223-8) [66] tendant à renforcer davantage la sécurité des patients [67].

En pratique, la plupart des essais sont faits sur des malades, pour les soigner. Les dangers de l'expérimentation sont particulièrement sensibles quand il s'agit de maladies mentales où est en jeu la personnalité d'un individu [68].

307. Comités d'éthique. — Comme dans certains pays, notamment le Royaume-Uni, les lois de bioéthique ont multiplié depuis 1983 les comités d'éthique ; le plus important est le *Comité consultatif national d'éthique pour les sciences de la vie et de la santé* (CCNE ; C. santé publ., art. L. 1412-1 s.) ayant pour mission de donner des « *avis sur les problèmes moraux* » soulevés par la médecine de la biologie contemporaine. D'autres s'y sont ajoutés, spécialisés ou locaux : ex. : *Commission nationale de médecine et de biologie de reproduction et du diagnostic prénatal* (CNBBRDP ; *Comité consultatif de protection des personnes dans la recherche biomédicale* (CCPPRB). Ce développement s'explique parce que ces questions sont si graves et si complexes qu'elles échappent aux pouvoirs de la loi et de la conscience individuelle. Le comité national est composé d'une quarantaine de personnes : scientifiques ou « qualifiées », dont cinq provenant des « *principales familles philosophiques et spirituelles* » [69] ; il est un lieu de libres débats et de tolérance.

On leur a adressé de nombreux reproches : faire naître une morale d'État, une conscience officielle et un nouveau cléricalisme, cette fois scientiste et médical ; une composition arbitraire soumise au pouvoir médical et scientifique qui a la majorité ; masquer une source normative de fait sous des avis prétendument consultatifs [70] ; substituer aux impératifs de la loi et de la conscience une morale collective et anonyme, etc. En leur faveur, il suffit de voir les abus, parfois abominables, qui se passent dans les pays qui, comme la Russie, n'en ont aucun.

---

64. Sur la nécessité du consentement du patient, éclairé, libre et exprès : Paris, 1er mars 1996, *D.* 1999.603, n. crit. I. Roujou de Boubée.
65. Ex. : TGI Paris, 4 oct. 1995, *Les recherches sur le sida*, *D.* 1996.28, n. S. Gromb ; *JCP* G 1996.II.22615, n. A. Laude ; en l'espèce, un laboratoire avait soumis à des essais thérapeutiques une molécule contre le sida ; il avait établi un protocole (procédant à une évaluation thérapeutique), limitant l'essai aux seuls patients infectés d'HIV « *réfractaires aux autres médicaments* » ; un médecin voulut en faire bénéficier aussi un de ses patients sidaïques, qui « s'opposait » à un des médicaments ; refus du laboratoire, qu'approuve le tribunal : « *Les conditions d'application du protocole doivent être, dans le cadre de la loi* Huriet, *d'interprétation stricte, dans l'intérêt même des patients* ».
66. Appliquée avec rigueur par la Cour de cassation : Cass. crim., 24 février 2009, n° 08.8436, *D.* 2009.2087, n. P. J. Delage ; *JCP* G 2009.I.177, obs. M.-H. Desfour : est punissable le médecin qui a entrepris une recherche médicale sur un patient dont le consentement était implicite, sans avoir été écrit.
67. A. Laude, « La réforme de la loi sur les recherches biomédicales », *D.* 2009.1150.
68. **Biblio :** A. Retault (psychiatre), « L'expérimentation sur le malade : soins ou recherche ? [...] », *RTD civ.* 1998.57. **Films :** *L'enfant sauvage*, 1969, de Fr. Truffaut : vers 1820, un médecin, le dr. Itart, avait essayé de faire d'un enfant sauvage découvert dans l'Aveyron, un homme : l'enfant ne parvint pas à parler ; l'histoire finit tristement, malgré l'affection qui la domina.
69. **Biblio. :** G. Mémeteau, « Recherches irrévérencieuses sur le comité d'éthique [...] », *RRJ* 1989, p. 59 et s. (crit.) ; Ch. Sauvat, *Le comité consultatif national d'éthique*, PUAM, 1999, préf. J. B. Donnier.
70. Ex. : Cass. civ. 1re, 13 mai 1998, *JCP* G 1998.II.10058, n. G. Mémeteau ; n.p.B. : les constatations d'un comité d'éthique peuvent justifier qu'un médecin soit exclu d'une « *opération de dépistage* ».

Section II
FUNÉRAILLES

308. Respect du corps mort. — Les hommes ont toujours respecté leur dépouille [71] : un des signes qui les distingue des animaux [72]. Principe universel que la loi française a récemment consacré : « *Le respect du corps humain ne cesse pas avec la mort* » (C. civ., art. 16-1-1), imposant de traiter le corps mort avec dignité et décence [73]. La cour de Paris, statuant en référé, a ainsi interdit l'exposition publique, prétendument artistique et scientifique, de cadavres humains [74]. La loi de 1994 (C. santé publ., art. L. 1121-18-1) interdit que des recherches biomédicales soient effectuées sur une personne « *en état de mort cérébrale* » si elle n'y avait consenti.

Ce respect doit aussi porter sur la volonté qu'a eue le défunt de régler ses funérailles : pour dire, par exemple, si elles seront civiles ou religieuses, où sera sa sépulture, s'il sera enterré ou incinéré, etc. (mais il est interdit d'en demander la congélation). S'il ne l'a pas fait, c'est à sa famille qu'il appartient d'interpréter sa volonté ; en cas de désaccord familial, le juge doit rechercher quel est l'intime du défunt qui en est l'interprète le plus qualifié, à raison de l'affection et de la confiance qui lui étaient portées (L. 15 nov. 1887). En général, les juges désignent le conjoint, plutôt que le concubin.

L'exhumation est décidée par le maire du lieu où se trouve la sépulture, à la demande du « *plus proche parent* » [75]. Lorsqu'un grand nombre d'années se sont écoulées depuis l'inhumation ou que le lieu de la sépulture avait été décidé par accord de famille, le transfert ne peut être permis que s'il existe des motifs graves ou que si l'exhumation avait été provisoire. *Sur les funérailles et les divers modes de sépulture* [76].

---

71. Antigone est l'incarnation du respect que les hommes doivent au cadavre humain ; elle a été condamnée à une mort atroce (emmurée vivante) pour avoir refusé que son frère Polynice reste « *là, sans larmes ni sépulture, proie magnifique offerte aux oiseaux affamés en guise d'un gibier* ». SOPHOCLE, *Antigone*, v 20 ; du m., *Ajax*, v 1344 : « *Nul n'est en droit de maltraiter un brave, une fois qu'il est mort, fût-il l'objet de votre pire haine* ».
72. Ex. : CE, 17 avr. 1963, aff. *du chien Félix*, D. 1963.459, n. P. Esmein ; JCP G 1963.II.13227, n. Luce : interdiction d'inhumer un chien dans le caveau de son maître, situé dans un cimetière ; P. ESMEIN, n. pr. : « *la présence dans un cimetière du corps d'un chien est une insulte à la dignité des morts qui y ont leur sépulture* ».
73. TGI Lille, 5 déc. 1996, D. 1997.376, n. X. Labbée ; en l'espèce, la pelleteuse de la ville de Lille avait détruit une tombe et mêlé les restes humains avec d'autres provenant de plusieurs sépultures : « *Les débris formant le corps désagrégé sont respectables, quand bien même ces débris n'abriteraient* (sic) *plus aucune personne ; il convient d'ordonner, dès lors, que les restes humains qui, au dire du requérant, composeraient le tumulus placé sur la tombe de Mme J. soient conservés, dans le respect dû aux morts et aux familles, dans une boîte à ossements conformément à la réglementation des exhumations* » ; TGI Lille, 26 nov. 1998, D. 1999.623, n. X. Labbée : constitue une voie de fait l'acte d'une municipalité recouvrant une sépulture d'un « *tas de gravats mélangés d'anciens ossements* » ; TGI Lille, 20 nov. 2004, D. 2005.930, n. X. Labbée : « *La dépouille mortelle [...] a un caractère sacré* ».
74. Paris, 30 avril 2009, *Our body*, JCP G 2009, 25, n. 12, Grég. Loiseau ; D. 2009.1278, obs. Le Douarec ; *Légipresse*, juill.-août 2009.III.149, n. crit. S. Joly, qui, pour critiquer l'arrêt et justifier cette exposition macabre, se fonde sur la différence culturelle de la Chine avec la France). À *Our Body* étaient exposés des cadavres chinois paraissant jouer au basket, au football, à la course à pied, à vélo, etc.
75. CE, 9 mai 2005, JCP G 2006.II.10131, n. D. Dutrieux : « *lorsque l'administration a connaissance d'un désaccord sur cette exhumation exprimé par un ou plusieurs parents venant au même degré de parenté que le pétitionnaire* (elle doit) *refuser l'exhumation, en attendant le cas échéant que l'autorité judiciaire se prononce* ».
76. *Successions et libéralités*, coll. Droit civil.

■ SOUS-CHAPITRE II ■

RESPECT DE LA DIGNITÉ HUMAINE

309. Dignité de la personne. — La personne humaine a une dignité que notre droit entend faire respecter [1] : le principe en est très ancien et presque universel, exprimant la nature des relations que la société a avec l'être humain : même déchu, vieilli, moribond, criminel ou misérable, il ne ressemble à aucune autre créature, car il y a en lui une transcendance, dans sa liberté, son identité, sa conscience et sa condition corporelle, spirituelle et sociale. Ce principe prend une physionomie particulière dans la civilisation occidentale à cause de ses racines judéo-chrétiennes ; il se développe à cause des nouvelles menaces qui planent sur l'humanisme, tenant à de multiples facteurs : le matérialisme, le développement des organes d'information et de communication – presse, télévision, informatique – et des techniques médicales, notamment génétiques. Chaque personne doit être protégée contre les atteintes portées à son secret et à son moi intime. C'est une protection difficile. Son existence est parfois contestée [2]. Ce n'est pas un principe simple car parfois il contredit la philosophie libérale des *Lumières* [3], celle qui revendique (surtout aujourd'hui) la liberté absolue – d'expression et de science – et, depuis une cinquantaine d'années, une pleine liberté sexuelle [4]. Aussi certains le fustigent en y voyant une idée réactionnaire, voire un « *paternalisme d'État* » [5].

Ce principe est sanctionné par le droit pénal, le droit civil et le droit européen qui s'entrecroisent.

---

1. **Biblio :** ex. : N. Molfessis, in *La dignité de la personne humaine*, ouvr. coll. dir. M. L. Pavia et Th. Revet ; B. Mathieu, « La dignité de la personne humaine : quel droit ? quel titulaire ? » *D.* 1996, chr. 282 ; Ph. Malaurie, « Le droit et l'exigence de dignité », *Études* (revue jésuite) 2003.619 ; P. Mistretta, « La protection de la dignité de la personne et les vicissitudes du droit pénal », *JCP* G 2005.I.100 (critique l'incohérence du droit français, protégeant plus le cadavre que l'embryon) ; E. Dreyer, « Les mutations du concept juridique de dignité », *RRJ* 2005.I, pp. 19-44. **Jurisprudence :** ex. : Cons. const., 27 juill. 1994, *Lois sur la bioéthique*, D. 1995.237, n. B. Mathieu : « *La sauvegarde de la dignité de la personne humaine contre toute forme d'asservissement et de dégradation est un principe à valeur constitutionnelle* » ; CE ass., 27 oct. 1995, *Le lancer du nain*, D. 1996.177, n. crit. G. Lebreton ; *JCP* G 1996.II.26630, n. Fr. Hamon ; *RFDA* 1995.1204, concl. Frydman ; *RTDH* 1996.657, n. crit. N. Deffains : les maires de deux communes avaient interdit un divertissement public, consistant à lancer un nain, en une courte distance, sur un matelas pneumatique ; le Conseil d'État approuva l'interdiction : « *Le respect de la dignité de la personne humaine est une des composantes de l'ordre public* ».
2. Ex. : D. de Béchillon, « Porter atteinte aux anthropologies fondamentales ? », *RTD civ.* 2002.47 sp. p. 60, n° 50 : « *Nul ne sait exactement de quoi il retourne* ».
3. B. Mathieu, « De quelques moyens d'évacuer la dignité humaine de l'ordre juridique », *D.* 2005.1649.
4. D. Roman, « Le corps a-t-il des droits que le droit ne connaît pas ? », *D.* 2005.1527 ; F. Caballero, *Droit du sexe*, LGDJ, 2010, supra n° 9.
5. D. Roman, *ib*.

310. Loi pénale. — La loi pénale en assure depuis longtemps la protection : le titre II du Livre II du Code pénal a pour intitulé « *Des atteintes à la personne humaine* »[6]. Les incriminations se multiplient dans la législation contemporaine, pour s'adapter aux nouvelles maîtrises que l'homme moderne veut exercer sur la personne. Les plus anciennes sont la violation... de domicile (*ib.*, art. 226-1)[7], ... du secret de la correspondance (*ib.*, art. 226-15)[8], ... du secret professionnel (*ib.*, art. 226-13)[9] ; depuis la loi du 17 juillet 1970, les atteintes à l'intimité de la vie privée (*ib.*, art. 226-1 à 226-6)[10] et après celle du 15 juin 2000, à la présomption d'innocence[11]. Le droit de la presse est en cause, car ce sont généralement les médias qui méconnaissent les droits de la personnalité[12]. La loi du 8 janvier 1978 protège aussi la personne contre les pouvoirs de l'informatique (*ib.*, art. 226-16 à 266-24). Celle du 29 juillet 1994 punit les atteintes à la personne résultant de l'étude non autorisée de ses caractères génétiques. De même, le Conseil d'État contrôle le régime carcéral des fouilles corporelles des détenus[13].

Habituellement, les victimes d'atteintes à la vie privée saisissent, non le tribunal correctionnel, mais les juridictions civiles, plus rapides et plus généreuses dans l'évaluation des dommages-intérêts à la charge du journal lorsque l'atteinte à la vie privée a été commise par voie de presse, notamment par des photographies[14]. Mais pour découvrir et faire condamner les photographes indiscrets (les paparazzis), l'action doit être portée devant une juridiction pénale au moyen d'une plainte avec constitution en partie civile : le juge d'instruction peut alors ordonner des perquisitions, assurées par la police.

311. Information du public, commercialisation de la vie privée et liberté d'expression. — Toute personne a droit au respect de sa dignité. Cette protection par le droit civil avait commencé à se constituer dans la jurisprudence aux alentours de 1960, avant d'être consacrée par la loi du 17 juillet 1970. Elle a conservé un caractère prétorien avec la force et la faiblesse habituelles de tout droit jurisprudentiel.

Sa force : la faculté d'adaptation aux évolutions sociales et techniques et aux circonstances ; sa faiblesse : un droit complexe, imprévisible et évolutif, dont l'incertitude suscite le contentieux. Ces droits ont pris une grande ampleur mais ne sauraient, pas plus que les autres, être absolus. D'abord, parce qu'ils peuvent entrer en conflit avec le besoin d'information qu'a légitimement le public ; la liberté d'expression, notamment celle de la presse, est vigoureusement protégée en droits français (L. 29 juill. 1881 « *sur la liberté de la presse* ») et européen (CEDH, art. 10, al. 1), car elle est une « sentinelle de la démocratie » (un « *chien de garde* », dit prosaïquement la CEDH). Le respect de la dignité et de l'intégrité morale des personnes est souvent opposé à la presse et aux autres moyens d'information, afin d'en empêcher les abus d'indiscrétion : le juge doit concilier ces deux principes fondamentaux[15]. La Cour européenne des droits de l'homme

---

6. Le Chapitre V de ce titre (art. 225-1 à 225-24) est intitulé *Des atteintes à la dignité de la personne*.
7. *Infra*, n° 314.
8. *Infra*, n° 347.
9. *Infra*, n° 346.
10. *Infra*, n° 332.
11. *Infra*, n° 313.
12. *Infra*, n°s 320-341.
13. CE réf., 14 nov. 2008, *JCP* G 2008, act. 682, obs. M.-Chr. Rouault : les fouilles corporelles des détenus doivent se dérouler « *dans des conditions et selon des modalités strictement et exclusivement adaptées à ces nécessités* (d'ordre public) *et à ces contraintes* (du service public pénitentiaire) ».
14. V. *infra*, n°s **326** et 341 s., D. DE BELLESCIZE, « Le juge français, le juge européen et la liberté d'expression des journalistes », in *Mélanges J.-F. Burgelin*, Dalloz, 2008, pp. 35-73.
15. TGI Paris, réf., 13 oct. 1997, *Léotard*, D. 1998.154, 1re esp., n. appr. J. F. Burgelin ; *JCP* G 1997.II.22964, 2e esp., n. E. Durieux ; v. aussi *infra*, n° 327 ; en cette espèce, un livre avait accusé deux ministres, sous des sobriquets transparents, d'avoir fait assassiner une parlementaire, Yann Piat : « *Le principe de la liberté d'expression et celui du respect dû à la réputation de la personne sont d'égale valeur, et il appartient au juge, pour faire respecter un nécessaire équilibre entre les droits, d'adopter les*

condamne toute « ingérence » de l'État dans la liberté d'expression quand elle n'est pas justifiée [16].

Pour la CEDH la liberté d'expression [17] comporte des restrictions [18]. Plus encore que les juridictions françaises (qui pourtant défend fortement la liberté d'expression), elle estime que la liberté de la presse justifie l'exagération et la provocation [19].

---

mesures appropriées. » Compte tenu des circonstances, le juge a décidé qu'il y avait eu en l'espèce abus de la liberté d'expression et ordonné la suppression des passages diffamatoires.

16. **Principe :** CEDH, 7 déc. 1976, *Handyside c. Royaume-Uni*, série A. n° 24 ; *Grands arrêts CEDH*, n° 7, p. 62 : « *La liberté d'expression [...] vaut non seulement pour les "informations" ou "idées" accueillies avec faveur ou considérées comme inoffensives ou indifférentes, mais aussi pour celles qui heurtent, choquent ou inquiètent l'État ou une fraction quelconque de la population.*

17. Depuis 1979 (l'arrêt *Sunday Times*), le principe de la CEDH a longtemps été que la liberté d'expression **1°**... l'emporte, en général, sur ses limites : CEDH, 26 avr. 1979, *Sunday Times c. Royaume-Uni, Clunet* 1980, 471, obs. P. Rolland : la Cour « *ne se trouve pas devant un choix entre deux principes antinomiques, mais devant un principe – la liberté d'expression – assorti d'exceptions qui appellent une interprétation étroite* » ; **2°**... s'impose dans les débats politiques d'intérêt général : CEDH, 11 avr. 2006, *Brasilier c. France* : « *il est fondamental dans une société démocratique, de défendre le libre jeu du débat politique ; la Cour accorde la plus haute importance à la liberté d'expression dans le contexte du débat politique et considère qu'on ne saurait restreindre le discours politique sans raisons impérieuses ; y permettre de larges restrictions dans tel ou tel cas affecterait sans nul doute le respect de la liberté d'expression dans l'État concerné* » ; **3°**... s'impose dans les débats sur la justice, notamment pénale : CEDH, 14 févr. 2008, *July et SARL Libération c. France*, JCP G 2008.II.10118, n. E. Derieux ; I.209, n° 2, obs. B. de Lamy : « *il ne fait donc aucun doute que parmi les questions d'intérêt général relayées par la presse figurent celles qui concernent le fonctionnement de la justice, institution essentielle à toute société démocratique* » ; **4°**... s'impose dans les débats historiques, notamment en raison de l'hostilité que continue à susciter en France le régime de Vichy : CEDH, 23 sept. 1998, *Lehideux c. France*, D. 1999.223, n. P. Rolland ; JCP G 1999.II.10119, n. H. Moutouh, « *Le recul du temps entraîne qu'il ne conviendrait pas, quarante ans après, de leur appliquer la même sévérité que dix ou vingt ans auparavant* » ou les tortures pratiquées par l'armée française pendant la guerre d'Algérie : CEDH, 15 janv. 2009, *Orban et al. c. France*, Légipresse janv.-févr. 2009.9 ; JCP G 2009.II.10040, n. E. Derieux ; ce livre s'inscrit « *indubitablement dans un débat d'intérêt général d'une singulière importance pour la mémoire collective* » car chaque pays doit fournir des efforts « *pour débattre ouvertement et sereinement de sa propre histoire* ».

La Cour de cassation avait longtemps affirmé, que la liberté d'information et le respect de la vie privée avaient la même valeur normative : *infra*, n° 324 ; mais Cass. crim., 17 nov. 2008, *Christian Vaneste*, D. 2009.402, n. Jean Pradel précise : « *les restrictions à la liberté de la presse sont d'interprétation étroite* », v. *infra*, n° 324 ce qui, semble-t-il, implique que la liberté d'expression est un principe supérieur.

18. **Restrictions** : La liberté d'expression doit s'incliner devant d'autres intérêts **1°**... la lutte contre le terrorisme : CEDH, 2 oct. 2008, *Leroy c. France*, Légipresse janv.-févr. 2009-6, n. E. Derieux ; après les attentats de septembre 2001 contre les tours jumelles du *World Trade Center* à New York, un journaliste basque avait publié un dessin, décrivant symboliquement l'attentat, ajoutant « *Nous en avons tous rêvé ... le Hamas l'a fait* » ; la CEDH a justifié la condamnation par les juridictions françaises de ce journaliste qui avait apprécié « *favorablement la violence perpétrée à l'encontre de milliers de civils et porté atteinte à la dignité humaine* ». **2°**... la santé publique : ex. : Cass. crim., 19 nov. 1997, D. 1998.613, n. J. Ch. Galloux : « *la réglementation de la publicité en faveur du tabac constitue une mesure nécessaire au sens du § 2 de l'article précité (art. 10), justifiant une restriction à la liberté d'expression* ». **3°**... les lois qui limitent la liberté, si elles sont accessibles et précises : CEDH, 14 févr. 2008, *July et SARL Libération c. France*, cité supra, note 17 : « *étant un professionnel averti du monde de la presse, il devait donc être au fait des dispositions légales pertinentes et de la jurisprudence abondante en la matière* (il s'agissait d'une poursuite en diffamation), *quitte à recourir, nécessaire, aux conseils de juristes spécialisés*. **4°**... les droits condamnant les abus... des mass médias : CEDH, 29 juill. 2009, *Flux c. Moldavie*, D. 2008.2953 ; la Cour refuse de condamner la Moldavie qui avait jugé diffamatoire le journal ayant accusé le principal d'un collège d'avoir reçu des pots de vin... des publications syndicales : CEDH, 9 déc. 2009, *Aguilera Jimenez et al. c. C. Espagne*, D. 2010.1456, n. crit. J. P. Marguénaud et J. Mouly : la Cour refuse de condamner l'Espagne qui avait approuvé le licenciement de délégués syndicaux ayant outragé dans leur périodique d'autres délégués syndicaux.

19. CEDH, 6 mai 2010, *Lyon Mag. c. France*, Légipresse, juin 2010, p. 65 : condamnation de la France dont les tribunaux avaient condamné pour diffamation un magazine dénonçant les réseaux

Le droit à l'intégrité morale est constitué par un faisceau d'attributs : il protège la vie privée (Section I) et donne naissance à d'autres prérogatives dont trois seulement seront retenues, les plus élaborées [20] : les droits à l'image (Section II), à l'honneur (Section III) et au secret (Section IV).

SECTION I
RESPECT DE LA VIE PRIVÉE

§ 1. GÉNÉRALITÉS

312. Intimité de la personne. — Tout individu a une « sphère d'intimité » [21], un « jardin secret », une « arrière-boutique » [22] qu'il peut faire protéger : chacun a droit à ce qu'on le laisse tranquille dans sa vie privée. Cette liberté a toujours été fragile et menacée ; elle l'est encore plus aujourd'hui alors que s'accroît la pression sociale, que se relâche la contrainte morale, que le monde se surmédiatise (presse, photo, radio, cinéma, télévision, internet, disques, cassettes, vidéos et autres multimédias) et que se développent des techniques nouvelles d'investigation (informatique) [23].

Contre les intrusions des tiers, cette prérogative avait traditionnellement connu une double protection : celles du domicile [24] et de la responsabilité civile. Depuis une cinquantaine d'années, ce système a été jugé insuffisant : peu à peu se sont développés les droits de la personnalité. La loi du 17 juillet 1970 a consolidé et développé la jurisprudence qui les avait consacrés ; elle a énoncé dans le Code civil un article 9, dont l'alinéa 1 est rédigé en forme de maxime : « *Chacun a droit au respect de sa vie privée* ». Elle a aussi prévu une incrimination nouvelle, l'atteinte à la vie privée [25]. *Cf.* aussi la Convention européenne de sauvegarde des droits de l'homme et des libertés fondamentales, article 8, alinéa 1 : « *Toute personne a droit au respect de sa vie privée et familiale, de son domicile et de sa correspondance* » [26].

La Cour européenne des droits de l'homme a conféré à cette règle un immense et imprécis champ d'application : « *Le respect de la vie privée doit aussi englober dans une certaine mesure*

---

islamistes en France sans avoir dépassé la dose de provocation acceptable en matière de presse et dépourvu d'animosité, la liberté d'information sur un sujet d'intérêt général devant l'emporter sur les droits de la personne.
20. Sur le droit au nom, *supra*, n° 148.
21. J. CARBONNIER, n° 86.
22. MONTAIGNE, *Essais* ; J. CARBONNIER, *loc. cit., supra*, note 21.
23. **Biblio :** (volumineuse) ; P. KAYSER, *La protection de la vie privée, protection du secret de la vie privée*, Economica, 2ᵉ éd., 1990, préf. H. Mazeaud ; F. RIGAUX, *La protection de la vie privée et des autres biens de la personnalité*, Bibl. Fac. droit Louvain, Bruylant, LGDJ, 1990 ; résumé in « La liberté de la vie privée », *RID comp.*, 1990.539 ; *Liberté de la presse et droits de la personne*, dir. J. Y. DUPEUX et A. LACABARATS, Dalloz, 1997 ; « Les droits de la personnalité ; bilan et perspectives, Colloque 13 nov. 2006, dir. X. Raguin et Chr. Bigot, *Gaz. Pal.* 18-19 mai 2007.
24. *Infra*, n° 330.
25. *Supra*, n° 310.
26. **Biblio. :** J. Cl. SOYER, « L'avenir de la vie privée (face aux effets pervers du progrès et de la vertu) », *Ét. Fr. Terré*, Dalloz, 1999, p. 341 s.

le droit de l'individu de nouer et de développer des relations avec ses semblables » [27]. En fait partie la liberté sexuelle [28] ; pourtant, elle a jugé légitime la condamnation par la Belgique de pratiques sado-masochistes dont la victime n'était pas consentante [29]. La Cour veut aussi garantir « *le respect que les êtres humains se doivent les uns aux autres* » [30]. Cette jurisprudence est très circonstanciée et difficile à prévoir : ainsi est conforme aux droits de l'homme européen la condamnation pénale d'un homme pour le viol de son épouse [31], non celle du mari qui marque ses initiales au fer rouge sur les fesses de sa femme consentante [32].

313. Présomption d'innocence. — Un article 9-1 a été ajouté au Code civil par les lois des 4 janvier et 24 août 1993 ultérieurement modifiées, pour faire respecter plus facilement par les journaux (écrits, oraux ou visuels) la présomption d'innocence ; il étend au droit civil une règle traditionnelle de la procédure pénale [33] et tente de concilier le respect des droits de la personnalité et la liberté de la presse.

Ici comme ailleurs, la jurisprudence limite le moins possible la liberté de la presse : une narration infidèle ou même tendancieuse ne suffirait pas à porter atteinte à la présomption d'innocence ; il faut qu'ait été affirmée ou fortement suggérée la culpabilité d'une personne non encore condamnée [34]. Les tribunaux peuvent, dit la loi, « *prescrire toutes mesures [...] aux fins de faire cesser l'atteinte à la présomption d'innocence* ». Cette action est soumise à la très courte prescription de trois mois applicable aux infractions de presse (L. 29 juill. 1881, art. 65-1), avec quelques différences [35]. Mais la Cour de cassation décide qu'elle est « autonome » et ne relève ni de l'article 1382 [36], ni de la loi de 1881 [37] et que, sauf l'exception de prescription, ne sont pas

---

27. CEDH, 16 déc. 1992, *Niemetz c. Allemagne*, D. 1993 som. 386, obs. J. F. Renucci ; *JCP* G 1993.I.3654, n° 18, obs. Fr. Sudre ; *Grands Arrêts*, n° 44 ; s'y ajoute un nouveau droit découvert par la Cour, le « *droit à l'autonomie personnelle* » : CEDH, 7 mars 2006, *Evans c. Royaume-Uni*, infra n° 321.
28. CEDH, 22 oct. 1981, *Dudgeon c. Royaume-Uni*, GACEDH, n° 42 : il est contraire à l'art. 8 de la Convention de « *donner à une majorité un droit absolu d'imposer à l'ensemble de la société ses normes en matière de moralité sexuelle privée* » ; sont donc prohibées par la CEDH les sanctions pénales frappant l'homosexualité entre adultes consentants.
29. CEDH, 17 févr. 2005, *K. A. et A. D. c. Belgique*, D. 2005.2973, chr. crit. M. Fabre-Magnan ; 2006.1206, obs. crit. J. Chr. Galloux : « *le droit d'entretenir des relations sexuelles* (de sado-masochisme) *découle du droit de disposer de son corps, partie intégrante de la notion d'autonomie personnelle [...] ; la possibilité de s'adonner à des activités perçues comme étant d'une nature physiquement ou moralement dommageables ou dangereuses pour les personnes peut, en principe, intervenir dans le domaine des pratiques sexuelles qui relèvent du libre arbitre des personnes* ».
30. CEDH, 16 déc. 1992, *Niemetz c. Allemagne*, préc. : la méconnaissance par l'Allemagne du secret professionnel de l'avocat constitue une atteinte à la vie privée.
31. CEDH, 22 nov. 1995, *R. c. Royaume-Uni*, RTDH 1997.733.
32. Ch. des Lords, *R. v Wilson*, Weekly Law Reports, 1996 vol. 3 p. 125 ; cf. le *dictum* de Lord justice Russel : « *il s'agissait d'une pratique accomplie en privé au domicile conjugal* ».
33. C. proc. pén., art. préliminaire, III : « *Toute personne suspectée ou poursuivie est présumée innocente tant que sa culpabilité n'a pas été établie* ».
34. 1e ex. : Cass. civ. 2e, 8 juill. 2004, *Bull. civ.* II n° 387 ; D. 2004.2956, n. Chr. Bigot ; en l'espèce, Radio France-Toulouse avait affirmé qu'une avocate de Toulouse avait été incarcérée pour avoir été complice d'un trafic de drogue ; condamnation de la radio par la cour d'appel pour atteinte à la présomption d'innocence ; rejet du pourvoi qui avait fait valoir la liberté d'information : « *La thèse de la culpabilité de Mme X était très fortement suggérée [...]. Mme X poursuivie pénalement avait été présentée comme coupable* ». 2e ex. : Paris, réf. 7 oct. 2003, *Juris-Data* n° 2003.222.272.209 : en l'espèce, Marie Trintignant était morte d'une querelle avec son compagnon ; sa mère avait publié un ouvrage (*Ma fille Marie*) qui comportait à 85 reprises le mot de « meurtrier » ; l'éditeur a été condamné à insérer un encart : « *toute personne est présumée innocente jusqu'à ce que sa culpabilité ait été légalement établie par un tribunal* ».
35. Pour l'art. 65, v. *infra*, n° 345.
36. Jurisprudence constante depuis Cass. civ. 2e, 8 mars 2001, *Bull. civ.* II, n° 46 ; *JCP* G 2002.I.122, n° 2, obs. G. Viney ; *RJPF* 2001-6/24, obs. E. Putman : « *Les abus de la liberté d'expression prévus par la loi du 29 juillet 1881 ou par l'art. 9-1 C. civ. ne peuvent être poursuivis sur le fondement de l'art. 1382* ».
37. Ex. : Cass. civ. 1re, 21 févr. 2006, *Bull. civ.* I, n° 89 ; *CCE* 2006, n° 68, n. A. Lepage : « *Les règles de forme prévues par la loi du 29 juillet 1881 ne s'appliquent pas à l'assignation fondée sur les*

applicables les modes de défense propres à cette loi (par exemple, les règles de procédure, la preuve de la vérité du fait diffamatoire et l'exception de bonne foi), ce qui mène à des subtiles distinctions [38]. La loi est plus contraignante quand c'est une image qui porte atteinte à la présomption d'innocence [39].

314. Domicile, logement et vie privée.

— L'inviolabilité du domicile est garantie par la loi pénale (C. pén., art. 226-4), la Constitution [40] et la Convention européenne des droits de l'homme [41] ; toutes trois garantissent le respect de l'intimité et de la vie privée [42]. Elle n'est pas totale : un huissier peut être autorisé par une ordonnance du président du tribunal, même statuant à l'insu du défendeur, à dresser un constat au domicile d'un particulier. Par exemple, cette faculté est utilisée afin d'établir l'adultère d'un époux [43] ; malgré les termes obscurs de l'article 259-2 du Code civil [L. 1975], elle demeure licite, du moment que l'huissier n'agit pas de nuit ; au petit matin, les amoureux (même adultères) sont généralement au lit.

La divulgation de photos reproduisant l'intérieur d'un logement, sans l'autorisation de son occupant, porte atteinte à la vie privée, même si elle a été faite lors d'un débat judiciaire [44].

315. Changement du nom de famille, pseudonyme et vie privée.

— En cas de changement du nom de famille, le fait de publier le nom originaire d'une personne est une atteinte à sa vie privée,

---

dispositions de l'art. 9-1 ». Mais Cass. civ. 1re, 28 juin 2007, *Bull. civ.* I, n° 247 ; *Légipresse* 2007.175, n. crit. E. Dreyer : si l'auteur de l'information a été condamné pour diffamation, il ne peut plus l'être en raison des mêmes faits pour atteinte à la présomption d'innocence.

38. Cass. civ. 1re, 20 mars 2007, *aff. du procureur de Bayonne*, 2 arrêts, *Bull. civ.* I, nos 123 et 124 ; *JCP* G 2007.II.10141, n. E. Derieux ; *RJPF* 2007-6/18, obs. E. Putman ; en l'espèce, le journal *Le Parisien* avait relaté les mésaventures sexuelles du procureur de Bayonne ; il a été condamné à publier un communiqué reconnaissant qu'il avait méconnu la présomption d'innocence, car ces articles « *ne retenaient aucun élément à décharge ni aucun usage du conditionnel, contenaient des conclusions définitives tenant pour acquise la culpabilité de la personne visée* ». Au contraire, cassation de la décision qui avait jugé que le *Canard enchaîné* en relatant cette même affaire avait porté atteinte à la présomption d'innocence, car « *cet écrit se plaisait à souligner la discordance entre le discours public de l'intéressé et le comportement rapporté, tout en s'interrogeant sur le comportement des juges appelés à se prononcer, sans contenir de conclusions définitives maifestant un préjugé tenant pour acquise la culpabilité* ». Pourtant la lecture du *Canard enchaîné* impliquait sans l'ombre d'un doute la culpabilité du procureur. Les conditionnels et les « si » ne trompaient personne. Le critère est formaliste, un peu hypocrite.

39. *Infra*, n° 338.

40. Cons. const., 29 déc. 1983, *Perquisitions fiscales*, *JCP* G 1984.II.20160 ; *Grandes décisions*, n° 35 ; 16 juill. 1996, *Perquisitions antiterroristes*, D. 1997.69, n. B. Mercuzot ; 1998, som. 154, obs. Th. Renoux : les « *exigences de la liberté individuelle et de l'inviolabilité du domicile* » sont des principes constitutionnels que les législations pénale et fiscale doivent concilier avec leurs propres objectifs.

41. CEDH, 18 janv. 2000, *Chapman c. Royaume-Uni*, *JCP* G 2001.I.342, n° 20, obs. Fr. Sudre ; *Grands arrêts*, n° 45 : « *l'article 8 de la Convention* (imposant aux États le respect de la vie privée) *comporte le droit de toute personne au respect de son domicile actuel* [...] ; *il impose aux États contractants l'obligation positive de permettre aux Tsiganes de suivre leur mode de vie* » (§ 96).

42. 1er ex. : Cass. civ. 2e, 3 juin 2004, *Bull. civ.* II, n° 273 ; D. 2004.2069, n. J. Ravanas ; afin d'étayer sa demande de prestation compensatoire, un mari avait fait suivre son ancienne épouse par un détective privé : « *Mme X avait été épiée, surveillée et suivie pendant plusieurs mois* » ; jugé que « *cette immixtion dans la vie privée était disproportionnée par rapport au but poursuivi* ». 2e ex. : Cass. civ. 3e, 25 févr. 2004, *Bull. civ.* III, n° 41 ; D. 2004.1631, obs. Chr. Caron : constitue une atteinte au respect de la vie privée et ouvre droit à réparation le fait pour un bailleur de s'introduire dans les lieux loués, sans autorisation du locataire.

43. Ex. : Cass. civ. 1re, 6 févr. 1979, *Bull. civ.* I, n° 47 ; *JCP* 1980.II.19290 : « *Le constat* (d'adultère) *ne saurait constituer une atteinte illicite à l'intimité de la vie privée.* » Mais l'huissier ne saurait constater un concubinage pour établir une preuve contre un concubin : Paris, 5 nov. 1981, D. 1982.342, n. J. Massip ; *Defrénois*, art. 32877, m. n. : ce constat « *constituerait une immixtion intolérable dans la vie privée* ».

44. Cass. civ. 1re, 7 nov. 2006, *Bull. civ.* I, n° 466 ; D. 2007.700, n. J.-M. Bruguière, 2773, obs. A. Lepage ; *JCP* G 2006.IV.3350 : « *l'utilisation faite des photographies qui en sont prises* (de son habitat) *demeure soumise à l'autorisation de la personne concernée* ».

sauf si cette information présente un intérêt général [45]. De même, lorsqu'une personne se masque sous un pseudonyme, elle ne peut le faire figurer dans les actes officiels ; mais elle en fait un élément de sa personnalité si l'usage en a été prolongé et notoire [46] ; aussi peut-elle interdire aux tiers de révéler son véritable nom, car cette divulgation porterait atteinte à l'intimité de sa personnalité ; la question ne s'est jusqu'ici posée qu'une fois : un homme politique avait caché son nom sous un pseudonyme ; jugé qu'un journal avait le droit d'en révéler le véritable nom [47]. A contrario, s'il n'existait pas d'intérêt public en cause, le porteur d'un pseudonyme devrait donc pouvoir, au nom du respect des droits de la personnalité, interdire aux tiers la révélation de son identité véritable.

316. Travail et vie privée. — La vie privée doit être respectée pendant le travail, mais ce respect n'est pas total ; il doit se concilier avec les nécessités de l'entreprise, conciliation qui n'est pas toujours facile. Le principe est que les obligations découlant du travail doivent respecter les convictions religieuses (C. trav., art. L. 1132-1) [48], la vie privée [49] et familiale [50] et même la vie personnelle [51] du salarié, qu'il doit pouvoir mener comme il l'entend.

---

45. Cass. civ. 1re, 7 mai 2008, *Bull. civ.* I, n° 126 ; *D.* 2008.1481 ; *JCP* G 2008.IV.2027 ; *Juris Data*, n° 2008-043786 ; *Légipresse* 2009.13, obs. L. Marino ; *RTD civ.* 2008.449, obs. J. Hauser : « *l'ancienne identité de celui qui a légalement fait changer son nom est un élément de sa vie privée* ». En l'espèce, un hebdomadaire avait publié des articles dénonçant la direction et la gestion d'un centre hospitalier et fait savoir « *que le directeur avait un autre nom d'origine et que le changement de nom révèle une faille chez celui qui procède à ce qui est au départ une dissimulation : honte avouée ou inavouée des origines est une certaine faiblesse de caractère* ». Cassation de l'arrêt qui avait jugé qu'il n'y avait pas eu là atteinte à la vie privée. Pour les nécessités de l'information et les débats d'intérêt général, *infra*, n° 324.
46. *Supra*, n° 124.
47. Paris, 20 sept. 2001, *D.* 2002.2300, obs. A. Lepage : « *Dans une société démocratique, l'électeur [...] doit pouvoir connaître quels sont les véritables dirigeants à qui il confie son bulletin de vote* ».
48. Ex. pour le voile islamique : Paris, 19 juin 2003, *D.* 2004.175, obs. A. Pousson ; jugé qu'était abusif le licenciement d'une salariée qui avait refusé, en cours d'exécution de son contrat de travail, de changer son foulard islamique en un bonnet : il appartenait « *à l'employeur de prouver que sa décision était justifiée par des éléments objectifs étrangers à toute discrimination* » ; Comp. : Saint-Denis-de-la-Réunion, 9 sept. 1997, *D.* 1998.546, n. S. Farnocchia ; *RTD civ.* 1999.62, obs. J. Hauser : vendeuse d'articles de mode féminins, justement licenciée parce qu'elle refusait de quitter sa burqa (vêtement noir, brun ou bleu qui la recouvrait de la tête aux pieds).
49. Sur son domicile : *supra*, n° 296. V. aussi : Cass. soc., 22 janv. 1992, *Bull. civ.* V, n° 30 ; *D.* 1992, IR, 60 : « *Il ne peut être procédé à un licenciement pour une cause tirée de la vie privée du salarié que si le comportement de celui-ci, compte tenu de la nature de ses fonctions et de la finalité propre de l'entreprise, a créé un trouble caractérisé au sein de cette dernière* » ; en l'espèce, le secrétaire d'un concessionnaire Renault avait acheté une automobile Peugeot pour ses besoins personnels ; la cour d'appel avait approuvé le licenciement. Cassation : « *Dans sa vie privée, le salarié est libre d'acheter les biens, produits ou marchandises de son choix* ».
50. Ex. la clause de mobilité figurant dans le contrat de travail ; la clause est en principe valable : Cass. soc., 10 juin 1997, *Bull. civ.* V, n° 210 : « *en procédant à un changement des conditions de travail, en exécution d'une clause de mobilité, l'employeur ne fait qu'exercer son pouvoir de direction, sauf si elle n'était pas justifiée et raisonnable* ».
51. Ex. : Cass. soc., 17 oct. 1973, aff. *du prêtre-ouvrier*, *Bull. civ.* V, n° 484 ; *JCP* G 1974.II.17698, n. Saint-Jours ; *Dr. social* 1974.290, n. J. Savatier ; en l'espèce, une entreprise avait licencié un salarié parce que candidat à un poste de fraiseur, il avait répondu au questionnaire de l'employeur qu'il était commerçant, alors qu'il était prêtre ; jugé que le licenciement était abusif parce que « *que David avait le droit de ne pas révéler son état de prêtre* ». Le sacerdoce est pourtant un état public ; ce qui était en cause ici était donc la vie personnelle du salarié, non sa vie privée. Sur la différence entre l'une et l'autre, Chr. BIGOT, obs. *D.* 2005.2709 sous Cass. soc., 25 janv. 2006, *Bull. civ.* V, n° 26.

La « vie privée » du salarié est largement comprise : un salarié ne peut être à son insu ni filmé [52], ni écouté [53] pendant son travail, ni suivi par un détective privé [54] ou par un autre membre de l'entreprise [55], ni être soumis à la fouille de son sac sans information [56], ni être restreint dans le libre choix de son domicile (sauf les nécessités de l'entreprise) [57], ni voir méconnu le secret de sa correspondance lorsqu'elle présente un caractère personnel [58], ni se voir imposer un travail à domicile [59] (sauf les nécessités de l'entreprise [60]), ni de se voir imposer

---

52. Cass. soc., 20 nov. 1991, « Ça... c'est pour ma pomme », Bull. civ. V, n° 519 ; D. 1992.73, concl. Chauvy ; RTD civ. 1992.418, obs. P. Y. Gautier ; en l'espèce, une caissière avait dérobé dans la caisse une somme d'argent, disant mezza voce, « Ça... c'est pour ma pomme » ; jugé que le film qui l'avait enregistrée ne constituait pas une preuve acceptable : « si l'employeur a le droit de contrôler et de surveiller l'activité de ses salariés pendant le temps du travail, tout enregistrement, quels qu'en soient les motifs, d'images ou de paroles à leur insu, constitue un mode de preuve illicite ».

53. Paris, 19 mars 2002, aff. du micro caché, D. 2003. 1534, obs. L. Marino, « constitue une atteinte à la vie privée, au sens de l'article 226-1 C. pén., le fait, pour un employeur, d'avoir installé dans des conditions de clandestinité, un microphone dans le bureau d'une attachée de presse ».

54. Ex. Cass. soc., 26 nov. 2002, Bull. civ. V, n° 352 ; D. 2003.394, obs. A. Fabre ; 1536, obs. L. Marino ; JCP G 2003.I.150, n° 1, obs. B. Teyssié ; RTD civ. 2003 58, obs. J. Hauser ; Dr. soc. 2003.225, n. J. Savatier : « Il résulte de l'art. 8 Conv. EDH, et art. L.1121-1 C. trav. qu'une filature organisée par l'employeur pour contrôler et surveiller l'activité d'un salarié constitue un moyen de preuve illicite dès lors qu'elle implique nécessairement une atteinte à la vie privée de ce dernier, insusceptible d'être justifiée, eu égard à son caractère disproportionné, par les intérêts légitimes de l'employeur ».

55. Cass. soc., 26 nov. 2002, Bull. civ. V, n° 352 ; D. 2003.394, obs. A. Fabre ; RTD civ. 2003.58, obs. J. Hauser ; en l'espèce, un laboratoire pharmaceutique avait établi que sa visiteuse médicale avait menti en prétendant avoir accompli les visites auxquelles elle était contractuellement tenue ; cette preuve a été rejetée, parce qu'elle portait atteinte à la vie privée de l'intéressée ; elle résultait d'une filature exercée par l'employeur lui-même, à l'extérieur de l'entreprise.

56. * Cass. soc., 11 févr. 2009, Bull. civ. V, n° 40 ; RJPF 2009 5/11, n. E. Putman : « l'employeur ne peut apporter aux libertés individuelles ou collectives des salariés que des restrictions justifiées par la nature de la tâche à accomplir et proportionnées au but recherché ; il ne peut ainsi, sauf circonstances exceptionnelles, ouvrir les sacs appartenant aux salariés pour en vérifier le contenu qu'avec leur accord et à condition de les avoir avertis de leur droit de s'y opposer et d'exiger la présence d'un témoin » : en l'espèce, une entreprise ayant constaté les disparitions à répétition de sacs en plastique avait demandé à plusieurs salariés d'ouvrir leur sac, ce qu'ils acceptèrent ; l'employé voleur fut licencié avec l'approbation du juge de fond : cassation : il aurait dû être averti de son droit de s'y opposer et d'exiger un témoin.

57. Cass. soc., 12 janv. 1999, Bull. civ. V, n° 7 ; D. 1999.445, n. J.-P. Marguénaud et J. Mouly ; RTD civ., 1999.358, obs. J. Hauser et 395, obs. J. Mestre : « Vu l'article 8 de la Conv. EDH ; selon ce texte, toute personne a droit au respect de son domicile ; le libre choix du domicile personnel et familial est l'un des attributs de ce droit ; une restriction à cette liberté par l'employeur n'est valable qu'à la condition d'être indispensable à la protection des intérêts légitimes de l'entreprise et proportionnée, compte tenu de l'emploi occupé et du travail demandé, au but recherché ».

58. * Cass. soc., 2 oct. 2001, sté Nikon, Bull. civ. V, n° 291 ; D. 2001.3148, n. P. Y. Gautier ; 2002.2296, obs. Chr. Caron ; RTD civ. 2002.72, obs. J. Hauser ; JCP E 2001. 1918, n. C. Puigelier : « Le salarié a droit, même au temps et au lieu de travail, au respect de l'intimité de sa vie privée, celle-ci implique en particulier le secret de la correspondance » ; jugé que l'employeur ne pouvait prendre connaissance des messages électroniques adressés ou reçus par le salarié, jurisprudence approuvée par la CEDH, 3 avr. 2007, Copland c. Royaume-Uni, JCP G 2007.I.182, n° 7, obs. Fr. Sudre. Mais « l'administrateur réseaux » (assurant le bon fonctionnement du réseau d'ordinateurs d'une entreprise) peut ouvrir les messages informatiques, même personnels, étant alors soumis à une obligation de confidentialité : Cass. soc., 17 juin 2008, JCP G 2009, n° 39, n° 239, n. S. Maillard. Est admise la preuve en justice par SMS « dont l'auteur ne peut ignorer, qu'ils sont enregistrés par l'appareil récepteur », à condition que ne soient douteuses ni les identités de l'expéditeur et du destinataire, ni l'intégrité du message : Cass. soc, 23 mai 2007, Bull. civ. V, n° 85 ; D. 2007.2284, n. C. Castets-Renard ; Defrénois, 2008.1614, n. G.-P. Quétant ; JCP G 2007.II.10140, n. L. Weiller ; sur le secret de la correspondance, infra, n° 347.

59. Cass. soc., 2 oct. 2001, Bull. civ. V, n° 292 ; D. 2002.2297, obs. A. Lepage : « Le salarié n'est tenu ni d'accepter de travailler à son domicile, ni d'y installer ses dossiers et ses instruments de travail ».

60. Cass. soc., 12 janv. 1999, 96-40755, Bull. civ. V, n° 7 ; D. 1999.445, n. J.-P. Marguenaud et J. Mouly ; RTD civ. 1999.358, obs. J. Hauser et 395, obs. J. Mestre : « Vu l'art. 8 de la Conv. EDH ; selon ce texte, toute personne a droit au respect de son domicile ; le libre choix du domicile personnel et familial est l'un des attributs de ce droit ; une restriction à cette liberté par l'employeur n'est valable

un changement de prénom [61], ni que soit communiqué au comité d'établissement son état d'handicapé [62].

Les libertés du salarié peuvent être restreintes en raison de la nature de la tâche à accomplir si ces limites sont raisonnables (proportionnées au but recherché, dit la loi : C. trav., art. L. 1121-1).

Ainsi en est-il des sanctions frappant la déloyauté du salarié [63], l'inaptitude professionnelle d'une personne même si cette inaptitude tient à sa vie privée [64], les diffamations de son supérieur par le salarié [65] et les mesures tendant à empêcher des troubles intérieurs à l'entreprise [66] ou la protéger contre des dangers extérieurs [67], notamment si le salarié en avait été prévenu [68]. En outre, dans les « entreprises de tendance » imposant au personnel une doctrine, une morale ou des comportements déterminés, des restrictions peuvent être apportées à la liberté de la vie personnelle du salarié, toujours sous la même condition de la proportion avec le but recherché (C. trav., art. L. 1121-1). Par exemple... un établissement d'enseignement catholique peut, par contrat, interdire à ses professeurs de divorcer à peine de licenciement [69] ... un secrétaire parlementaire doit « *s'abstenir de toute position personnelle pouvant gêner l'engagement politique de son employeur* » mais garde sa liberté d'opinion [70] ... une entreprise peut licencier une employée qui épouse le salarié d'une entreprise concurrente [71] ou vit en concubinage avec lui [72] ; ... une entreprise peut obliger un salarié ... à une astreinte [73] ... à travailler un samedi même si ce jour il avait des obligations familiales [74] ... à être en contact avec du porc même si ses convictions

---

qu'à la condition d'être indispensable à la protection des intérêts légitimes de l'entreprise et proportionnée, compte tenu de l'emploi occupé et du travail demandé, au but recherché ».
61. Cass. soc., 10 nov. 2009, 08-42286, *Bull. civ.* n° 245 ; *D.* 2009.2857, 1er arrêt, n. S. Maillard ; *RTD civ.* 2010.75, obs. J. Hauser : le fait que l'employeur demande au salarié de changer de prénom (Mohamed) constitue une discrimination, sauf si les intérêts légitimes de l'entreprise l'imposaient.
62. Cass. civ. 2e, 10 juin 2004, *Bull. civ.* II, n° 292 ; *D.* 2005.469. n. crit. J. Mouly et J.P. Marguénaud ; en l'espèce, la loi impose aux entreprises d'embaucher des handicapés et d'en faire un rapport annuel à l'Administration ; jugé que l'entreprise n'avait pas à le communiquer au comité d'établissement : « *les informations divulguées, relatives à l'état de santé des intéressés, relèvent de la vie privée* ».
63. Ex. Cass. soc., 23 mai 2007, *Bull. civ.* V, n° 84 : en l'espèce, un employeur avait obtenu du président du TGI qu'un huissier prît connaissance des messages électroniques contenus dans un ordinateur mis à la disposition d'un salarié et susceptibles de constituer des « *manœuvres déloyales tendant à la constitution d'une société concurrente* » ; jugé que cette preuve avait été régulièrement obtenue et que le salarié avait été justement licencié : « *l'employeur avait des motifs légitimes de suspecter des actes de concurrence déloyale [...] (et) l'huissier avait rempli sa mission en présence du salarié* ».
64. Ex. : Cass. civ. 1re, 20 juill. 2002, *Bull. civ.* I, n° 193 ; *RTD civ.* 2003.57, obs. J. Hauser : « *la discipline professionnelle des notaires n'exclut pas la prise en considération d'éléments de la vie privée* » ; en l'espèce, avait été notamment reprochée au notaire « *une insolvabilité durable* ».
65. Cass. civ. 1re, 13 juin 2006, *Bull. civ.* I, n° 305 ; *JCP* G 2006.II.10157, n. crit. E. Dreyer : « *l'arrêt qui a retenu que la salariée avait commis une faute en abusant de la liberté d'expression dans l'exécution de son contrat de travail* » a été justement licenciée pour une cause réelle et sérieuse.
66. Ex. : Cass. soc., 22 janv. 1992, cité *supra*, note 49.
67. Cass. soc., 3 avr. 2001, *Bull. civ.* V, n° 115 ; *D.* 2001.3228, n. C. Puigelier ; la sté de télévision M6 avait informé son personnel que, compte tenu de divers attentats, des agents de sécurité demanderaient l'ouverture des sacs ; jugé qu'était en faute le salarié qui s'y était refusé.
68. P. Waquet, « Loyauté du salarié dans les entreprises de tendance », *Gaz. Pal.* 1996.I.427.
69. Cass. ass. plén., 19 mai 1978, aff. *du cours ste-Marthe, D.* 1978.541, concl. contr. Schmelck : « *Il ne peut être porté sans abus à la liberté du mariage par un employeur que dans des cas très exceptionnels où les nécessités des fonctions l'exigent impérieusement.*
70. Cass. soc., 28 avr. 2006, *Bull. civ.* V, n° 151.
71. Cass. soc., 9 janv. 1963, *Bull. civ.* IV, n° 33 ; *Dr. social* 1963.351, n. J. Savatier ; v. toutefois Cass. soc., 21 sept. 2006, *Bull. civ.* V, n° 285 : « *Le seul risque d'un conflit d'intérêts peut constituer une cause réelle et sérieuse de licenciement* ».
72. Paris, 4 juin 1987, *D.* 1987.610, n. J. Mouly.
73. Lyon, 21 mars 2002, *D.* 2003.1535, obs. L. Marino.
74. Cass. soc., 27 nov. 1991, *Bull. civ.* V, n° 535 ; *D.* 1992.296, n. Y. Picod : « *M. Ferrand, ingénieur-système, avait refusé* (il devait garder son enfant malade) *de se rendre à son lieu de travail un samedi pour assurer la mise en service d'un ensemble informatique alors qu'il était prévenu de cette mission*

religieuses s'y opposent[75] ... une entreprise de gardiennage peut licencier un voleur[76] ... et un employeur peut prohiber un costume déterminé qu'il juge incompatible avec l'accomplissement du travail[77].

317. Oubli et vie privée. — Le temps, en s'écoulant, efface les événements ; on avait cru, un moment, qu'il conférait un droit à l'oubli. La Cour de cassation l'exclut lorsque les faits ont été notoires[78] : l'oubli devient un fait, non un droit.

Les fichiers, surtout informatiques, permettent l'accumulation d'informations et en empêchent le dépérissement : ils confèrent un pouvoir qui jamais n'oublie. Comme dans beaucoup de pays étrangers, la loi du 6 janvier 1978, modifiée, « *relative à l'informatique, aux fichiers et aux libertés* » prévoit (art. 1) que l'informatique ne doit porter atteinte « *ni aux droits de l'homme ni aux libertés individuelles ou publiques* » ; elle interdit l'enregistrement des origines sociales, des opinions politiques et religieuses et de l'appartenance syndicale. Toute personne a droit à l'accès et à la communication des traitements informatiques pour savoir s'ils donnent des informations sur elle. Une autorité administrative indépendante, la « commission nationale de l'informatique et des libertés » (la CNIL), a été instituée pour veiller au respect de ces dispositions (L. 6 janvier 1978, modifiée) ; elle est soumise au contrôle du Conseil d'État[79].

Le droit à l'oubli est pacifiant : c'est lui qui justifie l'amnistie et la prescription. Il a, au contraire, des effets pervers lorsque la morale publique refuse l'oubli et le pardon ; ainsi en est-il des crimes contre l'humanité et des affaires de corruption, où des lois d'amnistie, loin d'avoir été pacifiantes, ont relancé les tensions et les conflits[80].

---

depuis plusieurs mois ; la demande de l'employeur, qui entrait dans le cadre des obligations professionnelles de ce salarié, ne portait pas atteinte à la vie privée de celui-ci ».

75. Ex. : vente de porc par un commis boucher : Cass. soc., 24 mars 1998, *Bull. civ.* V, n° 171 ; *Dr. soc.* 1998.614, n. crit. J. Savatier : « *S'il est exact que l'employeur est tenu de respecter les convictions religieuses de son salarié, celles-ci, sauf clause expresse, n'entrent pas dans le cadre du contrat de travail et l'employeur ne commet aucune faute en demandant au salarié d'exécuter la tâche pour laquelle il a été embauché dès l'instant que celle-ci n'est pas contraire à une disposition d'ordre public* ».

76. Ex. : Cass. soc., 20 nov. 1991, *Bull. civ.* V, n° 512 : « *Si, en principe, il ne peut être procédé au licenciement d'un salarié pour une cause tirée de sa vie privée, il en est autrement lorsque le comportement de l'intéressé, compte tenu de ses fonctions et de la finalité propre de l'entreprise, a créé un trouble caractérisé au sein de cette dernière* » ; en l'espèce, l'employé d'une entreprise de gardiennage (« *qui a l'obligation d'avoir un personnel dont la probité ne peut être mise en doute* ») avait commis un vol à l'étalage chez un client de l'entreprise de gardiennage (« *ce qui avait entraîné un retentissement sur le crédit et la réputation de cette dernière* ») ; jugé que le licenciement pour faute grave était justifié.

77. Ex. : Cass. soc., 28 mai 2003, aff. du Bermuda, *Bull. civ.* V, n° 178 ; *D.* 2003.2718. n. Fr. Guiomard, 2004.176, obs. A. Pousson ; *JCP* G 2003.II.10128, n. D. Corrignan-Carsin : « *La liberté de se vêtir à sa guise au temps et au lieu du travail n'entre pas dans la catégorie des libertés fondamentales* » ; en l'espèce, le salarié avait été licencié parce qu'il entendait venir travailler au bureau en bermuda. V. P. Waquet, « Le bermuda ou l'emploi », *Dr. soc.* 2003.808.

78. Jurisprudence constante et souvent réitérée depuis * Cass. civ. 1re, 20 nov. 1990, *Bull. civ.* I, n° 256 ; *JCP* G 1992.II.21908, n. J. Ravanas : « *Les faits touchant à la vie privée de Mme Monanges avaient été livrés, en leur temps, à la connaissance du public par des comptes rendus de débats judiciaires parus dans la presse locale ; ainsi, ils avaient été licitement révélés et, partant, échappaient à sa vie privée, Mme Monanges ne pouvant se prévaloir d'un droit à l'oubli pour empêcher qu'il en soit, à nouveau, fait état* ». Jugé, en l'espèce, que la maîtresse d'un ancien collaborateur avec les Allemands pendant l'occupation ne pouvait s'opposer au rappel des faits de sa vie privée qui, 40 ans plus tôt, avaient été portés à la connaissance du public par des comptes rendus judiciaires.

79. CE, 28 mars 1997, *D.* 1998, IR, 107 ; *JCP* G 1997.II.22880, concl. J.-D. Combrexelle ; en l'espèce, la CNIL avait classé la plainte déposée par M. Solana qui reprochait à une commune d'avoir exigé d'une association la liste de ses adhérents ; annulation par le CE : « *la communication à l'autorité communale d'une liste nominative des adhérents d'une association [...] méconnaît le principe de la liberté d'association, lequel a valeur constitutionnelle* ».

80. R. Letteron, « Le droit à l'oubli », *RDP* 1996.385 et s.

318. Mort et vie privée. — Le principe est que la protection de la vie privée cesse au décès de la personne mise en cause car les droits de la personnalité sont intransmissibles [81]. Cependant, même après le décès de leur auteur, ses proches peuvent agir en raison du préjudice qu'ils ont personnellement subi [82] ou de l'atteinte à la dignité de la personne humaine [83].

Naguère, plusieurs arrêts avaient au contraire admis que les héritiers pouvaient s'opposer à l'atteinte au respect que l'on devait à un mort et à la publication de son image. Leurs motifs étaient divers : le respect dû à la « vie privée des morts » [84], ce qui était singulier – un mort n'a pas de vie – ; la défense de la mémoire du défunt [85] ; la responsabilité civile [86]. Mais depuis un arrêt de l'Assemblée plénière de la Cour de cassation de 2000, la responsabilité d'un organe de presse ne peut plus être fondée sur l'article 1382, même pour atteinte à la mémoire d'un mort [87]. Sur la *diffamation envers un mort* [88].

319. Satire : droit à l'humour. — La satire combat par le rire les passions des hommes. Les juges la font bénéficier d'une plus grande tolérance que les autres formes d'expression en acceptant une exagération qui est de sa nature [89].

---

81. Jurisprudence plusieurs fois réitérée depuis Cass. civ. 1re, 14 déc. 1999, *Héritiers de François Mitterrand*, *Bull. civ.* I, n° 345 ; *D.* 2000.II.372, n. B. Beignier ; som. 266, obs. Chr. Caron ; *JCP* G 2000.II.10241, concl. C. Petit ; *RTD civ.* 2000.292, obs. J. Hauser : « *Le droit d'agir pour le respect de la vie privée s'éteint au décès de la personne concernée, seule titulaire de ce droit* ». En l'espèce, le dr. Gubler, médecin privé de François Mitterrand, avait publié des informations sur son patient en méconnaissance du secret médical ; jugé que les héritiers de l'ancien président de la République étaient irrecevables à invoquer l'atteinte à la vie privée du défunt ; sur les aspects du *Grand secret* intéressant le secret médical, *infra*, n° 346.
82. Cass. civ. 1re, 22 oct. 2009, n° 08-10557, *Moncorgé c. Michel Lafon et al.*, *Bull. civ.* I, n° 221 ; *Légipresse*, févr. 2010, p. 19, n. G. Sauvage, *RTD civ.* 2010.71, obs. J. Hauser : « *si les proches d'une personne peuvent s'opposer à la reproduction de son image après son décès, c'est à la condition d'en éprouver un préjudice personnel établi, déduit le cas échéant d'une atteinte à la mémoire ou au respect dû au mort* ».
83. Cass. civ. 1re, 20 déc. 2000, aff. *de l'assassinat du préfet Erignac*, cité *infra* n° 338.
84. Cass. crim., 21 oct. 1980, *Jean Gabin*, sol. impl., *Bull. crim.*, n° 262 ; *D.* 1981.72, n. Lindon ; *Rev. sc. crim.*, 1981.878, n. G. Levasseur.
85. Paris, 3 nov. 1982, *Héritiers Matisse c. Antenne 2 et L. Aragon*, *D.* 1983.248, n. R. Lindon : « *Si l'article 9 confère à chacun le droit d'interdire toute forme de divulgation de sa vie privée, cette faculté n'appartient qu'aux vivants et les héritiers d'une personne décédée sont uniquement fondés à défendre sa mémoire contre l'atteinte que lui porte la relation de faits erronés ou déformés, publiés de mauvaise foi ou avec une légèreté excessive* ».
86. *Infra*, n° 344.
87. ** Cass. ass. plén., 12 juill. 2000, *Cons. Erulin*, cité *infra*, n° 344.
88. *Infra*, n° 342.
89. Ex. : Paris, 22 mars 2008, *Charlie Hebdo. Les caricatures de Mahomet*, *Légipresse* 2008.III.107, n. H. Leclerc : « *Le genre littéraire de la caricature, parfois délibérément provocant, participait de la liberté d'expression et de communication des pensées et des opinions* ». En l'espèce, *Charlie Hebdo*, journal satirique, avait publié des caricatures ridiculisant l'intégrisme musulman ; confirmant les premiers juges, la cour a jugé que ces caricatures avaient participé à un débat d'intérêt général, qu'il n'y avait pas eu d'injure à la religion musulmane et qu'elles n'avaient pas dépassé les limites de la liberté d'expression. La CEDH (*Leroy c. France*, cité *supra*, n° 311) a jugé que la caricature « *relève de l'expression politique ou militante* » ; elle doit donc respecter la dignité de la personne humaine.

Elle est licite dans les journaux et les médias satiriques [90], non dans la presse d'information [91]. Pourtant, elle a ses limites.

D'abord, elle ne bénéficie qu'aux *mass medias* parce que, dit la Cour de cassation, eux seuls bénéficient de la liberté d'expression [92]. Surtout, elle ne peut porter atteinte aux droits fondamentaux de la personne : respect de la vie privée, de la dignité de la personne et de ses sentiments intimes [93]. Elle ne doit non plus constituer une injure ou une diffamation, au sens de la loi de 1881 sur la liberté de la presse [94] ; pas davantage elle ne doit avoir d'intention malveillante en discréditant la personne.

320. Presse et vie privée. — C'est surtout par la presse [95] et les autres moyens de communication (les *mass medias* et de plus en plus l'internet [96]) que la vie privée

---

90. * Cass. ass. plén., 12 juill. 2000, *Les guignols de l'info.*, *Bull. civ. ass. plén.* n° 7 ; *D.* 2001.259, n. B. Edelman ; *JCP* G 2000.II.10439, n. A. Lepage ; I.280, n° 7, obs. G. Viney ; *Défrénois* 2002, art. 37535, n. Brun et S. Piedelièvre ; en l'espèce, une émission satirique de télévision faisait dénigrer les automobiles Peugeot par une marionnette figurant Jacques Calvet, alors PDG de la sté Peugeot, qui a agi en responsabilité ; l'Assemblée plénière le débouta : « *Les propos mettant en cause les véhicules de la marque s'inscrivaient dans le cadre d'une émission satirique diffusée par une entreprise de communication audiovisuelle et ne pouvaient être dissociés de la caricature faite de M. Calvet, de sorte que les propos incriminés relevaient de la liberté d'expression sans créer aucun risque de confusion entre la réalité et l'œuvre satirique* ».
91. Cass. crim., 29 nov. 1994, *Bull. crim.*, n° 382 ; *D.* 1997, som. 74, obs. crit. Chr. Bigot ; *JCP* G 1995.IV.644 ; dans une émission d'information, un humoriste avait tenu des propos diffamatoires ; après avoir précisé que « *l'immunité ne saurait être accordée à raison de la seule qualité de bouffon* », la cour d'appel le relaxa : « *Le prévenu en qualité d'humoriste n'avait pas dépassé les limites de la liberté d'expression ni manqué de prudence* ». Cassation : « *Les propos incriminés avaient été proférés dans le contexte d'une émission d'information générale* ».
92. Pour une caricature : * Cass. civ. 1re, 13 janv. 1998, aff. *des épinglettes*, *Bull. civ.* I, n° 14 ; *D.* 1999.120, n. J. Ravanas ; som. 107, obs. Chr. Bigot ; *JCP* G 1998.II.10082, n. G. Loiseau : « *Vu l'article 9 ; selon ce texte, chacun a le droit de s'opposer à la reproduction de son image, et cette reproduction sous forme de caricature n'est licite, selon les lois du genre, que pour assurer le plein exercice de la liberté d'expression ; pour rejeter la demande de M. X. tendant à faire cesser la mise en vente d'épinglettes représentant sa caricature, l'arrêt attaqué retient que le droit à la caricature doit pouvoir s'exercer quel que soit le support utilisé et implique le droit de la commercialiser.* » ; pour une affiche publicitaire parodiant l'eucharistie, cœur du christianisme, Cass. civ. 1re, 14 nov. 2006, *Parodie de la Cène de Léonard de Vinci*, infra, nos 329 et 441.
93. Ex. : Paris, 27 févr. 1989, *D.* 1989, IR, 125 : « *En présentant, sous la forme pour le moins discutable d'une bande dessinée, les victimes de la persécution hitlérienne d'une façon ignoble et odieuse, un éditeur, quelle que soit sa conception esthétique de la représentation de l'horreur, outrepasse à l'évidence et de façon incontestable, les limites de la liberté d'expression sur un tel sujet ; ce faisant, il cause un trouble manifestement illicite aux anciens déportés et à leurs proches, dont des associations défendent l'intérêt collectif.* ».
94. Ex. : Lyon, 8 oct. 2008, *Légipresse*, mars 2009.43, n. L. Lelièvre : « *Le droit à l'humour n'est pas dépourvu de limites, celles-ci étant franchies en cas d'atteinte au respect de la dignité humaine, d'intention de nuire ou d'attaque personnelle* » : en l'espèce, un chroniqueur de télévision avait qualifié un acteur de *mucoviscidose* : il a été condamné pour injure.
95. Même par un simple *titre d'article*, peu important que l'objet de l'article fût autre : Cass. civ. 1re, 7 mars 2006, *Bull. civ.* I, n° 141 ; *D.* 2006.IR.213.
96. La loi de 1881 s'applique à « *tout moyen de communication au public par voie électronique* » (art. 23, L. 21 juin 2004 pour la confiance dans l'économie numérique) ; elle régit l'internet sauf lorsqu'il sert de support à la correspondance privée entre internautes ; N. Mallet-Poujol, « La liberté d'expression sur l'internet : aspects de droit interne », *D.* 2007.591 ; Ex. : responsabilité d'un fournisseur d'hébergement qui avait laissé diffuser sur son site les photos dénudées d'un mannequin : Paris, 10 févr. 1999, *aff. Estelle Hallyday*, *D.* 1999.389, n. appr. N. Mallet-Poujol ; *JCP* G 1999.II.10101, n. appr. Fr. Olivier et E. Barbry : « *En offrant, comme en l'espèce, d'héberger et en hébergeant de façon anonyme, sur le site altern-org. qu'il a créé et qu'il gère [...] Valentin Lacambre (le fournisseur d'hébergement) excède manifestement le rôle technique d'un simple transmetteur d'informations et doit, d'évidence, assumer à l'égard des tiers aux droits desquels il serait porté atteinte dans de telles circonstances, les conséquences d'une activité qu'il a, de propos délibéré, entrepris d'exercer* ». Critiques : P. Auvret, « L'application du droit de la presse au réseau de l'Internet », *JCP* G 1999.I.108.

est menacée : la divulgation de la vie privée porte atteinte à la personnalité. La matière suscite un contentieux important où les juges recherchent un équilibre difficile entre la protection des droits de la personnalité et la liberté de l'information. Leur jurisprudence est évolutive ; la plus récente entend ne pas trop entraver la liberté de l'information par une compréhension large du respect de la vie privée, qui avait donné lieu à des abus. Le principe est donc que les restrictions à la liberté d'expression doivent être interprétées strictement.

À la différence des droits européens qui assurent une égale protection de la liberté d'expression et de la vie privée, le droit américain fait prévaloir la liberté d'expression. Actuellement, en France, les litiges se multiplient pour toutes sortes de raisons : la « péopolisation » des personnalités politiques, la multiplication des fictions littéraires ou cinématographiques, le développement des relations internationales.

321. Plan. — Il n'est pas nécessaire de démontrer la faute du journal (ou des *mass medias*) indiscret – ni son intention malveillante, ni l'inexactitude du commérage – ; peu importe, par conséquent, l'absence de caractère offensant ou la vérité de la divulgation. Il y a atteinte aux droits de la personnalité quand est relaté un événement de la vie privée sans avoir été autorisé par l'intéressé et sans que cet événement soit devenu un fait public. Deux conditions sont donc exigées pour que cette atteinte soit commise : qu'elle ait été accomplie sans autorisation et ne constitue pas un fait public (§ 2) et qu'elle intéresse la vie privée (§ 3) ; des sanctions énergiques sont prévues (§ 4).

§ 2. Absence d'autorisation ; faits non publics

322. Autorisation et publicité du fait. — Chacun peut autoriser la presse à divulguer les événements intéressant sa vie privée ; un certain nombre de personnes n'y manquent pas car elles y trouvent une publicité qui leur convient. Cette autorisation n'a pas besoin d'être expresse et peut être tacite [97] ; par exemple, le déballage de sa vie privée par une autobiographie [98]. Si un fait intéressant la vie privée d'une personne est devenu public, en raison notamment de son comportement ou de ses indiscrétions, la presse peut licitement en informer le public [99], à condition de respecter la personne [100] ; ici comme ailleurs, doit être assuré un équilibre entre la liberté d'information et le respect de la personne : la jurisprudence est donc circonstanciée.

---

97. Cass. civ. 1re, 7 mars 2006, également cité *infra*, n° 336.
98. Cass. civ. 1re, 10 oct. 1995, aff. *du dernier empereur de Chine*, *Bull. civ.* I, n° 355 ; *JCP* G 1997.II.22765, n. appr. J. Ravanas ; la veuve du dernier empereur de Chine avait reproché à l'auteur d'un ouvrage (d'où Bertolucci tira un joli film à succès) d'avoir porté atteinte à la vie privée de son mari ; elle fut déboutée : « *Pu Yi lui-même avait, dans ses écrits autobiographiques, fait état de certains aspects de sa vie intime* ».
99. * Cass. civ. 1re, 3 avr. 2002, *Stéphanie de Monaco*, *Bull. civ.* I, n° 110 ; *D.* 2002.3164, n. appr. Chr. Bigot ; 2003.1543, obs. Chr. Caron, 1943, obs. A. Lepage ; *JCP* G 2003.I.126, n° 11, obs. E. Tricoire ; *LPA*, 6 mai 2002, n. appr. E. Derieux ; *Légipresse*, oct. 2002, n° 195, n. appr. Grég. Loiseau : « *Mme Stéphanie Grimaldi fait grief à l'arrêt confirmatif attaqué d'avoir rejeté sa demande en réparation du préjudice qu'elle estimait avoir subi du fait de la publication par l'hebdomadaire Le Point, d'un article faisant état de circonstances relevant de sa vie privée [...], mais la cour d'appel a fait ressortir [...] que la rupture du couple constituait, non plus une révélation sur la vie privée, mais la relation de faits publics.* » Rejet du pourvoi.
100. * Cass. civ. 1re, 23 avr. 2003, *Stéphanie de Monaco*, *JCP* G 2003.II.10085, n. J. Ravanas ; *D.* 2003.1539, obs. A. Lepage ; n.p.B. ; en l'espèce, *Paris-Match* avait publié un article relatant les infidélités du mari de Stéphanie de Monaco, avec des titres racoleurs. *Paris-Match* a été condamné à des dommages-intérêts.

L'autorisation tacite ou expresse permet de publier l'image, sauf dans deux cas : 1°) si la personne avait sur son image conféré à autrui un monopole d'exploitation ; 2°) si la raison d'être de l'autorisation (sa cause) a été détournée [101].

§ 3. VIE PRIVÉE

Pour déterminer son champ d'application, l'article 9 utilise dans chacun de ses alinéas deux notions distinctes, bien que voisines, la seconde étant plus étroite que la première. La première se réfère à « *la vie privée* », la seconde à « *l'intimité de la vie privée* ».

323. Vie privée et vie publique. — La « *vie privée* » n'est pas définie par la loi [102] ; c'est sur ce point que se polarise l'attention. Le critère traditionnel, encore très vivant, est de définir la vie privée en l'opposant à la vie publique. Aujourd'hui, peu à peu, la méthode change : il s'agit de concilier le respect de la vie privée avec les nécessités de l'information.

Dans la plupart des circonstances et pour la plupart des gens, la distinction est facile à faire : la vie privée se confond avec la vie personnelle et familiale, tandis que relèvent de la vie publique les activités sociales et professionnelles.

L'application de la distinction aux circonstances de la vie n'est pas toujours commode ; la vie personnelle, particulièrement dans les loisirs, est souvent mêlée à la vie sociale ou même publique : le repas au restaurant, la sortie au théâtre, les vacances à l'hôtel, etc. Elle est encore plus difficile à l'égard des personnes dont la vie est de se donner en spectacle permanent : le personnel politique, les vedettes du théâtre et du cinéma, un certain nombre de gens de lettres, d'artistes et de sportifs, tous ceux dont la réussite professionnelle dépend de l'opinion du public ; c'est pour eux que la question se pose le plus souvent. L'exercice d'une activité publique n'empêche pas d'avoir une vie privée, qui n'a pas à être divulguée [103] sauf si elle permet de contribuer à un débat d'intérêt général, jurisprudence approuvée par la CEDH [104].

---

101. *Infra*, n° 336.
102. La CEDH en a tenté une définition : 7 mars 2006, *Evans c. Royaume-Uni*, JCP G 2006.I.164, n° 7, obs. Fr. Sudre : c'est une notion « *englobante [...] comprenant le droit à l'autodétermination* (sic), *le droit au développement personnel et le droit d'établir et entretenir des rapports avec d'autres êtres humains et le monde extérieur* » ; v. aussi CEDH, 16 déc. 1992, *Niemetz c. Allemagne, supra*, n° 312.
103. 1er ex. : **Acteur de cinéma** : Cass. civ. 2e, 5 janv. 1983, aff. *Isabelle Adjani*, Bull. civ. II, n° 4 : « *Comme toute autre personne, les artistes avaient droit au respect de leur vie privée.* » En l'espèce, le journal *le Matin de Paris* avait, dans un article, écrit : « *Dimanche dernier, Mlle Isabelle Adjani était assise à côté de nous ; elle attendrait un bébé que cela ne m'étonnerait pas.* » Jugé que Mlle Adjani avait droit à la réparation du préjudice éprouvé (l'arrêt n'en précise pas les modalités). 2e ex. : **Prince** : Cass. civ. 1re, 27 févr. 2007, *Prince Albert de Monaco*, Bull. civ. I, n° 85 ; D. 2007.2776, n. Chr. Bigot ; *RJPF* 2007-6/17, obs. E. Putman ; *RTD civ.* 2007.309, obs. J. Hauser ; *Légipresse*, n° 241, mai 2007, n. L. Marino : « *toute personne, quel que soit son rang, sa naissance, sa fortune, ses fonctions présentes ou à venir a droit au respect de sa vie privée [...] ; la cour d'appel a exactement retenu l'absence de tout fait d'actualité comme de tout débat d'intérêt général dont l'information légitime du public aurait justifié qu'il faut rendre compte au moment de la publication litigieuse* ». En l'espèce, *Paris-Match* avait révélé l'existence d'un enfant hors mariage procréé par le prince Albert de Monaco, « l'enfant secret » ; il a été condamné à des dommages-intérêts et à la publication de la décision.
104. CEDH, 24 juin 2004, *SAR la Princesse de Hanovre* (Caroline de Monaco) *c. Allemagne*, D. 2004.2358, n. J.-Fr. Renucci ; 2005.340, n. crit. J.L. Halpérin ; JCP G 2005.I.143, n° 10, obs. appr. L. Pech : « *le public n'a pas un intérêt légitime de savoir où la requérante se trouve et comment elle se comporte dans la vie privée* ». La Chambre des Lords, sous l'influence de la Conv. EDH, admet aussi que toutes les personnes, même « publiques » (en l'espèce un mannequin) ont droit à faire respecter leur vie privée par les médias, v. L. PECH, *La liberté d'expression et sa limitation*, th. Clermond-Ferrand, LGDJ, 2003. Ultérieurement, la CEDH a nuancé sa position : 11 janv. 2005, *Sciacca c. Italie*, JCP G 2005.I.159, n° 13, obs. Fr. Sudre : la sphère de la vie privée, est, dit-elle, plus étendue pour une « personne ordinaire » que pour une personne agissant « dans un contexte public » (personnage public ou politique).

324. Critère traditionnel : vie privée et vie publique par nature. — Il y a des faits publics par nature, à cause de leur notoriété [105] ou du caractère public du lieu où ils se sont accomplis [106].

En outre, les événements intéressant la vie privée, même la plus intime, d'un personnage historique décédé peuvent être publiés sans que les héritiers aient la faculté de s'y opposer. Ce que l'on appelle les « droits de l'histoire » [107]. Ce qui ne fait d'ailleurs que déplacer la difficulté, car il n'est pas toujours facile de savoir ce qu'est un personnage historique [108] : c'est la notoriété qui est décisive et elle est fugitive. Le « devoir de mémoire » devient souvent sollicité.

À l'inverse, il existe un certain nombre de faits privés par nature, qui ne peuvent être divulgués qu'avec l'autorisation de l'intéressé.

Par exemple, les amitiés et les amours [109], la vie familiale [110], la santé [111], l'origine, notamment juive [112], l'adresse de ceux qui veulent vivre cachés [113] (sauf lorsqu'ils veulent échapper à leurs créanciers) [114], le comportement privé [115], le changement de nom [116], mais ni « *l'appartenance politique, religieuse ou philosophique* » [117], ni la divulgation du nom lorsqu'elle est un élément

---

105. Ex. : Cass. civ. 1re, 3 déc. 1980, aff. *du Pull-over rouge, Bull. civ.* I, n° 315 ; *D.* 1981.221. En l'espèce, la cour d'appel avait ordonné la suppression de quatre séquences d'un film qui portaient une atteinte à l'intimité de la vie privée des demandeurs ; le film publiait l'histoire douloureuse de parents, dont l'enfant avait été victime d'un crime abominable ; l'histoire avait eu une grande notoriété. Cassation : la cour d'appel « *n'avait pas précisé en quoi les séquences portaient une atteinte à la vie privée des époux Rambla en révélant des faits ayant le caractère d'intimité prévu par l'article 9* ».
106. Ex. : TGI Paris, réf, 8 mai 1974, *Gainsbourg c. Birkin, D.* 1974.530, 2e esp., n. R. Lindon ; jugé que ne relève pas de la vie privée une scène de ménage intervenue dans un studio de la radio en présence d'un certain nombre de personnes.
107. N. Mallet-Poujol, « Diffamation et histoire contemporaine », *Légipresse* sept. 1996, cahier II, p. 97.
108. TGI Paris, 30 juin 1971, *film Z. (Lambrakis), D.* 1971.678, n. B. Edelman, 1re esp. ; *JCP* G 1971.II.16857, n. R. L., 2e esp. : « *La vie et la mort de Lambrakis appartiennent à l'histoire politique de la Grèce et l'importance et la notoriété des faits relatés dans le film litigieux, malgré leur date récente, permettent aux défendeurs de s'en emparer* ».
109. Ex. : Cass. civ. 2e, 25 nov. 1966, aff. *France Gall, Bull. civ.* II, n° 929 ; *Gaz. Pal.* 1967.I.201 ; en l'espèce, a été saisi un journal « *suggérant de façon indiscutable l'existence d'une liaison intime entre la fille mineure du demandeur et un tiers* ».
110. Pour une autobiographie qui raconte des histoires de famille : Cass. civ. 2e, 25 févr. 1997, *Grains d'angoisse, Bull. civ.* I, n° 73 ; *JCP* G 1997.II.22873, n. appr. J. Ravanas : « *L'ouvrage, bien que présenté comme une œuvre de fiction, était en réalité une autobiographie mal déguisée, permettant l'identification aisée des divers protagonistes dans leurs relations psychologiques et affectives au sein du milieu familial* ».
111. Cass. civ. 2e, 12 juill. 1966, *Bull. civ.* II, n° 778 ; *D.* 1966.181, 2e esp. : saisie d'un journal qui avait publié des photos du fils de Gérard Philippe sur son lit d'hôpital ; Cass. civ. 1re, 24 févr. 1993, aff. *du décompte de la folie ordinaire, Bull. civ.* I, n° 87 ; *D.* 1993.614, maintenant Toulouse, 15 janv. 1991, *D.* 1991.600, n. J. Ravanas ; saisie d'un téléfilm qui reproduisait la vie de malades mentaux dans un établissement de soins ; sur cet arrêt, v. aussi *infra*, n° 788.
112. TGI Paris, 6 nov. 1974, *Gaz. Pal.* 1975.I.180.
113. Ex. : Paris, 15 mai 1970, *Jean Ferrat, D.* 1970.466, concl. J. Cabannes : en l'espèce, l'article, agrémenté de photographies, paru dans l'hebdomadaire *France-Dimanche* « *comporte [...] la révélation du domicile de Jean Ferrat, du numéro de la rue, de l'étage, de la situation de l'immeuble, du nom patronymique de l'artiste, de son numéro de téléphone, de la localité dans laquelle se trouve sa maison de campagne ; cette révélation constitue une immixtion d'autant plus inopportune dans la vie privée des époux Tenenbaum* (M. et Mme J. Ferrat) *que l'auteur de l'article incriminé reconnaît que ceux-ci "se cachent bien"* ».
114. Ex. : Cass. civ. 1re, 30 juin 1992, *Bull. civ.* I, n° 213 ; *D.* 1992.241, n. P. Guiho.
115. Ex. : Paris, 19 sept. 1995, *Histoire d'un juge, D.* 1995, IR, 238 : 1°) Publier la photo d'un juge d'instruction célèbre téléphonant d'une cabine téléphonique est une atteinte à ses droits sur son image, rien ne démontrant « *qu'elle est en relation avec les activités professionnelles de ce magistrat* ».
116. Cass. civ. 1re, 7 mai 2008, cité *supra*, n° 315.
117. Cass. civ. 1re, 12 juill. 2005, *Bull. civ.* I, n° 329 ; *JCP* G 2005.IV.3072 ; *RTD civ.* 2006.281, obs. crit. J. Hauser : « *la révélation de l'exercice de fonctions de responsabilité ou de direction au titre d'une*

d'information utile et légitime [118]. La révélation de la fortune d'une personne impose des distinctions ; elle est licite, dit la Cour de cassation, lorsqu'elle ne met pas en cause « *la vie et la personnalité de l'intéressé* » [119] ; la Cour de cassation est attachée aux nécessités de l'information : il est utile que le public soit informé de l'actualité économique et sociale [120] (citoyens à l'égard de leur personnel politique, associés envers leurs dirigeants d'entreprise) ; non celle d'un chanteur [121] ni d'une personne sans « vie publique » [122].

325. Critère moderne : débat d'intérêt général. — À la différence de la CEDH [123] affirmant maintenant que le respect de la vie privée et la liberté d'information ont la même valeur normative [124], la Cour de cassation distingue selon que l'information sur la vie privée constitue ou non « *un débat d'intérêt général* ». Est légitime une information, même lorsqu'elle porte sur la vie privée,

---

quelconque appartenance politique, religieuse ou philosophique ne constitue pas une atteinte à la vie privée » ; en l'espèce, l'hebdomadaire avait publié les noms des « responsables » provinciaux de la Grande Loge nationale (association de francs-maçons) de la Côte d'Azur ; l'hebdomadaire avait été condamné pour atteinte à la vie privée. Cassation.

118. Cass. civ. 2e, 29 avr. 2004, *Bull. civ.* II, n° 201 ; *D.* 2004.IR.1430 ; un journal avait publié le nom d'un policier mis en examen pour corruption ; jugé que cette information était « *légitime* » parce qu'elle était en relation avec « *son activité professionnelle* ».

119. Ex. : Cass. civ. 1re, 30 mai 2000, *Johnny Halliday*, *Bull. civ.* I, n° 167 ; *D.* 2001.1989, obs. L. Marino ; *JCP* G 2001.II.10524, n. B. Montels : « *les informations publiées portaient non seulement sur la situation de fortune, mais aussi sur le mode de vie et la personnalité de M. S.* ». Jugé que le journal qui avait publié ces informations avait porté atteinte à la vie privée de J.H.

120. Ex. : Cass. civ. 1re, 15 mai 2007, *Bull. civ.* I, n° 191 ; *D.* 2007.2773, n. Chr. Bigot ; *JCP* G 2007.II.10155, n. J. Lasserre-Capdeville. En l'espèce, une entreprise avait, lors d'un plan social, réduit la rémunération d'un grand nombre de ses salariés ; un hebdomadaire publia les noms d'autres membres du personnel qui, au contraire, avaient été fortement augmentés ; jugé que cette publication nominative de salaires comparés « *dans le contexte de la polémique ainsi suscitée et relayée par les médias participe de l'actualité économique et sociale de faits collectifs dans lesquels elle s'insère et du droit du public à être informé sur ceux-ci* ».

121. Cass. civ. 1re, 15 mai 2007, n° 06-18456, npB : est une atteinte à la vie privée la publication du « *salaire de celui qui n'est pas une personne publique et ne jouit d'aucun notoriété particulière* ». Chr. Bigot, « La protection de la vie privée des personnalités politiques à la lumière de la jurisprudence récente », *Légipresse* 2007.II.143.

122. CEDH gde ch, 20 janv. 1999, *Le Canard enchaîné c. France*, *D.* 1999, som. 272, obs. N. Fricero, 2e esp. ; *JCP* G 1999.II.10120, n. E. Derieux, I.149, n° 5, obs. B. Teyssié ; en l'espèce, les tribunaux français avaient condamné deux journalistes du *Canard* pour avoir illégalement obtenu les photocopies d'avis fiscaux relatifs à Jacques Calvet, alors PDG des stés d'automobiles Peugeot-Citroën, et les avoir publiées ; condamnation de la France : « *l'écrit litigieux apportait une contribution à un débat public relatif à une question d'intérêt général* » ; sur cet arrêt, v. aussi *supra*, n° 311 et *infra*, n° 345. V. Fl. Deboissy et J. Chr. Saint-Pau, « La divulgation d'une information patrimoniale (à propos de l'affaire *Calvet*) », *D.* 2000, chr. 267.

123. *Supra*, n° 311.

124. * Cass. civ. 1re, 9 juill. 2003, *Le Figaro*, *Bull. civ.* I, n° 172 ; 2004, som. 16336, obs. Chr. Caron ; *JCP* G 2003.II.10139, n° 11, obs. B. de Lamy ; *RTD civ.* 2003.680, obs. J. Hauser ; en cette espèce, Françoise Chandernagor, auteur à succès, devait publier dans le *Figaro littéraire* plusieurs articles constituant une « série de l'été » sur la disparition mystérieuse d'une famille, « *le roman vrai du docteur Y.* » ; après la publication du premier article, les parents d'une des disparues avaient obtenu qu'un tribunal interdise la publication de la suite, en raison de l'atteinte à sa vie privée ; la Cour de cassation commence par une déclaration de principe : « *les droits au respect de la vie privée et à la liberté d'expression revêtant, eu égard aux articles 8 et 10 de la Conv. EDH et 9 C. civ., une identique valeur normative, font ainsi devoir au juge saisi de rechercher leur équilibre et, le cas échéant, de privilégier la solution la plus protectrice de l'intérêt le plus légitime* » ; puis, elle condamne *Le Figaro*, parce qu'il s'agissait d'une œuvre romanesque (*infra*, n° 326). Postérieurement, dans un autre arrêt, elle a refusé que fussent accordés des dommages-intérêts sur le fondement de l'art. 1382, inapplicable aux abus de la liberté d'expression (*infra*, n° 344).

lorsqu'elle est utile à l'intérêt général [125] et ne comporte ni d'outrances, ni d'atteintes à la dignité de la personne ; à l'inverse, la divulgation de la vie privée d'une personne est illicite lorsque cette information n'est pas justifiée par un intérêt général ; en outre, il n'y a pas atteinte à un droit de la personnalité, lorsqu'une information, même portant sur la vie privée, présente un caractère « anodin » [126].

326. Fictions littéraires et artistiques. — L'atteinte aux droits de la personnalité peut être commise dans toutes les œuvres littéraires (romans, biographies, nouvelles, théâtres) et artistiques (peintures, dessins, opéras), qu'elles aient pour objet des événements réels touchant des personnes existantes [127] ou des « fictions » relatant des événements réels [128] ou non, évoquant des personnes aisément identifiables [129], même lorsqu'il s'agit de polémiques politiques [130].

§ 4. Sanctions

L'apport majeur de la loi de 1970 fut d'élargir les sanctions frappant l'atteinte à la vie privée d'autrui (art. 9, al. 2). Non seulement des dommages-intérêts, mais aussi des sanctions en nature telles qu'un communiqué, sanctions qui peuvent se cumuler [131] ; des peines pénales sont aussi prévues.

327. Dommages-intérêts. — Des dommages-intérêts peuvent être accordés sur le fondement de l'article 9 : il n'est pas alors nécessaire de prouver la faute de celui

---

125. Ex. : Cass. civ. 1re, 24 oct. 2006, *Bull. civ.* I, n° 437 ; *D.* 2007.2776, n. L. Marino : « *la révélation (de l'appartenance à la franc-maçonnerie), qui s'inscrivait dans le contexte d'une actualité judiciaire, était justifiée par l'information du public sur un débat d'intérêt général* » v. aussi *supra*, note 117, n° 324.
126. * Cass. civ. 1re, 3 avr. 2002, *Stéphanie de Monaco*, cité *supra*, n° 321 : « *La cour d'appel a fait ressortir* [...] *le caractère anodin des indications portant sur le lieu de la résidence de Mme Grimaldi et sa rencontre avec son époux, ce caractère étant de nature à exclure l'atteinte invoquée* ». Sur cet arrêt v. aussi *supra*, n° 322.
127. Ex. : Cass. civ. 1re, 3 avr. 1984, *Bull. civ.* I, n° 125 : « *le portrait vif d'un délinquant dans son milieu protégé* » [...] ; l'ouvrage se ramenait « *en réalité* [...] *tout au long du livre* », au « *récit de la vie conjugale, du divorce et des rapports après divorce des époux G. C.* » ; la cour ordonne la saisie totale de l'ouvrage de M. G... G. intitulé « J'accuse ».
128. Ex. les « romans de non-fiction » : Cass. civ. 1re, 25 févr. 1997, *Bull. civ.* I, n° 73 : « *l'ouvrage* (intitulé « Graine d'angoisse ») *bien que présenté comme une œuvre de fiction, était en réalité une autobiographie mal déguisée, permettant l'identification aisée de divers protagonistes dans leurs relations psychologiques et affectives au sein du milieu familial.*
129. Ex. Cass. civ. 1re, 7 févr. 2006, *Le Renard des grèves, Bull. civ.* I, n° 59 ; *JCP* G 2006.II.10041, n. Grég. Loiseau ; *Gaz. Pal.* 27 avr. 2007, obs. L. Marino ; *RTD civ.* 2006.279, obs. J. Hauser ; dans un roman policier intitulé le « Renard des grèves », le livre présentait comme ayant été une ancienne prostituée une certaine Gabrielle B. ; la dame S obtint la condamnation de l'auteur à la suppression des passages faisant croire qu'elle était ce personnage. Rejet du pourvoi « *après avoir souverainement relevé l'amalgame auquel conduisait nécessairement les divers points de similitude* [...] *entre le personnage du roman et l'intéressée, la cour d'appel a exactement retenu qu'une œuvre de fiction, appuyée en l'occurrence sur des faits réels, si elle utilise des éléments de l'existence d'autrui, ne peut leur en adjoindre d'autres qui fussent-ils imaginaires, portent atteinte au respect dû à sa vie privée* ».
130. CEDH, 22 oct. 2007, *Lindon et al. c. France, JCP* G 2008.II.10193 ; en l'espèce, se présentant comme un roman intitulé « *Procès de Jean-Marie Le Pen* », un ouvrage avait porté atteinte à l'honneur et à la considération du Front national et de son président, qualifié de « *chef de bande de tueurs* », de « *vampire qui se nourrit de l'aigreur de ses électeurs mais aussi parfois de leur sang* » ; les juridictions françaises avaient condamné ses auteurs pour diffamation : la CEDH a jugé que cette condamnation assurait « *la protection de la réputation et des droits d'autrui* » en poursuivant ainsi « *un but légitime et nécessaire dans une société démocratique* » ; elle a refusé de condamner la France.
131. Cass. civ. 1re, 2 oct. 2007, *RJPF* 2007 12/11, n. E. Putman ; n.p.B. : « *les juges déterminent souverainement les modalités propres à assurer la réparation d'une atteinte aux droits de la personnalité, peu important qu'ils ordonnent alternativement ou cumulativement, une indemnité provisionnelle ou une publication judiciaire* ».

qui a porté atteinte aux droits de la personnalité d'autrui [132] ; la Cour de cassation décide en effet que l'article 1382 est inapplicable aux abus de la liberté de la presse [133].

Quant à la règle de la responsabilité civile selon laquelle l'indemnité devrait être égale au préjudice, elle s'évanouit généralement, bien que la jurisprudence tende de temps à autre à la ressusciter [134]. Si l'atteinte à la vie privée n'avait pas eu pour conséquence de rendre ridicule ou odieuse la personne mise en cause, l'indemnité eût dû être symbolique : un euro de dommages-intérêts ; ce n'est pas toujours ce que fait la jurisprudence [135]. Le juge peut, à la fois, ordonner une astreinte et une publication judiciaire [136]. La CEDH ne veut pas que ces indemnités soient élevées, de façon à ce que soit effective la liberté de la presse [137].

328. Extension du référé. — Le respect de la vie privée est surtout protégé par le juge des référés [138] qui, sans doute, ne touche pas le fond du litige, mais les mesures qu'il prend, pour provisoires qu'elles soient en droit, sont souvent, en fait, définitives, et en tout cas, peuvent affecter sérieusement les droits des intéressés. Le rôle des référés ne cesse en la matière de s'étendre. La jurisprudence antérieure à la loi de 1970 a été consolidée et étendue par l'art. 9, al. 2 nouv. ; la condition d'urgence, fondement de la compétence des référés (C. pr. civ., art. 809, al. 2) a été largement comprise par la Cour de cassation, étant acquise du seul fait qu'il y a eu atteinte aux droits de la personnalité par voie de presse [139].

---

132. Cass. civ. 1re, 5 nov. 1996, *Caroline de Monaco*, *Bull. civ.* I, n° 378 ; *D.* 1997.403, n. S. Laulom, som. 289, obs. P. Jourdain ; *JCP* G 1997.II.22805, n. appr. J. Ravanas : un journal avait publié des révélations sur la vie sentimentale de la princesse ; les juges du fond le condamnèrent à des dommages-intérêts, sans prouver le dommage ni la relation de causalité entre la faute et le dommage. Rejet du pourvoi : « *Selon l'article 9, la seule constatation de l'atteinte à la vie privée ouvre droit à réparation* ».
133. ** Cass. ass. plén., 12 juill. 2000, *Erulin*, cité *infra*, n° 344.
134. Ex. : Versailles, 16 janv. 1998, *Caroline de Monaco*, *D.* 1999, som. 168, obs. Chr. Bigot : « *le préjudice, seul paramètre* (sic) *recevable devant le juge civil* ».
135. C. Piccio et J. de Lassus Saint-Genies, « La réparation de l'atteinte aux droits de la personnalité », *Légipresse* juin 2010, p. 745. Analyse des décisions tendues entre sept. 2009 et mars 2010 par les TGI de Nanterre (195) et de Paris (17e Ch.) (72). Les dommages-intérêts sont d'autant plus élevés qu'est grande la diffusion de l'organe de presse, tapageuse sa mise en scène et discrète la vie privée de la victime ; à l'inverse, ils sont peu élevés si la victime avait fait étalage de sa vie privée (la jurisprudence de ces TGI précise que sa complaisance doit avoir été caractérisée et actuelle).

	Nanterre	Paris
Dommages-intérêts accordés	de 1 à 12 000 euros	de 500 à 15 000 euros
Publication judiciaire demandée	15	12
accordée	2	2
Interdiction republication	20	1
demande accordée	19	0

136. Cass. civ. 1re, 2 oct. 2007, *RJPF* 2007 12/13, n. E. Putman ; n.p.B.
137. CEDH, 13 juill. 1995, *Tolstoy Miloslasky c. Royaume Uni* : la Cour vérifie que « *toute décision accordant des dommages-intérêts présente bien un rapport de raisonnable proportionnalité avec l'atteinte causée à la réputation* ».
138. **Biblio** : P. Kayser, « Les pouvoirs du juge des référés à l'égard de la liberté de communication et d'expression », *D.* 1989, chr. 11 ; E. Derieux, « Référé et liberté d'expression », *JCP* G 1997.I.4053 (qui pèse le pour – surtout – et le contre) ; M.-N. Louvet, « Le référé en droit de la presse », in *Liberté de la presse et droits de la personne*, dir. J.-Y. Dupeux et A. Lacabarats, Dalloz, 1997.87 ; E. Dreyer, « La perversion du référé en matière de presse », *JCP* G 2007.I.171.
139. Cass. civ. 1re, 12 déc. 2000, *Prisma Presse c. époux Smet* (Johnny Hallyday), *Bull. civ.* I, n° 321 cité *infra*, n° 335.

329. Référés ; sanctions en nature ; saisie. — Le juge des référés peut ordonner des sanctions préventives en nature qui font disparaître le préjudice avant qu'il n'apparaisse. La loi ne le prévoit que s'il y a eu « *atteinte à l'intimité de la vie privée* », notion plus étroite que celle de « *respect de la vie privée* » ; pour la présomption d'innocence [140].

La Cour de cassation entend empêcher une dérive des référés, qui doit donc présenter les mêmes garanties qu'offre le juge répressif de la diffamation, notamment le respect du contradictoire [141].

1) Parfois mais rarement, à la demande de la victime, le juge des référés ordonne la saisie ou le séquestre du journal, du livre, de la cassette ou du film ayant commis une atteinte à la vie privée d'une personne. C'est une mesure plus efficace et plus dissuasive pour protéger l'honneur et l'intimité des gens que ne sont les punitions du droit pénal ou l'octroi de dommages-intérêts. Mais elle est extrêmement grave, parce qu'elle restreint la liberté d'expression et ressemble à une censure.

Dans la pratique jurisprudentielle contemporaine, il en faut beaucoup pour que les juges ordonnent la saisie ou le séquestre d'un journal, d'un livre, d'une cassette ou d'un film portant atteinte à la personnalité d'autrui. Ils ne le prononcent que si l'atteinte à l'intimité de la vie privée est d'une « *gravité intolérable, sans pouvoir être réparée par l'octroi de dommages-intérêts* » [142] : ils parlent alors de « *voies de fait* », en quelque sorte des actes de barbarie, touchant à l'ignoble ; sinon, il y aurait une atteinte disproportionnée à la liberté d'expression.

Les tribunaux sont encore plus exigeants lorsqu'il s'agit d'atteinte à l'honneur [143] ou à d'autres sentiments tels que les convictions religieuses ou laïques [144]. Pendant longtemps, ils avaient estimé qu'étaient alors atteints les droits de la personnalité de l'art. 9 ; ainsi, une décision, pour justifier une exécution en nature, avait relevé qu'il y avait eu une « *intrusion agressive [...] dans*

---

140. *Supra*, n° 313.
141. Cass. civ. 2e, 5 févr. 1992, *Kahn et autres c. J. Chr. Mitterand*, Bull. civ. II, n° 44 ; *D.* 1992.442, n. J.-F. Burgelin ; ex. : TGI Paris, réf., 28 oct. 1997, *Léotard, D.* 1998.154, 2e esp., n. appr. J.-Fr. Burgelin ; *JCP* G 1997.II.22964, 2e esp., n. E. Derieux : « *La procédure de référé [...] satisfait aux exigences de prévisibilité et de nécessité de la norme restrictive de la liberté d'expression dès lors, d'une part qu'est laissé à l'auteur des imputations critiquées un délai raisonnable pour lui permettre de soumettre au juge tous les éléments de preuve de nature à corroborer ses allégations et, d'autre part l'intervention contraignante du juge est subordonnée à la constatation d'une agression d'une gravité ou d'une violence extrême, insupportable et irréparable convenablement par une simple mesure de dommages-intérêts* ».
142. * Cass. civ. 1re, 16 juill. 1997, *dr. Gubler*, aff. *du Grand secret* (la maladie de Fr. Mitterrand), cité *infra*, n° 345 « *interdiction de poursuivre la diffusion du livre, prise à titre provisoire [...] dans l'attente d'une décision sur le fond* » ; dans cette affaire la CEDH a condamné la France pour avoir ordonné une interdiction définitive : *ib.*
143. Ex. : Paris, réf., 4 nov. 1985, *Kolingba, D.* 1986, IR, 190, obs. R. Lindon : pour que la saisie d'un livre puisse être ordonnée par le juge des référés en raison d'imputations de caractère politique, il faut que l'atteinte aux droits de la personnalité consiste en « *une agression dont la violence extrême ou la répétition délibérée mettent la personne visée dans l'impossibilité absolue de se défendre et de répondre aux attaques qui lui sont portées, sauf à subir les effets de ce qui ne serait qu'une pure et simple persécution* ». En l'espèce, il s'agissait d'un pamphlet qui attaquait en termes vifs les dirigeants d'une république africaine ; jugé qu'il n'y avait pas lieu à saisie « *lorsqu'il n'apparaît pas de la lecture du livre ni des débats que les atteintes, intrusions ou agressions soient établies* ».
144. Paris, réf., 16 mars 1989, *Thérèse, D.* 1989, som. 299 ; en l'espèce, Alain Cavalier avait produit un film, « Thérèse », relatant la vie de sainte Thérèse de l'enfant Jésus ; la chaîne de télévision Antenne 2 avait eu l'intention de le projeter un soir de Vendredi Saint pour introduire un débat sur « Quand on rencontre Dieu ». A. Cavalier voulut s'y opposer car il n'avait pas voulu faire un film religieux et ne désirait pas qu'on le prit pour un chrétien ; il a été débouté.

le tréfonds intime des croyances »[145]. Maintenant, ils se fondent exclusivement sur la loi du 29 juillet 1881 relative à la liberté de la presse et exigent qu'il y ait eu diffamation ou injure[146].

330. Référés : autres mesures. — 2) Le juge peut aussi ordonner « *toute autre mesure* », par exemple, la coupure d'un film ou d'un livre[147], l'ocultation d'une image[148], la destruction ou le maquillage d'affiches[149] ; le plus souvent, l'insertion d'un communiqué judiciaire[150], bien qu'il produise parfois l'effet contraire[151].

3) Quelques décisions un peu anciennes ont admis des actions préventives tendant à interdire ou à suspendre la publication ou la vente d'un article, ou, d'un livre[152] d'un magazine[153], une émission de télévision[154] ou la projection d'un film. Cette interdiction est provisoire ou définitive, selon qu'il s'agit du juge des référés ou du juge du fond. Il faut que la probabilité du dommage soit

---

145. Ex. : TGI Paris, réf., 23 oct. 1984, *Ave Maria, Gaz. Pal.* 1984.II.727, confirmé par Paris, 26 oct. 1984, *Gaz. Pal.* 1984.I.728 : « *La représentation du symbole de la Croix, dans des conditions de publicité tapageuse et en des lieux de passage public forcé, constitue un acte d'intrusion agressive et gratuite dans le tréfonds intime des croyances de ceux qui, circulant librement sur la voie publique, et ne recherchant aucun contact ou colloque singulier avec une œuvre ou un spectacle se voient hors de toute manifestation de volonté de leur part, nécessairement et brutalement confrontés à une manifestation publicitaire et commerciale* ».
146. Ex. : Cass. civ. 1re, 14 nov. 2006, *La parodie de la Cène, Bull. civ.* I, n° 485 ; *D.* 2007.2072, n. E. Dreyer ; *JCP* G 2007.II.10041, n. Ph. Malaurie : la parodie de la Cène « *n'avait pas pour objectif d'outrager les fidèles de confession catholique, ni de les atteindre dans leur considération en raison de leur obédience* », l'injure constituant une « *attaque personnelle et directe dirigée contre un groupe de personnes en raison de leur appartenance religieuse* », cassant Paris, 8 avr. 2005, *D.* 2005.1326, n. appr. P. Rolland ; *JCP* G 2005.II.10109, n. appr. Ph. Malaurie ; en l'espèce, une affiche publicitaire avait imité la fresque de Léonard de Vinci représentant la Cène.
147. Ex. : TGI Paris, réf., 14 mai 1985, *Valéry Giscard d'Estaing, D.* 1986, IR, 52, obs. R. Lindon ; *Gaz. Pal.* 1985.II.608. En l'espèce, l'ex-empereur Bokassa avait publié un livre où il attaquait la vie privée du Président de la République française. Le juge des référés a ordonné la suppression des « *passages de l'ouvrage incriminé qui constituent autant d'intrusions et d'effractions dans la vie intime de la personne visée* ».
148. Ex. Paris, 28 mai 2009, *Légipresse*, juill. 2009.III.157, n. crit. E. Derieux, janv. 2010, n° 5, obs. L. Renino : le cliché représentait un jeune homme victime du « gang des barbares » : il était indécent, portant atteinte à la dignité humaine et devait donc être occulté, sans qu'il fût nécessaire de saisir l'ouvrage.
149. TGI Paris, réf., 23 oct. 1984, *Ave Maria*, cité *supra*, note 145.
150. Cass. civ. 1re, 5 déc. 2006, *Bull. civ.* I, n° 534 ; *JCP* G 2006.IV.1077 ; en l'espèce, un magazine avait publié les photos d'un présentateur de télévision complètement nu ; le premier juge, devant la gravité de cette atteinte à l'intimité de la vie privée, avait ordonné le retrait des journaux publiés, alors que 261 000 exemplaires avaient déjà été vendus ; en appel, la cour a infirmé et simplement ordonné la publication d'une double page avisant les lecteurs de la condamnation judiciaire ; rejet du pourvoi.
151. Les tribunaux le reconnaissent : ex. : Paris, 27 oct. 1986, aff. *Brigitte Bardot, D.* 1987, som. 140, obs. D. Amson : « *En soulignant combien elle s'honorait d'avoir été condamnée avec d'autres journaux* (remarquez le cynisme du journal), *la société éditrice a par ailleurs détruit les effets de la mesure de publicité ordonnée par le tribunal et privé ses adversaires d'un élément de la réparation qui leur avait été accordée* ».
152. * Cass. civ. 1re, 9 juillet 2003, *Le Figaro*, cité *supra*, note 124, n° 325 : « *L'unique moyen d'empêcher une nouvelle violation de leur intimité* (celle des enfants du docteur Y.) *était de faire défense au journal de poursuivre les publications prévues* ».
153. TGI Paris, réf. 8 janv. 2010, *Légipresse*, févr. 2010.I.27 ; une jeune femme avait accepté de se faire photographier en sous-vêtements transparents et partiellement dénudée, « *afin d'étoffer son book pour sa carrière artistique* » et avait été « *satisfaite du shooting* » ; ultérieurement, elle demanda le retrait de la vente du magazine qui avait publiés ces photos, pour atteinte à sa vie privée. Le juge l'a déboutée : « *Le retrait ne saurait être ordonné, de surcroît en référés, qu'en cas de commissions d'une atteinte intolérable aux droits de la personnalité, qui ne saurait être utilement réparée par aucune autre mesure intervenant a posteriori* ».
154. Paris, 26 févr. 1992, aff. *Touvier, JCP* G 1993.II.22022, n. J.-Ch. Galloux : « *La faculté de recourir à un tel contrôle* (le visionnage préalable d'une émission de télévision, pour voir si l'émission portait atteinte aux droits de la personnalité du demandeur) *doit être limitée aux seuls cas où le péril est suffisamment constitué et manifeste au regard des droits d'une personne* ».

extrêmement sérieuse et irréparable le dommage résultant d'une atteinte aux droits de la personnalité.

331. Droit de réponse. — Toute personne physique ou morale, mise en cause par une publication écrite[155], une émission audiovisuelle[156], internet[157], même sans faute[158], bénéficie d'un droit de réponse (L. 29 juill. 1881, art. 13, modifié), à condition de ne porter atteinte ni aux lois, ni aux bonnes mœurs, ni à l'honneur du journaliste[159], ni à l'intérêt légitime d'un tiers et que la réponse soit en relation avec l'article en cause[160] ; ce droit se prescrit par trois mois[161] comme toutes les actions mettant en cause la liberté de la presse[162]. Il s'agit d'une justice privée, longtemps considérée comme un droit absolu, aujourd'hui soumise au contrôle de l'abus des droits[163].

Limiter le caractère absolu du droit de réponse en restreignant son exercice s'il est abusif risque de produire un effet pervers, en incitant les journaux à systématiquement contester les demandes

---

155. Toute publication, ex : Cass. crim., 28 avr. 1932, *Vincent Auriol, DP* 1932.I.68, n. M. Nast : le droit de réponse « *ne saurait subir aucune restriction* [...] ; *il doit s'appliquer, dès lors, aussi bien aux articles de presse, qu'il s'agisse d'information ou de critique, qu'aux publications de décisions de justice* ». Non une caricature : Paris, 11 sept. 1997, *Le Pen, JCP* G 1998.II.10034, n. B. Beignier.
156. Lorsqu'il s'agit d'une émission de télévision (que la loi qualifie de « communication » audiovisuelle), la L. 29 juill. 1982, art. 6, exige pour l'exercice du droit de réponse qu'il y ait eu une « *imputation susceptible de porter atteinte à son honneur ou à sa réputation* » : Ex. : Paris, 5 mars 2003, aff. *de la directrice de l'École de danse de l'Opéra de Paris, JCP* G 2003.I.178, n° 12, obs. S. Regourd, maintenu par Cass. civ. 1re, 29 nov. 2005, *Bull. civ.* I, n° 459 ; *JCP* G 2006.II.10014, avis J. Sainte-Rose ; *D.* 2007.1045, obs. Th. Massis ; en l'espèce, France 2 avait, dans une émission télévisée, mis en cause Mme Bessy, alors directrice de l'École de danse de l'Opéra de Paris, disant qu'elle était « *responsable de traitements humiliants et indignes infligés aux élèves* » ; Mme B. a obtenu de la cour de Paris une ordonnance faisant injonction à France 2 de diffuser sa réponse. Au contraire, Cass. civ. 2e, 3 juin 2004, *Avocats sans frontières c. Radio-France, Bull. civ.* II, n° 271 ; *D.* 2007.1045, obs. Th. Massis ; dans une émission radiophonique à France-Culture, relative à la Palestine, une journaliste avait critiqué « *un million de juifs en Israël et le lobby juif* » ; le droit de réponse a été refusé à l'association *Avocats sans frontières*, faute « *d'imputations susceptibles de porter atteinte à l'honneur et à la réputation du groupe de personnes qu'entendait défendre l'association demanderesse* ».
157. L. 21 juin 2004 pour la confiance dans l'économie numérique, art. 6 IV qui tient compte des spécificités de l'internet ; v. B. ADER, « Interrogations et incertitudes sur la mise en œuvre du droit de réponse en ligne », *Légipresse* 2007.I/65.
158. Jurisprudence constante ; ex. : Cass. civ. 1re, 29 nov. 2005, *affaire de la directrice de l'École de danse de l'Opéra de Paris*, cité supra, note 156 : « *l'exercice du droit de réponse ne suppose pas que soit caractérisé l'abus commis par le journaliste dans l'exercice de sa liberté d'informer* ».
159. Ex. : Cass. civ. 2e, 5 janv. 1994, *Bull. civ.* II, n° 11 ; *D.* 1995, som. 270, obs. Chr. Bigot ; *JCP* G 1994.IV.603 : « *L'arrêt retient que le texte de la réponse du de X. laissait entendre que l'auteur de l'article du journal n'était pas conscient de ses pouvoirs, qu'il ne réfléchissait pas aux conséquences de ses écrits, qu'il rapportait sans nuance les propos recueillis et proférait des accusations dérisoires* » ; jugé que le journal n'était pas tenu de publier cette réponse. La vivacité de la réponse peut cependant être justifiée par celle de l'attaque : ex. : Cass. crim., 10 mars 1938, *DH*, 1938.341 : jugé qu'était acceptable la phrase suivante de la réponse : « *Je n'attends de vous ni impartialité ni justice* » parce que l'article auquel le demandeur avait répondu lui reprochait « *de n'avoir aucune probité morale et de s'être associé, par ses votes au Parlement, "à une nauséeuse et purulente besogne"* ».
160. Ex. : * Cass. civ. 2e, 24 juin 1998, *Ass. Front National, Bull. civ.* II, n° 218 ; *D.* 1998, IR, 202 ; est mal fondée la demande d'insertion d'une réponse faite par un parti politique, mis en cause à propos d'un crime, qui exposait les éléments de sa doctrine : « *La réponse étant indivisible, l'insertion d'une réponse en partie dépourvue de corrélation avec l'article en cause ne peut être exigée sur le fondement de l'article 13, L. 29 juillet 1881* ».
161. Cass. civ. 2e, 14 déc. 2000, *Bull. civ.* II n° 173 ; *D.* 2000.1344, n. B. Beignier.
162. *Infra*, n° 345.
163. Jurisprudence constante ; ex. : Cass. crim, 3 nov. 1999, *Bull. crim.*, n° 241 ; *D.* 2000, IR 29 : « *constitue un abus de droit le fait de requérir, sur le fondement de l'art. 13 de la loi du 29 juillet 1881, l'insertion d'un texte, qui ne se borne pas à une mise en cause, mais a pour objet d'assurer une présentation générale et de promouvoir les thèses d'un parti politique* ».

d'insertion ; le droit de réponse deviendrait entravé. Même limité, il demeure dissuasif ; les organes d'information le redoutent. Son contentieux révèle, parfois de façon pittoresque, la vivacité des polémiques en France – politiques surtout, mais aussi littéraires, esthétiques, religieuses, syndicales, scientifiques, etc. En cas d'atteinte à la vie privée, certains tribunaux préfèrent le droit de réponse à la décision des référés qui aurait ordonné un rectificatif ; ils l'estiment plus efficace et plus rapide.

332. Incriminations. — La loi du 29 juillet 1881 sur la presse a institué des incriminations spéciales, la diffamation et l'injure [164]. La loi de 1970 en a créé d'autres (C. pén., art. 226-1 à 226-24). Toute publication ou reproduction d'une image qui serait diffamatoire est soumise de la loi de 1881 [165].

Malgré le grand nombre d'actions en justice, la littérature à scandales prospère. Elle est devenue un phénomène de mœurs, sans toutefois atteindre le niveau d'autres pays, tels que la Grande-Bretagne, où dégouline une presse de caniveau. Une situation comparable apparaît dans la protection du droit à l'image, avec une différence, le caractère légitime de certaines commercialisations.

SECTION II
DROIT À L'IMAGE

Sauf les nécessités de l'information, toute personne peut s'opposer à ce que des tiers qu'elle n'aurait pas autorisés reproduisent son portrait ou la photographient ou à plus forte raison, publient son image dans la presse, le cinéma ou la télévision [166]. Le fondement de ce droit (I) permettra d'en comprendre les conditions (II). Les effets sont les mêmes que pour les atteintes à la vie privée.

Le contentieux suscité par ces droits est devenu important, mettant en conflits la liberté d'expression et le respect de la vie privée ; nous vivons dans une société de l'image, devenue essentielle pour l'information mais peut porter atteinte à la vie privée dans ce qu'elle a de plus intime. La conciliation entre ces deux droits est difficile [167] et donne lieu à une jurisprudence abondante, circonstanciée et évolutive, pas toujours facile à comprendre ni à prévoir ; la doctrine est très active ; ses divisions et ses incertitudes n'en font pas un guide sûr ; elle s'attache souvent à son aspect anecdotique.

§ 1. FONDEMENTS

333. Propriété, vie privée ou personnalité ? — Plusieurs fondements ont été proposés pour justifier cette protection : la propriété, le respect de la vie privée, la protection de la personnalité et la dignité de la personne.

---

164. *Infra*, n° 342.
165. Ex. : Cass. civ. 1re, 5 juill. 2005, cité *infra*, n° 337 : « *rien ne permettant de faire une relation entre l'image de M. X et l'affaire traitée dans l'article, la publication de son image n'était pas susceptible de porter atteinte à son honneur et à sa considération* [...] ; *l'article ne relevait* (donc) *pas des dispositions de la loi du 29 juillet 1881* ».
166. **Biblio.** : J. RAVANAS, *La protection des personnes contre la réalisation et la publication de leur image*, th., Aix, LGDJ, 1978, préf. P. Kayser ; Th. HASSLER, « La liberté de l'image et la jurisprudence récente de la Cour de cassation », *D*. 2004.1611.
167. La Cour de cassation décide que ces deux droits ont une égale valeur normative : * Cass. civ. 1re, 9 juill. 2003, *Le Figaro*, cité *supra*, n° 325. Au contraire, la CEDH, lorsqu'il s'agit du « droit à l'image », a, un moment, paru privilégier le respect de la vie privée : 24 juin 2004, *SAR la Princesse de Hanovre* (Caroline de Monaco) c. *Allemagne*, cité *supra*, n° 323.

1°) Généralement, on rapproche le droit à l'image et le droit de **propriété** [168], de la même manière que le droit au nom [169] : l'image d'une personne serait susceptible d'appropriation et de négoce et donc soumise au droit des contrats, notamment la liberté contractuelle [170].

2°) Souvent, on estime aussi que le droit à l'image devrait être rattaché au respect de **la vie privée** [171]. En fait, dans beaucoup de cas, il s'agit de photographies prises sans le consentement de l'intéressé (surtout, en pratique, d'une intéressée) qui le (la) surprennent dans son intimité et portent atteinte à sa vie privée. Ce lien n'est pourtant pas nécessaire et le droit à l'image peut déborder le cadre de la vie privée [172] : la Cour de cassation a d'ailleurs distingué le droit à l'image et la protection de la vie privée [173], même s'il leur arrive de se croiser [174].

§ 2. Conditions

Bien qu'il s'agisse de prérogatives distinctes, le droit à l'image a le même fondement que le respect de la vie privée : les droits de la personnalité ; il en a subi la même évolution, tendant à empêcher l'exploitation abusive qui en a parfois été faite au détriment de la liberté de la presse. Il est ainsi soumis à de nombreuses conditions, établissant un fort encadrement juridique [175]. D'abord, en raison de la nature des choses : une personne ne peut prétendre faire respecter son image que si elle est identifiable (I) et qu'est mise en cause sa vie privée (II). Ce droit disparaît si la reproduction de l'image a été autorisée (III) ou justifiée par les nécessités de l'information (IV), sauf lorsqu'elle porte atteinte à la dignité de la personne (V). Enfin, l'image doit être susceptible d'être protégée (VI).

---

168. Ex. : T. civ. Seine, 10 févr. 1905, *DP* 1905.II.389, 1re esp. : « *La propriété imprescriptible que toute personne a sur son image, sur sa figure, sur son portrait, lui donne le droit d'interdire l'exhibition de ce portrait* ».
169. *Supra*, n° 148.
170. Cass. civ. 1re, 11 déc. 2008 n° 07-19494, *Bull. civ.* I, n° 282 ; *JCP* G 2009.II.10025, n. crit. Gr. Loiseau ; *CCC* 2009, n° 63, obs. L. Leveneur : « *Les dispositions de l'art. 9, seules applicables en matière de cession de droit à l'image, à l'exclusion notamment du Code de la propriété intellectuelle, relèvent de la liberté contractuelle* ». J. Hauser (*RTD civ.* 2010.299) estime que l'image d'une personne est un bien, mais pas un bien ordinaire car il a ses règles propres et n'est pas une marchandise.
171. Chr. Bigot, *D.* 1999, som. 167, obs. sous * Cass. civ. 1re, 13 janv. 1998, aff. *des épinglettes* préc. Ex. : TGI Lille, réf, 4 janv. 2000, *D.* 2001.1503, n. X. Labbée : diffusion par la télévision d'un mariage « naturiste » (tout le monde était nu), sans l'accord de l'intéressée, cinq ans après l'événement : « *l'atteinte à l'intimité de sa vie privée n'étant pas sérieusement contestable* ».
172. Ex. : TGI Paris, réf., 4 avr. 1970, *Georges Pompidou*, *JCP* G 1970.II.16328 : jugé que devait être interdite l'utilisation à des fins de publicité commerciale de la photographie du président de la République ; v. aussi une espèce semblable intéressant Nicolas Sarkozy, *infra*, note 190.
173. Cass. civ. 1re, 12 déc. 2000, *Johnny Halliday*, *Bull. civ.* I, n° 321, arrêt n° 2 ; *D.* 2001.2434, n. Saint-Pau, 1987, obs. Chr. Caron ; *LPA*, 2 févr. 2001, n. E. Derieux ; *Comm. com. électr.* 2001, n° 24, obs. A. Lepage, 1re esp. : « *L'atteinte au respect dû à la vie privée et l'atteinte au droit de chacun sur son image constituent des sources de préjudice distinctes, ouvrant droit à des réparations distinctes* ».
174. Ex. : TGI Paris, 25 févr. 2002, aff. *des Journées mondiales de la jeunesse*, *D.* 2002.2764, obs. crit. Th. Massis ; dans un article publié en 2000, le magazine *L'Express* avait dénoncé le mépris que le christianisme porterait à la femme ; il l'avait illustré par une photo prise à Paris en 1997 lors des *Journées mondiales de la jeunesse*, de trois jeunes femmes priant à genoux dans la rue. Deux agirent contre le magazine. 1) Sur le droit à l'image, elle furent déboutées : « *La publication d'une photographie en illustration directe d'un événement public [...] doit être admise, non seulement au moment même de la survenance de cet événement, mais également lors du rappel qui en est fait, pour les nécessités du droit à l'information* ». 2) Au contraire, sur l'atteinte à la vie privée, leur action fut accueillie : « *le rapprochement entre les deux éléments : 1) l'article stigmatisant l'Église (où les femmes seraient rétrogrades) ; 2) la photo (trois femmes à genoux) fait ressortir une dénaturation de l'image de Mme Anne-Sophie X. et Anne Y., en ce qu'elles sont associées à des propos ayant pour conséquence de les dévaloriser* » ; cf. aussi Cass. civ. 1re, 30 mai 2000, *Johnny Halliday*, cité *supra*, n° 333.
175. Th. Hassler, « La liberté de l'image et la jurisprudence récente de la Cour de cassation », *D.* 2004.1611.

I. — Identification de la personne

334. La personne doit être reconnaissable. — Il ne peut y avoir atteinte à l'image d'une personne que si elle l'identifie ; une image anonyme ne porte atteinte au droit de quiconque.

Il n'est pas nécessaire qu'un nom désigne l'image ; il suffit que la personne soit discernable. Pendant longtemps, cette exigence était passée inaperçue et n'avait soulevé guère de contentieux, sans doute parce qu'elle était évidente : pas d'intérêt, pas d'action. Elle est maintenant affirmée par la Cour de cassation « *à défaut d'identification de la personne représentée, l'atteinte à la vie privée et à l'image n'était pas constituée* »[176].

II. — Atteinte à la vie privée

335. Monopole d'exploitation ; vie privée ; droit à l'information. — Le droit à l'image et sa protection obligent la jurisprudence à concilier les diverses antinomies classiques : la valeur patrimoniale que peut représenter l'image d'une personne, l'autorisation de la publier, la notion de vie privée le respect de la dignité et surtout le droit à l'information.

1°) Lorsque l'image d'une personne fait l'objet d'un monopole d'exploitation parce que cette personne par son activité professionnelle en a fait une valeur pécuniaire, sa reproduction sans son autorisation[177] constitue une atteinte à ses droits patrimoniaux, même si elle ne touche pas à sa vie privée[178]. Il y a aussi une atteinte à l'image d'une personne sans que pour autant sa vie privée ait été atteinte lorsque la reproduction en a été faite avec l'intention de lui causer préjudice, par exemple, en la ridiculisant[179] ; v. toutefois *la caricature et la satire*[180].

---

176. Cass. civ. 1re, 21 mars 2006, *Bull. civ.* I, n° 170 ; *JCP* G 2006.IV.1886 ; *D.* 2006, *Panorama*, 2702, obs. A. Lepage ; *RTD civ.* 2006.535, obs. J. Hauser ; un magazine, sous le titre « *Photos porno de l'actuelle femme de P... haut magistrat français* », avait publié « *trois clichés d'une femme "très déshabillée", la face totalement cachée, avec l'indication que son mari est président de chambre dans une cour d'appel du Sud de la France, et le commentaire que "l'ex-prostituée a ainsi réussi sa reconversion"* » ; une femme affirmant qu'elle était en cause a assigné l'éditeur ; elle a été déboutée et la Cour de cassation a rejeté le pourvoi : « *le magazine avait d'une part "pixellisé" le visage de la femme photographiée, occulté les noms, prénoms, adresses, numéros de téléphone des deux personnes mentionnées, et passé sous silence la localisation de la juridiction d'exercice du mari, d'autre part, s'était abstenu de communiquer les références des sites où tous ces éléments étaient disponibles et, enfin, leur consultation était donc nécessaire pour établir le lien entre Mme R. et la femme présentée dans la revue [...] ; la cour d'appel a pu admettre qu'à défaut de possibilité d'identification de la personne représentée, l'atteinte à la vie privée et à l'image n'était pas constituée* ».
177. L'étendue des droits conférés au photographe par l'autorisation dépend de la convention : Cass. civ. 1re, 20 mars 2007, *Bettina Rheims, Bull. civ.* I, n° 125 ; *JCP* G 2008.II.10204, n. Grég. Loiseau ; *RJPF* 2007-6/15, obs. crit. E. Putman : « *Le modèle* (un mannequin) *ne pouvait réclamer une rémunération non prévue par les usages ou les accords initiaux* ». En l'espèce, Bettina Rheims, photographe d'art, avait obtenu de Céline Dubois, comédienne, mannequin et présentatrice de télévision, le droit « *de la photographier nue et d'utiliser les clichés ainsi pris d'elle ce jour à toutes fins d'édition, de publication ou d'exposition, avec autorisation de cession desdits droits* ». Un an après, Bettina R. publia « *un livre d'art* » reproduisant ces clichés. Jugé que Céline D. ne pouvait obtenir, à cet égard, de nouvelles contreparties financières.
178. Ex. : Cass. civ. 1re, 12 déc. 2000, *Johnny Halliday*, cité *supra*, note 173, n° 333.
179. Cass. civ. 2e, 5 mars 1997, *Bull. civ.* II, n° 66 ; *D.* 1998.474, n. appr. J. Ravanas ; en l'espèce, la cour d'appel avait débouté la personne photographiée : « *La relation dans un article de presse de la participation d'une personne à une soirée privée ne saurait, par elle-même, être constitutive d'une faute* ». Cassation : « *En statuant ainsi, sans relever s'agissant d'une réunion à caractère privé, que M. X avait donné son accord à la publication d'une photographie d'amateur, le représentant accompagné d'une légende révélant son identité, la cour d'appel n'a pas donné de base légale à sa décision* ».
180. *Supra*, n° 319.

2°) La reproduction de l'image d'une personne sans son autorisation constitue une immixtion irrégulière du seul fait qu'elle a eu pour objet sa vie privée [181].

3°) Le droit à l'image cède devant la liberté d'expression lorsque l'image illustre une information d'intérêt général mais, sans porter atteinte à la dignité de la personne [182].

III. — Absence d'autorisation

Pour qu'une publication porte atteinte au droit qu'une personne a sur son image, il faut, comme au cas d'atteinte à la vie privée, qu'elle ait été faite sans son autorisation. Celle-ci peut avoir été expresse ou tacite.

En outre, dans certains cas, la loi permet une atteinte au droit à l'image ; ainsi, celle du 11 juillet 1985 autorise l'enregistrement audiovisuel ou sonore d'audiences judiciaires lorsqu'il présente un intérêt pour « *la constitution d'archives historiques de la justice* » [183]. De même, les limites que la jurisprudence récente a apportées au respect de la vie privée lorsqu'un fait est devenu « public » à l'instigation de l'intéressé [184] sont transposables, mais ne se présentent pas de la même manière : ce qui limite le droit à l'image, c'est le « droit à l'information », qui permet de publier sans autorisation l'image d'une personne « *impliquée dans un événement* » [185].

336. Autorisation expresse ou tacite. — Lorsqu'une personne donne expressément son autorisation à la reproduction de son image, cette autorisation est valable, mais limitée à son objet [186] et à sa cause [187].

Cette autorisation peut être tacite [188] ; la presse et la télévision ont un devoir et une liberté d'information, sauf pour les artistes-interprètes, dont l'image ne peut être reproduite qu'avec leur autorisation écrite (C. prop. intell., art. L. 212-3) ; elle produit les mêmes effets que toute autre autorisation relative à l'image : elle est limitée à son objet et à sa cause, c'est-à-dire qu'elle ne peut servir qu'à l'information [189].

---

181. Ex. : Cass. civ. 1re, 12 déc. 2000, *Johnny Hallyday*, cité *supra*, n° 328, « *la seule constatation de l'atteinte au respect de la vie privée et à l'image par voie de presse caractérise l'urgence et ouvre droit à réparation* ». Dans cette affaire, la CEDH, 1er juill. 2003, *sté Prisma presse c. France*, JCP G 2005.I.143, n° 9, obs. B. de Lamy a refusé de condamner la France : « *l'article édité par la requérante, ayant pour seul objet de satisfaire le curiosité d'un certain public sur l'intimité de la vie privée des époux concernés, ne saurait passer pour contribuer à un quelconque débat d'intérêt général pour la société, malgré la notoriété de ces personnes* ».
182. Ex. : TGI Paris, référé, 30 avril 2010, *Zahia D. c. SNC VSD*, Légipresse juin 2010.66 : jugé qu'il n'y pas atteinte au droit à l'image dans la publication de photographies illustrant un article relatif à une procédure judiciaire exposant qu'une jeune femme se livrait à la prostitution depuis l'âge de 16 ans avec des « *stars du football* » ; v. aussi *infra*, n° 337.
183. Ex. : Cass. crim., 16 mars 1994, aff. *Touvier*, JCP G 1995.II.22547, n. J. Ravanas.
184. *Supra*, n° 322.
185. *Infra*, n° 337.
186. Ex. : Cass. civ. 1re, 14 juin 2007, aff. *du Téléthon*, Bull. civ. I, n° 236 ; D. 2007.2778, obs. L. Marino ; JCP G 2007.II.10158, n. M. Brusorio-Aillaud ; RJPF, 2007.10/13 ; Légipresse 2007.143, n. A. Brégou ; en l'espèce, des enfants atteints de graves maladies avaient participé volontairement à une émission de télévision destinée à « *sensibiliser* [le public] *au financement de la recherche thérapeutique sur les pathologies concernées* » ; jugé qu'était condamnable l'utilisation sans autorisation d'une de ces images dans un manuel scolaire : « *la publication de l'image dont s'agit, utilisée dans une perspective différente de celle pour laquelle elle avait été réalisée, exigeait le consentement spécial des intéressés* ».
187. Ex. : Cass. civ. 1re, 30 mai 2000, *Johnny Halliday*, cité *supra*, n° 335.
188. Cass. civ. 1re, 7 mars 2006, Bull. civ. I, n° 139 ; D. 2006, Panorama, 2703, obs. A. Lepage : « *Le consentement à la diffusion d'images de la personne ou de faits de sa vie privée peut être tacite* ».
189. Ex. : Paris, 3 avr. 1987, aff. *Laurent Fignon*, D. 1987, som., 384, 1re esp. : « *Lorsque les photographies géantes d'un coureur cycliste ont servi de supports publicitaires à une marque de cycles*

IV. — Droits à l'image, à l'information et à la création artistique

337. Image, information et création artistique. — Le droit à l'image est absolu [190], sauf (la limite est importante) les nécessités de l'information et de la création artistique [191], à la condition que ce droit n'ait pas été abandonné [192].

Quand une personne est impliquée dans un « événement » [193] ou que son image peut éclairer un « fait de société » [194] (cette jurisprudence paraît abandonnée [195]) et que l'image est en relation avec l'information [196], le droit du public à être informé l'emporte sur le droit de la personne sur son image [197]. Mais la publication de l'image d'une personne se trouvant dans une manifesta-

---

et à une marque d'automobiles, l'éditeur d'un poster ne peut invoquer le droit à l'information pour justifier le fait qu'il n'a pas sollicité du coureur l'autorisation de reproduire son image ».
190. TGI Paris, réf. 4 avr. 1970, *Georges Pompidou*, cité supra, note 172 : « *toute personne a sur son image et sur l'utilisation qui en est faite un droit exclusif* » ; 5 février 2008, *Nicolas Sarkozy c. Ryanair Ltd.*, *JCP* G 2008 Act. 117, obs. crit. E. Derieux ; *Légipresse* 2008.III.66, n. appr. A. Hazan (du même jour, contre le même défendeur et *Carla Bruni Tedeschi*, avec le même motif, sauf le mot de « statut ») « M. Nicolas Sarkozy a sur son image quels que soient son statut et sa notoriété, un droit exclusif et absolu » : jugé que le Président de la République pouvait s'opposer à l'exploitation publicitaire de son image sans son accord.
191. Ex. : Paris, 5 nov. 2008, *Isabelle de Chastenet de Puységur c. F. M. Banier*, D. 2009.479, n. Chr. Bigot ; *Légipresse*, mars 2009.57 : « *une dame assise seule sur un banc public, utilisant son téléphone portable, son chien assis à ses côtés* » avait été photographiée à son insu pour figurer dans un album de photos « Perdre la tête » : jugé qu'elle n'avait pas droit à la protection de son image, car il s'agissait d'une création artistique qui n'était pas contraire à la dignité de la personne ou revêtant pour elle des conséquences d'une particulière gravité.
192. Cass. civ. 1re, 13 nov. 2008, *Être et avoir*, Bull. civ. I, n° 259 ; *Légipresse* 2009.12. obs L. Marino ; *JCP* G 2008.IV.2984 ; en l'espèce, un instituteur avait accepté de participer avec sa classe à un film documentaire relatant la vie quotidienne d'une classe dans une école (« Être et avoir ») : il prétendait avoir un droit sur son image et sur la création artistique ; il fut débouté avec l'approbation de la Cour de cassation : « *par son comportement l'intéressé avait tacitement mais sans équivoque consenti à la diffusion de son image sous quelque forme que ce soit* ».
193. Jurisprudence souvent réitérée depuis Cass. civ. 1re, 20 févr. 2001, *attentat de la gare St Michel du RER*, Bull. civ. I, n° 42 ; D. 2001.1199, 1re esp., n. J. P. Gridel ; 1190, obs. A. Lepage ; *JCP* G 2001.II.10533, n. J. Ravanas : « *Vu l'article 10 de la Conv. EDH, ensemble les articles 9 et 16, C. civ. ; la liberté de communication des informations autorise la publication d'images des personnes impliquées dans un événement sous la seule réserve du respect de la dignité de la personne humaine* ».
194. Cass. civ 2e, 4 nov. 2004, Bull. civ. II, n° 480 ; D. 2005.696, n. I. Corpart et 2648, obs. Chr. Bigot ; *JCP* G 2004.II.10186, n. crit. D. Bakouche. En l'espèce, afin de montrer les dangers des accidents de la route encourus par les « deux-roues », *Paris-Match* avait publié la photo « *d'un jeune homme inanimé, étendu et à demi-dévêtu sur un brancard, le visage ensanglanté* » : la cour d'appel avait condamné le magazine, notamment parce que « *l'article ne relatait pas un fait d'actualité mais était consacré à un phénomène de société* ». Cassation : « *le principe de la liberté de la presse implique le libre choix des illustrations d'un débat général de phénomène de société sous la seule réserve du respect de la dignité de la personne humaine* ». La « dignité de la personne » avait été comprise autrement dans l'*affaire du préfet Erignac*, infra note 202.
195. Cass. civ. 1re, 14 juin 2007, *aff. du Téléthon*, cité supra, n° 336 : pour être licite, la publication d'une image illustrant un « fait de société » suppose que soient cachés ou brouillés les visages afin qu'ils ne puissent être identifiés.
196. Ex. de photos en rapport avec l'événement : Cass. civ. 2e, 11 déc. 2003, Bull. civ. II, n° 385 ; D. 2003.2597, 1re espèce, n. Chr. Bigot : « *la photographie litigieuse, prise au cours d'une manifestation publique contre le PACS, était en relation directe avec l'article publié et la légende qui l'accompagnait exprimait un commentaire également en relation directe avec cet événement* ». Cette règle ne s'applique pas aux photographies publiées qui n'ont pas été prises par un journaliste : Rouen, 21 oct. 2009, *JCP* G 2009, n° 285, n. C. Brière.
197. Toutefois Cass. civ. 1re, 5 juill. 2006, Bull. civ. I, n° 362 ; *JCP* G 2006.IV.2696 ; après avoir relevé : « *que l'implication d'une personne dans un événement fait échec à son droit exclusif de s'opposer à la diffusion de son image sans son consentement spécial* », la Cour relève : « *que le personnage filmé n'était en rien concerné par le sujet évoqué* » (contrôles d'identité par la police dans une

tion [198] ou un lieu public n'est pas soumise à autorisation lorsque la personne n'est pas isolée du milieu dans lequel elle se trouve [199] ; une photo prise au téléobjectif ou dans un jardin privé est une atteinte au droit à l'image [200]. Il faut, comme toujours, que la publication de l'image respecte « *la dignité de la personne humaine* ».

V. — Respect de la dignité de la personne

338. La seule limite à la liberté d'expression ? — La liberté d'expression permet la publication d'une photo sans l'autorisation de l'intéressé du moment qu'elle est en rapport avec l'information, même lorsqu'elle touche à sa vie privée [201] si elle ne porte pas atteinte à la dignité de sa personne [202], que les juges doivent expliciter [203].

Appliquant la loi de 1994 relative à la présomption d'innocence [204], la Cour de cassation interdit aussi la reproduction de l'image d'une personne placée en détention provisoire, sans son

---

zone de délinquance), *il appartenait à la chaîne de télévision d'éviter qu'il fût reconnaissable lors de la projection ultérieure à l'écran* ».
198. Versailles, 31 janv. 2002, *D.* 2003.1523. obs. Chr. Caron : la publication photographique d'une manifestation publique ne nécessite pas d'autorisation particulière des personnes photographiées, sauf pour les manifestations homosexuelles, lorsque cette publication n'est pas justifiée par l'information du public ; comp. pour la publication d'une manifestation religieuse (Journ. mond. de la jeunesse), où ce ne fut pas la photo qui fut contestée, mais son commentaire (*supra*, n° 333).
199. Cass. civ. 1re, 25 janv. 2000, *Bull. civ.* I, n° 27 ; *D.* 2000, som. 270, obs. Caron ; *JCP* G 2000.II.10257, concl. J. Sainte-Rose : « *Rien ne venait isoler M. N. du groupe de personnes représentées sur la photographie, centrée non sur sa personne, mais sur un événement d'actualité, auquel il se trouvait mêlé par l'effet d'une coïncidence due à des circonstances tenant exclusivement à sa vie professionnelle* » : pas d'atteinte au droit à l'image. Épreuve contraire : Cass. civ. 1re, 12 déc. 2000, *Bull. civ.* I, n° 322 ; *D.* 2001.2064, n. J. Ravanas ; *JCP* G 2001.II.10572, n. S. Abravanel-Joly : « *L'image de l'enfant était isolée de la manifestation au cours de laquelle elle* (la photo) *avait été prise* » ; jugé que la publication de cette image aurait dû être autorisée par les parents.
200. Cass. civ. 1re, 23 avril 2003, *Stéphanie de Monaco, D.* 2004.1854, 2e esp., n. Chr. Bigot ; n.p.B.
201. *Contra* : CEDH, 24 juin 2004, *SAR La Princesse de Hanovre* (Caroline de Monaco), cité *supra*, note 104.
202. Comme le montrent les photos publiées par les journaux : elles sont contraires à la dignité de la personne quand elles sont « indécentes ». Ex. : * Cass. civ. 1re, 20 déc. 2000, aff. *de l'assassinat du préfet Erignac, Bull. civ.* I, n° 341 ; *D.* 2001.285 ; 872, chr. J.P. Gridel ; som. 1890, obs. A. Lepage ; *JCP* G 2001.II.10488, concl. J. Sainte-Rose, n. J. Ravanas ; jugé que la publication de la photo du préfet assassiné, ensanglanté et gisant dans un caniveau, portait atteinte à la dignité de la personne humaine et que les héritiers pouvaient imposer au journal la publication d'un communiqué ; décision approuvée par CEDH, 14 juin 2007, *Hachette Filipacchi associés c. France, JCP* G 2007.II.10168, n. E. Derieux, I 182, n° 10, obs. Fr. Sudre. Dans une autre affaire, il ne s'agissait pas d'indécence, mais d'atteinte aux droits de la personnalité méconnaissant la dignité humaine : Paris, 28 novembre 2008, aff. *de la poupée Vaudou, D.* 2009.610, n. B. Edelman ; *JCP* G 2009.II.10026 n. Derieux ; *Légipresse* 2009.13, n. L. Marino ; *RTD civ.* 2009.93, obs. crit. J. Hauser ; en cette espèce, avait été mise en vente une poupée au visage du Président Sarkozy dont le possesseur pouvait piquer tout ce qui évoquait les paroles du président de la République : « *le fait d'inciter le lecteur* (acquéreur de la poupée) *à avoir un rôle actif* (sic) *en agissant sur une poupée dont le visage est celui de l'intéressé* [...] *outrepasse à l'évidence les limites admises, constitue une atteinte à la dignité de cette personne* ». Sur une autre espèce intéressant le droit à l'image du Président Sarkozy, *supra*, note 190. V. aussi l'occultation d'une photo d'une victime portant atteinte à la dignité humaine *supra*, n° 330 (aff. du *gang des barbares*).
203. Cass. civ 2e, 4 nov. 2004, cité *supra*, note 194, n° 336 : la cour d'appel avait condamné le magazine, notamment parce que la photo « *portait atteinte à la dignité de la victime* ». Cassation : la cour d'appel « *n'avait pas "caractérisé" l'atteinte portée par* (la photo) *à la dignité de la victime* ».
204. *Supra*, n° 313.

autorisation [205]. De même, avec l'approbation du Conseil d'État [206], le Conseil supérieur de l'audiovisuel a condamné une association, dont l'émission radiophonique incitait les auditeurs à multiplier leurs témoignages sur des cadavres venant d'être découverts.

VI. — Images protégées

Le droit à l'image doit être respecté quel qu'en soit le support : photo, film, télévision, dessin, affiche, caricature, mais suppose une divulgation de l'image ; il s'étend à la voix humaine et même, curieusement, à l'image d'un bien.

339. Images divulguées. — La plupart des décisions relatives au droit à l'image intéressent la divulgation – notamment par la publication – de l'image d'autrui. Le simple fait de photographier autrui (ou, pour employer le langage abstrait du droit pénal, de « *fixer l'image d'autrui* ») relève surtout du droit pénal ; il ne constitue une infraction que si la personne se trouve dans un *lieu privé* (C. pén., art. 226-1). Dans un *lieu public*, elle s'expose en effet aux regards de tous ; chacun peut donc la photographier, sauf si elle s'y est opposée. En droit civil, la question ne paraît s'être posée qu'à l'égard des photographes ambulants, qui ont pu invoquer la liberté du commerce et de l'industrie [207].

340. Voix. — L'individu n'a pas seulement droit à son image ; la protection a été étendue à la voix, complémentaire de sa personne [208], à la condition qu'elle ait pu être identifiée [209]. Son régime juridique présente le même double aspect que celui du droit à l'image, à la fois droit de la personnalité et élément du patrimoine.

Jugé que constituait une atteinte aux droits de la personnalité... l'imitation de la voix d'un comédien connu dans un dessin animé [210] ... ou l'utilisation commerciale non autorisée de la voix d'un homme public [211]. La voix peut en effet, comme l'image ou le nom de famille, faire l'objet

---

205. Cass. crim., 8 juin 2004, *Alfred Sirven*, *Bull. crim.*, n° 156 ; *JCP* G 2006.II.10006, n. L. André : « *la diffusion de l'image d'une personne identifiée ou identifiable, sans autorisation de celle-ci, faisant apparaître qu'elle est placée en détention provisoire est prohibée par l'art. 35 ter de la loi du 29 juillet 1881, peu important les commentaires qui accompagnent la publication de la photographie et la circonstance qu'un autre journal ait publié une photographie identique avec le consentement de la personne concernée* ».
206. CE, 30 avr. 2006, *D.* 2007.1105, obs. J.-Chr. Galloux et H. Gaumont-Prat ; *RTD civ.* 2006.736, obs. J. Hauser.
207. J. Carbonnier, n. *D.* 1950.712, sous T. com. Grasse, 8 févr. 1950 ; CE, 22 juin 1951, *D.* 1951.589.
208. J. Cocteau, Opéra, *La voix humaine* (1925), musique de Fr. Poulenc (1958) : en un monologue, la voix et la musique expriment la douleur et la solitude de la passion amoureuse ; pendant 1 h 1/2, une femme téléphone à celui qu'elle aime ; la voix ignore les réponses mais les laisse supposer.
209. Paris, 22 janv. 2001, *D.* 2002.2375, obs. A. Lepage.
210. TGI Paris, 3 déc. 1975, *Cl. Piéplu*, *D.* 1977.211, n. R. Lindon ; *JCP* G 1978.II.19002 : « *La voix constitue l'un des attributs de la personnalité ; toute personne est en droit d'interdire que l'on imite sa voix dans des conditions susceptibles de créer une confusion ou de lui causer tout autre préjudice* ».
211. TGI Paris, réf., 3 juill. 1977, *Léon Zitrone*, *D.* 1977.700, n. R. L. : « *Est répréhensible l'usage à des fins commerciales de la voix d'un personnage facilement identifiable en raison de sa notoriété et du caractère public de son activité, alors qu'elle a été captée abusivement au cours d'une conversation téléphonique de caractère privé sans le consentement de l'intéressé ; en l'espèce, un tel abus constitue une atteinte au respect de l'intimité de la vie privée de Léon Zitrone* (un speaker de la télévision) *et lui cause un dommage qui ne pourrait être réparé par l'octroi ultérieur de dommages-intérêts ; ainsi y a-t-il urgence à ordonner la suppression du passage incriminé...* ». En l'espèce, les « amis de la Terre » avaient capté frauduleusement une communication téléphonique privée de Léon Zitrone, le présentant comme « *un de ces bâteleurs à mauvaise conscience de la télévision bête et prétentieuse* » et l'avait reproduite en cassette, bien entendu sans l'autorisation de l'intéressé. Jugé que les cassettes devaient être saisies.

d'un monopole d'exploitation susceptible d'être organisé par des contrats [212], par exemple, pour une cantatrice célèbre [213].

341. Image des personnes et des choses. — La jurisprudence avait, un moment, transposé aux choses le droit qu'une personne porte sur son image en affirmant que l'image d'une chose était susceptible d'appropriation ; elle s'est ensuite cantonnée au droit de la responsabilité civile [214]. Le propriétaire d'un immeuble ne peut donc s'opposer à l'exploitation commerciale des photographies de son bien que lorsqu'elle lui cause un préjudice anormal [215] ; son droit sur l'image de son bien relève des règles de la responsabilité civile mais ni des droits de la personnalité, ni du droit de propriété.

Initialement, seule l'image d'une personne pouvait être protégée, non celle d'une chose, parce qu'il s'agissait d'un droit de la personnalité, qu'une chose n'était pas une personne et inversement qu'une personne n'était pas une chose malgré sa réification contemporaine. Puis, dans une innovation jurisprudentielle, la Cour de cassation avait décidé que le propriétaire d'un immeuble pouvait, en raison de son droit de propriété, s'opposer à ce que son bien fût photographié et reproduit [216] : des arrêts ultérieurs avaient cantonné ce droit de diverses manières avant de l'abandonner en faisant appel au seul droit de la responsabilité civile sur le fondement du trouble anormal [217].

Section III
DROIT À L'HONNEUR

L'honneur est un sentiment complexe, celui que chaque personne se fait de sa dignité et celui que les autres s'en font. Chacun a le droit d'exiger que les tiers le respectent parce que chacun a le droit d'être respecté.

Ce droit est protégé par un faisceau de règles étroitement enchevêtrées et se concurrençant : droit pénal et droit civil, droit commun et droit spécial de la presse.

342. Incriminations de presse : injure, diffamation et discrimination. — Contre les atteintes par voie de presse à l'honneur d'une personne identifiable [218],

---

212. M. Serna, « La voix et le contrat. Le contrat sur la voix », *Contrats, conc. consom.*, sept. 1999, n° 9.
213. Ex. : TGI Paris, 19 mai 1982, *Maria Callas*, D. 1983.147, n. R. Lindon : « *La voix est un attribut de la personnalité, une sorte "d'image sonore" dont la diffusion, sans autorisation expresse et spéciale, est fautive ; l'enregistrement qui a été porté à la connaissance du public est le résultat d'un comportement lié à la seule vie privée dans la mesure où Maria Callas voulait, pour elle seule et pour sa propre information, connaître l'état de sa voix.*
214. *Droit des biens*, coll. Droit civil.
215. Jurisprudence plusieurs fois réitérée depuis *Cass. ass. plén., 7 mai 2004, *Sté civile particulière Hôtel de Girancourt*, Bull. civ. ass. plén. ; n° 10 ; *D*. 2004.1545, n. J.M. Bruguière et E. Dreyer ; *JCP* G 2004.II.10085, n. appr. Chr. Caron ; *Défrénois* 2004.1554, n. crit. S. Piédelièvre et A. Tenenbaum ; *RTD civ.* 2004.528, obs. crit. Th. Revet : « *le propriétaire d'une chose ne dispose pas d'un droit exclusif sur l'image de celle-ci ; il peut toutefois s'opposer à l'utilisation de cette image par un tiers lorsqu'elle lui cause un trouble anormal* ».
216. Cass. civ. 1re, 10 mars 1999, *dame Gondrée, épouse Pritchett*, Bull. civ. I, n° 87 ; *D*. 1999.319, concl. Sainte-Rose, n. appr. E. Agostini ; *JCP* G 1999.II.10078, n. crit. P.-Y. Gautier : « *l'exploitation du bien sous la forme de photographies porte atteinte au droit de jouissance du propriétaire* ».
217. * Cass. civ., ass. plén., 2 mai 2004, *Sté civ. particul. Hôtel de Girancourt*, cité supra, note 215 ; Bordeaux, 30 mai 2005, *Légipresse* 2005, n° 225, III, p. 195, n. B. Gleize ; *JCP* G 2006.I.103, n° 2, obs. Chr. Caron : il n'y a pas de trouble anormal lorsque l'image du bien était largement connue et diffusée.
218. Ex. : Cass. crim., 26 mars 2008, *Bull. crim.*, n° 78 ; *CCE* 2008, com., n° 81, obs. A. Lepage ; *Légipresse* mars 2009, 22, obs. E. Dreyer ; en l'espèce, un adversaire politique avait reproché à Jacques

plusieurs incriminations sont prévues : l'injure, la diffamation (L. 29 juill. 1881, art. 29) et la discrimination (L., art. 24). *Sur le contrôle exercé par la CEDH*[219].

Deux intérêts contradictoires sont en cause : la liberté de la presse et la protection des personnes contre les délits de presse. La loi et la jurisprudence ont favorisé la liberté de la presse ; un formalisme minutieux [220], une prescription très brève et toutes sortes de chausse-trapes rendent difficile l'action de la victime et sont des garanties de la liberté d'expression.

Les méthodes d'interprétation inspirées du droit pénal sont rigoureuses : l'abondante jurisprudence est circonstanciée, toujours vivante, souvent répugnante, parfois cocasse. L'atteinte à l'honneur est punissable lorsqu'elle est publiée. Elle constitue une injure [221] lorsqu'elle est un outrage « *qui ne renferme l'imputation d'aucun fait* » ; elle n'est susceptible d'aucun fait justificatif. Il y a diffamation [222] dans « *toute allégation*[223] *ou imputation d'un fait précis*[224] *qui porte atteinte à l'honneur ou à la considération*[225] *d'une personne nommément désignée* ». L'injure et la diffamation supposent l'une et l'autre une intention de nuire, une

Cocasse = amusant

Chirac, alors maire de Paris, d'avoir inauguré le parvis de la cathédrale de Paris auquel venait d'être donné le nom de *Jean-Paul II*, qualifié de *« tout premier complice de la pandémie du Sida »* ; Jacques Chirac l'avait fait condamné par les juges du fond pour diffamation ; cassation : « *la diffamation visant une personne ne peut rejaillir sur une autre que si les imputations diffamatoires lui sont étendues, fût-ce de manière déguisée ou dubitative, ou par voie d'insinuation, ce qui n'était pas le cas en l'espèce* ».
219. *Supra*, n° 311.
220. Ex : l'art. 53 de la loi de 1881, applicable à l'acte introductif d'instance devant le tribunal correctionnel, impose à la victime de préciser les faits incriminés en les qualifiant et d'indiquer le texte en cause. L'application de ce texte par les juridictions civiles soulève actuellement de nombreuses difficultés. Ex : Cass. civ. 1re, 8 avr. 2010, n° 09-14399, *Bull. civ.* I, à paraître ; *JCP* G 2010.437, obs. N. Taviaux-Moro ; *Légipresse*, juin 2010.88, n. crit. P. Guerder ; *D.* 2010.1673, n. crit. Ch. Bigot : il n'est pas « *nécessaire que la citation précise ceux des chefs qui constitueraient des injures, et ceux qui constitueraient des diffamations* ». Cf. P. GUERDER, n. préc. : « *Les contempteurs de la loi de 1881 pourront s'en réjouir puisqu'à les en croire, la défense de la liberté d'expression dépendrait du procès dont il faut favoriser l'ouverture, seul le débat sur le fond permettrait d'illustrer cette défense et non le piège constitué par une procédure tatillonne* [...]. *Il faut avoir une forte envie de censurer pour obliger l'auteur du moindre écart de langage à comparaître dans un prétoire, réunir les preuves qu'il n'a pas toujours préconstituées et justifier l'opinion qu'il a sur la liberté d'expression* ».
221. **Étymologie** d'injure : du latin *in* (privatif) + *jus, ris* (droit) = sans droit. Ex. d'injure (sexuelle) : Versailles, 17 févr. 2009, *Légipresse*, avr. 2009.50 « *Mais l'Équipe* (un journal de sports) [...] *ces mecs-là non seulement il sucent, mais en plus ils avalent* ».
222. **Étymologie** de diffamation : du latin *diffamo, are*, dérivé de *dis* (négative) + *fama, ae* (renommée, réputation). **Biblio. :** B. BEIGNIER, *L'honneur et le droit*, th. Paris II, LGDJ, 1995, préf. Jean Foyer. Ex. : écrire... d'un auteur, qu'il est un cuistre constitue une injure ; qu'il n'est pas l'auteur du livre qu'il a signé, est une diffamation (Cass. crim., 10 oct. 1973, *Bull. crim.*, n° 351)... d'un notaire, qu'il est un voleur, est une injure ; qu'il a volé les époux Machin est une diffamation... d'un militaire, qu'il est un lâche, est une injure ; qu'il est un déserteur, est une diffamation, etc.
223. Ex. : Cass. crim., 2 janv. 1980, *Bull. crim.*, n° 3 ; *JCP* G 1980.IV.103 : « *L'imputation ou l'allégation d'un fait déterminé portant atteinte à l'honneur ou à la considération de la personne entre dans les prévisions de l'article 29 de la L 29 juillet 1881 même si elle est présentée sous une forme déguisée, dubitative ou par voie d'insinuation* ». Tel est le cas du tract distribué à la sortie d'une usine mettant en cause l'employeur des parents : « *Le personnel de l'entreprise honteusement exploité n'a jamais été condamné pour fraude fiscale,* [...] *a toujours bien payé ses cotisations de Sécurité sociale,* [...] *n'est pas issu d'une famille ayant accumulé les faillites* ». Au contraire, Cass. civ. 1re, 4 avr. 2006, *Bull. civ.* I, n° 193 ; *JCP* G 2006.IV.2013 : le premier secrétaire du parti socialiste, François Hollande, avait déclaré qu'un de ses adversaires politiques, Jean-Marie Le Pen, était « *le candidat* (à la présidence de la République) *sans doute le plus corrompu de tous* » ; jugé que les « *faits allégués n'étaient pas suffisamment précis pour être l'objet d'une preuve et d'un débat contradictoire* » et « *ne constituaient donc pas une diffamation* ».
224. Ex. : Versailles, 23 sept. 2008, *Légipresse* 2008.151 : ne constitue pas une diffamation, à défaut de faits précis, l'imputation de « *centaines de meurtres* » qu'aurait commises la police.
225. Ex. : TGI Paris, 13 oct. 2008, *Légipresse* 2008.150 : l'allégation d'infidélité conjugale dans une espèce, (un journal assurait que chaque époux trompait l'autre) ne porte pas nécessairement atteinte à l'honneur et à la considération de la personne.

malice et une mauvaise foi ; elles sont exclues lorsqu'il y a seulement débat d'idées [226] ou jugement de valeur [227]. La diffamation implique une atteinte à la réputation d'une personne déterminée et n'est donc pas constituée par le dénigrement d'un produit [228]. La vérité du fait diffamatoire peut être établie et supprime l'infraction si l'atteinte à l'honneur concerne la vie publique ; au contraire, cette preuve est interdite si la diffamation a pour objet la vie privée [229] ou est caractérisée (ex. : diffamation raciale) ou si l'imputation se réfère à un fait remontant à plus de dix ans (art. 35) [230].

L'injure ou la diffamation envers un mort ne constitue une infraction que s'il y a eu l'intention de nuire à ses héritiers (art. 34 [231]). Le développement du mépris haineux envers des catégories de personnes a amené le législateur à créer des incriminations nouvelles garantissant la dignité de la

---

226. La critique n'est pas une diffamation car elle repose sur le « *droit de libre critique* », sauf lorsqu'elle est abusive (ex. : dénigrements, attaques personnelles, inexactitudes) ; la jurisprudence est abondante et circonstanciée. 1er ex. : Cass. civ. 1re, 29 nov. 2005, *Lyon Mag, Bull. civ.* I, n° 452 ; *JCP* G 2005.IV.3784 ; un magazine avait critiqué un club de football (l'Olympique Lyonnais) ; jugé, à certains égards, qu'il y avait eu diffamation (la critique était erronée), non à d'autres (le magazine avait fait « *une enquête sérieuse* »). 2e ex. : Cass. civ. 1re, 12 juill. 2006, *Israël-Palestine, Bull. civ.* I, n° 395 ; D. 2007 1041, obs. J.-Y. Dupeux ; un article du journal *Le Monde* avait critiqué le comportement des juifs d'Israël à l'égard des Palestiniens ; la cour de Versailles y avait vu une diffamation. Cassation : « *Les propos poursuivis, isolés au sein d'un article critiquant la politique menée par le gouvernement d'Israël à l'égard des Palestiniens, n'imputent aucun fait précis de nature à porter atteinte à l'honneur ou à la considération de la communauté juive dans son ensemble en raison de son appartenance à une nation ou à une religion, mais sont l'expression d'une opinion qui ne relève que du seul débat d'idées* ».
La CEDH permet toutes sortes de critiques par voie de presse lorsqu'elles sont faites au nom de l'écologie : CEDH, 7 nov. 2006, *Mamère c. France*, D. 2007.1704, n. approb. J. P. Marguénaud ; en l'espèce, Mamère, un député français, avait lors d'une émission de télévision consacrée à la catastrophe de Tchernobyl qualifié un fonctionnaire français chargé de vérifier les risques de contamination nucléaire de « *sinistre personnage qui n'arrêtait pas de nous raconter que la France était tellement forte – complexe d'Astérix – que le nuage de Tchernobyl n'avait pas franchi nos frontières* ». Condamné par les juridictions françaises pour diffamation, il obtint de la CEDH la condamnation de la France, en raison « *de l'extrême importance du débat d'intérêt général dans lequel les propos litigieux s'inscrivaient* ».
227. TGI Paris, 8 oct. 2009, *Légipresse*, mars 2010.I, p. 43 ; en l'espèce, un livre intitulé « *AZF : une vérité foudroyante* », relatif à une grave explosion survenue à Toulouse en 2001, critiquait certaines expertises explicant le sinistre en les qualifiant de « *délirantes* » et mettait leur auteur dans la « *galerie des cinglés* » et les « *agités du bocal* » ; jugé qu'il n'y avait pas diffamation car « *les propos litigieux ne renferment pas l'imputation de faits précis susceptibles de preuve mais sont l'expression d'un jugement de valeur qui s'inscrit dans le cadre d'un débat d'idées sur un sujet d'intérêt général* ».
228. Dont l'appréciation est circonstanciée ; v. infra, n° 441.
229. La distinction entre vie publique et vie privée est difficile lorsqu'est en cause l'activité professionnelle. Ex. : dire d'un mannequin : « *Elle est plate, elle est maigre et le peu de chair qu'elle a est sans fierté* », est une diffamation portant atteinte à la vie privée, et ne permet pas la preuve du fait allégué. Au contraire, dire d'un boulanger « *qu'il brutalisait ses apprentis, qu'il ne fermait jamais sa boulangerie, pour prendre du boulot aux autres boulangers* » constitue une diffamation touchant à la vie publique, où la preuve du fait prétendu peut être rapportée. TGI Bayonne, réf, 29 mai 1976, *JCP* G 1976.II.18495. La loi (art. 31) interdit les curiosités d'alcôve (sauf avec le consentement de l'intéressé), même si les commérages du journaliste reposent sur des faits exacts. V. *supra*, n° 325.
230. Cette prescription décennale de l'exception de vérité est aujourd'hui contestée et certaines juridictions l'évitent : TGI Paris, 2 mai 2007, *Robert Faurisson c. Robert Badinter, Légipresse* 2007.III.227, n. L. François : « *lorsque l'imputation débattue porte sur des événements qui s'inscrivent dans l'histoire ou relèvent de la science* ». TGI Paris, 30 avr. 2009, *Légipresse*, juin 2009.I.84.
231. Jurisprudence constante ; ex : Cass. civ. 1re, 12 déc. 2006. *Bull. civ.* I, n° 551 ; *JCP* G 2007.II.10010, n. appr. B. de Lamy. L'appréciation de cette intention suscite des contradictions. Ex. : deux décisions rendues par la deuxième chambre civile de la Cour de cassation à peu près à la même date : Cass. civ. 2e, 10 oct. 2002, *affaire du professeur Jérôme Lejeune, Bull. civ.* II, n° 222 ; le « réseau Voltaire » avait dans une *Note d'information* qualifié le médecin Jérôme Lejeune d'antisémite, d'antimaçonnique, d'homophobe et de révisionniste, faisant aussi des allusions à sa famille, qui, après sa mort, entendit en défendre la mémoire : elle fut déboutée, car rien dans l'article ne traduisait la volonté de lui nuire. Au contraire, Cass. civ. 2e, 22 janv. 2004, *Grégory c. Le Point, Bull. civ.*, n° 19 ; *JCP* G

personne contre la discrimination, la haine ou la violence à l'égard d'une personne ou d'un groupe de personnes à raison de l'appartenance à une ethnie, une nation, une race, une religion déterminée, un sexe, un handicap ou une orientation sexuelle [232] (art. 24, 6°).

Les immunités parlementaires et judiciaires suppriment l'infraction : discours, écrits et reproductions des débats dans la presse (art. 41).

343. Bonne foi. — La bonne foi fait disparaître l'intention coupable et donc l'infraction. Cette défense est souvent employée. Le diffamateur est présumé de mauvaise foi ; c'est donc sur lui que pèse la charge de prouver la bonne foi [233]. Il y a bonne foi lorsqu'il y a honnêteté et loyauté intellectuelles : la définition est vague, relevant du comportement.

Elle est appréciée en tenant compte des circonstances. Elle implique la légitimité du but poursuivi, l'absence d'animosité, le sérieux de l'enquête, la prudence et la mesure dans l'expression [234] et les nécessités de l'information [235]. Les tribunaux l'admettent plus facilement lorsque l'auteur des propos diffamatoires n'est pas un journalist et est impliqué dans les faits en cause [236]. Afin d'assurer la liberté du débat politique et syndical, nécessaire à la démocratie, la jurisprudence admet beaucoup de vivacités dans la polémique, à la condition que celle-ci n'excède pas les limites admissibles [237]. Le fait d'échouer dans la preuve de la vérité des faits n'est pas un obstacle à la démonstration de la bonne foi.

344. Droit civil : 1881, non 1382. — La réparation du dommage causé par l'injure ou la diffamation relève exclusivement du droit spécial de la presse, une manière vigoureuse de protéger la liberté de la presse. L'action civile peut être portée, comme toute action civile, devant la juridiction répressive, puisque l'injure

---

2004.II.10104, n. E. Dreyer : « *l'intention de nuire [...] se déduit en l'occurrence de la conscience qu'avait nécessairement la sté SEBDO (Le Point) de causer un préjudice à la famille du défunt* ».
232. Ex : Cass. cr., 15 nov. 2008, *Chr. Vaneste*, JCP G 2008 act. 687, obs. E. Dreyer, II 10206, n. crit. E. Derieux ; *D.* 2009.1781, obs. Th. Massip : la cour de Douai avait condamné un député pour avoir déclaré (en dehors de l'enceinte parlementaire) que l'homosexualité « *était inférieure à l'hétérosexualité* ». Cassation : « *Si les propos litigieux [...] ont pu heurter la sensibilité de certaines personnes homosexuelles, leur contenu ne dépasse pas les limites de la liberté d'expression* ».
233. Ex. : Cass. crim., 4 févr. 1945, *D.* 1945.254 : « *Si les imputations diffamatoires sont réputées de droit faites avec intention de nuire, cette présomption est détruite, lorsque les juges du fond s'appuient, comme en l'espèce, sur des faits justificatifs pour faire admettre la bonne foi* ».
234. Jurisprudence abondante et circonstanciée. Ex. : Cass. civ. 1re, 14 juin 2008, *Laurent Gbagbo*, *Bull. civ.* I, n° 232 ; JCP G 2007.IV.2477 ; RJPF 2007-10/14, obs. E. Putman ; Légipresse 2007.198, n. B. Ader ; en l'espèce, un article de presse avait dénoncé les violences commises par un futur président de la République ivoirienne ; le journal fut poursuivi pour diffamation ; la Cour de cassation cassa la décision ayant refusé d'admettre la bonne foi : « *les éléments fournis et invoqués, notamment des documents publics officiels et les accords de paix de Linas-Marcoussis du 24 janvier 2003, étaient suffisamment nombreux et fiables et formaient un ensemble cohérent, caractéristique d'une enquête sérieuse, qui avait été effectuée avec un souci d'analyse et de réflexion conforme à la mission d'information du journaliste et justifiant la tenue des propos litigieux, de sorte que la bonne foi était caractérisée* ».
235. Jurisprudence plusieurs fois réitérée ; ex. Cass. crim., 12 mai 2009, *aff. des disparues de l'Yonne*, *Bull. crim.* n° 88 ; *D.* 2009.2316, n. crit. E. Agostini ; Légipresse nov. 2009, p. 229, n. B. Ader : « *après avoir relevé, à juste titre, le caractère diffamatoire de certains propos dénoncés par la partie civile, l'arrêt, pour refuser le bénéfice de la bonne foi aux prévenus, se prononce par les motifs repris au moyen ; en déterminant ainsi, alors que l'article incriminé, portant sur un sujet d'intérêt général relatif au traitement judiciaire d'une affaire criminelle ayant eu un retentissement national, ne dépassait pas les limites admissibles de la liberté d'expression dans la critique de l'action d'un magistrat, la cour d'appel a méconnu le texte et le principe visés* » (art. 10 Conv. EDH et liberté d'expression).
236. TGI Paris, 30 oct. 2009, Légipresse, déc. 2009, p. 178 : un ouvrage avait critiqué avec vivacité l'AMF (Autorité publique contrôlant les marchés financiers) dénonçant ses « *trucages* », ses « *impostures* », ses « *escroqueries* » ; jugé qu'il était de bonne foi, en raison du sérieux de son enquête, et qu'il avait été personnellement impliqué dans les affaires qu'il analysait.
237. Cass. civ. 1re, 21 févr. 2006, *Bull. civ.* I, n° 90 ; JCP G 2006.IV.1588 (polémique syndicale).

et la diffamation sont des infractions ; elle peut aussi être exercée devant les juridictions civiles (sauf la diffamation d'un fonctionnaire ou d'un citoyen chargé d'un mandat public : art. 46) et l'est de plus en plus. Dans ces deux hypothèses, elle est soumise aux règles restrictives et formalistes imposées par la loi de 1881, exorbitantes du droit commun [238]. Cette jurisprudence est en recul [239], ce qui traduit sous une forme mineure la dépénalisation de la diffamation et de l'injure – avec l'approbation de quelques auteurs [240].

Après avoir jugé le contraire, la Cour de cassation décide que la responsabilité civile des organes de presse tenant à l'injure ou à la diffamation ne peut être engagée sur le fondement de l'article 1382 [241] ; est ainsi évité un « contrôle judiciaire de la pensée » [242]. Mais si la responsabilité de l'organe de presse est fondée sur une autre cause, l'article 1382 est applicable [243]. Par exemple une dénonciation calomnieuse [244], le dénigrement d'un produit [245] ou les critiques d'une profession [246] ; le procès est ainsi renversé ; la victime a intérêt à démontrer l'absence de diffamation ou d'injure, pour rendre applicable l'article 1382. De même, peuvent être appliqués les articles 9 et 9-1 [247].

La Commission *Guinchard* « sur la répartition des contentieux » (rapport du 30 juin 2008) souhaite la « dépénalisation de la diffamation » et de l'injure, ce qui aurait pour conséquence d'abandonner les définitions restrictives de la diffamation et de l'injure, protectrices de la liberté de la presse et redonnerait vie en la matière à l'article 1382. Cette proposition a en général été mal accueillie par la doctrine [248] et, au contraire, bien par le Président de la République.

---

238. Ex. pour l'application de l'article 53 de la loi de 1881 : Cass. civ. 2e, 18 mars 1999, *Bull. civ.* II, n° 52 ; *JCP* G 1999.IV.1894 : « *Les faits caractérisant une infraction prévue par la loi du 29 juillet 1881, l'assignation devait indiquer la disposition de cette loi qui était applicable* ».
239. Ex : Cass. civ. 1re, 24 sept. 2009, *Bull. civ.* I, n° 180 ; *Légipresse*, nov. 2009, avis contraire Sarcelet.
240. N. BONNAL, « Les règles processuelles de la loi de 1881 sont-elles toujours applicables devant le juge civil ? », *Légipresse*, mai 2010, p. 19.
241. Jurisprudence constante depuis ** Cass. ass. plén., 12 juill. 2000, cons. Erulin, *Bull. civ. ass. plén.*, n° 8, 2e arrêt ; *D.* 2000, som. 463, obs. P. Jourdain ; *JCP* G 2000.I.280, n° 2, obs. G. Viney ; RTD civ. 2000.842 et 843, obs. P. Jourdain ; « *Les abus de la liberté d'expression prévus et réprimés par la L 29 juillet 1881 ne peuvent être réparés sur le fondement de l'article 1382* » (diffamation d'un mort). Critiques de plusieurs auteurs : G. LECUYER, *Liberté d'expression et responsabilité*, th. Paris I, Dalloz, 2006, n° 195 ; E. DREYER, « Disparition de la responsabilité civile en matière de presse », *D.* 2006.1337.
242. Th. MASSIS, obs. *D.* 1994, som. 194.
243. Cass. civ. 1re, 30 oct. 2008, *Bull. civ.* I, n° 244, n° 07.19223 ; *JCP* G 2009.II.10006, n. E. Dreyer : « *quand l'imputation de la paternité d'une publication en l'absence de propos injurieux ou portant atteinte à l'honneur ou à la considération ne relève pas des dispositions de la loi du 29 juillet 1881, la cour d'appel a violé par fausse application les articles 29 et 53 de la loi du 29 juillet 1881 et par refus d'application l'article 1382* ».
244. Cass. civ. 1re, 6 déc. 2007, *Locataire et concierge*, *Bull. civ.* I, n° 382 ; *JCP* G 2008.IV.1053 ; en l'espèce, un locataire avait envoyé au syndic d'un immeuble des lettres mettant en cause « *la réputation et la dignité de la gardienne* » demandant son expulsion ; jugé qu'il ne s'agissait pas « *d'injures ou de diffamation* », mais « *d'une dénonciation calomnieuse, non soumise aux règles de fond et de forme de la loi de 1881* ».
245. *Infra*, n° 441.
246. TGI Paris, 19 mai 2010, *Ordre des avocats à la cour d'appel de Paris c. P. Ribero* : lors d'une émission radiophonique sur la garde à vue, le représentant d'un syndicat de police avait dénoncé « *une offensive marchande des avocats* » : jugé qu'il n'y avait pas de diffamation et qu'était recevable la demande de dommage-intérêts fondée sur l'art. 1382 par l'ordre des avocats, puisque les propos incriminés n'avaient pour objet aucune personne déterminée.
247. Cass. civ. 1re, 7 févr. 2006, cité *supra*, n° 327 : « *Les abus de la liberté d'expression qui portent atteinte à la vie privée peuvent être réparés sur le fondement de l'article 9* ». *Supra*, n° 313.
248. Ex. : Chr. BIGOT, « Contentieux de presse : les errements de la Commission Guinchard », *Légipresse* 2008/109 ; B. DE LAMY, *JCP* G 2008.I.209, n° 1 ; Ph. MALAURIE, « Ne dépénalisons pas la diffamation ou l'injure », *JCP* G 2008 act. 264.

345. Prescription. — Afin d'entraver le moins possible la liberté de la presse, l'action (publique et civile) est rapidement prescrite (trois mois) ; cette extrême brièveté est appliquée avec rigueur : le délai court du jour de la publication [249] qui en cas de réimpression est celui de la nouvelle publication [250], même pour internet [251] et s'applique au droit de réponse [252] ; le juge doit la soulever d'office [253] et les actes de poursuite doivent être réitérés tous les trois mois (art. 65) [254]. Le délai est porté à un an pour les publications racistes ou xénophobes (art. 65-3, L. 9 mars 2004).

Si l'action en responsabilité civile est fondée sur un fait constitutif d'une diffamation, d'une injure ou même d'une simple faute, elle demeure soumise à la prescription de trois mois, même si elle est portée devant une juridiction civile [255]. Il en est de même de l'action en responsabilité fondée sur une atteinte à la présomption d'innocence (art. 9-1) [256].

SECTION IV
DROIT AU SECRET

Le droit au secret est essentiel dans une société libre ; il est énergique lorsqu'il a été confié à un « confident nécessaire », à une lettre missive, au téléphone ou a fait l'objet d'un traitement informatique [257]. Comme les autres droits de la personnalité, il n'est généralement pas absolu ; quand il disparaît, c'est avec l'autorisation de l'intéressé ou par application d'une disposition légale.

---

249. Ex. : Cass. crim., 1er juill. 1953, *D.* 1953.74, rap. Patin : « *D'après l'article 65 de la loi du 29 juillet 1881, la prescription des crimes et délits prévue par cette loi court du jour où les outrages, provocations, diffamations ou injures ont été publiés* ».

250. Jurisprudence constante depuis Cass. crim., 13 déc. 1855, *DP* 1856.I.159 : « *lorsqu'il s'agit d'une publication nouvelle ou d'une réimpression, la prescription ne remonte pas au jour de la première publication mais au jour de chacune des publications nouvelles* ».

251. Jurisprudence plusieurs fois réitérée depuis Cass. crim., 27 nov. 2001, *Bull. crim.* n° 211 ; *D.* 2002 somm. 2270, obs. Bigot ; *JCP* G 2002.II.10028, n. P. Blanchetier, A. Lepage : « *Lorsque des poursuites pour diffamation ou injures publiques sont engagées à raison de la diffusion sur le réseau internet, d'un message figurant sur un site, le point de départ du délai de prescription de l'action publique prévu par l'article 65 de la loi du 29 juillet 1881 doit être fixé à la date du premier acte de publication ; cette date est celle à laquelle le message a été mis pour la première fois à la disposition des utilisateurs du réseau* ».

252. Cass. civ. 2e, 14 déc. 2000, *Bull. civ.* II, n° 173 ; *D.* 2001.1344, n. B. Beignier.

253. Ex. : Cass. civ. 2e, 24 juin 1998, *Bull. civ.* II, n° 211 ; *D.* 1999 som. 164, obs. C. Bigot : « *La fin de non-recevoir tirée de cette prescription, d'ordre public, doit être relevée d'office* ».

254. Cass. civ., 28 juin 1888, *DP* 1888I.356 : « *constitue un acte de poursuite, au sens de l'art. 65 de la loi du 29 juillet 1881, tout acte de la procédure par lequel le demandeur manifeste à son adversaire l'intention de continuer l'action engagée* ». Depuis cet arrêt, la jurisprudence est constante. Un arrêt récent a toutefois eu une compréhension large de l'acte de poursuite, l'admettant pour une ample demande de report (Cass. civ. 1re, 8 avr. 2010, 09-65032, *Bull. civ.* I, à paraître, *D.* 2010.1673, n. Bigot ; *Légipresse* juin 2010, p. 93, n. P. Guerder), ce qu'un de ses commentateurs, M. Pierre Guerder, qualifie d'« *interruption artificielle de la prescription par un acte manqué* ».

255. Cass. civ., 20 déc. 1899, *DP* 1900.I.157 : « *Quelle que soit la juridiction saisie par le demandeur, les règles de l'article 65, L 29 juillet 1881 sont seules applicables à tout délit ou contravention de presse et si le plaignant est autorisé à porter devant la juridiction civile son action en réparation, isolée de l'action publique, cette faculté ne modifie nullement les obligations auxquelles il est soumis pour la conservation de ses droits* » : il est donc nécessaire de respecter le délai de trois mois.

256. Jurisprudence constante : Cass. civ. 2e, 8 juill. 2004, *Bull. civ.* II, n° 387 ; *D.* 2004.2956, n. Bigot ; *JCP* G 2005.I.143, n° 7, obs. N. Tavieaux-Moro : « *les actions civiles fondées sur une atteinte au respect de la présomption d'innocence [...] se prescrivent après trois mois révolus à compter du jour de l'acte de publicité* ».

257. *Supra*, n° 317.

346. Confident nécessaire et secret professionnel. — Toute personne, quelle que soit sa profession, ayant reçu un secret en qualité de confident nécessaire, est tenue de le respecter, à peine de commettre une infraction (C. pén., art. 226-13). La règle s'applique à beaucoup de professions, par exemple aux avocats [258], aux notaires [259] et aux journalistes [260], et surtout aux médecins (C. déont. méd., art. 4, codifié dans C. santé publ., art. R. 4127-4), en raison d'une longue tradition [261]. La portée de cette obligation varie avec la nature du secret.

Parfois, elle est absolue ; l'auteur de la confidence ne peut alors relever celui qui en est tenu ; tel est, ou était, le secret religieux [262]. Généralement, elle est plus nuancée : ainsi en est-il du secret médical, fondé selon le Code de déontologie médicale, sur « *l'intérêt des patients* » (C. santé publ., art. R. 4127-4), c'est-à-dire un droit du malade et à ce titre, elle a un caractère absolu [263] sauf loi contraire [264], et restreint la liberté d'expression [265] ; sa divulgation ne peut être imposée pour les besoins de la preuve en matière civile [266]. Son fondement en limite la portée ; le

---

258. Les perquisitions au domicile de l'avocat ne sont permises que sur une décision du juge d'instruction, en en précisant l'objet et exigent la présence du bâtonnier ou de son représentant. La CEDH impose strictement la proportionalité entre l'atteinte au secret professionnel et les objectifs recherchés (ex. CEDH, 24 avr. 2008, *André c. France*, JCP G 2008.II.10182, n. Chr. Louët ; 2009.I.104, n° 11, obs. Fr. Sudre ; T 184, n° 4, obs. D. Lévy). La Cour de cassation accorde plus de pouvoirs au juge d'instruction : Cass. crim., 5 juin 1975, JCP G 1976.II.18243 : jugé qu'étaient licites les perquisitions et les saisies de documents au domicile de l'avocat sur l'avis du juge d'instruction dès « *lors qu'aucun des documents saisis n'avait un caractère confidentiel au regard des nécessités de leur défense* » des personnes poursuivies.

259. Jurisprudence constante ; ex. : Cass. civ. 1re, 3 mai 2006, *Bull. civ.* I, n° 209 ; *D.* 2006 IR, 1402 : « *le secret professionnel interdisait au notaire de révéler au vendeur d'un bien immobilier qu'il avait été chargé par l'acquéreur du bien de procéder à sa revente, dès le lendemain, quel qu'en soit le prix* ».

260. Inspirée par la jurisprudence de la CEDH, la loi du 4 janvier 2010 protège le secret des sources des journalistes, qui n'est écarté qu'en cas « *d'impératif prépondérant d'intérêt public* » ; la doctrine en approuve généralement le principe, mais la juge imprécise et lacunaire (A. CHAVAGNON, « La protection des sources des journalistes, la décevante loi du 4 janv. 2010 », *D.* 2010.275 ; A. GUEDJ, « Sentiments mitigés autour de la loi du 4 janv. 2010 », *Légipresse*, févr. 2010.39.

261. *Cf.* le serment d'Hippocrate : « *Admis dans l'intérieur des maisons, nos yeux ne verront pas ce qui s'y passe, ma langue taira les secrets qui me sont confiés [...]. Les choses que je verrai ou que j'entendrai dire dans l'exercice de mon art, ou lors de mes fonctions dans le commerce des hommes, et qui ne devront pas être divulguées, je les tairai, les regardant comme des secrets inviolables* ».

262. Cass. crim.,17 déc. 2002, *D.* 2004.302, n. Cl. Bouvier-Le Berre : « *l'obligation imposée aux ministres du culte de garder le secret des faits dont ils ont connaissance dans l'exercice de leur ministère ne fait pas obstacle à ce que le juge d'instruction procède à la saisie de tous documents pouvant être utiles à la manifestation de la vérité* » ; en l'espèce, à la suite d'une plainte déposée pour viol contre le membre d'une congrégation religieuse, l'official (juridiction canonique) de Lyon avait ouvert une enquête ; jugé que le juge d'instruction avait le droit de saisir des documents à l'intérieur de l'official.

263. Ex. : Cass. crim., 8 avr. 1998, *Bull. crim.* n° 138 ; *D.* 1999 som. 1381, obs. J. Penneau : l'obligation au secret médical, « *s'impose aux médecins, hormis les cas où la loi en dispose autrement, comme un devoir de leur "état" ; sous cette réserve, elle est générale et absolue* ».

264. Ex. : Dénonciations de sévices sur mineurs ou personnes vulnérables, viols, maladies dangereuses pour les tiers, maladies contagieuses à déclaration obligatoire (maladies sexuelles transmissibles).

265. * Cass. civ. 1re, 16 juill. 1997, *dr. Gubler, aff. du Grand secret* (de la maladie de François Mitterrand), *Bull. civ.* I, n° 249 ; *D.* 1997.452 ; JCP G 1997.II.22964, 1re esp., n. E. Derieux : « *La cour d'appel, statuant en référé, a caractérisé le trouble manifestement illicite en retenant que l'ouvrage de M. Gubler contenait, sur l'évolution de la santé de François Mitterrand, des révélations qui caractérisaient la violation manifeste du secret médical* » ; v. supra, n° 318. Quelques années plus tard, la CEDH a condamné la France, jugeant disproportionnée l'interdiction définitive de l'ouvrage (18 mai 2004, *D.* 2004.1838, n. A Guedj, 2539, obs. N. Fricero ; JCP G 2004.I.160, n° 12, obs. Fr. Sudre), car elle ne correspondait plus « *à un besoin social impérieux* ».

266. Cass. civ. 1re, 15 juin 2004, *D.* 2004, n. D. Duval-Arnould ; n.p.B. : « *si le juge civil a le pouvoir d'ordonner à un tiers de communiquer à un expert les documents nécessaires à l'accomplissement de sa mission, il ne peut, en l'absence de disposition législative spécifique, contraindre un médecin à lui transmettre des informations couvertes par le secret lorsque la personne concernée ou ses ayants droit s'y sont opposés* ».

secret est écarté lorsque la santé du patient n'est pas en cause [267] ou que son intérêt ou un intérêt légitime l'impose. Par exemple, afin de démontrer au regard des articles 414 et 901 du Code civil, que l'auteur d'un acte juridique n'était pas sain d'esprit [268] ; de même, le médecin peut être relevé du secret par son patient ou ses héritiers [269]. Malgré ses limites contemporaines, il demeure la condition d'une médecine efficace [270].

La portée du secret religieux évolue ; au XIXe et XXe siècles, il était largement compris [271], s'étendant à tous les faits confiés aux ministres du culte « *dans l'exercice de leur ministère sacerdotal à raison de ce ministère* » [272]. Les Églises chrétienne, catholique [273] et protestante [274], l'imposent à leurs ministres. Depuis le début du XXIe siècle, il est devenu moins respecté par les juridictions étatiques, qui semblent le cantonner au secret de la confession [275], peut-être parce qu'elles redoutent un communautarisme religieux, bénéficierait aux sectes.

347. Secret de la correspondance et écoutes téléphoniques. — L'inviolabilité de la correspondance est une conséquence de la liberté de pensée et de la communication. La loi pénale protège le secret de la correspondance (C. pén., art. 226-15), notamment, pendant sa transmission (*ib.*, art. 132-9) [276] ; sauf

---

267. Cass. crim., 23 janv. 1996, *D.* 1997, som. 120, obs. crit. J. Penneau : « *Cette obligation* (au secret) *ne s'impose que dans les relations entre professionnel et son client* » : dans un procès en divorce, le médecin psychiatre de la femme avait qualifié la « *personnalité pathologique du mari* » de « *sadisme mental* » ; les juges du fond le condamnèrent pour violation de secret professionnel. Cassation : « *Le mari n'était pas le patient du prévenu* ».
268. Ex. : Cass. civ. 1re, 22 mai 2002, *Bull. civ.* I, n° 144 ; *D.* 2002.IR.2029 ; *Defrénois* 2002, art. 37.624, n° 91, obs. J. Massip : « *Aux termes de l'article 901, pour faire une donation, il faut être sain d'esprit ; par l'effet de cette disposition, qui vaut autorisation au sens de l'article 226-14, C. pén., le professionnel est déchargé de son obligation au secret relativement aux faits dont il a eu connaissance dans l'exercice de sa profession ; la finalité du secret professionnel étant la protection du non-professionnel, la révélation des faits confiés peut être faite non seulement à ce dernier, mais également aux personnes qui ont un intérêt légitime à faire valoir cette protection* ».
269. Cass. crim., 30 avr. 1965, *Bull. crim.*, n° 123. Il s'agit d'une simple faculté pour le médecin ; même relevé par le patient de son obligation, il peut refuser de témoigner en justice : Cass. crim., 22 déc. 1966, *JCP* G 1967.II.15126, n. R. Savatier.
270. *Le secret médical aujourd'hui, enjeux et perspectives – aspects juridiques*, différents auteurs (médecins et juristes), *D.* 2009.2615 : le thème de ces deux colloques à la Cour de cassation (avril et juin 2009) est une phrase souvent prononcée par les médecins : « *il n'y a pas de soins de qualité sans confidence, de confidence sans confiance, de confiance sans secret* ». Le secret médical est mis en cause par la médecine contemporaine : génétique, informatique, santé publique, médecine des prisons, aide médicale à la procréation. etc.
271. Ex. : M. Robine, « Le secret professionnel du ministre du culte », *D.* 1982, chr. 221.
272. Ex. : pour un prêtre catholique : Cass. crim., 4 déc. 1891, *DP* 1892.I.139, concl. proc. gal. Baudouin ; *S*, 1892.I.473, n. E. Villey : « *Les ministres des cultes légalement reconnus* (institution disparue depuis la séparation des Églises et de l'État (1905), sauf en Alsace-Moselle) *sont tenus de garder le secret sur les révélations qui ont pu leur être faites en raison de leurs fonctions* » ; en l'espèce, il ne s'agissait pas du secret de la confession.
273. C. dr. can., can. 983 : « *Le secret sacramentel est inviolable* [...] ». Comp. le film d'A. Hitchcock, *La loi du silence* (1953) : un prêtre catholique avait reçu la confession d'un assassin qui avait commis un crime, revêtu d'une soutane ; ce fut le prêtre qui fut poursuivi et se laissa juger sans protester, ce que certains publics, notamment anglo-saxons, ont eu du mal à comprendre.
274. Discipline de l'Église réformée de France, art. XXI : « *Le pasteur est lié par le secret de la confession et, en outre, par le secret professionnel dont il aurait pu avoir connaissance du fait de son ministère. Il est lié en particulier devant les représentants de l'État et de toute instance judiciaire* ».
275. Ex. : TGI Caen, 4 sept. 2001, *Mgr. Pican, D.* 2001, IR, 1721 condamnant l'évêque de Bayeux pour ne pas avoir communiqué au parquet les informations qu'il avait reçues relatives à des infractions sexuelles commises par un prêtre pédophile de son diocèse sur des mineurs de 15 ans. Crit. par Y. Mayaud, « La condamnation de l'évêque de Bayeux », *D.* 2001.3454 ; H. Moutouh, « Secret professionnel et liberté de conscience : l'exemple des ministres du culte », *D.* 2000, chr. 431.
276. La règle s'applique au courrier électronique : Paris, 17 déc. 2001, *Defrénois* 2002, art. 37617, n° 2, obs. A. Raynouard : « *Le fait pour un administrateur de réseau* (en l'espèce, chercheur au CNRS) *de prendre connaissance de messages électroniques relève de sa fonction* [...] *; en revanche, la prise de connaissance du contenu des correspondances destinées à autrui dans le but de sa divulgation est*

convention contraire [277], le secret ne peut être levé que par une décision du juge d'instruction [278].

Les écoutes téléphoniques sont réglementées par la loi (L. 10 juill. 1991) [279] ; elles ne peuvent être permises que 1°) par le juge d'instruction, 2°) pour la recherche d'infractions graves (crimes et délits passibles de plus de deux ans de prison) (C. pr. pén., art. 100) ou, à titre exceptionnel, par le Premier ministre ; elles continuent à soulever des difficultés que connaissent les juridictions répressives ; quand elles ne sont pas autorisées ou limitées à l'activité professionnelle [280], elles constituent le délit d'atteinte à la vie privée (C. pén., art. 226-1) [281] ou d'interception illégale de communications (*ibid.*, art. 432-9). Elles ne peuvent constituer une preuve en matière civile quand elles n'ont pas été autorisées par leur correspondant [282].

En 1990, la France avait été condamnée par la Cour européenne des droits de l'homme parce que sa législation sur les écoutes téléphoniques ne respectait pas l'article 8 de la Convention, ce qui l'amena à modifier sa législation en 1991, approuvée cette fois par la Cour européenne, qui a pourtant par la suite critiqué l'interprétation qu'en a faite la Cour de cassation [283]. La loi du 9 mars 2004 (C. pr. pén., art. 706-96 à 706-102) a organisé les écoutes au parloir ; la CEDH a à nouveau condamné la France [284].

---

réprimée par l'alinéa 1 de l'article 432-9, C. pén., indépendamment de toute interception » ; sur le secret de la correspondance dans l'exercice du travail, *supra*, n° 316.

277. Ex. Cass. civ. 1re, 16 oct. 2008, n° 07.11810, *Bull. civ.* I, n° 225 ; *JCP* G 2009.II.10022, n. L. Marino : « *Les conditions convenues entre les associés* (d'un cabinet d'avocats), *du traitement du courrier reçu dans le cabinet d'avocats, rendaient licite l'ouverture par M.L. des correspondances adressées à Mme B.* » ; en l'espèce, un membre associé du cabinet avait transmis au bâtonnier un relevé des prestations sociales adressé à sa consœur, établissant qu'elle avait reçu des prestations sociales de maladie alors qu'elle avait continué à travailler ; sur le secret de la correspondance adressée à un salarié, *supra*, n° 316.

278. Ainsi, a été condamné par la CEDH, le contrôle par le directeur d'une prison de la correspondance entre détenus : CEDH, 12 juin 2007, *Frérot c. France, JCP* G 2007.I.182, n° 8, obs. Fr. Sudre.

279. P. KAYSER, « La loi du 10 juillet 1991 et les écoutes téléphoniques », *JCP* G 1992.I.3559 ; J. PRADEL, « Comment. de la L. 10 juillet 1991 », *D.* 1992, chr. 49.

280. Cass. crim., 14 févr. 2006, *D.* 2007.1184, n. crit. Chr. Saint-Pau : « *Ces propos* (enregistrés dans une écoute téléphonique clandestine) *entraient dans le cadre de la seule activité professionnelle des intéressés et n'étaient pas de nature à porter atteinte à l'intimité de leur vie privée* » ; l'art. 226-1, C. pén. était donc inapplicable.

281. Ex. : Cass. crim., 27 févr. 1996, *D.* 1996.346, n. Chr. Guéry ; jugé que l'infraction était constituée si la police avait « *procédé dans le bureau du directeur du maire de Levallois* (qui l'avait sollicitée) *à l'enregistrement par apposition d'un dispositif relié au combiné de l'appareil* [...] *de deux conversations téléphoniques* ».

282. Ex. : Cass. civ. 2e, 7 oct. 2004, *Bull. civ.* II, n° 447 : « *l'enregistrement d'une conversation téléphonique privée, effectuée et conservée, à l'insu de l'auteur des propos invoqués est un procédé déloyal rendant irrecevable en justice la preuve ainsi obtenue* ». Dans l'affaire *Liliane Bettencourt* (*infra*, n° 791), un domestique avait subrepticement enregistré les communications téléphoniques de sa patronne avec son homme d'affaires et l'homme qu'elle voulait gratifier ; la recevabilité de cette preuve n'a pas encore été débattue devant les tribunaux ; à mon sens elle devait être écartée, comme le sont les écoutes téléphoniques irrégulières.

283. CEDH, 24 août 1998, *Lambert c. France, D.* 1999, som. 271, obs. J.-F. Renucci ; *JCP* G 1999.I.105, n° 45, obs. Fr. Sudre ; *RTD civ.* 1999.994, obs. J.-P. Marguénaud. Ultérieurement, la Cour a à nouveau condamné la France pour la sonorisation par la police d'un appartement fréquenté par des délinquants : CEDH, 31 mai 2005, *Vetter c. France, D.* 2005.2075, n. P. Hennlon-Jacquet ; *JCP* G 2005.I.159, n° 16, obs. Fr. Sudre : « *la sonorisation doit avoir été prévue "par une loi d'une précision particulière"* ». V. aussi CEDH, 12 juin 2007, *Frérot c. France*, cité *supra*, note 278.

284. CEDH, 29 mars 2005, *Macqueron c. France, D.* 2005.1755, n. J. Pradel.

Une lettre confidentielle ne peut être produite en justice [285] sans l'autorisation de son expéditeur [286]. Il en est autrement en matière de divorce et de filiation où le demandeur peut faire état des lettres, même intimes, adressées au défendeur ou à un tiers : le conjoint n'a pas à respecter le secret de la correspondance de son époux [287]. Mais tout instrument de preuve, correspondance ou autre, est privé de force probante lorsqu'il a été obtenu frauduleusement [288].

Comme tous les droits de la personnalité, le droit sur les lettres missives peut avoir une valeur patrimoniale. L'auteur de la lettre (non son destinataire) a sur elle un droit de propriété littéraire et peut donc la publier [289], sauf lorsqu'elle présente un caractère confidentiel : portant atteinte à un droit de la personnalité, la publication requiert alors l'accord de la personne en cause [290]. Le temps produit ici comme ailleurs son effet destructeur : il rend peu à peu inutile la protection d'une intimité, qui disparaît soixante-dix ans après le décès de l'auteur.

---

285. CEDH, 31 mai 2005, *Vetter c. France*, cité *supra* note 283.
286. **Biblio.** : P. KAYSER, « Le principe du secret des lettres confidentielles et ses rapports avec le principe de droit public de la liberté et de l'inviolabilité de la correspondance », *Ét. P. Voirin, LGDJ, 1967*, p. 444 ; M. J. METZGER, « *Le secret des lettres missives* », *RTD civ. 1979.291 et s. Ex. : Cass. civ., 31 déc. 1913, DP 1917.I.143* : « En principe une lettre missive confidentielle ne peut être utilisée par la personne à qui elle était adressée au cours d'un procès entre elle et l'expéditeur, si ce dernier s'oppose à cette publication ». Jugé toutefois qu'en l'espèce, le caractère confidentiel de la lettre n'empêchait pas sa production en justice, en raison du caractère frauduleux des actes à prouver.
287. Ex. : Cass. civ. 2e, 26 nov. 1975, *Bull. civ.* II, n° 314 ; *D.* 1976.371, n. crit. A. Bénabent : « *En matière de divorce, la preuve se fait par tous moyens ; il appartient au juge d'apprécier, en se déterminant d'après les circonstances de sa détention, si la lettre dont le conjoint prétend faire usage à l'appui d'une action en divorce a été régulièrement versée aux débats ; il peut en être fait état si sa possession ne résulte pas d'un artifice coupable, d'une fraude ou d'un abus* » ; CEDH, 13 mai 2008, *N.N. et T.A. c. Belgique*, *JCP* G 2008.I.167, n° 13, obs. Fr. Sudre ; cf. aussi pour... un journal intime : Cass. civ. 2e, 29 janv. 1997, *Bull. civ.* II, n° 28 ; *D.* 1997.296, n. crit. A. Bénabent... un SMS : Cass. civ, 1re, 17 juin 2009, *Bull. civ.* I, n° 132 ; *D.* 2009.1758 ; *Dr. Famille* 2009.124, obs. V. Larribeau-Terneyre.
288. Ex. : Cass. soc., 20 nov. 1991, *ça, c'est pour ma pomme*, cité *supra*, n° 316.
289. Ex. : T. civ. Seine, 11 mars 1897, *correspondance entre George Sand et Alfred de Musset*, DP 1898.II.358 : « *Le droit de les publier* (les lettres missives) *repose manifestement entre les mains de l'écrivain lui-même* [...] ».
290. Cass. civ. 1re, 26 oct. 1965, aff. Benoist-Méchin, *Bull. civ.* I, n° 570 ; *D.* 1966.356 : « *Le souci de protéger la personnalité doit conduire à reconnaître au destinataire lui-même la possibilité d'invoquer le droit au secret, lorsque surtout, comme c'est le cas, la personnalité du destinataire et sa probité d'écrivain sont gravement mises en cause et dans des conditions qui ne lui permettent pas de se défendre autrement* ».

LIVRE II

PERSONNES MORALES

PREMIÈRES VUES
SUR LES PERSONNES MORALES

348. L'individu et le groupement. — L'activité humaine est exercée par des individus – les personnes physiques – et des groupements – les personnes morales ; par exemple, l'État, les sociétés, les associations ou les syndicats. Le rôle des groupements devient de plus en plus important : l'activité économique est aujourd'hui surtout exercée par des entreprises ayant une forme sociale – nationales ou internationales, privées ou publiques – qui contrôlent les destinées de millions d'êtres humains et font circuler des milliards d'euros. Mais ces groupements sont tous constitués par des individus, directement ou indirectement.

349. Réalisme ou fiction ? Sept questions. — La nature juridique de la personnalité morale a longtemps suscité une controverse célèbre, opposant les théories de la réalité à celles de la fiction : ou bien, la personnalité morale traduirait une véritable réalité sociologique et organique, comparable à la personnalité des êtres humains ; ou bien, elle ne serait qu'une fiction, n'étant qu'une construction juridique et technique (« un truc ») permettant la protection d'un certain nombre d'intérêts socialement ou économiquement utiles.

En politique législative sont en cause sept questions [1]. 1°) Ces personnes résultant d'une construction juridique, quelle est la mesure de l'artifice, du réalisme et de l'anthropomorphisme ? 2°) Quelle est la nature de leur lien avec le patrimoine ? 3°) Quelles relations ont-elles avec les individus la composant ? (la « transparence ») 4°) Leur diversité entraîne-t-elle une diversité de notions et de régimes ? 5°) Quel est le pouvoir de la loi ? 6°) Quelles activités peuvent-elles exercer ? 7°) Quelle étendue a leur autonomie ?

Depuis une vingtaine d'années, la vivacité du débat s'est apaisée, devenant académique. L'anthropomorphisme que tend à lui donner le droit contemporain [2] a été récemment critiqué [3], faisant renaître la controverse, mais sans l'ampleur et la vivacité d'autrefois.

---

1. **Biblio.** : P. COULOMBEL, *Le particularisme de la condition juridique des personnes morales de droit privé*, th., Nancy, 1950, préf. P. Durand ; J.-P. GRIDEL, *La personne morale en droit français*, Rapport au XIIIe Congrès internat. de droit comparé, Montréal, 1990, *RID comp*. 1990.495 ; L. MICHOUD, *La théorie de la personnalité morale*, 3e éd., préf. L. Trotabas, LGDJ, 1932, 2 vol. ; *La personnalité morale et ses limites*, ouvrage collectif, Travaux et rech. de l'Institut de droit comparé de Paris, LGDJ, 1960 ; J. PAILLUSSEAU, « Le droit moderne de la personnalité morale », *RTD civ*. 1993.705 s.
2. *Infra*, n°s 353 et 441.
3. V. WESTER-OUISSE, « La jurisprudence et les personnes morales. Du propre de l'homme aux droits de l'homme », *JCP* G 2009.I.121 : critique « l'anthropomorphisme » actuel de la jurisprudence, admettant la réparation du préjudice moral subi par les personnes morales, l'idée qu'elles commettent des fautes, qu'il y aurait atteinte à leur honneur (en cas de dénonciation calomnieuse ou de diffamation publique) et

350. L'union fait la force. — Deux traits les caractérisent. D'une part, la mise en commun d'apports, qu'ils soient des biens, des connaissances ou des activités. D'autre part, l'existence d'un patrimoine leur appartenant, car dans la conception française traditionnelle, le patrimoine est lié à la personnalité [4]. Mais tout récemment, la loi (C. com., art. L. 526-6 à 526-21, L. 15 juin 2010) a fait apparaître une notion nouvelle, un patrimoine qui n'appartient pas à une personne, l'EIRL [5]. Sauf cette exception, c'est la personne morale qui est propriétaire de son patrimoine, non les personnes qui la composent. Les personnes morales ont une activité, donc une volonté (le pouvoir d'agir) et des intérêts (des droits et des obligations). L'union fait la force [6].

351. Écran de la personnalité morale et transparence. — Les personnes morales ont un patrimoine, ce qui a pendant longtemps, paru constituer l'essentiel de la personnalité morale liée à l'existence d'un patrimoine.

Le seul texte du Code civil qui intéresse la personnalité morale l'implique, sans le dire expressément ; l'article 529 prévoit que le droit de l'associé est mobilier, même si la société ne possède que des immeubles [7] : l'associé a des droits sociaux (qui ont une nature mobilière) dans la société et c'est à la société qu'appartient l'immeuble (ce droit est immobilier) [8]. Ce que l'on exprime parfois d'une façon imagée : la personne morale établit un écran entre son patrimoine et ses membres. Cependant, la jurisprudence écarte parfois la personnalité morale si elle est fictive [9] ; même si elle est réelle, elle recherche quelquefois qui la contrôle, par exemple, pour

---

les droits de l'homme que leur reconnaît la CEDH. Du même auteur, « Dérives anthropomorphiques de la personnalité morale, Ascendances et influences », *JCP* G 2009.I.137.

4. AUBRY et RAU, t. IX, 5ᵉ éd., par E. Bartin, 1917, § 573, p. 335 : « 4° *Le patrimoine étant une émanation de la personnalité, et l'expression de la puissance publique dont une personne se trouve investie comme telle, il en résulte : que les personnes physiques ou morales peuvent seules avoir un patrimoine ; que toute personne a nécessairement un patrimoine, alors même qu'elle ne posséderait actuellement aucun bien ; que la même personne ne peut avoir qu'un seul patrimoine, dans le sens propre du mot.* » Dans la 7ᵉ éd., P. Esmein a abandonné les analyses d'Aubry et Rau.

5. *Infra*, nᵒˢ 371 s.

6. G. RIPERT, *Aspects juridiques du capitalisme moderne*, LGDJ, 2ᵉ éd., 1951, nᵒ 37 : « Ce sont vraiment des monstres [...]. Il faudrait encore, pour marquer l'écrasante supériorité de ces personnes morales, montrer la disproportion économique qui existe entre elles et les personnes physiques ».

7. Ex. : * Req., 29 mai 1865, *dame Bigot-Duval*, DP 1865.I.380. En l'espèce, une société avait dans son actif social un immeuble, apporté par un de ses associés, un nommé Hérissay ; un créancier de cet associé (son épouse) avait inscrit une hypothèque sur les parts sociales de cet associé (alors que l'hypothèque ne peut grever que des immeubles). Un ayant droit d'Hérissay a contesté avec succès la validité de cette inscription. Jugé que « *jamais Hérissay n'a eu sur cet immeuble un droit indivis et privatif de copropriété, mais seulement un intérêt constituant un droit de nature purement mobilière ; dès lors, cet immeuble n'a pu être affecté de l'hypothèque légale de la dame Hérissay* » ; l'inscription était nulle.

8. V. toutefois le relativisme d'A. Couret, « La frontière entre meubles et immeubles à l'épreuve des sociétés immobilières », *Defrénois* 2009.265 s., p. 277, la conclusion : « *À l'épreuve des sociétés immobilières, la distinction meubles-immeubles semble fragile et les conséquences de cette distinction peuvent apparaître parfois surprenantes. En fait, on voit bien que les titres de sociétés ne sont pas des meubles comme les autres. Leur régime juridique en a toujours fait des biens à part que, à divers points de vue [...] obéissent à des règles assez voisines de celles que connaissent les immeubles. Lorsque ces sociétés sont des sociétés immobilières, la tendance des titres est en plus d'apparaître comme des sortes de reflets de l'actif immobilier, empruntant à certains points de vue la nature de celui-ci* ».

9. Il y a société fictive lorsqu'il n'existent ni *affectio societatis* (*infra*, nᵒ 381), ni intérêts collectifs (*infra*, nᵒ 432). Les tribunaux « crèvent l'écran » et déclarent fictive la société lorsque le débiteur l'organise uniquement pour soustraire ses biens à l'emprise de ses créanciers en organisant son insolvabilité. Ex. : Cass. com., 19 avr. 1972, *Bull. civ.* IV, nᵒ 112 : « *la société a été organisée, non pour les besoins de l'exploitation, mais pour organiser l'insolvabilité apparente de Coupeau* » ; jugé que l'apport fait à cette société était frauduleux et donc inopposable aux douanes (créancières de Coupeau).

reporter sur ses dirigeants ses responsabilités [10] ; la loi fiscale, parfois, crève aussi l'écran en établissant ce que l'on a appelé une transparence fiscale [11].

352. Organisation, durée et action. — Cette toute première vue permet de mesurer certains des intérêts pratiques attachés à la personnalité morale : elle est durable parce qu'elle a une certaine permanence, a du crédit parce qu'elle est cohérente et peut agir parce qu'étant organisée et elle peut exprimer sa volonté. On s'en rendra compte d'une manière négative. Si la personnalité morale n'existait pas, les biens nécessaires au fonctionnement d'un groupement seraient indivis entre ses membres ; le groupement serait donc soumis à la loi de l'unanimité (c'est-à-dire celle du veto : un seul fait la loi à tous sauf, maintenant, depuis la loi du 23 juin 2006 sur les successions, pour les actes d'administration qui peuvent être décidés à la majorité des 2/3 des indivisaires : art. 815-3 et même les actes d'aliénation, avec l'autorisation du tribunal, demandée par un ou des indivisaires titulaires d'au moins des 2/3 des droits indivis (art. 815-5-1). Les biens indivis pourraient à tout moment être partagés : le groupement serait éphémère ; ils seraient soumis au droit de poursuite des créanciers personnels des membres du groupement : le groupement n'aurait pas de crédit. S'il voulait agir en justice ou contracter [12], chacun de ses membres devrait personnellement comparaître ou intervenir : le groupement, s'il est nombreux, serait paralysé. Tous ces traits s'opposent à la personnalité morale ; il suffit d'en citer un : là où il y a une personne morale, un créancier d'un membre du groupement ne peut saisir un bien appartenant à la personne morale, et c'est précisément grâce à cette condition que la personne morale a du crédit.

353. Anthropomorphisme ? — Les personnes morales sont des êtres différents des personnes physiques (bien que l'on ait cru autrefois que leur condition était calquée sur elles) non seulement dans leurs deux traits essentiels, le pouvoir d'agir et le patrimoine, mais aussi dans tous les attributs de la personnalité : nom, domicile, nationalité, droits de la personnalité. Elles ont en effet ces traits et ces attributs, mais transformés.

354. Diversité. — En la matière, la diversité est profonde, parce que, beaucoup plus que pour les personnes physiques, le rôle du droit est considérable. D'abord tous les groupements n'ont pas la personnalité morale, car plusieurs conditions doivent être remplies, au contraire des personnes physiques depuis la disparition de l'esclavage et de la mort civile. En outre, il existe plusieurs variétés de personnes morales, différentes et inégales : la personnalité morale est souvent une affaire de degrés ; au contraire, toutes les personnes physiques ont une égalité de droit, leur personnalité étant indivisible. Étant diverses, il faut les classer.

355. Droit privé ; droit public. — La distinction la plus classique oppose les personnes morales de droit privé à celles de droit public.

Certaines relèvent du droit privé : elles sont, soit des groupements de personnes (sociétés, syndicats et associations), soit des groupements de biens (certaines fondations et certaines copropriétés). Depuis plus d'un siècle et demi, ces groupements ont pris dans la vie juridique une importance croissante.

Les sociétés commerciales ont eu un développement prodigieux ; elles ont été l'instrument essentiel du capitalisme et le modèle des autres personnes morales. Les syndicats ont réuni soit les patrons, soit les masses ouvrières, afin d'assurer la défense de leurs intérêts professionnels

---

10. Autres ex. : La nationalité d'une société, *infra*, n° 440 ; de même, la « faillite » d'une personne morale peut être étendue à un dirigeant s'il a « *disposé des biens de la personne morale comme des siens propres* » (C. com., art. L. 182-6) ; en outre, il doit « combler » le passif s'il a commis une faute de gestion ayant contribué à une insuffisance d'actif (*ib.*, art. L. 624-3).
11. *Infra*, n° 375.
12. Ex. : TGI Paris, 7 mars 1986, *Alain Prost*, D. 1988, som. 208, obs. Cl. Colombet ; *RID comp.* 1987.252 : « *Doit être déclaré nul le contrat d'édition dans la mesure où l'auteur* (un coureur automobile) *a cru passer un tel contrat alors que son cocontractant* (les Presses de la Cité) *était une entité dépourvue de la personnalité morale* (un groupe de sociétés) – *même s'il pouvait avoir une certaine autonomie bancaire* – *et donc incapable de contracter valablement* [...], *toute société du "groupe" pouvant se voir, le cas échéant, attribuer le contrat* ».

respectifs. Quant aux associations, leur importance et leur rôle ont varié selon les époques ; elles ont aujourd'hui une puissante vitalité touchant à toutes sortes de domaines.

Les autres personnes morales relèvent du droit public et jouissent de certains attributs de la souveraineté. Notamment, l'État, dans ses différentes expressions, n'a pendant longtemps cessé d'étendre son rôle ; il n'est plus seulement celui qui dirige, il est devenu aussi un agent actif de la vie économique. Ces derniers temps, le rôle de l'État a lentement reculé, par le double développement de l'économie libérale et de la régionalisation. Mais à la suite de la crise financière, il a pris à nouveau une place importante dans la vie économique (novembre 2008).

Qu'elles relèvent du droit privé ou du droit public, les personnes morales exercent ainsi un grand rôle dans l'activité juridique.

356. Cinq ou six conditions ? — Les groupements ont d'autant plus d'efficacité qu'ils sont mieux organisés et ont la stabilité nécessaire à une activité durable. C'est à quoi tend la personnalité morale, qui suppose, au moins, la réunion de cinq, voire six éléments : des intérêts collectifs ; une volonté collective qui permet la défense de ces intérêts ; une organisation qui assure l'expression de cette volonté ; une spécialisation et une durée sans lesquelles l'organisation de la vie collective ne parvient pas à réaliser l'intérêt collectif poursuivi. On peut se demander si une autre condition ne serait pas aussi nécessaire : l'intervention du droit, ou même celle de la loi au sens formel du terme.

Tout groupement a des intérêts qui lui sont propres ; mais sa volonté collective n'existe pas toujours ; encore moins a-t-il une organisation, une durée et une spécialisation caractérisées ; il n'a donc pas de plein droit la personnalité morale. Ainsi, un amphithéâtre d'étudiants a une durée déterminée (l'année universitaire) ; il a en général une volonté collective (par exemple, le désir d'avoir des enseignements de qualité dispensés dans la sérénité) ; cet intérêt collectif est-il différent des intérêts individuels qu'a chacun des étudiants ? Il peut avoir aussi un embryon d'organisation, s'il a des représentants, et de spécialisation, les études que chacun de ses membres poursuit ; mais ces éléments ne sont pas suffisants pour lui conférer la personnalité morale.

Cependant, certains avantages de la personnalité morale sont attachés à des groupements n'ayant qu'une semi-personnalité (Chapitre I), ce qui confirme la diversité des personnes morales et la relativité de la personnalité morale (Chapitre II), qui seront étudiées avant d'en exposer le régime (Chapitre III).

N°s 357-363 réservés.

CHAPITRE I

SEMI-PERSONNALITÉ

364. Plan. — Aujourd'hui, on est moins convaincu que naguère qu'il y ait toujours un avantage pour un groupement à avoir la personnalité morale ; on connaît désormais beaucoup de « *groupements et organismes sans personnalité juridique* »[1] – qui exercent pourtant une activité juridique. On peut les classer en deux catégories ; en reprenant des expressions de M. Champaud, les unes sont « larvaires », ce qui les rend éphémères (Section I), les autres « multicellulaires », des groupements de groupements, qui ne font pas disparaître la personnalité de ses composants (Section II). À l'inverse, il existe des groupements dotés de la personnalité morale mais sans guère d'activité juridique parce qu'ils dorment, ou sont morts sans qu'on s'en aperçoive (Section III). L'exemple de l'indivision révèle que la présence ou l'absence de personnalité juridique n'a pas toujours de conséquences radicales et qu'il s'agit souvent de plus ou de moins (Section IV). Apparaît maintenant un patrimoine d'affectation, dépourvu de personnalité morale (l'entreprise à responsabilité limitée, l'EIRL, C. com., art. L. 526-6 à 526-21, L. 15 juin 2010) (Section V).

Section I
GROUPEMENTS LARVAIRES

365. Groupements de fait. — Les groupements volontaires dépourvus de forme juridique sont aujourd'hui nombreux, parfois efficaces dans une action immédiate, le plus souvent éphémères. Ainsi des groupes de pression, des comités de défense (par exemple, de locataires, de commerçants, de propriétaires, d'étudiants, de prisonniers, de protecteurs d'un site, etc.) ; ce sont des groupements de fait ; ils n'ont aucune organisation et n'obéissent à aucune règle. Leur inexistence juridique produit de nombreuses conséquences : par exemple, le groupement ne peut faire, en tant que tel, d'actes juridiques ; il faut le consentement de tous ses membres, sauf s'ils ont donné mandat à l'un d'eux pour les représenter ; ce mandat peut être tacite ; s'il veut agir en justice, tous ses membres doivent être personnellement parties à l'instance.

Cette inexistence comporte certains palliatifs, qui relèvent d'une existence larvaire, par exemple, les droits de percevoir des cotisations, d'avoir une adresse postale et même de se faire

---

1. Titre d'un ouvrage des TAHC, Dalloz, t. XXI, 1969. V. notamment le rapport de M. Cl. Champaud, p. 118-141.

ouvrir un compte en banque. Les pouvoirs publics peuvent, par mesure de police, les dissoudre lorsqu'ils sont illicites et constituent une menace pour l'ordre public et la sécurité publique [2].

SECTION II
GROUPEMENTS MULTICELLULAIRES

366. Groupes de sociétés. — Parfois, à l'inverse, au lieu d'être larvaires, des groupements dépourvus de la personnalité morale sont multicellulaires, par exemple les groupes de sociétés. Il s'agit d'un ensemble de sociétés, où chacune a son existence juridique et l'une exerce un pouvoir de domination.

Ce pouvoir doit être exercé dans l'intérêt du groupe, non dans celui de la société dominante. Il est plus ou moins important : la notion de groupe est juridiquement polymorphe. Il apparaît lorsqu'une société est propriétaire de parts dans une autre ; la loi du 24 juillet 1966 a voulu donner sur l'importance que caractérise la domination des précisions mathématiques, passablement rudimentaires : entre 10 et 50 %, elle parle de « *participation* », au-delà de 50 % de « *filiale* » (C. com., art. L. 233-1), ce qui implique une sorte de famille où la société dominante est la « mère ». Parfois, la société mère est un *holding* [3], ayant pour seule activité la gestion de participations dans d'autres sociétés.

La notion est plus économique que juridique : le groupe de sociétés n'a pas la personnalité morale [4], bien qu'étant une réalité de fait ; il laisse subsister la personnalité juridique de chacune des sociétés rassemblées. Par exemple, à l'égard de leurs créanciers, chaque filiale constitue une société autonome [5] : le créancier d'une filiale ne peut poursuivre les autres sociétés du groupe, pas même la mère, sauf fraude, fictivité de la société [6] ou faute de la société mère [7]. De même, la décision et l'intérêt de la filiale l'emportent sur la volonté et l'intérêt du groupe [8].

Le droit commercial ne comporte pas de statut juridique d'ensemble du groupe de sociétés, mais seulement plusieurs règles éparses.

---

2. Ex. : CE, 17 nov. 2006, *D.* 2006, IR. 3009 : groupement se livrant « *à la propagation d'idées ou de théories tendant à justifier et à encourager la discrimination, la haine et la violence raciales, notamment à l'encontre des personnes qui ne sont pas de couleur noire* », prônant également l'antisémitisme : décret de dissolution par application de la loi du 10 janvier 1936.
3. Du verbe anglais *to hold* = tenir, détenir.
4. Ex. : Cass. com., 2 avr. 1996, *Bull. civ.* IV, n° 113 ; *JCP* G 1996.II.22803, n. Chazal : « *un groupement de sociétés étant dépourvu de la personnalité morale et de la capacité de contracter, l'une des conditions essentielles pour la convention et ouverture de compte faisant défaut* » ; en l'espèce, une banque avait ouvert un compte à un groupe de sociétés auquel elle avait consenti des avances ; lorsque les différentes sociétés constituant le groupe furent mises en liquidation judiciaire, la banque demanda vainement au liquidateur du groupe le remboursement des avances consenties au groupe.
5. Ex. : Cass. com., 18 oct. 1994, *Bull. civ.* IV, n° 301 : « *Les deux sociétés* (filiales d'un même groupe) *étaient deux personnes morales juridiquement distinctes* », les clients de l'une n'étant pas ceux de l'autre.
6. Ex. : Cass. com., 15 nov. 1977, *Bull. civ.* IV, n° 265 : pour condamner une société mère à payer les dettes d'une autre (la filiale), la cour d'appel, approuvée par la Cour de cassation, constata « *l'existence simultanée à une même adresse de deux sociétés en commandite ayant le même objet social, le même dirigeant et le même commanditaire* ».
7. Ex. : Cass. com., 5 févr. 1991, *Bull. civ.* IV, n° 58 ; *D.* 1992.27, n. Y. Chartier : « *La sté Chevannes avait laissé croire qu'elle participait étroitement aux activités de sa filiale dont l'absence d'autonomie était ainsi soulignée* ».
8. Ex. : Paris, 22 mai 1965, sté *Fruehauf*, *JCP* G 1965.11.14274 *bis*, concl. P. Nepveu. En l'espèce, les conflits de politique commerciale (et de politique tout court) étaient clairs : Fruehauf-International (société américaine, la société mère) voulait interdire, sur la demande du gouvernement américain, à Fruehauf-France (la société filiale) de livrer des camions à la Chine populaire, avec laquelle les États-Unis avaient alors des relations politiques détestables.

Comme en droit commercial, le principe du droit du travail est que le groupe n'existe pas juridiquement et ne peut donc être un employeur : l'employeur est l'entreprise pour laquelle le salarié accomplit son travail, sauf si la société mère donne directement des ordres à l'intéressé et lui impose de rendre compte de son activité [9]. Lorsque plusieurs sociétés juridiques distinctes constituent ce que la Cour de cassation appelle une « *unité économique et sociale* », le groupe de sociétés intéresse notamment le calcul de l'indemnité de licenciement due au salarié successivement employé par plusieurs d'entre elles ; la loi prévoit que cette indemnité dépend de l'ancienneté qu'a le salarié au service du même employeur (C. trav., art. L. 1234-9). Que faut-il entendre par « *même employeur* » ? La jurisprudence décide qu'il faut prendre en compte l'unité économique du groupe, bien que chacune des sociétés soit juridiquement distincte [10]. De même, le reclassement d'un salarié licencié doit être recherché à l'intérieur du groupe [11]. Le groupe de sociétés est également reconnu dans les relations collectives de travail : lorsqu'un groupe de sociétés constitue « *une unité économique et sociale* », un comité d'entreprise commun doit être établi (C. trav., L. 2322-4) ainsi qu'un délégué syndical central d'entreprise (*ib.*, art. L. 2143-5) [12] ; la loi prévoit aussi des « comités de groupe » (*ib.*, 2331-1, I).

Ainsi, il existe des groupements dont la personnalité morale n'est pas reconnue par le droit et qui prennent tout de même part, plus ou moins, à l'activité juridique, ce qui une fois de plus démontre la relativité de la personnalité morale.

Section III
PERSONNES MORALES EN VEILLEUSE

367. Le sommeil et le réveil. — À l'inverse, il existe des personnes morales dont l'activité juridique est nulle, ou quasi nulle. Par exemple, beaucoup d'associations régulièrement déclarées cessent, à un moment donné, toute activité sans être dissoutes ; elles sont quasi mortes. Il y a aussi, moins nombreuses, des sociétés en sommeil, qui, parfois, se réveillent après quelques années, ce qui dissimule souvent une opération frauduleuse.

Section IV
INDIVISION

L'indivision est le groupement de plusieurs personnes, qui sont copropriétaires, ou d'un bien déterminé (par exemple, les coacquéreurs d'un immeuble), ou d'une masse de biens, que l'on appelle les biens indivis (par exemple, le patrimoine successoral qui, avant le partage, est en indivision entre les différents cohéritiers

---

9. J. Rivéro et J. Savatier, *Droit du travail*, PUF, 13ᵉ éd., 1994, p. 99 s., 230 ; Ch. Freyria, « La conception sociale du groupe d'entreprises », *Ét. J. Savatier, PUF, 1992.201.*
10. Cass. soc., 23 mai 1966, *Bull. civ.* IV, n° 492 ; *D.* 1966.581 : « *Il résulte de l'ensemble de ces constatations que la modification survenue dans la situation de dame Chapelet devait être assimilée à une simple mutation à l'intérieur du même groupe de sociétés, sans novation de son contrat initial* ».
11. Ex. : Cass. soc., 7 oct. 1998, *Bull. civ.* V, n° 407 ; *D.* 1999.310, n. K. Adom : « *Les possibilités de reclassement doivent être recherchées à l'intérieur du groupe parmi les entreprises dont les activités, l'organisation ou le lieu d'exploitation leur permettent d'effectuer la permutation de tout ou partie du personnel* ».
12. Cass. soc., 5 mai 1988, *Bull. civ.* V, n° 273 : « *Le tribunal d'instance qui a constaté qu'il y avait entre les stés CGEE Alsthom et Entrelec une complémentarité des activités, une concentration des pouvoirs de direction et une communauté de travail et d'intérêts professionnels du personnel a caractérisé l'unité économique et sociale existant entre les deux sociétés* ».

d'une personne décédée)[13]. Elle n'a pas la personnalité morale[14], ce qui est une occasion de mesurer les avantages et les inconvénients qui résultent de la personnalité morale[15].

368. Utilité de l'organisation. — La gestion d'un bien (ou d'un ensemble de biens) sur lequel plusieurs personnes ont des droits de même nature dépend de la forme juridique adoptée par ce groupement.

Un groupement doté de la personnalité morale est organisé par ses statuts qui prévoient, par exemple, que les décisions seront prises à la majorité de ses membres, ou bien que les actes juridiques seront accomplis par les organes du groupement ayant le pouvoir de l'engager (gérant, administrateur).

Au contraire, en principe (ce qui laisse attendre des exceptions qui sont en nombre croissant), un groupement dépourvu de la personnalité morale n'est pas organisé, est donc soumis à la règle de l'unanimité, ce qui le rend difficile à diriger, entrave sa gestion et risque ainsi de le rendre inefficace.

<small>Des réformes successives sont intervenues. D'abord, la grande loi réformant l'indivision, celle du 31 décembre 1976, a tempéré ces inconvénients ; le juge (art. 815-5 et 815-6) ou la convention (art. 1873-6 à 1873-15) peuvent restreindre le *jus prohibendi*. Puis, celle du 23 juin 2006 sur les successions a permis aux indivisaires d'accomplir des actes d'administration et d'exploitation normale à la majorité des deux tiers (art. 815-3). Enfin, celle du 12 mai 2009 conférant au titulaire d'au moins des deux tiers du bien indivis le droit de demander au notaire d'informer les autres indivisaires de son intention d'aliéner ; en cas de silence ou de refus le TGI peut donner son autorisation si l'aliénation « *ne porte pas une atteinte excessive aux droits des autres indivisaires* » (art. 815-5-1). Ainsi, sans passer par le mécanisme de la personnalité morale, un des avantages essentiels que celle-ci conférait a été indirectement atteint dans l'indivision.</small>

369. Utilité de la durée et de la stabilité. — Un groupement ni durable ni stable ne peut réaliser ses fins lorsque leur accomplissement demande du temps.

Un groupement doté de la personnalité morale, tel que la société, peut être constitué pour une durée très longue puisque la loi en a fixé la limite maximale à 99 ans (art. 1838, L. 4 janv. 1978). Le groupement est stable, puisqu'il ne peut être dissous que par l'accord unanime des associés, sauf clause contraire des statuts, ou par le tribunal s'il existe de justes motifs (art. 1844-7, 5°).

Au contraire, un groupement dépourvu de la personnalité morale ne dure qu'autant que tous ses membres consentent à demeurer groupés ; de nouveau apparaît la règle de l'unanimité. Ainsi en a-t-il été longtemps de l'indivision, qui doit, en principe, disparaître par le partage du seul fait qu'un de ses membres le demande : « *Nul ne peut être contraint à demeurer dans l'indivision* » (art. 815). La volonté d'un seul peut, à tout instant, mettre fin à l'œuvre commune ; l'indivi-

---

<small>13. Cette définition a été simplifiée. Les choses sont plus complexes : le droit en indivision peut ne pas être le droit de propriété, car il peut exister une indivision en usufruit.

14. Ex. : Cass. civ. 1re, 10 déc. 1968, *Bull. civ.* I, n° 319 ; *D.* 1969.165 ; en l'espèce, deux frères étaient en indivision ; la cour d'appel avait décidé « *que les dettes qui en résultaient* (de l'état liquidatif) *pour chacun des copartageants à l'égard de l'indivision étaient d'un même montant et devaient être compensées* » ; critique par le pourvoi : « *La compensation ne peut s'opérer qu'entre deux personnes respectivement débitrices l'une de l'autre* » ; rejet du pourvoi : « *Si la compensation ne peut s'opérer qu'entre deux personnes respectivement débitrices l'une de l'autre, l'interposition de l'indivision successorale entre deux héritiers purs et simples n'empêche pas la compensation de jouer, l'indivision n'ayant pas de personnalité indépendante de celle des héritiers* ».

15. G. MORIN, « Intérêts que peuvent avoir les coïndivisaires d'un ensemble immobilier industriel loué à passer une convention d'indivision ou à constituer une société civile », *Defrénois* 1981, art. 32748, p. 1281-1291.</small>

sion est toujours menacée de précarité ; aussi n'est-elle pas destinée à s'accroître et doit-elle seulement être conservée : elle est stagnante.

Là aussi, l'opposition doit être nuancée : une indivision, bien qu'elle n'ait pas la personnalité morale et soit ainsi précaire de nature, peut avoir une certaine stabilité. Depuis la loi de 1976, elle peut être maintenue pour une durée de cinq ans renouvelable, soit par le juge, s'il l'estime opportun, à la demande d'un indivisaire pour un certain nombre de biens tels qu'une exploitation agricole (art. 821 à 823), soit par la convention (art. 1873-3). En tout état de cause, le juge peut surseoir au partage, ou ordonner un partage partiel si un seul des indivisaires veut sortir de l'indivision pour deux ans (art. 820). On parvient ainsi à une conclusion un peu différente de celle qui avait été présentée quand on s'était demandé si l'indivision bénéficiait de l'organisation attachée aux personnes morales. Cependant, même depuis 1976, elle n'a pas la pérennité et la stabilité dont jouissent les personnes morales et c'est sa faiblesse principale.

370. Utilité de la spécialité. — Enfin, un groupement ne peut réaliser ses fins que s'il a des biens spécialement affectés à l'œuvre commune. Ce qui, encore une fois, n'est pas la situation de l'indivision. Dans l'indivision, les biens n'appartiennent pas à l'indivision envisagée comme sujet de droit distinct, mais à chacun des coindivisaires pour sa part et sont confondus avec son patrimoine personnel (par exemple, si un père de famille laisse pour héritiers ses trois enfants, chacun a la copropriété du tiers du patrimoine paternel) ; par conséquent, ils sont le gage des créanciers personnels de chaque indivisaire. Pour que des biens soient affectés à l'œuvre collective poursuivie par un groupement, il faut créer un patrimoine spécial où l'actif est spécialement affecté au passif (art. 2284 et 2285) et une personne morale qui fera écran entre ces biens et chacune des personnes composant le groupement.

Là encore, l'opposition doit être nuancée. Il est des sociétés dotées de la personnalité morale, telles les sociétés en nom collectif, où les créanciers de la société (que l'on appelle les créanciers sociaux) peuvent poursuivre les biens des associés, malgré l'écran que paraît établir la personnalité morale. À l'inverse, bien que l'indivision n'ait pas la personnalité morale, les créanciers de l'indivision ont depuis la loi de 1976 des droits particuliers sur les biens indivis : ils peuvent saisir les biens indivis et se payer sur eux par prélèvement (art. 815-17).

Dès cette première vue, on s'aperçoit que la différence entre les groupements dotés de la personnalité morale et ceux qui ne l'ont pas n'est pas catégorique : non seulement, il n'y a pas d'opposition radicale entre les personnes morales et les groupements dépourvus de personnalité morale, mais encore, il existe entre les personnes morales de grandes diversités : la personnalité morale est une question de degrés.

Section V
ENTREPRISES INDIVIDUELLES À RESPONSABILITÉ LIMITÉE

371. Fractionnement du patrimoine. — La loi du 15 juin 2010 a créé une institution nouvelle (l'EIRL) (C. com., art. L. 526-6 à 526-21)[16], dérogeant forte-

---

16. *Supra*, n° 350.

ment à l'un des principes traditionnels de notre droit, le lien entre le patrimoine et la personnalité juridique [17].

Un entrepreneur individuel pourra, à compter du 1er janvier 2013, date de la mise en vigueur de la loi, constituer plusieurs patrimoines d'affectation, tous dépourvus de la personnalité morale. Il pourra ainsi soustraire ses biens non professionnels aux poursuites de ses créanciers, à condition de donner à ses patrimoines fractionnés une autonomie bancaire, une comptabilité propre et une publicité.

<small>Le législateur espère favoriser la création de nouvelles entreprises, généralement de petits entrepreneurs. Il l'a déjà tenté de plusieurs manières (déclarations d'insaisissabilité, EURL, société unipersonnelle (SASU)). Il n'est pas sûr que la pratique répondra à ses vœux, la plupart des entrepreneurs individuels considérant que leur activité implique leur engagement total et sont rétifs à la lourdeur d'une nouvelle organisation. Il est également vraisemblable que, comme pour les EURL, les dispensateurs de crédit, notamment les banques, ne leur ouvriront un crédit que si l'entrepreneur s'engage totalement, en renonçant au fractionnement que permet l'EIRL.</small>

Nos 372-374 réservés.

<small>17. B. DONDERO, « L'EIRL, ou l'entrepreneur fractionné. À propos de la loi du 15 juin 2010 », JCP G 2010.679 ; S. PIEDELIÈVRE, « L'entreprise individuelle à responsabilité limitée », Defrénois 2010.1417 et s. ; conclusion, p. 1439 : « L'EIRL n'est pour le moment pas viable. À partir d'une bonne idée théorique, le législateur a adopté un texte en partie irréaliste ».</small>

■ CHAPITRE II ■

DIVERSITÉ DES PERSONNES MORALES

Les personnes morales sont diverses et relatives (Section I) ; celles qui relèvent du droit public (Section II) ont une physionomie différente de celles qui sont soumises au droit privé (Section IV). Ici comme ailleurs, la distinction entre le droit public et le droit privé est difficile à appliquer et n'est jamais absolue, car il y a des personnes morales régies à la fois par le droit public et le droit privé, que l'on peut dénommer des personnes mixtes (Section III).

Section I
RELATIVITÉ DE LA PERSONNALITÉ MORALE

375. Plus ou moins de personnalité. — Il existe entre toutes les personnes physiques une égalité de droit, c'est-à-dire qu'elles ont toutes la même aptitude à être sujet de droit. Cette égalité n'existe pas pour les personnes morales : lorsqu'un groupement se voit doté de la personnalité morale, cette personnification peut être plus ou moins complète selon que les intérêts collectifs de ses membres sont plus ou moins caractérisés.

Trois exemples (l'État, les associations de moralité, les syndicats) montrent que la personnalité morale est relative, c'est-à-dire susceptible de degrés ; ils sont tous trois extrapatrimoniaux. La personnalité des groupements poursuivant des intérêts économiques est également marquée de relativité. Un groupement qui aurait pour objet les intérêts généraux de tous les citoyens ne pourrait avoir une véritable personnification, car il se confondrait avec l'**État**, qui représente, précisément, les intérêts généraux de tous les citoyens. La personnalité d'une **association de moralité** est plus caractérisée, sans pourtant être entière, car elle se propose de défendre et de représenter des sentiments qui devraient être communs à tout le monde ; aussi bien n'a-t-elle qu'une semi-personnalité. La personnalité morale d'un **syndicat** professionnel est plus nettement accusée, car les intérêts professionnels qu'il défend sont plus spécifiques.

De même, il arrive que le droit fiscal, soucieux des réalités économiques, ignore la personnalité juridique que la loi civile reconnaît, ce que l'on a appelé la transparence fiscale [1].

---

1. Ex. : Les sociétés civiles immobilières de construction-attribution : CGI, art. 1655 *ter* ; ces sociétés « *sont réputées, quelle que soit leur forme juridique, ne pas avoir de personnalité distincte de celle de leurs membres pour l'application des impôts directs, des droits d'enregistrement* [...] *ainsi que des taxes assimilées* ». Cf. aussi *ib.*, art. 728. La jurisprudence refuse de déduire de cette « transparence fiscale »

Section II
PERSONNES MORALES DE DROIT PUBLIC

376. État ; circonscriptions territoriales ; établissements publics. — Les personnes morales de droit public sont, comme les autres, marquées de relativité [2] ; elles sont les organes de la puissance publique. Celle qui la possède dans sa plénitude est l'État, qui en a toutes les prérogatives [3] ; il est la puissance souveraine, sauf les pouvoirs dévolus à l'Union européenne. D'autres sont les grandes circonscriptions territoriales de l'État : les régions, les départements et surtout les communes qui sont historiquement (les paroisses) les groupements de droit public les plus anciens. Toutes ont une mission d'intérêt public à remplir.

Les personnes morales de droit public ont une condition différente de celles du droit privé, parce qu'elles ont une activité qui relève plus ou moins de la puissance publique. Ainsi, conformément à une longue tradition, ne peuvent-elles compromettre [4], c'est-à-dire prévoir que leurs litiges seront réglés par l'arbitrage (art. 2060) [5], sauf dans deux cas : 1°) pour les établissements publics à caractère industriel et commercial si un décret les y autorise (art. 2060, al. 2, L. 9 juill. 1975) [6] ; 2°) pour certaines opérations internationales (L. 19 août 1986) [7]. En outre, leurs biens ne peuvent faire l'objet de voies d'exécution [8], parce qu'une personne morale de droit

---

une transparence civile : ex. : jugé que... ces parts ont une nature mobilière (Cass. civ. 3e, 13 nov. 1973, *Bull. civ.* III, n° 575)... leur cession ne peut être rescindée pour cause de lésion (Cass. civ. 3e, 9 avr. 1970, *Bull. civ.* III, n° 234) ; la jurisprudence avait même décidé que leur cession étant une cession de créance ne faisait pas naître la garantie des vices rédhibitoires (art. 1694) ; la solution était tellement spoliatrice des intérêts de l'acheteur qu'elle a été écartée par le législateur lorsque le cédant était un promoteur (art. 1831-1, al. 1, *in fine*, L. 6 juill. 1971).

2. **Biblio. :** J.-B. AUBY, *La personnalité morale en droit administratif français*, th., Bordeaux I, 1979, ronéo.

3. Comp. J. CARBONNIER, n° 208 : « *C'est par un abus de technique que le droit libéral du XIXe SIÈCLE L'A COULÉ (l'État) dans la notion de personne morale pour faire redescendre de l'empyrée les vieilles idées du souverain et du prince. L'État est un concept irréductible à tout autre. Il n'est pas dans le système ; il est ce système* ».

4. **Biblio. :** Ph. FOUCHARD, « L'arbitrage en droit administratif », *Rev. arb.* 1990.3 ; J. RIBS, « Ombres et incertitudes de l'arbitrage pour les personnes morales de droit public français », *JCP* G 1990.I.3465.

5. Ex. : Avis du CE, 6 mars 1986, aff. *Euro Disneyland, EDCE* 1987, p. 178 : en l'espèce, le gouvernement avait demandé au Conseil d'État s'il était possible de stipuler une clause compromissoire dans un contrat visant à créer un « *Disneyland* » à Marne-la-Vallée, conclu entre l'État, diverses personnes de droit public français et une société de droit américain « *Walt Disney productions* ». Réponse : « *Le projet de contrat considéré ne peut valablement contenir une clause compromissoire qui serait entachée d'une nullité d'ordre public* ». La loi du 19 août 1986 a permis l'inclusion dans ces contrats des clauses compromissoires.

6. Ex. : L. 30 déc. 1982, al. 1 : « *La SNCF [...] dispose de la faculté de transiger et de conclure des conventions d'arbitrage* ».

7. Depuis 1966, la Cour de cassation a admis que dans un contrat international, l'État pouvait compromettre. Ex. : Cass. civ. 1re, 2 mai 1966, aff. *Galakis*, *Bull. civ.* I, n° 256 ; *D.* 1966.575, n. J. Robert ; *JCP* G 1966.II.14798, n. Ligneau ; *Rev. crit. DIP* 1967.553, n. B. Goldman ; *JDI* 1966.648, n. P. Level : « *La prohibition susvisée* (C. pr. civ. anc., art. 83 et 1004, auj. remplacés par C. civ., art. 2060) *ne s'applique pas à un tel contrat* (un contrat international passé pour les besoins et dans des conditions conformes aux usages du commerce maritime) *et par suite, en déclarant valable la clause compromissoire souscrite ainsi par une personne morale de droit public, la cour d'appel [...] a légalement justifié sa décision* ».

8. Cass. civ. 1re, 21 déc. 1987, *Bureau de recherches géologiques et minières*, *Bull. civ.* I, n° 348 ; *JCP* G 1989.II.21183, n. Nicod ; *GAJA*, n° 113 : « *Le principe général du droit suivant lequel les biens des personnes publiques sont insaisissables...* ». La loi du 4 juillet 1991 relative aux voies d'exécution maintient cette jurisprudence : art. 1, al. 3 : « *L'exécution forcée et les mesures conservatoires ne sont pas applicables aux personnes qui bénéficient d'une immunité d'exécution* ». Il existe d'autres procédés permettant de contraindre l'Administration à exécuter ses obligations ; la matière relève du droit administratif.

public ne doit pas disparaître ; elles peuvent exécuter elles-mêmes leurs créances en se constituant leur propre titre : un état exécutoire ou un arrêté de débet.

Les établissements publics (par exemple, les universités) sont des personnes morales de droit public qui permettent à l'autorité publique de pourvoir à un besoin collectif d'intérêt général : ils sont des organismes publics ayant une autonomie administrative (c'est-à-dire un pouvoir de décision) et financière (c'est-à-dire un patrimoine autonome). L'individualisation d'un service de l'État (par exemple, un ministère) ne suffit pas à lui donner la personnalité morale [9] ; néanmoins, elle lui confère certains attributs, notamment, parfois, l'autonomie de décision [10].

Section III
PERSONNES MORALES MIXTES

Certaines personnes morales relèvent à la fois du droit public et du droit privé. Ce sont des personnes morales tirant leur origine du droit public mais qui voient leur activité régie par le droit privé, tandis qu'inversement, il y a des personnes morales de droit privé ayant pourtant certains caractères des personnes morales du droit public.

377. Personnes de droit public soumises au droit privé : les chauves-souris. — Lorsque l'État ou une collectivité publique exerce une activité commerciale ou industrielle, il le fait généralement par l'intermédiaire d'une personne morale distincte (régie autonome, établissement public, société nationale, société d'économie mixte [11]). Ce sont des personnes morales de droit public soumises au droit privé.

La double nature de ces personnes morales les rend ambiguës [12] ; comme la chauve-souris de la fable (« *Je suis oiseau, voyez mes ailes* [...] *Je suis souris, vivent les rats !* »), elles dépendent tantôt d'un régime, tantôt d'un autre. Ainsi, les entreprises nationalisées échappent, au moins en partie, aux règles de la gestion et de la comptabilité publiques, parce qu'elles relèvent du droit privé : de même, leurs créanciers n'ont de droits que sur leur patrimoine, non sur celui de l'État [13]. Mais en cas de cessation de paiements, elles ne peuvent être soumises à une procédure collective de payement (l'ancienne faillite) ni subir les modes d'exécution forcée du droit privé [14], malgré les exigences du commerce, parce que, par ailleurs, elles sont soumises au droit public. Il paraît en effet impossible que l'État demeure indifférent à la disparition d'entreprises qu'il a nationalisées.

---

9. Comp. B. DELCROS, *L'unité de la personnalité juridique de l'État*, th., Paris II, LGDJ, 1976, préf. R. Drago.

10. Ex. : malgré leur autonomie statutaire, administrative, pédagogique, et partiellement financière, les UFR universitaires (Unités de formation et de recherche) sont dépourvues de la personnalité morale : CE, 6 oct. 1976, *Doyen de l'UER* (l'institution universitaire créée par Edgar Faure, qui précéda l'UFR), *Faculté de droit de l'université de Lyon III*, JCP G 1977.II.18564 : « *La requête susvisée de l'UER Faculté de droit de l'université Jean Moulin (Lyon III) présentée en son nom par son doyen, lequel n'avait pas qualité pour agir, est irrecevable* ».

11. T. confl., 8 juill. 1963, *sté entreprise Peyrot*, D. 1963.534, concl. Lasry ; JCP G 1963.II.13375, n. J.-M. Auby ; *GAJA*, n° 101.

12. Comp. M. HAURIOU, n. S. 1900.III.49, sous T. confl., 9 déc. 1899, Ass. *syndic. du canal de Gignac* : « *c'est par les institutions ambiguës que se produisent les grandes transformations de société* ».

13. Ex. : en droit international privé : Cass. civ. 1re, 6 juill. 1988, *sté Navrom*, Bull. civ. I, n° 227 ; DMF, 1988.599 : « *Vu l'article 2092* (auj. 2284) ; *le droit de gage général qui résulte de ce texte au profit des créanciers ne porte que sur le patrimoine même du débiteur* » ; en l'espèce, le créancier d'une sté nationalisée roumaine (Prodexport) avait saisi le navire appartenant à une autre sté nationalisée roumaine (Navrom) ; la cour d'appel avait validé cette saisie : « *Les entreprises roumaines de commerce extérieur, fussent-elles dotées "au plan interne" de la personnalité morale, constituaient de "simples organismes gestionnaires", émanations de l'État qui les a créées* ». Cassation : la cour d'appel n'avait pas expliqué « *en quoi la sté Navrom ne disposait pas d'un patrimoine propre distinct de la sté Prodexport* ».

14. Ex. : Cass. com., 9 juill. 1951, *SNEP*, 2 arrêts, D. 1952.141 ; S. 1952.I.125, n. R. Drago ; bien que la SNEP (Société nationale des entreprises de presse) soit un établissement public industriel et commercial, ses deniers sont insaisissables, comme tous les deniers publics.

Imaginerait-on, par exemple, que la SNCF soit mise en « faillite » ? Il en est autrement des sociétés nationales ou personnes publiques commerçantes lorsqu'elles sont étrangères [15].

378. Personnes de droit privé relevant du droit public : les auxiliaires. — À l'inverse, certaines personnes morales de droit privé se voient conférer des prérogatives de puissance publique et exercent le rôle d'auxiliaires des pouvoirs publics [16] (ex. : les associations familiales). Par ailleurs, certains groupements privés sont obligatoires, ce qui est le trait habituel des personnes morales de droit public ; par exemple, les comités d'entreprise qui groupent obligatoirement les salariés d'une même entreprise. Ces personnes présentent quelques caractères de droit public, mais l'ensemble de leurs qualités les rattache au droit privé.

Section IV
PERSONNES MORALES DE DROIT PRIVÉ

Les personnes morales de droit privé ont pour objet des intérêts privés. Ce sont elles surtout qui seront étudiées. Elles sont soit des groupements de personnes (Sous-Section I) soit, plus rarement, des masses de biens (Sous-Section II).

Plus que tout autre, le droit français connaît une grande variété de personnes morales, différentes les unes des autres.

379. Groupements de personnes et masses de biens. — On conçoit assez bien, malgré la part de fiction ici inévitable, la personnification d'un groupement de personnes, parce que l'on peut comprendre facilement qu'il comporte une organisation, une volonté collective et des intérêts collectifs. Mais l'abstraction et la fiction sont beaucoup plus poussées lorsqu'il s'agit d'une masse de biens, que le droit français a eu du mal à personnifier. Tantôt, il a hésité à lui accorder la personnalité morale, comme dans le cas de la fondation ; tantôt, il l'accorde, mais sans lui en donner les principaux attributs, comme dans le cas du syndicat de copropriété ; tantôt, au contraire, il la refuse, mais en lui en conférant les principaux attributs, comme dans les fonds communs (de placement et de créance) [17].

Sous-section I
Groupements de personnes

Traditionnellement, le droit français ne connaissait que deux types de groupements de personnes comportant la personnalité morale : les sociétés, qui recherchent le profit (§ 1) et les associations, qui ont des fins désintéressées (§ 2). L'époque contemporaine a fait apparaître d'autres groupements de personnes pourvus de la personnalité morale, assez hétérogènes (§ 3).

Ces nouvelles personnes morales présentent deux aspects. D'une part, certaines sont « transparentes », c'est-à-dire que la personnalité morale masque mal la personnalité individuelle de ses

---

15. Ex. : Cass. civ. 1re, 1er oct. 1985, *Sonatrach*, *Bull. civ.* I, n° 236 ; *JCP* G 1984.II.20566, concl. Gulphe, n. H. Synvet ; *Rev. crit. DIP* 1986.53, n. B. Audit ; *JDI* 1986.170, n. B. Oppetit ; *Grands arrêts de DIP*, n° 60 : « *Les biens des organismes publics, personnalisés ou non, distincts de l'État étranger, lorsqu'ils font partie d'un patrimoine que celui-ci a affecté à une activité principale relevant du droit privé, peuvent être saisis par tous les créanciers, quels qu'ils soient, de cet organisme* ».
16. Cette jurisprudence date de l'occupation allemande en 1940-1944 et eut d'abord pour objet les organisations professionnelles (en ce temps, corporatives) qui organisaient le dirigisme imposé par la pénurie. Ex. : CE ass., 31 juill. 1942, *Montpeurt*, *DC* 1942.138, concl. Ségalat ; *JCP* G 1942.II.2046, concl. Ségalat, n. Laroque ; *GAJA*, n° 62.
17. G. Liet-Veaux, « Les associations de personnes et les associations de biens », *JCP* G 2002.I.154.

membres : la personnalité morale est faible. D'autre part, certaines sont intermédiaires entre la société et l'association : ainsi en est-il des groupements d'intérêt économique et divers groupements agricoles (il en est d'autres qui ne sont indiqués que pour mémoire : par exemple, les coopératives et les sociétés civiles de moyens). Or le choix entre le système de la société et celui de l'association commande une politique législative.

380. Hostilité ou faveur ? Un va-et-vient. — Traditionnellement, dans le passé, le droit civil (non le droit fiscal) manifestait une grande faveur aux sociétés et, au contraire, une grande hostilité à l'encontre des groupements désintéressés, suspectés de porter ombrage à l'État : il suffit d'évoquer les rapports orageux entre les Églises et l'État. La politique d'aujourd'hui s'est, en partie, retournée. Le droit encourage l'esprit « associatif », atténue sa défiance à l'encontre des congrégations religieuses et, à l'inverse, de temps à autre (rarement les temps derniers sauf, récemment, les banques aidées par l'État), lutte contre les grandes sociétés commerciales, qui peuvent constituer un État dans l'État ; il n'est pas sûr qu'en les nationalisant, l'État soit parvenu à les contrôler ; d'ailleurs, ces temps derniers, il les privatisait ; puis, en novembre 2008, il paraît être revenu à de nouvelles formes d'étatisation, pour faire face à la crise financière internationale.

§ 1. Sociétés

381. Une définition discutée. — La définition de la société [18] (art. 1832), empruntée à Rome et longtemps incontestée, suscite de nombreuses difficultés qui ne seront indiquées que pour mémoire. La tendance contemporaine est d'en élargir la notion, ce qui traduit l'extension de l'activité collective dans la vie économique, parallèle au développement de l'association dans les activités non lucratives.

La société est le groupe constitué (bien que l'art. 1832 continue à le dire, elle n'est pas un contrat) [19] entre plusieurs personnes (ce qui, aujourd'hui, n'est plus toujours nécessaire [20]) ayant l'*affectio societatis* (l'intention d'être associées [21]), qui mettent toutes des biens ou des activités en commun, participent toutes aux décisions collectives, contribuent toutes aux pertes et profitent toutes des gains, afin de partager les bénéfices ou de profiter des économies (ce fut sur ce dernier point que la réforme de 1978 a été la plus importante, car elle a élargi la définition de la société en y faisant entrer la recherche des économies).

La même loi de 1978 a décidé, contrairement au droit antérieur, que la société n'acquérait la personnalité morale que lorsqu'elle était immatriculée, ce qui constitue une mesure de publicité destinée à en faire connaître l'existence aux tiers (art. 1842, al. 1) : la société s'est davantage juridicisée.

382. Cession des droits sociaux. — Parce qu'une société est une personne morale, la cession de toutes les parts de la société est, en principe, une cession de droits sociaux et non des biens

---

18. **Étymologie** de société : du latin *socius, ii* = compagnon, allié (littéralement : celui qui va avec, de là, associé avec). **Terminologie :** les membres d'une société s'appellent des associés ; ceux d'une association s'appellent des sociétaires. Curieux chassé-croisé.
19. Ex. : Lorsque la société veut changer ses statuts, elle prend ses décisions à la majorité des associés (ex. : pour la société anonyme : C. com., art. L. 225-96), alors que s'il s'était agi de la modification d'un contrat, il eût fallu l'unanimité des contractants (art. 1134, al. 2).
20. La loi du 11 juillet 1985 a créé une entreprise unipersonnelle à responsabilité limitée (EURL) et une entreprise agricole à responsabilité limitée (EARL), où la volonté d'une seule personne suffit à constituer une sorte de société ; v. *infra*, n°s 418-419.
21. Cass. com., 3 juin 1986, *Bull. civ.* IV, n° 116 ; *Rev. sociétés* 1986.585, n. Y. G. : jugé qu'il ne suffit pas pour que l'exploitation à deux d'un fonds de commerce constitue une société qu'il y ait eu une participation aux bénéfices et aux pertes ; il faut aussi que les deux exploitants aient « *collaboré de façon effective à l'exploitation de ce fonds dans un intérêt commun et sur un pied d'égalité* ».

composant l'actif social (par exemple, le fonds de commerce) [22], sauf si l'opération masque une fraude. Mais le droit prend parfois en compte la réalité économique en effaçant l'écran de la personne morale, et en admettant que la cession de toutes les parts sociales équivaut à la cession de l'actif et du passif social [23].

Comme toutes les autres personnes morales et à la différence des personnes physiques, les sociétés dépendent presque totalement du droit : dans leur diversité (I) et leur gestion (II).

I. — Diversité

Les sociétés sont très diverses : selon l'objet de leurs activités, elles sont commerciales (A) ou civiles (B) ; elles peuvent n'exister qu'en fait (C) ; un type particulier est délibérément dépourvu par la loi de la personnalité morale, la société en participation (D).

A. SOCIÉTÉS COMMERCIALES

Les sociétés commerciales sont elles-mêmes de deux espèces, selon qu'elles sont des sociétés de personnes ou de capitaux.

383. Société en nom collectif (SNC). — La forme la plus pure des sociétés commerciales de personnes est la société en nom collectif (C. com., art. L. 221-1 à 221-17) ; elle est constituée, pratiquement, entre des commerçants qui se connaissent et se portent une confiance mutuelle. Parce qu'elle est une société, les créanciers de la société ont sur le capital social un droit de préférence qui leur permet de l'emporter sur les créanciers personnels des associés. Parce qu'elle est une société de personnes, les associés sont personnellement et solidairement tenus des dettes de la société : *ib.*, art. L. 221-1, al. 1 : « *Les associés [...] répondent indéfiniment et solidairement des dettes sociales* ». C'est-à-dire qu'un créancier de la société peut demander à un quelconque des associés le paiement de toute la dette due par la société, même si son montant dépasse la valeur de la part sociale ; mais il doit au préalable poursuivre la société (art. 1858).

L'*intuitus personae* (la considération de la personne) qui marque cette forme de société empêche que les associés puissent librement céder leurs parts : *ib.*, article L. 221-13 : « *Les parts sociales ne peuvent être cédées qu'avec le consentement de tous les associés* ». De même, la mésentente entre associés entraîne la dissolution de la société. Cette forme de société convient aux entreprises moyennes dont les capitaux sont d'importance moyenne.

384. Société en commandite simple. — La société en commandite simple (*ib.*, art. L. 222-1 à art. L. 222-12) est à la fois une société de personnes et une société de capitaux, car elle réunit deux catégories d'associés. Les commandités ont le statut d'associés en nom collectif ; ils sont commerçants et répondent indéfiniment des dettes sociales. Les commanditaires ne répondent des dettes sociales qu'à concurrence de leur apport. Ces sociétés sont gérées par les commandités. Leur régime est calqué sur celui des sociétés en nom collectif.

---

22. Ex. : Cass. com., 13 févr. 1990, *Bull. civ.* IV, n° 42 ; *D.* 1990.470, n. C. d'Hoir-Lauprêtre ; *JCP* G 1990.II.21587, n. H. Lazarski ; *Rev. sociétés* 1990.251, n. P. Le Cannu : jugé que la cession des parts d'une société, propriétaire d'un fonds de commerce, n'était pas la cession de ce fonds et, par conséquent, n'avait pas à comporter les mentions informatives prévues par la loi du 29 juin 1935 sur la cession des fonds de commerce (aujourd'hui C. com., art. L. 141-1).

23. Ex. : Cass. com., 17 oct. 1995, *Bull. civ.* IV, n° 244 ; *D.* 1996.167, n. Paillusseau : jugé qu'est une erreur, cause de nullité de la cession de toutes les parts sociales d'une SARL, l'inaptitude du matériel constituant l'actif social de cette société à remplir l'objet pour lequel il avait été conçu.

385. Sociétés anonymes (SA et SAS). — L'exemple le plus caractéristique des sociétés de capitaux est constitué par la société anonyme, dite encore société par actions (C. com., art. L. 224-1 à 225-266) (SA). Les dettes sociales ne peuvent être poursuivies que sur le capital social, non sur le patrimoine personnel des actionnaires, qui ne risquent donc que le montant de leurs actions (*ib.*, art. L. 225-1) : « *La société anonyme est* [...] *constituée entre des associés qui ne supportent les pertes qu'à concurrence de leurs apports* ». Aussi, la personnalité des associés est-elle indifférente ; ce qui importe à la société, c'est leur apport. Par conséquent, ils peuvent librement céder leurs actions à des tiers. Cette forme de société convient aux grandes entreprises dont les capitaux sont importants.

A aussi été créée (L. 12 juill. 1999, C. com., art. L. 227-1 à 227-20) une nouvelle forme de société anonyme, rapidement devenue très vivante, la société par actions simplifiée (SAS), qui peut être constituée par un seul associé. Comme dans la SA et la SARL, les associés « *ne supportent les pertes qu'à concurrence de leur apport* » (*ib.*, art. 227-1, al. 1) ; la cessibilité des actions dépend des statuts. Cette forme de société convient aux entreprises où une personne physique veut rester maîtresse de son affaire (les sociétés fermées), essentiellement les PME, où elle concurrence sérieusement les SARL.

386. Société à responsabilité limitée (SARL). — La SARL a une condition intermédiaire entre la société en nom collectif et la société anonyme (*ib.*, art. L. 223-1 à 223-43). Aucun associé n'est tenu envers les créanciers au-delà de son apport : *ib.*, art. L. 223-1, al. 1 : « *La société à responsabilité limitée est constituée par une ou plusieurs personnes qui ne supportent les pertes qu'à concurrence de leurs apports* », ce qui la rapproche de la société anonyme. Mais elle est dominée par l'*intuitus personae* : « *Les parts sociales ne peuvent être cédées à des tiers étrangers à la société qu'avec le consentement de la majorité des associés représentant au moins les 3/4 des parts sociales* » (*ib.*, art. L. 223-14, al. 1), ce qui la rapproche de la société en nom collectif. Cette forme de société convient aux entreprises familiales qui veulent avoir leur responsabilité limitée et interdire à des étrangers à la famille d'entrer dans la société. La SARL a pris une place importante dans la vie des affaires, mais est concurrencée par la SAS.

La loi *sur l'initiative économique* du 1er août 2004 a changé la structure de la SARL, en supprimant toute condition d'un capital social minimum, qui peut donc n'être que d'un euro (C. com., art. L. 223-2, al. 1), afin de faciliter le développement des petites et moyennes entreprises. En pratique, comme pour les EARL et bientôt pour les EIRL, les banques ne consentiront de crédit à ces sociétés que si elles en obtiennent un engagement personnel des associés ou leur cautionnement [24].

B. Sociétés civiles

387. Pas commerçante. — On définit la société civile par une lapalissade : elle est une société qui n'est pas commerciale (art. 1845, L. 4 janv. 1978). Elle ressemble à une société en nom collectif, notamment en ce que « *les associés répondent indéfiniment des dettes sociales* » (art. 1857, al. 1), mais leurs dettes ne sont pas solidaires et se divisent entre eux ; en outre, elles ont un caractère subsidiaire, les créanciers sociaux ne pouvant poursuivre les associés qu'après avoir agi contre la société [25]. L'obligation indéfinie au passif social présente des inconvénients lorsqu'un associé est un incapable [26]. Autre analogie avec la SNC, « *les parts sociales ne peuvent être cédées qu'avec l'agrément de tous les asso-*

---

24. *Infra*, n° 419.
25. Ex. : Cass. civ. 3e, 8 oct. 1997, *Bull. civ.* III, n° 191 ; *D.* 1998, som. 398, obs. J. Cl. Hallouin ; « *Vu l'article 1858 ; les créanciers ne peuvent poursuivre le paiement des dettes sociales contre un associé qu'après avoir et vainement poursuivi la personne morale* ».
26. Ex. : Versailles, 29 janv. 1998, *D.* 1998.399, n. crit. J.-Cl. Hallouin ; *JCP* G 1999.II.10014, n. crit. B. Petit ; en l'espèce, un mineur détenait 96 % du capital social de la SCI, et la société avait pour gérant un parent du mineur ; jugé que le mineur était tenu de payer le passif social, s'élevant à 10 millions Fr. La seule protection du mineur, selon J. Cl. Hallouin, aurait été de démontrer la fraude, que le gérant avait agi

ciés » (art. 1861, al. 1) ; elle est, elle aussi, dominée par l'*intuitus personae*. La grande différence tient à ce qu'elle est dispensée de tenir des livres de commerce et une comptabilité ; elle a une gestion plus simple, parce que les risques sont moindres.

Les sociétés civiles sont utilisées dans l'immobilier (les sociétés civiles immobilières, dites SCI, présentant souvent un caractère familial) et pour l'exercice des professions libérales (sociétés civiles professionnelles de médecins, d'avocats, de notaires, etc.), dites SCP ; elles sont également utilisées en matière agricole (GFA) ; elles ont un régime fiscal avantageux, étant exemptes de l'impôt sur les sociétés.

C. Sociétés de fait

388. Nullité d'une société et société créée de fait. — Une société de fait ne résulte pas d'un contrat : elle apparaît ou bien, parce que le contrat qui avait été conclu n'était pas valable et a été annulé ; ou bien, parce qu'il n'a jamais existé : la société, dès sa conclusion, a été créée de fait.

C'est une institution ambiguë. Pendant longtemps, elle intéressait les conséquences résultant de la nullité d'une société : une société a été formée, a fonctionné puis a été annulée : la nullité ne produit alors d'effets que pour l'avenir, comme une dissolution (C. civ., art. 1844-15 ; C. com., art. L. 235-10) [27]. Aujourd'hui, elle désigne surtout une société qui ne s'est pas constituée, mais existe en fait, en raison du comportement des parties, bien qu'elles n'en aient pas eu conscience : on parle alors de sociétés créées de fait (art. 1873) ; l'hypothèse la plus courante est celle des sociétés de fait entre concubins [28] : on la trouve aussi entre parents [29] et amis, voire entre époux séparés de biens.

D. Sociétés en participation

389. Entre soi et à tout faire. — La société en participation est une société, civile ou commerciale, qui, n'étant pas immatriculée, n'a ni la personnalité morale ni de patrimoine. Jusqu'en 1978, elle était toujours occulte ; depuis la loi du 4 janvier 1978, elle peut se révéler aux tiers (art. 1871 à 1873). Lorsqu'elle est occulte, chaque associé n'engage que lui-même, sauf s'il agit en qualité d'associé ou s'immisce dans la gestion sociale (art. 1872-1, al. 2).

Elle est le plus ancien des contrats de société, étant exclusivement dominée par la volonté des associés. Elle peut servir à tout : à une entente industrielle, à l'achat en commun d'un billet de loterie, à des travaux publics faits en commun ou à la vie patrimoniale de l'union libre (à la condition qu'il y ait un *animus societatis*). Les associés font entre eux ce qu'ils veulent et comme ils veulent ; ils partagent entre eux comme ils veulent. Tout cela ne regarde pas les tiers. Le contrat (les statuts) domine.

---

en réalité sous couvert de la SCI et que c'était donc lui seul qui eût dû être déclaré responsable des dettes prétendument sociales ; v. *infra*, n° 625.

27. Ex. : sans même avoir fait appel à la société de fait, l'absence de rétroactivité s'applique aux nullités ayant pour cause la fictivité de la société : Cass. com., 22 juin 1999, *Bull. civ.* IV, n° 136 ; *Defrénois* 1999, art. 37061, n° 11, obs. H. Hovasse.

28. Ex. : Cass. civ. 1re, 11 févr. 1997, *Bull. civ.* I, n° 46 ; *JCP* G 1997.II.22820, n. Th. Garé : « *Ayant relevé que les concubins avaient mis en commun leurs ressources pour la construction de l'immeuble destiné à assurer leur logement et celui des enfants, participant ainsi aux bénéfices, et ayant retenu que M. Subtil (le concubin) était à l'origine de cette construction au même titre que Mme Boure (la concubine), ce qui impliquait l'affectio societatis, c'est à juste titre que la cour d'appel a estimé que la réunion de ces éléments caractérisait l'existence d'une société de fait* ».

29. Ex. : Cass. com., 16 juin 1998, *Bull. civ.* IV, n° 203 ; *Defrénois* 1999, art. 36959, n. D. Gibirila : « *Pour retenir l'existence d'une société créée de fait entre M. M. Gilbert et Yvan Roidor (père et fils), l'arrêt, après avoir constaté l'existence d'apports et de l'affectio societatis, relève qu'ils ont vécu des fruits de l'exploitation commune et incontestablement participé tous deux aux résultats positifs de leur exploitation agricole [...] ; l'exploitation n'avait pas subi de pertes auxquelles les associés eussent dû contribuer* ».

II. — Gestion

La gestion des sociétés met en cause le pouvoir des associés, qui s'exprime dans leurs assemblées, et celui de leurs dirigeants.

390. Assemblées des associés. — En théorie, la gestion d'une société est exercée par l'assemblée des associés puisque c'est elle qui représente vraiment les associés. En pratique, la gestion échappe à l'assemblée (bien qu'aujourd'hui, elle exerce un rôle lorsque la société traverse des difficultés). En voici deux raisons : la réunion d'une assemblée d'associés est difficile et coûteuse ; en outre, les assemblées sont souvent dans la main des dirigeants sociaux, surtout dans les grandes sociétés anonymes. La gestion d'une société repose surtout sur ses dirigeants.

L'assemblée des associés doit se réunir au moins une fois par an : un rite nécessaire.

391. Dirigeants sociaux. — Les sociétés sont dirigées par des organes de gestion dont les pouvoirs sont étendus, tout en étant soumis, au moins formellement, aux autres institutions sociales, notamment aux assemblées des associés ; ils sont obligés d'agir dans l'intérêt de la société. À la différence des administrateurs des associations, ils sont rémunérés.

Ces dirigeants – qu'il s'agisse de SA ou de SARL – sont responsables de leurs fautes envers la société qu'ils administrent et envers les tiers. Ces fautes peuvent résulter d'une infraction aux lois et aux statuts ou d'une faute de gestion. Envers la société, la faute de gestion résulte par exemple de leur infidélité (ils ont agi dans leur intérêt propre, non dans celui de la société) ou de leur incompétence. Aux États-Unis, le juge s'interdit d'apprécier la qualité de gestion d'un dirigeant social : *business judgment rule*. Envers les tiers, leur responsabilité est plus rarement engagée : le principe des sociétés est en effet que les créanciers sociaux doivent demander le paiement du passif social à la société, non aux dirigeants ou aux associés [30]. Leur responsabilité suppose que le gérant a commis une faute qui soit séparée de ses fonctions et leur soit imputable personnellement : ils sont sortis de leurs fonctions [31]. En outre, lorsque la société a déposé son bilan (elle est mise en « faillite »), la responsabilité des dirigeants sociaux est plus souvent engagée : notamment, au moyen de l'action en comblement du passif : les dettes de la société sont alors, en tout ou en partie, supportées par les dirigeants (C. com., art. L. 624-3).

§ 2. Associations

392. Une loi pacifiante et une bonne à tout faire. — La loi du 1er juillet 1901 (L. *Waldeck-Rousseau*) est la grande loi sur les associations [32]. Comme celle du 9 décembre 1905 sur la séparation des Églises et de l'État, elle avait été adoptée

---

30. Cass. civ. 2e, 27 avr. 1977, *Bull. civ.* II, n° 108 : « *La personne morale répond des fautes dont elle s'est rendue coupable par ses organes et en doit la réparation à la victime, sans que celle-ci soit obligée de mettre en cause, sur le fondement de l'article 1384, alinéa 5, lesdits organes pris comme préposés* ». De même pour la **responsabilité pénale** : Cass. crim., 20 juin 2006, *D.* 2007.619, n. J. Chr. Saint-Pau : jugé que les juges du fond peuvent déclarer une société « *coupable d'homicide involontaire sans préciser l'identité de l'auteur des manquements constitutifs du délit, dès lors que cette infraction n'a pu être commise, pour le compte de la société, que par ses organes ou représentants* », v. *infra*, n° 435.
31. Ex. : Cass. com., 27 janv. 1998, *Bull. civ.* IV, n° 48 ; *D.* 1998.605, n. D. Gibirila ; en l'espèce, le gérant d'une SARL avait refusé le pétrole livré par la sté Total, estimant que le produit n'était pas conforme à la commande ; il l'avait déversé dans les cuves d'une propriété voisine ; la cour d'appel avait décidé qu'il « *avait commis une faute personnelle engageant sa responsabilité* ». Cassation : la cour n'avait relevé « *aucune circonstance d'où il résulterait que M. Vanhove ait commis une faute qui soit séparable de ses fonctions de gérant et lui soit imputable personnellement* ».
32. **Étymologie** d'association : la même que celle de société, *supra*, n° 381. **Biblio.** : ALFANDARI et MARDONNE, *Les associations et fondations en Europe*, Juris associat., 1994 ; R. BRICHET, *Associations et*

pour lutter contre l'Église catholique et les communautés monastiques ; cet anticléricalisme agressif a été peu à peu effacé par les transformations des mentalités (dues notamment à la Grande guerre) et la jurisprudence du Conseil d'État[33]. Instrument de combat et de laïcité militante à sa naissance, la loi est devenue pacifiante.

Longtemps lié au bénévolat et à l'activité désintéressée, le contrat d'association devient une sorte de « bonne à tout faire » ; notamment, il est un instrument ambigu de l'activité économique bénévole, qui peut fausser la concurrence. Des réformes ont été prises – CGI, art. 205, 1 bis, 261, 7°-1°-b, 1447 II, 1478 VI, 1668 I – (instruction fiscale du 15 sept. 1998) ou sont envisagées : assouplissements de la reconnaissance d'utilité publique, du régime des subventions, de la tutelle du contrôle financier administrative du volontariat[34] et du bénévolat. Le gouvernement souhaite que la Commission européenne élabore un « statut » de l'association européenne.

393. Nous sommes tellement seuls. — Un des phénomènes de la société contemporaine est le développement de la vie associative. La société industrielle a déraciné les individus et distendu les liens sociaux traditionnels. « *Nous sommes tellement seuls* », prophétisait Jules Romains dans le titre qu'il avait donné à un volume de ses *Hommes de bonne volonté* : la solitude est devenue une des souffrances d'aujourd'hui. C'est ainsi qu'apparaissent de nouvelles solidarités que la vie associative tend à satisfaire : le club de football, de tennis ou d'échecs remplace la famille : « *Un antidote à l'ennui* »[35] et une initiation à la démocratie. Déjà, Tocqueville, au XIXe siècle, avait exalté les vertus de l'association[36].

Les associations sont aujourd'hui nombreuses ; en 2007, plus de 1,1 million, mais beaucoup sont éphémères. Elles occupent 1,6 million de salariés et 12 millions de bénévoles. Elles s'intéressent à toutes sortes de choses : religion, politique, loisirs, voyages, pêche à la ligne, chasse, culture, éducation, sports, arts, logement, vie sociale, humanitarisme, charité, santé, environnement et même administration d'entreprises (les entreprises associatives) : beaucoup des activités humaines. Elles manient des sommes considérables (2007 : 59 milliards d'euros (10 % du PIB)[37]). Elles sont soumises à de nombreux contrôles exercés par l'autorité publique lorsqu'elles bénéficient de subventions[38], d'avantages fiscaux[39] ou font appel à la générosité publique par exemple, Cour des comptes[40], inspection générale des finances, etc. Ces multiples contrôles n'empêchent pas de grands scandales.

---

syndicats, Litec, 1992 ; 92e Congrès des notaires de France, Deauville, 1996, « Le monde associatif » ; *LPA*, n° spéc., 24 avr. 1996. **Définition**. L. 1901, art. 1 : « *L'association est la convention par laquelle deux ou plusieurs personnes mettent en commun, de façon permanente, leurs connaissances ou leur activité dans un but autre que de partager des bénéfices* ».

33. G. Le Bras, « Le Conseil d'État, régulateur du culte paroissial », *EDCE* 1950, pp. 63-76.

34. L. 23 févr. 2005, « relative au contrat de volontariat de solidarité internationale » ; C. Leborgne-Ingelaere, *JCP* G 2005 *actualités*, 168.

35. Carbonnier, n° 217.

36. A. de Tocqueville, *De la démocratie en Amérique*, 2e partie. Ch. 5, « De l'usage que les Américains font de l'association dans la vie civile » : « *Parmi les lois qui régissent les sociétés humaines, il y en a une qui semble plus précise et plus claire que toutes les autres. Pour que les hommes restent civilisés ou le deviennent, il faut que parmi eux l'art de s'associer se développe et se perfectionne dans le même rapport que l'égalité des conditions s'accroît* ».

37. V. Tchernonog, *Le paysage associatif français. Mesures et évolutions*, Dalloz, 2007.

38. *Rép. min.* Minist. int., *JO Sénat* Q, 18 janv. 1996, p. 106 : le contrôle des collectivités locales ayant accordé la subvention est facilité par l'obligation faite aux associations subventionnées de produire chaque année à la collectivité versante les comptes et les documents relatifs aux résultats de l'activité subventionnée.

39. La loi sur le mécénat du 1er août 2003 (art. 17) soumet au contrôle de l'inspection générale des finances tout « *organisme* » (c'est-à-dire les associations, les fondations ou même les sociétés) bénéficiant de droits conférant au donateur un avantage fiscal. La Cour des comptes intervient pas ici, car elle a pour seule mission de contrôler les comptes publics.

40. Ex. : P. Granjeat, « Le contrôle, par la Cour des comptes, du compte d'emploi des fonds collectés par les organismes faisant appel à la générosité publique », *RDSS* 1996.101 s.

394. Associations et sociétés. — Notre droit, selon une distinction traditionnelle, oppose deux types de groupements de personnes ; les uns ne partagent pas les bénéfices, ce sont les associations ; les autres sont les sociétés.

À cette distinction sont attachés de nombreux intérêts ; par exemple, le régime fiscal (exonération de l'impôt sur les sociétés, de la TVA, de la taxe professionnelle), les modes de gestion, la rémunération et la responsabilité des dirigeants, les causes et les conséquences de la dissolution ; ou bien encore, un effet de pur droit civil : à la différence des sociétés, les associations sont, en principe, incapables de recevoir à titre gratuit si elles n'ont pas obtenu de reconnaissance d'utilité publique. Malgré la crise que traverse la distinction, elle demeure essentielle : un groupement purement désintéressé est une association et ne peut être une société[41]. À l'inverse, un groupement dont l'activité exclusive est de faire et de partager des bénéfices est une société et ne peut être une association.

395. Un critère difficile. — Il existe de nombreuses zones d'ombre, qui obligent à trouver un critère qui longtemps, a été clair, puis a perdu de sa cohérence et maintenant est imprécis.

1°) Selon le critère traditionnel, l'association était un groupement désintéressé, non lucratif : elle ne pouvait donc être un instrument de l'activité économique, par hypothèse mue par l'intérêt.

2°) Au début du XXe siècle, la jurisprudence a décidé, après hésitations, qu'il y avait des groupements qui pour intéressés qu'ils fûssent étaient des associations : ils cherchaient à faire, non des bénéfices, mais des économies, comme l'étaient, par exemple, les coopératives[42]. Le raisonnement, purement technique, avait été le suivant : la loi (art. 1832 anc.) disposait qu'était une société le groupement constitué « *dans la vue de partager le bénéfice qui pourrait* » résulter de l'activité commune. La société était donc une catégorie juridique fermée ; elle ne pouvait exister que si était remplie la condition prévue par la loi. L'association, au contraire, était une catégorie ouverte : tout groupement qui n'était pas une société était une association, qui devenait donc une institution hétérogène, mêlant les activités désintéressées et celles qui étaient intéressées mais sans chercher le partage de bénéfices. Ainsi, tout groupement permettant à ses membres de faire des économies peut, indifféremment, être une société ou une association.

3°) Depuis plus de trente ans, le critère est devenu imprécis, à la suite d'une double évolution qui traduit une transformation économique et sociale. D'une part, sont apparues des associations « socio-culturelles » qui exercent des activités commerciales (voyages, spectacles, restauration) souvent pudiquement dénommées activités économiques : elles peuvent faire des bénéfices[43], sans être des commerçantes, car ce ne sont pas leurs activités habituelles et ces bénéfices ne sont pas répartis entre les sociétaires. D'autre part et surtout, depuis la loi du 4 janvier 1978, est une société, non seulement le groupement ayant pour objet social de faire des bénéfices, mais aussi celui dont l'activité a pour objet de faire des économies (art. 1832 nouv.). Où est la frontière entre la société et l'association ? Qu'en est-il, par exemple, des membres d'une profession libérale (médecins, avocats) qui mettent en commun un certain nombre de choses (les locaux, le

---

41. Ex. : * Req., 29 oct. 1894, aff. *de la sté scientifique du spiritisme, DP* 1896.I.145, n. E. Thaller : « *une association qui n'a pas pour but la réalisation de bénéfices à partager entre les associés n'est pas une société dans le sens de l'article 1832* ».

42. * Cass. ch. réunies, 11 mars 1914, *Caisse rurale de la commune de Manigod, DP* 1914.I.257, n. L. Sarrut ; *S.* 1918.I.103 ; *Gaz. Pal.* 1914.I.549 ; dans cet arrêt célèbre, la Cour de cassation a décidé que la notion de bénéfices avait le même sens dans l'article 1832 (anc.) et dans la L. de 1901. En l'espèce, il s'agissait d'une coopérative qui permettait à ses adhérents d'obtenir des prêts à des conditions plus avantageuses que celles des banques ; le fisc a vainement voulu la soumettre au régime fiscal des sociétés, plus sévère que celui des associations.

43. Ex. : Cass. soc., 4 mars 1992, *Bull. civ.* V, n° 152 ; *JCP* G 1992.IV.1335 : « *Aucune disposition légale n'interdisant à une association qui a une activité économique de faire des bénéfices, dès lors que ces bénéfices ne sont pas répartis entre les sociétaires.* » Jugé, en conséquence, qu'est licite la clause de non-concurrence stipulée dans le contrat de travail d'un de ses salariés.

matériel...) pour faire des économies [44] ? Une association ne partage pas les bénéfices qu'elle peut faire, sinon elle serait une société créée de fait [45].

La commercialisation croissante de nombreuses associations prétendûment sans but lucratif a entraîné des difficultés, notamment les associations sportives ; lorsqu'un groupement sportif participe habituellement à l'organisation de manifestations sportives payantes, il doit prendre la forme de société d'économie mixte ou à objet sportif (SOS) (L. 16 juill. 1984, art. 11, modifiée) : désormais, la frontière entre association et société se franchit facilement.

396. Entreprises associatives. — Traditionnellement, l'association supposait le désintéressement, incompatible avec l'esprit de lucre. Ce qui ne l'empêchait pas d'avoir une activité économique importante ; par exemple, les congrégations religieuses – archétypes des associations contemporaines –, notamment les cisterciens et les bénédictins ont été les grands entrepreneurs du Moyen Âge.

Depuis une trentaine d'années sont apparues de nombreuses associations qui sont des entreprises cherchant à faire des bénéfices [46] : elles sont des associations, à la condition de ne pas partager ces bénéfices (ce qui est toujours respecté). Elles apparaissent surtout dans le secteur social – l'économie non marchande – ; ce sont souvent des entreprises paracommerciales qui concurrencent le commerce classique et cette concurrence est déloyale puisqu'elle échappe aux charges fiscales frappant les sociétés commerciales (TVA, impôts sur les sociétés, taxe professionnelle). Des instructions fiscales entendent mettre de l'ordre dans ce monde brouillé, pour rétablir par la transparence fiscale la loyauté de la concurrence.

Les droits... du travail... de la concurrence [47] ... de la comptabilité [48] ... commercial parfois [49] ... et surtout fiscal, dominés par le réalisme économique, ont tiré les conséquences de ces transformations. Le droit fiscal a voulu ne conférer les larges exonérations accordées aux associations

---

44. La question s'est posée pour la **médecine de groupe**. Ex. : Cass. civ. 1re, 2 mai 1979, *JCP* G 1979.II.19245, 1re esp. ; *RTD com.* 1979.769, n. E. Alfandari et M. Jeantin ; n.p.B. L'arrêt prononce la dissolution de « l'association » de médecins pour mésintelligence entre les associés, par application de l'article 1847-7, 5°. En l'espèce, il s'agissait d'un groupement de médecins ayant mis en commun leur matériel et leurs honoraires. L'arrêt ne se prononce pas sur la nature du groupement. S'il s'était agi d'une véritable association, elle eût été liquidée d'une autre manière : le boni de liquidation eût été dévolu à une autre association (*infra*, n° 449), alors qu'ici il a été partagé entre les médecins, ce qui est le régime des sociétés. Le fait que les juges aient appliqué l'article 1847-7, 5° est indifférent, car bien que ce texte ait formellement les sociétés pour objet, il régit aussi les associations (*infra*, n° 447). Ce fut donc d'une manière implicite, puisque la question n'avait pas été discutée, que l'arrêt a soumis ce groupement au droit des sociétés.
45. Ex. : Cass. com., 2 mars 1982, *Bull. civ.* IV, n° 85 ; *D.* 1982, som. 300 : le contrat était qualifié par les parties d'« *association régie par les règles de droit commun* » ; or elle avait un but lucratif et les parties participaient aux bénéfices et aux pertes ; jugé, malgré la qualification donnée par les parties, qu'il s'agissait d'une société.
46. Ex. : E. ALFANDARI, « Le patrimoine de l'entreprise sous forme associative », *Ét. J. Déruppé*, Joly-Litec, 1991, p. 265 s. ; V. GRELLIERE, « De l'illicéité ou non de l'association commerçante », *RTD com.* 1997.537.
47. Marie MALAURIE-VIGNAL, « Plaidoyer pour les associations », *D.* 1992, chr. 274 ; ex. : Cons. concurrence, 22 avr. 1996, *BOCC*, 18 janv. 1997 ; en l'espèce, plusieurs entreprises de transport sanitaire en cas d'urgence s'étaient regroupées en une association, qui avait conclu une convention avec le Centre hospitalier régional ; il était stipulé qu'une entreprise ne pourrait adhérer à l'association qu'avec le parrainage d'un associé « *géographiquement proche* » ; jugé, malgré la qualification donnée par les parties, que l'association avait ainsi contrevenu au droit de la concurrence par une entente faussant la liberté du marché.
48. Reprenant une règle énoncée par une loi de 1984, la loi du 26 juillet 2005 (codifiée dans C. com., art. L. 612-1) prévoit que « *les personnes morales de droit privé ayant une activité économique* » doivent, si elles ont l'importance fixée par décret (nombre de salariés et chiffre d'affaires) « *établir chaque année un bilan, un compte de résultat et une annexe* ».
49. L. sur les procédures collectives (l'ancienne faillite) (C. com., art. L. 620-2) : « *La procédure de sauvegarde est applicable à toute personne morale de droit privé* », idem pour la liquidation judiciaire (art. L. 640-2).

qu'à celles qui sont effectivement désintéressées en ne recherchant pas le profit : elles seules ne sont pas soumises aux impôts dûs par les commerçants. Cette instruction administrative a suscité de nombreuses protestations qui ont amené le Gouvernement à en limiter la portée ; par exemple, les recettes d'activités lucratives inférieures à 60 000 € de chiffre d'affaires (CGI, art. 206, 1 *bis*) sont exonérées des impôts sur le commerce et de toutes déclarations fiscales « *lorsque les activités non lucratives restent significativement prépondérantes* ».

La loi de 1901 a posé le droit commun des associations (I) que des statuts légaux spéciaux peuvent modifier. Des nombreuses associations dont le statut est dérogatoire au droit commun, ne seront examinées que celles dont l'objet est professionnel (II) ou religieux (III).

I. — Droit commun

397. Liberté. — La loi de 1901 a posé le principe de la liberté d'association (art. 1) [50] ; soixante-dix ans après, le Conseil constitutionnel y a vu un principe constitutionnel [51] : chacun est libre de s'associer ou de ne pas le faire. Ainsi, est nul tout contrat imposant une adhésion obligatoire à une association [52]. Cependant, la loi impose parfois l'adhésion d'individus à des associations obligatoires, ce qu'a condamné de manière nuancée la Cour européenne des droits de l'homme [53].

Cette liberté produit plusieurs conséquences : 1°) Lorsque l'association est à durée indéterminée, tout adhérent est libre de s'en retirer après avoir payé ses cotisations (art. 4) [54] ou même, en refusant de les payer [55]. 2°) Par application de la liberté contractuelle, les statuts de l'association sont librement fixés, à condition de respecter l'ordre public (art. 3) [56], à peine de nullité, qui peut

---

50. Y. MAROT, « La loi du 1er juillet 1901 sur les associations : un principe de liberté ou un principe de démocratie », *D.* 2001.3106.
51. Cons. const., 16 juill. 1971, *D.* 1972.685 ; *Grandes décisions...*, n° 19 : « *Au nombre des principes fondamentaux reconnus par les lois de la République et solennellement réaffirmés par le préambule de la Constitution, il y a lieu de ranger le principe de la liberté d'association ; ce principe est à la base des dispositions générales de la loi du 1er juillet 1901 relative au contrat d'association ; en vertu de ce principe, les associations se constituent librement et peuvent être rendues publiques sous la seule réserve du dépôt d'une déclaration préalable* » ; *cf.* aussi la Conv. EDH, art. 11 : « *Toute personne a droit [...] à la liberté d'association* ».
52. Cass. civ. 1re, 20 mai 2010, n° 09-65045, *Bull. civ.* I, à paraître ; *JCP* G 2010.596 : en l'espèce, un bail portait sur des locaux appartenant à une association de commerçants ; la Cour de cassation annule la clause imposant au preneur l'adhésion obligatoire à cette association.
53. Ex. : La loi *Verdeille* (L. 10 juill. 1964) avait obligé les petits propriétaires de certains terrains ruraux à être membres d'une association de chasse. La CEDH a condamné la France (29 avr. 1999, *Chassagnou c. France*, *JCP* 1999.II.10172, n. J. de Malafosse ; *Grands arrêts*, n° 66 ; elle consacrait ainsi la liberté de ne pas s'associer et un droit de non-chasse, finalement reconnu par la loi du 26 juillet 2000 (C. env., art. L. 422-10, 5°)). Mais CE, 13 oct. 2008, *JCP* G 2009.II.10007, n. crit. S. Damarey : celui qui s'oppose à l'exercice du droit de chasse sur son territoire ne peut l'exercer. *Sur d'autres associations obligatoires*, *infra*, n° 430.
54. Cass. ass. plén., 9 févr. 2001, *Bull. civ. ass. plén.*, n° 3 ; *D.* 2001.1493, n. E. Alfandari ; 2002.1522, obs. Cl. Giverdon ; *Defrénois* 2001.795, obs. Chr. Atias : « *Hormis les cas où la loi en dispose autrement, nul n'est tenu d'adhérer à une association régie par la loi du 1er juillet 1901, ou, y ayant adhéré, d'en demeurer membre* » ; une des exceptions prévues par la loi est l'association syndicale libre, groupement de propriétaires fonciers. Cass. civ. 3e, 12 juin 2003, *Bull. civ.* III, n° 125 ; *D.* 2003.1694, n. J. Rouquet ; 2004.367, n. C.M. Benard : « *Vu l'art. 11 de la Conv. EDH et l'art. 4 de la loi du 1er juillet 1901 ; [...] la clause d'un bail commercial faisant obligation au preneur d'adhérer à une association de commerçants et à maintenir son adhésion pendant la durée du bail est entachée d'une nullité absolue* ».
55. Cass. civ. 3e, 20 déc. 2006, *Bull. civ.* III, n° 255 ; *JCP* G 2006.IV.1189.
56. Ex. d'association illicite : encourageant la maternité de substitution (les « mères porteuses »). Cass. civ. 1re, 13 déc. 1989, *Les Cigognes*, *Bull. civ.* I, n° 387 ; *D.* 1990.273, rap. J. Massip ; *JCP* G 1990.II.21526 : « *L'objet même de l'association est de favoriser la conclusion et l'exécution de*

être invoquée par tout intéressé, et d'avoir un autre but que le partage des bénéfices (art. 1), à peine d'être qualifiée de société. 3°) Ces contrats relèvent du droit privé.

398. Association, contrat et consentement. — L'association est un contrat (L., art. 1) qui suppose donc un consentement entre les parties. Elle peut être « ouverte » : toute personne peut y adhérer en payant sa cotisation [57]. Elle peut aussi être « fermée », en imposant des conditions particulières à l'adhésion (ex. : association d'élèves) ou même l'agrément de l'association [58]. Les sociétaires doivent adhérer au règlement intérieur et le respecter [59].

Les associations portent toutes sortes de noms : – amicale, centre d'études, cercle, club, ligue, comité, confrérie, groupe, mouvement, union, etc. – et, bien entendu, association.

399. Inégalités. — À la différence des personnes physiques, les associations sont inégales [60]. Inégalités de fait : par exemple, l'association caritative faisant appel à la générosité publique au moyen d'une campagne télévisée (ex. : le téléthon) draîne plus d'argent que les autres associations charitables. Inégalités de droit : l'association simplement constituée (non déclarée) a moins de droits que n'en a l'association simplement déclarée qui, elle-même, a en moins que n'en a l'association reconnue d'utilité publique ; à un autre point de vue, l'association agréée a plus de pouvoirs que toute autre.

Dépendant presque entièrement du droit et du contrat, les associations sont diverses, d'une diversité différente de celle des sociétés (A). Les règles de gestion ressemblent à celles des sociétés, en plus simples (B).

A. Diversité

400. Associations non déclarées. — Une association existe du seul fait que plusieurs personnes sont convenues de s'associer ; elle est donc constituée par leur contrat et licite du moment que le sont son but et son objet. Tant qu'elle n'est pas déclarée, elle n'a pas la personnalité morale ; elle n'a ni nom, ni patrimoine, ni capacité ; elle lie les sociétaires, mais ne peut agir avec les tiers. Elle ne peut ni contracter [61], ni recevoir de libéralités [62] ; ses biens sont indivis entre les divers

---

conventions qui [...] portent tout à la fois sur la mise à la disposition des demandeurs des fonctions reproductives de la mère et sur l'enfant à naître et sont donc nulles en application de l'article 1128 ».

57. Cass. civ. 1re, 25 juin 2002, *Bull. civ.* I, n° 171 ; *D.* 2002.2359, n. Y. Chartier : « N'étant pas par ailleurs soutenu, en l'absence de toute condition mise à l'adhésion, que celle-ci était constitutive d'une fraude, la cour d'appel a jugé que l'envoi, effectué par M. Baldy, du bulletin d'inscription accompagné du montant de la cotisation avait conféré de plein droit à l'expéditeur la qualité de sociétaire ». Rejet du pourvoi.

58. Cass. civ. 1re, 7 avr. 1987, *Bull. civ.* I, n° 119 : « *Le contrat d'association est un contrat de droit privé soumis, sauf restriction prévue par la loi ou fixée par les statuts eux-mêmes, au principe de la liberté contractuelle [...], le libre choix devait être reconnu à l'association* ».

59. Ex. : Cass. civ. 1re, 21 juin 2005, *Bull. civ.* I, n° 269.

60. Comp. la formule excessive de Cons. const., 16 janv. 1982, aff. des nationalisations, *D.* 1983.169 ; *JCP* G 1982.III.13833 ; *Grandes décisions du Conseil constitutionnel*, n° 32 et n° 29 : « *Le principe d'égalité n'est pas moins applicable entre les personnes morales qu'entre les personnes physiques* » ; en l'espèce, la nationalisation n'avait frappé que certaines banques, non d'autres ; jugé que la loi était conforme à la Constitution, car « *le principe d'égalité ne fait pas obstacle à ce qu'une loi établisse des règles non identiques à l'égard de catégories de personnes se trouvant dans des situations différentes* ».

61. Ex. : Cass. civ. 1re, 5 mai 1998, *Bull. civ.* I, n° 159 ; *D.* 1998, IR, 137 ; *JCP* G 1998.IV.965 : « *Le prêt contracté au nom d'une association non déclarée et dépourvue, comme telle, de capacité juridique, n'engage que celui qui se dit son représentant* » ; c'est donc sur ce dernier que pèse exclusivement l'obligation de restituer les fonds prêtés.

62. Ex. : Cass. civ. 1re, 5 avr. 1978, *Bull. civ.* I, n° 151 : « *Le legs fait au profit de l'association Communauté sociale européenne, ne pouvait recevoir exécution, puisque la légataire, association non déclarée au jour du décès, n'avait pas capacité pour le recueillir* ».

sociétaires. Pas davantage (sauf le recours pour excès de pouvoir [63]), elle ne peut agir en justice [64] : il faut que chacun des sociétaires le fasse. Mais, curieusement, elle peut être poursuivie [65] ; elle a, à cet égard, un peu de personnalité juridique, uniquement dans l'intérêt des tiers.

Puisque les associations non déclarées sont occultes, il est impossible d'en connaître le nombre. Sans doute sont-elles très nombreuses, mais presque toutes sont éphémères. On s'associe pour une action commune, accomplie on se sépare.

401. Associations simplement déclarées. — Il existe deux catégories d'associations pourvues de la personnalité morale : les associations simplement déclarées (plus d'1 million) et celles qui sont reconnues d'utilité publique, sans parler des syndicats, des mutuelles et des congrégations dont le statut est particulier.

Du seul fait qu'elle est publiée (déclaration à la préfecture, ou à la sous-préfecture, qui en donne récépissé, et publication au *Journal officiel*), l'association acquiert la personnalité morale (L., art. 5). L'administration n'a pas le pouvoir de la lui refuser, ni même de la lui accorder : la personnalité juridique est acquise de plein droit par cette seule mesure de publicité. Par conséquent, l'association déclarée peut agir en justice. Toutefois, cette personnalité est restreinte : on l'appelle souvent la « petite personnalité ». Elle ne peut, à peine de nullité de la libéralité (L., art. 17) [66], acquérir aucun bien à titre gratuit, sauf des dons manuels et des dons faits par des établissements publics ; elle ne peut non plus, toujours à peine de nullité de l'acte, acquérir à titre onéreux des immeubles qui ne seraient pas strictement nécessaires à l'accomplissement de ses buts (L., art. 6) [67].

---

63. Ex. : CE ass., 31 oct. 1969, *Syndicat de défense des canaux de la Durance*, Rec. CE (Lebon), p. 462 ; *AJDA* 1970.252, n. P. Lendon ; *CJEG* 1970.154, concl. Morisot : « *Si, en application des articles 5 et 6 de la même loi (L. 1er juill. 1901), les associations non déclarées n'ont pas la capacité d'ester en justice pour y défendre des droits patrimoniaux, l'absence de déclaration ne fait pas obstacle à ce que, par voie du recours pour excès de pouvoir, toutes les associations légalement constituées aient qualité pour contester la légalité des actes administratifs faisant grief aux intérêts qu'elles ont pour mission de défendre* ».
64. Ex. : Cass. civ. 1re, 22 juill. 1964, *Bull. civ.* I, n° 410 : « *N'ayant pas la capacité juridique, elle* (l'association non déclarée) *ne pouvait ester en justice* ».
65. La règle a été appliquée aux congrégations religieuses non autorisées. Ex. : Cass. civ., 30 déc. 1857, *DP* 1858.I.21 : « *Une communauté religieuse non autorisée, si elle n'a pas d'existence légale, et si elle ne présente aucun des caractères d'une véritable personne civile, constitue cependant entre ceux qui ont concouru à sa formation une société de fait, nécessairement responsable vis-à-vis des tiers des engagements par elle pris, soit que les engagements résultent de contrats ou de quasi-contrats, soit, et à plus forte raison, s'ils dérivent de délits ou de quasi-délits* » ; l'arrêt déclare responsables du dommage causé par la congrégation ses membres et ses supérieurs « *sur les biens de cette communauté détenus par eux* », ce qui est une solution curieuse, puisque contraire au principe posé par l'article 2092 (anc., auj. 2284 nouv.) ; il y a ainsi dans le patrimoine de chacun des congréganistes une sorte de personne morale incluse, limitant le passif dont chacune est tenue au montant de l'actif qu'elle a apporté à la congrégation ; ce qui revient à dire que la congrégation non autorisée est tenue de son passif bien qu'elle n'ait pas la personnalité morale. Comp. pour déclarer responsable d'une grève abusive un syndicat dont les statuts n'avaient pas été déposés : Cass. soc., 21 juill. 1986, *Bull. civ.* V, n° 456 ; *Rev. sociétés* 1987.42, n. Y. Guyon : « *La cour d'appel, après avoir relevé qu'en l'espèce, le syndicat [...] avait clairement manifesté son existence de fait, a exactement décidé que celui-ci ne pouvait se prévaloir de l'inobservation des formalités qui lui incombaient pour se soustraire à ses obligations* ».
66. Ex. : pour une donation déguisée : Cass. civ. 1re, 18 avr. 1958, *Bull. civ.* I, n° 187 : « *L'arrêt constate que la cession, consentie le 28 février 1945 par la dame veuve Welter à l'abbé Roucoule, dissimulait une donation, dont le véritable bénéficiaire était l'association des œuvres du Père Colombier ; elle déclare exactement qu'une telle libéralité, faite sous le voile d'un contrat à titre onéreux et par personne interposée, est nulle par application des dispositions de l'article 911, alinéa 1* ».
67. Ex. : Cass. civ. 1re, 1er juill. 1997, *Bull. civ.* I, n° 216 ; *JCP* G 1997.IV.1860 : jugé qu'une association de défense des intérêts des Français rapatriés d'Algérie n'avait pas « *la capacité d'acquérir* (en

Les ressources de ces associations sont limitées : uniquement les cotisations de leurs membres et les dons manuels (quand il y a beaucoup d'associés, le total des dons manuels peut parvenir à des sommes élevées, surtout dans les associations caritatives). Depuis 1901, cette « petite capacité » s'est accrue, au moyen de trois procédés : l'exercice d'un commerce accessoire, des apports et surtout des subventions.

1°) Beaucoup d'associations organisent des activités commerciales (bals, kermesses, bars) qui ne les transforment pourtant pas en sociétés, avec les conséquences civiles et surtout fiscales qui en résulteraient, à la condition d'être accessoires [68] ; la question s'est surtout posée pour les entreprises associatives [69].

2°) Comme toute association ayant la personnalité morale, une association simplement déclarée peut recevoir des apports – non des libéralités sauf des dons manuels. L'apport est un acte à titre onéreux qui, à la différence d'une donation, ne se fonde pas sur une intention libérale [70] et comporte une contrepartie ; celle-ci ne peut même, consister en la simple satisfaction d'un intérêt moral ou religieux [71]. L'apport doit être restitué, en nature ou en valeur, lors de la dissolution de l'association [72].

3°) Ces associations peuvent, depuis une loi du 23 juillet 1987, recevoir des subventions des collectivités publiques, à condition de respecter le principe de laïcité et qu'une comptabilité et un bilan soient établis : elles deviennent soumises aux règles de la transparence et au contrôle de la Cour des comptes vérifiant si ces ressources ont été utilisées conformément aux missions de service public prévues par la subvention.

402. Associations reconnues d'utilité publique. — Une association a une capacité plus étendue si elle a été reconnue d'utilité publique (L., art. 10). Elle peut recevoir des libéralités, sauf si l'administration s'y oppose (art. 910), ce que l'on appelle souvent une « tutelle administrative » ; les immeubles ainsi acquis (sauf les bois et forêts) qui ne seraient pas nécessaires au but qu'elle se propose doivent être aliénés. Depuis la loi du 3 août 2003 relative au mécénat, aux associations et aux fondations, elle ne peut accepter des donations avec réserve d'usufruit au profit du donateur. Elle bénéficie d'avantages fiscaux substantiels que cette dernière loi a augmentés.

La reconnaissance d'utilité publique suppose : 1°) que l'association ait été déclarée depuis au moins trois ans ; 2°) qu'elle ait au moins 200 membres et des

---

l'espèce, de participer aux enchères de la vente sur saisie d'un immeuble appartenant à l'un de ses membres) *un bien d'un de ses membres pour un intérêt distinct du sien propre* ».

68. Ex. : Cass. com., 13 mai 1970, *Bull. civ.* IV, n° 158 ; *D.* 1970.645 : « *La cour d'appel [...] a considéré [...] que les actes critiqués* (six bals annuels, publics et payants) *n'étaient que l'accessoire de l'activité de l'association [...] et a pu décider que le comité des fêtes de Lizine* (une petite commune) *s'est maintenu dans les limites d'une activité restant dans l'objet de cette association et conforme aux dispositions de la loi de 1901 en et en précisant que Goux* (un entrepreneur de spectacles qui avait exercé contre la commune une action en concurrence déloyale) *ne bénéficiait d'aucun monopole en ce qui concerne l'organisation de bals publics,* (a pu) *le débouter de sa demande en dommages-intérêts* ».

69. *Supra,* n° 396.

70. La question s'est surtout posée pour les « apports » faits à une association cultuelle. La Cour de cassation a décidé que cet acte constituait une donation s'il avait eu pour cause une intention libérale (*animus donandi*) : Cass. civ. 1re, 26 janv. 1983, *Bull. civ.* I, n° 39 ; *D.* 1983.317, n. A. Breton ; *Défrénois* 1984, art. 33185, m. n. ; *RTD civ.* 1983.773, obs. Patarin ; *Rev. sociétés,* 1983.826, obs. G. Sousi : en l'espèce, un curé de campagne avait, en 1926, fait par acte sous signature privée « attribution » à l'association diocésaine de l'immeuble qui était son presbytère ; 50 ans après, l'association vendit le presbytère ; les héritiers du curé obtinrent la nullité de l'acte d'« attribution » parce qu'il constituait une donation, et était donc nul pour vice de forme, puisqu'il avait été établi par un acte sous seing privé et qu'une donation n'est valable que si elle est passée devant notaire (art. 931).

71. Ex. : Cass. civ. 1re, 1er mars 1988, *Bull. civ.* I, n° 52 ; *JCP* G 1989.II.21373, n. M. Behar-Touchais ; *Défrénois* 1988, art. 34373, n° 6, obs. J. Honorat ; *RTD civ.* 1988.802, obs. crit. J. Patarin : « *Pierre de Bausset, suivant en cela la volonté de son oncle, avait, par son apport, recherché avant tout la satisfaction morale et religieuse de "voir continuer l'école libre de Boigny"* ; *la cour d'appel en a souverainement déduit que cet avantage excluait l'intention libérale* ».

72. *Infra,* n° 449.

ressources potentielles suffisantes ; 3°) qu'elle présente un intérêt public ; 4°) qu'elle ait adopté des statuts types prévus par le Conseil d'État ; 5°) qu'un décret l'ait prononcée après avis du Conseil. Les associations simplement déclarées ont la même capacité que les associations reconnues lorsqu'elles ont pour objet exclusif l'assistance, la bienfaisance ou la recherche scientifique ou médicale (L., art. 6).

L'autorisation administrative d'accepter une libéralité, prévue par l'article 910, résulte d'un arrêté préfectoral, sauf en cas de réclamation des familles ; l'autorisation est alors donnée par un décret en Conseil d'État. Pour juger s'il est opportun d'accorder l'autorisation, l'administration prend en compte plusieurs facteurs : l'intérêt de l'État (éviter une main-morte trop importante), celui de l'établissement gratifié (éviter des charges trop lourdes ou étrangères à sa spécialité) et celui des familles (éviter leur ruine) ; souvent une négociation s'établit entre les héritiers et l'établissement gratifié, aboutissant à une réduction partielle de la libéralité, ce qu'on appelle parfois une « réserve administrative » : le Conseil d'État ne peut obliger l'établissement à cette réduction et peut refuser purement et simplement l'autorisation [73]. Ces formalités sont jugées trop lourdes [74].

403. Associations agréées. — Il existe une autre inégalité entre les associations : celles qui n'ont pas et celles qui ont obtenu un agrément. L'agrément est un acte administratif unilatéral conférant à une association des avantages – par exemple pénaux ou procéduraux – élargissant aussi sa faculté d'exercer une action en justice.

En règle générale, une association ne peut agir en justice que pour la défense de ses intérêts qui, par hypothèse, sont spéciaux (principe de la spécialité des personnes morales) ; par exemple, une association d'étudiants de l'Université de Paris II peut agir en justice pour la défense de ces étudiants, mais non pour celle de l'ensemble des étudiants français, ni pour celle du personnel enseignant, ni pour celle de la culture juridique, etc. Le problème présente de l'intérêt surtout lorsqu'il s'agit de l'action civile exercée devant les tribunaux répressifs (C. pr. pén., art. 2) [75].

L'agrément administratif confère aux associations qui l'ont reçu un élargissement de leur droit d'agir en justice. Il leur permet d'exercer une action collective (que les Américains appellent une *class action*), ayant pour objet un intérêt général ou particulier à tous leurs membres : par exemple, mais d'une manière limitée, les associations de consommateurs agréées (C. cons., art. L. 421-1) [76] ou bien les associations de chasseurs agréées (L. *Verdeille*), les associations de protection de la nature agréées (L. 18 juill. 1976).

Une autre catégorie particulière d'associations bénéficie de prérogatives particulières : les syndicats.

B. Gestion

404. Fonctionnement. — La loi de 1901 est silencieuse sur le fonctionnement des associations. Dans la pratique, les associations adoptent dans leurs statuts, en plus simplifié, les mêmes organes que les sociétés : assemblées générales, administrateurs – essentiellement révocables [77] –, généralement réunis dans un conseil d'administration, et un bureau qui en est l'émanation ; à défaut de précision dans

---

73. Ex. : CE, 8 nov. 2000, *JCP* G 2001.II.10624, concl. M. H. Mitjaville ; *Defrénois* 2001, art. 37364, n. crit. Cl. Pezerat-Santoni.
74. 92ᵉ Congrès des notaires de France, Deauville 1996, *Le monde associatif*, p. 420.
75. *Infra*, n° 443.
76. Le décret du 13 juillet 2010 énonce quelles sont les associations de consommateurs les plus représentatives, au moyen de critères objectifs : par ex. le nombre de cotisants, un produit de cotisations annuelles supérieur à 229 500 euros etc.
77. Cass. civ. 1ʳᵉ, 5 févr. 1991, *Bull. civ.* I, n° 45 ; *RTD com.* 1991.226, obs. E. Alfandari et Jeantin : « *Le président d'une association est un mandataire de cette association* ». Or le mandat est essentiellement révocable.

les statuts, les règles des sociétés commerciales sont applicables [78] ; la différence est que la rémunération d'un de ses administrateurs ne doit pas dissimuler un bénéfice gagné par l'association.

En cas de difficultés de gestion, le tribunal de grande instance peut nommer un administrateur provisoire.

405. L'association est obligée par ses mandataires. — Quand une association a la personnalité morale, elle est dirigée par ses mandataires, dont les pouvoirs sont déterminés par les statuts [79] et donc contractuels alors que les dirigeants d'une société en sont les organes dont les pouvoirs dépendent de la loi [80] et donc légaux. Ces mandataires ont le pouvoir de l'engager ; le caractère désintéressé de leur activité ne diminue ni leur responsabilité [81], ni celle de ses organes [82], contrairement à la règle habituelle qui allège la responsabilité de celui qui rend un service gracieux.

Réciproquement, ni les sociétaires [83], ni les dirigeants d'une association ne sont personnellement tenus, ni des obligations contractées au nom de l'association [84], ni même des fautes commises dans l'exercice de leurs fonctions ; ils ne sont responsables que de leurs fautes détachables de leurs fonctions [85]. Le droit des sociétés a les mêmes règles [86].

---

78. Cass. civ. 1re, 29 nov. 1994, *Bull. civ.* I, n° 344.
79. Ex. : Cass. civ. 1re, 5 févr. 1991, *Bull. civ.* I, n° 45 : « *le président d'une association est un mandataire de cette personne morale dont les pouvoirs sont fixés conformément aux dispositions de la convention d'association* ». Généralement, les statuts organisent ainsi la gestion : l'assemblée générale élit un conseil d'administration, qui a le pouvoir d'accomplir les actes de gestion courante, et désigne en son sein un bureau, comprenant un président, qui représente l'association. V. L. MAUPAS, « La délégation de pouvoirs au sein de l'association », *Defrénois* 2004.1351 ; sur les pouvoirs nécessaires pour introduire une action en justice, *infra*, n° 444.
80. *Supra*, n° 391.
81. Ex. : association de colonies de vacances : Cass. civ. 2e, 25 nov. 1987, *Bull. civ.* II, n° 245 : l'association « *en n'assurant pas un encadrement efficace des enfants qui lui étaient confiés avait commis une faute par imprudence* ». Le droit de critique des associations de consommateurs doit être exercé avec prudence : ex. : Paris, 28 févr. 1989, *D.* 1989, som. 337, obs. J. L. Aubert : « *Une association de consommateurs peut légitimement révéler aux usagers les défauts et les dangers que présentent les produits mis en vente sur le marché ; il lui incombe toutefois de se livrer préalablement à une étude sérieuse et de ne donner au public qu'une information impartiale, respectueuse des droits des tiers* ». Sur le boycott : Cass. civ. 1re, 14 févr. 1989, *RTD civ.* 1989.528, obs. J. Mestre ; n.p.B. : « *Un appel au boycottage de la viande de veau (doit être) apprécié par référence aux notions de mesure et de prudence* ».
82. Cass. civ. 1re, 2 juin 1981, *Bull. civ.* I, n° 190 : « *L'absence de but lucratif est sans effets en ce qui concerne l'étendue des obligations assumées par le gestionnaire d'une colonie de vacances* (une association familiale) ; *la cour d'appel a justement admis que celui-ci est tenu en ce qui concerne l'alimentation* (des enfants) [...] *d'une obligation de résultat* ».
83. Cass. civ. 3e, 12 juin 2002, *Bull. civ.* III, n° 134 ; *D.* 2003.1288, obs. J. Lemèe : « *l'association syndicale libre constitue une personne morale de droit privé dont le patrimoine est distinct de celui de ses membres, lesquels ne sont pas responsables à l'égard des tiers du passif de la personne morale* ».
84. Ex. : Cass. soc., 11 mars 1987, *Bull. civ.* V, n° 123 : « *La dette des cotisations* (dues à une caisse de mutualité agricole) *était celle de l'association qui avait la capacité juridique pour avoir été régulièrement déclarée et rendue publique par une insertion au Journal officiel ; les membres, dirigeants ou non, d'une telle association ne sont pas tenus personnellement de son passif* ».
85. Ex. : Cass. civ. 2e, 19 févr. 1997, *Bull. civ.* II, n° 53 ; *JCP* G 1997.I.4070, n° 25, obs. G. Viney ; *RTD civ.* 1998.688, obs. P. Jourdain : « *De ces constatations et énonciations, la cour d'appel a pu déduire qu'aucune faute, détachable de ses fonctions, n'était établie à l'encontre de M. Mamère et a décidé à bon droit que la responsabilité personnelle de M. Mamère n'était pas engagée* ».
86. *Supra*, n° 391. **Biblio. :** G. CHABOT, « Réflexions sur la responsabilité civile de l'association et de ses dirigeants », *Defrénois* 1999, art. 37015.

Bien entendu, l'association n'est pas engagée par son membre dépourvu de pouvoir de direction ou de représentation [87]. Il a toutefois été décidé, par application du nouveau principe de la responsabilité civile délictuelle générale du fait d'autrui, qu'elle répondait des dommages causés par les personnes sur lesquelles elle exerçait un pouvoir de contrôle permanent (par exemple, un sportif ou un handicapé), même si elle n'avait pas commis de faute [88] ; elle n'y échappe qu'en démontrant qu'elle n'exerçait pas en fait ce pouvoir de contrôle [89].

II. — Syndicats professionnels

406. « Grande capacité ». — Les syndicats professionnels sont des associations ayant pour objet la défense et l'étude d'intérêts professionnels largement entendus (économiques, agricoles, industriels, etc.) (L. 21 mars 1884) (*L. relative à la création des syndicats professionnels*, auj. C. trav., art. L. 2132-1 et s.) [90]. L'octroi de leur personnalité s'obtient dans les conditions les plus simples, par une déclaration à la mairie (non à la préfecture). Parmi les associations, ce sont les syndicats qui ont la personnalité juridique la plus étendue ; ils peuvent agir en justice pour la défense de l'intérêt collectif de leur profession [91] ; en outre, la loi ne prévoit aucune restriction à leur capacité d'acquérir des immeubles et leur patrimoine est insaisissable (C. trav., art. L. 2132-4), ce qui rend difficile l'exécution des condamnations prononcées contre eux.

---

87. Ex. : Cass. civ. 1re, 2 oct. 1990, *Bull. civ.* I, n° 225 : « *En faisant défense à l'association* (l'association des centres E. Leclerc) *de vendre ou d'exposer des livres édités en France à un prix non conforme à la loi du 10 août 1981, alors qu'une association a une personnalité distincte de celles de ses membres et que les agissements visés par le moyen étaient imputables aux sociétés adhérentes de l'association, la cour a violé le texte susvisé* » (L. 1er juill. 1901, art. 1).
88. Jurisprudence constante depuis Cass. ass. plén., 29 mars 1991, *Ass. des centres éducatifs du Limousin c. Blieck*, *Bull. civ. ass. plén.*, n° 1 ; *D.* 1991.324, n. Chr. Larroumet ; *JCP* G 1991.II.21673, concl. Dontenwille : « *En l'état de ces constatations, d'où il résulte que l'association avait accepté la charge d'organiser et de contrôler, à titre permanent, le mode de vie de cet handicapé, la cour d'appel a décidé, à bon droit, qu'elle devait répondre de celui-ci au sens de l'article 1384, alinéa 1, et qu'elle était tenue de réparer les dommages qu'il avait causés* ».
89. Cass. civ. 2e, 25 févr. 1998, *Bull. civ.* II, n° 62 ; *D.* 1998.315, concl. R. Kessous.
90. **Biblio. :** J. M. Verdier, « Syndicats et droit syndical », in *Traité de droit du travail*, dirigé par G. Camerlynck, 2 vol., Dalloz, 1984 et 1987. **Étymologie** de syndicat : du grec : συνδιχοζ = qui assiste une personne en justice. La loi du 28 octobre 1982 a élargi l'objet social du syndicat : C. trav., art. L. 2131-1 : « *Les syndicats professionnels ont exclusivement pour objet l'étude et la défense des droits ainsi que des intérêts matériels et moraux, tant collectifs qu'individuels, des personnes visées par leurs statuts* ».
91. 1e ex. : Cass. ass. plén., 7 mai 1993, *Bull. civ. ass. plén.*, n° 10 ; *D.* 1993.437, concl. Jéol ; en l'espèce, une entreprise commerciale n'avait pas respecté le repos dominical ; jugé qu'un syndicat d'employeurs pouvait agir en justice : « *La cour d'appel, qui a ainsi retenu l'atteinte portée à l'intérêt collectif de la profession représentée par le syndicat, était fondée à reconnaître à celui-ci qualité pour agir devant la juridiction des référés* ». 2e ex. : Cass. civ. 1re, 16 avr. 2008, 06-20390 ; *Bull. civ.* I, n° 116 ; *RJPF* 2008, 7-8/11, n. E. Putman : jugé que le syndicat des avocats de France avait qualité pour intervenir afin de critiquer le fonctionnement d'une juridiction ; l'organisation d'une juridiction intéresse l'ensemble des avocats.

Ils sont responsables des dommages qu'ils causent par leurs fautes à l'employeur ou au salarié qui en est le membre [92]. Un syndicat est illicite lorsque ses objectifs sont exclusivement politiques [93] ou ne sont pas professionnels [94].

III. — Associations religieuses

407. Cultuelles. — La force du sentiment religieux, la puissance de son esprit communautaire, l'histoire et l'âpreté des passions politiques expliquent le particularisme du droit à l'égard des associations religieuses [95].

Les groupements qui exercent des activités religieuses doivent prendre la forme d'associations cultuelles (L. 9 déc. 1905 sur la séparation des Églises et de l'État, art. 18 à 24), qui, bien qu'elles ne soient pas reconnues d'utilité publique, peuvent, avec une autorisation administrative (art. 910 : la « tutelle administrative »), recevoir des libéralités correspondant à leur objet social [96]. Le caractère cultuel d'une association soulève des difficultés : la compréhension restrictive qu'en a le Conseil d'État en raison de son hostilité aux sectes [97] est jugée discriminatoire par la Cour européenne des droits de l'homme [98]. En vertu du principe de la laïcité, elles ne peuvent recevoir de subventions des collectivités publiques, même si elles sont mixtes (c'est-à-dire si elles exercent aussi une activité culturelle et sociale) [99] ; mais la loi du 29 juillet 1961 a autorisé les communes et les départements à garantir les emprunts contractés en vue de l'édification d'ouvrages religieux. Elles ne sont régulières que si elles se conforment aux règles générales du culte qu'elles

---

92. Ex. : TGI Limoges, 17 sept. 1998, *JCP* G 1999.II.10093, n. J. Mouly : « *Le syndicat, en mettant à la disposition de ses adhérents un de ses membres assurant la fonction de conseil juridique et de représentation en justice, doit à ce titre répondre des fautes préjudiciables commises par ses préposés occasionnées dans l'exercice du mandat confié* ».

93. Cass. ch. mixte, 10 avr. 1998, *Le Front national de la Police, Bull. civ. ch. mixte*, n° 2 ; *D.* 1998.389, n. A. Jeammaud, 2ᵉ esp. : le « *Front national de la Police n'est que l'instrument d'un parti politique qui est à l'origine de sa création [...], ne peut se prévaloir de la qualité de syndicat* ».

94. Ex. : Cass. crim., 13 oct. 1992, *Bull. crim.,* n° 218 : « *L'organisation créée par Jacques Bidalou [...] et regroupant des justiciables ne répond pas aux critères définis par la loi* (pour la constitution de partie civile par un syndicat professionnel) *dès lors qu'aux termes des articles* L. 2131-1 et 2131-2 C. trav., *un syndicat ne peut être régulièrement constitué que pour la défense d'intérêts professionnels* ».

95. Ph. MALAURIE, « L'État et la religion », *Defrénois* 2005.572.

96. CE, 28 avr. 2004, *Association cultuelle du Vajra triomphant*, *AJDA* 2004.1367, concl. S. Boissard : jugé que le préfet pouvait refuser cette autorisation, du seul fait que deux autres associations liées à la gratifiée avaient porté atteinte à l'ordre public, en commettant des atteintes à la législation sur l'urbanisme (construction d'une statue géante à proximité d'un site protégé, sans permis de construire) ; v. *supra*, n° 285.

97. CE, 29 oct. 1990, *Assemblée cultuelle de l'église arménienne de Paris, Rec.*, 297 ; *D.* 1990, IR, 295 ; *RTD com.* 1991.256 : jugé que seules les associations se consacrant exclusivement à l'exercice d'un culte sont des associations cultuelles au sens de la loi de 1905, ce qui n'est pas le cas de l'association cultuelle de l'Église apostolique arménienne de Paris qui « *a notamment pour but de promouvoir la vie spirituelle, éducative, sociale et culturelle de la communauté arménienne* » ; ce qui est une compréhension très étroite de la notion de vie cultuelle. **Étymologie** de cultuelle : *colo, ere* = adorer, cultiver ; sur le régime fiscal : CE, 8 juill. 1998, *Église de scientologie*, *infra*, n° 409 ; pour les sectes, *ib.*

98. CEDH, 6 juill. 1995, *Union des athées, c. France*, *RTD com.* 1995.811, obs. E. Alfandari : l'article 14 de la Convention EDH interdit d'établir des discriminations entre les associations défendant des idées religieuses ou antireligieuses ; peu importe donc qu'elles soient ou non des cultuelles ; condamnation de la France qui avait jugé que cette association, n'étant pas une cultuelle, ne pouvait recevoir de libéralités (CE, 17 juin 1988, *JCP* G 1988.IV.320 ; *AJDA* 1988.612).

99. CE, 9 oct. 1992, *JCP* G 1993.II.22068, n. crit. Ashworth : jugé que du fait de ses activités cultuelles, une association, qui a également des activités sociales ou culturelles, ne peut, en vertu du principe de la laïcité, recevoir de subventions publiques.

entendent assurer [100] ; la question s'était posée aux lendemains de la loi de 1905 pour l'Église catholique, en raison de son organisation hiérarchique. Elle renaît chaque fois qu'il y a une dissidence dans une Église, par exemple, parce qu'il y a des catholiques qui veulent être plus catholiques que le pape ou leur évêque.

Au lendemain de la loi de 1905, à la suite d'une encyclique pontificale *(Gravissimo officio)*, l'Église catholique avait refusé de constituer les associations cultuelles prévues par la loi, parce qu'elles méconnaissaient plusieurs des aspects de l'Église, notamment son caractère hiérarchique, l'autorité du pape et de l'évêque. Vingt ans après, l'apaisement s'est fait et des associations diocésaines ont été constituées ; elles sont conformes à un avis du Conseil d'État et à la position du Saint-Siège, c'est-à-dire au droit français et aux règles de l'Église catholique ; elles sont « *sous l'autorité de l'évêque en communion avec le Saint-Siège et conformes à la constitution de l'Église catholique* ». Elles ont la même capacité que les autres associations cultuelles.

Ces règles s'appliquent mal au culte musulman ; des tentatives sont entreprises pour concevoir des associations cultuelles représentatives de ses fidèles et de son culte.

La rigueur imposée par la séparation des églises et de l'État s'est atténuée en matière fiscale. Ainsi, la loi a... en 1959 exonéré les associations cultuelles de l'impôt sur les dons et legs (CGI, art. 795, 4°)... en 1967 dispensé les bâtiments cultuels de la taxe foncière *(ib.*, art. 1382, 4°)... déduit partiellement de l'impôt sur le revenu dû par le disposant les dons et legs faits aux associations cultuelles *(ib.*, art. 200).

408. Congrégations religieuses. — Une congrégation [101] est une association religieuse, relevant de l'autorité propre à la religion dont elle se réclame, dont les membres s'engagent par des vœux à vivre en commun selon une règle en renonçant à une vie de famille : la famille du congrégationniste, c'est sa congrégation. Il faut distinguer trois hypothèses selon qu'elle a été reconnue, déclarée, ou ni reconnue ou déclarée.

Initialement, il ne s'agissait que du culte catholique ; puis la pratique administrative a admis des congrégations protestantes et, ultérieurement, bouddhistes [102].

1°) Elle a la personnalité juridique si elle a été **reconnue** par un décret (L. 1901, art. 13, L. 8 avr. 1942 ; avant la loi de 1942 sous l'empire du texte initial de la loi du 1901, il fallait d'une autorisation législative) ; elle a la même capacité de recevoir à titre gratuit qu'une association cultuelle.

Elle ne peut recevoir de libéralités qu'en respectant le principe de spécialité qui ne s'applique cependant pas aux congrégations de femmes (loi du 20 mai 1941) ; elle ne peut recevoir de subventions des collectivités publiques (principe de laïcité). Elle peut constituer une fondation – par exemple un hôpital.

2°) Si elle n'a **pas été reconnue**, elle a la personnalité juridique en prenant la forme d'une association déclarée ; la question est cependant controversée, car une congrégation n'est pas une association comme les autres. Est certainement licite l'association déclarée qui ne constitue pas une congrégation, mais a un objet qui en est proche, par ex. : « Les amis de tel couvent ». Si l'on juge licite le procédé, la congrégation déclarée a la « petite » capacité de recevoir des associations simplement déclarées, sauf si elle est une association d'assistance ou de bienfaisance : elle a alors la même capacité que les associations reconnues d'utilité publique.

---

100. Ex. : Cass. civ. 1re, 17 oct. 1978, *Bull. civ.* I, n° 308 : « *Le prêtre desservant l'église de St Nicolas-du-Chardonnet* (celui que reconnaissait l'évêque) *avait qualité pour faire constater l'acte violent* (commis par des catholiques « intégristes », en rupture avec leur évêque, et occupant l'église) *faisant obstacle, dans l'édifice public spécialement affecté à l'église catholique, à l'exercice de son ministère* ».
101. **Étymologie** de congrégation : du latin *congregatio, nis* (*cum* + *grex, gis*) = rassembler en troupeau. **Biblio.** : J.-P. DURAND, *Les congrégations et l'État*, La Documentation française, 1992.
102. *JO*, 10 janv. 1988, *Communauté bouddhiste de St. Léon-sur-Vézère*.

3°) Si elle n'a été **ni reconnue, ni déclarée**, elle n'a pas de personnalité juridique. Lorsqu'une libéralité lui est faite, la pratique administrative admet qu'elle soit recueillie par une communauté analogue ou, s'il s'agit d'une congrégation catholique, par la fondation des monastères de France, la Mutuelle St.-Martin ou même une association diocésaine. On peut estimer aussi que la libéralité a été faite indivisément à chacun des membres de la communauté.

Les congrégations religieuses ont toujours été depuis l'ancienne France soumises à un contrôle de l'autorité publique, dont l'intensité a varié selon les époques, parce qu'elles ne sont pas des associations comme les autres. Plusieurs motifs ont été avancés : les liens entre les congréganistes sont très forts, puisqu'ils abandonnent à la communauté presque tous les éléments de leur personnalité ; les congrégations ont une durée et une stabilité que n'ont pas les autres associations ; elles possèdent de puissants moyens d'action – moraux et spirituels – sur la population ; elles peuvent avoir un poids politique et économique considérable ; quand il s'agit des catholiques, on les soupçonne d'être soumises à l'influence du Vatican, sans compter l'hostilité parfois violente que beaucoup portent aux catholiques, aux moines et aux moniales.

Elles furent attaquées au nom de la laïcité au début du XXe siècle ; la loi du 1er juillet 1901, article 13, les soumettait à une autorisation législative, systématiquement refusée ; la loi du 7 juillet 1904 interdisait l'enseignement à toutes les congrégations, même autorisées. En 1942, le régime fut assoupli : il suffit désormais d'un décret pour « reconnaître » une congrégation ; l'autorisation n'étant plus nécessaire, les congrégations sont soumises à la liberté dont bénéficient les associations (L., art. 1) ; en outre, la loi de 1904 a été abrogée : les congrégations, reconnues ou non, peuvent enseigner.

Aujourd'hui, la suspicion s'est reportée sur les sectes.

409. Sectes. — Les sectes [103] suscitent en France des oppositions. Il est impossible de les définir, car elles ne se distinguent guère des églises. Les États-Unis et le Canada, plus tolérants que notre pays, les appellent des « religions minoritaires ». Le phénomène religieux apparaît aussi bien dans les groupes marginaux et dissidents que dans les églises reconnues et établies [104]. Elles surgissent dans le cosmopolitisme contemporain, où se brouillent les cultes et les croyances ; elles sont souvent secrètes et ardentes, parfois burlesques et cupides ; leurs ambitions sont confuses, diverses et quelques fois contradictoires : la recherche du mystère, la présence de la transcendance, la spiritualité, le sexe, la thérapie, la libération, le refus du matérialisme, le rejet de la solitude, la dépendance à un groupe, l'aspiration à la mort [105].

---

103. **Étymologie** de secte : double : des verbes latins *sequor, sequi* = suivre et *seco, are* = couper. L'adhèrent à la secte suit un nouveau maître et rompt avec le groupement dont il faisait antérieurement partie. **Biblio.** : C. Duvert, *Sectes et droit*, th. Paris II, 1999, ronéo ; J.-F. Flauss, « Les sources internationales du droit français des religions », *LPA*, 7 et 10 août 1992 ; R. Goy, « La garantie européenne de la liberté de religions... », *RDP* 1991.5 s. ; Cl. Goyard, « Les sectes et leurs adeptes au regard de la Constitution française », *L'année canonique*, 30, 1987, p. 257-296 ; Ph. Malaurie, « Droit, sectes et religion », *Arch. phil. dr.*, 1994.211 ; S. Pierré-Caps, « Les nouveaux cultes et le droit public » ; *RDP* 1990.1073 ; I. Rouvière-Perrier, *La vie juridique des sectes*, th., Paris II, 1992, ronéo ; M. R. Renard, *La neutralité religieuse de l'État en France*, th. Paris II, 1994, ronéo ; M. Huyette, « Les sectes et le droit », *D.* 1999 chr. 383.

104. Néanmoins, la Cour de cassation refuse de qualifier une secte de religion : Cass. crim., 30 juin 1999, *Église de scientologie*, *D.* 2000.655, n. B. Giard : la cour de Lyon (28 juin 1997, *D.* 1997, IR 1997 ; *JCP* G 1998.II.10025, n. M. R. Renard) avait jugé : « *L'église de scientologie peut revendiquer le titre de religion* ». Sur pourvoi, la Cour de cassation précise : « *Abstraction faite d'un motif inopérant mais surabondant, dépourvu en l'espèce de toute portée juridique, relatif à la qualité de religion prêtée à l'Église de scientologie* », motif qui condamne celui de la cour de Lyon.

105. A. Malraux, *La voix du silence*, III, « La création artistique », VI, Gallimard, Pléiade, 1951, *Écrits sur l'art*, I, 2004 p. 65 s. ; « *Dieu existe pour les passionnés des sectes comme pour les saints et les hérésiarques : en présence et en secret* ».

Le droit français et l'opinion publique leur portent un mélange de forte hostilité et de tolérance limitée. Le Conseil d'État leur est défavorable, leur refusant, en général, la qualité de cultuelles [106], et admet qu'une autorité administrative lutte contre ses dérives [107] plus que la Cour de cassation, qui en connaît surtout pour les questions d'autorité parentale [108] ou que les juges du fond, également dans le droit des personnes [109] et surtout en matière fiscale [110]. La Cour européenne des droits de l'homme les protège contre les immixtions de l'État [111] et sur ce sujet condamne souvent la France [112].

---

106. Ex. : CE, 29 oct. 1990, *Ass. cultuelle de l'Église apostolique arménienne de Paris*, Rec. CE (Lebon), 297 ; D. 1990.295 : jugé que cette association n'était pas une cultuelle parce qu'elle « *a notamment pour but de promouvoir la vie spirituelle, éducative et culturelle de la communauté arménienne* » ; la différence entre ce qui est cultuel (et spirituel) et culturel est à peu près inintelligible. En matière fiscale, cette discrimination disparaît parfois. La loi (CGI, art. 1382, 4°) exonère de la taxe foncière les édifices affectés au culte appartenant aux associations cultuelles ; CE, 23 juin 2000, *Ministre de l'Économie c. Ass. locale pour le culte des Témoins de Jéhovah de Clamecy*, D. 2000, IR 204 ; AJDA 2000.596, chr. N. Guyomar et P. Collin ; jugé que les Témoins de Jéhovah devaient bénéficier de cette disposition et donc être exonérés de la taxe foncière : v. cependant la jurisprudence fiscale, *infra*, note 110.

107. A été instituée en 2003 une mission interministérielle de vigilance et de lutte contre les dérives sectaires, *La milivude*. Ex. CE, 7 août 2008, *Féd. chrétienne des Témoins de Jéhovah de France*, JCP G 2008.IV.2572 ; *Légipresse* 2008.137 ; « *eu égard aux risques que peuvent présenter les pratiques de certains organismes susceptibles de conduire à des dérives sectaires, alors même que ces mouvements se présentent comme poursuivant un but religieux, la décision par laquelle la milivude se borne sans y adjoindre aucun commentaire à signaler sous l'intitulé « Témoignage » [...] les références d'un ouvrage relatant le témoignage d'un ancien membre des Témoins de Jéhovah [...] ne méconnaît ni le principe de neutralité et de laïcité de la République, ni l'obligation d'impartialité qui s'impose à l'autorité administrative, ni le principe de liberté du culte, dès lors, notamment, qu'il n'est pas établi que l'ouvrage dont il s'agit présenterait un caractère mensonger ou diffamatoire* ».

108. Cass. civ. 1re, 22 févr. 2000, *Mouvement raëlien*, Bull. civ. I, n° 54 ; D. 2000.273, obs. A. Lepage ; D. 2001.422, n. appr. Chr. Courtin ; lors d'un divorce, l'autorité parentale sur les enfants mineurs avait été confiée conjointement aux deux parents et la résidence à la mère (membre du mouvement raëlien, une « secte ») ; interdiction à la mère à la demande du père de laisser les enfants avoir des relations avec les membres du mouvement (sauf, avec leur mère et son compagnon) et de les faire sortir du territoire français sans l'accord écrit du père ; v. aussi pour la transfusion sanguine, *supra*, n° 294. Une loi de 2007 relative à la protection de l'enfance impose l'obligation de vaccination d'un mineur et d'en déclarer la naissance.

109. Ex. : Versailles, 3 nov. 1994, JCP G 1995.I.3855, n° 14, obs. H. Fulchiron : refus de faire changer le domicile, demandé par les parents, d'un enfant résidant chez des grands-parents Témoins de Jéhovah.

110. Cass. com., 5 oct. 2004, *Les Témoins de Jéhovah*, Bull. civ. IV, n° 178 ; Défrénois 2005, 132, n. A. Chappert (en 1re instance : TGI Nanterre, 4 juill. 2000, Défrénois 2001, art. 3739), n. crit. A. Chappert ; N. Peterka, *ib.* 2002, art. 37454 (critique) ; jugé que, les dons manuels (oboles) versés aux *Témoins de Jéhovah* par leurs membres auraient dû être déclarés à l'administration fiscale et être taxés ; un des motifs de la Cour de cassation a été que la modicité des oboles ne leur avait pas retiré la nature de don manuel ; un autre était que *Les Témoins de Jéhovah* ne constituaient pas une association cultuelle *autorisée* par l'administration, alors que les associations cultuelles sont exonérées des droits de mutation à titre gratuit (CGI, art. 795, 10e). Cette décision, bien que très motivée, est contraire à la jurisprudence de la Cour européenne des droits de l'homme.

111. CEDH, 23 juin 1993, *Hoffman c. Autriche*, D. 1994.326, n. J. Hauser : méconnaît l'article 8 de la Convention européenne des droits de l'homme (« *Toute personne a droit au respect de sa vie privée et familiale* ») la Cour suprême autrichienne qui avait refusé de donner la garde d'un enfant après divorce à la mère parce qu'elle était Témoin de Jéhovah.

112. Ex. : CEDH, 16 déc. 2003, *Palau-Martinez c. France*, D. 2004.1058, obs. L. Burgogue-Larsen, 1261, n. Fr. Boulanger ; JCP G 2004.1107, n° 19, obs. Fr. Sudre ; II.10122, n. A. Gouttenoire ; l'espèce était semblable à celle de l'affaire *Hoffman* (*supra*, note 111).

L'application du droit commun aurait dû suffire [113]. Néanmoins, la loi du 12 juin 2001 (« la loi *Vivien* ») [114] a prévu une législation spéciale à leur encontre ; elle a créé le délit d'abus frauduleux de l'état d'ignorance ou de la situation de faiblesse d'une personne en état de sujétion (C. pén., art. 223-15-3) ; l'incrimination est complexe, afin d'essayer d'éviter l'arbitraire ; il faut qu'aient été exercées des pressions graves ou réitérées, propres à altérer le jugement, conduisant une personne à des actes ou à des abstentions gravement préjudiciables. Malgré ce luxe de détails, ces notions sont imprécises et risquent de porter atteinte à la liberté de conscience.

La Mivilude [115] ne prévoit de statuts de rigueur qu'à l'encontre des « sectes "nocives" » caractérisées par un faisceau d'indices, par exemple la déstabilisation mentale de ses membres, leur obéissance absolue à un maître spirituel (parfois appelé gourou par dérision), la rupture avec le milieu d'origine, familial et social, les atteintes à l'intégrité physique et la rapacité financière. L'appréciation de ces éléments est très subjective et peut facilement constituer une « police de la pensée ».

Si l'on avait voulu que la France fût, à cet égard, un État de droit, leur régime juridique aurait dû être dominé par trois principes. 1°) La liberté des croyances, garantie par la Constitution, article 1, « *La France [...] respecte toutes les croyances* », énoncée aussi par la loi du 9 décembre 1905 (art. 1) sur la séparation des Églises et de l'État : « *La République assure la liberté de conscience* », et rappelée par la Convention européenne des droits de l'homme (art. 9) : « *toute personne a droit à la liberté de la pensée, de conscience et de religion* ». 2°) La liberté d'association (L. 1er juill. 1901, art. 2), importante ici, car les sectes se constituent souvent en association. 3°) Le respect du droit commun – civil, pénal et fiscal.

§ 3. Autres groupements

Aux deux types traditionnels de groupements qui viennent d'être décrits, la société et l'association, l'époque contemporaine ajoute des variétés nouvelles, nombreuses et diversifiées. Deux seulement seront retenues, à cause de l'intérêt théorique qu'elles suscitent, révélant une fois de plus la relativité de la personnalité morale : les groupements d'intérêt économique, qui constituent un genre hybride entre la société et l'association, et les groupements agricoles, transparents parce qu'ils laissent voir la personnalité physique des associés les constituant.

410. Groupements d'intérêt économique. — Le législateur a créé un type intermédiaire de groupements de personnes, les « groupements d'intérêt économique » (GIE) qui exercent un rôle important dans l'activité commerciale (Ord. 23 sept. 1967 ; C. com., art. L. 251-1, s.) : ils poursuivent exclusivement, à la différence des associations, un intérêt économique, mais ne cherchent pas à faire ni à partager des bénéfices, objectif habituel des sociétés. Le groupement a uniquement pour but de faciliter l'activité économique de ses membres sans pouvoir l'exercer ; ce qui permet à des entreprises qui veulent garder leur individualité de mettre en commun certaines de leurs ressources ; ainsi, des marchands de meubles louent ensemble un stand à la Foire de Paris ; des architectes mettent en commun plusieurs commandes et se réunissent dans un même magasin ; des

---

113. Ex. : Cass. civ. 3e, 13 janv. 1999, *Bull. civ.* III, n° 11 ; *D.* 2000.76, n. Chr. Willman : annulation pour vice du consentement d'une vente faite à une secte par une femme vulnérable (elle était séparée de corps de son mari et en était très affectée), parce que des membres de la secte lui avaient fait subir des violences physiques et morales.
114. A. Dorsner-Dolivet, « La loi sur les sectes », *D.* 2002.1086.
115. *Supra*, note 107.

entreprises industrielles (par exemple, Renault et Peugeot) constituent un bureau d'études et de recherches unique, etc.

Ce type de groupement a, en vertu d'une disposition expresse de la loi (C. com., art. L. 251-4, al. 1), la personnalité morale qui, cependant, ne produit que des conséquences limitées, sauf sur le passif : chaque membre du groupement est indéfiniment et solidairement responsable des dettes du groupement (C. com., art. L. 251-6), règle qui dissuade souvent de créer des GIE. Ne cherchant pas à faire de bénéfices, le groupement ne constitue pas une exploitation commerciale autonome et ne bénéficie donc pas du statut des baux commerciaux que l'on appelle la propriété commerciale [116].

Une autre variété de groupements de personnes, différente mais également dotée d'une personnalité morale incomplète (pas de la même manière), exerce ses activités dans la vie agricole.

411. Groupements agricoles. — L'exercice en commun de l'agriculture est mieux assuré lorsque les agriculteurs se groupent en constituant une personne morale, avec ou sans apporteurs de capitaux. En général, le pratique utilise à cet égard le droit commun, essentiellement la société civile ; elle emploie aussi les formes plus spéciales et diversifiées qu'a organisées la loi contemporaine : par exemple, les groupements fonciers agricoles (GFA, institués par la loi du 31 déc. 1970, C. rur., art. L. 322-1), les groupements forestiers (C. forest., art. L. 241-1 s.), les groupements pastoraux (C. rur., art. L. 113-3), les sociétés d'intérêt collectif agricole (SICA), (C. rur., art. L. 531-1 s.), tous assez proches des sociétés civiles. Le groupement agricole d'exploitation en commun (GAEC, institué par la loi du 8 août 1962, C. rur., art. L. 323-1 s.) aussi : il constitue une communauté de travail comparable à celle qui existe dans une exploitation familiale ; il est pourvu de la personnalité morale, mais « transparente », c'est-à-dire qu'à l'égard du droit social, l'exploitant n'est pas la personnalité morale : seules comptent les personnes physiques qui le composent.

Cette mise en groupement permet souvent d'accroître la rentabilité de l'exploitation, parfois au détriment des associés, en profitant surtout à leur gérant [117]. Cette difficulté, constante dans tous les groupements, est ici particulièrement aiguë.

Sous-section II
Masses de biens

412. Intérêts des tiers, des copropriétaires, du propriétaire. — En général, le fait que plusieurs biens constituent un ensemble ayant une certaine unité ne suffit pas à en faire un patrimoine, ni par conséquent à faire apparaître une personne morale. Il s'agit seulement d'une universalité de fait (par exemple, un troupeau, une bibliothèque ou un fonds de commerce) qui pourra être traitée comme un bien unique à l'occasion d'un acte juridique (par exemple, une vente ou un legs).

Cependant, dans certains cas, une masse de biens se voit conférer la personnalité morale ; ce sont des situations plus rares et plus artificielles que celles qui intéressent les groupements de personnes.

---

116. Cass. civ. 3e, 18 févr. 1975, *Bull. civ.* III, n° 64 ; *D.* 1975.366, n. crit. Y. Guyon ; *Gaz. Pal.* 1975.II.435 ; *RTD. com.* 1975.275, obs. M. Pédamon ; *Rev. sociétés* 1975.315, n. J. Guyénot. « *Nonobstant l'immatriculation au registre du commerce, un groupement d'intérêt économique est un organisme dont l'activité est exclusive de tout but spéculatif et n'a pas une activité commerciale distincte de celle de ses membres* » ; J.-J. BURST, « Une personnalité morale ambiguë [...] », *JCP* G 1976.I.2783.
117. Ex. : (pour un GFA) Bordeaux, 20 nov. 1978, *aff. du Château-Laroze*, *JCP* G 1980.II.19381, n. J. Prévault. *Cf.* H. PERRET, « Structure familiale et formules associatives dans l'exploitation rurale », *Ét. J. Vincent*, Dalloz 1981, p. 283 s. ; sp. n° 24 : « *L'intérêt économique de l'exploitation n'est assuré qu'aux dépens de l'intérêt des membres de la famille* ».

On en distingue trois catégories :

1°) Ou bien, elle est constituée dans l'intérêt de tiers, c'est-à-dire de personnes qui ne sont pas propriétaires des biens groupés ; on est alors proche du patrimoine d'affectation qui dans notre droit continue à être une singularité : telles sont les fondations (§ 1).

2°) Ou bien, elle est instituée dans l'intérêt des différents copropriétaires, ce qui constitue une situation assez extraordinaire, où tantôt existent des personnes morales presque sans patrimoine, comme les syndicats de copropriété immobilière ; tantôt, à l'inverse, il y a des presque patrimoines sans personnes morales, comme les fonds communs de placement et de créance (II).

3°) Ou bien, enfin, elle est constituée dans l'intérêt d'un seul propriétaire, son propre propriétaire, ce qui est encore plus extraordinaire, l'entreprise unipersonnelle à responsabilité limitée (EURL) (III).

§ 1. Fondations

413. Histoire, sociologie et sources. — La fondation [118] a joué un rôle important dans l'Ancien Régime, puis a subi une éclipse, de la Révolution jusqu'à la fin du XIXe siècle, et reprend de la vitalité (ex. Institut Pasteur (1887), Fondation Maehgt, Fondation de France (1969), Fondation Claude Pompidou), au fur et à mesure que lentement recule l'esprit d'étatisme qui a longtemps imprégné la France. Pendant longtemps, elle a présenté un caractère religieux ou charitable qu'elle conserve souvent (ex. Fondation des monastères de France, Fondation Abbé Pierre). Aujourd'hui, et de plus en plus, elle a surtout un objet culturel, artistique ou pédagogique (ex. Fondation de l'École Polytechnique, Fondation Médecins sans frontières). Apparaissent aussi des fondations d'entreprise, où une entreprise (ex. Électricité de France), afin de servir sa réputation, associe son nom à une œuvre d'intérêt général. Les fondations sont beaucoup plus pratiquées à l'étranger (50 000 en Suède, 85 000 aux Pays-Bas, 30 000 aux États-Unis [119]) qu'en France (environ 500), sans doute à cause de la tradition étatique française, notamment dans les domaines charitable, culturel ou artistique, objet naturel des fondations.

Les fondations sont depuis la loi du 4 juillet 1990 diversifiées. Il en existe deux variétés : celles qui sont reconnues d'utilité publique, et les fondations d'entreprise, dont le régime s'inspire des premières, avec des assouplissements ; il n'est pas nécessaire qu'elles soient reconnues d'utilité publique, une simple autorisation administrative suffit ; leur dotation initiale minimale est beaucoup moins élevée ; elles sont autonomes par rapport aux entreprises qui les ont fondées ; mais elles ne peuvent faire appel à la générosité publique, ni recevoir de libéralités (sauf, dispose la loi du 3 août 2003 sur le mécénat, dite loi *Aillagon*, les dons effectués par les salariés de l'entreprise fondatrice).

Parmi les fondations reconnues d'utilité publique, la Fondation de France reçoit, gère et redistribue les libéralités affectées à un intérêt général non lucratif, même s'il est peu déterminé

---

118. **Étymologie** de fondation : du latin *fundo, are* = établir fortement, lui-même dérivé de *fundus, i* = fonds (de toute espèce d'objet, sol, mer, armoire). En français, fondation signifie aussi : ouvrage destiné à assurer à sa base la stabilité d'une construction. **Biblio. :** Fr. Pomey, *Traité des fondations d'utilité publique*, PUF, 1980 ; V. Guedj, *Essai sur le régime juridique des fondations*, th. Paris II, 1999, ronéo.

119. Aux États-Unis, la fondation *Bill et Melanda Gates* est la plus importante fondation privée du monde : un patrimoine de plus de 40 milliards de dollars qui, actuellement envisage de s'étendre en couplant avec d'autres fondations privées, également constituées par de très riches entrepreneurs ; comp. avec le patrimoine de la *Fondation de France* : 73 millions d'euros.

(*D.* 9 nov. 1969) [120] ; elle ressemble aux trusts charitables collectifs, qui jouent un rôle important dans les pays anglo-saxons ; elle bénéficie d'avantages fiscaux et civils supérieurs aux autres fondations : le droit des personnes morales est dominé par l'inégalité. De même, la Fondation du patrimoine (L. 2 juill. 1996) a pour mission de « *promouvoir la connaissance, la conservation et la mise en œuvre du patrimoine* » (c'est-à-dire les richesses culturelles de la France) [121].

414. Définition et nature juridique. — La fondation est définie par la loi du 23 juillet 1987, modifiée en 1990, sur le développement du mécénat (art. 18) : « *l'acte par lequel une ou plusieurs personnes physiques ou morales décident l'affectation irrévocable de biens, droits ou ressources à la réalisation d'une œuvre d'intérêt général et à but non lucratif* ». Elle doit donc avoir pour objet une œuvre d'intérêt général : elle ne pourrait être faite dans un intérêt privé (d'une personne, d'une famille ou d'une entreprise). Comme les groupements de personnes (sociétés, associations), elle exerce une action collective, mais n'a pas de membres ; elle est une masse de biens irrévocablement affectés à une œuvre durable d'intérêt général et désintéressée ; ces biens proviennent de libéralités (donations ou legs) faites par un philanthrope, ou d'une dotation constituée par une entreprise, ou d'une subvention accordée par une collectivité publique. Elle peut être réalisée par l'intermédiaire d'une personne morale déjà existante ; par exemple, la donation ou le legs fait à un hospice pour développer le nombre de lits. La difficulté apparaît lorsque le fondateur entend créer une personne morale nouvelle.

La forme qu'adopte habituellement la fondation est la « *fondation reconnue d'utilité publique* » (L. 1987, art. 18, al. 2), personne morale privée, n'ayant d'existence juridique que par la reconnaissance qu'en fait le gouvernement, après avis du Conseil d'État : le rôle de l'État est donc important lors de la création de la personne morale. La difficulté majeure a longtemps été la création d'une personne morale nouvelle instituée par un legs, car lors du décès aucune personne n'existe pour recueillir la libéralité, qui devrait donc être nulle (art. 906). Depuis la loi de 1990 (L. 1987, art. 18-2 nouv.), un legs peut être fait au profit d'une fondation même si elle n'existait pas lors de l'ouverture de la succession, à la condition d'obtenir ultérieurement la reconnaissance d'utilité publique, qui rétroagit (la demande doit être déposée dans l'année de l'ouverture de la succession).

Sauf la fondation d'entreprise qui est d'une durée limitée, la fondation entend assurer la perpétuité d'une œuvre, afin de la soustraire à l'éphémère de la vie humaine. Mais l'éternité est inconcevable en droit ; liée au temps, la fondation en subit l'usure et vieillit, sans pour autant mourir. Aussi une loi du 4 juillet 1984 a-t-elle permis la révision des charges grevant une libéralité (art. 900-2) [122].

Plus étrange dans notre droit est le groupement de propriétaires lorsqu'il ne constitue ni une indivision proprement dite, ni une société.

§ 2. Groupements de propriétaires

415. Petites personnes et grandes non-personnes. — Il existe des groupements de propriétaires dont l'organisation est moins rudimentaire que celle de l'indivision, sans être aussi élaborée que celle de la société. Le législateur a procédé ici de façon empirique, guère cohérente. Tantôt,

---

120. *Cf.* concl. Chr. Maugüe, sous CE, 8 déc. 2000, *JCP* G 2001.II.10616 : « *La Fondation de France se situe dans une catégorie particulière, celle des fondations dites "relais" ou "fiduciaires" dont l'objet n'est pas sectoriel mais généraliste puisqu'elles constituent une structure d'accueil spécialement conçue pour recevoir, gérer et redistribuer tous biens affectés à l'intérêt général, conformément aux vœux des donateurs, dans des domaines divers et très larges* ».
121. **Biblio.** : M. Drapier, « Entre personnes privées et mission d'intérêt général : la "Fondation du patrimoine", une institution à l'équilibre incertain », *D.* 1997, chr. 212.
122. *Successions et libéralités*, coll. Droit civil.

il accorde la personnalité morale à un groupement dont le patrimoine est insignifiant, et une personnalité morale est faible : ce sont de « petites » personnes morales ; tels sont les syndicats de copropriété. Tantôt, il refuse la personnalité morale à des masses de biens organisées et affectées, tout en leur conférant à peu près tous les attributs de la personnalité morale : ce sont de « grandes non-personnes » ; tels sont les fonds de placement.

416. Syndicats de copropriété. — La personnalité morale est parfois utilisée à l'égard des biens constituant un ensemble, afin d'en faciliter la gestion, notamment pour permettre d'appliquer la règle de la majorité, et faciliter l'exercice de l'action en justice et le recouvrement des créances. Ainsi en est-il des syndicats de copropriétaires (L. 10 juill. 1965, art. 14, al. 1). Apparemment, ce sont des groupements de personnes, les copropriétaires, mais ils n'y participent qu'en raison de leur qualité de propriétaires. Il s'agit plutôt d'une masse de biens personnalisée.

La personnalité de ces groupements est faible ; notamment, le syndicat de copropriétaires n'a guère de biens ; il n'est propriétaire ni de l'immeuble, ni même de ses parties communes (par exemple, l'escalier, les gros murs). L'actif de son patrimoine n'est en pratique constitué que par les « appels de fonds » qu'il demande aux copropriétaires. Aussi n'a-t-il pas le crédit généralement attaché à la personnalité morale ; la conséquence en est que presque tout le passif est pratiquement à la charge des copropriétaires ; à cet égard, la personnalité morale ne sert à rien. Cependant, certains traits en subsistent : un intérêt collectif distinct des intérêts individuels et surtout une organisation qui facilite la gestion de la copropriété.

417. Fonds communs. — Pour développer les marchés boursier et hypothécaire, le législateur a créé deux « fonds communs » qui sont des copropriétés soumises à une gestion autonome : le fonds commun de placement (L. 13 juill. 1979), (C. mon. fin., art. L. 214-20 s.) et le fonds commun de créances (L. 23 déc. 1988, *ib.*, art. 214-43 et s.). L'une a pour objet la gestion de valeurs mobilières ; l'autre entend faciliter un marché financier des créances (ce que l'on a appelé la « titrisation » *(sic)* des créances : les créances sont représentées par des titres). Chacune de ces lois prévoit que ces fonds ne sont pas soumis au régime de l'indivision et n'ont pas non plus la personnalité morale ; mais ils en ont presque tous les attributs : des dettes, un actif, une désignation (c'est-à-dire un nom) : une institution étrange.

L'EURL est encore plus extraordinaire.

§ 3. ENTREPRISES UNIPERSONNELLES À RESPONSABILITÉ LIMITÉE

418. Société d'un seul ? — Pendant longtemps, la notion de société comportant un seul associé avait paru inconcevable : une contradiction dans les termes et même une absurdité : être associé, c'est être le compagnon d'un autre et on ne s'associe pas avec soi-même dans l'exercice solitaire d'une entreprise. La loi en tirait comme conséquence que s'il n'y avait plus qu'un seul associé (ou même moins de 7 pour la société anonyme), la société devait être dissoute. Cependant, au fil du temps, ce principe s'est éminencé sous l'influence de certaines législations étrangères, notamment allemandes, et de pratiques françaises, notamment des nationalisations, où l'État devenait souvent le seul actionnaire d'une société. La jurisprudence avait aussi admis la validité des sociétés où les apports de certains associés étaient disproportionnés par rapport à ceux des autres[123], par exemple 99 % pour l'un et 1 % pour l'autre. Finalement, la loi du 11 juillet 1985 a créé l'entreprise unipersonnelle à responsabilité limitée (l'EURL, C. com., art. L. 223-1) (modalité particulière d'une SARL) et l'exploitation agricole à responsabilité limitée (EARL, C. rur., art. L. 324-1).

---

123. Cass. civ. 1re, 28 févr. 1973, *Bull. civ.* I, n° 79 ; D. 1973, IR, 96 : « *Vu l'article 1853* (aujourd'hui art. 1843-2, al. 1) ; *il résulte de ce texte que la disproportion des apports n'exclut pas l'existence d'un contrat de société* ».

C'est une sorte de patrimoine d'affectation ou de société à responsabilité limitée artificielle. La personne qui veut exploiter seule une entreprise en limitant sa responsabilité affecte certains de ses biens à son exploitation ; grâce à l'écran que constitue la personnalité morale, les créanciers personnels de l'entrepreneur ne peuvent poursuivre les biens affectés à l'entreprise (les biens « sociaux ») ; et à l'inverse, les créanciers de l'entreprise (les créanciers « sociaux ») ne peuvent saisir les biens personnels de l'entrepreneur.

419. Une illusion ? — En fait, la limitation de responsabilité que confère l'EURL ou l'EARL est une illusion. Les prêteurs consentant des crédits à l'entreprise exigent toujours, en pratique, que l'entrepreneur s'engage sur ses biens personnels en cautionnant l'entreprise ; de même, s'il y a « faillite » de l'entreprise, les tribunaux l'étendent toujours aux biens personnels de l'entrepreneur. Comme les SARL, il peut y avoir des EURL à un euro [124].

Cette nouvelle institution bouleverse de nombreux principes traditionnels du droit français, notamment, l'unité du patrimoine [125].

Nos 420-427 réservés.

---

124. *Supra*, n° 386.
125. Comp. l'EIRL, *supra*, n° 371.

CHAPITRE III

RÉGIME DES PERSONNES MORALES

428. Plan. — Le régime des personnes morales présente une analogie avec celui des personnes physiques : leur création est une sorte de naissance (Section I), leur fonctionnement, une sorte de vie (Section II), leur dissolution, une sorte de mort (Section III).

Section I
CRÉATION

429. Autorité publique et volonté privée. — La manière dont est créée une personne morale varie selon le type du groupement. Seules les grandes lignes en seront indiquées.

On laissera de côté les personnes morales de droit public ; les prérogatives de puissance publique qui leur sont attribuées expliquent que leur création soit subordonnée à une intervention législative.

Pour la création d'une personne morale de droit privé, l'intervention de l'autorité publique est parfois nécessaire : ainsi une congrégation religieuse doit être reconnue, l'association qui ne veut pas avoir seulement une petite capacité doit obtenir une reconnaissance d'utilité publique. Il reste que, pour elles, le rôle de la volonté individuelle est prépondérant : la personnalité morale ne naît que parce que plusieurs personnes ont voulu se grouper. Mais le pouvoir qu'a la volonté de créer des groupements dotés de la personnalité morale a des limites ; parfois, la volonté est inutile : le groupement s'impose à l'individu (§ 1), parfois, au contraire, la volonté est impuissante (§ 2).

§ 1. La volonté inutile

430. Liberté de ne pas se grouper. — En principe, on est libre de se grouper ou de ne pas se faire ; par exemple, adhérer ou ne pas adhérer à un syndicat (C. trav., art. 2141-1)[1]. Le principe comporte deux sortes d'atteintes, les unes directes, les autres indirectes.

Il est des cas où la loi oblige directement un individu à faire partie d'un groupement. Ainsi en est-il de l'appartenance à un État ; ce n'est pas la volonté de l'individu qui décide : la nationalité n'est pas un contrat entre un individu et l'État, mais relève de lois impératives. De même, les obligataires d'une société (c'est-à-dire un certain type de prêteurs à une société faisant appel à l'épargne publique) sont obligatoirement réunis en une « masse » qui prend ses décisions à la majorité et à laquelle la loi a donné la personnalité morale, bien qu'elle n'eût ni patrimoine, ni nom et ne fût pas publiée (C. com., art. L. 228-46, al. 1).

Il existe d'autres cas où la liberté de ne pas se grouper est indirectement atteinte. Dans certaines hypothèses, un individu est libre de ne pas appartenir à un groupement, mais est lié par ses décisions, même lorsqu'il n'en est pas membre. Tel est le régime des conventions collectives, conclues par un syndicat professionnel représentatif, qui obligent tous les membres d'une profession, même lorsqu'ils ne font pas partie du syndicat (C. trav., art. L. 2221-2 s.). Tous les membres de cette profession ont donc intérêt, semble-t-il, à faire partie du syndicat, au moins pour y faire entendre leur opinion. Mais il existe des syndicats (et d'autres groupements) tyranniques, où il est inutile d'exprimer un avis différent de celui des dirigeants : une personne morale est facilement oppressive[2].

§ 2. La volonté insuffisante

431. Nécessité d'une loi ? — La volonté de se grouper suffit-elle pour constituer une personne morale ? Ce qui ramène au problème plus général du rôle créateur de la volonté dans le droit, mais se présente ici avec une acuité particulière, étant donné le pouvoir que peut exercer un groupement sur chacun de ses membres et l'ensemble de la société. La Cour de cassation a, à quelques reprises, apporté une réponse de principe tranchée, qui doit être tempérée.

Conformément à une tradition remontant à l'Ancien droit[3], on a longtemps soutenu l'opinion contraire : la volonté n'aurait pu, par elle-même, créer une personne morale ; il fallait en outre que la loi eût expressément prévu que la personnalité morale serait attachée au type de groupement choisi par les intéressés.

La Cour de cassation a écarté cette thèse nourrice d'emprise étatique lors de l'affaire du *Comité d'établissement*, dans un motif très élaboré mais qui a une portée plus doctrinale que pratique[4]. Elle a estimé : 1°) que la personnalité morale

---

1. Le principe a été réaffirmé et renforcé par la CEDH, 11 janv. 2006, *Demir et Baykara c. Turquie*, *JCP* G 2009.II.10018, n. Fr. Sudre reconnaissant aux salariés, malgré les décisions de l'autorité turque, le droit de fonder des syndicats.
2. Voltaire, *Dictionnaire philosophique*, v° Mœurs : « La tyrannie d'un corps est toujours plus impitoyable que celle d'un roi ».
3. Ex. : Loisel, *Institutes coutumières*, 1698, n° 100 : « L'on ne se peut assembler pour faire corps de communauté sans congé ou lettre du roi » ; Le Bret, *Traité de la souveraineté du roy*, 1689, t. I, Ch. XV : « Puisque le roy est à la république ce que l'âme est au corps, n'est-il pas juste qu'il ne se fasse rien de public dans son État sans sa permission ? C'est pourquoi l'on a toujours tenu pour maxime qu'on ne pouvait établir aucune congrégation ni collège, soit pour la religion, soit pour la police sans le congé du prince ».
4. ** Cass. civ. 2e, 28 janv. 1954, *Comité d'établissement des forges et aciéries de la marine*, *Bull. civ.* II, n° 32 ; *D.* 1954.217, n. G. Levasseur ; *JCP* G 1954.II.7627, concl. Lemoine ; *Dr. soc.* 1954.161, n. P. Durand ; *Arch. phil. dr.* 1959. 140-141, n. J. Carbonnier, reproduit dans *Écrits*, PUF, 2008. 520-521 : « *La personnalité civile n'est pas une création de la loi ; elle appartient, en principe, à tout groupement pourvu d'une possibilité d'expression collective pour la défense d'intérêts licites, dignes par suite d'être juridiquement reconnus et protégés ; si le législateur a le pouvoir, dans un but de haute*

était indépendante de la loi ; 2°) que sa caractéristique majeure n'était pas l'existence d'un intérêt collectif distinct de l'addition des divers intérêts particuliers appartenant à chacun des membres du groupe ; l'élément important étant la nécessité d'un organe exprimant une volonté collective. La Cour européenne des droits de l'homme semble aller dans le même sens [5].

La doctrine [6] n'est guère favorable à ces affirmations, que plusieurs décisions relèvant du droit du travail n'ont pas reprises [7]. Comment comprendre, avec la doctrine de la Cour de cassation, qu'une association déclarée ait la personnalité morale, non une association non déclarée, qu'une société immatriculée ait la personnalité morale et non une société non immatriculée, qu'un fonds commun de créances n'ait pas la personnalité morale ? Tous ces groupements comportent pourtant des organes exprimant une volonté collective qui ne suffit donc pas pour créer une personne morale.

432. Publicité ; sociétés fictives et abusives. — La Cour de cassation a limité le principe qu'elle a posé, qui portait en lui-même son tempérament.

D'une part, elle prévoit que la loi conserve un double rôle. 1°) Comme le dit l'arrêt *Comité d'établissement*, la loi a le pouvoir « *dans un but de haute police de priver de la personnalité civile telle catégorie déterminée de groupements* » ; en outre, l'arrêt ne s'attache qu'aux *intérêts licites*[8]. 2°) La loi subordonne généralement l'octroi de la personnalité morale à l'accomplissement de mesures de publicité, variables selon le type du groupement.

Ainsi, le seul fait de constituer une association ne suffit pas à faire naître une personne morale ; il faut l'avoir déclarée à la préfecture et publiée au *Journal officiel*. De même, une société n'a la personnalité morale que si elle est immatriculée ; elle ne perd la personnalité morale que lorsque son immatriculation a été radiée [9]. Mais la publicité n'est pas toujours nécessaire à l'octroi de la personnalité morale : le syndicat d'une copropriété et le comité d'établissement d'une entreprise ont chacun la personnalité morale, bien qu'aucun de ces groupements ne soit soumis à une mesure de publicité.

---

police, de priver de la personnalité civile telle catégorie déterminée de groupements, il en reconnaît, au contraire, implicitement mais nécessairement, l'existence en faveur d'organismes créés par la loi elle-même, avec mission de gérer certains intérêts collectifs présentant ainsi le caractère de droits susceptibles d'être déduits en justice ».

5. Ex. : CEDH, 16 déc. 1997, *Égl. cath. de La Canée c. Grèce*, RTD. civ. 1999.999, obs. J. P. Marguénaud : condamnation de la Grèce qui avait refusé de reconnaître le droit d'agir en justice à l'Église catholique de La Canée ; CEDH, 30 janv. 1998, *Parti communiste unifié de Turquie c. Turquie*, JCP G 1999.I.105, n° 6 ; condamnation de la Turquie qui avait dissous le parti communiste turc avant même qu'il eût commencé ses activités.

6. Ex. : G. LAGARDE, « Propos de commercialiste sur la personnalité morale. Réalité ou réalisme ? », *Ét. Jauffret*, 1974.429 ; P. CATALA, « L'indivision », *Defrénois* 1979, art. 31874, n° 1, p. 6 .

7. Ex. : Cass. soc., 22 mars et 18 juill. 1979, *Bull. civ.* V, n°s 367 et 646 ; *Dr. soc.* 1980.44, n. J. Savatier : la section syndicale d'entreprise n'a pas la personnalité morale, car elle n'a pas d'autonomie par rapport à l'organisation syndicale qui l'a instituée (arrêt de juill.) : « ... *La section syndicale d'entreprise qui émane d'elles* (les organisations syndicales) *et étant dépourvue de la personnalité morale, n'a pas qualité pour agir* ». Cass. soc., 16 déc. 2008, n° 07-43.875, *Bull. civ.* V, n° 255 ; D. 2009.286, n. Fr. Petit : « *Si la reconnaissance d'une UES* (Unité économique et sociale éclatant une entreprise en plusieurs sociétés) *permet l'expression collective de l'intérêt des travailleurs appartenant à cette collectivité, elle ne se substitue pas aux entités qui la composent de sorte qu'elle n'a pas la personnalité morale* ».

8. Ex. : nullité d'une association de mères porteuses : Cass. civ. 1re, 13 déc. 1989, *Bull. civ.* I, n° 387 ; D. 1990.273, rap. J. Massip ; *Defrénois* 1990, art. 34815, m. n. ; *JCP* G 1990.II.21526, n. A. Sériaux : « ... *La reconnaissance du caractère illicite de la maternité pour autrui et des associations qui s'efforcent de la promouvoir* ».

9. **Biblio. :** M. GERMAIN, « Naissance et mort des sociétés », *Ét. Roblot*, LGDJ, 1984, p. 217 ; *infra*, n° 448.

D'autre part, en subordonnant la personnalité morale à une volonté collective, l'arrêt *Comité d'établissement* semblait l'avoir exclue pour les sociétés fictives : la personnalité morale n'a alors été créée que pour masquer une volonté individuelle seule maîtresse : il n'y a alors ni volonté collective, ni même intérêts collectifs ; et pourtant, elles sont annulées sans rétroactivité comme si elles avaient eu un patrimoine.

La personnalité morale ne produit pas non plus d'effets lorsqu'elle est frauduleuse lorsqu'elle a été constituée en fraude à la loi [10] ou aux droits des créanciers [11] : il y a abus de la personnalité morale, une personne morale fictive [12].

Section II
FONCTIONNEMENT

Le fonctionnement d'une personne morale pose quatre grands problèmes : l'expression de sa volonté (§ 1), sa capacité (§ 2), son patrimoine (§ 3) et ses attributs extrapatrimoniaux (§ 4).

Les personnes physiques connaissent les mêmes questions, tout au moins les deux dernières, mais selon un régime différent.

§ 1. Expression de la volonté

433. Organes de la personne morale. — L'expression de la volonté de la personne ne soulève de difficultés que pour les personnes morales. Une personne physique fait elle-même des actes juridiques, sauf si elle est représentée. Au contraire, une personne morale ne peut agir elle-même ; elle ne peut le faire qu'au moyen d'organes qui expriment sa volonté.

Les « organes » varient d'une personne morale à une autre : ils ne sont pas les mêmes dans une société anonyme ou dans une société en nom collectif, dans une société ou dans une association ; leur organisation spécifique ne sera pas examinée. Cependant, l'organisation des personnes morales répond toujours à une même idée générale, une sorte de droit commun. Un administrateur provisoire peut être nommé par la justice en cas de crise : impossibilité de gestion, inaptitude des administrateurs, conflits profonds avec les associés ou les sociétaires : cette faculté existe dans les sociétés, les associations, les copropriétés, les fondations et les indivisions.

434. Responsabilité civile. — Les organes engagent la personne morale s'ils ont agi conformément aux pouvoirs que leur donne la loi. Notamment, la personne morale en est civilement

---

10. Ex. : le C. trav. (art. L. 2322-4) prévoit la constitution de comités d'entreprises dans les entreprises de plus de 50 salariés : Cass. soc., 8 juin 1972, *Bull. civ.* V, n° 418, prive d'effet à cet égard le morcellement de l'entreprise en petites sociétés de 49 salariés « *qui exerçaient la même activité sous une autorité unique, dans les mêmes locaux et avec le même matériel* » : ce morcellement était fictif et frauduleux.

11. Ex. : Req., 13 mai 1929, *DP* 1930.I.128 ; *S.* 1929.I.289, n. H. Rousseau : en l'espèce, un commerçant avait morcelé son entreprise en plusieurs sociétés pour cantonner les droits de ses créanciers ; jugé que ce morcellement était sans effets : « *les trois sociétés sont installées dans les mêmes locaux ; elles ont le même personnel, une même et seule comptabilité et ont puisé dans la même caisse ; [...] la cour d'appel a déduit que les sociétés appelantes n'ont jamais eu une existence personnelle indépendante de celle de la société immobilière, dont elles n'ont été en réalité que de simples agences auxquelles doit s'appliquer le jugement* (de faillite) *du 3 juin 1926* ».

12. N. Fadel Raad, *L'abus de la personnalité morale en droit privé*, th., Paris II, LGDJ, 1991, préf. F. Terré.

responsable : l'organe est l'expression même de la personne morale dont la responsabilité est directement engagée [13].

Les associations sont également responsables du fait des personnes sur lesquelles elles exercent un pouvoir de direction et de contrôle permanent [14]. C'est une responsabilité du fait d'autrui qu'impose une jurisprudence prétorienne depuis 1991.

435. Responsabilité pénale. — Épisodiquement admise par notre Ancien droit, la responsabilité pénale des personnes morales avait été exclue du commencement du XIXe jusqu'à la fin du XXe siècle : étant dépourvues de discernement et de volonté, les personnes morales ne paraissaient pas susceptibles de commettre d'infractions. Le nouveau Code pénal (art. 121-2) a pris une position contraire : « *Les personnes morales, à l'exclusion de l'État, sont responsables pénalement* [...] *des infractions commises, pour leur compte, par leurs organes ou représentants* », fixé une échelle des peines (art. 131-45 à 131-48) et organisé une procédure particulière pour leur poursuite (C. pr. pén., art. 706-41 à 706-48). Leur responsabilité a longtemps supposé que l'infraction avait été commise par un organe ou un représentant de la personne morale poursuivie agissant pour son compte [15] ; elle était présumée être leur œuvre lorsque cette infraction n'avait pu être commise que par eux [16]. Maintenant, il n'est plus nécessaire que l'organe ou le représentant ait été identifié [17].

§ 2. CAPACITÉ

436. Spécialité des personnes morales. — Au regard de la capacité, apparaissent encore plus nettement les différences entre les personnes physiques et les personnes morales. Toute personne physique a une pleine capacité de jouissance, sauf exceptions légales (art. 1123). Au contraire, l'aptitude juridique de la personne morale est cantonnée dans le champ d'activités que lui donnent la loi et ses statuts, ce que l'on appelle la spécialité des personnes morales : les personnes humaines sont égales et libres, les personnes morales sont inégales et leurs pouvoirs limités.

D'une part, la loi limite l'activité de chaque catégorie de personnes morales, en fixant des bornes à ses aptitudes : par exemple, une association doit avoir uniquement une activité désintéressée (sauf l'élargissement que lui donne la théorie de l'accessoire), et ne peut posséder que les immeubles nécessaires à son activité [18], un syndicat doit avoir uniquement pour objet la défense d'intérêts professionnels, largement entendus [19], etc.

---

13. Ex. : Cass. civ. 2e, 27 avr. 1977, *Bull. civ.* II, n° 107 ; *D.* 1977, IR, 442, obs. Chr. Larroumet : « *La personne morale répond des fautes dont elle s'est rendue coupable par ses organes et en doit la réparation à la victime sans que celle-ci soit obligée de mettre en cause, sur le fondement de l'article 1384, alinéa 1, lesdits organes pris comme préposés* ».
14. Cass. ass. plén, 29 mars 1991, *Blieck, Bull. civ. ass. plén.*, n° 1 ; v. *Les obligations*, coll. Droit civil.
15. Arrêt de principe : Cass. crim., 2 déc. 1997, *D.* 1999, som. 152, obs. G. Roujou de Boubée ; *JCP* G 1998.II.10023, rap. Fr. Desportes : une personne morale (une société, en l'espèce) ne peut être déclarée pénalement responsable que si une infraction a été commise par son organe ou son représentant, sans qu'il soit pour autant nécessaire que ce dernier ait été condamné. Arrêt suivi de plusieurs décisions semblables ; **Biblio :** G. ROUJOU DE BOUBÉE, « La responsabilité pénale des personnes morales, essai d'un bilan », *Ét. A. Decocq*, Litec, 2004, p. 563 s.
16. Cass. crim., 20 juin 2006, cité *supra*, n° 391.
17. J. Y. MARÉCHAL, « Plaidoyer pour une responsabilité pénale directe des personnes morales », *JCP* G 2009, n° 38, 249.
18. Association simplement déclarée : le local destiné à l'administration et « *les immeubles strictement nécessaires à l'accomplissement du but qu'elle se propose* » (L. 1901, art. 6) ; association reconnue d'utilité publique : « *immeubles nécessaires à l'accomplissement du but qu'elle se propose* » (art. 11) (n'apparaît plus l'exigence du « *strictement* nécessaire »).
19. *Supra*, n° 406.

À cette spécialité légale, les associés ou les sociétaires peuvent ajouter une précision, en définissant dans les statuts du groupement son objet, ce que l'on appelle la spécialité statutaire [20]. De même, chaque personne morale publique, sauf l'État [21], ne peut exercer son activité que dans le domaine délimité par son objet, par exemple, le service public qu'il gère [22].

La jurisprudence sanctionne avec rigueur la spécialité légale. D'une part, un groupement ne peut prétendre à la personnalité morale lorsque, constitué sous une forme donnée, il fait des actes qui ne pourraient être accomplis que par un autre type de personnes morales : par exemple, un groupement constitué sous forme de société qui ferait des actes désintéressés [23] (sous réserve du principe de l'accessoire [24]). D'autre part, elle prononce, mais rarement, la nullité des actes dépassant la spécialité légale [25] ; l'application de cette règle est délicate, car il ne faut pas compromettre les droits des tiers de bonne foi, qui ont contracté avec la personne morale, en dehors de sa spécialité.

§ 3. Patrimoine

437. Actif et passif. — Comme toute personne, la personne morale a un patrimoine, composé d'un actif et d'un passif. L'actif appartient à la personne morale, non à ses membres ; par exemple, dans une société, l'actif social appartient à la société ; les associés n'ont droit qu'aux parts sociales, qui est un droit sur la société ; ils n'auront de droit direct sur l'actif social qu'après la dissolution de la société, en se partageant l'actif. Quant au passif, la personne morale répond de toutes ses dettes sur tous ses biens (art. 2284) ; le patrimoine personnel des associés n'est engagé par les dettes sociales que lorsqu'il s'agit d'une société en nom collectif ou d'une société civile [26].

---

20. La Fondation de France a un statut particulier, assouplissant le principe de spécialité : *supra*, n° 413.
21. CE, 29 avr. 1970, sté *Unipain*, *AJDA* 1970.430, concl. Braibant ; *RDP* 1970.423, n. M. Waline : « *Le principe de spécialité, qui concerne les personnes morales de droit public ayant une compétence limitée ou précisée par les textes [...] ne peut être utilement invoqué à l'encontre des services non spécialisés de l'État* » ; jugé que la sté Unipain (une boulangerie) ne pouvait critiquer l'acte administratif décidant que l'intendance militaire fournirait du pain à des établissements pénitentiaires, pour l'argument inexact que l'intendance militaire n'aurait pas dû s'occuper des établissements pénitentiaires.
22. Ex. : CE, sec. 4 juin 1954, *ENA*, *Rec. CE (Lebon)*. 338, concl. Chardeau : « *Si [...] l'École nationale d'administration a le caractère d'un établissement public, la personnalité civile qui lui est ainsi reconnue pour la gestion administrative et financière du service et pour l'organisation de l'enseignement ne lui confère pas qualité pour déférer au Conseil d'État, par la voie du recours pour excès de pouvoir, une décision sortant du cadre ainsi défini ; dès lors l'École nationale d'administration n'est pas recevable pour attaquer l'arrêté interministériel du 10 janvier 1948 mutant le sieur Vaurs du corps des attachés commerciaux à celui des administrateurs civils du ministère des Affaires étrangères* ».
23. * Req., 29 oct. 1894, aff. *de la sté scientifique de spiritisme*, cité, *supra*, n° 394.
24. Une société commerciale pourrait, par exemple, faire un acte de mécénat, ce que recouvre le contrat de *sponsor* (parrainage publicitaire) : ce n'est pas une libéralité, car la société commerciale n'est pas mue par le seul souci de faire plaisir à autrui, qui caractérise l'*animus donandi*, une des conditions pour qu'il y ait donation.
25. Les applications jurisprudentielles de droit privé en sont rares et intéressent exclusivement le droit des libéralités. Ex. : Cass. civ., 14 mars 1941, *DA* 1941.146 : un testateur avait fait un legs à une association d'aveugles de guerre qui n'avait pu le recueillir, car elle n'avait pas été reconnue d'utilité publique ; jugé que *l'Office national des mutilés et réformés de la guerre* ne le pouvait davantage, le legs n'entrant pas dans sa spécialité. La jurisprudence administrative est plus abondante ; ex. CE, 4 mars 1938, S. 1939.3.29 : annulation du décret autorisant l'acceptation d'une libéralité ne respectant pas la spécialité de l'établissement. En pratique, un assez grand nombre d'associations méconnaissent cette règle et possèdent des immeubles qui ne sont pas nécessaires à l'accomplissement de leur but social. En droit administratif, la spécialité des personnes morales n'établit pas une incapacité, mais seulement une règle de bonne administration.
26. *Supra*, n°s 383 et 387.

§ 4. Attributs extrapatrimoniaux

La personne morale a trois attributs extrapatrimoniaux ; les uns, à l'égard des tiers, répondent à la nécessité de son individualisation (I) ; les autres, également à l'égard des tiers, lui donnent le pouvoir d'agir, notamment en justice (II) ; enfin, elle exerce sur ses membres un pouvoir disciplinaire (III).

I. — Individualisation

Un peu comme une personne physique, une personne morale possède un nom, un domicile, une nationalité et certains droits de la personnalité. Ces attributs ont une signification moins forte que lorsqu'il s'agit d'une personne physique.

Ils sont, surtout le nom et le domicile, des indices généralement sûrs de la personnalité morale. Un groupement dépourvu de personnalité n'a presque jamais de nom (sauf les fonds communs de placement), ni de domicile. Un groupement pourvu de la personnalité morale a, presque toujours, un nom et un domicile.

438. Nom. — Une personne morale a un nom [27] qui, par certains traits, a le même régime que celui des personnes physiques ; évidemment, il n'a pas les aspects qui traduisent la signification humaine du nom de famille. Comme pour les individus, il est à la fois un élément d'identification et un objet d'appropriation. Mais il est beaucoup moins lié à la personne que ne l'est celui des personnes physiques. À la différence du nom de famille, il est librement choisi par les organes sociaux (sauf à ne pas donner le même nom à plusieurs groupements différents), car il n'est pas une institution de police civile ; toujours à la différence du nom de famille, il peut être librement modifié [28], car il n'y a pas ici d'immutabilité du nom [29] et il peut être cédé.

Comme pour les personnes physiques, il y a usurpation du nom d'autrui si une personne morale prend le nom d'une autre personne morale et si ce nom est original [30]. Mais à la différence des personnes physiques, la personne morale peut être condamnée à en changer. À l'inverse, et symétriquement, une personne morale peut faire protéger son nom et interdire qu'un autre groupement porte le même nom, s'il y a un risque de confusion [31] ; il en est de même du sigle qui

---

27. **Biblio.** : M. Dagot, « Le nom des personnes morales », JCP G 1992.I.3579 ; pour les associations : R. Plaisant, « La dénomination des associations », Gaz. Pal. 1982.I, doc. 34.
28. T. civ. Lyon, 21 mai 1920, Gaz. Pal. 1922.I, p. 100, aff. des « Pères Blancs », surnom de la « Congrégation des missionnaires d'Afrique ».
29. Supra, n°s 149-159.
30. Ex. : Cass. civ. 1re, 7 oct. 1981, sté protectrice des animaux, Bull. civ. I, n° 279 : « Ayant retenu que la dénomination "sté protectrice des animaux" ne présentait pas un caractère d'originalité suffisante pour la rendre susceptible d'une appropriation privative, la cour d'appel a, par ce seul motif, légalement justifié sa décision de ne pas accorder à la "sté protectrice des animaux" le droit d'interdire à la "société protectrice des animaux et des oiseaux utile à l'agriculture de Lyon et du Sud-Est" d'utiliser ce nom ».
31. Ex. : * Cass. civ. 1re, 8 nov. 1988, ass. des scouts de France, Bull. civ. I, n° 312 ; JCP G 1989.II.21301, n. R. Brichet. En l'espèce les associations des « scouts de France » et des « guides de France », créées en 1920 et en 1930, avaient voulu interdire « à l'association des scouts et des guides catholiques de France », créée en 1980, l'usage de cette appellation. La cour d'appel le leur avait refusé, notamment parce que « les appellations en cause sont d'un point de vue formel et sémantique, distinctes les unes des autres » et parce que « la distinction entre les différents mouvements scouts catholiques résulte fréquemment d'un élément de faible volume et dimension (sic) sur un fonds commun ». Cassation : « En se déterminant ainsi, sans rechercher, d'une part, si les appellations "scouts de France" et "guides de France" prises dans leur intégralité et non mot par mot présentaient un

désigne la personne morale [32]. C'est une question qui se pose surtout en cas de scission (d'association ou de syndicat) [33] ou entre groupements rivaux, frères ennemis de la même famille [34].

439. Domicile : siège social. — Le domicile d'une personne morale se trouve à son siège social, déterminé par ses statuts. En faisant le parallèle avec le domicile des personnes physiques, on voit qu'il est plus réel qu'un domicile d'élection et moins qu'un domicile véritable.

Il est plus qu'un domicile d'élection, qui peut être artificiel ; il doit en effet avoir une réalité, que les tribunaux contrôlent. S'il est démontré que le siège social n'est pas le lieu où la société est dirigée, les juges refusent de le prendre en considération et disent qu'il est fictif [35]. Il est moins qu'un domicile véritable : pour les personnes morales, le principe de l'unicité du domicile est écarté par la « jurisprudence des gares principales ». Mais la CEDH et la Cour de cassation sanctionnent pénalement la violation de leur domicile [36], ce qui le rapproche du domicile des personnes physiques.

440. Nationalité : siège social et contrôle. — La nationalité d'une personne morale est une transposition de son domicile. Une personne morale a la nationalité du pays où elle a son siège social. La « nationalité d'une société » n'est qu'une façon de parler, car elle ne peut avoir le même contenu que pour une personne physique. Elle signifie : 1°) qu'une société ayant son siège social en France est soumise à la loi française (art. 1837, al. 1) ou à certaines de ses dispositions (la nationalité d'une société peut donc être relative) [37], ce qui, réciproquement, implique qu'une société ayant son siège social à l'étranger soit soumise à la loi étrangère de ce siège [38] ; 2°) qu'elle bénéficie de la protection diplomatique

---

caractère d'originalité susceptible de les rendre protégeables et, d'autre part, s'il existait un risque de confusion entre les dénominations des associations en présence et entre leurs insignes respectifs, la cour d'appel n'a pas donné de base légale à sa décision ».

32. Ex. : Paris, 14 mai 1964, *D.* 1965.241, n. A. Ponsard ; en l'espèce, le BUS (Bureau universitaire de statistiques, établissement public) a interdit à une société privée, le Bureau universitaire et scolaire de voyages, d'utiliser « *les sigles BUS, BUSV et BSV sous un graphisme prêtant à confusion* ».

33. Ex. : pour la scission de la CFTC : Paris, 21 juin 1966, *JCP* G 1966.II.14726, concl. Souleau, cassé, non pour violation de la loi, mais pour contradiction de motifs : Cass. soc., 9 mai 1968, *Bull. civ.* V, n° 234 ; *D.* 1968.601 ; J. Carbonnier, « Les conséquences juridiques de la scission syndicale », *Dr. soc.* 1949.138.

34. Ex. : Scission entre l'UNEF (un groupement d'étudiants) proprement dite et l'UNEF renouveau (un groupement dissident). Ce fut une situation semblable ordre pour les scouts de France (*supra*, note 31) et la CFTC (*supra*, note 33).

35. La question se pose surtout pour les sociétés. Ex. : Req., 25 févr. 1895, *DP* 1895.I.341 ; S. 1895.I.180 : « *Il résulte de l'arrêt attaqué que la société des mines du Dadou n'a jamais eu son siège social à Paris et que l'indication qui, dans les statuts, en porte la fixation dans cette ville, a été purement fictive et nominale ; mais qu'en réalité il a été toujours à Réalmont ; c'était là que ladite société se faisait adresser toute sa correspondance, etc.* » ; la cour d'appel avait aussi relevé d'autres circonstances caractéristiques. Rejet du pourvoi.

36. CEDH, 16 avr. 2002, *Sté Colas-Est c. France*, *D.* 2003.527, obs. C. Birson, obs. A. Lepage : « *les droits garantis par l'art. 8 de la Conv. EDH peuvent être interprétés comme incluant pour une sté le droit au respect de son siège social, son agence ou ses locaux professionnels* » ; Cass. crim., 23 mai 1995, *Bull. crim.*, n° 193 ; *RTD civ.* 1996, 130, obs. J. Hauser.

37. T. confl., 22 nov. 1959, *sté Mayol, Arbone et cie*, *D.* 1960.223 ; *Rev. crit. DIP* 1960.180, n. Y. Loussouarn : la nationalité des sociétés « *ne peut être déterminée qu'au regard des dispositions législatives ou réglementaires dont l'application ou la non-application à la sté dépend de savoir si celle-ci est ou n'est pas française* ».

38. Ex. : Cass. com., 9 avr. 1991, *Bull. civ.* IV, n° 123 ; *D.* 1991, IR, 128 ; *Rev. sociétés* 1991.746, obs. R. Libchaber : « *L'appréciation des pouvoirs des dirigeants d'une société relève de la loi nationale de cette société* ».

française ; 3°) qu'elle jouit des droits civils et commerciaux accordés aux Français [39]. Cette règle a été étendue à des situations de non-belligérance.

Les tribunaux ont parfois écarté le critère du siège social comme mode de détermination de la nationalité et lui ont substitué celui du contrôle. Par exemple, lors des deux dernières guerres mondiales, ils ont estimé qu'une société, bien qu'elle eût son siège social en France, pouvait être considérée comme une société ennemie (par ex. : allemande ou autrichienne) si elle était contrôlée (dans ses capitaux ou ses dirigeants) par l'ennemi [40].

441. Droits de la personnalité ; diffamation et dénigrement. — La personne morale possède tous les droits de la personnalité qui ne sont pas attachés à la personne humaine. Elle a ainsi un honneur qu'elle peut faire respecter en agissant en diffamation (L. 29 juill. 1881 sur la presse, art. 32) [41].

La jurisprudence distingue la diffamation, atteinte à la réputation d'une personne relevant de la loi de 1881, du dénigrement, atteinte à la réputation d'un produit, d'une marque, d'un service ou d'une chose, acte de concurrence déloyale constituant une faute relevant de l'article 1382 [42]. La distinction n'est pas facile, car souvent il y a entre les deux une interférence, l'une entraînant l'autre : si le produit est dénigré, le fabricant peut s'en trouver diffamé [43] et déconsidéré ;

---

39. Même lorsqu'il s'agit de la filiale d'une sté étrangère : Cass. civ. 3ᵉ, 8 févr. 1972, *aff. de la sté Shell-Berre*, *Bull. civ.* III, n° 83 ; *Rev. crit. DIP* 1973.299, n. G. Lagarde ; *JDI* 1973.218, n. B. Oppetit : « *cette sté possède son siège social, ses établissements principaux, sa direction et son exploitation en France et est soumise aux lois françaises ; en conséquence, les juges du 2ᵉ degré ont, à bon droit, décidé que la sté Shell-Berre était fondée à se prévaloir du décr. 30 septembre 1953* » sur la propriété commerciale (auj. C. com., art. L. 145-1 s.).
40. Ex. : Req., 12 mai 1931, sté *Remington Typewriter*, *DP* 1936.I.121, 1ʳᵉ esp. : « *Le pourvoi fait grief à l'arrêt attaqué d'avoir exclu la société Remington Typewriter du bénéfice de la loi du 30 juin 1926* (sur la propriété commerciale) *pour le motif qu'elle ne serait pas une société française ; mais l'arrêt constate que la société a été constituée pour les 16/18ᵉ de son capital par les apports de la grande société américaine du même nom ; que ces apports consistent dans les fonds de commerce exploités en France par la société américaine pour la vente de ses machines à écrire ; il constate en outre que la société, bien qu'elle ait son siège social à Paris, est gérée par un conseil d'administration composé exclusivement de membres étrangers, qu'elle n'emploie point ses capitaux en France et qu'elle se borne à y vendre les machines fabriquées en Amérique par la société mère et portant l'indication de cette provenance ; l'arrêt a pu déduire de ces circonstances souverainement constatées que la société, bien qu'opérant en France, n'y avait pas son centre principal d'exploitation et n'était pas une société française au sens de la loi du 30 juin 1926, modifiée par celle du 22 avril 1927* ».
41. Ex. : Cass. crim., 22 mars 1966, sté *Elizabeth Arden*, *JCP* G 1967.II.15067 : « *Une société commerciale peut, comme un commerçant, en se fondant sur l'article 32 de la loi sur la presse, obtenir réparation de l'atteinte qui pourrait être portée à sa considération professionnelle par des imputations ou des allégations diffamatoires* ». En l'espèce, le journal *Hara-Kiri* avait publié une photo « *représentant une femme en maillot de bains et dont le physique révèle les graves atteintes d'un âge apparemment avancé ; sous cette illustration est reproduite la griffe Elisabeth Arden* ». Jugé que l'action en diffamation exercée par la sté Elizabeth Arden était recevable mais non fondée, car les allégations diffamatoires n'étaient pas suffisamment précises.
42. Jurisprudence constante, souvent réitérée : ex. : Cass. civ. 2ᵉ, 7 oct. 2004, *Bull. civ.* II, n° 445 : « *Les appréciations, même excessives, touchant les produits, les services ou les prestations d'une entreprise industrielle ou commerciale n'entrent pas dans les prévisions de l'art. 29 de la loi du 29 juillet 1881, dès lors qu'elle ne concernent pas la personne physique ou morale* ». En l'espèce, un journal avait écrit que le vin de Champagne n'était pas produit avec des raisins locaux et que les grandes marques commercialisaient, sous leur étiquette, de petits vins : le Comité interprofessionnel des vins de Champagne assigna le journal en responsabilité sur le fondement de l'article 1382 ; la cour d'appel le débouta estimant qu'il s'agissait d'une diffamation, en raison de « *l'imputation d'un fait portant atteinte à l'honneur et à la considération de vignerons de Champagne* ». Cassation : « *les propos incriminés relevaient de la critique d'un produit et ne mettaient en cause aucune personne physique ou morale déterminée* ».
43. Ex. : Cass. civ. 1ʳᵉ, 27 sept. 2005, *Bull. civ.* I, n° 346 ; *D.* 2001.1040, obs. Th. Massis ; *RJPF* 2005 12/17, obs. E. Putman : « *Vu l'art. 29 de la loi du 29 juillet 1881 ; toute expression qui contient*

inversement, si le fabricant est atteint dans son honneur et sa considération, ses produits peuvent s'en trouver dénigrés [44]. Autre particularisme du dénigrement : selon de nombreuses décisions, il n'est pas fautif lorsqu'il constitue une parodie ou une polémique, que les tribunaux ne jugent pas répréhensible au nom de la liberté d'expression [45].

Une décision s'est même référée à la « vie privée » d'une personne morale [46], ce qui est singulier. Plusieurs autres lui ont reconnu un « droit à l'image » : il s'agit, non d'une image physique, qui n'aurait pas de sens pour une personne morale mais de son « image de marque », c'est-à-dire sa réputation commerciale [47], relevant du droit de la presse lorsqu'elle est atteinte par un journal [48]. Plus souvent, il s'agit de l'image qui révèle sa marque – c'est-à-dire sa propriété industrielle (le droit des marques) [49]. Sauf lorsqu'il s'agit d'une parodie ou d'une polémique que les tribunaux jugent non répréhensible au nom de la liberté d'expression.

442. Atteinte au sentiment religieux. — Les tribunaux ont du mal à faire respecter l'atteinte aux sentiments religieux, laissant insulter presque impunément les groupements religieux par la presse, le livre, les affiches ou le cinéma [50], et parfois même en ridiculisant les groupements religieux minoritaires [51]. La liberté d'expres-

---

l'imputation d'un fait précis et déterminé de nature à porter atteinte à l'honneur ou à la considération de la personne visée, constitue une diffamation, même si elle est présentée sous une forme déguisée ou dubitatrice ou par voie d'insinuation » ; en l'espèce, une chaîne de télévision avait critiqué avec vivacité un produit fabriqué par un laboratoire de pharmacie ; la cour d'appel avait refusé de condamner la chaîne pour diffamation car l'émission ne visait pas une personne physique ou morale, mais un produit. Cassation : « *les imputations [...] visaient le fabricant du produit identifié* ».

44. Cass. civ. 1re, 5 déc. 2006, *Bull. civ.* I, n° 532 ; *Contrats, conc., consom.* 2007.54, n. crit. M. Malaurie-Vignal ; en l'espèce, les juges du fond avaient rejeté une demande en dénigrement (un prestataire de service avait été accusé par une société concurrente d'avoir établi de faux certificats et de faux rapports) y voyant une diffamation. Cassation : ces allégations avaient pour but de détourner la clientèle et étaient donc des actes de concurrence déloyale. M. Malaurie-Vignal regrette « *cette prééminence des règles de la concurrence déloyale sur celles du droit de la diffamation* ».

45. Jurisprudence abondante (affaires *Areva, Michelin, Esso, Camel, Danone*) : en dernier lieu, Cass. civ. 1re, 8 avr. 2008, *Areva, Bull. civ.* I, n° 104 ; *D.* 2008.2402, n. L. Meyret ; *JCP* G 2008.II.10106, n. Chr. Hugon ; I.209, n° 14, n. E. Dreyfus ; *Légipresse* 2008.III.124, n. J. Canlorbe ; *RJPF* 2008-6/13 : « *Ces associations agissant conformément à leur objet, dans un but d'intérêt général de santé publique par des moyens proportionnés à cette fin, n'avaient pas abusé de leur droit de libre expression* » ; en l'espèce, *Greenpeace* (association écologiste) avait contrefait les marques figuratives d'*Areva* (entreprise nucléaire) pour les dénigrer, afin de défendre l'environnement et la santé publique, par exemple en les associant à une tête de mort ; v. Chr. GEIGER, « Droit des marques et liberté d'expression (de la proportionnalité de la libre critique) », *D.* 2007.884.

46. Aix, 10 mai 2001, *D.* 2002.2299, obs. A. Lepage.

47. Ex. : Cass. com., 7 nov. 1979, *D.* 1980, IR.416, obs. Chr. Larroumet ; n.p.B. ; pour permettre le tournage d'un film, une société avait prêté à une entreprise cinématographique les vêtements qu'elle fabriquait ; elle a obtenu réparation du préjudice moral qu'elle a éprouvé par l'usage de ces vêtements avec marque apparente dans un film pornographique. Chr. Larroumet (obs. pr.) dit qu'il y avait alors eu une atteinte à son « image de marque » ; sur le préjudice moral éprouvé par une personne morale : V. WESTER-OUISSE, *JCP* G 2003.I.145.

48. Ex. : Cass. civ. 1re, 30 mai 2006, aff. *American Airlines Inc.*, *Bull. civ.* I, n° 275 ; *D.* 2006, IR.1636 ; *JCP* G 2006.IV.2381 ; *RJPF* 2006.9/10, n. E. Putman ; un magazine avait publié un photomontage « *destiné à montrer que la France n'était pas à l'abri d'une attaque d'un avion-suicide et représentant un avion reproduisant sur l'empennage les éléments distinctifs d'une compagnie aérienne étrangère qui s'encastrait sur le Tour-Eiffel* » ; la cour d'appel l'avait condamné à des dommages-intérêts parce qu'il avait porté « *atteinte à la réputation* [de la société] *et à son droit de jouissance sur son image* ». Cassation : l'action était soumise « *aux conditions dérogatoires du droit de la presse* ».

49. V. *Les biens*, coll. Droit civil.

50. Comp. Cass. civ. 1re, 14 nov. 2006, *La parodie de la Cène*, cité supra, n° 329.

51. En matière **civile** : TGI Paris, réf., 2 févr., 1977, aff. *de la secte de Krishna*, *JCP* G 1977.II.18636 : « *Il y a lieu d'admettre que Krishna au cas où il jouirait de l'immortalité, s'il a pu s'offusquer d'entendre chanter son nom au cours d'un film scabreux, a, sans aucun doute, dans sa haute sagesse, pardonné cette offense ; [...] il suffit de rappeler, d'autre part, qu'on attribue à Krishna 160 000 épouses et*

sion a pourtant des limites comme toute autre liberté et ne doit pas être une source d'irresponsabilité. C'est ce qu'a rappelé la Cour européenne des droits de l'homme : les croyants ont le droit « *de ne pas être insultés dans leurs sentiments religieux par l'expression publique des vues d'autres personnes* » [52] ; mais dans d'autres arrêts, elle a décidé que la liberté d'expression l'emportait sur l'interdiction de diffamer une pratique religieuse [53].

Le sentiment religieux est un des éléments les plus profonds de la personnalité pour beaucoup de personnes, et il a le droit d'être respecté. On comprend l'exaspération de millions d'êtres humains à voir insulter ce qui est essentiel pour eux. Il est difficile de fixer les limites respectives de la liberté d'expression et du respect dû aux consciences. Il en existe beaucoup de raisons ; trois seulement sont ici retenues. La crainte de la censure : plus jamais de condamnation de Galilée ! La principale est sans doute historique ; c'est une tradition profonde en France depuis la fin du XVIIIe siècle de contester la bourgeoisie, la religion, la politique, les idées reçues, etc. ; plus personne (en France et en Occident) ne se choque de ce genre de provocation, devenue un nouveau conformisme. Mais il y a en dehors de l'Occident des milliards de gens qui prennent au sérieux leurs convictions et les blasphèmes. Il y a eu longtemps aussi une raison technique : un groupement religieux ne pouvait, semblait-il, agir que s'il avait la personnalité juridique et subi un préjudice ; le Christianisme, l'Islam, le Judaïsme n'ont pas la personnalité juridique : qui peut agir en leur nom ?

Des associations entendent défendre les valeurs religieuses. La Cour de cassation décide qu'une association luttant contre le racisme antichrétien et antifrançais a qualité pour exercer une action civile contre des journaux qui avaient insulté la religion catholique et ses fidèles [54].

II. — Pouvoir d'ester en justice

443. Activités de la personnalité morale. — La personne morale participe à l'activité humaine, notamment en faisant des actes juridiques. Elle a le pouvoir

---

180 000 fils pour admettre que sa mémoire ne souffrira guère d'avoir été mêlé à quelques manifestations complémentaires ». En matière **pénale :** Cass. crim., 14 févr. 2006, D. 2007.1041, n. Th. Massis ; ne commet pas de diffamation l'auteur d'un prospectus intitulé : *« "La nuit de la Sainte-Capote" comprenant un dessin représentant, en buste, une religieuse, associée à l'image d'un angelot muni d'un arc et d'une flèche, et de deux préservatifs, l'ensemble étant accompagné de la légende "Sainte Capote protège-nous" »* car *« si le tract litigieux a pu heurter la sensibilité de certains catholiques, son contenu ne dépasse pas les limites admissibles de la liberté d'expression »*.
52. CEDH, 20 sept. 1994, *Otto-Preminger-Institut c. Autriche*, JCP G 1995.I.3823, n° 38, obs. Fr. Sudre : la Cour approuve les juridictions autrichiennes d'avoir confisqué un film dénigrant de manière injurieuse le catholicisme : le sentiment religieux constitue *« un des éléments les plus vitaux contribuant à former l'identité des croyants et leur conception de la vie »* (§ 47).
53. * CEDH, 11 sept. 2008, *Chalabi c. France*, JCP G 2008.II.10172, n. crit. E. Derieux ; I 209, n° 2, obs. B. de Lamy ; en l'espèce, un ancien membre du conseil d'administration de la Grande Mosquée de Lyon avait dénoncé en termes vifs la mauvaise gestion de son directeur ; il fut condamné pour diffamation par les juridictions françaises ; la CEDH condamna la France en raison de *« son ingérence disproportionnée qui ne répondait pas à un besoin social impérieux »* (c'est le motif passe-partout) ; v. aussi, sur les fréquentes condamnations de la France par la CEDH en matière de liberté d'expression et de condamnations de journaux pour diffamation, *supra*, n° 311.
54. Ex. : Cass. crim., 16 avr. 1991, 2 arrêts, *Le fluide glacial* et *L'événement du jeudi*, cités *supra*, n° 273 ; jugé que pouvait se constituer partie civile devant une juridiction répressive l'*Association générale contre le racisme et pour le respect de l'identité française et chrétienne* (Agrif) contre des journaux qui insultaient la religion chrétienne et ses fidèles ; v. au contraire CEDH, 31 janv. 2006, *Giniewski c. France*, D. 2006, IR.468, 1718, obs. appr. J.-F. Renucci ; en l'espèce, un journaliste avait reproché à une encyclique pontificale de Jean-Paul II (*Splendor veritatis*) et à la théologie catholique sur la nouvelle Alliance d'avoir *« comporté des ferments d'antisémitisme »* ayant favorisé l'Holocauste ; condamnation de la France dont les tribunaux l'avaient condamné pour diffamation, alors qu'il n'y avait pas de *« besoin social impérieux »* de porter atteinte à la liberté d'expression ; il s'agissait selon la Cour, d'un débat sur les causes de l'extermination des Juifs par les nazis, où la recherche de la vérité historique relève de la liberté d'expression.

d'agir parce qu'elle a des intérêts et une organisation qui lui permet d'avoir et d'exprimer sa volonté. La manifestation de ce pouvoir qui a le plus attiré l'attention a été l'aptitude à agir en justice.

444. Action en justice des personnes morales. — Toute personne morale, du moment qu'elle existe, si mince soit sa capacité, a le pouvoir d'agir en justice pour la défense de ses intérêts. Mais un plaideur doit toujours agir en justice sous son nom : « Nul en France ne plaide par procureur » ; lorsque ce plaideur est une personne morale, il n'est pas besoin que soient désignés les membres du groupement : il suffit d'indiquer « *sa dénomination* [...] *et l'organe qui la représente légalement* » (C. pr. civ., art. 648). Ce qui est précisément le signe de son pouvoir d'ester en justice [55]. S'il n'a pas la personnalité morale, par exemple une association non déclarée, un groupement peut être assigné [56], mais ne peut le faire [57]. Le droit d'action des sociétés relève du droit spécial des sociétés ; celui des personnes morales de droit public a aussi son particularisme.

445. Action en justice des associations. — Quand elles ont la personnalité morale, c'est-à-dire quand elles ont été déclarées [58], les associations peuvent demander en justice la protection de leurs intérêts personnels, patrimoniaux [59] ou moraux, ce qui n'appelle aucune remarque particulière. Elles peuvent aussi demander la réparation du préjudice collectif éprouvé par leurs membres [60]. Mais, en principe, à la différence des syndicats [61] et, sauf exceptions légales de plus en plus nombreuses, elles ne peuvent agir en justice pour la défense d'un intérêt collectif différent de celui de leurs membres. Des distinctions doivent être faites selon que l'action est portée devant les juridictions ordinaires – civiles ou administratives – ou répressives ; mais, quelle que soit la juridiction saisie, les principes

---

55. **Biblio.** : E. SAVAUX, « La personnalité morale en procédure civile », *RTD civ.* 1995.I.5.
56. Cass. civ., 30 déc. 1857, *DP* 1858.I.21, cité, *supra*, n° 400.
57. Ex. : pour un syndicat professionnel n'ayant pas déposé ses statuts en mairie : Cass. civ. 2e, 25 févr. 1965, *Bull. civ.* II, n° 207 ; *Dr. soc.* 1965.508, n. J. Savatier : « *À défaut de l'accomplissement de cette formalité, le syndicat ne jouit pas de la personnalité morale et n'a pas le droit d'ester en justice* ».
58. Ce qui soulève une difficulté pour les associations étrangères ; Cass. crim., 16 nov. 1999, *D.* 2001.665, n. crit. L. Boré : pour se constituer partie civile devant une juridiction pénale, une association doit remplir les formalités exigées par l'article 5 de la loi du 1er juillet 1901 (c'est-à-dire la déclaration à la préfecture) « *auxquelles toute association, française ou étrangère, doit se soumettre pour obtenir la capacité d'agir en justice* » ; en l'espèce, une société de droit suisse, s'estimant diffamée par une émission de télévision diffusée en France, avait porté plainte avec constitution de partie civile, devant un juge d'instruction français ; jugé que cette demande était irrecevable faute de déclaration de l'association à la préfecture. *Contra* TGI Paris, 15 sept. 2009, *Légipresse*, oct. 2009.I.1491 : « *il serait contraire au droit d'accès à un tribunal garanti par l'art. 6 de la Conv. EDH, tout comme au principe de la liberté de recevoir et de communiquer des informations et des idées sans considération de frontières, garanti à l'art. 10 de la même Convention, d'exiger d'une association qui a son siège social à l'étranger, qu'elle respecte la formalité de déclaration préalable à la préfecture du siège de son principal établissement en France [...] pour engager une action sur le fondement de la loi sur la liberté de la presse* ».
59. Ex. : Colmar, 20 avr. 1955, *D.* 1956.723, n. R. Savatier ; *JCP G* 1955.II.8741 : un club sportif peut demander à l'auteur d'un accident mortel de réparer le préjudice qu'il éprouve du fait de la perte d'un de ses joueurs professionnels d'une valeur exceptionnelle.
60. Ex. : Cass. civ. 2e, 5 oct. 2006, *Bull. civ.* II, n° 255 ; *JCP G* 2006.IV.3099 ; en l'espèce, une association de riverains avait demandé l'indemnisation du préjudice collectif éprouvé par les membres de l'association du fait de troubles anormaux de voisinage (exploitation d'une carrière à ciel ouvert) ; la cour d'appel avait déclaré l'action irrecevable, faute d'atteinte à ses intérêts collectifs distincts de ceux de ses membres ; cassation : « *Une association peut agir en justice au nom d'intérêts collectifs dès lors que ceux-ci entrent dans son objet social* [...] *or, l'association demandait la condamnation, sous astreinte, de la sté Carrière de Luche à exécuter les mesures préconisées par le collège d'experts judiciaires pour en réduire l'impact* ».
61. *Supra*, n° 406.

généraux de la procédure doivent être respectés [62]. Ces règles, assez compliquées, mettent en cause la recevabilité de l'action et suscitent un contentieux abondant.

Devant les juridictions civiles, les associations peuvent demander la protection des intérêts individuels de leurs membres, lorsque le préjudice invoqué a été subi par l'ensemble de ceux-ci – il n'y a pas atteinte à la règle *Nul en France ne plaide par procureur* ; ou même d'un intérêt collectif lorsqu'elles y ont été habilitées par la loi [63] ou qu'il entre dans leur objet social [64] ; un cas particulier d'intérêt collectif est la *class action* qui permet à une association agréée d'agir pour le compte de tout un groupe inorganisé de personnes, même si elles n'ont pas donné mandat et ne sont pas membres de l'association ; la *class action*, qui fut très pratiquée aux États-Unis, a du mal à s'intégrer dans notre système judiciaire, assez individualiste.

Les plus grandes difficultés viennent de l'action civile, c'est-à-dire l'action portée devant les juridictions répressives en réparation du dommage causé par une infraction (C. pr. pén., art. 2). Le principe est que les associations n'ont pas qualité pour assurer la défense des intérêts généraux de la société, ni en se substituant au Ministère public, ni en le secondant [65] ; les juges se méfient de ces collaborateurs bénévoles trop zélés, parfois vindicatifs. Cependant, la loi et la jurisprudence ont apporté à ce principe du parquet, des exceptions de plus en plus nombreuses altérant progressivement l'exclusivisme de la mission du Ministère public. La loi habilite certaines associations en leur conférant le droit d'intenter une action au nom d'intérêts collectifs, distincts de l'intérêt général, se rapportant à leur objet statutaire — cause sociale ou humanitaire, etc. — (C. pr. pén., art. 2-1 à 2-16) [66] ; la recevabilité de l'action est soumise à des conditions disparates (ancienneté de l'association, accord de la victime, etc.) strictement interprétées. Ces habilitations

---

62. **Biblio.** : L. BORÉ, *La défense des intérêts collectifs par les associations devant les juridictions administratives et judiciaires*, LGDJ, 1997, préf. G. Viney.
63. Ex. : Cass. civ. 2e, 25 juin 1998, *Bull. civ.* II, n° 228 ; *D.* 1998, IR, 188 ; *JCP* G 1998.II.10204, n. L. Boré, 1re esp. ; en l'espèce, un affichage publicitaire avait eu lieu en faveur d'une marque de whisky ; jugé qu'était recevable l'action en réparation du préjudice subi, intentée devant une juridiction civile par une association de lutte contre l'alcoolisme : « *En raison de la spécificité de son but et de l'objet de sa mission, une association de lutte contre l'alcoolisme, qui tient de l'article L. 96 du Code des débits de boissons le pouvoir d'exercer les droits reconnus à la partie civile, peut exercer son action devant la juridiction civile, dès lors qu'elle subit du seul fait de la publicité illicite en faveur de l'alcool un préjudice direct et personnel* ».
64. Cass. civ. 1re, 18 sept. 2008, *Bull.civ.* I, n° 201 ; *JCP* G 2008.II.10200, n. N. Dupont, 2009.I.123, n° 3, obs. Ph. Stoffel-Munck ; *D.* 2008.2437, obs. X. Delpech : « *même hors habilitation législative, et en l'absence de prévision statutaire expresse quant à l'emprunt des voies judiciaires, une association peut agir en justice au nom d'intérêts collectifs dès lors que ceux-ci entrent dans son objet social* » ; en l'espèce, l'association française contre les myopathies avait agi contre les dirigeants d'un établissement soignant ces malades auxquels le dysfonctionnement avait causé un préjudice ; la cour d'appel avait jugé irrecevable cette demande : « *les statuts de l'AFM ne prévoient nullement qu'elle aurait pour but ou pour moyen d'action d'ester en justice pour la défense des intérêts des malades* ». Cassation.
Cette jurisprudence ne s'applique pas à l'action civile.
65. Cass. ch. réunies, 15 juin 1923, *Cardinal Luçon, DP* 1924.I.153 ; *S.* 1924.I.49. La solution donnée par les Chambres réunies est aujourd'hui caduque ; jugé dans cet arrêt que des associations d'instituteurs publics étaient irrecevables à agir en défense de leur profession parce que c'était à l'État de le faire exclusivement, en un temps où il était interdit aux fonctionnaires de se syndiquer ; cette interdiction a disparu aujourd'hui et un syndicat de fonctionnaires a désormais qualité pour agir en défense des intérêts professionnels de ses membres. Mais les principes posés par l'arrêt *Cardinal Luçon* demeurent, bien que la jurisprudence soit sinueuse. Ex. : Paris, 5 juill. 1994, *Ass. T.V. Carton jaune c. Poivre d'Arvor et autres*, *D.* 1995, som. 263, obs. Th. Massis ; *D.* 1996.578, n. R. Martin ; *JCP* G 1996.II.22562, n. Mécary et Gras : « *Si une association régulièrement déclarée peut réclamer la réparation des atteintes portées aux intérêts collectifs de ses membres, il ne lui est pas possible, en l'absence d'une disposition légale l'y habilitant expressément, d'agir en justice pour la défense d'intérêts généraux* » ; l'Association entendait défendre « *le droit légitimement protégé des téléspectateurs à une information honnête et exacte* » ; jugé que l'action était irrecevable.
66. Ex. : association de lutte contre le racisme, le sexisme, l'exclusion sociale, la discrimination ou de défense des intérêts moraux et matériels des familles, ou des intérêts des consommateurs (C. cons., art. L. 422-1), etc.

ont un caractère exceptionnel [67]. Mais peu à peu, la jurisprudence consacre le droit d'action des associations non habilitées [68] pour la défense d'un intérêt collectif si elles démontrent qu'elles ont subi un préjudice direct et personnel [69]. En outre, la Cour de cassation a admis que les associations étrangères pouvaient se constituer partie civile [70].

Que l'action soit introduite devant une juridiction répressive (action civile), judiciaire ou administrative, les principes généraux de la procédure doivent être respectés, notamment ceux qui imposent pour agir la qualité et l'intérêt. Le représentant légal de l'association a qualité pour exercer l'action s'il a été autorisé par l'assemblée générale, sauf disposition statutaire contraire [71]. L'association ne peut agir que si elle démontre que ses intérêts ont été atteints [72].

III. — Pouvoir disciplinaire

446. Blâme, amende, exclusion. — Un groupement ne peut vivre que si ses membres en respectent les règles qu'une autorité doit pouvoir faire respecter. Par conséquent, les statuts peuvent prévoir que soit infligée une sanction (blâme, amende [73], suspension) à ceux de ses membres qui méconnaîtraient la discipline du groupe, en violant le pacte social. Mais il faut aussi empêcher qu'une autorité ne soit tyrannique. La sanction ne peut être prise qu'en respectant les droits de la défense [74]

---

67. Ex. : Cass. crim., 25 sept. 2007, *Bull. crim.*, n° 220 ; *JCP* G 2008.II.10205, n. H. Matsopoulou : « *l'exercice de l'action civile devant les juridictions pénales est un droit exceptionnel qui, en raison de sa nature, doit être strictement renfermé dans les limites fixées par le Code de procédure pénale* ».

68. La doctrine est partagée. Auteurs **favorables** : N. Dupont, « De la clémence des juges à l'égard des associations non habilitées à agir par la loi », n. sous Cass. civ. 3e, 1er juill. 2009, *JCP* G 2009, n° 47, 464 ; L. Boré, « Les prémisses d'une consécration générale du droit d'action des associations au plan civil », *Rev. Lamy dr. civ.*, mars 2008.17 ; C. Cutajar, n. sous Paris, 29 oct. 2009, *JCP* G 2010, n° 51. Auteurs **hostiles** : ex. : P. Maistre du Chambon, « Ultime complainte pour sauver l'action publique », in *Ét. R. Gassin*, PUAM, 2007.283 ; Ph. Conte, « La participation de la victime au procès pénal : de l'équilibre procédural à la confusion des genres », *Rev. pénit.* 2009.521.

69. Jurisprudence souvent réitérée, toujours circonstanciée. Ex : Cass. crim., 12 sept. 2006, n° 05-86958, *D.* 2006.2549 ; *Rev. sc. crim.* 2007.303, obs. J. H. Robert ; *Dr. pén.* 2006 com. 141, n. J. H. Robert ; *contra*, Paris, 29 oct. 2009, préc.

70. Cass. crim., 8 déc. 2009, n° 09-81607, *Bull. crim.*, n° 205 ; *JCP* G 2010, n° 417, n. F. Morgues : « *toute personne morale, quelle que soit sa nationalité, a droit à ce que sa cause soit entendue par un tribunal indépendant et impartial* ».

71. Cass. soc., 16 janv. 2008, n° 07-60.126, *Bull. civ.* V, n° 1 ; *D.* 2008.2051, n. K. Rodriguez : « *en l'absence, dans les statuts d'une association, de stipulations réservant expressément à un autre organe la capacité de décider de former une action en justice, celle-ci est régulièrement engagée par la personne tenant des mêmes statuts le pouvoir de représenter en justice cette association ; dans le silence desdits statuts sur ce point, l'action ne peut être régulièrement décidée que par l'assemblée générale* ».

72. La jurisprudence adm. est encore plus restrictive. Ex. : CE, 13 mars 1998, *L'ubiquité d'un trésorier-payeur général*, *D.* 1999.69, n. L. Boré : « *La généralité des termes des statuts de l'association requérante ne permet pas à celle-ci de justifier de l'intérêt exigé pour avoir qualité à déférer au juge de l'excès de pouvoir la nomination d'un fonctionnaire et les mesures relatives à la rémunération de ce dernier* » ; en l'espèce, a été déclarée irrecevable l'action introduite par l'Assoc. de défense des agents publics pour faire annuler la nomination d'un trésorier-payeur général de la région Auvergne qui l'affectait à la Trésorerie générale des Hauts-de-Seine.

73. Ex. : Paris, 5 déc. 1997, *D.* 1998, IR, 25 : « *Dès lors qu'un associé, de mauvaise foi et avec la volonté de nuire, porte atteinte à l'image et à la crédibilité de l'association, en proférant de graves accusations dont il ne rapporte pas la preuve [...], il abuse de son droit de critique et de contrôle de l'association dont il est membre et cause à celle-ci un préjudice moral qu'il convient de réparer par l'attribution de dommages-intérêts* ».

74. Ex. : Cass. civ. 1re, 16 avr. 1996, *Bull. civ.* I, n° 179 ; *JCP* G 1996.IV.1357. En l'espèce, M. Allard avait été exclu du club de numismatique de Toulouse ; prétendant que cette exclusion avait un caractère abusif, il réclama un franc de dommages-intérêts ; les juges du fond le déboutèrent car il « *ne prouve pas avoir apporté des preuves de ses allégations* ». Cassation : « *En se déterminant ainsi sans rechercher si*

et le principe du contradictoire[75]. Les tribunaux contrôlent ce pouvoir en le modérant ou en en réprimant les abus[76].

Dans les mêmes conditions, les groupements à but désintéressé (associations, syndicats) peuvent appliquer une sanction rigoureuse, l'exclusion[77]. Jamais un groupement de copropriétaires ; si le copropriétaire ne s'acquitte pas de ses contributions ou n'exécute pas ses autres obligations, le syndicat doit exercer les voies d'exécution du droit commun ; il ne peut, *proprio motu*, exproprier le mauvais copropriétaire.

SECTION III
DISSOLUTION

À la différence des personnes physiques qui sont mortelles, une personne morale a une vocation à la perpétuité, d'autant qu'elle peut se transformer sans pour autant disparaître ; elle peut aussi se dissoudre.

447. Transformation. — La transformation d'une personne morale est aujourd'hui fréquente pour permettre au groupement de s'adapter aux changements économiques et sociaux. Selon l'importance de la transformation, elle entraîne ou n'entraîne pas dissolution de la personne morale initiale et création d'un être moral nouveau. Il faut distinguer les changements de nature d'une personne morale de la transformation d'une société sans changement de nature.

Le principe est qu'une personne morale ne peut changer de nature sans disparaître[78] ; par exemple, une association ne peut se transformer pour devenir une société, ce qui lui aurait permis de partager les bénéfices[79]. Les membres de la personne morale qui veulent en changer la nature doivent donc dissoudre le groupement et en constituer un nouveau. Cependant, des lois spéciales permettent le changement de nature de la personne morale dans certaines hypothèses, sans pour autant l'éteindre[80].

Une société peut se transformer : ou en changeant de forme (par exemple, une société à responsabilité limitée devient une société anonyme), ou en se fondant

---

M. Allard avait été régulièrement convoqué devant le bureau de l'association pour y être préalablement entendu [...], le tribunal n'a pas donné de base légale à sa décision ».
75. Cass. civ. 1re, 21 nov. 2006, *Bull. civ.* I, n° 494 ; *JCP* G 2006.IV.3473 : « *chacun des recours intenté par celle-ci* (le membre exclu de l'association) *s'était exercé dans le respect de la contradiction, avec en outre, conformément aux statuts de l'association, l'assistance d'un avocat librement choisi* ».
76. P. HOANG, « La sanction de l'inexécution du contrat-organisation », in *Et. Paul Didier*, Economica, 2008, pp. 205-220 : « *l'exclusion* (d'une société, association mutuelle, syndicat ou coopération) *constitue une mesure qui, à maints égards, est la seule apte à favoriser la pleine efficacité et la correcte exécution du contrat-organisation* (p. 206) [...]. *Mais doivent être respectées les garanties de procédure* (p. 214) *et peut être contrôlé par les tribunaux le bien-fondé de l'exclusion* (p. 218) ».
77. Sur l'exclusion d'un forum d'internet : TGI Paris, 12 déc. 2001, *Attac-talk, D.* 2002.3103, n. crit. Gh. Jeannot-Pagès : « *Le demandeur usait de ce moyen d'expression comme d'une tribune personnelle pour exprimer ses critiques à l'encontre de la direction de l'association et non comme un lieu d'échanges* [...] *et son attitude conduisait à une véritable paralysie du forum de discussion, l'association a pu valablement décider de l'exclure de son forum* ».
78. A. BATTEUR, « Le changement de nature juridique des personnes morales », *LPA* 1992, n° 90.
79. Ex. : Cass. civ. 1re, 22 nov. 1988, *JCP* G 1989.IV.27 ; n.p.B. : « *La personnalité morale d'une association régie par la loi du 1er juillet 1901 ne peut se continuer dans celle d'une société commerciale* » ; en l'espèce, l'association Télé-Freedom faisait des émissions télévisées sans autorisation, avait été traduite en justice, et décida de se dissoudre et de faire reprendre son activité par une SARL ; jugé que la SARL ne pouvait intervenir dans le procès intenté à l'association.
80. Ex. : les groupements cultuels qui avaient la forme de société ont pu, pendant une durée limitée, se transformer en association (L. 8 juill. 1969).

avec une autre, ou en étant absorbée par une autre, ou en étant nationalisée, ou en se scindant.

Le seul fait qu'une société se transforme n'entraîne pas nécessairement sa dissolution [81] : l'ancienne peut survivre sous une nouvelle forme. De l'ancienne à la nouvelle, il n'y a donc ni dévolution ni transmission de biens [82]. Sauf si la modification de la forme s'accompagne de changements radicaux dans l'objet social [83] ou dans la nature juridique du groupement [84]. La question présente surtout un intérêt fiscal – la dissolution d'une société et la création consécutive d'une nouvelle société sont onéreuses – et le droit du travail – la continuation des contrats de travail (C. trav., art. L. 1224-1).

448. Causes de la dissolution. — D'une manière moins fatale que les personnes physiques dont la mort est inéluctable, les personnes morales peuvent disparaître. La dissolution est statutaire lorsque le temps pour lequel le groupement avait été prévu est expiré. Elle est volontaire lorsque les organes du groupement le décident. Elle est imposée lorsqu'elle n'a plus de membres [85] ou que la mésentente entre ses membres en empêche le fonctionnement ; elle est alors prononcée par les tribunaux « *pour justes motifs* » [86] (art. 1844-7, 5°, L. 4 janv. 1978 ; le texte a pour objet les sociétés, mais a une portée générale) [87] ; elle peut aussi être administrative (ex. : L. 10 janv. 1936, sur les groupes de combat ; L. 1er juill. 1972 sur les associations

---

81. Ex. : pour les sociétés : art. 1844-3 : « *La transformation régulière d'une société en une société d'une autre forme n'entraîne pas la création d'une personne morale nouvelle* ». Cf. aussi L. 24 juill. 1966 sur les sociétés commerciales, art. 5, al. 1 (aujourd'hui, C. com., art. L. 210-6, al. 1).
82. L. Aynès, *La cession de contrat*, th., Paris II, Economica, 1984, n° 204. Comp. Cass. com., 7 mars 1972, *JCP* G 1972.II.17270, n. Y. Guyon ; n.p.B. ; jugé que l'article 1690, relatif à la cession de créance « *n'a pas d'application lorsque, à la suite d'une fusion de sociétés, la société absorbante vient activement et passivement aux lieu et place de la société absorbée* ». Toutefois, Cass. com., 19 avr. 1972, *Bull. civ.* IV, n° 115 ; *D.* 1972.538, n. D. Schmidt qualifie la société nouvelle de « *successeur aux biens de la première* ».
83. Ex. : Cass. com., 2 juill. 1979, *Bull. civ.* IV, n° 220 ; *Rev. sociétés* 1980.769, n. D. Randoux : « *Le tribunal [...] ayant retenu [...] la création d'une personne morale nouvelle par transfert du siège social, augmentation du nombre des actionnaires et modification de l'objet social et de l'étendue d'activité* » a donné une base légale à sa décision de valider un avis de mise en recouvrement (c'est-à-dire une mesure de poursuites) émis par l'administration des impôts qui y avait vu une mutation sujette à imposition.
Biblio. : F. Bénac-Schmidt, « Essai sur la notion "d'être moral nouveau" ; Réflexions sur un aspect fiscal », *D.* 1992, chr. 37.
84. Ex. : Cass. soc., 1er déc. 1993, *Bull. civ.* V, n° 295 : « *Lorsqu'un service public administratif disparaît, la reprise de son activité par un organisme de droit privé n'entraîne pas le transfert d'une entité économique conservant son identité* ». En l'espèce, l'*Opéra du Nord* était un établissement public à caractère administratif ; il a été dissout et l'association *Opéra de Lille* a été créée pour assurer le fonctionnement du théâtre ; jugé que les contrats de travail conclus avec l'*Opéra du Nord* ne continuaient pas de plein droit avec l'association *Opéra de Lille*.
85. La personnalité morale subsiste le groupement est réduit à un seul membre : Cass. civ., 23 mai 1849, *DP* 1849.I.161 : « *Une congrégation religieuse, régulièrement autorisée, peut continuer à subsister comme être moral, bien qu'il ne reste qu'une seule des personnes qui en faisaient partie* ».
86. Ex. : la mésintelligence entre les associés (ou les sociétaires). Mais Cass. com., 13 juill. 1984, *Bull. civ.* IV, n° 210 : il est nécessaire que « *la mésentente grave entre les associés (fasse) obstacle au fonctionnement normal de la société et la* (mette) *en péril* » ; v. aussi art. 1844-5, al. 1 : « *La réunion de toutes les parts sociales en une seule main n'entraîne pas la dissolution de plein droit de la société. Tout intéressé peut demander cette dissolution si la situation n'a pas été régularisée dans le délai d'un an. Le tribunal peut accorder à la société un délai maximal de six mois pour régulariser la situation. Il ne peut prononcer la dissolution si, au jour où il statue sur le fond, cette régularisation a eu lieu* ». Comp. pour les sociétés anonymes C. com., art. L. 225-247.
87. Cass. civ. 1re, 13 mars 2007, *JCP* G 2007.II.10105, n. Fl. Deboissy et G. Wicker ; n.p.B. : « *l'existence de justes motifs permettant de prononcer la dissolution de l'association* ».

racistes, antisémites et xénophobes ; L. 9 sept. 1986, sur les associations provoquant des actes terroristes ou bien des désordres [88]).

La procédure collective frappant une société n'entraîne sa dissolution que lorsqu'il y a liquidation judiciaire (art. 1844-7, 7°).

449. Survie pendant la liquidation. — Rationnellement, la dissolution de la personne morale devrait entraîner sa disparition, et par conséquent, la mise immédiate en indivision de ses biens, qui tomberaient dans les patrimoines personnels des membres du groupement dissous. Cette conséquence est si peu opportune que conformément à la jurisprudence antérieure [89], la loi admet la survie de la personne morale, mais seulement pour les besoins de la liquidation : sociétés (art. 1844-8, al. 3) ; la règle est appliquée par la jurisprudence aux associations [90].

La liquidation [91] met au clair la situation financière du groupement, en évaluant l'actif et le passif puis en calculant les droits de chaque membre de la personne morale. La société survivante peut, pendant sa liquidation, être assignée à son siège social [92], ester en justice [93], exécuter et conclure des contrats, être mise en « faillite » ; surtout, son patrimoine social demeure affecté aux créanciers sociaux (c'est-à-dire les créanciers de la personne morale) qui n'auront pas à craindre la concurrence des créanciers personnels des membres du groupement. Cette survie est limitée aux besoins de la liquidation [94]. La loi a voulu la faire disparaître lorsqu'a été publiée « *la clôture de la liquidation* », c'est-à-dire lorsqu'a été rayée au registre du commerce et des sociétés l'immatriculation initiale [95]. Si la liquidation n'a pas été achevée à cette date, les créanciers

---

88. Ex. pour une association sportive (C. sports, art. L. 332-18) : CE, 25 juill. 2008, *Ass. nouv. des Boulogne Boys*, *JCP* G 2008.IV.2567 : « *il ressort des rapports de police [...] que les membres de l'association [...] ont commis, en réunion, en relation ou à l'occasion de rencontres sportives, des actes répétés de dégradation de biens, de violence sur des personnes ou d'incitation à la haine ou à la discrimination* » ; jugé qu'en prononçant la dissolution de l'association, le ministre des sports « *n'a pas porté une atteinte disproportionnée à la liberté d'association au regard des motifs d'intérêt général qui justifiaient cette mesure* ».
89. Cass. civ., 12 févr. 1890, *DP* 1890.I.204 ; *S*. 1891.I.231 : « *Si, par une fiction nécessaire, une société dissoute est réputée existante jusqu'à son entière liquidation, cette règle ne s'applique que dans la mesure où elle est exigée pour conserver les droits des tiers et faciliter les opérations de la liquidation ; les associés n'en sont pas moins, dans leurs rapports entre eux, copropriétaires des biens appartenant à la société dissoute, quoique non encore liquidée* ».
90. Jurisprudence constante ; ex. : Cass. civ. 1re, 13 mars 2007, cité *supra*, note 87 : « *Une association dissoute conserve la personnalité morale et le droit d'ester en justice pour les besoins de sa liquidation* ».
91. **Étymologie** de liquidité : du latin *liquidus, a, um* = clair, lui-même dérivé de *liquor, i* = s'écouler.
92. Req., 16 août 1880, *DP* 1882.I.80 : « *une société dissoute par le décès d'un des associés continue d'exister pour les besoins de la liquidation [...] ; l'assignation qui a été donnée à la société au siège social est, en conséquence, régulière, alors même qu'elle n'aurait pas été donnée nominativement à la personne du liquidateur* ».
93. Ex. : Cass. civ. 2e, 3 janv. 1985, *Bull. civ.* II, n° 2 ; en l'espèce, le SAC (service d'action civique : une association politique) avait agi en diffamation contre TF 1 (une chaîne de télévision) ; en cause d'appel, le gouvernement avait dissout le SAC, et en conséquence la cour d'appel l'avait déclaré irrecevable à agir en justice : « *L'association n'a plus d'existence et a perdu, avec sa personnalité, le droit d'ester en justice* ». Cassation : « *Une association dissoute conserve la personnalité morale et le droit d'ester en justice pour les besoins de sa liquidation* ».
94. Ex. : Cass. com., 21 juill. 1983, *Bull. civ.* IV, n° 235 : « *Les actionnaires d'une société dissoute ne pouvaient, alors que cette société était en liquidation, prendre une décision qui ne se rattachait pas aux opérations que commandait cette liquidation* ». En l'espèce, après la dissolution de la société, l'assemblée générale avait voté une indemnité à son ancien dirigeant, en raison de son dévouement bénévole ; jugé que cette résolution était nulle.
95. J. HONORAT, « L'art. 1844-8, C. civ., et la fin de la personnalité morale des sociétés », *Defrénois* 1981, art. 32754, p. 1345-1369.

peuvent encore agir, soit contre la société [96] (la personne morale continue à exister), soit, indéfiniment ou à concurrence de leur apport, selon le type de la société, contre les anciens associés, individuellement poursuivis [97] (la personne morale n'existe plus).

450. Dévolution et partage. — La liquidation achevée, il faut procéder à la dévolution des biens appartenant à la personne morale puisqu'elle a disparu. À qui vont-ils être transmis ? Apparaît ici une différence importante entre les personnes morales et les personnes physiques. Quand celles-ci meurent, leurs biens sont dévolus à leurs héritiers qui, en général, sont des membres de leur famille. Rien de tel n'est possible ici : la personne morale n'a pas de famille et donc pas d'héritiers. La dévolution est différente selon le type juridique de la personne morale et il faut distinguer les sociétés, les associations et les fondations.

Puisqu'une société a un objet intéressé, ses biens sont dévolus aux associés. Chacun reprend son apport ; les capitaux subsistants (ce que l'on appelle le « boni de liquidation ») doivent être partagés « *entre les associés dans les mêmes proportions que leur participation au capital social* » (C. com., art. L. 237-29) [98]. Lorsqu'il y a fusion ou scission, les sociétés qui disparaissent sont dissoutes sans liquidation et leur patrimoine est dévolu aux sociétés bénéficiaires [99] : cette transmission universelle ressemble à la transmission successorale des personnes physiques.

Au contraire, pour une association désintéressée, lorsqu'elle est dissoute, ses biens ne doivent pas être attribués aux sociétaires [100] mais dévolus, conformément aux statuts, à une association similaire [101], ce qui risque de reconstituer la main-morte ; les sociétaires ont le droit de reprendre leurs apports, sauf clause contraire des statuts [102]. La dévolution des biens appartenant à une fondation dissoute dépend de la volonté originaire du fondateur ; selon les cas, ils sont transmis à une œuvre analogue (ce qui est l'hypothèse la plus courante) ou aux héritiers du fondateur.

Nos 451-491 réservés.

---

96. Ex. : Cass. com., 30 mai 1978, *Bull. civ.* IV, n° 156 ; *JCP* G 1978.II.19087, n. Y. Guyon ; *Rev. sociétés*, 1979.361, n. Bousquet : « *La personnalité morale d'une société subsiste aussi longtemps que les droits et les obligations à caractère social ne sont pas liquidés* ».

97. Ex. : Cass. civ., 9 févr. 1864, *DP* 1864.I.72 : « *... Lorsque la société est mise en liquidation, aucune fraction de ce gage* (le capital social) *ne peut être distraite de sa destination ; ainsi, les commanditaires qui se seraient répartis l'actif social avant le paiement intégral du passif sont obligés, ou de rétablir dans la caisse sociale ce qu'ils en ont prématurément retiré ou de subir chacun pour le tout, jusqu'à concurrence de la somme qu'il a indûment retirée, l'action des créanciers* ».

98. **Biblio.** : M. JEANTIN, « La transmission universelle du patrimoine d'une société », *Ét. J. Derruppé*, 1991, p. 287.

99. C. com., art. L. 236-3, al. 1 : « *La fusion ou la scission entraîne la dissolution sans liquidation des sociétés qui disparaissent et la transmission universelle de leur patrimoine aux sociétés bénéficiaires, dans l'état où il se trouve à la date de réalisation définitive de l'opération* ».

100. Ex. d'un montage prohibé : Cass. civ. 1re, 17 oct. 1978, *sté Repal*, *Bull. civ.* I, n° 301 ; *Rev. sociétés*, 1979.565, n. R. Plaisant : « *Vu l'article 15, D. 16 août 1901 ; il résulte de ce texte que lorsque l'assemblée générale d'une association est appelée à se prononcer sur la dévolution des biens, elle ne peut, quelles que soient les dispositions statutaires, et conformément à l'article 1, L. 1er juillet 1901, attribuer aux associés, en dehors de la reprise de leurs apports personnels, une part quelconque des biens de l'association* » ; en l'espèce, la sté Repal avait, à la veille de l'indépendance de l'Algérie, apporté un capital de 5 millions de F. à une association qui avait pour objet de garantir l'indemnisation de son personnel rapatrié ; la sté R. ayant payé ces indemnités, ce fonds de garantie est resté inutilisé : l'association décida de se dissoudre, d'exclure la reprise de son apport par la sté R. et de l'attribuer à un associé (l'association du personnel) ; cassation de l'arrêt qui l'avait admis.

101. Statuts types des associations reconnues d'utilité publique, art. 19 : ces associations doivent attribuer leur actif net « *à un ou plusieurs établissements analogues, publics ou reconnus d'utilité publique, ou à des établissements visés dorénavant par l'article 35, L. 14 janvier 1983* », c'est-à-dire les établissements de bienfaisance.

102. **Biblio.** : X. MEYER, « La dévolution des biens d'une association », *Defrénois* 1996, art. 36261. Généralement, par interprétation des statuts, il est admis que cette clause ne constitue pas une clause résolutoire, qui aurait impliqué rétroactivité et inaliénabilité : Cass. civ. 1re, 27 juin 2000, *Defrénois* 2000, art. 37250, n. R. Crône.

DEUXIÈME PARTIE
PERSONNES PROTÉGÉES

PREMIÈRES VUES
SUR LES PERSONNES PROTÉGÉES

492. Incapacités et protection de la personne. — Au droit traditionnel des « incapacités » s'est depuis une quarantaine d'années substitué celui des « personnes protégées ». Pendant des millénaires – depuis le droit romain –, lorsque les facultés d'une personne étaient insuffisantes ou diminuées par l'âge ou la maladie, le droit la déclarait incapable en limitant sa liberté d'action et en la soumettons à une représentation ou à une assistance par un tiers (tutelle ou curatelle). Cette incapacité a toujours été et reste exceptionnelle : la capacité [1] est la règle, comme l'énonce un texte fondamental du Code civil, l'article 1123 : « *toute personne peut contracter, si elle n'en est pas déclarée incapable par la loi* ».

Depuis les lois du 3 janvier 1968 et 5 mars 2007, le législateur a presque toujours remplacé le mot d'« incapacité » jugé humiliant [2] par ceux de « personne protégée », changement qui ne présente d'intérêt que pour les majeurs dont certains désormais sont protégés sans pourtant être incapables (sauvegarde de justice, mandat de protection future et les divers accompagnements sociaux intervenant en cas de détresse sociale ou financière de la personne sans altération de ses facultés : « accompagnement social personnalisé » et « mesures d'accompagnement judiciaire »).

Il existe aussi des mesures de protection occasionnelles. Par exemple, la nullité des actes juridiques où un contractant n'est pas sain d'esprit (art. 414-1 et 901) ou bien la législation protectrice du consommateur [3]. Avec d'autres procédés, le droit contemporain (droit pénal, social et hospitalier) protège aussi les personnes vulnérables [4] (surtout les majeurs), dont la définition est différente, parce que plus concrète et circonstanciée.

---

1. **Étymologie** de capacité : du latin *capacitas, atis* = faculté de contenir, qui a une certaine contenance, lui-même dérivé du verbe *capio, ere* = tenir, contenir ; **Biblio** : J. MASSIP, *Les incapacités (étude technique et pratique)*, préf. J. Carbonnier, éd. Defrénois, 2002 ; la préface des incapables majeurs est reproduite dans J. CARBONNIER, *Écrits*, PUF, 2008, 64 ; M. BAUER et Th. FOSSIER, *Les tutelles. Protection juridique et sociale des enfants et des adultes*, éd. ESF, 1999.
2. *Infra*, n° 683 ; comp. A. M. LEROYER, « Les incapacités », in *Pour une réforme du droit des contrats*, dir. Fr. Terré, Dalloz, 2008, p. 178, sp. p. 180 : « *L'atteinte aux facultés personnelles est le critère qui permet de distinguer l'incapacité d'autres notions voisines comme les mesures d'accompagnement social ou de surendettement qui supposent une détresse sociale ou financière, mais sans atteinte des facultés personnelles* ».
3. *Droit des obligations*, coll. droit civil.
4. **Étymologie** de vulnérable ; du latin *vulnus, eris* = blessure ; *cf.* l'inscription qu'on trouve sur les horloges anciennes ou de nombreux cadrans solaires : « *vulnerant omnes ultima necat* » : toutes les

493. L'honneur du droit. — Derrière le mot d'incapacité se profile la faiblesse humaine avec ses diverses facettes : l'enfant, le vieillard, le malade, l'handicapé, l'idiot, le pauvre type, le fou, l'exclu social, le clochard, le surendetté, l'alcoolique, le drogué, etc. Aussi, dans le droit des incapacités y a-t-il de puissants et nobles sentiments : la solidarité et la miséricorde, la pitié, l'entraide et l'amour, la compassion et le combat contre la cupidité, contre l'exploitation de la faiblesse d'autrui, contre la domination des puissants et contre la déchéance de ceux qui sont fragiles. Le droit des incapacités, malgré les apparences, n'est ni une pure technique, ni une recette de petits fonctionnaires ou d'activistes de la charité. Il a un souffle immense : l'amour du faible, du petit et de celui que la vie a broyé. Il est l'honneur du droit. Mais il se heurte à la sécurité des transactions, une exigence nécessaire au commerce. Il n'est pas aimé des commerçants ; les notaires s'en méfient ; quant aux banques, de la même manière qu'elles ne tiennent aucun compte du régime matrimonial de leurs clients, elles ignorent les incapacités [5] : elles ne connaissent d'autres lois que la leur. Souvent aussi, les protecteurs des incapables font des personnes protégées leur fonds de commerce ; de la même manière que dans beaucoup d'associations dites caritatives [6], l'humanitarisme, le dévouement et la charité sont souvent de jolis masques pour dissimuler la rapacité. Le droit des incapacités doit ainsi établir un difficile équilibre entre la protection des faibles, le respect de la dignité humaine et la sécurité du commerce : selon la conjoncture, il penche d'un côté ou d'un autre.

Peu à peu, il s'intègre au monde des affaires ; ainsi, selon la loi de 2007 lorsque la curatelle ou la tutelle d'un majeur n'est pas conférée à la famille, sa protection est assurée par des professionnels rémunérés, dénommés « mandataires judiciaires à la protection des majeurs ».

Le contentieux ne fait généralement apparaître que des conflits d'intérêts, qui ne doivent (ou ne devraient) pas être réglés par des sentiments. Si l'orphelin est avec la veuve celui qui fait battre le cœur des juges et de nombreux avocats, il n'a pas toujours, en fait, le beau rôle. S'il est parfois (rarement) exploité par son tuteur, l'inverse (plus rarement) est aussi vrai. Si le vieillard misérable est parfois (assez souvent) exploité par des aigrefins, il est de temps à autre un alcoolique qui cherche à boire aux frais des autres. La liste pourrait indéfiniment continuer ; dans toutes les situations humaines, il y a des héros et des canailles ; dans toute règle, il y a des effets bénéfiques et des effets pervers. Le romantisme, notamment juridique, est ici comme ailleurs un mauvais système, imprévisible, instable et injuste.

494. La règle et l'exception. — Le principe en droit français est que la capacité est la règle, l'incapacité l'exception : « *Tout Français jouira de ses droits civils* » (art. 8). Cette règle est reprise par des dispositions satellites : contrats (art. 1123), libéralités (art. 902) et vente (art. 1594).

Le principe paraît traduire une évidence. Pourtant longtemps, ce fut pourtant le contraire qui a été la règle. Dans les droits anciens, la personnalité était « *un privilège n'existant qu'à certaines*

---

heures nous blessent, la dernière nous tue, ce qui s'applique surtout à la vieillesse. La notion de personne vulnérable a son origine dans le droit pénal, où elle constitue une circonstance aggravante à de nombreuses incriminations : elle est mal définie ; elle traduit une faiblesse aux causes multiples (l'art. 223-15-2 du Code pénal en énumère quelques unes : l'âge, la maladie, l'infirmité, etc.). Se référant à la vulnérabilité, deux récents arrêts de la CEDH élargissent le droit des incapacités : 7 juill. 2009, *Stagno c. Belgique*, JCP G 2010, acte 135, n° 5, n. M. Aznavant : est contraire à la Convention EDH la prescription extinctive lorsqu'elle prive des mineurs devenus majeurs de la possibilité de défendre leurs droits ; 16 juill. 2009, *Zehenter c. Autriche*, *ib.* : le fait pour un majeur d'être affecté d'une psychose paranoïaque l'empêche de se défendre et les décisions judiciaires prises à son encontre doivent être privées d'effets.

5. *Infra*, n° 614 et la note.
6. *Supra*, n° 393.

conditions »[7]. Par exemple, à Rome, la plénitude de la personnalité et de la capacité n'était reconnue par la loi qu'à une petite minorité d'individus, les chefs de famille (les *sui juris*), citoyens et libres. De même, dans l'Ancien droit, les incapacités étaient nombreuses ; à côté des incapables traditionnels – mineurs, fous, « surâgés », « langoureux », prodigues et femmes –, la capacité des individus dans cette société inégalitaire dépendait aussi de leur condition qui était inégale : prêtre, moine, juif, protestant, bâtard, serf et lépreux avaient, à des degrés divers, leur capacité diminuée. La Révolution française a supprimé ces inégalités : l'égalité civile est devenue le principe, l'incapacité l'exception [8].

L'incapacité est de droit étroit et doit s'interpréter restrictivement. Ce qui ne signifie pas que l'interprétation des textes énonçant une incapacité doit être littérale. Au contraire, au fur et à mesure que vieillissait le Code Napoléon, la jurisprudence avait largement interprété certaines de ses dispositions ; notamment, l'incapacité du prodigue (un des majeurs déclarés incapables en 1804 qui a cessé de l'être par l'effet de la loi de 2007) avait été, dans une grande mesure, gouvernée par des règles jurisprudentielles.

Ce pouvoir prétorien des tribunaux a été affecté par des réformes législatives importantes. Le régime des incapacités a été d'abord modifié par deux lois (14 déc. 1964, pour les mineurs, et 3 janv. 1968, pour les majeurs protégés). Généralement, une loi nouvelle fait, pendant les premiers temps de son application, l'objet d'une interprétation littérale. Cependant, certains de ces nouveaux textes avaient énoncé des principes si généraux (ex. : art. 393) qu'ils avaient été susceptibles de plusieurs sens, comme, une quarantaine d'années plus tard, la loi du 5 mars 2007 [9].

D'autres textes ont fait appel à des techniques extrajuridiques ; ainsi l'usage peut être le germe d'une capacité étendue pour le mineur (art. 389-3, al. 1, et 408, al. 1) ; à l'inverse, une simple déclaration médicale peut restreindre la capacité du majeur (art. 491-1). En outre, le statut des majeurs protégés a une vaste diversité qui confère au juge un pouvoir d'appréciation (de fait, plus que de droit).

495. Évolution : la famille et l'État. — Le droit des incapacités a, au fur et à mesure de son histoire, progressivement changé ses perspectives et ses moyens. Désormais à la différence de l'Ancien droit et du Code Napoléon, il protège plus l'incapable que ses successibles. Parfois, comme l'a fait la loi de 2007, pour intégrer les exclus sociaux dans la société, il fait intervenir selon des modalités variables la famille, l'État et les professionnels de la gestion. Surtout, dans un monde vieillissant, il est dominé par le grand nombre, l'immense peuple des majeurs protégés, qui devient un poids de plus en plus lourd pour les familles et la société.

Pendant des millénaires, la protection de l'incapable a été assurée par la famille, peu à peu partiellement remplacée par l'Église et ensuite par l'État puis maintenant, partiellement aussi, par des professionnels. Les causes de cette évolution ont été multiples : le prolongement de la durée de la vie humaine ; l'exode massif des populations avec pour conséquence l'accroissement des familles dispersées ; l'afflux de la main-d'œuvre étrangère et l'exode rural. Le développement des villes a entraîné aussi un nouvel art de vivre et de nouveaux dangers pour les incapables, les exclus sociaux, les marginaux et les drogués. En même temps, la famille a été en crise : divorce, séparation de fait, augmentation des enfants hors mariage, multiplication des familles recomposées.

La famille continue cependant, mais avec difficultés, à être le mode naturel de protection des incapables, plus pour les mineurs que pour les majeurs. C'est la famille étroite – le père, la mère,

---

7. P.-F. GIRARD, *Manuel élémentaire de droit romain*, 8ᵉ éd., par F. SENN, Rousseau, 1929, p. 101 ; P. OURLIAC et J. de MALAFOSSE, *Histoire du droit privé*, t. III, PUF, 1968, p. 86.
8. J.-Ph. LÉVY et A. CASTALDO, *Histoire du droit civil*, Dalloz, 2002, nᵒˢ 172 s.
9. Ph. MALAURIE « La réforme de la protection juridique des majeurs », *Défrénois* 2007, 557 s. ; Th. FOSSIER, « La réforme de la protection des majeurs », *JCP* G 2007.I.118.

le conjoint et les enfants. S'accroît aussi le rôle du juge – civil et pénal – et des autorités administratives. En outre, apparaissent d'autres pouvoirs – celui des médecins lorsqu'il s'agit des majeurs – et pour les majeurs celui des professionnels de la protection extérieurs à la famille, des associations tutélaires et de certains membres du personnel hospitalier que la loi de 2007 entend soumettre à une formation professionnelle et à un agrément administratif. Les établissements financiers et les banques exercent aussi un rôle nouveau et croissant dans la gestion des valeurs mobilières appartenant aux incapables ; ils les gèrent comme toute autre espèce de patrimoine, sans esprit familial, ni tutélaire. Le système des *trusts* d'orphelins que connaît la *Common Law* est différent.

496. Une protection nécessaire. — Chaque fois que sur le territoire français un incapable – français ou étranger – se trouve en danger ou qu'il y a urgence, une protection lui est due par les services publics français de protection des incapables [10] ; cette protection est provisoire et cesse lorsque les institutions familiales peuvent remplir leur office.

497. Réforme de 2007 ; critiques du passé. — Dans l'Ancien droit, comme dans le Code Napoléon, le droit des incapacités avait surtout pour objet de protéger les biens de l'incapable, afin, selon l'expression connue, de « conserver les biens dans les familles ». Il était aussi dominé par les idées simples et les fortes structures qui fondaient alors le droit de la famille ; en outre, la loi était sobre : moins elle en disait, le mieux c'était. Lorsqu'il s'agissait des majeurs, la médecine, même celle des aliénés, n'était pas non plus très compliquée. Enfin, la durée de la vie humaine était beaucoup plus brève qu'elle ne l'est aujourd'hui. Un grand nombre de ces traits avait disparu en 1964-1968.

Les lois de 1964-1968 rédigées par Jean Carbonnier avaient profondément réformé la matière, afin de ne plus seulement protéger les biens mais aussi la personne de l'incapable, d'adapter le droit des incapacités aux transformations de la famille – notamment son pluralisme – et, lorsqu'il s'agissait des adultes, de tenir compte de deux grands phénomènes, l'évolution de la médecine psychiatrique et, plus encore, le prolongement de la durée de la vie humaine. Dans son style, la loi conservait l'élégance et la sobriété de 1804, sauf, parfois, une recherche de l'euphémisme pour les majeurs, faisant par exemple disparaître le mot d'incapacité jugé humiliant : les majeurs incapables (les aliénés et les prodigues, ou, pour prendre le langage de 1804, les majeurs interdits et ceux qui étaient soumis à un conseil judiciaire) devenant les majeurs protégés.

Cette législation a longtemps passé pour un modèle. Depuis près de trente ans, elle est devenue contestée, surtout lorsqu'il s'agit des majeurs, avec de nombreux griefs pas toujours convaincants.

Celui qui a été le plus souvent invoqué, aujourd'hui encore plus saisissant qu'en 1968, est le vieillissement de la population tenant au prolongement de la durée de la vie humaine. Les majeurs ayant besoin d'être protégés ne sont plus tellement comme naguère les aliénés, mais de plus en plus les vieillards et leur nombre augmente rapidement : en 2007, près de 900 000, soit près d'1 % de la population – plus du double de la décennie antérieure avec un taux de croissance annuelle de 8 % – ; un adulte sur 80 est placé sous un régime de protection juridique (une famille sur quatre) ; en 2010, ils sont plus d'un million. Pour très important qu'il soit à beaucoup d'égards, le phénomène ne justifiait pas une réforme du doit civil, mais seulement une augmentation des moyens (maisons de retraite, juges des tutelles, tuteurs ou curateurs professionnels de la protection étrangers à la famille).

S'est ajoutée une autre augmentation, celle des exclus sociaux, ceux qui sont marginalisés, à l'écart du mode de vie dominant : les pauvres et les misérables, SDF, chômeurs, alcooliques, drogués etc... La dépendance de ces handicapés sociaux est d'une tout autre nature que celle causée par l'altération des facultés : il ne s'agit plus de protéger un incapable, mais d'aider un

---

10. Ex. : Cass. civ. 1re, 6 févr. 2001, *Bull. civ.* I, n° 23 ; *Defrénois* 2001, art. 37394, n° 65, obs. J. Massip ; *RTD civ.* 2001.853, obs. J. Hauser : « *Vu les articles 1, 2, 8, 13, alinéa 1 de la Convention de La Haye du 5 octobre 1961 concernant la compétence des autorités et de la loi applicable en matière de protection des mineurs* [...] ; *il* (le TGI) *tenait de la Convention susvisée le pouvoir de prendre des mesures de protection prévues par la loi française de la résidence habituelle du mineur pouvant conduire à l'organisation de la tutelle* ».

exclu, de l'« accompagner » [11] en l'éduquant pour qu'il puisse mieux participer à la vie sociale. Le droit des incapacités n'est pas fait pour eux. En outre, dans son application, la loi de 1968 avait permis à une même personne (généralement une association tutélaire telle que l'UDAF) d'être à la fois tuteur aux prestations sociales et tuteur de droit civil, les prestations sociales servant alors à rémunérer le tuteur de droit civil, ce qui les détournait de leur fin ; la jurisprudence avait ainsi pratiqué la confusion des genres, parfois qualifiée sans indulgence de « dévoiement » – un grief souvent répété de détournement des deniers publics.

Une autre critique, également récurrente et aussi peu fondée, a été adressée à la législation de 1964-1968, lui reprochant de s'intéresser plus aux biens qu'à la personne, n'étant pas, de plus, suffisamment attentive aux libertés et aux droits de la personne protégée, qui subit trop de maltraitances.

Et puis, la protection coûtait de plus en plus cher à la nation, parce qu'elle était mal organisée et parfois détournée de son objet (sans compter l'augmentation de la demande tenant à l'accroissement du nombre des vieux).

Et puis aussi, il y a les malversations et les incuries dont souffrent beaucoup de patrimoines des personnes protégées à cause de la malhonnêteté et surtout de l'incompétence de nombreux administrateurs des biens des incapables, surtout lorsqu'ils sont extérieurs à la famille.

Et puis encore, le foisonnement des idées contemporaines. D'abord, celles qu'inspirent la Convention européenne de droits de l'homme et la Cour de Strasbourg : le respect de la dignité de la personne (surtout lorsqu'elle est mentalement diminuée) et le « procès équitable ». Il y a également l'air du temps : le recours au juge devrait être le plus possible évité, la protection devrait pouvoir être dissociée de l'incapacité ; la liberté – ici comme ailleurs – est exaltée ; le majeur diminué devrait pouvoir vivre comme il lui plaît et aussi organiser lui-même sa protection.

Et puis encore, encore, pour toutes sortes de raisons le langage législatif ne goûte plus le classicisme et la concision – il aime au contraire le rappel des grands principes surtout les plus évidents, en énonçant les idées qui plaisent à notre temps, mais sans portée normative.

Enfin, l'exemple de nombreux pays étrangers, qui nous sont par la culture très proches : l'Allemagne, l'Angleterre, le Danemark, l'Italie, l'Espagne, la Suisse et surtout le Québec. Depuis 1990, ils ont tous modifié leur droit de l'incapacité, surtout celui des majeurs, en essayant de mieux prendre en compte le particularisme de chaque majeur et en prévoyant la possibilité pour chacun d'organiser sa protection future lorsqu'il est encore capable.

498. Vue schématique de la réforme. — La loi du 5 mars 2007 a pour objet la protection juridique des majeurs, et a aussi plusieurs incidences sur celle des mineurs. Elle a pris le parti de procéder à une réforme d'ensemble, et non, comme elle l'a fait en 2006 pour les successions et les libéralités de se limiter aux ajustements nécessaires sans recomposer l'ensemble. Elle a été longuement (dix ans) et soigneusement préparée, consultant la plupart des milieux intéressés. Elle a distingué l'aspect juridique (la protection proprement dite, partie du droit civil et dont l'application relève des juges des tutelles) et social (l'accompagnement des exclus sociaux, partie du droit de l'aide sociale et dont l'application relève des autorités sociales organisées par le Conseil général des départements) et adopté un grand nombre de réformes d'importance inégale, parfois très originales : prévoir le statut et la formation professionnelle des mandataires judiciaires à la protection des majeurs (cette lourde expression désignant les personnes extérieures à la famille protégeant ou accompagnant les majeurs, remplaçant les tutelles et curatelles d'État, les gérances de tutelle et les tutelles aux prestations sociales du droit énoncé par la loi de 1968) ; imposer autant qu'il est possible l'audition de la personne protégée dans toutes les procédures tendant à une protection ; permettre la présence d'un avocat ou d'un tiers quelconque ; développer les expertises médico-sociales ; surveiller les comptes en banque de la personne, autant que son logement ; rendre transparentes les redditions de compte ; contrôler avec vigilance le monde de ceux qui protègent le majeur (juges des tutelles, curateurs, tuteurs et mandataires judiciaires, préposés des hôpitaux et des maisons de retraite chargés de la protection des majeurs qui leur sont confiés, banques, conjoints et pacsés, etc.), rendre temporaires les mesures de protection, multiplier les formations professionnelles, cesser de faire de la prodigalité une incapacité, associer le majeur à sa protection, notamment avec le mandat de protection future présenté comme la réforme phare.

---

11. **Étymologie** d'accompagnement : du latin *comes, itis* = compagnon, lui-même dérivé de *panis, is* = pain ; le compagnon était le soldat qui partageait avec son camarade la même ration de pain : le copain, d'où le compagnon.

499. Appréciation : le contre. — En général, la loi a été bien accueillie et le garde des Sceaux d'alors s'en était félicité ; il en avait même fait « *une des grandes lois du nouveau siècle* ».

D'autres ont été réservés, parfois hostiles, regrettant que le législateur ait entièrement refait la loi de 1968, alors que quelques réformes auraient suffi.

Pour toutes sortes de raisons dont voici les principales : les illusions du législateur sur la liberté que doit le plus possible avoir le majeur protégé [12], son manque de souffle, son indifférence à l'histoire, sa langue sans élégance, son style, sa lourdeur, sa surjuridicisation et son coût.

Elle étend le plus possible la liberté des majeurs protégés afin d'assurer leur dignité malgré les épreuves qui les frappent – une admirable ambition qui peut se révéler malheureuse. Toute protection d'un majeur entraîne nécessairement une limite à sa liberté. La vraie dignité de la personne est de l'accepter telle qu'elle est, sans en ignorer les faiblesses, en la défendant contre elle-même et les tiers.

En outre, la loi est compliquée, et manque de souffle.

Voulant tout simplifier, il lui arrive de compliquer ce qui est simple. Ainsi, distinguant les règles communes à la curatelle et à la tutelle des règles qui sont spéciales l'une et à l'autre, elle tombe dans l'embrouille, car dans les règles spéciales, il y a des règles communes et dans les règles communes il y a des règles spéciales. Par exemple, les règles spéciales à la curatelle (art. 467-472) renvoient à la tutelle quand il s'agit de la curatelle renforcée (art. 472, al. 3), les règles prétendument communes à la curatelle et à la tutelle sur la protection de la personne distinguent les cas où l'assistance suffit (c'est-à-dire une curatelle) d'autres où il faut une représentation (c'est-à-dire une tutelle), ajoutant que lorsqu'il y a danger et urgence « *la personne chargée de la protection du majeur* » (c'est-à-dire le curateur ou le tuteur) peut prendre seule les décisions nécessaires, sauf s'il y a atteinte à l'intégrité corporelle, encore que, parfois, l'intervention du « *représentant légal* » puisse les permettre. Ces articles 459 et 459-1 ne sont pas des modèles de clarté : la règle comporte des exceptions, écartées par d'autres exceptions, elles-mêmes limitées par une exception, qui elle aussi peut comporter une exception : un labyrinthe !

Elle manque aussi de souffle, s'arrêtant à mi-chemin et n'adoptant que des demi-mesures faisant par exemple du mandataire de protection future un mandataire de semi-protection et de protection illusoire. En outre, voulant tout dire, elle accumule les détails.

Alors que la loi de 1968, en réformant profondément le droit des majeurs protégés, avait toujours été attachée à notre histoire, celle de 2007 l'ignore ; par exemple, la curatelle était depuis toujours (en tout cas depuis Rome) un dérivé de la tutelle ; au contraire, la loi de 2007, au nom du principe de subsidiarité, renverse l'ordre traditionnel, la curatelle passant avant la tutelle ; mais est pourtant maintenue l'expression de « juge des tutelles » (non des curatelles) et les pouvoirs de la personne en curatelle sont définis par référence à la tutelle [13] : dans le tréfonds des mentalités collectives et même dans la technique juridique, la tutelle demeure le modèle de la protection des majeurs. On ne se débarrasse pas facilement de l'histoire.

On aurait pu trouver plus court, plus léger et plus exact que la pesante expression « mandataire judiciaire à la protection des majeurs » ou que les « mesures d'accompagnement judiciaire » ou, pire, les « mesures d'accompagnement social personnalisé ». C'est du chinois, et le petit monde d'initiés parle même le super chinois des sigles : MAJ, MASP, TPSA [14], qui peut-être un jour deviendront intelligibles pour le peuple par l'effet du temps et de l'usage [15], ou plus probablement resteront pour toujours sibyllins – la négation du droit.

Il n'était pas non plus nécessaire de mettre cent cinquante articles pour les majeurs protégés, dispositions sociales comprises, là où le Code Napoléon n'en comportait que vingt-sept pour les incapables majeurs, devenus quarante-sept pour les majeurs protégés de 1968. La progression a été foudroyante.

Il reste le coût de la réforme (beaucoup plus élevé que celui qu'on reprochait déjà à la loi de 1968) que nul n'a été en mesure de calculer et les chiffres les plus différents ont été proposés. Leur

---

12. S. BERNEIM-DESVAUX, « La difficile conciliation de la protection et de l'autonomie de la personne vulnérable », *RJPF* 2010 4/12 : « *on peut se demander [...] si la protection de la personne et de leurs enfants n'a pas été sacrifiée à l'autonomie idéalisée des premiers* ».
13. *Infra*, n° 745.
14. Mesure d'accompagnement judiciaire ; mesure d'accompagnement social personnalisé ; tutelle aux prestations sociales adultes ; *infra*, n°s 534 et 792.
15. Ex. : aujourd'hui, beaucoup de gens comprennent les mots que désignent le RMI (revenu minimum d'insertion) ; quant à savoir ce qu'il est...

financement pèsera sur les départements, avec promesse de compensation par l'État. Ce seront les contribuables qui payeront.

500. Appréciation : le pour. — Cessons de récriminer contre les illusions de liberté, le manque de souffle, l'indifférence à l'histoire, la langue, le style, la lourdeur, la surjuridicisation et le coût. Tout cela finalement n'a guère d'importance, à côté du grand vent de compassion et de la prise de conscience du naufrage de nombreux êtres qui irradie la loi. Et puis il y a de nombreuses innovations heureuses : la limitation de la durée des mesures de protection, la protection du compte en banque du majeur protégé, la formation professionnelle et le statut des mandataires judiciaires à la protection des majeurs, la distinction du social et du juridique, la simplification du conseil de famille, l'association du majeur à sa protection.

Le naufrage de la personne est un parcours inévitable de la condition humaine. La loi de 2007 a fait ce qu'elle a pu pour aider les naufragés. Toutes les lois (les meilleures comme les pires) sont un mélange d'effets bénéfiques et pervers.

501. Application dans le temps. — Les règles déterminant l'application de la loi dans le temps sont plus complexes que le droit transitoire habituel. Le principe est que la loi est entrée au 1er janvier 2009, (L. art. 45). S'il est devenu courant qu'un long report sépare la date de promulgation d'une loi de celle de son applicabilité afin d'en permettre la connaissance et la compréhension par ceux qui sont chargés de l'appliquer, sa durée, ici, est particulièrement longue. Ce long délai s'explique par plusieurs motifs : les nécessités de l'organisation et du financement des charges nouvelles, la formation de cette nouvelle profession, « les mandataires judiciaires à la protection des majeurs », la substitution de l'accompagnement social et judiciaire à certaines curatelles (prodigues, intempérants et oisifs).

Tel est le principe, mais il comporte de nombreux aménagements. Demeurent en place les tutelles et curatelles d'État, les gérances de tutelles et les tutelles aux prestations sociales jusqu'au 1er janvier 2011 si elles ne se sont pas conformées à la loi (art. 441). Les mesures transitoires distinguent la date de publication de la loi (7 mars 2007) et celle de sa mise en vigueur (1er janvier 2009). 1°) La limite à cinq ans des curatelles et tutelles (art. 441 et 442) ne s'applique à celles qui ont été ouvertes avant la mise en vigueur de la loi, qu'après un délai de cinq ans après la date de la publication. 2°) Les mesures de tutelles aux prestations sociales « *ne sont caduques qu'au terme de la troisième année qui suit la date d'entrée en vigueur* » de la loi, sauf si le juge l'avait antérieurement déclarée caduque ou transformée en accompagnement social. 3°) Un mandat de protection future peut être confié à une personne physique dès la publication de la loi, mais ne prendra effet qu'après sa mise en vigueur. Le décret du 5 décembre 2008 énonce les nouvelles règles de procédure.

La professionnalisation, la formation, l'agrément et l'inscription sur une liste départementale des mandataires judiciaires à la protection des majeurs (et des préposés d'établissement de santé désigné comme mandataires) auront dû être faits dans les deux mois de la mise en vigueur de la loi.

Section I
DIFFÉRENTES INCAPACITÉS

L'incapacité au sens précis du terme (§ 1) a un domaine limité (§ 2) ; son étendue est variable (§ 3) ; elle intervient pour des causes diverses (§ 4).

§ 1. Notion d'incapacité

502. Incapacité et absence de personnalité. — Il y a, comme le montraient le droit romain de l'incapacité et maintenant le régime contemporain de la personnalité morale, des liens étroits entre la personnalité et la capacité. L'une et l'autre permettent l'activité juridique. La plénitude d'une personnalité implique une complète capacité ; inversement, là où n'existe pas de personnalité, il ne peut être question de capacité ; symétriquement, l'incapacité générale de jouissance se confond avec l'absence de personnalité. Mais il y a des différences, car pour agir il ne suffit pas d'exister, il faut aussi pouvoir le faire, ce qu'est la capacité. L'incapable existe, sans avoir l'aptitude d'agir complètement par lui-même.

Certaines dispositions du Code civil confondent cependant l'incapacité et l'absence de personnalité. Ainsi, l'article 906 prévoit que les personnes non conçues ou les enfants qui ne sont pas nés viables sont incapables de recevoir une libéralité ; il s'agit en réalité d'une absence de personnalité. De même, la spécialité des personnes morales n'est pas une incapacité mais touche à l'étendue de leur personnalité : la personne morale n'existe que dans les limites de sa spécialité, c'est-à-dire de l'objet de son activité ; *sur la distinction entre capacité et pouvoir*[16].

503. Droit international privé. — La définition de la capacité est surtout utile en droit international privé, afin de déterminer le champ de la loi nationale qui régit « *la capacité des personnes* », comme le prévoit l'article 3 alinéa 3 C. civ.[17]. L'incapacité se fonde sur des caractères inhérents à la personne tenant à son âge ou à l'altération de ses facultés et la suivent donc partout[18].

À l'égard des mineurs, la Convention de la Haye du 19 octobre 1996 accorde une large compétence aux autorités administratives et judiciaires de la résidence habituelle de l'enfant. À l'égard des adultes, celle du 13 janvier 2000 en vigueur en France depuis le 1er janvier 2009, comme la loi réformant le droit des majeurs protégés, énonce des règles analogues, prévoyant également des compétences concurrentes au profit des autorités nationales de l'adulte et du lieu de situation des biens[19].

§ 2. Domaine de l'incapacité

L'incapacité n'intervient, au sens précis du terme, qu'à l'égard des actes juridiques qui ne sont pas purement personnels ; il faut en outre qu'il s'agisse d'actes volontaires et non de fautes.

504. Exclusion des actes purement personnels. — Les actes purement personnels tels que le mariage, la reconnaissance d'enfant ou le testament, sont en dehors de l'organisation des incapacités parce qu'ils sont tellement personnels qu'il n'est pas possible de les faire faire par un représentant agissant au nom de l'incapable. Des règles particulières sont posées à leur égard, l'intéressé devant toujours intervenir pour que ces actes soient valables.

505. Exclusion des fautes. — L'incapacité ne peut viser que les actes juridiques par lesquels se réalise la gestion volontaire d'un patrimoine. L'incapable ne peut se soustraire aux obligations extracontractuelles imposées par la loi à toute personne, obligations qui apparaissent dans les matières délictuelles, quasi-contractuelles et légales.

---

16. *Infra*, n° 512.
17. Cass. civ. 1re, 18 janv. 2007, *Bull. civ.* I, n° 26 ; *JCP* G 2007 IV 46 ; *AJ Famille* 2007.15, n. L. Pécaut-Rivolier ; *Dr. Famille* 2007, n° 70, obs. Th. Fossier : « *Vu l'art. 3 C. civ.* ; *la loi applicable à l'état et la capacité des personnes est la loi nationale ; le tribunal a mis en place un régime de tutelle du droit français pour une personne de nationalité portugaise ; en statuant ainsi, alors que s'agissant de droits indisponibles, le juge devait mettre en œuvre d'office la règle de conflit de lois et faire application du droit portugais dont il lui appartenait, de rechercher avec l'assistance des parties la teneur, le tribunal a violé le texte susvisé* ».
18. H. Batiffol et P. Lagarde, *Droit international privé*, LGDJ, 8e éd., 1993, n° 279.
19. P. Lagarde, « La Convention de La Haye au 13 janvier 2000 sur la protection internationale des adultes », *Rev. crit. DIP* 2000.159 ; M. Revillard, « Protection internationale des adultes et droit international privé des majeurs protégés », *Defrénois* 2009.35.

L'incapable est civilement responsable de ses fautes. Le principe comportait autrefois une exception ; on ne l'appliquait pas à celui qui avait une inconscience totale, le fou ou l'enfant en bas âge, l'un et l'autre incapables de discerner le bien du mal. La loi a supprimé cette exception à l'égard des aliénés (art. 414-3) : « *Celui qui a causé un dommage à autrui alors qu'il était sous l'empire d'un trouble mental n'en est pas moins obligé à réparation.* » La jurisprudence en a fait de même pour les enfants [20].

L'incapable peut également être tenu par ses quasi-contrats (gestion d'affaires et enrichissement sans cause) ou par la loi (obligation alimentaire).

§ 3. ÉTENDUE DE L'INCAPACITÉ

Selon la gravité de l'incapacité, il est classique d'opposer l'incapacité de jouissance (I) à l'incapacité d'exercice (II). Il faut aussi distinguer la capacité du défaut de pouvoirs (III), cette distinction étant plus récente.

I. — Incapacité de jouissance [21]

Certains individus sont dans l'impossibilité absolue de faire certains actes, d'avoir certains droits et d'être tenus de certaines obligations. Personne ne peut à leur place ni faire ces actes, ni acquérir ces droits, ni être obligé : ils sont frappés d'une incapacité de jouissance, qui est d'ordre public car un intérêt général est en cause. Dans notre droit, l'incapacité de jouissance ne peut jamais être générale ; elle ne peut être que spéciale.

506. Ancienne incapacité de jouissance générale. — En droit français, il n'y a plus d'incapacité de jouissance générale (art. 8) qui empêcherait une personne d'acquérir et d'être titulaire de quelque droit que ce soit ; elle serait équivalente à la privation de la personnalité juridique. Elle résultait autrefois de la mort civile, abrogée par la loi du 31 mai 1854.

507. Incapacités de jouissance spéciales. — Au contraire, il existe un certain nombre d'incapacités de jouissance spéciales intervenant chaque fois que la loi édicte contre une catégorie de personnes l'interdiction absolue d'acquérir des droits limitativement énumérés ; on y voit parfois des incapacités de défiance. Ainsi en est-il des étrangers, qui ne peuvent être titulaires des droits que leur retire une loi spéciale (art. 11). Autrefois, les enfants adultérins, lorsqu'ils étaient en concours avec le conjoint ou avec les enfants légitimes, avaient une capacité de recevoir à titre gratuit réduite à leur vocation successorale, elle-même diminuée (art. 908 ancien) ; cette incapacité a été supprimée par la loi successorale du 3 décembre 2001.

La sanction de ces incapacités est une nullité absolue pouvant être demandée par tout intéressé, alors que l'incapacité d'exercice est sanctionnée par une nullité relative qui ne peut être invoquée que par la personne protégée.

---

20. *Infra*, n° 606.
21. I. MARIA, « De l'intérêt de distinguer jouissance et exercice des droits », *JCP* G I.149 : selon l'auteur, la distinction vient de l'histoire, mais ne présente aujourd'hui aucun intérêt. Du même auteur : *Les incapacités de jouissance. Étude critique d'une distinction doctrinale*, th. Saint-Étienne, éd. Defrénois, 2010, préf. P. Ancel ; conclusion p. 349 : « *Historiquement, la notion d'incapacité de jouissance est tout d'abord le produit de réflexions doctrinales visant à légitimer la personnalité et l'humanité des mineurs et des majeurs placés sous un régime de protection. Elle ne présente donc*, a priori, *qu'un intérêt théorique* ».

II. — Incapacité d'exercice

508. *Negotiorum gestio* et *auctoritas*. — Lorsqu'une personne a la capacité de jouissance, une autre espèce d'incapacité peut intervenir : l'incapacité d'exercice. L'incapable est alors titulaire de ses droits, mais sans pouvoir les exercer librement ; il pourra acquérir des droits, faire des actes, selon des techniques particulières qui varient suivant la profondeur de son incapacité et dont certaines viennent du droit romain.

Soit le procédé de la ***negotiorum gestio*** (littéralement, gestion d'affaires ; l'expression a pris dans le droit des obligations un sens différent) : il y a transfert de pouvoirs : l'acte est matériellement fait par une autre personne agissant au nom de l'incapable : tels sont les régimes de la tutelle [22] et de l'administration légale. Soit le procédé de l'***auctoritas***[23] (l'autorisation) il y a accroissement de pouvoirs : l'acte est fait par l'incapable lui-même, assisté d'une autre personne, son conseil ou son curateur [24]. Soit le procédé plus récent du **contrôle *a posteriori*** : l'acte est fait par l'incapable agissant seul mais peut, après coup, être réduit ou annulé par les juges.

L'incapacité d'exercice peut donc être plus ou moins profonde. Traditionnellement, on en distinguait deux, selon qu'elle était générale ou spéciale. La loi de 1968 sur les majeurs protégés en a ajouté une troisième : l'incapacité d'exercice conditionnelle et provisoire.

509. Incapacités d'exercice générales. — Les incapacités d'exercice générales sont rares, mais d'une grande portée : le mineur non émancipé et le majeur sous tutelle. Ces incapables sont, sauf quelques exceptions, complètement écartés du commerce juridique ; ils ne peuvent faire aucun acte et ne participent, en aucune manière, à leur conclusion ; tous leurs actes sont accomplis par leur représentant légal, le tuteur (ou l'administrateur légal) qui représente son pupille.

Ce procédé présente l'inconvénient de remettre les intérêts de l'incapable entre les mains d'un tiers, ce qui est particulièrement fâcheux pour les actes exclusivement personnels dont la liste tend à s'allonger : le mariage, le testament, la reconnaissance d'enfant, voire le contrat de travail ; pour ces actes, l'intervention personnelle de l'incapable est indispensable.

510. Incapacités d'exercice spéciales. — Lorsque l'incapacité est moins profonde, l'incapable n'est pas entièrement écarté du commerce juridique. Les actes sont faits par lui, mais la loi place à ses côtés une personne chargée de veiller sur lui : il est assisté et conseillé.

Il en était ainsi naguère de trois catégories de personnes : les femmes mariées, les mineurs émancipés et les prodigues et faibles d'esprit. Les deux premiers sont devenus pleinement capables ; la condition des prodigues et des faibles d'esprit a été, par la loi de 1968, transformée en celle de majeurs en curatelle, puis celle de 2007 a cessé d'en faire des incapables et les ont, selon des conditions étroites, soumis à des mesures d'accompagnement social [25]. Restent les majeurs sous curatelle, devenus le droit commun des majeurs protégés.

L'acte est accompli par l'incapable, avec l'intervention du curateur sous forme d'assistance, c'est-à-dire, en général, sa participation effective à l'acte au moment où il est fait. Le curateur peut aussi donner son autorisation à l'avance ; celle-ci

---

22. **Étymologie** de tutelle : du latin *tutor, oris*, lui-même dérivé du verbe *tueor, eri* = initialement regarder ; puis veiller à, puis protéger.
23. **Étymologie** *d'auctoritas* : du latin *augeo, ere* = accroître, augmenter. Ex. : *Augustus* : l'empereur romain (Octave) s'était fait conférer par le Sénat l'*auctoritas*, pouvoir quasi magique qui lui soumettait les magistrats, pourtant ses égaux (*augustus, a, um* = consacré par les augures ; a*ugur, uris* = prêtre qui découvre les présages favorables, assurant la réussite d'une entreprise) ; cf. le mot anglais *auction* = vente aux enchères publiques, qui « augmente » le prix.
24. **Étymologie** de curateur : du latin *curator, oris*, lui-même dérivé du verbe *curo, are* = prendre soin de (*cura, ae* = souci, soin, opposé à *neglegentia, incuria*) ; comp. curé = prêtre ayant la charge d'une paroisse.
25. *Infra*, n° 790.

doit être spéciale à un acte déterminé, car une autorisation générale de faire tous les actes serait équivalente à la suppression de l'incapacité.

Dans ces deux sortes d'incapacités, les incapacités d'exercice générales et spéciales, des formalités supplémentaires peuvent être requises pour la conclusion des actes graves. Par exemple, imposer l'autorisation du conseil de famille ou du juge des tutelles pour les actes de disposition.

511. Incapacité d'exercice conditionnelle et provisoire. — L'incapacité d'exercice conditionnelle et provisoire a été une innovation de la loi de 1968 pour le majeur sous sauvegarde de justice, c'est-à-dire le majeur qui a une diminution passagère de ses facultés mentales ; il est capable, mais ses actes lésionnaires ou excessifs peuvent être rescindés ou réduits : il a une capacité contrôlée a posteriori, une semi capacité (ou une demi-incapacité).

L'incapacité d'exercice, avec ses différentes modalités, est le régime habituel des incapacités. C'est d'elle que l'on parle quand on envisage l'incapacité ; elle repose sur la situation personnelle de l'incapable et a pour raison d'être sa protection.

III. — Incapacité et défaut de pouvoir

512. Distinction entre capacité et pouvoir. — La distinction entre la capacité et le pouvoir, bien qu'assez récente, est devenue classique. Elle est plus délicate que celle qui oppose l'incapacité et l'absence de personnalité juridique et les incapacités de jouissance et d'exercice. Lorsqu'une personne a la capacité de jouissance et la capacité d'exercice, elle peut faire librement tous les actes relatifs aux droits dont elle est titulaire. Mais elle n'a pas nécessairement les pouvoirs, c'est-à-dire l'aptitude à engager ses biens par ses actes.

Il existe une controverse sur la portée de cette distinction, mais ses conséquences pratiques sont peu nombreuses. Les auteurs classiques estiment que la capacité serait l'aptitude à exercer ses propres droits, le pouvoir, l'aptitude à exercer ceux d'autrui [26]. On peut avoir aussi une notion plus large du pouvoir : la possibilité pour une personne de faire des actes sur un bien. Un bien, ce peut être son propre bien, ce qui est le cas normal, ou celui des autres, ce qui est celui du mandataire ou, d'une manière plus générale, des administrateurs des biens d'autrui.

Généralement, une personne capable a les pouvoirs sur ses biens ; dans certains cas cependant, elle ne les a pas. En voici trois exemples. Le mariage peut avoir pour effet d'affecter les pouvoirs d'un époux sur ses biens. De même, l'héritier qui accepte une succession à concurrence de l'actif net a sur elle des pouvoirs limités, bien qu'il en soit propriétaire. De même, le nu-propriétaire ne peut faire tous les actes relatifs aux biens grevés d'usufruit parce que son droit est limité. Par conséquent, une personne peut subir des restrictions sur ses pouvoirs, non à cause de sa situation personnelle, mais en raison d'intérêts appartenant à une autre, ce qui oblige à répartir entre les deux le pouvoir d'engager ses biens.

On voit ainsi le lien qui apparaît entre la capacité et le pouvoir. Leur concours est nécessaire pour donner à une personne la pleine effectivité à ses actes. À l'inverse, une incapacité d'exercice est assortie d'un pouvoir corrélatif conféré à celui qui doit protéger l'incapable.

---

26. Ex. : J. CARBONNIER, n° 12 ; G. CORNU, *Vocabulaire juridique,* PUF, Quadrige, 6ᵉ éd., 2004, v° *Pouvoir,* II, 2 ; E. GAILLARD, *La notion de pouvoir en droit privé,* th., Paris II, Economica, 1983, préf. G. Cornu, nᵒˢ 64-76.

§ 4. Causes des incapacités

Trois raisons peuvent justifier une incapacité, qui, selon les cas, prend une physionomie différente : la protection, la défiance ou la discipline.

513. Incapacités de protection. — La raison principale des incapacités tient à la nécessité de protéger une personne affaiblie par des causes physiques ou mentales. Elle doit être protégée contre elle-même, parce qu'elle est plus ou moins dépourvue d'intelligence ou de volonté ; soit totalement, tels l'enfant en bas âge et l'aliéné ayant complètement perdu ses facultés mentales ; soit partiellement, tels les mineurs proches de la majorité ou l'aliéné qui n'a perdu qu'une partie de ses facultés. Leurs actes sont nuls, d'une nullité relative, si les formalités protectrices n'ont pas été accomplies.

La cause traditionnelle de l'incapacité est la jeunesse : à moins de 18 ans, on est incapable [27] ; mais aussi, et de plus en plus aujourd'hui, la vieillesse, lorsqu'un médecin et un juge ont constaté l'altération des facultés.

514. Anciennes incapacités de défiance. — Notre droit a longtemps connu des incapacités de défiance dirigées contre l'incapable lui-même, fondées sur l'intérêt général. Elles n'existent plus. Par exemple, l'enfant adultérin était frappé par le Code Napoléon d'une incapacité de recevoir, limitée depuis 1972 aux hypothèses où il était en concours avec la famille légitime (art. 908 et 908-1 anc.) ; cette incapacité, jugée discriminatoire par la Cour européenne des droits de l'homme, a été supprimée par la loi successorale du 3 décembre 2001. Il en est de même des incapacités frappant les condamnés à une peine affective et infamante, telles que l'interdiction légale (C. pén. anc., art. 29) ; elles ont disparu lors de l'entrée en vigueur du nouveau Code pénal (1er mars 1994).

515. Incapacité de discipline. — L'incapacité peut enfin s'expliquer par une raison de discipline. On veut maintenir dans la dépendance des personnes qui sont sous l'autorité d'autrui. Telle était l'incapacité de la femme mariée, liée à l'ancienne puissance maritale. Aujourd'hui, le mineur est dans cette situation ; son incapacité provient à la fois de l'autorité parentale et de son insuffisance de volonté et d'intelligence.

516. Sociologie des incapacités. — Les incapables dont la situation est organisée par la loi, les plus nombreux aujourd'hui sont les majeurs (2004 : 65 418, dont 32 408 tutelles, 33 009 curatelles et 11 026 tutelles aux prestations sociales), puis les mineurs (41 075). L'incapacité des majeurs la plus répandue tient à l'âge (30 % ont plus de 80 ans).

Section II
ORGANISATION DES INCAPACITÉS

Le fait de rendre incapable une personne n'est pas une fin en soi. Si un incapable ne pouvait en être relevé, ses intérêts seraient sacrifiés, non sauvegardés. Il ne suffit donc pas de déclarer une incapacité et d'interdire des actes à l'incapable, il faut aussi, lorsqu'il s'agit d'une incapacité d'exercice, trouver un remède à l'incapacité en organisant la gestion de ses biens et la protection de sa personne.

517. Antinomies. — Les objectifs de cette gestion sont évidents : d'une part, une bonne administration du patrimoine de l'incapable, c'est-à-dire en permettre la conservation, la fructification et, si possible, l'augmentation ; d'autre part, la

---

27. *Infra*, n° 597.

protection de la personne en limitant le moins possible sa liberté. Ce sera surtout aux résultats pécuniaires de cette gestion qu'on appréciera si, en définitive, les intérêts de l'incapable ont été convenablement assurés. Ce but est susceptible d'aller à l'encontre de la sécurité des transactions : toute incapacité peut en effet retentir sur les tiers ayant contracté avec l'incapable, risquant ainsi de voir anéantis ces contrats.

À l'origine, en droit romain, le tuteur était considéré comme le propriétaire [28] du patrimoine du pupille, qui était son héritier éventuel, ce qui suscitait le risque du tuteur malhonnête. Aujourd'hui, il n'est qu'un administrateur des biens du pupille, c'est-à-dire un administrateur des biens d'autrui, ce qui rend plus difficile la politique législative.

518. Politique législative. — La protection du patrimoine pupillaire ne peut obéir aux mêmes règles que celles qui assurent d'une manière générale la protection de ceux dont le patrimoine est administré par autrui, par exemple ceux qui ont donné un pouvoir à un mandataire. Le mandant peut en effet contrôler la gestion des actes de son mandataire, son honnêteté ou son aptitude. Rien de tel pour l'incapable, puisque, par définition, il est incapable. Le contrôle n'est possible qu'après la cessation de l'incapacité. Quant à la protection de la personne, elle dépend de la cause et de l'étendue de l'incapacité.

La protection du patrimoine pupillaire peut s'exercer de trois façons, qui se cumulent : choix du curateur et du tuteur (famille, État ou professionnel), limites à leurs pouvoirs et leur responsabilité. Si d'une manière ou d'une autre la protection est insuffisante ou excessive, l'incapable en souffre d'une manière ou d'une autre. La juste mesure varie selon les temps et évolue selon une sorte de loi pendulaire : tantôt, on renforce la protection du patrimoine pupillaire, par crainte de l'incompétence ou de la malhonnêteté de son administrateur ; tantôt, au contraire, on en facilite l'administration afin de parvenir à une gestion efficace et dynamique. Aujourd'hui, avec la loi de 2007, est apparue une autre idée qui n'est pas sans dangers : limiter les pouvoirs du curateur ou du tuteur pour augmenter, le plus possible, la liberté de l'incapable.

Il est difficile de trouver des procédés techniques permettant d'assurer une bonne gestion du patrimoine de l'incapable. Rien, *a priori*, ne peut garantir le succès économique d'une opération qui l'intéresse, quels que soient le soin avec lequel on choisit l'administrateur et les précautions prises pour chacun des actes. Encore moins ne peut-on faire dépendre *a posteriori* la validité d'un acte intéressant un incapable du profit qu'il en tirera ; la sécurité des transactions serait compromise si l'acte accompli par un incapable n'était valable que s'il lui profitait ; personne ne voudrait contracter avec lui.

Néanmoins, la loi a partiellement assuré, *a priori* et *a posteriori*, la sauvegarde économique des intérêts de l'incapable. Sans doute ne peut-elle garantir le succès économique des actes qui l'intéressent ; cette préoccupation ne lui est pourtant pas étrangère, car le régime des actes relatifs au patrimoine d'un incapable dépend souvent de leur portée économique (§ 1). Par ailleurs, la sécurité des transactions interdit que l'on fasse dépendre la validité d'un acte intéressant le patrimoine d'un incapable du profit qu'il lui confère ; cependant, cette idée a été retenue dans les sanctions des règles sur les incapacités (§ 2). Enfin, les incapacités sont organisées par un certain nombre d'institutions dont le caractère familial est plus ou moins accusé (§ 3).

---

28. Dig., XXVI, 7, 27 : « *Le tuteur doit être considéré comme étant le propriétaire* (des biens pupillaires), *dans l'intérêt des pupilles* ».

§ 1. Régime des incapacités

Par hypothèse, la personne qui protège la personne d'un incapable ou accomplit un acte relatif à son patrimoine n'a pas un pouvoir souverain et complet, qu'il s'agisse de l'incapable lui-même, de son représentant légal, tuteur ou administrateur légal ou, encore moins, du conseil qui l'assiste (le curateur). Le régime des actes intéressant le patrimoine d'un incapable n'est pas soumis à une règle uniforme, car il dépend de leur gravité. Les actes les plus graves sont évidemment soumis à des formalités plus lourdes que les moins importants.

La question la plus délicate est de savoir comment on peut apprécier leur gravité. Elle n'est pas particulière à la gestion des biens d'un incapable ; elle apparaît dans tous les cas d'administration des biens d'autrui. Mais c'est dans les incapacités qu'elle présente le plus d'ampleur et que les règles se sont principalement élaborées.

Sera d'abord exposée la politique législative (I), puis le droit positif (II).

I. — Politique législative

519. Juridique ou économique ? — Deux méthodes peuvent être suivies afin de fixer à l'égard de son régime la gravité d'un acte intéressant le patrimoine d'un incapable ; on peut se référer ou à sa nature juridique ou à ses caractères économiques. Chacune présente des avantages et des inconvénients inverses.

La gravité d'un acte peut être déterminée par sa nature juridique. Par exemple, la vente est plus grave que le bail, l'emprunt est plus grave que le remboursement d'un prêt, etc. La conséquence en sera que la loi énumérera les différents actes les plus graves que l'administrateur légal ou le tuteur, gérant les biens de l'incapable, ne pourra faire sans formalités particulières, ce qui lui laissera une plénitude de pouvoirs pour les autres, moins graves par hypothèse (A).

La gravité d'un acte peut également être déterminée par ses caractères économiques. Par exemple, l'acte qui engage un capital est plus grave que celui qui n'intéresse que les revenus ; la conséquence en sera que la loi énoncera une formule générale à contenu économique déterminant les pouvoirs de l'administrateur légal ou du tuteur (B).

A. Énumération juridique d'actes déterminés

520. Un système certain mais rigide. — Dans cette méthode, la loi énumère les actes graves que l'administrateur légal ou le tuteur ne peut faire sans formalités particulières ou qui lui sont absolument interdits ; pour tous les autres, l'administrateur ou le tuteur sont omnipotents. Par exemple, on pose une trilogie : la donation d'un bien pupillaire serait interdite, la vente serait étroitement contrôlée et le tuteur pourrait librement faire un bail parce qu'il n'est jamais profitable de donner un de ses biens, que la vente est un acte grave tandis que ce serait bien administrer un immeuble que le louer. Le système s'attache donc à la nature juridique des actes pour en fixer le régime. Son avantage est de garantir la sécurité des transactions ; l'incapable ou son représentant légal, et surtout les tiers avec lesquels il traite, savent, au seul examen de la nature juridique de l'acte (une donation, une vente ou un bail, par exemple), à quelles conditions il est valable.

Cette méthode présente l'inconvénient de ne pas remplir la fin recherchée : une bonne gestion du patrimoine de l'incapable. Une vente peut, selon les circonstances ou son objet, présenter tous les degrés de la nécessité et de l'utilité ou, au contraire, être malencontreuse et inopportune, voire désastreuse ; ainsi, une vente de denrées périssables ne peut-elle être soumise au même régime que celle d'un appartement très rentable ; la vente à un bon prix est une opération avantageuse, au contraire de celle qui est faite à bas prix, etc. À l'inverse, des actes qui, de leur nature, ne sont pas des aliénations, peuvent compromettre l'avenir du patrimoine de l'incapable ; par exemple, une location, chaque fois que le preneur acquiert des droits persistants sur la chose louée.

B. Formule générale à contenu économique

La distinction entre les actes conservatoires, les actes d'administration et les actes de disposition établit une sorte d'échelle parmi les actes juridiques en envisageant le résultat économique de l'opération : elle exprime une formule générale de gestion à contenu économique. Dans la gestion d'un patrimoine, un acte est normal s'il ne compromet pas l'avenir et maintient la consistance en nature du patrimoine : il entre dans les attributions de l'administrateur légal ou du tuteur, qui ont même le devoir de l'accomplir ; on parle alors d'acte conservatoire ou d'acte d'administration. Dans le cas contraire, où l'acte engage l'avenir et modifie la consistance du patrimoine, il s'agit d'un acte de disposition dont l'accomplissement est soumis à des conditions spéciales.

Sera d'abord exposé comment se conçoivent les notions d'actes conservatoires, d'administration et de disposition (a) avant d'apprécier les avantages et les inconvénients de la méthode qui s'y réfère pour déterminer les pouvoirs de l'administrateur légal, du curateur ou du tuteur (b).

a) Actes conservatoires, d'administration et de disposition

521. Actes conservatoires. — L'acte conservatoire est destiné à sauvegarder un bien de l'incapable menacé d'un péril [29] ; il échappe à toutes les formalités protectrices de l'incapable [30]. Il suppose réunies quatre conditions. C'est un acte nécessaire, qui n'entraîne qu'une faible dépense compte tenu de la valeur du bien et n'engage pas l'avenir.

Par exemple (l'acte conservatoire est alors défini par sa nature juridique), l'inscription d'une hypothèque ou l'accomplissement d'une publicité foncière relative à une acquisition immobilière. Ces actes rendent le droit de l'incapable opposable aux tiers et lui profitent sans lui nuire, car la dépense est légère. De même, l'acte interruptif d'une prescription, qui conserve à l'incapable un droit menacé par l'écoulement du temps. Par exemple aussi (l'acte conservatoire est défini par sa nature économique), l'acte peu coûteux ayant pour objet la réparation d'un immeuble endommagé qui peut ainsi être sauvé de la ruine ; de même, en principe, un médecin ne peut soigner un incapable qu'avec le consentement de ses représentants légaux ; mais, en cas d'urgence ou si le représentant légal ne peut être joint, le médecin doit donner les soins nécessaires : « *Si l'avis de l'intéressé peut être recueilli, le médecin doit en tenir compte dans toute la mesure du possible* » (C. déont. méd., art. 42, al. 3, intégré dans le Code de santé publique, art. R. 4127-42), ce qui est bien vague.

522. Distinction entre les actes d'administration et de disposition. — L'acte de disposition modifie de façon permanente le patrimoine de l'incapable ; l'acte d'administration est un acte de gestion normale et courante du patrimoine [31]. On comprend que le pouvoir de faire des actes d'administration soit plus facilement

---

29. **Biblio.** : Cl. Brenner, *L'acte conservatoire*, th., Paris II, LGDJ, 1999, préf. P. Catala.
30. Ex. : Cass. ch. réunies, 22 mars 1897, *DP* 1897.I.277 : le tuteur ne peut faire un certain nombre d'actes intéressant le patrimoine de son pupille que s'il en a reçu l'autorisation préalable mais « *cette règle comporte une exception dans le cas où l'acte passé par le tuteur n'a pour objet que de conserver les droits de l'incapable* ».
31. **Biblio.** : A. Trasbot, *L'acte d'administration en droit privé français*, th., Bordeaux, 1921 ; R. Verdot, *La notion d'acte d'administration en droit privé français*, th., Aix, LGDJ, 1963, préf. J. Kayser ; F. Leduc, *L'acte d'administration, nature et fonctions*, th., Bordeaux I, L'espace juridique, 1992.

admis que celui de faire des actes de disposition (art. 426). Ce qui fait la difficulté, au cœur de la distinction, est de savoir quand il y a acte de gestion normale, car il existe plusieurs manières de la concevoir.

On dira, par exemple, que l'acte qui engage le capital de l'incapable est un acte grave (donc un acte de disposition), tandis que celui qui intéresse ses revenus et en assure la productivité normale est un acte de gestion normale (donc un acte d'administration). Ou bien encore, que celui qui est conforme à la destination économique d'un bien est un acte normal (donc un acte conservatoire ou d'administration), par exemple le paiement d'une dette ou le recouvrement d'une créance, au contraire de celui qui modifie cette affectation, par exemple les actes par lesquels l'on change l'objet d'une entreprise. Ou bien encore, qu'un acte qui porte sur les éléments fondamentaux du patrimoine est un acte de disposition, non celui qui n'en modifie que des éléments accessoires. Autrefois, on comprenait la distinction de manière rigide et exclusivement juridique ; par exemple, en disant que les actes de disposition étaient des actes d'aliénation.

b) Appréciation de la méthode

523. Un système souple mais incertain. — Les avantages et les inconvénients de la méthode par formule générale à contenu économique sont évidents. La souplesse d'application qui en résulte a pour contrepartie les incertitudes affectant les tiers : on ne peut, *a priori*, savoir si tel acte du tuteur est, ou non, subordonné à des formalités spéciales ; aussi, les esprits épris de rigueur y sont-ils hostiles.

En droit positif, aucune de ces deux méthodes n'a jamais été employée à titre exclusif ; elles ont toujours été combinées. Mais il existe une évolution dans leur ordre d'importance ; jusqu'à la loi de 2007, la méthode économique tendait lentement à l'emporter sur celle qui était purement juridique.

II. — Droit positif

524. Du Code Napoléon aux lois de 1964 et 2007. — Le Code Napoléon énumérait limitativement les nombreux actes que le tuteur ne pouvait faire sans formalités particulières [32] ; pour les autres, il avait omnipotence [33]. Cependant, la jurisprudence avait corrigé ce critère purement juridique en appréciant la portée économique de l'acte. Par exemple, elle admettait qu'il pouvait faire sans formalités particulières des actes d'aliénation (qui lui étaient normalement interdits) lorsqu'ils étaient économiquement des actes d'administration [34]. Le droit positif avait donc pour méthode d'énumérer d'abord des actes juridiquement définis, puis de corriger cette liste par un critère économique. Le système avait fait naître de nombreuses hésitations, d'autant plus que le régime des actes variait selon la nature de l'incapacité, selon qu'il s'agissait d'un mineur ou d'un interdit judiciaire (un majeur aliéné sous tutelle).

La loi de 1964 avait simplifié la question et renversé l'ordre des facteurs. Elle s'était référée directement à la distinction des actes d'administration et de disposition, qu'elle précisait par des exemples. La loi de 2007 renvoie à un décret (*D.* 22 décembre 2008) la distinction entre les actes d'administration et de disposition, tout en posant le critère de principe : les actes d'administration sont relatifs à la gestion courante du patrimoine, les actes de disposition l'engagent de manière substantielle et durable (art. 496, al. 3).

---

32. Art. 457 : emprunts, donations immobilières ou hypothèques : art. 461 : acceptation ou renonciation d'une succession échue au mineur ; art. 463 : acceptation d'une donation faite au mineur ; art. 464 : action en justice relative à un immeuble ; art. 465 : partage ; art. 467 : transaction.
33. Art. 450 : « *Le tuteur* [...] *le* (le mineur) *représentera dans tous les actes juridiques* ».
34. Ex. : Req., 14 déc. 1921, *DP* 1922.I.179 : « *La question de savoir si la coupe d'un bois est une vente d'immeuble ou un simple acte d'administration est une question de fait dont la solution dépend de la nature du bois vendu, de son exploitation normale conformément aux usages, et de l'importance de la vente relativement à l'ensemble des biens administrés* ».

Le décret définit les actes d'administration, de disposition et conservatoires de manière différente des droits de l'indivision et des régimes matrimoniaux [35]. Ces définitions sont éclairées par les très nombreux exemples que donnent ses deux annexes, pour l'une, d'actes qui sont toujours des actes de disposition (ex. la vente d'immeubles) ou d'administration (ex. bail d'immeuble de plus de neuf ans « *en tant que bailleur* », pour l'autre, d'actes qui le sont « *sauf circonstance d'espèce* » (ex. d'actes d'administration sauf circonstances : le payement des dettes, de disposition, l'emprunt). Le système est ingénieux et, en pratique, n'est guère différent du droit actuel ; pour les applications qu'il a, mais trop rigide dans l'annexe n° 1, et, comme le droit actuel, source de contentieux dans l'annexe n° II [36].

L'acte d'administration peut être accompli sans formalités spéciales, soit par le représentant de l'incapable agissant pour son compte (l'administrateur légal ou le tuteur : art. 456, al. 1, L. 1964, auj. abrogé) [37], soit par l'incapable lui-même quand il n'est frappé que d'une semi-incapacité (le majeur sous curatelle). *Pour les actes conservatoires*, v. l'article 504, alinéa 1. [38].

Les actes de disposition sont soumis à des formalités particulières variant selon la nature des incapacités. La loi de 2007 prévoit que le tuteur ne peut sans autorisation du conseil de famille ou du juge des tutelles faire un acte de disposition (art. 505, al. 1).

Quant aux actes conservatoires, ils n'étaient pas prévus par la loi de 1964 ; ils peuvent être faits sans autorisation particulière, même par l'incapable lui-même, fût-il frappé d'une incapacité générale (le mineur non émancipé ou le majeur sous tutelle).

§ 2. Sanctions des incapacités

525. Prévention et nullité. — Il est difficile d'établir des mesures préventives permettant d'empêcher qu'un acte préjudiciable à l'incapable soit conclu par lui ou son représentant légal. Il est donc nécessaire d'adopter une mesure *a posteriori* : prononcer la nullité de l'acte préjudiciable à l'incapable, nullité dont la perspective dissuadera tout tiers de contracter avec cet incapable : la nullité est une arme de dissuasion. Il faut bien entendu que le tiers ait eu connaissance de cette incapacité, afin que soient conciliées la protection de l'incapable et la sécurité des transactions.

Généralement, la situation personnelle de l'incapable suffit à en révéler l'incapacité. Tel est le mineur, dont l'âge fait immédiatement soupçonner l'incapacité, bien qu'il ait pu frauduleusement le dissimuler. Pour les majeurs protégés, des mesures de publicité doivent être organisées parce que le fait d'avoir perdu la raison n'est pas toujours perceptible ; telle est la règle générale, mais elle comporte des exceptions.

La nullité est un moyen supplémentaire de protéger l'incapable en dissuadant les tiers de contracter avec lui ; indirectement, elle empêche donc l'incapable de faire

---

35. Sont des actes... d'**administration** : « *les actes d'exploitation ou de mise en valeur du patrimoine de la personne protégée dénués de risque anormal* » (art. 1), ... de **disposition** : « *les actes qui engagent le patrimoine de la personne protégée, pour le présent et l'avenir, par une modification importante de son contenu. une dépréciation significative de sa valeur en capital ou une altération durable des prérogatives de son titulaire* » (art. 2) ; les actes **conservatoires** sont ceux « *qui permettent de sauvegarder le patrimoine ou de soustraire un bien à un péril imminent ou à une dépréciation inévitable sans compromettre aucune prérogative au patrimoine* » (art. 3).

36. Favorable : Th. Fossier, *JCP* G 2009 act. 20 ; Critique : A.-M. Leroyer, *RTD civ*. 2009.180-183.

37. « *Le tuteur accomplit seul, comme représentant du mineur, tous les actes d'administration* ».

38. « *Le tuteur accomplit seul les actes conservatoires et, sous réserve des dispositions du second alinéa de l'article 473* (qui permet au juge d'augmenter les pouvoirs du majeur en tutelle), *les actes d'administration nécessaires à la gestion du patrimoine de la personne protégée* ».

les actes qui lui sont interdits. Elle présente deux modalités différentes selon l'irrégularité de l'acte : tantôt elle est de droit (I), tantôt elle prend la forme d'une rescision (II) ; elle produit toujours le même effet, spécial au droit des incapacités (III). Elle peut être écartée lorsqu'il y a eu une tutelle de fait (IV).

I. — Nullité de droit

La nullité de droit sanctionnant les règles sur les incapacités est une nullité relative parce qu'elle est une nullité de protection ; elle est péremptoire, parce qu'elle est une sorte de nullité de forme.

526. La nullité de droit est judiciaire et relative. — Malgré ce qu'à première vue laisse entendre l'expression, la nullité de droit a un caractère judiciaire comme toute autre nullité : elle ne se produit pas de plein droit et doit être prononcée par le juge. Sa nature de nullité relative entraîne les trois conséquences habituelles.

1°) Elle ne peut être invoquée que par l'incapable ou son représentant ; elle ne peut l'être par le cocontractant, qui a eu tort de contracter avec lui (art. 1125 : « *Les personnes capables de s'engager ne peuvent opposer l'incapacité de ceux avec qui elles ont contracté* »).

2°) Elle s'éteint par confirmation, expresse ou tacite. La confirmation peut être librement faite par l'incapable après la cessation de son incapacité ; pendant la durée de l'incapacité, elle ne pourrait avoir lieu que si l'acte avait été réitéré après accomplissement des formalités requises [39].

3°) L'action en nullité s'éteint par une prescription de cinq ans (art. 1304, al. 3), dont le délai commence à courir au moment où cesse l'incapacité [40]. Tant que subsiste l'incapacité, la prescription ne court donc pas (art. 2235).

527. La nullité de droit est péremptoire. — Lorsqu'il y a une nullité de droit, le juge est obligé de la prononcer si les conditions légales sont remplies : il ne peut donc apprécier ni son opportunité ni son équité. Lorsqu'elle est demandée, elle doit être prononcée chaque fois que l'acte de l'incapable n'a pas respecté les formalités particulières qui lui étaient imposées : l'acte est nul en la forme. Tel est le régime de tous les actes (sauf les actes courants) intéressant un incapable frappé d'une incapacité absolument générale, et des actes graves pour les incapables frappés d'une incapacité moins étendue. Ainsi, sont nuls de droit tous les actes accomplis par un majeur sous tutelle, postérieurement au jugement d'ouverture de

---

39. Jurisprudence constante : Ex. : Cass. civ. 1re, 7 nov. 2006, *Bull. civ.* I, n° 460 ; *D.* 2006.3069, n. Bouteiller ; *RTD civ.* 2007.88, obs. J. Hauser ; *RJPF* 2007-3/11, n. J. Casey : « *La souscription des parts de la SCPI* (placement fait par l'administrateur légal pour le compte de sa fille mineure) *ayant été réalisée par Mme Dudan* (administrateur légal) *sans autorisation du juge des tutelles, et l'ordonnance du 31 août 1996* (rendue par le juge des tutelles pour autoriser ce placement *a posteriori*) *ne pouvant constituer une confirmation de cet acte en l'absence de réitération postérieure de celui-ci, Mlle Alexandra Dudan* (la mineure devenue majeure) *était recevable à en poursuivre l'annulation* », la valeur des parts ayant chuté et le placement étant devenu désavantageux. *Sur la nécessité d'une autorisation du juge des tutelles pour un placement fait par un seul parent administrateur légal*, *infra*, n° 625.

40. Pour les actes du mineur, il n'y a pas à distinguer l'acte irrégulier accompli par le mineur seul, ou pour son compte par son représentant légal : Cass. civ. 1re, 5 mars 2002, *Bull. civ.* I, n° 76 ; *D.* 2002.1513, n. J.-P. Gridel ; *Defrénois* 2002, art. 37600, n° 61, obs. J. Massip ; *RJPF* 2002 6/14, n. Pansier ; *RTD civ.* 2002.271, obs. J. Hauser : « *La prescription de l'action en nullité ouverte à l'égard des actes faits par ou au nom du mineur court du jour de sa majorité ou émancipation* ». Sur le point de départ de la prescription de l'action en nullité qui, avant la loi de 2007, pouvait frapper les actes faits par un majeur avant que ne fût prononcé le jugement de tutelle, *infra*, n° 770.

la tutelle ; ce majeur est frappé d'une incapacité générale ; tous les actes l'intéressant doivent être faits par son tuteur [41]. De même, le tuteur d'un mineur (ou d'un majeur) doit obtenir l'autorisation du conseil de famille ou à défaut du juge des tutelles pour faire un acte de disposition pour le compte de son pupille ; si l'acte a été fait par le tuteur sans les autorisations nécessaires, il est nul de droit ; il en est de même, à plus forte raison, d'un acte de disposition qu'un mineur non émancipé aurait fait seul [42].

Lorsque le représentant légal d'un incapable a vendu un bien de son pupille comme s'il était le sien et, bien entendu sans avoir rempli les formalités légales, la nullité qui intervient soulève des difficultés. La nullité de droit qui le frappe, par application des règles sur les incapacités, coïncide avec la nullité de la vente de la chose d'autrui (art. 1599). Or, les deux types de nullité obéissent à des régimes différents, entre lesquels il faut choisir. Selon certains auteurs, il s'agirait de la nullité de la vente de la chose d'autrui [43] ; la conséquence en serait que la nullité ne pourrait être invoquée que par l'acquéreur ; le véritable propriétaire, qui est l'incapable, ne pourrait la demander, mais il pourrait exercer une action en revendication qui n'est paralysée que par la prescription acquisitive de l'acquéreur (qui est, en matière immobilière, de dix ans ou de trente, selon que l'acquéreur est de bonne ou de mauvaise foi). Selon un autre auteur [44], il s'agirait d'une nullité en la forme : aussi, la nullité ne pourrait être invoquée que par l'incapable, par conséquent ni par le vendeur, ni par l'acquéreur et l'action serait prescrite par cinq ans à compter de la fin de l'incapacité, dès lors que l'incapable a eu connaissance de l'acte irrégulier.

II. — Rescision pour lésion

528. Atténuations de la nullité. — Il est des cas où l'irrégularité d'un acte intéressant un incapable n'est pas sanctionnée par une nullité de droit, mais par une rescision pour cause de lésion ; la loi considère le résultat économique de cet acte afin de le maintenir ou de l'annuler, selon qu'il a ou non conféré un profit à l'incapable.

Il existe ainsi une nullité conditionnelle, la rescision [45] pour cause de lésion [46], qui va soit atténuer une incapacité qui n'est pas absolue, soit limiter une capacité qui est diminuée. Tantôt, il s'agit des actes les moins graves (les actes d'administration) irrégulièrement accomplis par certains incapables (les mineurs non émancipés [47] et pour certains actes les majeurs sous curatelle [48]) ; tantôt, il s'agit d'un acte quelconque accompli par une personne capable dont la capacité est diminuée (le majeur sous sauvegarde de justice) [49].

---

41. *Infra*, n° 768.
42. *Infra*, n° 610.
43. Planiol et Ripert, t. X, par J. Hamel, n° 46.
44. J. Flour, « Pot-pourri autour d'un arrêt », *Defrénois* 1975, art. 30853, sp. pp. 152-158.
45. **Définition** de rescision : annuler. **Étymologie :** du latin *rescindo, ere* = démolir, casser, lui-même dérivé de *scindo, ere* = fendre. **Histoire :** dans l'Ancien régime, lorsque la nullité dérivait du droit romain, il fallait obtenir de la chancellerie des Parlements des *lettres royaux* pour l'autoriser. Les chancelleries ont été abrogées par la loi des 7-12 septembre 1790. Il reste de cette origine que la rescision n'est admise que d'une manière encore plus exceptionnelle que la nullité.
46. **Définition** de lésion : *laesio, onis* = dans le latin classique, action de léser ; dans le latin de basse époque, dommage subi ; d'où, en français lésion = dommage. **Étymologie :** du latin *laedo, ere* = blesser, heurter, endommager.
47. *Infra*, n° 611.
48. *Infra*, n° 771.
49. *Infra*, n° 730.

III. — Conséquences de la nullité

529. Restitution limitée au profit subsistant. — Lorsqu'une nullité est prononcée pour cause d'incapacité, qu'elle soit une nullité de droit ou une rescision, elle ne produit pas ses effets habituels. En faveur de l'incapable, la loi va les atténuer, prenant en considération l'avantage économique qu'a, en définitive, conservé l'incapable qui ne sera tenu à restitution que dans la mesure du profit subsistant.

Normalement, une nullité oblige à effacer toutes les conséquences accomplies d'un acte irrégulièrement conclu ; s'il a été exécuté, toutes les prestations accomplies doivent être restituées par chacune des parties [50]. Au contraire, l'incapable n'est pas obligé de restituer tout ce qu'il a reçu, mais seulement ce qui a tourné à son profit (art. 1312) ; il n'a pas à restituer ce qu'il a dépensé. Autrement, sa protection eût été illusoire ; s'il avait dû restituer ce qu'il avait dissipé, il eût dû le prendre dans son patrimoine et se fût trouvé appauvri [51].

Tout ceci, comme souvent en droit, ne relève pas d'une logique inflexible, mais d'une politique de protection de l'incapable, dissuadant les tiers de contracter avec lui. L'incapable n'est pas toujours protégé ; il ne l'est que lorsque cela est nécessaire, ce que la loi de 2007 a appelé le principe de nécessité, n'envisageant que les majeurs (art. 415, al. 1), non les mineurs. Lorsqu'il est protégé, il l'est totalement. En outre, le notaire est responsable s'il a rédigé l'acte irrégulier en connaissance de cause [52].

IV. — Tutelle de fait

530. Une gestion sans titre. — Lorsque la protection de l'incapable (tutelle, administration légale et curatelle) a fonctionné de manière irrégulière, le principe est que l'acte accompli au nom de l'incapable est nul. Mais il peut y avoir une tutelle de fait, dont les conséquences sont nuancées [53].

L'hypothèse type est celle où une personne exerce sans titre une administration du patrimoine pupillaire. Pour qu'il s'agisse vraiment d'une tutelle de fait et non d'une gestion d'affaires, il faut qu'il s'agisse d'une gestion générale et constante, non d'une immixtion isolée [54]. Il faut supposer qu'une tutelle soit ouverte et que les fonctions de tuteur aient été exercées sans droit ; ou bien, à l'inverse et surtout, que la cause de la tutelle ait disparu (ex. : le mineur est devenu majeur) et que le tuteur continue à administrer les biens de son ancien pupille, sans que celui-ci ne lui ait donné de pouvoirs par un mandat.

La jurisprudence décide qu'il s'agit d'un « tuteur de fait », tenu en cette qualité à toutes les obligations d'un véritable tuteur, par exemple la reddition des comptes et la responsabilité envers

---

50. Ex. : si une vente est nulle et a été exécutée, le vendeur doit restituer le prix, l'acheteur doit rendre la chose.

51. Ex. : un incapable a vendu une chose, sans en avoir eu l'autorisation, ni le pouvoir. Puis, il dissipe le prix. Ensuite, il demande la nullité de la vente : il se fera rendre la chose, sans avoir à rembourser l'argent ; v. *infra*, n° 612.

52. Ex. : Cass. civ. 1re, 7 févr. 1984, *Bull. civ.* I, n° 51 ; *Defrénois* 1984, art. 33278, n° 2, p. 498, obs. J. Massip. En l'espèce, une vente d'immeuble appartenant à des mineurs avait été conclue devant notaire par la mère de ces enfants agissant « *en qualité de détentrice de la puissance parentale* » (sic), sous la condition suspensive de son homologation par le juge des tutelles, une partie du prix ayant été payée directement à l'administratrice légale ; celle-ci, mise en « faillite », a été incapable de verser le prix à ses enfants ; la vente a donc été annulée ; l'acquéreur a restitué l'immeuble aux enfants sans avoir été remboursé du prix. Jugé que l'acquéreur pouvait obtenir du notaire la réparation du préjudice éprouvé.

53. **Biblio. :** L. LEVENEUR, *Situations de fait et droit privé*, th., Paris II, LGDJ, 1990, nos 8 et 9 ; R. SAVATIER, n. *DP* 1928.I.41, sous Cass. civ., 29 nov. 1926.

54. Ex. donné par L. Leveneur, *op. cit.*, n° 13, *supra* : « *Un voisin altruiste fait faire des réparations urgentes sur un immeuble menaçant ruine d'un propriétaire absent ; il s'avère que ce propriétaire est un mineur sous tutelle ; nul n'ira prétendre que le voisin est pour autant son tuteur de fait ; il reste un simple gérant d'affaires* ».

l'incapable [55]. L'institution n'existe que pour protéger le pupille ; si le pupille le demande (et lui seul le peut), les actes faits par le tuteur de fait, par hypothèse préjudiciables au mineur, seront annulés pour défaut de pouvoir et n'engageront que le tuteur de fait [56]. Si le pupille n'en demande pas la nullité, il est engagé.

§ 3. INSTITUTIONS PROTECTRICES

La personne protégée, surtout lorsqu'elle est incapable, est protégée par sa famille tout en pouvant participer elle-même dans la mesure du possible à l'activité juridique. Plusieurs modes de protection sont propres à certaines incapacités. Par exemple, la curatelle, le mandat judiciaire à la protection des majeurs et la sauvegarde de justice n'intéressent que les majeurs protégés, non les mineurs.

La plupart sont communes à tous les incapables : l'une traduit le contrôle que l'État exerce sur la protection des incapables : le juge des tutelles et le procureur de la République ; les autres manifestent, de façon variable, que la protection des incapables est normalement assurée par la famille : le tuteur, le subrogé-tuteur et le conseil de famille. La loi de 1964 a fait apparaître des institutions susceptibles de développements ultérieurs : les associations tutélaires et surtout les banques qui gèrent les valeurs mobilières du pupille (art. 500, al. 3).

531. Juge des tutelles. — Une autorité judiciaire spécialisée, le juge des tutelles, a été créée par la loi de 1964 relative aux mineurs ; elle est devenue une des pièces maîtresses de la protection de tous les incapables, mineurs ou majeurs.

C'est un magistrat du tribunal d'instance (art. 393 anc.), héritier du juge de paix, juridiction traditionnellement conciliatrice, plus proche des familles que ne l'est le tribunal de grande instance. Le juge territorialement compétent est celui de la résidence habituelle de la personne protégée (C. pr. civ., art. 1211, *D.* 5 déc. 2008). Il exerce une quadruple mission : juridictionnelle (il rend des jugements, par exemple des autorisations : art. 389-5, al. 1, 389-6), administrative (il surveille les administrateurs légaux et les différents organes de protection (art. 388-3, al. 1, qui confère aussi ce pouvoir du procureur de la République, *ib*.), de gestion (il autorise à passer des actes de disposition : art. 401, al. 3) et quasi familiales (il préside les conseils de famille, art. 400). Ses décisions ne sont pas susceptibles d'appel mais seulement d'un recours spécial porté devant le TGI (C. pr. civ., art. 1239, *D.* 5 déc. 2008) ; la tierce opposition est recevable [57]. Lorsqu'il s'agit de la protection des mineurs, la loi du 22 mai 2009 (dite de simplification du droit !) a conféré au juge des affaires familiales la compétence attribuée jusqu'alors au juge des tutelles qui était pourtant le plus qualifié. La circulaire du 4 août 2009 a suspendu l'application de cette loi (3 mois après !).

---

55. 1er ex. : **Réception des capitaux.** Cass. civ. 1re, 15 févr. 1973, *Casier, Bull. civ.* I, n° 61 ; *D.* 1975.509, n. R. Savatier ; dix-sept ans après la majorité du pupille, jugé que la prescription n'était pas acquise en faveur de celui qui, en fait, avait poursuivi une gestion tutélaire ; sur cet arrêt, J. FLOUR, « Pot-pourri autour d'un arrêt », *Défrénois* 1975, art. 30854, sp. p. 151. La loi de 2007 a abandonné cette règle (art. 515, al. 1 « *se prescrit par cinq ans à compter de la mesure, alors même que la gestion aurait continué au-delà* ») 2e ex. : **Placement des capitaux :** TI Tours, 28 mars 1973, *JCP* G 1973.IV.12 ; *Jour. not.*, 1975.365, n. Raison. En l'espèce, un enfant mineur, né d'un premier lit, avait été victime d'un accident : le deuxième mari avait perçu l'indemnité ; la mère divorça et réclama la somme ; l'ex-deuxième mari fut condamné au remboursement par application des articles 453 et 455 : il eût dû employer les capitaux.
56. Ex. : Cass. civ., 29 nov. 1926, *DP* 1928.I.41, n. R. Savatier : jugé que c'est sur le tuteur de fait que doit exclusivement peser la responsabilité de l'acte qu'il a accompli sans qualité « *et dont, sauf dans la mesure où il avait pu en tirer un profit personnel, le mineur ne devait pas subir les conséquences* ».
57. Cass. civ. 1re, 13 oct. 1998, *JCP* G 1999.II.10035, n. crit. Th. Fossier ; n.p.B.

Comme les autres organes de la tutelle, s'il commet une faute dans l'organisation ou le fonctionnement de la protection, la responsabilité de l'État est engagée [58] (pour la tutelle des mineurs, art. 412, al. 2 ; pour la protection des majeurs, art. 422, al. 1). L'insuffisance du nombre des juges des tutelles a été le reproche le plus souvent avancé à l'encontre de la loi de 1968, pour justifier la nécessité d'une réforme.

532. Procureur de la République. — Plus encore que ne le faisait le droit antérieur à la loi de 2007, le procureur de la République a des obligations importantes afin d'assurer la protection des mineurs et des majeurs fragilisés par la vie (art. 416, al. 1 : « *le juge des tutelles et le procureur de la République exercent une surveillance générale des mesures de protection dans leur ressort* », d'autant plus que le juge des tutelles ne peut plus se saisir d'office et que les personnes sans qualité pour demander une mesure de protection doivent s'adresser à lui (art. 430, al. 1). C'est lui qui enregistre et surveille les demandes de sauvegarde (art. 434). Il peut aussi provoquer la tutelle, la curatelle, la mesure d'accompagnement judiciaire (MAJ) ou d'accompagnement social personnalisé (MASP). Des auteurs demeurent sceptiques sur l'efficacité de ces pouvoirs, faute de moyens et par crainte de responsabilités [59].

533. Conseil de famille. — Le conseil de famille est l'organe délibérant assurant la protection des incapables (art. 388 s ; 456 s. ; C. pr. civ., art. 1234 s.). Il est composé autant que possible de parents et d'alliés de l'intéressé à égalité dans les deux lignes ; il est présidé par le juge des tutelles. Ses décisions sont susceptibles de recours devant le tribunal de grande instance (C. pr. civ., art. 1239).

Son importance, très forte dans le Code Napoléon, a décru depuis la loi de 1964.

534. La tutelle : une charge publique, un devoir des familles et de la nation. — Sobrement, la loi de 1964 avait défini la tutelle : « *la tutelle, protection due à l'enfant, est une charge publique* » (art. 427 anc.). Le texte était relatif aux mineurs, puis, en 1968, avait été étendu aux majeurs (art. 495 anc.). La loi de 2007 l'a remplacé par des dispositions plus lourdes, qui disent la même chose. Pour les mineurs « *la tutelle est un devoir des familles et de la collectivité publique* » (art. 394), disposition qui est répétée pour les majeurs (la loi est bavarde) (art. 415, al. 4), précédée de trois alinéas, sortes d'exposé des motifs : « *Les personnes majeures reçoivent la protection de leur personne et de leurs biens que leur état ou leur situation rend nécessaires selon les modalités prévues du présent titre. Cette protection est instaurée et appliquée dans le respect des libertés individuelles, des droits fondamentaux et de la dignité de la personne. Elle favorise, dans la mesure du possible, l'autonomie de celle-ci* » (al. 1, 2 et 3).

---

58. Ex. : Cass. civ. 1re, 26 juin 1979, *Bull. civ.* I, n° 191 ; *Defrénois* 1980, art. 32348, n° 43, p. 903, obs. J. Massip ; *Gaz. Pal.* 1981.I.2. En l'espèce, le juge des tutelles avait laissé le conseil de famille accepter purement et simplement une succession dévolue à la personne protégée « *sans vérifier si les éléments du passif qui leur* (aux membres du conseil de famille) *étaient soumis, correspondaient exactement à la situation, alors que les lettres que lui* (au juge des tutelles) *avaient envoyées les consorts Morineau, inquiets de la dégradation du fonds de commerce, auraient dû l'inciter à ne pas se contenter des seules indications de Thérèse Racine, veuve de Marcel Morineau, simplement transmises par le notaire* ». Or la succession était déficitaire ; jugé que le juge des tutelles avait commis une faute et que l'État était donc responsable. La faute « *dans le fonctionnement* » peut tenir à l'organisation de la protection : Cass. civ. 1re, 4 juill. 2006, *Bull. civ.* I, n° 348 ; *JCP* G 2006.II.10118, avis J.-D. Sarcelet, n. Th. Fossier ; *RJPF* 2006 11/13, n. M. Brusorio ; *RTD civ.* 2006.739, obs. J. Hauser ; en l'espèce, le tuteur avait été nommé par le juge sans subrogé-tuteur ni conseil de famille (art. 497) et s'était révélé incapable de restituer les biens qu'il avait détournés ou d'en rembourser la valeur ; jugé que l'État était responsable : « *la faute dans le fonctionnement de la tutelle doit être également appréciée au regard de l'adéquation des contrôles exercés en fonction de la mesure choisie pour la protection de l'incapable* ».

59. C. Sévely-Fournié, « Quel rôle pour le parquet dans la protection juridique des majeurs ? », D. 2009.1221.

1°) La tutelle est une institution de protection, faite surtout dans l'intérêt de l'incapable (mais ni de la famille ni de l'État) ; elle est donc soumise à un contrôle afin de ne pas être détournée de ses fins. 2°) Elle est due ; elle est obligatoire pour les membres de la famille, sauf dispense légale (art. 397) : « *l'âge, la maladie, l'éloignement, des occupations professionnelles ou familiales exceptionnellement absorbantes* »). 3°) Elle est une charge et une obligation familiale et est donc, mais en principe seulement, gratuite ; le tuteur ne peut être rémunéré pour ses soins et peines, sauf depuis 1964, décision contraire du conseil de famille (art. 401, al. 2 (tutelle des mineurs), 419 et 500 (protection des majeurs protégés) prévoyant encore plus facilement l'octroi d'une indemnité), ce qui traduit un recul de la solidarité familiale mais rend la tâche tutélaire moins accablante. 4°) Elle est une charge publique, d'ordre public, c'est-à-dire que les règles qui la régissent ne peuvent être modifiées par des conventions particulières. Ce caractère a reculé en 2007 avec l'institution du mandat de protection future ; le caractère public de la tutelle ne l'empêche pas d'être familiale, bien qu'elle le soit moins lorsqu'il s'agit des majeurs protégés ; elle ne cesse de l'être que lorsqu'il s'agit d'une tutelle d'État (qui, avec la loi de 2007, sera assurée par des mandataires judiciaires à la protection des majeurs), car la famille est alors défaillante.

535. Ancienne tutelle aux prestations sociales. — Le droit social avait créé en 1966 une « tutelle aux prestations sociales », toujours prolétaire et assez différente de celle du droit civil, notamment parce qu'elle ne créait pas de véritable incapacité. Elle reposait sur cette idée qu'il ne fallait pas verser les prestations sociales à leur bénéficiaire lorsqu'il risquait de ne pas les utiliser convenablement, mais qu'il fallait les payer à un tiers, qui les dépensera pour le compte de l'incapable, une sorte de *trust* au profit des assistés [60]. Elle était parfois détournée de ses fins.

La plus ancienne variété intéressait les prestations sociales (prestations familiales, secours à l'enfance, bourses d'études, etc.) dues aux mineurs ; le juge des enfants pouvait en ordonner le paiement à un tuteur aux prestations sociales lorsque les enfants étaient élevés dans des conditions défectueuses ou que les prestations n'étaient pas employées dans leur intérêt (CSS, art. L. 552-6 et R. 167-2 anc.) [61]. La règle avait été étendue aux majeurs protégés : le juge des tutelles pouvait prévoir ce genre de tutelle pour les prestations d'aide sociale dues aux majeurs lorsqu'« *elles ne sont pas utilisées dans l'intérêt du bénéficiaire ou lorsqu'en raison de son état mental ou d'une déficience physique, celui-ci* (le bénéficiaire) *vit dans des conditions d'alimentation, de logement et d'hygiène manifestement défectueuses* » (*ib.*, art. L. 167-1 à 5 et R. 161-1 à 31).

Lorsqu'une tutelle civile était ouverte (ou une curatelle renforcée où les revenus de l'incapable sont versés au curateur : art. 512 anc., al. 1), le juge des tutelles pouvait décider que le tuteur civil était le tuteur aux prestations sociales (*ib.*, art. L. 167-2 anc.) [62], ce qui détournait l'institution de ses fins, en en faisant un moyen de rémunérer les associations tutélaires et les gérants de tutelle.

La loi de 2007 l'a remplacée par des mesures d'accompagnement social et judiciaire [63].

536. Personne et biens de la personne protégée. — Le Code civil paraît distinguer la protection de la personne et celle des biens. Pas tellement à l'égard des mineurs ; aujourd'hui, il y a généralement identité entre l'administration légale (régime des biens) et l'autorité parentale (régime des personnes) : l'art. 408, al. 1, précise que le tuteur (qui gère les biens) doit « *prendre soin de la personne du mineur* » ; en outre, l'ouverture d'une tutelle ne peut porter atteinte à l'exercice de l'autorité parentale [64]. Au contraire, envers les majeurs protégés, la loi dissocie non seulement les modalités du traitement médical et la protection des intérêts civils (art. 490-I) [65], mais aussi la protection du malade – prévue par le Code de la santé

---

60. **Biblio. :** J.-J. Dupeyroux *et al.*, *Droit de la sécurité sociale*, Dalloz, 6ᵉ éd., 2008, n° 469.
61. **Biblio. :** M. Jaut-Peninon, *La tutelle aux prestations familiales*, th., Poitiers, 1964, préf. R. Savatier.
62. Ex. : Cass. civ. 1ʳᵉ, 27 janv. 1993, *Bull. civ.* I, n° 38 ; *Defrénois* 1993, art. 35611, n° 91, obs. J. Massip ; *JCP* G 1993.IV.739.
63. *Infra*, nᵒˢ 792-793.
64. Ex. : Cass. civ. 1ʳᵉ, 12 oct. 1999, *Defrénois* 2000, art. 37179, n° 33, obs. J. Massip ; n.p.B. : « *L'ouverture d'une tutelle [...] ne peut porter atteinte à l'exercice de l'autorité parentale* ».
65. *Infra*, n° 686.

publique (art. L. 1111-2)[66] – et celle de ses biens. La loi de 2007 a renforcé cet aspect de la protection des majeurs (art. 457-1 à 463), que la jurisprudence avait déjà admis sous l'empire des textes de 1968.

537. Fiducie. — La fiducie, maintenant admise par notre droit, ne peut s'appliquer au patrimoine d'un mineur (art. 408-1). Le majeur en curatelle peut, avec l'assistance de son curateur, conclure un contrat de fiducie (art. 468, al. 2). Curieusement, l'article 509, 5° interdit au tuteur d'un majeur protégé d'en conclure un[67].

La loi de 1964 avait permis au conseil de famille ou, à défaut, au juge des tutelles d'autoriser le tuteur à conclure avec un établissement financier (banque ou société de bourse) un contrat de gestion pour les valeurs et instruments financiers (art. 454 anc.), sorte de fiducie au petit pied.

538. Plan. — La protection de la personne est donc nuancée, comme on peut le voir pour le mineur (Titre I) et le majeur (Titre II).

N°s 539-595 réservés.

---

66. *Infra*, n° 691.
67. J. MASSIP, « Le contrat de fiducie, les mineurs et les majeurs protégés », *Defrénois* 2009.1549 (très critique sur la loi de 2007).

TITRE I

MINEURS

PREMIÈRES VUES SUR LA MINORITÉ

596. 18 ans. — Quand on parle de mineur[1] sans autre précision, on vise le mineur de 18 ans ; 18 ans est depuis la loi du 5 juillet 1974 l'âge de la majorité civile (art. 388) et politique (C. électoral, art. L. 2). Civilement, jusqu'à cet âge, le mineur est frappé d'une incapacité d'exercice générale, qui tient à son âge[2]. « *À cet âge, on est capable de tous les actes de la vie civile* » (art. 488, al. 1 anc., L. 1974, reproduisant le texte du Code Napoléon, que la loi de 2007 a remplacé par une disposition lourde (art. 414) : « *à cet âge, chacun est capable d'exercer les droits dont il a la jouissance* »), sauf si une mesure de protection a été prise.

597. Mineurs délinquants. — Les règles de la majorité pénale sont différentes et ont une histoire tourmentée ; le droit pénal a toujours eu beaucoup de mal avec les jeunes délinquants, aujourd'hui plus qu'hier (Ord. 2 févr. 1945, relative à l'enfance délinquante, souvent modifiée ; le principe est que les mineurs capables de discernement sont pénalement responsables, mais sont déférés à des juridictions spéciales (tribunaux pour enfants et cours d'assises spéciales). Le mineur de moins de treize ans ne peut être condamné à une peine, mais seulement à des mesures éducatives, ou plutôt rééducatives. Le mineur de plus de dix ans peut être l'objet de sanctions éducatives. Le mineur de plus de treize ans peut être condamné à une peine « *lorsque les circonstances et la personnalité des mineurs l'exigent* » et « *en tenant compte de l'atténuation de leur responsabilité pénale* » en raison de leur âge. L'augmentation de la délinquance juvénile coïncide avec la crise contemporaine de la famille et de l'autorité parentale. Le droit pénal est impuissant par lui seul à y mettre un terme : le renforcement de la répression que souvent envisagent les pouvoirs publics repose sur des illusions lorsque la famille se décompose.

598. Droits de l'enfant. — Une tradition millénaire et universelle voit dans l'enfant une personne qu'il faut éduquer – il est soumis à l'autorité parentale – et protéger – il est un incapable soumis à un statut de protection. Depuis plus de trente ans se développe une idéologie qui vient des États-Unis, entendant libérer les enfants du pouvoir millénaire que leur imposerait la famille et leur reconnaître « les droits de l'enfant », transposés des droits de l'homme. Même le langage devrait être modifié, car celui qui est utilisé aujourd'hui impliquerait un mépris de l'enfant : il ne faudrait plus parler de mineur (dans le mot, il y a « moins »,

---

1. **Étymologie** de mineur : du latin *minor, oris* = comparatif de *parvus, a, um* : petit ; *minus* = moins (de 18 ans).
2. **Biblio.** : J. MASSIP, cité *supra*, n° 492 ; Ph. BONFILS et A. GOUTTENOIRE, *Droit des mineurs*, Dalloz, 2008.

c'est-à-dire une infériorité), d'incapable (dans le mot, il y a une idée d'inaptitude, c'est-à-dire presque de la sottise), d'autorité (qui implique le commandement), ni même d'enfant. La Convention de New York du 26 janvier 1990 se réfère à ces deux courants [3] : l'enfant doit être protégé, mais a des droits qui peuvent s'exercer contre ses parents (ex. : droit à la liberté d'opinion (art. 12), à la liberté d'expression (art. 13), à la liberté d'association (art. 14)).

Quelles que soient ses bonnes intentions – son mérite principal est d'être universelle, ce qui permet de lutter contre des pratiques abominables commises sur les enfants dans certains pays –, elle a trois vices principaux. 1°) Elle ne fait pas de différences selon l'âge de l'enfant. 2°) Elle favorise une nouvelle immixtion de l'État dans les rapports privés. 3°) Elle crée un risque d'instabilité dans les familles.

599. Fondements de l'incapacité. — Dans notre droit, à la différence de l'Ancien droit, l'incapacité du mineur est plus fondée sur une idée de protection que sur le respect de l'autorité parentale ou la conservation des biens dans les familles, puisqu'elle est toujours la même, quelle que soit la condition familiale de l'enfant. Cette protection est nécessaire parce que pendant cette période de la vie, la plupart des mineurs ne sont aptes, ni à diriger leur personne, ni à gérer leur fortune. Pas tellement à cause de facteurs biologiques tenant à l'inachèvement de leur développement physiologique ou à l'insuffisance de leur résistance physique. Dans le droit du mariage, pourtant sensible aux réalités biologiques de la personne, ces considérations sont insuffisantes pour expliquer les règles d'aptitude au mariage. L'incapacité du mineur se fonde sur une insuffisance d'intelligence et surtout de volonté.

600. Rome et Ancien droit [4]. — Initialement, en droit romain, particulièrement dans la Rome primitive, la tutelle avait pour raison d'être l'intérêt de la famille et de son patrimoine : elle était instituée dans l'intérêt du tuteur ; aussi la tutelle testamentaire (le tuteur était désigné par testament) fut-elle préférée à la tutelle légitime (établie par la loi) ; la tutelle dative (le juge désignait le tuteur) apparut beaucoup plus tard. Puis, peu à peu, s'était développée, comme dans le droit contemporain, l'idée d'une protection du pupille.

L'Ancien droit était en la matière (comme dans les autres) particulièrement complexe. Le droit écrit continuait la tutelle romaine. Le droit coutumier a évolué, tout en étant resté disparate. Il distinguait initialement entre la tutelle et la garde, ou plutôt les gardes : la garde seigneuriale (en Normandie, les fiefs des orphelins étaient sous la garde des seigneurs), la garde noble et la garde bourgeoise : les biens des mineurs étaient sous « la garde » des parents. En outre, le mineur ne pouvait ni contracter ni plaider. Le droit coutumier connaîtra la même évolution qu'antérieurement le droit romain : la garde était initialement une puissance conférée à la famille ; elle deviendra une protection du mineur.

601. Politique législative. — En législation, quatre systèmes sont concevables pour déterminer la majorité : individualisée, ou par étapes, ou différenciée par actes, ou globale.

1°) Une fixation chiffrée de la majorité peut paraître arbitraire, car elle ne tient pas compte de l'éveil plus ou moins précoce ou tardif de l'intelligence, de la maturité et de l'énergie de chacun.

---

3. **Biblio.** : F. Dekeuwer-Défossez, *Les droits de l'enfant*, PUF, Que sais-je ?, 3e éd., 1996 ; Cl. Neirinck, *Le droit de l'enfance après la Convention des Nations unies*, Delmas, 1993 ; I. Théry, *Nouveaux droits de l'enfant, la potion magique ?* Esprit, 1992.5 s. (très critique : ex. : p. 13 : « *Dangers d'une assimilation de l'enfant à l'adulte qui fait de l'enfant le seul responsable de sa propre protection, et le livre ainsi à toutes les manipulations* [...] », p. 17 : « *Les "nouveaux droits" des enfants sont également des droits sans devoirs, des droits sans responsabilité. Que l'enfant abuse, par exemple, de son droit à l'expression, ce seront ses parents et non lui-même qui devront répondre en justice d'une éventuelle plainte en diffamation* [...] », p. 29 : « *Quel citoyen deviendra l'enfant à qui l'on aura appris que rien n'est plus grand que de dire "mon droit, mon droit"* ? ». Au contraire, de nombreux auteurs y sont favorables : ex. F. Bonfils et A. Gouttenoire, *op. cit., supra*, note 2, n° 597, n° 56 : « *La Convention internationale sur le droit de l'enfant a reçu un accueil enthousiaste* [...]. *Les juristes n'ont pas été en reste* »... (tout le monde n'est pas de cet avis).

4. **Biblio.** : J.-Ph. Lévy et A. Castaldo, *Histoire du droit civil*, Dalloz, 2002, n°s 173-203.

Aussi, dans une méthode individualisée, la capacité devrait-elle dépendre des aptitudes personnelles de chaque adolescent. Ce système est quelquefois retenu par notre droit. Ainsi en est-il, parfois, de la majorité pénale (C. pén., art. 122-8). Il en est de même de l'obligation d'entretien que les enfants peuvent réclamer à leurs parents, même après leur majorité, lorsqu'ils poursuivent leurs études. Le système ne peut avoir de portée générale en raison des incertitudes qu'il crée ; en outre, il est matériellement impossible de soumettre chaque adolescent à l'appréciation de ses facultés pour décider de sa capacité ; enfin, le mesurage des qualités intellectuelles d'un adolescent est divinatoire : le caractère approximatif de la valeur sélective des examens universitaires le démontre.

2°) Bien que le droit romain n'eût jamais complètement connu la notion de majorité, il avait organisé une sorte de majorité par étapes. Il existait quatre sortes de mineurs, frappés d'une incapacité décroissante : l'*infans*[5] (sous Justinien, il était l'impubère de moins de sept ans) avait une totale incapacité d'agir ; l'*infantiae proximus* (l'enfant proche de l'*infantia*, c'est-à-dire celui qui parle mais n'a pas pleinement conscience de ses paroles) ne pouvait s'obliger par ses délits, mais avait une capacité restreinte à certains actes juridiques ; le *pubertatis proximus* (l'enfant proche de la puberté, *doli capax*, c'est-à-dire capable de commettre une faute) s'obligeait par ses délits et pouvait faire les actes qui rendaient meilleure sa condition ; le mineur de 25 ans *(legitima aetas* : l'âge requis par la loi) demeurait soumis au régime de la curatelle[6]. De ce système subsistent en droit français quelques séquelles, peut-être soumises à des développements si continuent à s'étendre les droits de l'enfant[7]. En l'état, le mineur peut faire, à partir de certains âges, certains actes, ce qui combine la majorité par étapes (le principe) avec la majorité différenciée (une modération du principe).

3°) La majorité peut varier selon la gravité de l'acte, ce qui constitue une majorité différenciée. C'est, par exemple, ce que fait la loi quand elle admet que l'adolescent entre 16 et 18 ans peut disposer par testament de la moitié de ses biens (art. 904). De même et surtout, le mineur peut faire tous les actes lorsque l'usage lui permet d'agir (art. 408, al. 1). D'une façon plus générale, la loi prévoit que « *les parents associent l'enfant aux décisions qui le concernent, selon son âge et son degré de maturité* » (art. 371-1, al. 3).

La loi lui permet aussi depuis 1993 d'être entendu en justice quel que soit son âge, s'il est pourvu de discernement (art. 388-1, al. 1)[8]. C'est une prérogative qu'il exerce notamment dans l'instance en divorce de ses parents.

4°) En général, le droit adopte une majorité globale, ce que l'on appelle « l'âge de la majorité ». Jusqu'en 1974, il était de 21 ans, aujourd'hui, ramené à 18 ans, comme dans les pays de l'Est, l'Allemagne, l'Italie, le Royaume-Uni et la Suède, alors que l'Autriche le fixe à 19 ans, la Suisse à 20 ans.

Seront successivement étudiés le droit commun de la minorité (Chapitre I), l'administration des biens du mineur (Chapitre II) et l'émancipation (Chapitre III).

N° 602 réservé.

---

5. Littéralement : celui qui ne peut parler. **Étymologie** d'*infans* : *in* = négation + *for, ari* = parler, d'où *facundia* = facilité de parole, puis éloquence, *fabula* = conversation, puis récit.
6. R. von Jhering, *L'esprit du droit romain*, trad. de Meulenaere, 3ᵉ éd., t. I, Paris, 1886, p. 54-55.
7. J.-J. Lemouland, « L'assistance du mineur, une voie possible entre l'autonomie et la représentation », *RTD. civ.* 1997.1 et s.
8. Fr. Alt-Maes, « Le discernement et la parole du mineur en justice », *JCP* G 1996.I.3913.

CHAPITRE I

DROIT COMMUN DE LA MINORITÉ

603. La ville dont le prince est un enfant. — Le principe est l'incapacité du mineur. Ce dernier ne peut faire d'actes juridiques et il est représenté. Le patrimoine du mineur est un royaume menacé ; parce que son prince est un enfant, il faut lui donner un autre capitaine. Selon la situation de famille dans laquelle il se trouve, le représentant légal est un administrateur légal ou un tuteur.

Apparemment, son incapacité est générale (elle intéresse tous les actes juridiques) et uniforme (elle est la même pendant tous les âges de la jeunesse). Cette solution radicale est tellement inopportune qu'elle est écartée. Le droit français ne procède pas à des distinctions aussi tranchées entre l'incapacité et la capacité. Il admet que la capacité s'acquiert peu à peu par étapes. Mais il y parvient indirectement. En premier lieu, à raison de la théorie générale des actes juridiques, il maintient une incapacité à peu près totale au mineur sans discernement (Section I) ; en second lieu, par le jeu des règles sur l'incapacité, il assouplit, selon des modalités diverses, l'incapacité du mineur doué de discernement (Section II). Enfin, si les jeunes adultes de plus de 18 ans ont une pleine indépendance juridique, ils continuent pendant un certain temps à bénéficier de plusieurs protections, naguère attachées à la minorité (Section III).

Section I
MINEUR SANS DISCERNEMENT

604. Âge de raison. — Il n'existe pas d'âge précis pour fixer le moment à partir duquel un enfant a le discernement, c'est-à-dire l'aptitude à distinguer le bien du mal, ce que le droit canonique et le langage courant dénomment l'« âge de raison »[1]. Cet âge existe en général toujours au-dessus de 15 ans, jamais au-dessous de 4 ans. Pour les âges intermédiaires, entre 4 et 15 ans, tout est question d'espèce et varie non seulement selon les enfants, mais aussi selon les actes. À 12 ans, on peut avoir assez de discernement pour conduire une bicyclette,

---

1. C. dr. can., can. 97, § 2... « *À l'âge de sept ans accomplis, il* (le mineur) *est présumé avoir l'usage de la raison* ».

non sa vie. C'est donc la gravité de l'action qui détermine quels sont les actes dont le mineur sans discernement peut mesurer la portée.

On a reproché à cet « âge de discernement » d'être « un concept flou [2] ».

605. Actes juridiques. — En principe, le mineur dépourvu de discernement ne peut valablement faire aucun acte. La théorie générale des actes juridiques impose que l'on ait au moins la conscience de ce que l'on fait et entraîne donc la nullité, voire l'inexistence, des actes que ce mineur aurait accomplis. Cependant, là encore, tout est question d'acte : un enfant de 5-6 ans peut « faire les commissions » ; en réalité, ce n'est pas une dérogation à la théorie générale des actes juridiques qui apparaît ici : cet enfant est le mandataire de ses parents or il n'est pas nécessaire qu'un mandataire soit capable.

606. Délits : la faute de bébé !. — Pendant longtemps, il avait été admis que le mineur privé de discernement était irresponsable de ses délits [3]. Seule pouvait être engagée la responsabilité de ses parents lorsque les conditions en étaient réunies (art. 1384, al. 4) ; cette responsabilité existe toujours [4]. Le principe de l'irresponsabilité des mineurs a été surtout discuté aux lendemains de la réforme de 1968 qui a obligé le majeur dont les facultés mentales étaient altérées à réparer les dommages qu'il a causés (art. 414-3) [5].

Finalement, sans prendre le détour de ce texte, la Cour de cassation a jugé que le mineur même privé de discernement pouvait commettre une faute engageant sa responsabilité (art. 1382) [6] ou être qualifié de gardien d'une chose ayant causé un dommage et sur le fondement de l'art. 1384, al. 1 être responsable à ce titre [7]. Tout ceci relève d'une psychologie curieuse : la « faute », la « garde » de bébé ! Ce que veut la Cour de cassation, c'est obliger l'enfant et ceux qui en répondent à réparer le dommage qu'il a causé.

---

2. J. HAUSER, obs. *RTD civ.* 1998.656.
3. Ex. : POTHIER, *Obligations*, 1781, n° 118 : « *Si un enfant ou un fou fait quelque chose qui cause du tort à quelqu'un, il n'en résulte aucune obligation de la personne de cet enfant ou de ce fou ; car ce fait n'est ni un délit, ni un quasi-délit, puisqu'il ne renferme ni imprudence, ni malignité dont ces sortes de personnes ne sont pas susceptibles* ».
4. * Cass. ass. plén., 9 mai 1984, Fullenwarth, *Bull. civ. ass. plén.*, n° 4 ; *D.* 1984.525, concl. J. Cabannes, n. F. Chabas, 2e esp. ; *JCP* G 1984.II.20255, n. N. Dejean de la Bâtie, 2e esp. ; *RTD civ.* 1984.508, obs. J. Huet : « *Pour que soit présumée, sur le fondement de l'article 1384, alinéa 4, la responsabilité des père et mère d'un mineur habitant avec eux, il suffit que celui-ci ait commis un acte qui soit la cause directe du dommage invoqué par la victime* ». En l'espèce, un enfant de 7 ans avait décoché une flèche sur un de ses camarades qu'il éborgna. Devant les juges du fond, le père de la victime avait fait condamner le père de l'auteur du dommage à le réparer. Le pourvoi a vainement reproché à la cour d'appel de n'avoir « *pas recherché si M. Pascal Fullenwarth* (l'enfant tireur de flèches) *présentait un discernement suffisant pour que l'acte puisse lui être imputé à faute* ».
5. *Infra*, n° 721.
6. * Cass. ass. plén., 9 mai 1984, Lemaire et Derguini, *Bull. civ. ass. plén.*, n°s 2 et 3 ; *D.* 1984.525, 5e et 4e espèces, concl. J. Cabannes et n. F. Chabas ; *JCP* G 1984.II.20256, n. P. Jourdain ; *JCP* G 1984.II.20291, rap. Fédou ; *RTD civ.* 1984.508, obs. J. Huet. Dans ces espèces, des mineurs, respectivement âgés de 13 et de 5 ans, avaient contribué à se causer mutuellement des dommages mortels ; les juges du fond avaient jugé qu'ils en étaient partiellement responsables ; les pourvois ont vainement prétendu que ces mineurs étaient incapables de discerner les conséquences de leurs actes et ne pouvaient donc avoir commis de fautes.
7. * Cass. ass. plén., 9 mai 1984, Gabillet, *Bull. civ. ass. plén.*, n° 1 ; *D.* 1984.525, concl. J. Cabannes, n. F. Chabas, 3e esp. ; *JCP* G 1984.II.20255, 1re esp., n. N. Dejean de la Bâtie ; *JCP* G 1984.II.20291, rap. Fédou ; *RTD civ.* 1984.508, obs. J. Huet : « *En retenant que le jeune Eric avait l'usage, la direction et le contrôle du bâton, la cour d'appel, qui n'avait pas, malgré le très jeune âge de ce mineur, à rechercher si celui-ci avait un discernement, a légalement justifié sa décision* ». En l'espèce, il s'agissait d'un enfant de trois ans qui, en tombant d'une « *balançoire improvisée constituée par une branche* » avait éborgné son camarade avec un bâton qu'il tenait à la main ; jugé que ses parents étaient responsables.

Section II
MINEUR DOUÉ DE DISCERNEMENT

La théorie générale des actes juridiques ne peut limiter l'activité juridique du mineur doué de discernement qui, par hypothèse, a une volonté consciente, suffisante par conséquent pour l'engager. Néanmoins, parce que ce mineur est insuffisamment expérimenté, il doit être protégé par des règles restreignant sa capacité. La loi admet sa capacité pénale, bien que réduite (§ 1) et, lorsqu'il n'est pas émancipé, prononce au contraire son incapacité contractuelle, qui est loin d'être illimitée (§ 2).

§ 1. Capacité pénale

607. Responsabilité pénale. — Depuis toujours, la loi pénale déclare pénalement irresponsable le mineur dépourvu de discernement. Quant à celui qui est pourvu de discernement, il est pénalement responsable, mais avec un régime qui a toujours été différent du droit commun. Une ordonnance du 2 février 1945 en a posé les principes ; depuis une dizaine d'années le développement de la délinquance juvénile en fait une question agitée, amenant le législateur à des réformes récurrentes (C. pén., art. 122-8, L. 9 sept. 2002) ; une reréforme est envisagée, mais les esprits demeurent partagés.

Certains voudraient que la responsabilité pénale du mineur soit affirmée sans que soit posée de limite d'âge et que le juge puisse librement apprécier l'imputabilité de l'infraction au mineur [8]. Le Conseil constitutionnel exige au contraire que la responsabilité pénale du mineur ait ses propres règles ; il y voit un « *principe fondamental reconnu par les lois de la République* » : ce qui impose au législateur de respecter l'atténuation de la responsabilité pénale en raison de l'âge, la nécessité de rechercher un relèvement éducatif et l'existence de juridictions spécialisées ou de procédures appropriées [9].

En droit civil, le mineur pourvu de discernement est pleinement responsable de ses faits et de ses fautes, et il n'y a jamais eu d'hésitation morale ou juridique à cet égard. La loi ajoute à sa responsabilité personnelle celle de ses parents (art. 1384, al. 4).

§ 2. Incapacité contractuelle

608. Une incapacité générale. — À l'égard des contrats, le principe est celui de l'incapacité générale du mineur, qui ne peut faire lui-même aucun acte (art. 1124) et, à la différence de ce que prévoient certains droits étrangers, n'est pas associé à la gestion tutélaire. Seul son représentant légal peut agir en son nom (art. 408, al. 1). Son incapacité est tempérée par le particularisme des nullités en la matière (I) ; elle est limitée par des dispositions légales, peut-être susceptibles, d'après l'interprétation que l'on en donnera, d'avoir une grande portée (II).

---

8. M. Martaguet, 6e Congrès de l'association de droit pénal, Montpellier, 1983 ; comp. Ph. Bonfils et A. Gouttenoire, *op. cit., supra*, n° 597, note 1, n° 1251 : « *Le discernement, critère de la responsabilité pénale des mineurs* ».
9. Cons. const., 29 avril 2002, « Loi *Perben* », *JCP* G 2003. I. 146, n° 6, obs. B. Mathieu et M. Verpeaux.

Son incapacité est aggravée à l'égard des donations et du cautionnement : ni lui, ni son représentant légal ne peuvent en faire (art. 903 et 904, al. 1, *a contrario*) ; la règle ne s'applique pas aux présents d'usage [10].

I. — Particularisme des nullités

Selon la nature de l'acte que le mineur a irrégulièrement fait seul sans les autorisations exigées, cette méconnaissance de la loi peut comporter deux sanctions : soit une nullité dite de droit, soit une rescision pour cause de lésion. En outre, la restitution due par le mineur est limitée à son enrichissement.

609. Histoire : *minor restituitur*.... — L'histoire explique ce particularisme, dérogatoire au droit commun. Dans l'Ancien droit, tout acte du mineur, qu'il fût ou non régulier, qu'il fût passé par l'incapable ou par son représentant légal, était rescindable pour cause de lésion s'il était lésionnaire : *minor restituitur non tamquam minor sed tamquam laesus* (l'acte du mineur est annulé, non parce qu'il a été fait par un mineur, mais parce qu'il a été lésionnaire). Encore fallait-il que la lésion ne fût pas trop minime (*de minimis non curat praetor*), ce qui, en pratique, permettait au mineur de faire les actes courants de la vie quotidienne. Malgré ce tempérament limité, la règle s'était révélée inopportune dans sa généralité, car, pour protéger le mineur, elle paralysait la gestion de son patrimoine. Selon un phénomène constant, l'excès de protection s'était retourné contre le protégé.

Depuis le Code civil, l'article 1305 a amené la jurisprudence à distinguer entre les actes nuls en la forme, nuls de droit, et les actes rescindables : « *La simple lésion donne lieu à la rescision en faveur du mineur non émancipé, contre toutes sortes de conventions* ».

610. Nullité de droit. — Les notions de nullité de droit et, *a contrario*, de validité de droit ont été posées au XIXe siècle par deux arrêts de principe [11], dont la jurisprudence ne s'est plus départie.

1°) Lorsque le mineur fait seul un acte que le tuteur n'aurait pu valablement conclure sans accomplir des formalités imposées par la loi (par exemple, un acte de disposition tel que l'aliénation d'un immeuble), l'acte est nul de droit, d'une nullité relative [12], sans qu'il y ait à apprécier si l'opération était bonne ou mauvaise [13]. Bien qu'il ne soit soumis à aucune forme particulière, il en est de même du paiement fait au mineur (art. 1241).

2°) Lorsqu'à l'inverse, les formalités requises ont été remplies, le mineur ne peut jamais critiquer l'acte, même en démontrant qu'il était lésionnaire [14].

611. Rescision pour lésion ; acte d'administration ; sottise du mineur. — Lorsque le mineur fait seul un acte d'administration (que le tuteur aurait pu

---

10. *Infra*, n° 625.
11. Cass. civ., 26 août 1807 et 18 mai 1813, *Jur. gén.*, v° *Minorité*, n° 549.
12. Que seul, par conséquent, le mineur peut invoquer ; ex. : Cass. civ. 1re, 14 janv. 2009, n° 07.16451 ; *Bull. civ.* I, n° 6 ; *JCP* G 2009 IV 1251 : « *la nullité de l'acte ne pouvait être invoquée que par le contractant que la loi a voulu protéger* ».
13. * Cass. civ., 25 mars 1861, *Marchais, DP* 1861.I.202 ; *S.* 1861.1.673 : « *Le défaut d'autorisation et d'homologation entraîne une nullité qui vicie les actes d'aliénation à leur origine même et les mineurs peuvent justement les attaquer, sans obligation pour eux de prouver qu'il en résulte à leur préjudice une lésion quelconque* ».
14. Cass. civ., 24 juin 1929, *S.* 1933.I.369, 1re esp. : « *Si ce texte* (l'art. 1305) *prévoit la rescision des contrats lésionnaires conclus par les mineurs eux-mêmes, il est sans application quand les conventions dont se plaignent les mineurs ont été passées soit par leurs représentants légaux, soit par ceux dont ils se trouvent plus tard être les héritiers* ».

accomplir sans autorisation du conseil de famille : art. 496), il peut le faire annuler s'il démontre avoir subi une lésion (art. 1305) [15] : ce qu'énonce la vieille règle *minor restituitur non tamquam minor sed tamquam laesus* (l'acte du mineur n'est pas annulé parce qu'il est l'œuvre d'un incapable, mais parce qu'il est lésionnaire). La lésion, pour l'application de cette règle, est largement entendue, puisqu'elle est prise dans ses deux sens, objectif et subjectif. D'une part, une disproportion entre les prestations réciproques – elle est alors définie objectivement, comme elle l'est dans les rares cas où elle permet la rescision des contrats entre majeurs. D'autre part, une dépense inutile, excessive, qui dépasse les moyens du mineur : « *les sottises du mineur* » [16] ; à cet égard, tout dépend des circonstances, puisque la lésion est appréciée subjectivement.

Par exemple, il avait été jugé, du temps où l'on était encore mineur entre 18 et 21 ans, qu'à cet âge, l'achat, mais non la location, d'une automobile était un acte lésionnaire.

Ainsi, l'interprétation de l'article 1305 élargit la capacité du mineur : elle donne pleine efficacité aux actes d'administration non lésionnaires : le mineur peut... acheter des denrées au prix marchand... conclure un contrat de travail qui ne comporte pas de clause le lésant.

Cet élargissement a une portée limitée. Le mineur peut faire rescinder les actes excessifs et inopportuns qu'il a conclus sans y avoir été autorisé, même faits à un prix normal. Or, aucun commerçant sérieux, aucun professionnel (par exemple, un notaire ou un banquier) ne peut envisager de voir discuter un contrat raisonnable qu'il a passé. Aussi, le tempérament qui résulte des caractères très particuliers de la sanction frappant l'incapacité contractuelle du mineur ne lui permet de faire que des actes conservatoires ou dont l'intérêt est faible.

612. Restitutions dues par le mineur. — Une autre protection du mineur tient au régime des restitutions. En droit commun, lorsqu'un contrat est annulé après avoir été exécuté, chacune des parties doit restituer à l'autre ce qu'elle a reçu. Mais lorsque la nullité est prononcée pour cause d'incapacité, le mineur ne doit restituer ce qu'il a reçu [17] que dans la mesure de ce qu'il a conservé au moment où l'action a été exercée (art. 1312) [18].

---

15. TI Montmorillon, 19 mai 1982, *La jeune artiste et la vache vorace*, *JCP* G 1984.II.20219, n. crit. J.-C. Montanier. En l'espèce, une mineure avait (peut-être) causé un dommage : alors qu'elle peignait un tableau dans un champ, elle laissa, semble-t-il, une vache de pré manger un de ses chiffons de peintre imbibé de peinture ; peu de temps après, la vache creva ; la jeune artiste promit de réparer ce dommage. Jugé « *qu'agissant seul* (la mineure), *il* (elle) *peut valablement souscrire une promesse unilatérale de somme d'argent pour éteindre son obligation de réparer les conséquences de sa faute, le paiement d'une dette étant un acte d'administration que l'administrateur légal pur et simple a le pouvoir de faire seul* » ; le tribunal annula toutefois cette promesse, parce que n'était pas établi le rapport de causalité entre la mort de la vache et le fait de la mineure et que la promesse, ou bien manquait de cause, ou bien était nulle en raison d'une erreur sur la cause.
16. J. CARBONNIER, n° 169.
17. Cass. civ. 1re, 18 janv. 1989, *Bull. civ.* I, n° 13 ; *Défrénois* 1989, art. 34548, n° 48, p. 701, obs. J. Massip : « *L'article 1312 concerne les seuls paiements faits entre les mains d'un mineur ; la cour d'appel n'avait pas à faire application de ce texte s'agissant d'une restitution qui était la conséquence d'un paiement fait au père de la victime* ».
18. L'article 1312 signifie deux choses : 1) Le mineur **ne doit** restituer que dans la mesure de son enrichissement. Ex. : Cass. civ. 1re, 5 avr. 1978, *Bull. civ.* I, n° 147. En l'espèce, Michel Lurion avait prêté 392 000 F à Jacques Dalleau, pour que celui-ci, alors mineur, achetât une voiture ; puis, il demanda à Édouard Dalleau, pris en sa qualité d'administrateur légal des biens de son fils, le remboursement de cette somme ; la cour d'appel lui donna raison « *sur la base de l'enrichissement sans cause* ». Cassation : la cour devait rechercher si ce prêt avait tourné au profit du mineur. 2) Le mineur **doit** restituer dans la mesure de son enrichissement. Ex. : Cass. civ., 13 févr. 1891, *DP* 1892.I.29. En l'espèce, un prêt avait été

II. — Dérogations légales à l'incapacité du mineur

Les dérogations légales à l'incapacité du mineur tiennent au caractère personnel de certains actes civils, à leur nature conservatoire, à leur caractère courant ou au travail du mineur. Cet ensemble d'exceptions donne au mineur, surtout lorsqu'il est proche de la majorité, une certaine indépendance mais limitée.

613. Actes personnels. — Maintenir le mineur dans le régime habituel de son incapacité lorsqu'il s'agit d'actes personnels (ex. : le mariage ou le testament) serait le frapper d'une incapacité de jouissance, car ces actes, précisément parce qu'ils sont personnels, ne sauraient être accomplis par le représentant légal de l'incapable ; la représentation, mécanisme ordinaire assurant la protection du mineur, est ici inconcevable. Cinq autres systèmes sont prévus, selon la nature de l'acte : une autorisation, une pleine capacité, une capacité limitée, un accompagnement ou un administrateur *ad hoc*.

<small>1°) Parfois, la loi assure la protection du mineur en subordonnant la validité des ces actes à une autorisation : le mariage, le contrat de mariage et le contrat de travail doivent être conclus par le mineur avec l'autorisation de ses parents. 2°) Toutefois, sans autorisation, le mineur peut reconnaître son enfant naturel, ou exercer les droits de son enfant (il s'agit, par hypothèse, d'un garçon ou d'une fille un peu précoce). 3°) Il en est de même du testament fait par un mineur de plus de 16 ans ; sa capacité est alors limitée, car il ne peut léguer que la moitié des biens dont un majeur pourrait disposer, c'est-à-dire la moitié de la quantité disponible (art. 904). 4°) De même une mineure peut se faire avorter sans le consentement de ses parents, en se faisant « *accompagner par une personne majeure de son choix* » (C. santé publ., L. 2 juill. 2001, art. L. 2212-7). 5°) Le mineur étranger arrivant en France en l'absence d'un représentant légal et sans autorisation, mis en zone d'attente, est assisté d'un administrateur *ad hoc* (Ord., 2 nov. 1945, L. 4 mars 2002, art. 35, *quater*, al. 3, codifiée dans le Code de l'entrée et du séjour des étrangers et du droit d'asile, art. L. 221-5).</small>

614. Actes conservatoires et actes courants. — Le mineur peut faire seul, c'est-à-dire sans avoir besoin d'être représenté ni autorisé, les actes conservatoires et ceux de la vie courante, tels que les menus achats ; consacrant une jurisprudence antérieure, le Code civil le dit maintenant expressément, en se référant aux « *cas dans lesquels la loi ou l'usage autorise les mineurs à agir eux-mêmes* » (art. 408, al. 1)[19]. L'usage est une notion qui varie selon les circonstances et l'âge

---

<small>consenti par une banque à un incapable, prêt qui lui avait permis d'éteindre sa dette envers la banque. La cour d'appel avait, à la fois, déclaré nul ce prêt et condamné l'incapable à le rembourser, puisqu'il l'avait enrichi. Rejet du pourvoi.

19. J.-C. MONTANIER, « Les actes de la vie courante en matière d'incapacité », *JCP* G 1982.I.3076. Le mineur de plus de 16 ans peut se faire ouvrir un compte d'épargne-logement (L. 10 juill. 1965) ou un livret à la caisse d'épargne (C. caisse épargne, art. 13) ; il peut obtenir un permis de chasse (D. 30 juin 1975).

Afin d'attirer la clientèle des « jeunes », les banques françaises leur proposent plusieurs opérations. L'autorisation des parents est exigée (peut-être par transposition de la jurisprudence sur le contrat de travail : *infra*, n° 615) ; elle ne sert à rien, car l'autorité parentale n'est pas en cause. Elles permettent à un mineur... à partir de 12 ans (ou de 13 dans certains établissements) de faire eux-mêmes des retraits d'argent, notamment aux distributeurs automatiques de billets... à partir de 16 ans d'avoir un compte chèque et un chéquier « *pour payer les achats chez les commerçants* ». La pratique a ainsi spontanément retrouvé l'accès progressif à la majorité qui caractérisait le droit romain. La Cour de cassation a rendu un arrêt obscur : Cass. civ. 1re, 12 nov. 1998, *D*. 2000.39, n. Cl. Farge ; *JCP* G 1999.II.10053, n. Th. Garé ; n.p.B. ; *Defrénois* 1999, art. 36998, obs. J. Massip ; *RTD civ*. 1999.360, obs. J. Hauser ; un mineur s'était fait ouvrir un compte en banque en mentant sur sa date de naissance ; la cour d'appel, lors de sa majorité, l'avait condamné à rembourser le découvert, avec intérêt légal. Cassation : la cour d'appel n'avait pas caractérisé « *de manœuvres dolosives, ni recherché si l'ouverture d'un compte bancaire avec remise de carnets de chèques ou d'une "carte bleue" sans autorisation de son représentant était un acte de la vie courante, ni constaté que ce qui avait été payé avait tourné à son profit* ». L'ouverture d'un compte en</small>

du mineur ; la jurisprudence paraît exiger que l'acte ne fasse courir aucun risque au mineur [20].

Ces actes engagent le mineur, non les parents [21], ce qui, souvent, pour les commerçants, est la règle la plus importante et les dissuade de contracter avec le mineur seul.

Le mineur peut aussi faire seul des actes d'administration, mais ils sont rescindables pour cause de lésion [22].

615. Travail du mineur. — La loi a progressivement admis que le travail du mineur lui conférait une certaine indépendance. Sans doute, les règles de capacité sont-elles ici, en principe, celles du droit commun [23] ; la jurisprudence les a adaptées au particularisme du contrat de travail. Elle a décidé que l'intervention personnelle du mineur était nécessaire et n'était pleinement efficace que s'il y avait eu une autorisation familiale, à peine de rescision pour lésion [24].

En outre, il est depuis longtemps permis à un mineur de s'affilier à un syndicat (C. trav., art. L. 2141-1).

SECTION III
JEUNE MAJEUR DE 18 ANS

616. Une majorité par paliers. — Tout majeur de 18 ans a, en droit, une pleine capacité civile, qui est, en fait, restreinte chaque fois qu'il n'a pas de ressources personnelles. Aussi, dans la pratique, s'il n'a pas de patrimoine suffisant, il ne pourra obtenir de crédit que s'il obtient le cautionnement de ses parents, ce qui indirectement rétablit pour les actes les plus graves une autorisation parentale. En outre, il continue pendant un certain temps à bénéficier de la protection de la loi fiscale et de la loi sociale, comme s'il était mineur ; à cet égard, qui demeure résiduel, l'accès à la majorité se fait par paliers.

---

banque devrait pouvoir être consentie à un mineur pourvu de discernement, sans qu'il ait besoin d'autorisations, car elle est conforme à l'usage ; une faculté de retraits limités pourrait aussi lui être accordée, non l'usage d'un chéquier ni d'une carte de crédit. Des clubs d'investissements font participer des mineurs à leurs activités, de façon à les préparer à leur majorité et à leur donner l'habitude de la Bourse ; v. J. HUET, « Détournement (bancaire) du mineur (rappel des règles de capacité dans les contrats) », *D.* 1987, chr. 215.

20. Pour la location et l'achat d'une automobile, v. *supra*. Un achat par correspondance n'est un acte de la vie courante que s'il a pour objet un des biens servant à la vie quotidienne et si la dépense est modeste. Ex. : TI Nîmes, 29 juin 1982, *D.* 1983.13, n. F.-J. Pansier ; en l'espèce, il s'agissait d'achat par correspondance de volumes de la comtesse de Ségur, d'un faible prix ; la question n'était pas la validité de l'achat, mais de savoir si les parents étaient engagés.

21. Ex. Cass. civ. 1re, 21 juin 1977, *Bull. civ.* I, n° 285 : « *Les parents ne sont pas tenus des obligations nées des contrats passés par leurs enfants mineurs, que ce soit, ou non dans le cadre des actes de la vie courante* ». En l'espèce, un concubin avait prêté une somme d'argent au fils mineur de sa maîtresse, somme dont il réclama vainement le remboursement à celle-ci après la rupture de la liaison.

22. *Supra*, n° 611.

23. C. trav., L. 1221-1 : « *Le contrat de travail est soumis aux règles du droit commun* ».

24. Ex. : Paris, 10 juin 1964, aff. *Johnny Halliday*, *JCP* G 1965.II.13980 : « *S'agissant de conventions qui exigeaient seulement, outre le consentement du mineur, l'autorisation de la mère, sans autres formalités ou habilitations, le fait qu'elles aient été passées par le mineur seul n'entraîne pas pour autant leur nullité, mais les rend seulement rescindables pour cause de lésion dans les conditions prévues par l'article 1305* ». Jugé en l'espèce que devait être rescindé le contrat d'enregistrement de disques que Johnny Halliday avait, à l'âge de 16 ans, conclu avec la société Vogue à des conditions désavantageuses pour lui. Depuis 1974, l'article 1308 prévoit que « *le mineur qui exerce une profession n'est point restituable contre les engagements qu'il a pris dans l'exercice de celle-ci* ».

Ainsi, peuvent être rattachés au foyer fiscal de leurs parents les enfants de moins de 25 ans qui poursuivent des études (CGI, art. 6, 3) et tous ceux de moins de 21 ans ; de même, les mineurs de moins de 26 ans bénéficient de la Sécurité sociale étudiante lorsqu'ils poursuivent leurs études (CSS, art. R. 381-5). Souvent aussi la pratique prolonge la prise en charge des mineurs par l'assurance de leurs parents.

■ CHAPITRE II ■

ADMINISTRATION DES BIENS ET ÉMANCIPATION

Section I
ADMINISTRATION DES BIENS

Le mineur de 18 ans, tant qu'il n'est pas émancipé, est incapable ; juridiquement inapte à administrer ses biens, il ne peut paraître sur la scène juridique ; il est nécessaire qu'autrui s'en occupe [1].

En droit romain, la tutelle, administration des biens du mineur, était toujours familiale, puisque initialement, elle avait surtout pour objet la protection de la famille, la conservation de ses biens et une protection anticipée de l'héritage. Dans l'Ancien droit, lorsque les parents n'avaient pas désigné de tuteur, c'était l'Église qui assurait la gestion des biens de l'orphelin lorsqu'il faisait partie des *miserabiles personae* (les malheureux), l'ancêtre de la tutelle d'État ; ce qui donnait à la tutelle un tout autre visage.

617. Code Napoléon. — Le Code Napoléon avait, selon la condition de famille dans laquelle se trouvait le mineur, organisé deux régimes différents d'administration de ses biens : l'administration légale et la tutelle.

Il y avait administration légale lorsque les deux parents d'un enfant légitime étaient vivants. Ce système était fondé sur la confiance quasi absolue qui devait leur être portée, d'autant plus qu'il était rare qu'un enfant eût alors un patrimoine. Aussi, son mécanisme était-il assez inorganisé.

La tutelle apparaissait dès qu'un parent d'enfant légitime était mort ou en cas de filiation naturelle. Elle aurait dû assez souvent s'ouvrir ; en fait, elle n'était organisée que lorsque l'enfant avait des biens ; en 1964, il y avait eu 35 000 tutelles, alors que le nombre des orphelins et des enfants naturels mineurs était très supérieur. La tutelle était marquée par deux traits caractéristiques : une défiance à l'encontre du tuteur, et surtout, une conception statique de la gestion du patrimoine pupillaire. Son but était de conserver en nature la fortune du pupille : par exemple, la loi décourageait la vente et incitait au bail. Ce régime avait encouru des critiques de deux ordres. D'une part, l'administration légale était insuffisamment contrôlée, tandis que la tutelle l'était trop. D'autre part, la conception statique de la gestion du patrimoine pupillaire était préjudiciable au pupille ; dans une époque de changements économiques, un patrimoine qui ne se transforme pas en nature est un patrimoine qui se ruine. La vente peut être un acte utile, tandis que le bail est

---

1. Uniquement pour les actes accomplis par le mineur, non pour ceux faits par une société civile dont le mineur serait l'associé, bien que le mineur soit alors tenu des dettes sociales ; ex. pour la dette résultant d'un emprunt fait par la société : Cass. civ. 1re, 14 juin 2000, cité *infra*, n° 625, note 18.

parfois inopportun, surtout lorsque la loi consolide les droits des locataires. Aussi, le régime du Code Napoléon avait-il, au fil des temps, soulevé l'unanimité contre lui, ce qui appelait des réformes.

618. Réformes de 1964. — Ces réformes ont été réalisées par la loi du 14 décembre 1964, la première des grandes réformes contemporaines du droit de la famille, qui a eu trois dominantes : l'élargissement de l'administration légale, l'assouplissement de son organisation et le caractère familial de la gestion des biens de l'enfant [2].

1° *Élargissement de l'administration légale*

L'administration légale est ouverte tant qu'un parent est vivant. La tutelle ne s'ouvre qu'en cas de décès des deux parents, ce qui sera beaucoup plus rare qu'en 1804, puisque la longévité de la vie humaine a considérablement augmenté : en ce temps-là, la durée moyenne de la vie était de 33 ans ; aujourd'hui, elle est de 84 ans.

2° *Assouplissement de la gestion des biens*

Par ailleurs, ce régime est assoupli ; il n'y a plus seulement deux systèmes, l'administration légale et la tutelle ; il en existe un autre qui est intermédiaire : l'administration légale sous contrôle de justice, chaque fois que la famille conjugale n'a plus de cohérence, sans pourtant avoir disparu.

3° *Maintien du cadre familial*

Avant la réforme de 1964, la question la plus débattue avait été celle du cadre dans lequel devait s'exercer la tutelle : devait-il être administratif ou familial ?

Le droit comparé, à cet égard, connaît trois systèmes : 1°) celui que connaissait le régime soviétique, où la tutelle était à peu près entièrement assurée par des organismes d'État ; 2°) le système germanique, où le tuteur est choisi par la famille, mais contrôlé par un organisme d'État, judiciaire ou administratif selon les législations ; 3°) le système français du Code Napoléon, où le tuteur était choisi par la famille (incarnée par le conseil de famille), le tribunal n'intervenant que pour les cas les plus graves. On reprochait à ce régime l'indifférence des conseils de famille, composés de clercs de notaire (ce qui n'était vrai qu'à Paris, et encore pas toujours).

La loi de 1964 a maintenu à la tutelle et à l'administration légale leur caractère familial, car l'opinion française continue à se méfier de l'immixtion de l'État dans les affaires privées ; mais la loi a un peu diminué le rôle de la famille au moyen de deux modifications. Tout d'abord, la famille qui intervient dans l'administration des biens du mineur n'est plus la famille étendue de 1804 (le lignage), mais la famille étroite (le ménage et ses proches) : nouvelle manifestation de la loi du rétrécissement continu de la famille. Par ailleurs, elle a créé un nouvel organisme judiciaire, le juge des tutelles qui a une double attribution (la loi du 12 mai 2009 en a transféré la compétence au juge aux affaires familiales ; l'application de cette loi a été suspendue par une circulaire du 4 août 2009 [3]) : il exerce une surveillance générale de toutes les tutelles et parfois les contrôle directement (la loi de 2007 a conféré cette fonction aussi au procureur de la République (art. 388-3)), ce qui manifeste l'importance du rôle qu'exerce aujourd'hui le juge dans la vie familiale.

Seront successivement étudiées l'administration légale (§ 1) et la tutelle (§ 2).

---

2. **Biblio.** : G. Durry et M. Gobert, « La réforme de la tutelle et de l'administration légale à l'épreuve du temps », *Ét. Jean Foyer*, PUF, 1997, p. 377-390.
3. *Supra*, n° 531.

§ 1. Administration légale

Comme l'indique le nom (administration *légale*) de l'institution, la loi confère l'administration pupillaire à ceux qu'elle estime les plus capables de gérer les biens de l'enfant ; ce n'est une administration ni dative (conférée par la famille) ni judiciaire (conférée par le juge). Mais contrairement à ce que pourrait laisser croire un autre aspect de son nom (*administration* légale), elle donne des pouvoirs qui vont bien au-delà de la simple administration et embrassent des actes de disposition.

Elle constitue un mécanisme de représentation : l'enfant disparaît de la scène juridique, sauf lorsque la loi ou l'usage l'autorisent à agir lui-même [4] ; la pièce est jouée par l'administrateur.

Elle pose trois problèmes : qui en est investi (I), avec quels pouvoirs (II), comment prend-elle fin (III) ? En outre, les parents ont sur les biens de leurs enfants une jouissance légale (IV).

I. — Qui est administrateur légal ?

619. Éducation et gestion : l'agneau et sa peau. — Le principe est que l'administration légale (sur les biens) est confiée au parent qui exerce l'autorité parentale (sur la personne). Il est opportun que ce soit le même qui éduque la personne et gère les biens (art. 389). Il y a ainsi une unité et une cohérence de la direction.

Au contraire, l'Ancien droit, lorsque l'enfant était orphelin, dissociait la tutelle et la garde, car il craignait les spoliations dont l'enfant eût été victime : « *Ne doit mie garder l'agneau qui en doit avoir la peau* » (on ne doit pas faire garder l'agneau par celui qui doit en avoir la peau). On voit à nouveau l'étroitesse des liens qu'avait la tutelle avec le droit successoral.

620. L'aigle à deux têtes. — L'unité de direction sur la personne et sur le patrimoine du pupille produit surtout ses conséquences dans l'hypothèse la plus habituelle, où l'autorité parentale est exercée par les deux parents, c'est-à-dire dans l'administration légale pure et simple.

Avant 1970, le père était l'administrateur légal car il avait la puissance paternelle. La loi du 4 juin 1970 a mis fin à cette prépondérance masculine ; désormais, l'autorité parentale appartient aux deux parents, le père et la mère (art. 372). Il est difficile d'organiser une administration quand il y a deux chefs égaux, « un aigle à deux têtes ». Notamment, faut-il pour tout acte relatif aux biens du mineur un accord entre les deux parents ? Cette cogestion serait si lourde qu'elle serait paralysée. La situation est la même dans la communauté conjugale, en raison de l'égalité qui existe désormais entre le mari et la femme. La réponse est identique ; la clef se trouve, comme toujours lorsqu'il s'agit d'administrer le patrimoine d'autrui, dans la distinction entre les actes d'administration et les actes de disposition.

Pour les actes d'administration, les deux parents ont les mêmes pouvoirs ; la loi organise une représentation mutuelle ou plutôt une présomption de pouvoirs mutuels (art. 389-4). Ce pouvoir mutuel peut être révoqué puisqu'il n'est que présumé. Ce qui suppose une grave mésentente entre les parents, mais il faut que les tiers en aient été informés, par exemple par une opposition à l'acte que l'on envisage de faire. À l'égard des actes de disposition, la coautorité se traduit par la cogestion (art. 389-5, al. 1), pratiquement la double signature ; malgré sa lourdeur, elle est supportable, parce qu'elle est rare et que les actes sont graves.

---

4. *Supra*, n°s 613 et 614.

Le lien entre la gestion et l'autorité parentale comporte deux exceptions.

En premier lieu, le donateur ou le testateur peut désigner un autre administrateur que celui que la loi investit, pour les biens dont il entend gratifier un mineur (art. 389-3, al. 3), ce qui révèle, en général, un conflit familial. Le disposant avait la faculté de ne rien donner ni léguer : il a, *a fortiori*, celle de régler le sort de sa libéralité (dans la mesure où la réserve n'est pas en cause [5]). Cet « autre » administrateur a les pouvoirs d'un administrateur légal sous contrôle, sauf stipulation particulière de l'acte de libéralité.

En second lieu, chaque fois qu'existe une opposition d'intérêts entre l'incapable et son représentant légal et qu'il n'y a pas de subrogé-tuteur, un administrateur *ad hoc*[6] doit être nommé par un juge (art. 388-2 et 389-3, al. 2)[7].

II. — Obligations et pouvoirs

621. Un bon père de famille. — L'administrateur légal est, comme le tuteur, un administrateur du patrimoine d'autrui : il est à ce titre tenu de l'obligation de gérer et pourvu de pouvoirs. Il ne s'agit pas d'une administration du patrimoine d'autrui comme les autres, car est en cause un incapable, qui doit être protégé. Le principe qui domine la question est que, comme le tuteur, il doit gérer « *en bon père de famille* » (disait la loi de 1964, art. 450, al. 2 anc.), ce qui évoquait l'esprit familial de l'institution ; comme le tuteur, il représente le mineur dans tous les actes de la vie civile, « *sauf les cas dans lesquels la loi ou l'usage autorisent les mineurs à agir eux-mêmes* » (art. 389-3).

Selon la situation familiale dans laquelle se trouve le mineur, la loi distingue deux modalités d'administration légale : l'administration pure et simple et celle qui est exercée sous contrôle judiciaire. Elle combine cette distinction avec celle qui oppose deux catégories d'actes : les actes d'administration et les actes de disposition ; les baux occupent une position intermédiaire.

622. Administration pure et simple ou sous contrôle judiciaire. — On distingue, selon les pouvoirs qu'elle confère, deux modalités de l'administration légale : pure et simple, ou sous contrôle de justice.

---

5. Selon la jurisprudence traditionnelle, un disposant ne peut stipuler qu'après sa mort les biens qu'il transmet à ses enfants mineurs faisant partie de la réserve seront soumis à un autre régime d'administration que celui que prévoit la loi : par ex., un grand-père ne peut, en gratifiant ses petits-enfants, subordonner sa libéralité à ce que le père (divorcé) ne sera pas administrateur légal des biens légués ou donnés, dans la mesure où la libéralité porte sur la réserve ; cette disposition ne peut avoir effet que sur les biens faisant partie de la quotité disponible : Req., 11 nov. 1828, *Jur. gén.*, v° *Dispositions entre vifs et test.*, n° 122 : « *La disposition litigieuse du testament de la veuve Gadiffert ne portait que sur la portion dont elle avait la liberté absolue de disposer et était donc valable* ». Cf. aussi pour le droit de jouissance légale, Cass. civ., 27 juin 1933, *DP* 1934.I.94, n. crit. R. Savatier. Mais seul l'héritier réservataire a qualité pour demander la nullité des conditions et des charges portant atteinte à sa réserve : Cass. civ. 1re, 10 juin 1975, *Hopp, Bull. civ.* I, n° 193 ; *JCP* G 1975.II.18141, n. R. Savatier ; *Défrénois* 1975, art. 30986, obs. G. Morin.

Cette restriction au pouvoir d'administrer un bien donné ou légué faisant partie de la réserve parait obsolète à des auteurs : J. Massip, *Le droit des incapacités*, éd. Defrénois, 2002, n° 21 ; J. Hauser, « L'administration aux biens données ou légués », *Défrénois* 2009.25.

6. Expression latine qui signifie : pour cela, à cet effet.

7. Ex. : Jurisprudence constante ; ex. Cass. civ. 1re, 25 oct. 2005, *Bull. civ.* I, n° 390 ; *JCP* G 2005.IV.3510 ; *Défrénois* 2006.350, obs. J. Massip : constitution de partie civile d'enfants mineurs victimes de viols et de violences commis sur eux par leur père ; difficultés psychologiques de la mère : « *relation fusionnelle voire pathologique avec ses filles ; complexité de la situation familiale* » ; désignation d'un administrateur *ad hoc* par le juge des tutelles.

L'administration légale est pure et simple lorsqu'un enfant a ses deux parents vivants qui « *exercent en commun l'autorité parentale* » (art. 389-1).

Ce qui est une situation à la fois normale et exceptionnelle. Normale, parce qu'elle est la condition d'une famille où tout se passe bien, notamment parce que le père et la mère collaborent. Mais elle est exceptionnelle, car l'administration légale a rarement d'objet, puisque l'enfant n'a généralement pas de biens. La seule hypothèse courante est celle où l'enfant reçoit une indemnité en raison d'un préjudice qu'il a subi [8].

La deuxième modalité, plus importante en pratique, est l'administration légale sous contrôle du juge qui intervient lorsqu'une famille légitime est frappée par un trouble tenant à l'exercice par un seul époux de l'autorité parentale ou au décès d'un parent (art. 389-2).

Elle est plus fréquente que ne le sont l'administration légale pure et simple ou la tutelle. Elle constitue, en fait, le droit commun de la gestion des biens d'un mineur (en fait seulement, parce que, juridiquement, le droit commun est la tutelle : art. 389-7).

La tutelle s'ouvre lorsque les deux parents légitimes sont décédés ou déchus de leur autorité (art. 390).

Pour déterminer le régime de chacun de ces systèmes, la méthode légale est un peu compliquée : afin de ne pas répéter pour l'administration légale ce qu'elle dit des pouvoirs du tuteur, elle renvoie à tout ou partie de ses dispositions (ex. : art. 389-4, 389-5, al. 1, 389-7), ce qu'un auteur a appelé la « *réglementation par références* » [9] et un autre « *le principe d'unité entre les différents régimes tutélaires* » [10]. En conséquence chacun des textes doit être adapté à chaque hypothèse, parfois difficilement.

623. Actes d'administration. — Le principe de gestion est celui de la liberté de l'administration dans les deux modalités de l'administration légale, celle qui est pure et simple et celle qui est sous contrôle. La loi fait confiance aux parents. Tous les actes d'administration sont libres et peuvent être faits par le parent qui a la qualité d'administrateur.

Le Code civil ne le dit pas sous cette forme ; appliquant la « méthode des références », il use d'une périphrase assez lourde : « *Les actes pour lesquels un tuteur n'aurait besoin d'aucune autorisation...* » (art. 389-4 et 389-6, al. 1).

Ainsi, l'administrateur légal peut-il seul, c'est-à-dire sans l'autorisation du conseil de famille ou du juge des tutelles,... faire les actes d'administration dont la liste est donnée par le décret du 5 décembre 2008 (art. 496, al. 3)... exercer une action en justice relative aux droits patrimoniaux du mineur [11] (art. 464 anc., par analogie) ; rien dans la loi de 2007 n'évoque les actions en justice que peut exercer l'administrateur légal (l'accord des deux parents serait donc nécessaire pour une action relative à des droits extra-patrimoniaux [12])... recevoir les paiements même s'ils ont

---

8. Ex. : à la suite d'un accident de la circulation ou d'un viol.
9. P. Courbe, n. *JCP* G 1979.II.19175, sous Cass. civ. 1re, 17 janv. 1978.
10. J. Carbonnier, n° 134.
11. Cass. civ. 1re, 8 mars 1988, cité, *supra* : « *Comme l'administrateur légal, l'administrateur ad hoc a, dans les limites de la mission qui lui a été confiée, qualité pour accomplir seul tous les actes civils qu'un tuteur peut faire sans autorisation du conseil de famille ; il peut notamment introduire, sans être tenu de se pourvoir d'une autorisation du juge des tutelles, une action en justice relative aux droits patrimoniaux du mineur* ».
12. Cass. civ. 2e, 22 mai 1996, sol. impl., *Bull. civ.* II, n° 100 ; *Defrénois* 1996, art. 36434, n° 139, obs. J. Massip.

pour objet des *capitaux*[13] ... retirer du compte en banque du mineur une somme d'argent, même si elle constitue un capital[14].

624. Actes de disposition ; principe. — La différence entre l'administration pure et simple et celle qui est sous contrôle judiciaire apparaît à l'égard des actes de disposition, où la loi fait une sous-distinction entre les actes de disposition ordinaires et ceux qui sont graves.

Elle use ici aussi de la méthode des références en renvoyant aux « *actes que le tuteur ne pourrait faire qu'avec une autorisation* » (art. 389-6, al. 1) en précisant pour l'administrateur pur et simple qu'il s'agit de « *l'autorisation du conseil de famille* » (art. 389-5, al. 1).

625. Actes de disposition ; administration légale pure et simple. — Dans l'administration légale pure et simple, la loi distingue selon la gravité de l'acte de disposition.

1°) L'acte de disposition ordinaire ne peut être fait par un seul parent ; il suppose l'accord des deux, mais sans nécessiter ni l'autorisation du juge des tutelles, ni celui du conseil de famille (art. 389-5, al. 1), à la différence de l'administration sous contrôle ou de la tutelle ; par exemple... une cession de valeurs mobilières dont la valeur n'excède pas 13 500 €... l'emploi ou le placement de capitaux appartenant au mineur[15] ... la constitution d'une société civile à laquelle un mineur participe (bien que le mineur puisse être en qualité d'associé tenu des dettes sociales)[16] ... un achat à tempéraments. Si les deux parents n'ont pu se mettre d'accord ou en cas de décès de l'un d'eux, l'acte peut être passé, mais avec l'autorisation du juge des tutelles (art. 389-5, al. 2).

La loi pense sans doute qu'il y aura un contrôle mutuel entre les deux parents ; surtout, elle parvient ainsi à une gestion simplifiée, « dynamique ».

---

13. Cass. civ. 1re, 2 oct. 1979, *Bull. civ.* I, n° 229 ; *Defrénois* 1980, art. 32236, n° 6, p. 380, obs. J. Massip : « *L'administrateur légal, même sous contrôle judiciaire, est habilité à recevoir les capitaux dus au mineur, l'organisation de l'administration légale ne comportant pas de subrogé-tuteur* » ; sur cet arrêt, v. également *infra*, note 15. La règle est différente pour le tuteur (*infra*, n° 639), qui ne peut donner quittance « *qu'avec le consentement du subrogé-tuteur* » (art. 453, al. 1) ; techniquement, cette disposition n'est pas transposable à l'administration légale où n'existe pas de subrogé-tuteur ; politiquement, la loi fait plus confiance à l'administrateur légal, même sous contrôle judiciaire, qu'au tuteur, par hypothèse moins proche de l'enfant.

14. Ex. : Cass. civ. 1re, 20 mars 1989, *Bull. civ.* I, n° 126 ; *Defrénois* 1989, art. 34.548, n° 47, p. 698, obs. J. Massip : « *Il résulte des articles 389-6, 389-7, 453, 455 et 456, que l'administrateur légal, même placé sous contrôle judiciaire, a le pouvoir de faire seul les actes d'administration ; il peut, à ce titre, procéder à la réception des capitaux échus au mineur et les retirer de la banque dans laquelle ils ont été déposés ; en aucun cas, cette banque n'est garante de l'emploi des capitaux.* » En l'espèce, un mineur avait, en raison d'un accident dont il avait été la victime, reçu une grosse indemnité (plus d'un million de F) dont une partie fut déposée sur un compte en banque ; la mère, administratrice légale (et divorcée), retira les sommes et les dissipa. Jugé que la banque n'était pas responsable.

15. Ex. : Cass. civ. 1re, 2 oct. 1979, cité, *supra*, n° 623, note 13 : « *En vertu de l'article 389-5, l'emploi de ces capitaux* (dus au mineur et perçus par l'administrateur pur et simple) *par les parents n'est pas soumis à une autorisation du juge des tutelles* » (lorsqu'est en cause l'administration légale pure et simple). En l'espèce, une mineure, sous l'administration légale pure et simple de ses parents, avait été victime d'un accident de la circulation ; un jugement lui avait accordé une indemnité de 71 500 F ; le juge des tutelles, approuvé par le tribunal, avait décidé « *que les fonds seraient placés en titres nominatifs déterminés, immatriculés au nom de Jeannette R.* » ; sur la demande des parents, cassation. La règle est différente pour le tuteur : *infra*, n° 639.

16. Selon M. J. Massip (obs. *Defrénois* 2000, p. 1316-1317 sous Cass. civ. 1re, 14 juin 2000) si « *l'objet de la société civile est [...] d'acquérir un immeuble, il ne serait pas absurde de soutenir que par voie d'analogie, il conviendrait de recueillir l'accord du juge des tutelles, obligation qui s'imposerait d'autant plus lorsqu'il y a lieu de contracter un emprunt pour cette acquisition* ».

2°) L'acte de disposition grave requiert l'autorisation du juge des tutelles, à peine de nullité. La loi (art. 389-5, al. 3) en donne la liste, qui n'est pas exhaustive : ainsi en est-il de la vente d'immeuble [17], de la cession d'un fonds de commerce, d'un emprunt, de la constitution d'une société [18] et de la renonciation.

La jurisprudence a largement compris, à cet égard, la renonciation : l'article 389-5, alinéa 3, s'applique... à la transaction [19] malgré l'article 506 ... à l'acquiescement donné par l'administrateur à un jugement intéressant le mineur [20] ... à la renonciation à demander la réduction d'une libéralité [21] ; il est raisonnable de l'étendre à la renonciation à succession [22], à un legs [23] et au compromis [24].

---

17. Sauf les ventes imposées au mineur 1er ex. : les saisies ; 2e ex. les autres ventes forcées : Cass. civ. 1re, 18 déc. 1984, *Bull. civ.* I, n° 337 ; *Defrénois* 1985, art. 33581, n° 82, obs. J. Massip ; *Gaz. Pal.* 1985.II.561, m. n. : « *Ce texte* (l'art. 389-6) *ne s'applique pas aux ventes forcées décidées en vertu de dispositions légales, ou de conventions valables, en l'absence de toute initiative prise par l'administrateur légal des mineurs* ». En l'espèce, il s'agissait de droits sociaux appartenant à des mineurs ; l'assemblée générale de la société avait décidé leur vente publique, en application d'une règle statutaire pour le cas où l'un des associés ne remplissait pas ses engagements. Jugé que l'autorisation du juge des tutelles n'était pas nécessaire.
18. Le mineur ne peut jamais entrer dans une société où il acquerrait la qualité de commerçant ; aucune autorisation ne pourrait lever cette incapacité : Cass. civ., 18 avr. 1926, *DH* 1926.318.
S'il entre dans une société civile, il est obligé envers les tiers au-delà de son apport (art. 1857, al. 1). Aujourd'hui, tous les auteurs admettent qu'un mineur peut être membre d'une société civile (ex. : Y. CHAPUT, *J.-Cl. civil*, art. 1832 à 1844-17, fasc. 10, nos 6 et 15 ; MERCADAL et JEANIN, *La société civile, nouveau régime*, n° 62. Mais il faut une autorisation du juge des tutelles (MERCADAL et JEANIN, *loc. cit.*), à cause de la gravité de l'acte ; certains auteurs estiment que dans l'administration légale pure et simple, l'accord du conjoint suffirait. Si la sté civile dans laquelle un mineur est associé veut emprunter, aucune autorisation du juge des tutelles n'est nécessaire : Cass. civ. 1re, 14 juin 2000, *Bull. civ.* I, n° 187 ; *Defrénois* 2000.1315, obs. J. Massip 2001.528, obs. crit. J. Honorat ; *RJPF* 2000, 10/13, n. Pansier : « *La capacité civile d'une SCI qui jouit d'une personnalité distincte de celle de ses associés ainsi que d'un patrimoine propre ne dépend pas de la capacité de ses associés.* » ; v. aussi *supra*, note 1. Si le mineur veut acheter une action, dans une SA ou une SARL, qui ne lui impose pas d'obligation personnelle au passif social, il s'agit d'un placement ; v. *supra*, nos 385 et 386.
19. * Cass. ch. mixte, 29 janv. 1971, *épx Pfifferling, Bull. civ. ch. mixte*, n° 1 ; *D.* 1971.301, concl. R. Lindon, n. J. Hauser et E. Abitbol ; *Defrénois* 1971, art. 29881, m. concl., obs. J. Massip : « *Tout en se présentant comme une transaction, l'acte analysé par l'arrêt attaqué constitue une renonciation à un droit, au sens de l'alinéa 3 de l'article 389-5 ; ainsi sa validité est subordonnée à l'autorisation du juge des tutelles* ». En l'espèce, un acte, intitulé « *arrangement amiable* », avait constaté la renonciation des parents « *à toutes autres indemnités et dédommagements, en réparation du préjudice moral et matériel subi par leur fille mineure Astride Pfifferling, victime de deux viols, contre paiement d'une somme de 8 000 F.* ». Jugé que cet acte était nul, faute d'avoir été autorisé par le juge des tutelles.
20. Cass. civ. 1re, 6 déc. 1988, *Bull. civ.* I, n° 342 ; *Defrénois* 1989, art. 34464, n° 9, obs. J. Massip ; *JCP* G 1989.IV.50 : « *C'est à bon droit qu'une cour d'appel a considéré que l'administrateur légal d'un mineur victime d'un accident de la circulation ne pouvait acquiescer à un jugement qui n'avait accueilli que partiellement la demande formée par lui pour le compte de sa fille, cet acquiescement emportant renonciation au droit de faire appel de la décision rendue et au droit de réclamer la réparation de l'entier préjudice subi par l'enfant.* » L'autorisation du juge des tutelles doit être antérieure à la transaction, à peine de nullité.
21. Cass. civ. 1re, 6 juill. 1982, *Bull. civ.* I, n° 252 : « *À supposer que cette renonciation eût lieu et qu'elle n'eût pas constitué une libéralité, interdite à ce titre au représentant d'un mineur, elle ne pouvait être rendue valable que par une autorisation spéciale du juge des tutelles ; ne présente pas ce caractère l'autorisation donnée à un acte de partage* ». En l'espèce, un partage avait été conclu, sans que l'administrateur légal des biens des mineurs eût demandé la réduction des legs universels qui avaient porté atteinte à la réserve des enfants mineurs ; bien que l'administrateur eût été autorisé par le juge des tutelles à faire ce partage, jugé que les mineurs pouvaient demander la réduction des legs excessifs (c'est-à-dire ceux qui dépassaient la quotité disponible et portaient atteinte à leur réserve).
22. J. MASSIP, obs. citées, *supra*.
23. J. MASSIP, obs. *Defrénois* 1981, art. 32599, n° 8, p. 378, sous Cass. civ. 1re, 20 mai 1980.
24. J. MASSIP, obs. précitées, *supra*.

3°) L'administrateur légal (ni le tuteur) ne peut jamais ni donner un bien appartenant à un mineur de moins de seize ans (art. 903)[25], ni lui faire cautionner la dette d'autrui.

626. Administration légale sous contrôle. — L'administration légale sous contrôle du juge comporte un régime unique pour les actes de disposition : ils sont tous soumis à l'autorisation du juge des tutelles (art. 389-6, al. 1), parce qu'il n'existe plus de possibilité de contrôle mutuel par les parents sur eux-mêmes. Ainsi en est-il du placement des capitaux[26]. L'administrateur légal peut faire seul les actes d'administration (art. 389-6, al. 2).

> L'administrateur ne peut accepter les successions échues au mineur qu'à concurrence de l'actif net, sauf s'il a été autorisé par le conseil de famille (ou, dans la loi de 2007, à défaut, le juge) à accepter purement et simplement (art. 507-1, par analogie).

627. Bail. — La distinction entre les actes d'administration et les actes de disposition, qui commande les pouvoirs de l'administrateur et du tuteur légal, soulève des difficultés à l'égard des baux. Autrefois, le bail était le type même des actes d'administration, car il n'affectait pas la substance de la chose, tout en en retirant des revenus. Mais depuis la fin de la première guerre mondiale, le droit du preneur a été consolidé, au moyen notamment d'un droit au renouvellement dans certains baux, pratiquement les plus importants : les baux ruraux, les baux commerciaux et certains baux d'habitation. Les mêmes règles sont maintenus[27] (art. 504, al. 3) pour le mineur et pour le majeur.

Le principe est que le bail constitue un acte d'administration que le tuteur ou l'administrateur légal peut accomplir seul ; mais il ne peut excéder neuf ans ni conférer de droit au renouvellement ni au maintien dans les lieux (art. 504, al. 3 nouv. et art. 1718, cbné avec art. 595) : « *Les baux consentis par le tuteur ne confèrent au preneur, à l'encontre de la personne protégée devenue capable aucun droit de renouvellement et aucun droit à se maintenir dans les lieux à l'expiration du bail, quand bien même il existerait des dispositions légales contraires* ». Cette règle ne peut être invoquée à la fin de la tutelle que par l'incapable, non par ses héritiers ou son représentant légal[28], ce qui est une compréhension très étroite du caractère relatif de la nullité.

---

25. En pratique, la question intéresse les donations indirectes : Ex. : Cass. civ., 22 juin 1818, S. 1819.I.111 : jugé que le tuteur ne pouvait au nom de son pupille renoncer à une prescription acquise au profit du mineur (ce qui, en l'espèce, constituait une donation indirecte). Cependant, la pratique notariale admet que le représentant légal du mineur peut, avec l'autorisation du juge des tutelles, renoncer par avance, par application de l'article 930, alinéa 2, au droit de critiquer une donation faite par son père ou par sa mère.

26. La perception anticipée de plusieurs années de revenus constitue la réception d'un capital ; Cass. civ. 1re, 17 janv. 1978, *Bull. civ.* I, n° 17 ; *D.* 1980.17, n. M. P. Champenois-Marmier ; *Défrénois* 1979, art. 32139, m. n. ; *JCP* G 1979.II.19175, n. P. Courbe : « *La conclusion d'un compte bloqué avec versement anticipé des intérêts* (en l'espèce, cinq années) *constitue un emploi de capitaux* ». La cour d'appel avait dit le contraire, mais ce motif a été jugé surabondant, ce qui est pour la Cour de cassation une façon discrète et courtoise de le désapprouver. Effectivement, des intérêts accumulés sont capitalisés, c'est-à-dire qu'ils constituent un capital.

27. Ex. Cass. civ. 1re, 8 juillet 2009, *Bull. civ.* I, n° 161 ; *Défrénois* 2009, p. 2200, obs. J. Massip.

28. Cass. civ. 1re, 20 mars 1989, *Bull. civ.* I, n° 132 ; *D.* 1990.169, n. J. Massip ; *Défrénois* 1989, art. 33548, n° 46, m. n. ; *JCP* N 1989.II.878, n. Th. Fossier. En l'espèce, un tuteur avait donné à bail une exploitation rurale appartenant à un majeur en tutelle (la règle eût été la même s'il s'était agi d'un mineur : art. 495 anc., L. 1964), en prévoyant que le preneur aurait droit au renouvellement de son bail ; or le tuteur n'avait pas été autorisé par le conseil de famille ; puis (ce qui est anecdotique) la tutelle fut transformée en curatelle ; l'incapable vendit l'immeuble à son curateur et décéda ; les héritiers et l'acquéreur (l'ancien curateur) ont vainement donné congé au fermier pour empêcher le renouvellement

Le conseil de famille ou le juge des tutelles peut écarter cet effet limité du bail, afin de conférer au preneur un droit au renouvellement, ce qui peut être le cas lorsqu'aucun commerçant ou aucun cultivateur n'accepte de louer le bien du pupille s'il n'acquiert la propriété commerciale ou le droit au renouvellement, sauf en payant un loyer inférieur à la valeur locative.

Cette possibilité conférée au conseil de famille ou au juge des tutelles de donner au tuteur l'autorisation d'accorder un droit au renouvellement du bail au preneur n'est pas expressément prévue par l'article 504, al. 3). La jurisprudence l'avait pourtant admise avec un raisonnement ingénieux [29] : puisque, avec cette autorisation, le tuteur peut vendre ce bien, à plus forte raison peut-il conclure un bail faisant naître un droit au renouvellement, qui est un acte moins grave que ne l'est la vente. Il est plus que douteux que l'administrateur légal pur et simple puisse conférer ce droit avec le seul consentement de l'autre parent.

III. — Fin de l'administration légale

628. Capacité et mise en tutelle. — L'administration légale disparaît par l'accès de l'enfant à la majorité ou par son émancipation. Elle se transforme en tutelle par le décès des deux parents ou par la décision du juge des tutelles, lorsque ce magistrat estime que ce mode de gestion n'est pas assez protecteur des intérêts du mineur, parce qu'il y a une dilapidation fautive de ses biens ou une incapacité du gérant (art. 391).

La transformation judiciaire de l'administration légale en tutelle intéresse exclusivement les biens du mineur, aussi bien lorsqu'il s'agit de ses causes que de ses conséquences. Ceux qui la demandent ne peuvent donc faire valoir les insuffisances d'éducation ou les vices du comportement de l'administrateur sur la personne de l'enfant [30]. Ceux qui l'obtiennent n'acquièrent aucun pouvoir sur la personne de l'enfant [31].

IV. — Droit de jouissance légale

Le droit de jouissance légale permet aux parents de s'attribuer les revenus de leur enfant (art. 382-387). Il peut paraître choquant de faire de l'autorité parentale une source de revenus ; cependant, cette faculté, avec des modalités diverses, a toujours existé et permis une unité du budget familial. Aujourd'hui encore, le droit de jouissance légale offre une multiplicité d'aspects,

---

du bail, bien que le contrat conclu ne lui eût pas valablement donné de droit à ce renouvellement. « *La règle protectrice des intérêts du mineur édictée par l'article 456, alinéa 3, que l'article 495 rend applicable aux majeurs en tutelle, ne peut être invoquée, après la fin de la tutelle, que par l'incapable lui-même* ».

29. Ex. : * Cass. civ. 1re, 21 juin 1989, *Bull. civ.* I, n° 244 ; *Defrénois* 1989.92 obs. J. Massip : « *L'article 456, alinéa 3, qui dispose que les baux consentis par le tuteur ne confèrent au preneur à l'encontre du mineur, devenu majeur ou émancipé, aucun droit à renouvellement ne concerne que les baux conclus par le tuteur ou l'administrateur légal seul ; le juge des tutelles qui a le pouvoir d'autoriser les actes de disposition a, à plus forte raison, le droit d'autoriser l'administrateur légal des biens d'un mineur à consentir sur un bien dont le pupille est propriétaire un bail donnant droit au renouvellement au profit du preneur à l'encontre du mineur devenu majeur* ».

30. Cass. civ. 1re, 26 juin 1985, *Defrénois* 1986, art. 33735, n° 46, p. 728, obs. J. Massip ; n.p.B : « *L'ouverture d'une tutelle en application de l'article 391 a pour seul objet de pallier la carence d'un administrateur légal dans la gestion des biens du mineur et ne peut porter atteinte à l'exercice de l'autorité parentale par les père et mère, seuls en droit d'assumer la garde de l'enfant* ». En l'espèce, les grands-parents maternels avaient la garde de leur petite-fille, âgée de onze ans ; ils demandèrent que l'administration légale (confiée aux parents) fût transformée en tutelle parce que leur fille et leur gendre menaient une vie instable, que leur logement était sale et vétuste, qu'ils étaient alcooliques et que leur ménage se désagrégeait. Ils ont été déboutés.

31. Cass. civ. 1re, 13 déc. 1994, *Defrénois* 1995.325, obs. J. Massip ; *RTD civ.* 1995.599, obs. J. Hauser ; n.p.B. : « *La décision d'ouvrir la tutelle, prise en application de l'article 391, est sans effet sur l'autorité parentale* ».

bien que son principe soit maintenant fortement contesté, car il peut être conçu comme un attribut de l'autorité parentale, une corrélation à l'obligation d'entretien, un mode d'égalité familiale, une simplification des comptes familiaux, une rémunération pour l'administration des biens du mineur et une protection de la veuve. Cette diversité s'explique par l'histoire.

629. Évolution de la jouissance légale. — En droit romain ancien, l'unité du budget familial était particulièrement pressante dans un régime agraire où il était opportun de maintenir l'unité des exploitations agricoles. Elle était assurée de la manière la plus simple : le *pater familias* avait la propriété de tous les biens des membres de sa famille. L'apparition d'une économie commerciale a altéré le système et le droit romain a admis, à partir de la fin de l'époque classique, que le fils de famille eût un pécule, c'est-à-dire des biens qui étaient sa propriété personnelle, mais dont le *pater familias* avait la jouissance. Le droit de jouissance paternelle était devenu un attribut de la puissance paternelle.

L'Ancien droit connaissait un système de garde (seigneuriale, puis noble, puis bourgeoise, mais la garde roturière n'était pas « lucrative » et ne conférait pas l'équivalent de ce qu'est aujourd'hui la jouissance légale). Les orphelins (de vassaux, de nobles ou de bourgeois) devaient être protégés par leur gardien, surtout dans les époques troublées de la vie féodale. En contrepartie, le gardien avait la jouissance des biens de l'orphelin : ce droit était la corrélation de l'obligation d'entretien.

Le droit de jouissance légale du droit moderne laisse survivre en partie les idées anciennes, mais les applique à un milieu économiquement et socialement différent. Les idées anciennes rendent, par conséquent, mal compte de ce qu'est devenue, en droit moderne, l'institution. On ne peut y voir un attribut de l'autorité parentale qui n'est pas conféré dans l'intérêt de son titulaire, mais dans celui de l'enfant ; aussi la jouissance légale ne coïncide-t-elle pas toujours avec l'autorité parentale : ainsi, elle cesse à l'âge de 16 ans, alors que l'autorité parentale dure jusqu'à 18 ans. La jouissance légale n'est pas non plus une contrepartie de l'obligation d'entretien : même si les revenus de l'enfant excèdent les dépenses de son entretien, le bénéficiaire de la jouissance légale se les attribue : le droit de jouissance légale peut être lucratif.

Plutôt, ce droit réalise l'unité du budget familial, un des objectifs du droit patrimonial de la famille, qui n'est guère compatible avec l'indépendance de ses membres. Ce qui est toujours le choix politique que le droit de la famille doit faire, l'unité ou l'indépendance. 1°) Il dispense les parents de tenir les comptes des revenus de leurs enfants jusqu'à ce qu'ils aient seize ans. 2°) Il leur donne une sorte de salaire rémunérant leur administration légale (*cf.* art. 383, al. 2). 3°) Il assure une égalité aux membres d'une même famille et surtout une protection à la veuve, ce qui appelle plus d'explications.

D'une part, il empêche que l'enfant le plus fortuné ait, pendant sa jeunesse, un train de vie supérieur à celui de ses frères et sœurs. D'autre part, il a longtemps été une protection de la veuve, mais à cet égard, il a perdu de son intérêt. Jusqu'à la loi du 3 décembre 2001, relative aux droits successoraux du conjoint survivant, un mineur n'avait généralement de fortune que lors du décès du premier mourant, le plus souvent le mari ; désormais, le conjoint survivant a, d'habitude, un usufruit universel ; le droit de jouissance légale ne lui apporte rien, sauf si les descendants sont des enfants du premier lit.

630. Conditions. — La jouissance légale était autrefois liée à la puissance paternelle. Aujourd'hui, elle est liée à l'administration légale (art. 383, al. 2), c'est-à-dire qu'elle est conférée au père et à la mère (art. 389), sauf décision contraire du juge.

Ce droit cesse lorsque l'enfant a 16 ans. La loi veut que l'on capitalise les revenus de l'enfant apparus peu avant sa majorité, afin de constituer au jeune majeur un petit pécule (à la caisse d'épargne, par exemple) qui lui évitera d'entamer son capital au moment où commence son indépendance. Le droit de jouissance cesse aussi avec l'émancipation de l'enfant.

Les biens qui en sont l'objet sont en principe tous ceux de l'enfant, sauf deux catégories d'importance inégale : ceux qui lui ont été donnés avec exclusion de la jouissance légale, et surtout, ceux qui ont été acquis par le travail du mineur (art. 387). Ces deux catégories sont cependant administrées par le titulaire de l'administration légale qui peut prélever les frais d'entretien de l'enfant [32] ; le surplus doit être capitalisé au profit de l'enfant. Sociologiquement, cette dernière règle n'est guère effective : le mineur salarié ne remet pas souvent son salaire à ses parents.

---

32. Cass. civ. 1re, 9 janv. 2008, *Bull. civ.* I, n° 7 ; *Defrénois* 2008.1124, obs. J. Massip ; *JCP* G 2008.IV.1250 : « *l'absence de droit de jouissance légale sur les gains et salaires de l'enfant mineur*

631. Effets. — Les effets de la jouissance légale se résument en deux phrases : son titulaire est dans la condition d'un usufruitier, mais est obligé d'entretenir l'enfant. D'une part, il est dans la condition d'un usufruitier : il peut percevoir tous les revenus des biens affectés à la jouissance légale ; il doit en supporter les charges de la même manière qu'un usufruitier (art. 385, 1°). D'autre part, il a l'obligation d'entretenir l'enfant et d'en payer les dettes ; il doit notamment régler la nourriture et l'éducation de l'enfant « *selon sa fortune* » (art. 385, 2°) : « *sa fortune* » est celle de l'enfant. Ce qui impose aux parents une obligation plus étendue que celle qui résulte du devoir d'entretien ; elle se mesure non aux seules ressources parentales, mais grossies des revenus de l'enfant.

§ 2. Tutelle

La tutelle s'ouvre normalement lorsque les deux parents de l'enfant sont décédés ou ont perdu l'autorité parentale ou lorsque le juge des tutelles estime que l'administration légale ne protège pas suffisamment les biens du mineur (art. 391).

Elle est une représentation légale, plus lourde que ne l'est l'administration légale : le tuteur a, en effet, avec l'enfant des relations plus lointaines que celles qu'avait avec lui l'administrateur légal ; aussi la loi l'a-t-elle soumis à un contrôle plus important que celui qui s'exerce sur l'administration légale.

Une protection trop minutieuse risque de présenter pour le pupille plus d'inconvénients que d'avantages. Aussi, la loi de 1964 a-t-elle allégé le fonctionnement de la tutelle qu'avait prévu le Code Napoléon (II) bien qu'elle ait peu modifié son organisation (I).

I. — Organisation

La tutelle comprend trois organes : un organe d'État, le juge des tutelles, et deux organes familiaux, dont les uns sont des individus, le tuteur et le subrogé-tuteur (A), et l'autre collégial, le conseil de famille (B).

A. Organes individuels

a) Tuteur

632. Testamentaire ou datif. — Le tuteur peut être nommé par testament : il s'agit d'un tuteur testamentaire ; ou par le conseil de famille : il s'agit d'une tutelle dative qui est le droit commun.

Le tuteur testamentaire ne peut être désigné que par le dernier mourant des père et mère (art. 403), par un testament [33] il n'est pas obligé d'accepter la fonction (al. 4) ou par une déclaration notariale. Au contraire du droit romain, ce genre de

---

n'interdit pas aux administrateurs légaux d'affecter tout ou partie de ces revenus à son entretien et à son éducation, seul l'excédent devant revenir au mineur ».

33. Le testament doit être valable : Cass. civ. 1re, 24 oct. 1995, *Bull. civ.* I, n° 373 ; *D.* 1996, som. 235, obs. Vauvillé ; *Defrénois* 1996, art. 999, obs. J. Massip ; *RTD civ.* 1996.131, obs. J. Hauser ; il s'agissait, dans cette espèce, d'une histoire dramatique, où une jeune femme, avant de mourir à l'hôpital, avait signé une lettre écrite par un tiers, désignant un tuteur testamentaire ; jugé que cette déclaration était sans effet : « *Le testament, écrit et daté par un tiers, n'est pas valable et, en conséquence, M. Y. n'a pas été valablement désigné* ».

tutelle est rarement pratiqué [34] ; elle traduit une survie *post mortem* de l'autorité parentale.

Dans la loi de 1964, il existait, comme dans le Code Napoléon, une tutelle légale déférée de plein droit aux ascendants (art. 402, 403 anc.) ; lorsqu'il en existait plusieurs, la proximité de degrés en déterminait l'attribution ; à égalité de degrés, le conseil de famille choisissait. La loi de 2007 l'a fait disparaître afin, selon l'idéologie nouvelle, d'individualiser la mesure de protection et en éviter l'automaticité.

La tutelle dative est la tutelle habituelle. Le tuteur est choisi par le conseil de famille (art. 404) [35] pour la durée de la tutelle ; sa charge n'est pas transmissible.

Le tuteur datif n'est pas nécessairement un membre de la famille, ce qui n'empêche pas cette tutelle d'être familiale, puisque c'est le conseil de famille qui l'a choisie et la contrôle. Il arrive que les lignes paternelle et maternelle du conseil de famille se partagent à égalité ; la majorité dépend alors du vote du juge des tutelles. Comme dans la tutelle des majeurs, le tuteur doit être indépendant de son pupille : il ne peut donc en être le salarié [36] ; mais depuis la loi de 2007, il peut recevoir une indemnité fixée par le conseil de famille (art. 401, al. 2) [37].

633. Exclusion ; destitution. — La lourdeur et la gravité de la tâche assignée au tuteur expliquent que la loi a prévu des causes d'exclusion ou de destitution. La loi de 2007 a maintenu en substance les règles de 1964 (art. 442 anc.), sauf un changement de numéro et des modifications rédactionnelles mineures : « *Ne peuvent exercer les différentes charges de la tutelle. 1°) Les mineurs non émancipés, sauf s'ils sont le père ou la mère du mineur en tutelle ; 2°) Les majeurs qui bénéficient d'une mesure de protection juridique prévue par le présent Code ; 3°) Les personnes à qui l'autorité parentale a été retirée ; 4°) Les personnes à qui l'exercice des charges tutélaires a été interdit en application de l'article 131-26 du Code pénal* » (frappées d'interdiction des droits civiques, civils et familiaux) (art. 395) [38].

Quant à la destitution, la loi de 2007 a maintenu aussi les règles énoncées en 1964 (art. 443 anc.) en les assouplissant (art. 396) : à l'inaptitude, sont ajoutés la négligence, l'inconduite et la fraude, « *lorsqu'un litige ou une contradiction manifeste d'intérêts empêche le titulaire de la charge* (tutélaire) *de l'exercer dans l'intérêt du mineur* » ; et une règle très souple, un « *changement important dans sa situation* ».

---

34. Le testament peut être antérieur à la naissance de l'enfant : Cass. civ. 1re, 9 févr. 1988, *Bull. civ.* I, n° 37 ; *Defrénois* 1988, art. 34255, n° 50, p. 736, obs. J. Massip (en quelque sorte une tutelle testamentaire prénatale, de la même manière qu'il y a une reconnaissance prénatale).

35. Il dispose d'un pouvoir souverain. Ex. : Cass. civ. 1re, 26 juin 1984, *Bull. civ.* I, n° 210 ; *Defrénois* 1984, art. 33429, n° 107, p. 1430, obs. J. Massip ; *Gaz. Pal.* 1985.I.131, m. n. : « *Il résulte de l'article 403 que lorsqu'il y a des ascendants du même degré, le conseil de famille ou, en cas de recours, le tribunal de grande instance qui statue en ses lieu et place, dispose d'un pouvoir souverain pour désigner celui des ascendants qui sera tuteur* ». En l'espèce, un mari avait été inculpé du meurtre de sa femme puis écroué ; le juge des tutelles avait réuni un conseil de famille qui désigna comme tutrice la grand-mère maternelle des enfants. Approuvés par la Cour de cassation, les juges du fond ont repoussé le recours exercé contre cette décision par la famille paternelle, qui estimait que « *n'aurait pas été caractérisée la raison essentielle susceptible de justifier l'enlèvement des enfants à leur famille paternelle chez lesquels* (sic) *ils se trouvaient lors du décès de leur mère* ». Sur cet arrêt, v. aussi *infra*, n° 637. La règle est la même lorsqu'il s'agit de choisir le tuteur d'un majeur protégé : *infra*, nos 737 et 751.

36. *Infra*, n° 755.

37. *Supra*, n° 534.

38. Cass. civ. 1re, 10 oct. 1984, *Defrénois* 1985, art. 33477, n° 9, p. 332, obs. J. Massip ; *Gaz. Pal.* 1985.I.186 ; m. n. ; n.p.B. En l'espèce, les juges du fond, approuvés par la Cour de cassation, ont admis que fût exclue de la tutelle une grand-mère maternelle d'orphelins mineurs séjournant en France métropolitaine, parce qu'elle avait encore trois enfants mineurs à La Réunion, que son premier devoir était d'aller les rejoindre et « *que sans ressources elle-même, ne sachant ni lire ni écrire, elle ne pourrait assumer personnellement la direction et le contrôle de trois petits-enfants mineurs dans une métropole où elle est seulement depuis le mois de janvier* ».

Dans la loi de 1964, ceux qui n'étaient ni parents, ni alliés pouvaient librement décliner la tutelle qui leur était proposée. Au contraire, les parents et alliés étaient obligés de l'accepter ; ils pouvaient s'excuser en ayant un motif légitime pour être dispensés de la tutelle ; la loi énumérait les excuses : « *l'âge, la maladie, l'éloignement des occupations professionnelles ou familiales exceptionnellement absorbantes ou une tutelle antérieure* ». La loi de 2007 se borne à dire que la tutelle est « *un devoir des familles* » (art. 314) et que « *le conseil de famille statue sur les empêchements* [...] *qui intéressaient le tuteur ou le subrogé tuteur* » (art. 397, al. 1).

L'exclusion, la destitution ou la récusation du tuteur ou du subrogé-tuteur suppose qu'il ait été entendu ou appelé.

634. Tutelle à la personne et tutelle aux biens. — Il peut y avoir plusieurs tuteurs pour un même mineur, notamment un tuteur à la personne et un tuteur aux biens (art. 405) ; ce qui est parfois opportun car ce ne sont pas toujours les mêmes qualités qui sont requises pour la direction de la personne et la gestion des biens. S'il y a conflit entre ces deux tuteurs, le juge des tutelles peut mettre fin à cette dualité [39].

Sans qu'il s'agisse vraiment d'une dissociation entre la tutelle à la personne et la tutelle aux biens, le conseil de famille ou le juge peuvent confier la garde de l'enfant à un tiers, lorsqu'il leur paraît inopportun de donner tous les pouvoirs au tuteur légal.

635. Tutelle départementale et tutelle d'État. — Si la tutelle demeure vacante [40], c'est-à-dire si personne n'est en mesure d'en assumer la charge [41], le juge des tutelles la défère au service départemental de l'aide sociale à l'enfance (art. 411), ce que, sous l'empire de la loi de 1964 on appelait une tutelle d'État [42] (malgré l'inexactitude de mot). C'est une situation exceptionnelle, car, dans notre droit, la protection des mineurs doit être normalement assurée par la famille.

Le tuteur est, formellement, le président du conseil général qui délègue dans ses fonctions le directeur départemental de l'aide sociale à l'enfance.

b) Subrogé-tuteur

636. Le surveillant. — Le subrogé-tuteur [43] est avant tout un surveillant du tuteur et accessoirement son remplaçant lorsqu'il y a un conflit d'intérêts entre le tuteur et son pupille ; mais il ne remplace pas le tuteur cessant ses fonctions. Il est toujours nommé par le conseil de famille parmi ses membres. Il est informé et consulté avant tout acte important du tuteur. Il informe le juge de toutes les fautes qu'il constate dans la gestion tutélaire, à peine d'engager sa responsabilité [44] ; *sur le subrogé-curateur et le subrogé-tuteur d'un majeur protégé* [45].

---

39. Cass. civ. 1re, 24 oct. 2000, *Bull. civ.* I, n° 264 ; *JCP* G 2001.II.10548, n. Th. Fossier ; *Defrénois* 2001, art. 37287, n° 5, obs. J. Massip.

40. **Étymologie** de vacance : du verbe latin *vaco, are* = être vide ; état d'une charge sans titulaire.

41. Cass. civ. 1re, 20 nov. 1985, *Bull. civ.* I, n° 316 ; *Defrénois* 1986, art. 33735, n° 47, p. 730, obs. J. Massip : « *Vu l'article 433 ; la tutelle n'est vacante au sens de ce texte que lorsque nul n'est en mesure d'en assumer la charge.* » En l'espèce, la mère d'une fillette de 4 ans avait été tuée dans un accident de la circulation ; un conseil de famille avait été constitué ; il nomma un tuteur ; ultérieurement, un notaire demanda une autre réunion du conseil pour décider de l'emploi des fonds alloués à l'enfant en réparation du dommage qu'elle avait subi. Le juge des tutelles, approuvé par le tribunal, constata « *qu'il ressort du dossier qu'il n'existe pas un nombre suffisant de parents pour organiser un nouveau conseil de famille* » et qu'il fallait déférer la tutelle à l'État. Cassation.

42. *Infra*, n° 749, sur les origines et le destin de la tutelle d'État.

43. **Étymologie** de subrogé : du verbe latin *subrogo, are* = choisir un autre candidat, puis faire venir à la place de.

44. Ex. : Cass. civ. 1re, 3 juill. 1996, *Bull. civ.* I, n° 291 ; *Defrénois* 1997.320, obs. J. Massip : en l'espèce, le tuteur avait prélevé des sommes importantes sur les livrets de la Caisse d'épargne de sa pupille, et le subrogé-tuteur ne s'était pas fait remettre les comptes de gestion pour les transmettre au juge des tutelles, ce qui lui aurait permis de déceler les irrégularités de gestion du tuteur.

45. *Infra*, n° 756.

B. Organe collégial : le conseil de famille

637. L'assemblée des parents et amis. — L'actuel conseil de famille est l'héritier de celui de l'Ancien droit et surtout de l'assemblée des parents du droit révolutionnaire. Il est l'organe de direction essentiel de la tutelle et constituait la seule forme de démocratie familiale qu'eût connue notre droit jusqu'à la loi de 2006 sur les successions qui y a soumis l'indivision pour la conclusion des actes d'administration. Le conseil de famille nomme le tuteur sauf testamentaire et le contrôle, même s'il est testamentaire (art. 398). Il nomme aussi le subrogé-tuteur qui, si possible, doit être choisi dans une autre branche de la famille que le tuteur ; il fixe les directives générales de l'éducation (de l'enfant) et de la gestion de ses biens ; et il doit autoriser les actes les plus graves (les actes de disposition).

La question majeure qu'il soulève est celle de sa composition, qui suscite de nombreuses querelles familiales ; non tellement le nombre de ses membres (quatre ou six, subrogé-tuteur compris dans la loi de 1964 (art. 407, al. 1 anc.), au moins quatre dans la loi de 2007, tuteur et subrogé-tuteur compris (art. 399, al. 2), mais leur choix. Dans tout organe de décision collective, la composition du conseil peut préjuger de la majorité et donc des décisions qui interviendront.

Il délibère à la majorité de ses membres. Le Code Napoléon avait énoncé des règles strictes pour assurer l'égalité de la représentation entre les deux lignes paternelle et maternelle. Depuis 1964, la loi se borne à poser des directives souples ; depuis 2007 (art. 399) en souhaitant qu'aucune des deux lignes ne soit sans représentation : ce qui compte est, selon les termes employés en 2007, « *l'intérêt du mineur, [...] l'aptitude des membres du conseil de famille, les relations qu'ils entretenaient avec le père ou la mère de celui-ci, les liens affectifs qu'ils ont avec lui, ainsi que la disponibilité qu'ils présentent* » (al. 4) ; c'est au juge des tutelles qu'il appartient de choisir les parents qui en seront membres, et il peut même désigner « *toute personne qui manifeste un intérêt* » au mineur (al. 3). De la même manière, la loi de 1964 permettait de désigner des amis ou des voisins susceptibles de « *pouvoir s'intéresser à l'enfant* ». À ce point de vue, apparaît l'évolution de la famille qui cesse d'être un lignage, pour être maintenant constituée par les proches de l'enfant, quand bien même ils n'en seraient pas les héritiers présomptifs.

Le conseil de famille est avant tout, comme son nom le suggère, un organe familial, une assemblée de parents, qui donne des avis ; ses membres ne peuvent se faire assister par un avocat. Il présente aussi certains aspects d'une juridiction ; par exemple, il est présidé par un magistrat, le juge des tutelles ; ses décisions doivent être motivées ; ses délibérations sont de plein droit exécutoires (C. pr. civ., art. 1221) et susceptibles (*ib.*, art. 1220) dans les quinze jours d'un recours devant le tribunal [46], qui peut substituer sa décision à celle du conseil, comme l'aurait fait une juridiction d'appel (*ib.*, art. 1222).

La loi (al. 1, art. 402) prévoit que les « *délibérations du conseil de famille sont nulles lorsqu'elles ont été surprises par dol ou fraude, ou que des formalités substantielles* [47] *ont été omises* ».

---

46. Cass. civ. 1re, 4 (et non 3) nov. 1987, *Bull. civ.* I, n° 284 ; *D.* 1987, IR, 227 ; *Defrénois* 1988, art. 34186, n° 9, p. 321, obs. J. Massip ; *Gaz. Pal.* II 230.1988, m. n. : « *Les dispositions de l'article 1222 du NCPC, qui prévoient que les délibérations du conseil de famille peuvent être frappées d'un recours, soit par le tuteur, le subrogé-tuteur ou les autres membres du conseil, soit par le juge des tutelles, sont limitatives* ».

47. Il n'est pas toujours facile de savoir ce qu'est une « formalité substantielle ». On peut, faute de mieux, la définir d'une façon fonctionnelle : celle dont l'accomplissement est nécessaire à la sauvegarde des intérêts du mineur.

1°) **Constitue** l'omission d'une formalité substantielle le fait que le juge des tutelles n'ait pas été informé de l'existence de parents dans la ligne paternelle : Cass. civ. 1re, 26 avr. 1988, *Bull. civ.* I, n° 120 ; *Defrénois* 1988, art. 34309, n° 83, p. 1027, obs. J. Massip. En l'espèce, il s'agissait d'enfants mineurs des concubins Khereddine et Brigitte, probablement franco-arabes, enfants dont la filiation n'avait pas été établie ; les parents moururent dans un accident de la circulation ; le juge des tutelles convoqua un conseil de famille uniquement constitué dans la ligne maternelle qui désigna la grand-mère maternelle comme tutrice. À la demande des parents de Khereddine, cette délibération a été annulée. 2°) Le cas **douteux** est celui où le conseil de famille est incompétent *ratione loci*. Avant la loi de 1964, il avait été jugé que la délibération n'était pas nulle s'il n'y avait pas eu de fraude : ex. : Cass. civ. 1re, 13 mars 1958, *Bull. civ.* I, n° 243 ; *D.* 1958.496 ; *JCP* G 1958.II.10669, 2e esp. 3°) **Ne constitue pas** l'omission d'une

II. — Fonctionnement

638. Antinomies de la politique législative. — Que la protection ait pour objet un mineur ou un majeur, les règles de gestion sont les mêmes (art. 408, al. 3). Dans l'abstrait, on aurait pu concevoir deux manières différentes pour organiser le fonctionnement de la tutelle. Ou bien accorder un large pouvoir d'initiative au tuteur, et ne prévoir de contrôle qu'*a posteriori*, en obligeant le tuteur à fournir, à la fin de la tutelle, des comptes détaillés, et en aménageant de façon rigoureuse sa responsabilité. Système qui permettrait une gestion dynamique des biens du pupille, sans entraves paralysantes ni coûteuses. Mais le contrôle peut être illusoire : la tutelle peut être longue (jusqu'à ce que la pupille ait 18 ans) et la justification d'actes très anciens est pratiquement impossible ; de surcroît, le tuteur, solvable à l'origine par hypothèse, peut ne plus l'être à la fin de la tutelle et est donc impuissant à réparer les malversations qu'il aurait commises. À l'inverse, on peut soumettre à un contrôle *a priori* la gestion tutélaire, subordonnant tous ses actes à une autorisation préalable ; le pupille est alors très protégé, trop protégé, car la gestion devient lourde et onéreuse : la protection se retourne contre lui.

Le droit français n'a jamais pris des positions aussi tranchées et a toujours combiné les pouvoirs d'initiative du tuteur et les mécanismes de contrôle. La loi de 1964 traduit un assouplissement de l'administration, un renforcement des comptes et un maintien de la responsabilité.

639. Administration tutélaire. — Dans les trois mois qui suivent sa nomination, le tuteur fait procéder à l'inventaire des biens du mineur, en présence du subrogé-tuteur (art. 451, art. 503, al. 1 où le délai était de dix jours), afin de fixer la consistance du patrimoine pupillaire.

Comme l'administration légale, la tutelle est une représentation (art. 408, al. 1). Ses pouvoirs sont plus limités que ceux de l'administration légale et doivent être définis. Comme l'administrateur légal, le tuteur doit conserver, défendre, faire fructifier et si possible développer le patrimoine du mineur. Les pouvoirs du tuteur ressemblent donc à ceux de l'administrateur légal et sont dominés par la même distinction entre les actes d'administration et les actes de disposition. Mais le tuteur étant moins proche du pupille que ne le sont ses parents, son pouvoir d'initiative est moins étendu.

Le tuteur peut librement faire les actes d'administration (art. 504). Par exemple, les aliénations des meubles d'usage courant, la perception des fruits et revenus (ex. : les loyers) et l'aliénation des meubles ayant le caractère de fruits.

Lorsqu'un subrogé-tuteur a été nommé, il « *atteste auprès du juge du bon déroulement des opérations que le tuteur a l'obligation d'accomplir* » (art. 497, al. 1) ; la loi de 1964 prévoyait « *le contreseing du subrogé-tuteur* » pour le payement des capitaux dus au mineur (art. 453, al. 1 anc.), qui pouvait ainsi en surveiller le placement par le tuteur. Les capitaux doivent être déposés sur un compte spécial mentionnant le nom de la personne protégée, chez un dépositaire agréé (art. 498) ou, ajoute la loi de 2007, sur un compte indisponible (art. 501, al. 3) ou à la Caisse des dépôts et consignations (*ib.*, al. 4).

---

formalité substantielle le défaut de communication au conseil de famille du rapport de l'enquête sociale ordonnée par le juge des tutelles : Cass. civ. 1re, 26 juin 1984, *Bull. civ.* I, n° 210 ; *Défrénois* 1984, art. 33429, n° 107, p. 1430, obs. J. Massip ; *Gaz. Pal.* 1985.I.131, m. n. En l'espèce, parce que le mari était inculpé du meurtre de sa femme, le juge des tutelles, après avoir ordonné une enquête sociale, avait réuni un conseil de famille, qui avait désigné comme tutrice la grand-mère maternelle de l'enfant ; jugé que de n'avoir pas communiqué l'enquête au conseil était sans conséquence ; sur cet arrêt, v. aussi *supra*, n° 632.

Le tuteur ne peut faire d'actes de disposition sans y avoir été autorisé par le conseil de famille ou, à défaut, le juge des tutelles (art. 505, al. 1), ce qu'explicite la loi de 2007 dans des dispositions minutieuses.

La vente ou l'apport à société d'un immeuble, d'un fonds de commerce ou d'instruments financiers non admis à la négociation sur un marché réglementé est soumis à un plus lourd formalisme : il suppose aussi une mesure d'instruction exécutée par un « *technicien* » ou le recueil d'avis d'au moins « *deux professionnels qualifiés* » (art. 506, al. 3) sauf, pour les instruments financiers, en cas d'urgence, la simple autorisation du juge (al. 4). La loi de 1964 exigeait pour la vente d'immeubles une vente publique aux enchères[48], sauf autorisation d'une vente à l'amiable par le conseil de famille (art. 459, anc.). Le partage peut désormais être fait à l'amiable, sur autorisation du conseil de famille ou à défaut du juge des tutelles (art. 507) ; dans la loi de 1964, jusqu'à la loi sur les successions de 2006, il devait être judiciaire (art. 466 anc.). Une transaction ou un compromis doivent avoir été autorisés par le conseil de famille, ou à défaut, le juge des tutelles (art. 506). Une succession échue à une personne protégée ne peut être acceptée qu'à concurrence de l'actif net (art. 507-1).

Le tuteur, même avec autorisation, ne peut faire un certain nombre d'actes (art. 509) : aliénations gratuites des biens de la personne protégée, sauf un certain nombre d'exceptions : remise de dette, renonciation gratuite à un droit acquis, renonciation anticipée à l'action en réduction, mainlevée d'hypothèque ou de sûreté sans paiement, constitution gratuite d'une servitude ou d'une sûreté pour garantir la dette d'un tiers, acquérir d'un tiers un droit qu'il détient contre la personne protégée, exercer le commerce ou une profession libérale au nom de la personne protégée, acheter un bien de la personne protégée ou le prendre à bail et à ferme (art. 509), sauf « *à titre exceptionnel et dans l'intérêt exclusif de la personne protégée* » (art. 510).

640. Comptes. — Le tuteur est un administrateur des biens de son pupille, au nom et pour le compte duquel il agit ; il doit donc lui rendre des comptes[49].

Dans la loi de 1964, le principe en avait été posé (art. 469 anc.) et les modalités fixées (art. 470 à 475 anc.) ; la loi de 2007 est plus minutieuse (art. 510 à 514) et circonstanciée : assouplissant l'obligation de rendre les comptes pour les petites fortunes lorsque la tutelle n'est pas assurée par un professionnel (dispense de compte, ou seulement de contrôle par le greffier : art. 512) ou au contraire l'alourdissement pour les fortunes importantes (vérification par un « *technicien* » : art. 513).

Au cours de la tutelle, le tuteur doit établir un compte annuel qu'il remet au subrogé-tuteur, lequel le transmet au greffier en chef du tribunal d'instance, qui, s'il refuse d'approuver le compte, le transmet au juge (art. 511) ; en pratique, cette reddition annuelle est rare. À la fin de la tutelle, le tuteur doit rendre compte de l'ensemble de sa gestion (art. 514). L'action en reddition des comptes est prescrite au bout de cinq ans ; même si, dit la loi de 2007, au contraire du droit antérieur[50], la gestion continue après la fin de la tutelle : art. 515). La loi de 2007 a aussi entendu assurer la confidentialité du compte avec des exceptions au profit de la famille ou des proches (art. 510).

Malgré les précautions légales, ces différents comptes, et même le compte récapitulatif final, ne sont guère protecteurs des intérêts de l'incapable. Si la tutelle a duré longtemps, le compte est compliqué ; l'incapable devenu capable n'a en général guère d'aptitudes pour le comprendre, ni de goût pour le discuter si les relations familiales sont bonnes.

641. Responsabilités. — Tous les organes assurant la protection du mineur (administrateur légal, tuteur, subrogé-tuteur, conseil de famille, juge des tutelles,

---

48. *Droit des successions et des libéralités*, coll. Droit civil.
49. Même s'il s'agit d'un administrateur légal, malgré l'absence de subrogé-tuteur : Cass. civ. 1re, 13 déc. 1994, *infra*, n° 776.
50. Cass. civ. 1re, 16 avr. 2008, *Bull. civ.* I, n° 120 ; *RJPF* 2008 10/22 ; *RTD civ.* 2008.453, obs. J. Hauser ; n° 07-10.663 ; *JCP* G 2008.IV.1962 : « *lorsque le tuteur a continué de gérer les biens de son pupille après la majorité de celui-ci, elle* (la prescription quinquennale de l'action en reddition de compte du mineur contre le tuteur) *ne court que du jour où cette administration a cessé* ».

greffier en chef du tribunal d'instance) engagent leur responsabilité envers l'incapable, à raison de leur faute. S'il s'agit du juge ou du greffier, l'État est responsable, mais il a une action récursoire (art. 412, dont les règles ne sont pas différentes de celles du droit antérieur). Ces responsabilités sont lourdes, engagées par toutes les fautes commises, même légères, peu important que l'administration ait été faite à titre gratuit. L'action en responsabilité est exercée par le pupille lorsqu'il est devenu capable ; elle n'est pas éteinte par l'approbation du compte et le pupille est garanti par une hypothèque légale qui frappe les biens du tuteur.

Cette action, comme celle ayant pour objet la reddition des comptes est prescrite par cinq ans, à compter de la majorité ; la règle date de 1964. Comme pour l'action en reddition de comptes, avant la loi de 2007 le délai ne courait pas tant que le tuteur ou l'administrateur légal continuait à administrer les biens de son pupille après la majorité, si le pupille le prouvait, ce qui constituait une tutelle de fait ; le report de la prescription n'existait pas si le tuteur poursuivait sa mission après la majorité de son pupille en ayant interverti son titre, par exemple, en qualité de mandataire. La loi de 2007 a supprimé ce report ou point de départ de la prescription en cas de tutelle de fait (art. 413). En cas de dol ou de fraude, le délai ne court que du jour où le dol ou la fraude ont été découverts [51]. Cette prescription abrégée s'applique à toutes les actions relatives aux faits de tutelle [52]. Ces responsabilités sont rarement invoquées.

La tutelle prend fin à la majorité du pupille ou à son émancipation, ou à son décès, ou par un jugement de mainlevée (art. 391-1).

Section II
ÉMANCIPATION

642. Émancipation expresse, tacite et judiciaire. — L'émancipation permet d'anticiper la majorité, au profit des mineurs qui ont une maturité suffisante (art. 413-1 à 413-8). Elle doit être expresse : le titulaire de l'autorité parentale (avec des modalités différentes selon la condition de la famille) peut émanciper le mineur de plus de 16 ans.

Une autre conception aurait été concevable : anticiper la majorité des mineurs qui démontrent, en fait, leur aptitude à l'indépendance ; cette émancipation tacite (taisible, disait l'Ancien droit) apparaît avec le mariage ; depuis 1974, la loi l'a aussi indirectement et partiellement attachée à l'exercice du travail, en prévoyant que le mineur ne pouvait faire annuler les actes accomplis dans l'exercice de sa profession (art. 1308).
Dans la conception du Code Napoléon, l'émancipation était une sorte de stage préparatoire à la majorité, destinée à faciliter le passage de l'incapacité à la pleine capacité ; aussi le mineur émancipé n'avait-il qu'une incapacité diminuée ou, tout au plus, une demi-capacité. La loi de 1964 a pratiquement assimilé l'émancipation à la « déclaration de majorité » connue par les droits germaniques. Le mineur émancipé a une pleine capacité, sauf pour trois sortes d'actes particulièrement graves : pour se marier ou se donner en adoption, un mineur, même émancipé, doit toujours obtenir les autorisations familiales nécessaires ; le mineur émancipé ne peut exercer le commerce, à raison des risques que suscite le négoce.

En abaissant la majorité à 18 ans, la loi de 1974 a retiré beaucoup de son intérêt à l'institution : peu de parents acceptent d'émanciper un enfant de 16 ans, d'autant

---

51. Jurisprudence constante. Ex. Cass. civ. 1re, 24 sept. 2008, *Defrénois* 2009.553, obs. J. Massip ; n. p. B. : « *en cas de dissimulation frauduleuse des biens du mineur, le délai pour agir* (en responsabilité contre le tuteur) *ne peut courir qu'à compter de la découverte de la fraude par le dernier* ».
52. Ex. : Cass. civ. 1re, 2 oct. 2001, *Bull. civ.* I, n° 240 ; *RTD civ.* 2002.73, obs. J. Hauser ; *Defrénois* 2002.198, obs. J. Massip : action en restitution d'une somme versée à la mère pour le compte de sa fille mineure en réparation du préjudice que lui avait causé le décès de son père.

plus que l'émancipation est désormais judiciaire, ce qui confère un pouvoir d'appréciation au juge des tutelles (art. 413-2, al. 2).

Le mineur émancipé a la même condition qu'un majeur. Pendant longtemps, il ne pouvait ni faire de commerce (C. com. art. L. 121-2 anc.) à cause des risques qu'il prendrait, ni émettre une lettre de change (C. com., art. L. 511-5). Récemment, la loi sur l'entreprise individuelle à responsabilité limitée (EIRL, L. 15 juin 2010) lui permet d'être commerçant avec l'autorisation du juge.

N°s 643-682 réservés.

TITRE II

MAJEURS PROTÉGÉS

PREMIÈRES VUES
SUR LES MAJEURS PROTÉGÉS

683. Principe de nécessité. — Le principe est que toute personne physique majeure de 18 ans, si âgée soit-elle, est capable sauf lorsque la loi dit le contraire (art. 414, cbné avec art. 1123). Elle dit le contraire pour les majeurs dont les facultés personnelles sont altérées lorsqu'ils ont fait l'objet d'une mesure de protection ; autrefois, on les appelait les aliénés [1] ; depuis la loi du 3 janvier 1968, ils sont devenus les majeurs protégés [2]. La règle n'est qu'une mesure de protection et ne peut être instaurée à l'égard d'un majeur que si elle est nécessaire ; ce que l'on appelle aujourd'hui le principe de nécessité : « *La mesure de protection ne peut être ordonnée par le juge qu'en cas de nécessité* » (art. 428, *commencement*). La loi ou le juge n'a pas à protéger une personne si elle n'en a pas besoin [3].

Tout majeur dont les facultés ne sont pas altérées est maître de son patrimoine et peut en faire ce qu'il veut, sauf s'il a des héritiers réservataires, auxquels il ne peut par ses libéralités retirer leur

---

1. **Étymologie** d'aliénés : du latin *alieno, are* (racine : *alienus, a, um* = celui qui est différent, qui appartient à un autre, étrange).
2. **Terminologie :** Deux expressions se sont succédées dans le langage juridique. Jusqu'en 1968, les « *incapables majeurs* ». Puis, les « *majeurs protégés* », afin d'effacer ce qu'a d'humiliant l'incapacité ; cf. Jean Carbonnier, préface à J. Massip, *La réforme du droit des incapables majeurs*, éd. *Defrénois* 1968, reproduite dans *Les incapacités*, chez le même éditeur, 2002, p. 25 et dans J. Carbonnier, *Écrits*, PUF, 2008, p. 64, sp. pp. 69-70 : « *Toute protection des aliénés, en un sens, les aliène, par cela seul qu'elle les suppose étrangers à l'univers raisonnable [...] Sauvegarde, tutelle, curatelle – quelque précaution qu'on ait eue d'employer des mots courtois et apaisants, n'est-ce pas un statut du malade mental qui est évoqué, donc une mise à part des autres, une segrégation par le droit ?* ».
Ce ne sont que des mots : toute incapacité impose une protection et toute protection suppose une faiblesse (on ne protège pas les forts) ; mais, protection humilie moins qu'incapacité et protéger s'est donc substitué à incapable ; pour l'instant, le nouveau mot se porte bien parce qu'il ne fait pas mal. Mais à l'avenir ? En droit international public, le protectorat (dérivé de protection) suppose la domination d'un État plus puissant sur un autre plus faible ; il n'est plus en odeur de sainteté. Il a été remplacé par mandat (de la SDN) et tutelle (de l'ONU) : (le vocabulaire juridique du droit international public utilise celui du droit civil).
Biblio : M. Bauer et Th. Fossier, *Les tutelles*, ESF, 2ᵉ éd., 1996 ; G. Brovelli et H. Nogues, *La tutelle du majeur protégé*, L'Harmattan, 1994, préf. Jean Foyer ; J. Massip, *Les incapacités*, préf. J. Carbonnier, éd. Defrénois, 2002 ; A. Raison, *Le statut des mineurs et des majeurs protégés*, Lib. du journ. des notaires et des avocats, 4ᵉ éd., 1989.
3. *Infra*, n° 704.

réserve. Même s'il est très âgé, malade, infirme ou en état de dépendance : le tout est que ses facultés ne soient pas altérées. Continuant une très ancienne tradition, mais en la contournant, la loi de 1968 avait, sous certaines conditions, déclaré le prodigue incapable, règle qu'a fait disparaître la loi de 2007, en le soumettant simplement à une mesure d'accompagnement dont vraisemblablement la portée sera dérisoire [4].

684. Sociologie. — Le peuple des majeurs protégés est nombreux et pitoyable : les fous, furieux ou paisibles (l'idiot du village), les dépressifs, les névrosés, les schizophrènes, les psychotiques, les autistes, les prodigues, les faibles d'esprit, les exaltés (de la procédure, de la science, de la politique, de la religion [5]), les drogués, les alcooliques, les handicapés (physiques et mentaux), les victimes d'accidents (par exemple, de la route) lorsqu'elles sont diminuées physiquement et parfois mentalement, les grabataires, les comateux, et surtout, les vieillards, de plus en plus nombreux et âgés, affaiblis, diminués ou complètement gâteux [6]. Leurs facultés mentales peuvent être plus ou moins altérées, de façon intermittente ou permanente, totale ou partielle. Il y a les riches et il y a les pauvres n'ayant pour revenus que leurs retraites et les prestations sociales et pour dépenses que les frais d'hébergement et de soins. Ceux qui sont entourés d'une famille aimante, ou d'une famille cupide [7], ou d'une famille haineuse ou indifférente, ou, les plus nombreux, seuls au monde. Les uns sont hospitalisés, plus ou moins, d'autres dans la rue ; les autres vivent chez eux, plus ou moins. Ceux qui vivent dans une ville et ceux qui vivent à la campagne. Un monde hétérogène, sauf qu'il s'agit toujours de personnes diminuées.

La sociologie doit aussi aller de l'autre côté de la rive, ceux qui protègent les personnes diminuées : la famille – le conjoint, les parents, les enfants, tous les proches ; tantôt elle assiste, tantôt elle persécute ; tantôt elle est persécutée, tantôt elle s'en débarrasse ; tantôt elle ignore, délibérément ou involontairement. Il y a le juge, plus que surchargé. Il y a aussi le monde médical, hospitalier, paramédical. Avec la palette habituelle du genre humain : les apôtres et les exploiteurs ; les humbles et les vaniteux ; les savants et les imbéciles, etc. Il y a aussi les bénévoles et les professionnels de la tutelle et les associations tutélaires, souvent débordantes de générosité et d'intelligence, parfois paralysées par l'activisme, parfois incompétentes.

La première impression donnée par ce monde est la diversité ; elle est essentielle. La seconde est celle du nombre, toujours important et aujourd'hui croissant ; sans doute, en raison du développement de la société industrielle, qui assure plus de longévité et est devenue plus éprouvante pour l'équilibre humain que ne l'était une société agraire. La loi de 2007 en a tiré les conséquences, distinguant ceux qui doivent être protégés (curatelle, tutelle ou sauvegarde de justice) et ceux qui doivent être accompagnés pour se réinsérer sans être pour autant incapables.

685. Le vieillissement de la population. — La prolongation de la durée de la vie humaine est un des importants phénomènes de notre temps.

La vieillesse est une cause fréquente d'incapacité ; elle ne l'est pas toujours [8]. Sans doute est-elle un immuable destin biologique qui s'achève par la mort, mais elle est extraordinairement diverse [9]. Les démographes contemporains distinguent le « troisième âge », à compter de 65 ans et le « quatrième âge », à compter de 80 ans.

---

4. *Infra*, n° 790.
5. J.-M. FLORAND, « La protection des intérêts civils de l'adepte d'une secte et sa famille », *JCP* G 1986.I.3240.
6. **Étymologie** de gâteux : argot des hôpitaux (XIXe) : qui « gâte » (souille) ses draps par son incontinence d'urine.
7. Ex. : SHAKESPEARE, *Le Roi Lear*, A. I, Sc. 1. Le vieux Roi (il a 80 ans) a donné tous ses biens à deux de ses filles, Goneril et Regane, qui lui ont fait des protestations d'amour ; il a chassé son autre fille Cordelia, la seule qui l'aimait, parce qu'elle était demeurée réservée. À peine a-t-il le dos tourné que les deux gratifiées l'insultent. Regane : « *C'est l'imbécillité qui vient de son grand âge ; aussi bien, ne s'est-il jamais que très médiocrement possédé* ». Goneril : « *Ses plus belles et ses plus saines années n'ont été qu'impétuosité ; nous devons prévoir que ses vieux ans nous feront voir les vices de son humeur et l'entêtement obstiné où mène la vieillesse infirme et colérique* ».
8. Ph. MALAURIE, « Le Grand âge », *Defrénois* 2009, art. 38887.
9. C'est un énorme champ littéraire. Ex. : S. DE BEAUVOIR, *La vieillesse*, Gallimard, 1970. *Cf.* (p. 149) l'iconographie médiévale : ou bien, un savant barbu, assis au coin du feu, devant son pupitre ou bien le vieillard temps, ailé et décharné, qui tient une faux à la main.

Les attitudes de la société envers les vieillards varient aussi : ou bien, on les tue (les bouches inutiles), ou bien, on les laisse mourir, ou bien, on leur donne le minimum, ou bien, on leur assure une fin confortable, ou bien, on les honore et on les comble.

Tantôt, la vieillesse est un naufrage [10] : le gâteux, le dément sénile, le vieillard lubrique, la vieille acariâtre, le vieil avare, la détresse solitaire, toutes les décrépitudes et dégradations du corps, du cœur, de l'âme et de l'esprit [11]. Tantôt, elle est la sérénité [12] : le patriarche paisible rempli d'expériences et de bonté, l'ancêtre respecté de tous parce qu'il est la permanence et la mémoire de la famille et de la société, le sage rempli de richesses et couvert d'honneurs. Léonard de Vinci et Picasso ont donné le meilleur d'eux-mêmes au soir de leur vie. Mais la dépendance n'a pas encore trouvé de bonne réponse juridique.

Traditionnellement, la dépendance relevait de l'obligation alimentaire (art. 265), expression de la solidarité familiale ; puis, des mécanismes d'aide sociale, fondés sur la solidarité familiale, soulevant chacune de plus en plus de difficultés au fur et à mesure que s'accroît le risque de dépendance avec l'accroissement de la durée de la vie humaine. Peu à peu, la dépendance devient comprise comme un risque que l'assurance peut couvrir. Ces différents modes de protection se complètent [13].

Depuis peu, les actions tendant à la protection judicaire des majeurs se multiplient : au fur et à mesure de leur vieillissement, les parents, surtout lorsqu'ils sont veufs, voient souvent à l'approche de leur fin de vie, leurs enfants s'éloigner d'eux et ils se rapprochent de tiers, faisant naître de nouvelles affections, parfois intéressées : les enfants demandent alors la mise sous curatelle ou tutelle de leur auteur. Un des exemples actuels, très médiatisé, est l'affaire *Liliane Bettencourt* [14].

686. Différences entre la santé et le patrimoine. — La condition civile des personnes affaiblies, diminuées ou vulnérables soulève deux sortes de difficultés : les unes sont relatives à sa personne (sa santé et sa liberté), les autres intéressent la gestion de ses biens. La loi de 1968 manifestait nettement la distinction : la protection du majeur (biens et personne) dont les facultés sont altérées, est indépendante de son traitement médical (art. 490-1, anc.) : contrairement au droit antérieur, l'hospitalisation d'un malade mental n'entraîne plus de plein droit son incapacité. Mais la protection supposait toujours l'avis du médecin traitant (art. 490-1, al. 3 anc.) [15]. La loi de 2007 l'a encore plus souligné. À côté de la protection judiciaire de celui dont les facultés sont altérées existe désormais « *l'accompagnement social des personnes majeures dont la santé ou la sécurité sont menacées par les difficultés qu'elle éprouve à gérer ses ressources* » (CASF, art. L. 271-1).

---

10. Ex. : SOPHOCLE, *Œdipe à Colone*, Le Chœur, v. 1235-1238 : « *Sans forces, sans amis, ni compagnons, l'odieuse vieillesse où résident les pires malheurs* » ; RONSARD, *Les derniers vers* : « *Ma douce jeunesse est passée Ma première force est lassée* ». « *Je n'ai plus que les os, un squelette je semble Décharné, dénervé, démusclé, dépulpé Que le trait de la mort sans pardon a frappé Je n'ose voir mes bras que de peur je ne tremble [...] Franc des liens du corps pour n'être qu'un esprit.* » ; Général DE GAULLE, parlant du Maréchal Pétain, *Mémoires de guerre*, t. I « La Chute » 1954, Pléiade, 2000, p. 65 : « *La vieillesse est un naufrage* ».

11. Ex. : SHAKESPEARE, *Le Roi Lear* : Le vieux roi devient fou ; A. I, Sc. 4 : Lear : « *Ce n'est pas Lear ; est-ce ainsi que Lear marche ? Qui parle ? Où sont ses yeux ? Il faut que sa raison faiblisse ou que son discernement soit en léthargie. Ha ! Suis-je éveillé ? Non. Qui donc pourra me dire qui je suis ?* Le fou : *L'ombre de Lear* ».

12. Ex. : V. HUGO, *La légende des siècles*, Booz endormi : « *... Car le jeune homme est beau, mais le vieillard est grand [...] Et l'on voit de la flamme aux yeux des jeunes gens Mais dans l'œil du vieillard on voit de la lumière...* ».

13. S. MOISDON-CHATAIGNER, « Assistance, assurance et dépendance », Defrénois 2009.207-209.

14. *Infra*, n° 791.

15. Cass. civ. 1re, 22 oct. 2002, *Bull. civ.* I, n° 237 ; *D.* 2004.1852, obs. J. J. Lemouland ; *Defrénois* 2003, p. 126, obs. J. Massip ; *RTD civ.* 2003.60, obs. J. Hauser : les juges du fond ont un pouvoir souverain pour apprécier la qualité de médecin traitant ; par exemple, il peut être le médecin hospitalier « *qui avait pris en charge Mme X lors de ses hospitalisations de plus en plus fréquentes en rapport avec l'affection ayant justifié l'ouverture de la curatelle* ».

§ 1. Personne du majeur protégé

687. Antinomies ; protection de la personne, de sa dignité et de la société[16]. — Lorsqu'il s'agit de la protection de la personne d'un majeur, il faut assurer une protection à la personne ; puisqu'elle est malade ou diminuée, il faut la soigner. Déjà, à ce point de vue, la conciliation n'est pas facile car, de plus en plus, les nécessités curatives sont liées à la liberté des malades.

Il faut aussi respecter sa dignité et sa liberté et la loi de 2007 y insiste (art. 415, al. 2).

Il faut enfin protéger la société contre les aliénés dangereux ; il faut aussi garantir la liberté de la personne soupçonnée d'aliénation mentale contre les protections, les internements ou les hospitalisations arbitraires. La conciliation entre ces deux données n'est pas non plus facile, car les garanties qui seraient nécessaires ne doivent pas entraver les internements urgents en cas de danger.

Pendant longtemps, la stérilisation avait été interdite par notre droit, constituant le délit de coups et blessures volontaires. La Cour de cassation, dans un avis, a rappelé cette position, réservant toutefois les nécessités thérapeutiques[17]. Lorsqu'étaient en cause des handicapés mentaux, la conscience sociale éprouvait une répulsion instinctive à les stériliser : « *L'histoire, et pas seulement celle du national-socialisme, nous enseigne la corrélation entre politique eugénique et stérilisation des handicapés mentaux* »[18]. La loi du 4 juillet 2001, (art. 27, C. santé publ., art. L. 2123-2) l'a pourtant autorisée, en l'encadrant : médicalisation, consentement de l'intéressé ou pour un majeur protégé décision du juge des tutelles saisi par les parents ou le représentant légal, avis d'un comité d'experts, justification médicale. La loi a pris parti dans un problème moral, grave et difficile[19].

On ne peut régler dans l'abstrait et l'intemporel les difficultés que soulèvent la personne de l'aliéné et celle du vieillard ; les règles légales qui y sont relatives dépendent des transformations des médecines psychiatrique et gériatrique.

Les Romains distinguaient deux sortes de fous : le *furiosus*[20], qui souffrait de crises de folie intermittentes, entrecoupées d'intervalles lucides, et le *mente captus (insania)*, atteint de démence constante. L'Ancien droit primitif distinguait le « forcené » et le « fol naturel » ; la famille devait s'en occuper comme des « surâgés » et des « langoureux » (malades, difformes, nains et sourds-muets). À partir du XVIIe siècle, les fous furieux ont été enfermés (parfois enchaînés) dans des hôpitaux spécialisés (ex. à Paris : la Salpêtrière, Charenton, Bicêtre ; en province, les « Maisons blanches ») ; les plus tranquilles erraient librement, abandonnés aux injures ou à la vénération de leurs concitoyens[21].

688. Pinel et Esquirol. — À la fin du XVIIIe siècle, des transformations profondes sont apparues dans la médecine psychiatrique sous l'influence d'un grand nom de la médecine française, Philippe Pinel. Depuis Pinel, le fou est non un coupable, mais un malade qui doit être soigné et

---

16. L. TALARICO, *La personne du majeur protégé*, th., Lyon III, 2008, ronéo.

17. Cass. civ., 6 juill. 1998, *Avis, Bull. civ.*, n° 10 ; *D.* 1998, IR, 208 ; *Defrénois* 1999, art. 36947, obs. J. Massip ; *Dr. Famille* 1998, n° 162, n. Th. Fossier.

18. Fl. BELLIVIER, « Commentaire de la L. 4 juill. 2001 », *RTD civ.* 2001.972 sp. 977.

19. CE, 26 sept. 2005, *Ass. collectif contre l'handiphobie c. France*, D. 2005.IR.2550 ; *JCP* G 2005.IV.3299 : jugé que cette loi est compatible avec la Conv. EDH.

20. **Étymologie** de *furiosus* : le substantif latin *furor, ris* = agitation violente ; **Biblio. :** J. Ph. LÉVY et A. CASTALDO, *Histoire du droit civil*, Dalloz, 2002, n° 197.

21. M. FOUCAULT, *Histoire de la folie à l'âge classique*, Gallimard, 1972. Jusqu'au XVIIe siècle, le fou était un homme libre : « *Le monde du début du XVIe siècle est étrangement hospitalier à la folie. Elle est là, au cœur des choses et des hommes, sigle ironique qui brouille les repères du faux et du chimérique, gardant à peine le souvenir des grandes menaces tragiques – vie plus trouble qu'inquiétante, agitation dérisoire dans la société, mobilité de la raison.* » À partir de la seconde moitié du XVIIe siècle, le monde de la folie devient celui de l'exclusion ; de grandes maisons d'internement sont construites : « les hôpitaux généraux ». L'exclusion infantilisait les fous.

peut être guéri [22]. La révolution psychiatrique qu'a réalisée Pinel a donné lieu à quelques dispositions fragmentaires dans les ordonnances royales et les lois révolutionnaires. Mais le Code Napoléon a gardé le silence.

La révolution de Pinel s'est réalisée juridiquement par la loi du 30 juin 1838 ; elle porte le nom d'un autre grand psychiatre du XIXe siècle, Jean-Etienne Esquirol. La loi *Esquirol* a prévu la création d'établissements spécialisés pour recevoir les malades mentaux, où la cure était fondée sur l'éloignement de la société, l'isolement et l'attente. Afin de marquer la rupture avec un passé que l'on voulait effacer, on cessa de donner à ces établissements le nom d'hospices et on les désigna par le nom d'asile [23], qui était alors beau. Peu à peu, le mot nouveau a lui aussi fait si peur que l'on a voulu l'effacer en parlant aujourd'hui d'*« établissement accueillant des malades atteints de troubles mentaux »*.

689. Critiques contre la loi *Esquirol*. — La loi *Esquirol* a suscité trois types de reproches.

D'abord l'horreur que suscite l'enfermement [24] ; ce sont surtout les juristes qui en ont fait la critique, car la loi de 1838, ont souvent dit certains, n'empêche pas les internements arbitraires. Des faits divers le démontrent de temps à autre, bien que quelques-uns soient des affabulations [25]. La seule garantie préalable que la loi *Esquirol* avait prévue était médiocre : un certificat médical, qui pouvait avoir été donné par complaisance ou incompétence. Les garanties sérieuses étaient postérieures à l'internement : des visites régulières faites dans les établissements psychiatriques par l'administration. D'autre part, la médecine contemporaine n'est plus conciliable avec ces méthodes : elle est fondée sur la diversité des maladies mentales et le souci de réinsérer le malade dans la vie sociale ; l'isolement ne peut être une thérapeutique de principe ; les séjours à l'hôpital psychiatrique deviennent souvent brefs et répétitifs ; beaucoup de malades sont soignés à domicile où ils peuvent trouver de meilleures chances d'améliorer leur état : le milieu ordinaire de vie et le cadre familial sont (parfois ? fréquemment ?) d'excellentes thérapeutiques.

690. Antipsychiatrie. — Sans compter le courant antipsychiatrique, aujourd'hui en déclin, qui a dénoncé le caractère répressif et aliénant de l'hôpital, la complicité du médecin avec l'État et vanté les *free clinics*, autogérées par un « collectif » de malades (qui, pourtant, constituent souvent une tyrannie plus grande que ne le sont les autorités médicales les plus hiérarchisées).

Selon ce courant, la folie ne tiendrait pas à la personnalité du malade, mais serait causée par la société, surtout lorsqu'elle est capitaliste et bureaucratique [26] ou par la famille, surtout quand elle impose des contraintes [27] (ce qui ressemble à la théorie pénale de la défense sociale qui voit la

---

22. M. FOUCAULT (*op. cit.*, p. 514) a été injustement sévère contre Pinel, auquel il a imputé « le grand enfermement » ; il lui a reproché d'avoir fait une psychiatrie plus au service de l'État qu'un soin du patient (ce sont les reproches habituels de l'antipsychiatrie).
23. **Étymologie** d'asile : du grec : ασυλον ου, = lieu qu'on ne pille pas, inviolable.
24. DOSTOÏEVSKI, *Le joueur* : « *Ce n'est pas en enfermant ton voisin que tu prouveras sa raison* ».
25. Selon M. P. CHAMPENOIS-MARMIER et J. SANSOT, *Droit, folie, liberté*, PUF, 1983, préf. F. Terré, p. 315 : « *12 cas seulement de séquestrations arbitraires reconnus judiciairement ont été recensés de 1900 à 1970* » ; p. 317 : « *On ne devrait plus parler d'internements arbitraires mais d'internements médicalement injustifiés* ». Ex. d'une décision qui condamne l'État à des dommages-intérêts pour internement arbitraire : T. civ. Seine, 16 juin 1942, *Gaz. Pal.* 1942.II.173 : « *... L'administration, accordant une confiance injustifiée aux allégations de la dame Machinot, désireuse de se débarrasser d'un mari, dont, dans sa requête en divorce, elle n'a cessé d'invoquer la parfaite lucidité, a cru à tort avoir affaire à un aliéné présentant un danger sérieux pour l'ordre public et n'a pas craint, malgré des certificats médicaux nettement insuffisants, de recourir à une mesure qui a constitué un internement arbitraire* ».
26. Le cinéma américain a exploité ces thèmes. Ex. : *Vol au-dessus d'un nid de coucou*, de Milos Forman (1975) tiré d'un roman de Ken Kesey (trad. fr., Stock, 1963) : un patient combat la thérapie de groupe organisée par l'infirmière ; le film se termine tragiquement ; v. au contraire, *The rainman*, de Barry Levinson (1988) où l'aliénation mentale (l'autisme) suscite un amour fraternel, transfigurant les êtres.
27. Ex. : R. JACCARD, *La folie*, Que sais-je ?, PUF, 4e éd., p. 113 : « *Beaucoup de psychoses apparaissent effectivement, non quand il y a rupture de liens familiaux, mais au contraire là où la rigidité anormale de ces liens présociaux empêchent l'individu de se libérer de la loi de son cercle familial ou de son groupe restreint resté étranger à la collectivité sociale* [...]. *Quand le désir est un délit, quelle autre issue que le délire ?* » (une partie de la psychiatrie contemporaine et de la psychanalyse se complaît dans ces jeux de mots).

cause de la délinquance dans la société, non chez l'auteur de l'infraction). Le fou ne serait pas un échec de l'espèce, mais un révolté qui ne parvient pas à exprimer sa révolte.

691. Droits des malades et des incapables. — Ce tourbillon d'idées a suscité une réforme législative (L. 27 juin 1990, intégrée dans le C. santé. publ.) qui n'est pas un bouleversement, car elle maintient les principes de la loi *Esquirol* dans les adaptations qu'elle avait connues au fil des temps ; comme presque toujours dans la loi contemporaine coexistent un attachement aux valeurs passées et la conscience d'un renouvellement nécessaire. La loi a voulu renforcer les droits des malades. On continue à lui reprocher les pouvoirs excessifs conférés à l'administration, l'insuffisance et la lenteur du contrôle juridictionnel due à son dualisme administratif et judiciaire, la complication de ses lois, le caractère parfois abusif ou arbitraire de l'hospitalisation d'office [28]. La CEDH exerce un contrôle [29] et condamne souvent la France [30]. Le Conseil d'État impose une motivation et une information rapide du malade hospitalisé [31].

L'hospitalisation dans un établissement d'aliénés peut être volontaire, c'est-à-dire avec le consentement du malade. Elle peut être forcée, sans le consentement du malade (11 % des cas), soit à la demande d'un tiers (parent ou ami) qui doit être accompagnée de deux certificats médicaux, récents et circonstanciés, soit, surtout, d'office, à la demande du préfet, pour les personnes dont « *les troubles mentaux compromettent l'ordre public ou la sûreté des personnes* » (C. santé publ., art. L. 3213 s.) ; « *en cas de danger imminent pour la sûreté des personnes, attesté par un avis médical ou, à défaut, par la notoriété publique* [32], *le maire et, à Paris, les commissaires de police arrêtent, à l'égard des personnes dont le comportement révèle des troubles mentaux manifestes, toutes les mesures provisoires nécessaires* » (*ib.*) (c'est-à-dire la mise en observation dans une infirmerie spéciale).

Le curateur ou le tuteur peut demander l'hospitalisation pour troubles mentaux du majeur protégé hors d'état d'y consentir lui-même, lorsque son état l'impose (C. sant. publ., art. L 3212-1 et L. 3212-2).

Cette hospitalisation forcée peut être contestée en justice (*ib.* art. L. 3211-12) [33]. Les malades hospitalisés sans leur consentement se sont vus reconnaître des droits (recevoir du courrier,

---

28. J.-H. STARK, « L'hospitalisation psychiatrique sous contrainte dans la jurisprudence contemporaine », *JCP* G 2006.I.155.

29. CEDH, 24 oct. 1979, *Winterwerp c. Pays-Bas*, Grands arrêts CEDH, PUF, 3ᵉ éd., 2005, n° 16, p. 162 : « *l'article 5 § 1 (Conv.) n'autorise pas à détenir quelqu'un du seul fait que ses idées ou sa compétence s'écartent des normes prédominantes dans une société donnée* ».

30. Ex. : CEDH, 27 oct. 2005, *Mathieu c. France*, RTD civ. 2006.281, obs. J. Hauser : méconnaissance du délai raisonnable pour être jugé (art. 6, § 1 de la conv.) ; obligation de statuer à bref délai sur la légalité de la détention (art. 5, § 4) : ex. : négligences ou retards dans la désignation d'un expert.

31. CE, 1ᵉʳ avril 2005, D. 2005.IR.1246 : « *l'autorité administrative, lorsqu'elle prend un arrêté d'hospitalisation d'office, doit, d'une part, indiquer dans sa décision les considérations de droit et les circonstances de fait qui justifient cette mesure, d'autre part, une fois la décision prise, informer le plus rapidement possible de ces motifs la personne intéressée d'une manière appropriée à son état* ».

32. Ex. : de rapports de police donnés par M.-P. Champenois-Marmier et J. Sansot, *op. cit.*, *supra*, n° 689, p. 71-72 : « *Vole le sac à main d'une infirmière et utilise la carte de crédit pour régler ses notes à l'hôtel* (un voleur serait-il un fou ?) [...] ; *auto- et hétéroagressivité au domicile de son ex-époux* [...] ; *armé de 3 couteaux veut rencontrer un speaker d'Europe n° 1 pour faire breveter son invention* ; [...] *suit et importune, par ses propos, une fille inconnue de lui dans la rue et dans un magasin* (un genre de folie assez courant en France) [...] ; *déambule en chemise de nuit et pieds nus* [...] ; *se présente à Orly pour gagner l'Amérique du Sud armé d'un fusil de chasse sous-marin ; crie sur la voie publique qu'il veut rencontrer Giscard ou Fourcade pour régler une question pécuniaire* » (beaucoup de grévistes pourraient-ils être internés pour cause d'aliénation mentale ?).

33. Ex. : Paris, 17 juin 2004, *JCP* G 2004.II.10139, n. Th. Fossier ; TA Versailles, 23 juin 2004, TGI Versailles, 25 juin 2004, *JCP* G 2005.II.10015, n. J.-A. Stark et Ph. Bernardet ; ces deux dernières décisions rendues dans la même affaire : irrégularité de l'hospitalisation d'office lorsqu'à l'arrêté préfec-

communiquer avec les autorités, prendre conseil d'un médecin ou d'un avocat de leur choix [34], exercer les activités religieuses ou « philosophiques » de leur choix). La loi pose un principe général : « *Les restrictions à l'exercice de ses libertés individuelles doivent être limitées à celles nécessitées par son état de santé et la mise en œuvre de son traitement.* » Le contentieux relatif aux internements arbitraires [35] et à la demande de sortie des aliénés internés relève des tribunaux judiciaires [36].

692. Personne du majeur protégé. — La protection du majeur dans la loi de 1968 avait surtout les biens pour objet. À l'égard de la personne, il avait suffi d'une règle générale et simple : « *Lorsque les facultés mentales sont altérées il est alors frappé d'une incapacité de jouissance : personne ne peut faire ces actes [...], il est pourvu aux intérêts de la personne par l'un des régimes de protection prévus aux chapitres suivants* » (art. 490, al. 1 anc.).

Sous l'empire de la loi de 1968, ce fut la jurisprudence qui, peu à peu, avait fixé les règles applicables à la personne [37], énonçant deux principes : 1°) si possible, prendre en considération les désirs personnels du majeur dans le choix de son mode de vie [38] ; 2°) tout acte strictement personnel ne peut donner lieu à représentation mais peut être autorisé par le juge des tutelles [39]. Il y a aussi des dispositions légales fragmentaires. Ainsi, l'article 1125-1 interdit à ceux qui exercent dans les établissements d'accueil des personnes âgées ou dispensant des soins psychiatriques d'acquérir un bien appartenant à un malade [40] ; l'article L. 331-4 CASF, étend à ces personnes les règles de l'article 909 : ils ne peuvent recevoir de libéralités de leurs patients.

Le législateur de 2007 a été plus explicite, énonçant des dispositions compliquées (art. 457-1 à 463) [41]. Après avoir, comme il le fait souvent, prévu une obligation d'information, sur la portée des mesures envisagées (art. 457-1), il distingue les actes strictement personnels des décisions

---

toral l'ordonnant n'a pas été joint le certificat médical d'un médecin psychiatre, irrégularité « *étant de nature à faire naître un doute quant à la légalité de la décision* ».

34. TA Paris, 22 nov. 2006, *Le Monde*, 29 déc. 2006 : jugé que les personnes internées à l'infirmerie psychiatrique de Paris pendant 24 à 48 h en raison de troubles mentaux et de perturbations à l'ordre public ont droit à l'assistance d'un avocat.

35. T. confl., 17 févr. 1997, *JCP* G 1997.II.22885, concl. J. Sainte-Rose ; *RTD civ*. 1998.72, obs. J. Hauser.

36. Paris, 31 mai 1996, *D*. 1997.554, n. J. Prévault : « *Le principe de l'autorité judiciaire, gardienne des libertés individuelles, ayant valeur constitutionnelle* ».

37. Ex. : Cass. civ. 2e, 25 févr. 1998, *Bull. civ*. II, n° 62 ; *RTD civ*. 1998.345, obs. J. Hauser ; *D*. 1998.315, concl. R. Kessous ; *Defrénois* 1998, art. 36860, n° 101, obs. J. Massip : « *Il résulte de l'art. 490 que la mesure édictée en faveur d'un majeur dont les facultés mentales sont altérées concerne non seulement la gestion de ses biens, mais aussi la protection de sa personne* ».

38. Ex. : Cass. civ. 1re, 25 mars 1997, *Bull. civ*. I, n° 107 ; *D*. 1997, IR, 111 ; *JCP* G 1997.II.22882, n. Th. Fossier ; *RTD civ*. 1997.634, obs. J. Hauser : « *Après avoir relevé que Nadège Y. est capable d'évoluer et de faire des progrès sur le plan intellectuel, affectif et social, qu'elle n'est pas dépourvue de volonté propre et qu'elle a émis à plusieurs reprises le souhait de rester près de son père, le tribunal a considéré souverainement qu'il convenait de respecter ce choix* ».

39. Ex. pour une adoption qu'aurait voulu faire le majeur en tutelle : Cass. civ. 1re, 4 juin 2007, *Bull. civ*. I, n° 218 ; *D*. 2007.1791 ; 2008 som. 320, obs. J. J. Lemouland ; *JCP* N 2007.1313, obs. Plazy ; *RTD civ*. 2007.547, obs. J. Hauser ; *Defrénois* 2007.1323, obs. J. Massip ; *Dr. Famille* 2007.153, n. Th. Fossier et 193, n. P. Murat « *la présentation d'une requête en adoption est une action dont la nature implique un consentement strictement personnel et qui ne peut donner lieu à représentation de l'adoptant placé sous tutelle ; cependant, le j.d.t., sur l'avis du médecin traitant, peut autoriser le majeur protégé à présenter, seul ou avec l'assistance du tuteur ou de la personne qui en tient lieu, une requête en adoption* ». Mais Cass. civ. 1re, 8 oct.2008, n° 07-216094, *Bull. civ*. I, n° 223 ; *JCP* G 2009.II.10012, n. Y. Favier ; *D*. 2008.2863, n. Egea et 2832, n. Norquin ; *Dr. Famille* 2008.173, n. Murat ; *RTD civ*. 2009.655, obs. J. Hauser ; *Defrénois* 2008.431, obs. J. Massip n'a pas permis à une majeure autiste sous tutelle, dépourvue de toute lucidité, de consentir à sa propre adoption : le père, tuteur de sa fille autiste, avait souhaité que sa nouvelle épouse adopte son enfant.

40. Ex. : Cass. civ. 1re, 12 juin 1990, *Bull. civ*. I, n° 169 ; *D*. 1991, som. 160, obs. G. Paisant ; *RTD civ*. 1991.109, obs. J. Mestre ; *Defrénois* 1990, art. 34912, n° 117, obs. J. Massip.

41. J. MASSIP, « Les règles applicables aux actes personnels et médicaux concernant un majeur protégé », *Dr. Famille*, Ét. 1018 (très critique de la loi de 2007).

relatives à la personne (art. 458 à 459, al. 1). Cette opposition entre les « actes strictement personnels » et les « décisions relatives à la personne » est floue. Elle veut traduire, au moyen de catégories juridiques nettes, les subtiles nuances que distinguent l'inaptitude à exprimer sa volonté et l'inaptitude à prendre une décision (malgré l'aptitude à exprimer sa volonté). Il eût sans doute été plus opportun de laisser au juge des tutelles le pouvoir d'autoriser ou de permettre avec l'assistance d'un tuteur, en tenant compte de la gravité de l'altération des facultés et de la nature de l'acte personnel envisagé.

Les premiers relèvent exclusivement de la personne protégée et ne peuvent « *jamais donner lieu à assistance ou représentation* », sauf loi contraire (art. 458, al. 1). Le curateur, le tuteur ou le mandataire judiciaire ne peuvent ainsi se substituer au majeur pour un acte intéressant la filiation (la sienne ou celle de son enfant, telle que la reconnaissance, les actes d'autorité parentale, le changement de nom ou le consentement à une adoption) [42] (al. 2). Les actes doivent être faits par le majeur lui-même sauf s'il lui est absolument impossible d'exprimer une volonté [43].

Pour les décisions relatives à la personne qui ne seraient pas des actes strictement personnels, le principe est que le majeur les prend seul (toujours sauf disposition légale contraire), « *dans la mesure où son état le permet* » (art. 459, al. 1). Selon la gravité de l'altération des facultés, des mesures graduées permettent l'intervention du curateur ou du tuteur (assistance ou représentation) avec l'autorisation du juge des tutelles ou du conseil de famille, autorisation qui n'est pas nécessaire en cas de danger immédiat pour le majeur, sauf s'il s'agit d'« *une décision ayant pour effet de porter atteinte à l'intégrité corporelle de la personne protégée ou à l'intimité de sa vie privée* », sauf urgence ou règles énoncées par le Code de santé publique (art. 459-1, al. 1). Cette exception d'urgence ou de santé publique est écartée lorsque la mesure de protection a été confiée à un préposé ou un service d'un établissement de santé ou social ou médico-social : alors « *l'accomplissement de diligences et actes graves* (dont la liste sera fixée par un futur décret) *est subordonnée à une autorisation spéciale du juge* » qui peut imposer l'intervention d'un subrogé curateur ou subrogé-tuteur ou curateur ou tuteur *ad hoc* (art. 459-1, al. 2).

Cette cascade d'exceptions à la règle et d'exceptions à l'exception, et de limites à l'exception de l'exception n'est pas claire : le modèle à ne pas suivre. À vouloir tout dire... La loi prévoit ensuite que la personne protégée choisit elle-même le lieu de sa résidence, établit librement ses relations personnelles (art. 459-2) [44], puis énonce des règles relatives au mariage et au pacs, distinguant selon qu'il y a curatelle ou tutelle (art. 460 à 463). Enfin, lors de l'ouverture de la mesure de protection ou ultérieurement, le juge ou le conseil de famille déterminent comment le curateur ou le tuteur rendent compte de leur mission (art. 463).

§ 2. Biens du majeur protégé

La loi entend assurer une bonne gestion des biens du majeur protégé. La technique juridique est connue ; le majeur est frappé d'une incapacité et la gestion de son patrimoine est organisée (par un tiers ou par lui). La mise en œuvre de cette technique est difficile, à cause des relations que le majeur a avec les tiers (I), avec sa famille (II) et de la diversité que peuvent avoir les altérations des facultés (III).

---

42. La Cour de cassation a plusieurs fois précisé la nature et la forme que prend le consentement du majeur sous tutelle à sa propre adoption : Ex. : Cass. civ. 1re, 8 oct. 2008, *Bull. civ.* I, n° 223 ; D. 2008.283, n. V. Norquin ; *JCP* G 2008, act. 618, obs. crit. Y. Favier ; *Defrénois* 2008.2431, obs. J. Massip : « *le consentement d'un majeur protégé à sa propre adoption, qui est un acte strictement personnel, ne peut être donné en lieu et place par son tuteur ; le j.d.t., sur avis du médecin traitant, peut autoriser le majeur protégé, seul ou avec l'assistance du tuteur ou de la personne qui en tient lieu, à consentir à sa propre adoption ; ayant relevé que le psychiatre, commis en qualité d'expert par le j.d.t., a constaté que A. (le majeur sous tutelle) n'était pas en mesure d'organiser son raisonnement, d'avoir un jugement ou d'exprimer une volonté élaborée et qu'elle ne pouvait consentir à l'adoption projetée, le t.g.i. en a déduit à bon droit que la maladie dont elle souffrait ne permettait pas l'application de l'art. 501* (anc. ; auj. 473, al. 2) ». En l'espèce, le père d'une majeure sous tutelle, handicapée (autiste), agissant en qualité d'administrateur sous contrôle judiciaire, a vainement demandé que fût désigné un administrateur *ad hoc* aux fins de consentir à l'adoption simple par sa nouvelle épouse.

43. Ce qui était le cas dans l'affaire jugée par Cass. civ. 1re, 8 oct. 2008, cité *supra*.

44. J.-P. Gridel, « L'acte éminemment personnel et la volonté propre du majeur en tutelle », *Rapport annuel* de la Cour de cassation 2000, *La protection de la personne*, Doc. franc. 2001.99. Selon Jean Hauser, la typologie des actes personnels est délicate : *Dr. Famille* 2007, n° 5, p. 5.

I. — Relations du majeur protégé avec les tiers

693. Sécurité des transactions. — La difficulté qui tient aux relations du majeur protégé avec les tiers apparaît dans toutes les incapacités ; il convient de concilier la protection du majeur avec la sécurité des transactions : toute protection d'un incapable risque de porter atteinte aux droits des tiers. Ce danger est aigu, car à la différence de l'incapacité du mineur, celle du majeur n'est pas toujours apparente : on perçoit mieux la jeunesse que les troubles mentaux.

II. — Relations du majeur protégé avec sa famille

694. Cupidité, impérialisme ou carence de la famille. — La famille n'a pas avec un majeur protégé le même genre de relations qu'avec un enfant mineur. Sans doute y a-t-il beaucoup de familles qui manifestent de grands dévouements à l'égard de ces malades. Mais leur rôle est difficile, car de nombreux troubles mentaux ont pour origine des conflits de caractère familial, surtout conjugal.

Par ailleurs, on peut craindre, plus ici qu'à l'égard des mineurs, la cupidité de la famille du majeur ou son impérialisme ou, à l'inverse, son indifférence. Souvent on peut soupçonner que la déclaration d'incapacité pour altération des facultés ne soit provoquée par l'avidité de ses proches ; ce sont les hypothèses balzaciennes du « *Cousin Pons* », de la « *Maison Nuncingen* » ou de « *L'interdiction* »[45], qui aujourd'hui encore ne sont pas imaginaires. On risque aussi que la déclaration d'incapacité ne soit provoquée par l'impérialisme de sa famille qui, avec les meilleures intentions du monde, veut écarter un vieillard de ses affaires, sous prétexte de sa sénilité. On peut, au contraire, surtout redouter la carence de la famille qui, par négligence ou égoïsme, ou parce qu'elle voit dans la révélation de la diminution des facultés une déchéance humiliante pour elle-même, néglige de prendre les mesures nécessaires.

III. — Diversité de l'altération des facultés

L'altération des facultés d'un majeur peut être plus ou moins profonde et l'incapacité plus ou moins étendue ; c'est ici que l'évolution est la plus sensible.

Pendant longtemps, l'incapacité des majeurs avait pour cause presque exclusive l'aliénation mentale qui au fil des temps s'était diversifiée. Puis se sont développées d'autres causes : la dégradation corporelle, les multiples formes du handicap et, aujourd'hui, surtout la vieillesse, notamment lorsqu'elle s'accompagne de la maladie d'Alzheimer.

A) Code Napoléon

695. Interdiction et conseil judiciaires. — Le Code Napoléon en avait eu conscience. Il avait organisé deux systèmes de protection : d'une part, l'interdiction judiciaire pour les cas les plus graves : l'imbécillité, la démence et la fureur (art. 489 ancien) ; d'autre part, l'intervention d'un

---

45. Ex. : *L'interdiction*. La marquise d'Espard avait demandé la mise en interdiction judiciaire de son mari en prétendant « *que le système adopté par lui pour le gouvernement de ses affaires a parcouru, pendant cette dernière année surtout, une déplorable échelle de dépression* » ; l'intègre juge Popinot « *juge comme la mort est la mort* », chargé d'instruire cette affaire, découvre rapidement que la marquise voulait, grâce à une interdiction, accaparer la fortune de son mari. Au moment où il allait faire « *prompte et bonne justice* », le président du tribunal de la Seine lui demanda (à l'instigation de la marquise) de se récuser : « *Le garde des Sceaux, avec lequel j'ai eu l'honneur de dîner hier, m'a pris à part dans un coin. Il avait vu que vous étiez allé prendre le thé chez Mme d'Espard, dans l'affaire de laquelle vous aviez été commis. Il m'a fait entendre qu'il était convenable que vous ne siégiez point dans cette cause* ». Il fut remplacé par le juge Camusot, « *plein d'ambition cachée* », l'antithèse de Popinot ; le marquis a été dépouillé.

conseil judiciaire pour les faibles d'esprit (art. 499 ancien) auxquels étaient assimilés les prodigues (art. 513 ancien). Dans l'interdiction judiciaire, l'aliéné était soumis au régime de la représentation : comme le mineur, il était en tutelle. Avec le conseil judiciaire, le faible d'esprit ou le prodigue était soumis à une assistance. Ce qui caractérisait l'imbécillité, la démence, la faiblesse d'esprit et même la prodigalité était l'inaptitude, plus ou moins étendue, à gérer ses affaires.

Le système avait été compliqué par la loi du 30 juin 1838 (la loi *Esquirol*) sur l'internement des aliénés qui prévoyait qu'une administration provisoire pour les biens de l'interné pouvait être organisée en attendant l'interdiction judiciaire. Le patrimoine de l'interné était géré par un mandataire de l'établissement hospitalier (art. 38), et le malade ainsi frappé d'une incapacité de fait. En pratique, cette administration « provisoire » se pérennisait souvent.

Si bien qu'il y avait, à la veille de la loi de 1968, cinq systèmes de gestion des biens de l'aliéné : les aliénés ni interdits, ni internés et ne donnant lieu à aucune mesure spéciale de protection ; les faibles d'esprit, assistés d'un conseil judiciaire ; les interdits non internés ; les internés non interdits ; les internés interdits.

696. Critiques du système. — On a reproché au régime établi en 1804 et 1838 son inefficacité. Il était tombé en décadence parce que lourd et coûteux : il se fossilisait. En 1880, il y avait eu 775 interdictions judiciaires et 452 nominations de conseils judiciaires ; en 1960-1965, il y avait une moyenne annuelle de 500 interdictions et 150 nominations de conseils judiciaires, ce qui était un tout petit nombre eu égard à l'accroissement considérable des personnes dont l'équilibre mental était altéré. Les internés étaient environ 150 000 à peu près tous soumis au régime de l'administration provisoire, mal organisée et offrant peu de garanties à l'incapable.

Par ailleurs, les médecins, tout au moins la grande majorité, reprochaient à la loi *Esquirol* son inadaptation, tant à l'égard de ses notions médicales que pour ses mécanismes juridiques.

697. Polymorphisme de l'aliénation. — D'une part, les notions médicales qu'utilisait le Code Napoléon ne correspondaient plus aux nuances des maladies mentales ; distinguer l'imbécillité, la démence et la fureur aujourd'hui ne veut rien dire. Les psychiatres contemporains soulignent le polymorphisme de l'aliénation mentale : toutes les nuances peuvent séparer les aliénations, les démences, les névroses, les psychoses (il est déjà difficile de distinguer le normal de l'anormal ; il est encore plus aléatoire de faire des classifications dans la pathologie mentale). D'ailleurs, la médecine contemporaine s'est diversifiée sur la thérapeutique de la maladie mentale. Surtout, le Code Napoléon avait encore moins prévu qu'il n'existait pas toujours de relations entre la profondeur du mal et l'étendue de l'incapacité réelle. Il y a de grands malades mentaux (les grands psychopathes) qui peuvent fort bien gérer leurs intérêts dans tout ce qui ne concerne pas leur délire ; en revanche, il existe des malades qui ne doivent pas être hospitalisés parce que leur trouble mental n'est pas grave et qui, cependant, doivent être complètement protégés parce qu'ils sont incapables de veiller à leurs intérêts.

D'autre part, la thérapeutique moderne montre l'anachronisme des mécanismes médicaux dont se servait le Code Napoléon. En matière psychiatrique, les soins ne consistent pas toujours à isoler le malade et le dépouiller de sa gestion. De même qu'il peut être utile de le maintenir dans la vie sociale, d'en assurer la réinsertion et de le resocialiser, il peut être opportun de lui laisser la gestion de ses biens.

B) Réformes de 1968 et de 2007

Ce fut en partant de ces considérations que s'était réalisée la réforme de 1968 présentant quatre caractéristiques : un effacement du rôle de la famille, le développement de ceux du juge et du médecin, la généralisation des mesures de protection et leur différenciation. Règles qu'a maintenues et renforcées la loi de 2007, y ajoutant des principes fondamentaux déjà au cœur du droit antérieur, que par sobriété il n'avait pas jugé utile d'énoncer. Certains ne sont que le rappel des règles générales du droit commun : les principes du contradictoire, du procès équitable et le droit du majeur à être entendu ; d'autres sont plus spécifiques de la protection des majeurs : les principes de nécessité, de subsidiarité et de proportionnalité et la limitation de la durée des mesures de protection.

698. Diminution du rôle de la famille. — Lorsqu'il s'agit d'un majeur, le principe demeure que sa protection doit relever, autant que possible, de la famille, mais on ne peut lui manifester la même confiance que lorsqu'il s'agit d'un mineur [46]. Aussi, la famille voit-elle progressivement réduire son rôle dans la protection des biens et de la personne du majeur au profit d'organes professionnels : une dimension nouvelle du droit des incapacités avec ses avantages (la compétence) et ses inconvénients (un recul de l'humanisme).

699. Médicalisation de la protection judiciaire. — La protection judiciaire des majeurs est assurée par le juge des tutelles éclairé par le médecin. Il existe une collaboration constante entre l'un et l'autre, comparable à celle qui s'exerce entre le juge des tutelles et la famille dans le régime de la minorité [47]. L'altération des facultés doit être établie par un médecin, librement [48] choisi sur une liste établie par le Procureur de la République pour que le juge en tire les conséquences (art. 431) : constater l'altération des facultés et soumettre un majeur à une mesure de protection sont en effet des actes d'une extrême gravité. L'altération des facultés doit avoir été constatée par un certificat médical ; la loi a voulu limiter le coût de ce certificat en faisant fixer son prix par un futur décret (al. 2).

C'est une des raisons pour lesquelles la loi de 2007 a refusé de voir une incapacité dans la prodigalité, l'intempérance et l'oisiveté, qui ne sont pas des maladies qu'un médecin pourrait diagnostiquer et guérir ; elles appellent seulement des mesures d'accompagnement social [49].

Dans le Code Napoléon, l'interdiction était prononcée par le tribunal, qui n'avait à consulter que le conseil de famille, sans avoir à prendre l'avis d'un médecin. Dans les débats précédant l'adoption de la loi de 1968, le Sénat avait souhaité confier cette constatation médicale à un collège de trois médecins, ce qui a été jugé trop lourd. Il en a été retenu que, en général, deux avis médicaux doivent être produits, l'un du médecin traitant, l'autre d'un spécialiste. Beaucoup de psychiatres trouvent insuffisantes ces conditions et dénoncent l'arbitraire d'un certain nombre de mises sous tutelle ou curatelle.

700. Généralisation des mesures de protection. — La loi ne protège pas seulement les aliénés mentaux, mais tout majeur « *qu'une altération de ses facultés personnelles met dans l'impossibilité de pourvoir seul à ses intérêts* » (art. 425, al. 1). La formule est générale ; quelle que soit la cause de l'inaptitude d'un majeur à exprimer sa volonté, qu'elle soit une maladie ou une infirmité physique, une diminution mentale, un affaiblissement dû à l'âge [50] ou une altération des facultés corporelles (art. 425, al. 1) [51], le majeur doit être protégé.

---

46. *Infra* n°s 750 s.
47. R. VIALATTE, « Des rôles du médecin traitant et du médecin spécialiste dans la protection des incapables majeurs », *D.* 1972, chr. 165 ; G. MÉMETEAU, « Le médecin et la loi du 3 janvier 1968 portant réforme du droit des incapables majeurs », *RDSS* 1973.403 ; J.-C. JONAS, « Les aspects médicaux de la protection des majeurs », *Dr. Famille* 2007, p. 8.
48. Douai, 24 mars 2010, *AJ Famille* 2010.236, n. L. Pecaut-Rivolier : le juge peut refuser d'ordonner une mesure de protection bien que le certificat médical fît état d'altération des facultés mentales.
49. *Infra*, n° 791.
50. Généralement, la protection d'un majeur a pour cause l'altération de ses facultés mentales. Le cas le plus courant est le naufrage causé par la vieillesse. Ex. d'altération des facultés corporelles ayant entraîné une intervention du juge des tutelles : coma dû à un accident de la route, mutité, surdité, paralysie, traumatisme crânien, rupture d'anévrisme, sclérose, encéphalopathie, cancer, blessures de guerre, hémiplégie, congestion cérébrale, etc.
51. Dans une jurisprudence souvent réitérée, la Cour de cassation exige pour qu'une mesure de tutelle ou de curatelle soit prise que, comme le prévoit l'article 425, alinéa 1, l'altération des facultés corporelles « *empêche l'expression de la volonté* » : Cass. civ. 1re, 9 mars 1994, *Bull. civ.* I, n° 93 ; *JCP* G 1994.IV.1246 ; *RTD civ.* 1994.323, obs. crit. J. Hauser ; en l'espèce, une personne était atteinte d'une très mauvaise vision empêchant toute lecture ; cassation de la décision qui avait maintenu une curatelle, parce que le TGI « *n'avait pas précisé si l'altération de ses facultés corporelles empêchait celle-ci d'exprimer sa volonté* ».

701. Principes du contradictoire et du procès équitable. — Les procédures tendant à une mesure de protection doivent respecter les principes du contradictoire (C. pr. civ., art. 16)[52] et du procès équitable (Conv. EDH, art. 6) car elles peuvent avoir pour conséquences de limiter la capacité de la personne protégée. Aussi, le majeur doit-il être entendu[53]. La loi de 2007 a donc supprimé la saisine d'office qu'avait antérieurement le juge des tutelles[54].

702. Droit du majeur à être entendu. — La loi de 2007 oblige le juge des tutelles, avant de prendre une mesure de protection, d'appeler, sauf impossibilité médicale, le majeur pour qu'il soit entendu, accompagné, s'il le veut, d'un avocat ou, avec l'accord du juge, d'une autre personne (art. 432 ; C. pr. civ., art. 1214).

Il ne s'agit pas seulement de respecter le principe du contradictoire[55], essentiel à toute justice, ou de sauvegarder une liberté fondamentale, mais aussi d'éclairer le juge.

703. Individualisation des mesures de protection. — Trois types de protection judiciaire sont prévus par la loi, en 2007 comme en 1968. La sauvegarde de justice, mesure provisoire et d'une portée limitée, où le majeur est rétrospectivement protégé, la curatelle, où il est assisté et la tutelle, où il est représenté, ce qui fait en réalité quatre régimes juridiques si l'on ajoute les majeurs atteints de trouble mental qui ne sont soumis à aucun régime spécial de protection mais seulement au droit commun de l'insanité d'esprit.

Ce qui fait même beaucoup plus, parce que chacun de ces régimes peut être modifié par le majeur lui-même ou par le juge. Par le majeur qui peut choisir son curateur ou son tuteur, par le juge des tutelles surtout qui peut graduer la protection en la personnalisant : il peut combiner chacun de ces trois régimes : à côté de la curatelle ordinaire, il y a la curatelle allégée et la curatelle renforcée ; à côté de la tutelle ordinaire, il y a la tutelle allégée ; le curateur peut parfois représenter le majeur pour un acte déterminé ; le tuteur peut parfois autoriser le majeur à faire lui-même un acte ; la sauvegarde de justice peut comporter des mandats spéciaux, etc. Sans compter le mandat de protection future où le majeur organise lui-même, à sa convenance, sa propre protection (mais ce n'est pas une vraie protection, seulement une demi-protection).

En d'autres termes, la loi a permis de tailler pour tout majeur fragilisé un vêtement sur mesures afin de protéger sa personne et gérer ses biens.

704. Principes de nécessité, de subsidiarité et de proportionnalité. — La loi de 2007 a soumis ces régimes de protection à trois principes fondamentaux : de nécessité, de subsidiarité et de proportionnalité (art. 428). La protection judiciaire d'un majeur ou le mandat de protection future ne peuvent intervenir 1°) que si l'altération de ses facultés le justifie et cette altération doit avoir été médicalement établie (art. 431) ; 2°) que si d'autres institutions moins contraignantes n'y parviennent pas ; notamment si le mariage (et le pacs) ou un mandat conventionnel auraient suffi pour assurer la protection du majeur et de ses biens ; 3°) l'importance

---

52. *Ex.* : Cass. civ. 1re, 13 juill. 2004, *Bull. civ.* I, n° 205 ; *D.* 2006.1571, obs. J.-J. Lemouland et J.-M. Plazy ; en l'espèce, un majeur placé sous curatelle avait exercé un recours afin de faire lever cette mesure ; cassation du jugement qui l'avait rejeté alors que l'« *auteur du recours avait été avisé tardivement de la date d'audience, de sorte qu'il avait été privé de la possibilité d'assister aux débats et de se défendre personnellement* » et qu'il n'avait pas eu connaissance de l'expertise médicale ordonnée par le juge pour l'éclairer.
53. *Infra*, n° 761.
54. *Infra*, n° 746.
55. *Infra*, n° 740.

de la protection dépend de l'étendue de l'altération ; elle est donc individualisée et circonstanciée.

Ces principes étaient sous-jacents à la loi de 1968 et avaient été dégagés par la jurisprudence.

705. Durée limitée de la protection judiciaire. — Manifestant le caractère exceptionnel de protection qui doit le moins possible porter atteinte à la liberté du majeur protégé, la loi de 2007 dispose que toutes les mesures de protection judiciaire ont une durée limitée et doivent être réexaminées périodiquement : cinq ans renouvelables pour la curatelle et la tutelle (art. 441), sauf si l'altération paraît irrémédiable (art. 442), un an pour la sauvegarde de justice, renouvelable une fois (art. 439), de façon à ce que des personnes momentanément fragilisées ne soient pas protégées à vie.

Cette limite ne s'applique pas au mandat de protection future.

706. Plan. — Ces quatre régimes réalisent une échelle nuancée de la protection patrimoniale de l'incapable majeur, allant de l'inorganisation complète à l'organisation la plus élaborée. Ces quatre régimes peuvent se grouper deux à deux, car les deux premiers ne sont pas une véritable organisation de la gestion des biens de l'aliéné.

Seront examinées la protection inorganisée par la loi (Chapitre I), puis sa gestion organisée (Chapitre II).

N°s 707-712 réservés.

■ CHAPITRE I ■

PROTECTIONS LÉGALES INORGANISÉES

La protection du majeur dont les facultés mentales sont altérées peut être plus ou moins organisée. Parfois, il n'existe aucune protection légale spéciale (Section I) ou seulement une mesure *a posteriori*, le placement sous sauvegarde de justice (Section II). Par une innovation qui aurait pu avoir une grande portée, la loi de 2007 a prévu une protection conventionnelle, le mandat de protection future (Section III).

Section I
MAJEURS SANS PROTECTION

713. Incapacité naturelle. — Tous les majeurs sont en principe juridiquement capables, tant qu'une mesure particulière de protection n'a pas été prise à leur égard. Mais, comme pour les mineurs[1], en vertu de la théorie générale des actes juridiques, ils peuvent être frappés d'une incapacité naturelle s'ils ne comprennent pas ce qu'ils font lorsqu'ils sont privés de discernement.

Longtemps, le droit français avait attaché une grande portée à cette incapacité naturelle, qui produisait un triple effet : elle était la cause d'une nullité des actes juridiques, d'une irresponsabilité pénale et d'une irresponsabilité civile. Cette dernière règle a été supprimée en 1968 : l'aliéné ou l'inconscient peut être obligé à réparer les dommages qu'il a causés à autrui.

714. Insanité d'esprit. — Tant qu'un régime de protection n'a pas été organisé, le majeur dont les facultés sont altérées n'est protégé que rétrospectivement et à l'occasion de chacun de ses actes juridiques, spécialement envisagé ; il a une inaptitude à faire des actes juridiques valables lorsqu'il est sous l'empire de ce que la loi appelle l'insanité d'esprit, notion plus large que l'ancienne « *démence* » du Code Napoléon (art. 504 anc.). Cette inaptitude résulte d'un principe général des actes juridiques que la loi énonce depuis 1968 : « *Pour faire un acte valable, il faut être sain d'esprit* » (art. 414-1).

Apparemment, l'insanité d'esprit est plus grave que le vice de consentement. Ainsi, le mariage de l'aliéné est-il frappé de nullité absolue. Mais pour les actes juridiques autres que le mariage,

---

1. *Supra*, n° 605.

l'insanité d'esprit, comme le vice du consentement, ne font naître qu'une nullité relative puisqu'il s'agit d'une protection de la personne. L'action en nullité est prescrite au bout de cinq ans (art. 1304, al. 1) dont le délai court du jour de l'acte, non de celui où le vice a cessé, c'est-à-dire celui où son auteur aurait retrouvé sa pleine capacité ; la prescription est suspendue si l'intéressé démontre qu'il a été dans l'impossibilité d'agir, par application de la règle *contra non valentem non currit prescriptio* (la prescription ne court pas contre celui qui a été dans l'impossibilité d'agir)[2]. Seul l'auteur de l'acte (lorsqu'il a retrouvé la santé mentale), peut depuis la loi de 2007 faire annuler un acte pour insanité d'esprit.

715. Plan. — Pour qu'un acte puisse être annulé en raison de l'insanité d'esprit de son auteur, il faut distinguer selon que l'action est intentée du vivant de l'intéressé (§ 1) ou après sa mort (§ 2). En outre, le majeur atteint d'un trouble mental doit réparer le dommage qu'il a causé (§ 3). Des mesures particulières sont prises afin de protéger son logement (§ 4) et ses comptes en banque (§ 5).

§ 1. Insanité d'esprit invoquée du vivant du majeur

716. Recevabilité et preuve. — Lorsque l'action en nullité est introduite du vivant du majeur, elle ne peut l'être que par lui (art. 414-2, al. 1). Conformément au droit commun, il a alors la charge de la preuve, mais les moyens de preuve sont libres. Il doit démontrer que lors de son acte son intelligence avait été obnubilée et qu'il avait perdu sur sa faculté de discernement, par exemple, à cause de la drogue, de l'alcool, de la folie ou qu'il était dans un état d'inconscience, d'hébétude ou de grande émotion. La preuve est difficile s'il s'agit d'un acte ancien et d'apparence normale. Cependant, la jurisprudence admet une présomption résultant de ce que l'auteur de l'acte était en état de démence avant et après l'acte envisagé, et qu'il n'était pas lucide lors de cet acte[3].

La preuve de cette altération du consentement est particulièrement difficile lorsque l'action en nullité est introduite après la mort du majeur atteint d'un trouble mental.

§ 2. Mort du majeur atteint d'insanité d'esprit

La loi ne veut pas que les héritiers du majeur atteint d'une insenité d'esprit puissent librement contester les actes que leur auteur avait faits de son vivant ; les lois de 1968 et de 2007 ont maintenu une règle qu'énonçait déjà le Code Napoléon : souvent, les héritiers auxquels nuit l'acte d'un mort sont enclins à le taxer d'insanité ; par ailleurs, la démonstration de cette aliénation soulève, en fait, de grandes difficultés ; enfin, il convient de sanctionner les héritiers qui ont négligé de prendre des mesures de protection à l'égard de leur auteur pendant qu'il était vivant. La loi a donc énoncé un principe (I) assorti de tempéraments (II) et d'exceptions (III).

---

2. Ex. : Cass. civ. 1re, 18 févr. 1992, *Bull. civ.* I, n° 54 ; *D.* 1993.377, 2e esp., n. J. Massip ; *Defrénois* 1992, art. 35295, n° 50, m. n. : « *Les articles 1304, alinéa 3, et 2252 ne sont pas applicables aux actes des majeurs qui, comme Mme Ensard, n'ont pas fait l'objet d'une mesure de protection ; à l'égard du majeur non protégé, le délai de 5 ans par lequel se prescrit l'action en nullité de l'article 489 court à partir du jour de l'acte contesté, l'auteur de cet acte pouvant cependant prouver que la prescription a été suspendue en raison d'une impossibilité d'agir* ». En l'espèce, la demande en nullité avait été intentée plus de 25 ans après l'acte ; jugé qu'elle était irrecevable parce que tardive.

3. Cass. civ. 1re, 27 janv. 1987, cité *infra*, n° 718, note 11.

I. — Principe

717. Preuve intrinsèque. — Après le décès de son auteur, la nullité d'un de ses actes ne peut être demandée pour insanité d'esprit que si l'acte litigieux en porte la preuve (art. 414-2, al. 2), ce que l'on appelle la preuve intrinsèque. La preuve de l'insanité ne peut donc résulter que de l'incohérence de l'acte [4] et il n'est pas permis d'utiliser d'une manière quelconque la preuve extrinsèque.

En d'autres termes, on ne peut démontrer en faisant appel à des éléments extérieurs à l'acte que son auteur était, au moment où il l'a fait, sous l'empire de la folie ; il n'est pas non plus permis d'établir qu'un acte est insensé parce qu'il produit pour son auteur des conséquences désastreuses ; ni même en le comparant à d'autres actes de son auteur, fussent-ils contemporains [5] ; il est encore moins permis d'induire l'absence de consentement d'un vice du consentement, afin d'admettre la libre preuve de l'absence du consentement, méconnaissant ainsi l'article 414-2 [6].

Cette règle ne s'applique pas aux dispositions à titre gratuit, où la preuve de l'insanité d'esprit est toujours libre (art. 901) [7].

II. — Tempéraments

718. Mise sous sauvegarde ou demande de curatelle ou de tutelle. — La preuve de l'insanité d'esprit peut néanmoins être librement faite si, avant son décès,

---

4. Ex. : Cass. civ., 5 juin 1882, *DP* 1883.I.173 ; *S.* 1884.I.112. En l'espèce, la dame Vindry avait loué deux de ses immeubles trois ans avant d'être interdite ; elle avait alors des intervalles lucides, mais, a dit la cour d'appel approuvée par la Cour de cassation : « *En dehors de l'état de démence notoire et continue régulièrement constaté, les tribunaux ont le droit et le devoir de rechercher si l'acte en lui-même ne contient pas la révélation de l'insanité d'esprit ; le produit des immeubles [...] dépassait 3 000 F par an ; on ne peut s'expliquer qu'une personne en possession de sa raison ait consenti à les céder pour 1 600 F par an, en gardant à sa charge le payement des impôts, et surtout, qu'elle ait admis la clause étrange aux termes de laquelle les locataires auraient le droit de faire telles constructions et réparations qu'ils jugeraient convenable aux frais de la propriétaire, sans son consentement et son contrôle ; de pareilles dispositions portent avec elles la preuve évidente que celle qui les a acceptées n'avait pas la conscience de ce qu'on lui demandait et que son intelligence affaiblie était incapable d'un consentement valable* ».
5. Jurisprudence constante ; Ex. : *Cass. civ. 1re, 12 janv. 1955, épx Butelot, D. 1955.341, n. R. Rodière ; JCP G 1955.II.8833, n. B. Goldman : « *Vu l'article 504* (ancêtre de l'actuel art. 414-2) ; *aux termes de ce texte, après la mort d'une personne, les actes par elle faits ne peuvent être attaqués et annulés pour cause de démence que si cette démence résulte de l'acte même qui est attaqué.* » En l'espèce, la cour d'appel avait annulé, à la demande des héritiers, les quatorze ventes successives qu'une personne avait faites en quatre mois pour aliéner tout son patrimoine : « *On ne peut expliquer sinon par l'insanité d'esprit de la venderesse, le fait de se dépouiller et de dépouiller son mari d'un patrimoine immobilier et mobilier important par quatorze ventes échelonnées en quatre mois sans aucun motif* ». Cassation : les juges n'avaient pas recherché « *si la preuve de la démence résultait des actes eux-mêmes* ».
6. Cass. civ. 3e, 20 oct. 2004, *Bull. civ.* III, n° 177 ; *D.* 2005.257, n. crit. D. Naguéro ; 2006, *Panorama*, 1570, obs. J.-J. Lemouland et J.-M. Plazy ; *RTD civ.* 2005.102, obs. J. Hauser : « *pour accueillir la demande, l'arrêt* (d'appel) *retient que l'absence de consentement inclut implicitement tous les vices susceptibles d'affecter l'apparence d'un tel consentement ; l'article 489-1* (aujourd'hui 414-2) *ne s'applique donc pas ; le consentement n'a pu être recueilli qu'à la faveur sinon d'un dol délibéré, constitué par une exploitation de l'état de faiblesse de la victime, à tout le moins d'une erreur substantielle de celle-ci, incapable d'apprécier la nature et la portée des engagements pris ; en statuant ainsi, alors que la nullité pour défaut de consentement dû à un trouble mental ne peut être invoquée par les ayants cause à titre universel que dans les cas énumérés à l'article 489-1, la cour d'appel a violé le texte susvisé* » (art. 489-1) ; cassation. En l'espèce, il s'agissait d'une vente moyennant rente viagère et obligation d'entretien et de soins : le vendeur décéda six semaines après la vente.
7. *Successions et libéralités*, coll. Droit civil.

l'auteur de l'acte avait été placé sous sauvegarde de justice ou si une action avait été introduite pour demander sa mise en curatelle ou en tutelle (art. 414-2, 2° et 3°)[8].

Il ne s'agit pas d'une présomption d'aliénation mentale qui serait attachée à la sauvegarde de justice ou à la demande de tutelle [9] ; puisqu'il n'y a pas de présomption, la preuve du trouble mental doit être faite, mais est libre.

Par une jurisprudence passablement prétorienne, le texte a été largement interprété à deux égards. D'une part, malgré la lettre de l'article 414-1 qui paraît exiger que le trouble mental ait eu lieu « *au moment de l'acte* », cette preuve peut être déduite du fait que ces troubles avaient existé à un moment proche de l'acte [10]. D'autre part, et surtout, il n'est pas même nécessaire que la mise sous sauvegarde ou la demande de curatelle ou de tutelle ait été antérieure à l'acte ; il suffit qu'elle ait eu lieu avant le décès [11].

L'interdiction de prouver librement l'insanité d'esprit du disposant après sa mort a soulevé des difficultés lorsque l'acte a été passé devant un notaire et lorsque la preuve de l'insanité résulte d'un certificat médical.

1°) Lorsque l'acte (généralement, une donation) est fait par un acte notarié, le notaire énonce souvent que le disposant est sain d'esprit. La question est de savoir si, pour être contestée, cette énonciation doit être combattue par une inscription de faux ou si la preuve est libre. Il faut appliquer ici le critère habituel de la force probante de l'acte authentique, ce qui ne va pas sans mal. Si le notaire se borne à donner son opinion, ce qui est le cas usuel car il n'est pas expert en santé d'esprit, la preuve contraire est libre [12]. Au contraire, si le notaire accomplit ses fonctions de témoin privilégié, l'inscription de faux est nécessaire [13].

2°) Pendant longtemps, le secret professionnel a été un obstacle à ce que le médecin soignant attestât l'altération des facultés mentales du disposant ; depuis 1964 [14], le certificat médical est librement produit.

---

8. Cass. civ. 1re, 17 nov. 1964, *Bull. civ.* I, n° 506 ; *D.* 1965.324 ; *JCP* G 1965.II.14.000, n. G.C.M. ; *Gaz. Pal.* 1965.I.132 « *l'article 504* (ancêtre de l'actuel art. 414-2) *ne distinguant pas, lorsque la demande en nullité d'un acte est formée après le décès de son auteur, entre le cas où l'interdiction de celui-ci a été prononcée et le cas où elle a été provoquée, c'est à bon droit que la cour d'appel a estimé qu'il n'y avait pas lieu, en ce dernier cas, d'exiger une preuve autre que celle qu'exigé l'article 503* » (le texte en est demeuré inchangé). En l'espèce, il s'agissait d'un bail à nourriture, comprenant « *l'obligation de soigner, nourrir et entretenir tant en santé qu'en maladie les deux chats de la venderesse jusqu'à leur décès* ». Trois mois après la vente, le fils de la venderesse avait demandé l'interdiction de sa mère (ce qu'aujourd'hui, on appellerait une mise en tutelle) ; peu de temps après, celle-ci mourut, ce qui a interrompu la procédure de l'interdiction. Jugé que le demandeur pouvait obtenir la nullité de la vente s'il apportait la preuve, même extrinsèque, de l'état habituel de démence à l'époque de la vente.

9. Ex. : Cass. civ. 1re, 25 mai 2005, *Dr. Famille* 2005, n° 20, n. Th. Fossier ; n.p.B. : l'ouverture d'une sauvegarde de justice, puis d'une curatelle ne font pas par elles seules présumer le trouble mental.

10. Cass. civ. 1re, 27 janv. 1987, *Bull. civ.* I, n° 31 ; *Defrénois* 1987, art. 33978, n° 42, p. 777, obs. J. Massip ; *JCP* G 1988.II.20981, 2e esp. En l'espèce, un certificat médical, établi deux jours *après* la passation de l'acte litigieux, faisait « *ressortir que les troubles psychiques qu'elle* (l'auteur de l'acte) *présentait la mettaient dans l'impossibilité de gérer ses biens [...] ; de ces constatations, corroborées par les anomalies relevées dans l'acte lui-même, il ne lui* (à la cour d'appel) *était pas interdit de déduire la preuve de l'altération des facultés au moment même où l'acte a été conclu* » ; sur cet arrêt, v. *supra*, n° 716, note 4.

11. Cass. civ. 1re, 27 janv. 1987, cité *supra*, « *il importe peu, contrairement à ce que soutient le moyen, que cette action ait été formée avant ou après la date de l'acte dont la nullité est demandée* ».

12. Jurisprudence très ancienne et constante. La tête de série est Req., 27 févr. 1821, *Jur. gén.*, v° *Disposition entre vifs et test.*, n° 209 : « *La mention faite par le notaire qui a reçu un testament que le testateur était sain d'esprit, ne peut exclure la preuve du contraire, le notaire n'étant pas constitué juge de la capacité du testateur* ».

13. Ex. : le notaire avait écrit que le testateur avait dicté son testament, alors que les héritiers prétendaient que le disposant était incapable d'articuler des paroles intelligibles.

14. Cass. civ. 1re, 26 mai 1964, *Bull. civ.* I, n° 276 ; *JCP* G 1964.II.13751, concl. R. Lindon ; *RTD civ.* 1965.162, obs. R. Savatier : « *À peine de priver le plus souvent d'effet la disposition légale* (art. 901) *et*

III. — Exceptions

719. Libéralités : preuve et prescription. — À l'égard des donations et des testaments, la libre preuve de l'insanité d'esprit de leur auteur est admise après son décès, même par preuve extrinsèque (art. 901)[15]. La raison en est la défiance que le droit manifeste envers les libéralités, auxquelles un esprit un peu chancelant est naturellement disposé.

L'article 414-2, al. 2 écarte donc le régime de la preuve intrinsèque pour les contestations *post-mortem* de libéralités. Pour la prescription, la jurisprudence leur applique aussi le droit commun, c'est-à-dire cinq ans.

§ 3. Responsabilité du majeur atteint d'un trouble mental

720. Trouble mental et dommage. — Contrairement au droit antérieur à la loi de 1968, l'aliéné est maintenant civilement responsable de ses délits. Aux termes de l'article 414-3 « *celui qui a causé un dommage à autrui alors qu'il était sous l'empire d'un trouble mental n'en est pas moins obligé à réparation* ».

Le fondement de la règle a longtemps été controversé. Certains y voient une véritable responsabilité, dont quelques-uns estiment qu'elle serait fondée sur la faute[16], qui selon d'autres ne serait pas imputable à son auteur[17]. Mais la « faute non imputable » est un concept inintelligible. D'autres y voient une obligation de réparer imposée aux déments par la loi, indépendamment de toute responsabilité[18] : mais peut-on dire qu'un aliéné « cause » un dommage ? La même règle s'applique aux dommages causés par le préposé aliéné afin d'engager la responsabilité du commettant sur le fondement de l'article 1384, alinéa 5. Il a même été admis, dans une décision contestée, que la règle s'appliquait aussi à la responsabilité contractuelle[19].

Bien que la règle figure dans les dispositions relatives aux majeurs protégés, elle s'applique à tous les déments[20], même non protégés, même mineurs[21] et même aux enfants en bas âge et donc privés de discernement[22]. La difficulté principale est de savoir ce qu'il faut entendre par « *l'empire d'un trouble mental* ». Il a été

---

d'empêcher l'héritier de faire valoir ses droits, il ne peut être imputé aux juges d'avoir violé les règles du secret professionnel lorsqu'ils ont tenu compte des constatations des médecins relatives à la maladie mentale ; ce faisant, ils ont appliqué les textes dont les héritiers peuvent se prévaloir, protégeant le malade contre ses propres actes ».

15. Ex. : Paris, 17 mai 2001, *D.* 2002.2159, obs. Ph. Delmas Saint-Hilaire : assurance-vie constituée à la veille de son décès au profit d'un enfant, qualifiée de donation indirecte ; recevabilité de l'action en nullité exercée par un autre enfant.
16. J.-F. Barbiéri, « Inconscience et responsabilité dans la responsabilité civile », *JCP* G 1982.I.3057.
17. Flour, Aubert et Savaux, *Les obligations*, t. II, 5e éd., 2006, n° 100.
18. G. Durry, *RTD civ.* 1982.148.
19. Cass. civ. 1re, 28 janv. 2003, *Defrénois* 2003.1088., obs. crit. J. Massip ; *Dr. Famille* 2003 n° 152, n. Th. Fossier ; n.p.B. : « *la nullité d'un contrat pour cause d'insanité d'esprit n'exclut pas l'action en responsabilité contre le contractant dont la faute a été, en l'espèce, caractérisée* » ; en l'espèce, une vieille dame, alors sous sauvegarde de justice, ultérieurement mise en tutelle, s'était portée caution pour un prêt consenti à sa fille ; la cour d'appel, approuvée par la Cour de cassation, décida que le cautionnement était nul, mais engageait la responsabilité de la caution, parce qu'elle avait commis une faute en ne déclarant par qu'elle avait été mise sous sauvegarde.
20. Ex. : Cass. civ. 2e, 21 avr. 1982, *D.* 1982.403, n. Chr. Larroumet : « *Mlle G., en traitement dans un centre médico-éducatif, a exercé des violences sur Delles Moreau, Ledal et Ehrard, employées dudit centre* ».
21. Cass. civ. 1re, 20 juill. 1976, *Bull. civ.* I, n° 270 ; *D.* 1977, IR, 114 ; *JCP* G 1978.II.18793, 1re esp., n. N. Dejean de la Bâtie ; *RTD civ.* 1976.783, obs. G. Durry ; « *L'obligation de réparer, prévue à l'article 489-2, concerne tous ceux – majeurs ou mineurs – qui, sous l'empire d'un trouble mental, ont causé un dommage à autrui* ».
22. Ex. : Cass. civ. 2e, 19 févr. 1997, *Bull. civ.* II, n° 54 ; *JCP* G 1992.II.22848, concl. R. Kessous, n. G. Viney : « *La faute d'un mineur peut être retenue à son encontre même s'il n'est pas capable de*

jugé qu'il était plus qu'une simple perte de connaissance [23], mais n'était pas nécessairement une complète perte de la raison.

Le gouvernement (c'est-à-dire en l'espèce Jean Carbonnier, rédacteur de l'avant-projet de la loi de 1968) avait voulu conférer au juge un pouvoir modérateur, car il existe des cas où la responsabilité totale de l'aliéné est choquante ; il suffit de penser à la victime riche d'un aliéné pauvre. La question relève de l'équité et aurait dû imposer une appréciation au cas par cas. Le Parlement ne l'a pas suivi et a supprimé toute possibilité de tempéraments au nouveau principe de la responsabilité de l'aliéné, sans doute par souci (exagéré) de l'intérêt des victimes [24].

§ 4. LOGEMENT DU MAJEUR ATTEINT D'UN TROUBLE MENTAL

721. La protection du cadre de vie. — La loi a aussi entendu protéger le majeur dont les facultés sont altérées dans son cadre de vie principal : quel que soit le mode de protection, son logement [25] et les meubles meublants dont il est garni doivent être conservés aussi longtemps qu'il est possible (art. 426). La loi a surtout songé au malade hospitalisé : lorsqu'il est guéri, il faut qu'il puisse revenir chez lui et donc qu'il ait un « chez lui ».

Cette protection ne limite pas les droits des tiers, notamment ceux de créanciers [26]. Ne sont permises que les conventions d'occupation précaire et les actes autorisés par le juge des tutelles ou le conseil de famille après avis du médecin. Il faut, en plus, l'avis d'un médecin inscrit sur la liste établie par le procureur de la République lorsque « *l'acte a pour finalité l'accueil de l'intéressé dans un établissement* » [27].

Beaucoup d'autres dispositions du droit familial contemporain protègent aussi le logement familial, précisément parce qu'il est un élément essentiel à la vie de la famille et de la personne.

---

discerner les conséquences de son acte ou le caractère dangereux de la chose utilisée par son gardien » ; le débat a été porté sur le terrain de l'article 1384, alinéa 1 ; v. *supra*, n° 606.

23. Cass. civ. 2ᵉ, 4 févr. 1981, *Bull. civ.* II, n° 21 ; *D.* 1983.1, n. P. Gaudrat ; *JCP* G 1981.II.19956 ; *RTD civ.* 1982.148. obs. G. Durry. En l'espèce, un homme et une femme étaient au marché, l'un à côté de l'autre ; victime d'une crise cardiaque, l'homme s'était effondré et avait entraîné dans sa chute la femme, qui s'en était trouvée blessée. Jugé que l'homme ne pouvait être tenu de réparer le dommage sur le fondement de l'article 489-2 : « *Le bref passage de la connaissance à l'inconscience* (ne constituait pas) *un trouble mental* ».

24. J. MASSIP, *op. cit., supra*, n° 684, n° 38 ; du m., *Defrénois* 1984, art. 33225, *in fine*.

25. Sous l'empire de la loi de 1968, la Cour de cassation avait décidé que la règle ne s'appliquait pas à une résidence secondaire : * Cass. civ. 1ʳᵉ, 18 févr. 1981, *Carruzzo*, cité *infra*, n° 747, jurisprudence qu'a condamnée la loi de 2007 (art. 426, al. 1).

26. Ex. : Sans avoir à en être autorisé par le juge des tutelles, un créancier peut saisir le logement de l'incapable : Paris, 18 sept. 2001, *D.* 2002.2161, obs. J.-J. Lemouland ; un coindivisaire peut en obtenir l'attribution par l'effet d'un partage ou d'une attribution préférentielle : * Cass. civ. 1ʳᵉ, 26 janv. 1983. Decottignies, *affaire du mari étrangleur, Bull. civ.* I, n° 37 ; *D.* 1984.17, n. J. Massip, 1ʳᵉ esp. ; *Defrénois* 1984, art. 33225, 1ʳᵉ esp., m. n. : « *L'article 490-2 qui, en son alinéa 3, soumet à une autorisation particulière les actes par lesquels il est disposé, en son nom, des droits relatifs, à l'habitation d'un majeur protégé, ne s'applique pas à l'exercice par les tiers des droits qu'ils peuvent avoir sur les biens et, notamment, à l'exercice du droit pour l'épouse de demander réparation, sur le fondement de l'article 266, du préjudice matériel et moral que lui a causé la dissolution du mariage* ». En l'espèce, il s'agissait d'un mari qui, avant d'être interné dans un hôpital psychiatrique, puis mis sous tutelle, avait tenté d'étrangler son épouse. La cour d'appel, approuvée par la Cour de cassation, a accordé des dommages-intérêts à celle-ci, en même temps qu'elle a prononcé le divorce à son profit ; malgré l'article 490-2, elle lui a alloué la propriété exclusive du logement familial dont pourtant le mari était copropriétaire par l'effet de la communauté.

27. Ex. : la vente ou la résiliation du bail si le logement est trop coûteux, ou s'il est improbable que le majeur protégé revienne à son domicile, ou si le logement est inhabitable, ou si le logement servait aussi à l'activité professionnelle du majeur ; *cf.* Bourges, 16 déc. 1986, *JCP* G 1988.II.21154 ; en l'espèce, une vieille dame était hospitalisée et fut mise sous la tutelle de sa fille ; en son absence, son fils s'était introduit dans son logement qu'il avait saccagé (avant d'être lui-même hospitalisé et interné) « *l'appartement était dans un état de crasse difficilement descriptible, encombré de déchets, détritus, boîtes de conserve,*

§ 5. Comptes en banque

722. Protection du cadre bancaire. — La loi de 2007 a innové en prévoyant une protection des conditions bancaires du majeur protégé. Ses comptes en banque ne peuvent maintenant être modifiés, ni un autre compte ouvert sans autorisation du juge des tutelles ou du conseil de famille (art. 427, al. 2). Un compte peut être ouvert auprès de la Caisse des dépôts et consignations « *si le juge ou le conseil de famille s'il a été constitué l'estime nécessaire* » (al. 3), sans doute lorsqu'il soupçonnera un conflit d'intérêts. Lorsque le majeur n'a aucun compte, il doit lui en être ouvert (al. 4). Même s'il est interdit de chèques, la personne chargée de sa protection peut faire fonctionner ses comptes (al. 7).

Sont interdits les « comptes pivots » souvent pratiqués naguère par les gérants de tutelle, leur permettant de verser à un compte unique ouvert à leur nom les avoirs de tous les majeurs dont ils assumaient la protection et d'en percevoir tout ou partie des intérêts, qui, désormais, rappelle la loi, appartiennent au majeur (al. 6).

Lorsque la protection du majeur est assurée par le préposé d'un établissement de santé, doivent s'appliquer les règles de la comptabilité publique imposant la séparation entre l'ordonnateur et le comptable (*D.* 29 déc. 1962, al. 5).

Section II
SAUVEGARDE DE JUSTICE

723. Un capable diminué. — La mise d'un majeur sous sauvegarde de justice a été une des innovations de la loi de 1968, guère modifiée en 2007 (art. 433 à 439) qui n'avait pour précédent approximatif que l'administration provisoire des biens des majeurs internés prévue par la loi de 1838. Le « sauvegardé » n'est ni un incapable (comme l'est le majeur sous tutelle), ni un semi-capable (comme l'est le majeur sous curatelle) ; il est un capable diminué. L'institution est caractéristique de l'esprit de la loi, qui nuance les incapacités des majeurs. La sauvegarde est un état intermédiaire entre l'inorganisation totale de la condition patrimoniale des majeurs qui ne sont pas spécialement protégés, et la protection organisée que réalise la curatelle ou la tutelle.

La mise sous sauvegarde protège plus le majeur sujet à des troubles mentaux que ne le fait la théorie générale des actes juridiques, car elle renforce sa protection pécuniaire rétrospective et permet aussi, grâce au mandat, de prévoir une organisation embryonnaire de la gestion de son patrimoine. Mais elle le protège moins que ne le fait la curatelle ou la tutelle, car elle est provisoire et peu élaborée.

Elle ne constitue pas une véritable incapacité, parce que le majeur sous sauvegarde conserve l'exercice de ses droits ; la protection n'a lieu qu'après coup, ses actes pouvant être rescindés en cas de lésion ou réduits en cas d'excès (art. 435, al. 2), sauf, et c'est une innovation de 2007, si le juge des tutelles a désigné un mandataire spécial pour faire un ou plusieurs actes déterminés qui deviennent prohibés au majeur sous sauvegarde.

La sauvegarde répond à plusieurs hypothèses. Soit un majeur dont les facultés sont passagèrement diminuées ; par exemple, pour la victime d'un accident qui lui a causé un traumatisme ou un état comateux passager, il n'est pas utile d'organiser une curatelle ou une tutelle pour les quelques mois dont on pense que durera l'altération ; il suffit de prendre des mesures de sauvegarde. Soit des majeurs dont les facultés sont profondément et durablement altérées ; il peut

---

meubles cassés, linge sale dégageant une odeur pestilentielle ». Le bail a été résilié à la demande du bailleur malgré les protestations de la tutrice qui a invoqué vainement l'article 490-2.

être utile de donner immédiatement à leur patrimoine un système provisoire de gestion pendant la durée de la procédure lorsqu'il y a urgence, en attendant l'ouverture de la curatelle ou de la tutelle. Soit, à l'inverse, un aliéné en voie de guérison : la sauvegarde de justice peut être une étape entre la curatelle ou la tutelle et la pleine capacité. Dans tous ces cas, la sauvegarde réalise un minimum de protection. La loi de 2007 a limité la durée de la sauvegarde à un an, renouvelable une seule fois (art. 439, al. 1). Avant la loi de 2007, il arrivait souvent que la sauvegarde fût renouvelée indéfiniment, ce qui détournait l'institution de ses fins, dominées par un esprit de provisoire. Elle est assez utilisée.

Seront successivement examinés les conditions (§ 1) et les effets (§ 2) de la mise sous sauvegarde.

§ 1. Conditions

Deux types de conditions doivent être réunies pour qu'une sauvegarde de justice puisse être prononcée : des conditions de fond (I) et d'exercice (II) ; sera ensuite étudiée la fin de la sauvegarde (III).

I. — Conditions de fond

724. Un besoin temporaire. — La condition de fond qui justifie la mise sous sauvegarde est, dans son principe, la même que celle qui permet l'ouverture d'une tutelle ou d'une curatelle : l'altération des facultés mentales ou corporelles si elle empêche l'expression de la volonté (art. 433, al. 1, combiné avec art. 425). Ce qui change est le besoin du majeur. Lorsqu'il doit être protégé d'une manière temporaire, il suffit de le mettre sous sauvegarde (art. 433) ; lorsqu'il a besoin d'être assisté d'une manière durable, il faut le mettre en curatelle (art. 440, al. 1) ; lorsqu'il a besoin d'être représenté d'une manière durable, il faut le mettre en tutelle (art. 440, al. 3).

Il n'existe pas de différence catégorique entre ces diverses notions : on ne peut opposer la protection ni à la représentation ni au conseil ; ce qui est en cause est une différence de degrés dans le besoin de protection. Apparaît, comme à d'autres occasions, le caractère nuancé que prend maintenant la protection des incapables.

II. — Conditions d'exercice

La mise sous sauvegarde est soumise à des conditions d'exercice très simples. Habituellement, elle résulte d'une déclaration médicale ; plus rarement, d'une décision du juge des tutelles. Sa publicité est rudimentaire.

725. Déclaration médicale. — Le plus souvent, la mise sous sauvegarde résulte de la déclaration, même verbale, faite par un médecin au procureur de la République, constatant qu'une personne à laquelle il donne des soins a besoin d'être protégée dans les actes de sa vie civile en raison de l'altération de ses facultés (environ 35 000 par an) (C. santé publ., art. L. 3211-6). La loi ajoute à cette condition deux autres formalités, l'une tendant à éviter l'arbitraire, l'autre permettant de rendre certaine la mise sous sauvegarde. Afin de limiter l'arbitraire médical, la loi exige l'avis conforme d'un psychiatre. Pour certifier cette déclaration, il faut que le médecin la notifie au procureur de la République (qui, à fins d'information, la transmet à un organe administratif, le Directeur départemental de l'action sanitaire et sociale). La loi de 2007 a maintenu cette règle, mais en la mettant en second rang (art. 434), la décision du juge des tutelles venant en premier (art. 433).

Par conséquent, la diminution de capacité qui résulte de la mise sous sauvegarde n'est alors soumise à aucun contrôle judiciaire : le médecin décide librement de l'état civil d'une personne.

726. Décision du juge des tutelles. — La mise sous sauvegarde peut aussi résulter de la décision du juge des tutelles, par exemple lorsqu'une procédure d'ouverture de curatelle ou de tutelle est pendante (environ 15 000 cas par an). Le juge doit entendre le majeur, sauf dans les cas d'urgence à renvoyer l'audition « *dans les meilleurs délais* », sauf aussi s'il y a risque médical ou inaptitude du majeur à exprimer sa volonté (art. 453, al. 3). Cette sauvegarde permet, provisoirement mais immédiatement, de protéger le malade.

727. Recours en justice. — Aucun recours ne peut être formé contre la mise sous sauvegarde lorsqu'elle résulte d'une décision du juge des tutelles (C. pr. civ., art. 1239) ; la jurisprudence décide le contraire lorsque la mise sous sauvegarde résulte d'une déclaration médicale[28], probablement à cause du risque d'arbitraire qui peut apparaître.

728. Publicité. — La sauvegarde devant être brève, la seule publicité résulte d'une mention dans un registre spécial tenu au parquet, qui ne délivre d'extraits qu'aux autorités judiciaires, aux personnes ayant qualité pour demander une curatelle ou une tutelle et, sur demande motivée, aux avocats, notaires et huissiers « *pour un acte de leurs fonctions* » (L. 1968, art. 10). Cette liste est limitative ; ainsi, l'intéressé n'est-il pas tenu au courant. Les tiers ne peuvent donc obtenir d'informations qu'en passant par un homme de loi : ils risquent d'ignorer la diminution de capacité de l'intéressé.

III. — Fin de la sauvegarde

729. Expiration du délai ; pleine capacité ; incapacité. — La sauvegarde doit être temporaire ; elle s'achève, soit par l'expiration du délai, soit par la restauration de la pleine capacité du sauvegardé, soit par la transformation de cette sauvegarde en une incapacité proprement dite (art. 439).

La restauration de la pleine capacité du sauvegardé peut provenir de quatre événements. Ou bien une décision de mainlevée si la sauvegarde avait été prononcée par le juge. Ou bien une nouvelle déclaration médicale prise dans les mêmes formes que celle qui avait fait naître la sauvegarde. Ou bien la radiation de la sauvegarde résultant de la décision du procureur de la République. Ou bien une péremption, c'est-à-dire l'accomplissement d'un délai de six mois, qui peut être renouvelé.

§ 2. Effets

Si les conditions de la mise sous sauvegarde sont aussi simples, c'est que ses effets sont rudimentaires. Ils sont intermédiaires entre ceux qui sont attachés à une insanité d'esprit qui n'aurait pas été spécialement organisée, et ceux qui résultent d'une organisation vraiment élaborée de l'incapacité. En d'autres termes, ils sont plus étendus que ceux que la théorie des actes juridiques produit sur les actes des majeurs n'ayant fait l'objet d'aucune mesure de protection ; ils sont moins importants que ceux qui découlent d'une curatelle ou d'une tutelle. Chacun des actes

---

28. Cass. civ. 1re, 2 déc. 1992, sol. impl., *Bull. civ.* I, n° 295.

du sauvegardé est rétrospectivement protégé (I) ; la gestion de son patrimoine comporte cependant un embryon d'organisation (II).

I. — Protection des actes du sauvegardé

730. Lésion. — Le sauvegardé fait seul tous les actes de la vie civile parce qu'« *il conserve l'exercice de ses droits* » (art. 435, al. 1). Mais ses actes peuvent être rescindés pour cause de lésion ou réduits pour cause d'excès (al. 2). Protection qui est plus poussée que celle du majeur n'ayant fait l'objet d'aucune mesure spéciale de protection, car elle n'est pas subordonnée à la démonstration de l'altération des facultés au moment de l'acte. Elle est moins poussée que celle de la personne sous curatelle, car l'acte n'est jamais, même pour les actes de disposition, nul de droit, puisque la rescision est subordonnée à la démonstration de la lésion.

En outre, conformément au droit commun, le sauvegardé peut demander la nullité de l'acte qu'il a conclu sous l'empire d'un trouble mental (art. 414-1) ; la preuve du trouble est libre, mais c'est à lui de le démontrer.

II. — Embryon d'organisation

Par ailleurs, le patrimoine du sauvegardé peut avoir un embryon de gestion, tantôt d'origine conventionnelle, tantôt d'origine légale, tantôt d'origine judiciaire.

731. Mandat conventionnel. — Cet embryon d'organisation peut être conventionnel (art. 436, al. 1) ; il est souvent pratiqué par les familles qui s'entendent : il est en effet très commode, une sorte de petite tutelle anticipée et conventionnelle. La loi de 2007 a aussi organisé le mandat de protection future [29]. La désignation du mandataire peut aussi avoir été prévue par le majeur lui-même.

La loi de 1968 avait prévu que ce mandat, parce qu'il avait la sauvegarde en référence, ne pouvait être révoqué par le mandant, ce qui était remarquable, parce que contraire au droit commun pour lequel, de sa nature, un mandat est toujours révocable ; elle avait aussi prévu qu'une décision judiciaire pouvait le révoquer, même d'office [30] et demander au mandataire de remettre ses comptes au greffier en chef ou au juge.

La loi de 2007 a simplifié la règle : ce mandat « *continue à produire ses effets pendant la sauvegarde de justice à moins qu'il soit révoqué par le juge des tutelles, le mandataire étant entendu ou appelé* » (art. 436, al. 1), ce qui maintient le droit antérieur, sauf que s'ajoute l'obligation d'entendre le mandataire révoqué. Quant aux comptes, bien que la loi n'en parle plus, ils doivent bien entendu être rendus

---

29. *Infra*, n°s 734 s.
30. Cass. civ. 1re, 12 mai 1987, *Bull. civ.* I, n° 148 ; *Defrénois* 1987, art. 34044, n° 66, p. 1084, obs. J. Massip ; *JCP* G 1988.II.21075 : « *L'irrévocabilité d'un mandat d'intérêt commun, fût-elle expressément stipulée, ne lie pas le juge des tutelles qui, dans l'intérêt de la protection des incapables, tient de l'article 491-3, alinéa 3, la faculté de révoquer les mandats donnés par une personne ultérieurement placée sous la sauvegarde de justice* ». En l'espèce, une vieille religieuse de 88 ans, sourde et aveugle, avait conclu avec un généalogiste un contrat de révélation de succession, moyennant l'abandon de 40 à 50 % de la succession ; elle avait conféré au généalogiste un « mandat irrévocable » que le juge des tutelles, après l'avoir mise sous sauvegarde de justice, révoqua.

par le mandataire en application du droit commun (art. 1993). Le mandataire répond de ses fautes de gestion [31].

732. Gestion légale : solidarité familiale. — En l'absence de mandat, les proches du sauvegardé ont l'obligation légale de faire les actes conservatoires que nécessite la gestion de son patrimoine (art. 436, al. 3).

Il faut deux conditions : 1°) qu'il s'agisse d'un acte conservatoire [32] ; 2°) que la personne obligée ait eu connaissance de l'urgence qu'il y avait à accomplir un acte conservatoire sur un bien du sauvegardé et de la mise du majeur sous sauvegarde.

L'obligation de faire des actes conservatoires est une conséquence de la solidarité familiale ; elle pèse sur le conjoint non séparé de corps ou de fait, le pacsé, les ascendants, les descendants et les frères et sœurs du sauvegardé ; la loi de 2007 ajoute « *la personne ou l'établissement qui héberge la personne placée sous sauvegarde* ».

Cette liste correspond à une définition de la famille différente des autres. Elle est plus large que celle qui est retenue en matière d'obligation alimentaire (puisqu'elle comprend les frères et sœurs) ; elle est plus étroite que celle qui détermine la vocation successorale (puisqu'elle ne comprend pas les oncles et neveux).

733. Gestion judiciaire : mandataire spécial. — Si nécessaire [33], le juge des tutelles organise davantage la sauvegarde de manière à la rapprocher de la curatelle. Il nomme un mandataire spécial (art. 437, al. 2 et 3) ; c'est une prérogative dont il use souvent, notamment lorsqu'un majeur, bien entouré par sa famille, subit une difficulté passagère (par exemple, une intervention chirurgicale) et n'a pas besoin de protection durable.

À la différence de la loi de 1968, le choix du mandataire spécial n'est plus libre : le juge doit d'abord choisir le mandataire de protection future s'il en existe, puis un proche du majeur plutôt qu'un mandataire judiciaire à la protection des majeurs. Le conjoint peut être, bien entendu, nommé mandataire et c'est même lui qui paraît le plus qualifié sauf raisons contraires [34]. Très souvent est choisi un agent hospitalier (un préposé de l'établissement hébergeant le majeur), ce qui revient au vieux système de l'administration provisoire de la loi de 1838 pourtant décrié [35]. En nommant ce mandataire spécial, le juge des tutelles peut mettre fin aux fonctions du mandataire conventionnel institué antérieurement par le sauvegardé [36] (sauf le mandataire de protection

---

31. Cass. civ. 1re, 16 avr. 2008, *Bull. civ.* I, n° 119 ; *JCP* G 2008.IV. 1962 ; *RTD civ.* 2008.452, obs. J. Hauser. En l'espèce, un organisme de prévoyance mutualiste n'ayant pas été réglé des cotisations qui lui étaient dues, avait résilié son contrat et ultérieurement refusé de payer les frais d'hospitalisation du majeur mis sous sauvegarde et ayant constitué un mandat ; jugé que le mandataire était responsable.
32. Ex. : le renouvellement d'une inscription hypothécaire ; l'interruption d'une prescription ; la confection d'un inventaire, v. *supra*, n° 521.
33. Cass. civ. 1re, 30 nov. 1983, *dame Blonde, Bull. civ.* I, n° 285 ; *Défrénois* 1984, art. 33278, n° 4, p. 502, obs. J. Massip ; *Gaz. Pal.* 1984.II.431, m. n. : « *Un mandataire spécial ne peut être désigné à un majeur sous la sauvegarde de justice que s'il y a nécessité d'agir pour le compte du majeur protégé* ». En l'espèce, une vieille dame de 81 ans, la dame Blonde, gravement handicapée, s'était retirée dans une maison de santé ; le notaire, afin de régler la succession qui lui venait de son mari prédécédé, avait demandé l'intervention du juge des tutelles ; celui-ci avait placé la dame sous sauvegarde de justice avec désignation d'un mandataire spécial qui avait pour mission d'en percevoir les revenus. Malgré les protestations de la dame, le tribunal confirma « *une mesure nécessairement protectrice des droits de l'appelante* ». Cassation.
34. Ex. : Cass. civ. 1re, 16 juill. 1992, *Bull. civ.* I, n° 233 ; *Défrénois* 1993, art. 35484, n° 9, obs. J. Massip ; en l'espèce, l'épouse « *était dans l'ignorance complète des affaires du ménage, avait elle-même des ennuis de santé et il existait un conflit important entre elle et les enfants du précédent mariage de son époux* ».
35. Cass. civ. 1re, 11 juin 1991, *Bull. civ.* I, n° 195 ; *JCP* G 1992.II.21879 : « *Rien ne s'oppose à ce que le préposé de l'établissement de traitement exerçant les fonctions de gérant de tutelle soit désigné en qualité de mandataire spécial d'une personne placée sous la sauvegarde de justice* ».
36. Ex. : Cass. civ. 1re, 8 déc. 1993, *Bull. civ.* I, n° 360 ; *D.* 1994.360, n. crit. J. Massip ; *Défrénois* 1994, art. 35845, n° 55, m. n. ; *RTD civ.* 1994.323, obs. J. Hauser ; en l'espèce, la personne sauvegardée

future), ce qu'il fait presque systématiquement, malgré les critiques d'un auteur [37] ; sa décision doit être notifiée au mandataire révoqué [38].

Contrairement à la loi de 1968 [39], le mandataire peut recevoir le pouvoir de faire des actes de disposition, mais non un mandat général [40], c'est pourquoi on l'appelle un mandat *spécial*. En fait, dans la pratique, la mission du mandataire spécial est souvent très large. Le sauvegardé ne peut plus accomplir les actes ayant fait l'objet de ce mandat, ni donner le même mandat à une autre personne [41] ; il est donc frappé d'une incapacité partielle. La loi de 1968 avait connu des difficultés d'application pour reconnaître au mandataire spécial le pouvoir de recevoir le courrier du sauvegardé [42], que ne dissipe pas la loi de 2007 en permettant de conférer au mandataire spécial « *une mission de protection de la personne* », qui doit respecter les droits de sa personnalité (art. 438).

Comme un tuteur, ce mandataire doit établir chaque année un compte de gestion et le faire contrôler dans les conditions prévues par les articles 510 à 514.

---

avait près de 103 ans, et il y avait un conflit d'intérêts entre ses deux enfants ; ce vieillard, avant d'être placé sous sauvegarde, avait donné un mandat général à un des enfants ; le juge des tutelles désigna un autre mandataire spécial, « *une personne étrangère à la famille* », et décida la révocation du mandat conventionnel. La Cour de cassation approuva.

37. J. Massip, *op. cit.*, n° 515 : « *Il est fréquent, lors du placement de malades mentaux ou des personnes âgées dans des établissements de soins ou des maisons de retraite, qu'il y ait après placement sous sauvegarde de justice une demande émanant du préposé de l'établissement ou des services sociaux afin qu'il soit désigné au majeur protégé un mandataire spécial. Il existe en effet dans ces milieux une certaine méfiance – parfois hélas justifiée – à l'égard des familles [...]. D'où la tendance à révoquer, en tant que de besoin, par une sorte de clause de style, toutes procurations antérieures sans vérification particulière de la façon dont s'exercent des procurations ni même leur existence. De telles pratiques sont en contradiction formelle avec le texte de l'art. 491-3 (auj. 436, al. 1 nouv.) [...] Elles sont donc à proscrire absolument* ».

38. Cass. civ. 1re, 3 déc. 2002, cité *infra*, n° 760.

39. Ex. : Cass. civ. 1re, 10 juin 1981, *Bull. civ.* I, n° 204 ; *Defrénois* 1982, art. 32846, n° 11, p. 357, obs. J. Massip : le mandataire spécial ne peut avoir le pouvoir de faire des actes de disposition : « *Le mandataire spécial, désigné par le juge des tutelles à l'effet de faire certains actes déterminés, pour le compte d'un majeur placé sous la sauvegarde de justice, ne peut accomplir aucun acte que le tuteur d'un majeur en tutelle ne pourrait passer sans l'autorisation du conseil de famille* ». En l'espèce, le mandataire spécial (un enfant du majeur protégé) avait vendu un immeuble de la personne sauvegardée. Les juges du fond avaient déclaré valable la vente en raison du mandat général que lui avait donné le juge des tutelles. Cassation.

40. Ex. : Cass. civ. 1re, 12 janv. 1988, *Bull. civ.* I, n° 4 ; *Defrénois* 1988, art. 34255, n° 52, p. 739, obs. Massip ; *JCP* G 1988.IV.104 : « *Le juge des tutelles peut désigner au majeur sous la sauvegarde de justice un mandataire spécial à l'effet de faire un acte déterminé ou une série d'actes de même nature ; le mandataire ne peut recevoir un mandat général à l'effet d'administrer l'ensemble du patrimoine du majeur protégé* ». En l'espèce, il s'agissait d'un industriel frappé d'hémiplégie ; le juge des tutelles l'avait mis sous sauvegarde de justice et désigné un mandataire (une association tutélaire) chargé de percevoir les revenus, de régler les dépenses, de gérer les biens et de faire tous les actes d'administration ; le tribunal confirma. Cassation.

41. Cass. civ. 1re, 9 nov. 1982, *D.* 1983.358, n. J. Massip ; *Defrénois* 1983, p. 781, m. n. ; n.p.B. ; *Journ. not.* 1984, art. 57657, p. 391, n° 24 : « *Cette désignation* (d'un mandataire spécial) *avait pour effet de priver le majeur placé sous sauvegarde de justice du droit d'accomplir les actes entrant dans les pouvoirs du mandataire spécial.* » En l'espèce, une vieille dame avait été placée sous sauvegarde de justice ; en outre, avait été désigné un mandataire spécial ayant pour mission de donner « *quitus* » et de renoncer à certains droits de la majeure protégée s'il le jugeait opportun ; quelques jours après, la vieille dame donna personnellement « *quitus* » et renonça à des droits. Jugé que ces actes étaient nuls.

42. V. les embarras de Cass. civ. 1re, 11 juin 1991, *Bull. civ.* I, n° 195 ; *Defrénois* 1991, art. 35142, n° 98, obs. J. Massip ; *JCP* G 1992.II.21879. En l'espèce, le TGI avait conféré au mandataire spécial (le préposé de l'hôpital) le pouvoir de recevoir le courrier du majeur mis sous sauvegarde ; pourvoi : « *Les juges du fond ont porté atteinte tant à sa vie privée* (du majeur) *qu'à sa liberté individuelle* ». Rejet du pourvoi : « *le jugement constate que Mlle X n'est pas capable d'assurer la gestion de son patrimoine, laquelle exige des réponses rapides à toute correspondance administrative ou d'affaires* » ; or, le mandataire spécial n'avait pas le pouvoir « *de contrôle sur le courrier personnel de Mlle X* ». Comment, sans ouvrir les lettres, distinguer la « *correspondance administrative ou d'affaires* » et le « *courrier personnel* » ?

Section III
MANDAT DE PROTECTION FUTURE

734. Prévoir l'altération de ses facultés. — Souhaité par le notariat [43], pratiqué dans de nombreux pays, notamment presque toute l'Amérique du Nord avec différents visages [44], le mandat de protection future a été organisé par la loi de 2007 (art. 477 à 494) et est souvent présenté comme sa principale innovation ; la loi souhaite associer le plus possible le majeur à sa protection, comme il peut aussi choisir son curateur ou son tuteur (art. 448) [45]. Prévoyant une éventuelle ou prochaine altération de ses facultés, un majeur, du moment qu'il n'est pas en tutelle, peut ainsi donner pouvoir à un tiers sur ses biens, et même, s'il le veut, sur sa personne, sauf pour ses actes purement personnels [46].

Cet élargissement du mandat, s'appliquant à une incapacité future, développe les mandats conventionnels déjà prévus par la loi de 1968 et utilisés par la pratique dans la sauvegarde de justice et participe du même esprit que les autres mandats de prévision établis par la loi contemporaine : le « mandat à effet posthume » prévu par la loi de 2006 sur les successions – le pouvoir qu'à le défunt de gérer ses biens au-delà de la mort (art. 812) – en droit médical, la « personne de confiance » pouvant décider des soins à dispenser lorsque celui qui a fait confiance devient hors d'état de manifester sa volonté (C. sant. publ., art. L. 1111-6, codifiant la L. 4 mars 2002, *L. Kouchner*, et dans la fiducie le tiers prenant en main les intérêts du constituant (C. civ., art. 2017)). Cette extension du mandat de prévision à différentes branches du droit (successoral, médical, des incapacités et des affaires) est une des formes prises par la contractualisation du principe de précaution dans le droit actuel (de la famille, des personnes, des successions et même des obligations).

Par faveur à ce mandat, la loi lui accorde une grande liberté. En la forme, il peut être notarié [47] ou sous seing privé (étant alors contresigné par un avocat, ou établi selon un modèle défini par un décret du 30 novembre 2007 [48] ; il a une moindre portée que le mandat notarié : sur les biens, il ne peut conférer de pouvoirs que

---

43. 94ᵉ *Congrès des notaires de France*, Lyon, 1988 ; 102ᵉ, Strasbourg, 2006.
44. Ex. au Québec, « le mandat en prévision de l'inaptitude » ne prend effet qu'après un contrôle judiciaire : la survenance de l'inaptitude suppose une évaluation médicale et psycho-sociale, homologuée par le juge ou le greffier qui doit rencontrer le mandant ou le mandataire. En Angleterre, le « mandat permanent » détermine les pouvoirs qu'il délègue au mandataire et prive le mandant de toute possibilité de décision à partir du moment où l'incapacité est établie. En Allemagne, le « mandat pour soins de vieillesse » (*"Altersvorsorgevollmacht"*) prend effet au moment où un certificat médical constate l'altération des facultés du mandant et son incapacité à gérer et administrer. En Espagne, l'organisation anticipée de la protection peut être faite en prévision de la reconnaissance judiciaire ultérieure de son incapacité.
45. *Infra*, n° 752.
46. Combret et J. Casey, « Le mandat de protection future », *RJPF* sept. 2007 ; M.-C. Forgeard et N. Levillain, « Mandat de protection future et pratique notariale », *Defrénois* 2008.529 s. et 540 s. ; S. Hébert, « Le mandat de prévention : une nouvelle forme juridique ? », *D.* 2008.307 ; A. Delfosse et N. Baillon-Wirtz « Le mandat de protection future », *JCP* G 2007.1.147.
47. Ex. de formule, J. Combret *et al.*, « Formule commentée », *Defrénois* 2009.294. La formule propose de nombreuses modalités tenant compte de la diversité des situations : sur le choix du mandataire, d'un éventuel tiers de confiance, d'un contrôleur de gestion, de la mission, du pouvoir, des obligations et de la responsabilité du mandataire, de la révision, la révocation et de fin du mandat.
48. Le *Journal Officiel* publie une « *notice d'information* » (arrêté du 2 décembre 2007), de 49 p. (!), avec questions et réponses (*ex.* : « *Qu'est ce que le mandat de protection future ?* » ; « *Que signifie "protection future" ?* », etc.) et un glossaire prenant les gens pour des débiles mentaux (*ex* : « *consentement = accord d'une personne* » (la définition est contestable) ; « *révoquer = mettre fin, annuler* » (*id.*). « L'information » qu'aurait donnée un notaire eût été d'une autre qualité. Cette notice démontre que la loi a commis une erreur en admettant que le mandat de protection future pouvait être sous signature privée : le mandant sans culture juridique risque gros.

pour les actes conservatoires ou de gestion courante et aucun pour la personne). De même, la loi ne prévoit aucune publicité, estimant qu'une protection conventionnellement organisée ne peut à elle seule créer d'incapacité, qu'il s'agit simplement d'une représentation contractuelle presque ordinaire, et que le mandant conserve donc ses pouvoirs, même après que le mandat produit ses effets, c'est-à-dire lorsque la déclaration médicale d'inaptitude a été reçue par le greffe. « Presque » seulement, car désormais ses actes pourront être rescindés à la demande du mandant ou de ses héritiers (art. 488) pour lésion ou réduits pour excès, comme s'il y avait eu une sauvegarde de justice et pas seulement annulés pour insanité d'esprit par application du droit commun (art. 414-1). À partir du moment où la déclaration médicale d'inaptitude a été visée par le greffe, le mandant reste capable, mais devient un « capable diminué », une sorte de « capable sous sauvegarde ».

Quant au fond, plus encore que dans le droit commun, la liberté domine ce mandat. Il peut être conféré « *à toute personne physique choisie par le mandant ou une personne morale inscrite* » sur une liste établie par le représentant de l'État dans le département (art. 480, al. 1) une forme d'agrément (comme pour les mandataires judiciaires à la protection des majeurs) ; ce contrôle des seules personnes morales s'explique par la crainte que les « sectes » ne s'emparent au moyen de ce mandat du patrimoine et de l'âme des personnes vulnérables. Le mandat fixe lui-même son étendue ; s'il est notarié, il peut prévoir une protection de la personne, sauf dans ce qu'elle a de plus personnel (art. 479). Il peut ne porter que sur un bien unique. Le mandataire est librement choisi ; s'il est extérieur à la famille et une personne physique, il n'est pas nécessaire qu'il soit agréé par l'administration, à la différence des mandataires judiciaires à la protection des majeurs. Il peut aussi y avoir un ou plusieurs mandataires. La liberté est donc la règle.

À la différence des mandataires judiciaires, sa durée peut être indéterminée. Là aussi, la liberté est la règle.

735. Certificat médical d'inaptitude. — Le mandat produit son effet lorsqu'un certificat médical émanant d'un médecin agréé (choisi sur une liste établie par le procureur de la République) est remis au greffe, et aura constaté que « *le mandant ne peut plus pourvoir seul à ses intérêts* » (art. 481), ce qui est la formule justifiant d'une manière générale les mesures de protection judiciaire prises pour un majeur (art. 425 nouv. ; C. pr. civ., art. 1258-1, *D.* 5 déc. 2008).

Contrairement au droit commun (art. 2003), il ne devient pas caduc par la mise en tutelle du mandant, ce qui explique l'intervention du législateur.

736. Obligations du mandataire. — Comme tout administrateur du patrimoine d'autrui et tout tuteur, le mandataire de protection future doit procéder à un inventaire des biens du majeur conventionnellement protégé. Les modalités de l'obligation de rendre compte peuvent être allégées, étant fixées par le mandat ; la protection, ici aussi, est contractualisée. Le mandataire doit chaque année établir un compte de sa gestion, que le juge peut lui demander. Lorsque le mandat est notarié, le notaire doit saisir le juge chaque fois qu'un acte n'apparaît pas conforme aux stipulations du mandat : responsabilité très lourde, dissuadant une partie du notariat de rédiger ces mandats [49].

---

49. H. FULCHIRON, « Le notaire et l'exécution du mandat de protection future », *Defrénois* 2009.178.

À l'expiration du mandat et dans les cinq années qui suivent, le mandataire doit tenir « *à la disposition de la personne qui est amenée à poursuivre la gestion, à la personne protégée si elle a recouvré ses facultés ou à ses héritiers l'inventaire de ses biens et les actualisations auxquelles il a donné lieu ainsi que les cinq derniers comptes de gestion et les pièces nécessaires pour continuer celle-ci ou assurer la liquidation de la succession de la personne protégée* » (art. 486).

737. Appréciation critique : une demi-protection. — Lorsqu'elle avait été envisagée en France il y a une douzaine d'années, cette innovation avait été approuvée, plus même que les autres mesures de protection des majeurs, car elle semblait pouvoir humaniser l'humiliation résultant fatalement de la diminution mentale, et de la meilleure manière, en associant la personne à sa propre protection : une « autoprotection ».

Elle avait cependant été critiquée. D'abord, par un auteur [50]. La situation d'un majeur dont les facultés sont altérées est évolutive, alors que le contrat ne l'est pas. En outre, il est dangereux de détacher du juge, protecteur naturel des libertés, la protection d'un majeur. Enfin, la protection judiciaire se révèle en fait mieux organisée que cette protection conventionnelle, très approximative, qui de surcroît risque de faciliter des détournements. Il est dangereux que la déclaration médicale d'inaptitude produise ses effets sans qu'intervienne le juge des tutelles [51].

D'autres ont regretté que la déclaration médicale d'inaptitude ne fût pas publiée, ce qui l'aurait rendu opposable aux tiers ; le notariat avait même souhaité qu'elle fût notifiée à une personne de confiance [52].

Comme dans la loi de 2006 sur les successions pour le mandat à effet posthume, le reproche principal est de s'être arrêté au milieu du parcours, de n'avoir été qu'une demi-mesure en ne conférant qu'une protection insuffisante au mandant : on protège ou on ne protège pas ; on ne protège pas à moitié. Or, dans le régime prévu par la loi, le mandant demeure capable, même après la mise en exécution du mandat, malgré l'altération de ses facultés médicalement constatée et estampillée par le greffe. Il est capable, mais d'une capacité diminuée, « sauvegardée ». Le majeur qui s'était cru protégé par son mandat est en réalité mal protégé, d'une protection peu efficace et illusoire ; sauf démonstration (difficile) de son insanité d'esprit, il ne pourra faire annuler les actes conclus après altération des facultés (c'est-à-dire après l'inscription au greffe du certificat médical d'inaptitude) ; il (où ses héritiers) pourra, tout au plus, les faire réduire ou rescinder selon une procédure judiciaire dont tout le monde connaît le coût et l'aléa. Au surplus, ce mandat peut aboutir à la cacophonie : mandant et mandataire ayant chacun les mêmes pouvoirs sur les mêmes biens, que deviendront les aliénations consenties par chacun sur les mêmes biens à des personnes différentes ?

Au Québec, la déclaration médicale d'inaptitude constitue une incapacité dès qu'elle a été homologuée par un juge : une vraie protection, qui a réussi bien que souvent soit demandé plus de contrôle judiciaire. En Espagne, le mandant a le choix entre deux mandats : l'un à la française (sans homologation) ; l'autre à la québécoise (avec homologation) ; là aussi, une bonne protection, qui a bien réussi.

N°s 738-743 réservés.

---

50. D. Noguéro, « Interrogations au sujet du mandat de protection future », *D.* 2006.1133.
51. D. Fenouillet, « Le mandat de protection future ou la double illusion », *Defrénois* 2009.142 (très critique).
52. 102ᵉ Congrès des notaires de France (Strasbourg), « Les personnes vulnérables, vœux », *Defrénois* 2006, act. not., 118.

CHAPITRE II

PROTECTIONS LÉGALES ORGANISÉES

744. Plan. — Lorsque l'altération des facultés personnelles est plus profonde ou plus durable, on ne peut se contenter de protections qui n'interviennent qu'*a posteriori* et à l'occasion d'actes particuliers ou qui ont été organisées à l'avance par une convention ; il faut que la loi organise une gestion d'ensemble du patrimoine de l'incapable. Le majeur protégé devient un incapable, c'est-à-dire une personne dont l'insuffisance des facultés est permanente.

Cette gestion est moins organisée dans le régime de la curatelle (Section II) que dans celui de la tutelle (Section III). L'opposition entre ces deux modes de protection n'est pas absolue, car le juge des tutelles peut aménager des régimes intermédiaires et passer de l'un à l'autre. La communauté d'inspiration de la curatelle et de la tutelle apparaît en ce que c'est aux mêmes personnes et selon la même procédure qu'est attribué le droit d'en provoquer l'ouverture et que ce sont les mêmes principes qui en règlent la procédure, la durée, le financement, l'achèvement et la sanction (Section I). La loi de 2007 a créé un nouveau régime de protection sans incapacité relevant presque exclusivement du droit de l'aide sociale, assez diversifié, les accompagnements sociaux (Section IV).

À la différence de l'incapacité tenant à la minorité qui existe et disparaît de plein droit par le seul effet de l'âge, l'incapacité des majeurs protégés suppose toujours qu'elle ait été prononcée par un juge après une déclaration médicale.

745. Rapports entre curatelle et tutelle. — La loi de 2007 a inversé l'ordre dans lequel étaient traditionnellement présentés ces deux modes de protection : jusqu'alors, la tutelle protégeait les majeurs de la manière la plus étendue et elle était le droit commun –, la curatelle renvoyant partiellement à ses règles et elle était une dérogation au droit commun. Dans le droit romain ancien, la tutelle était en effet organisée pour des hypothèses d'incapacité normale et régulière (les femmes et les impubères), la curatelle ne l'étant que pour des incapacités accidentelles ; par exemple, le fou ne pouvait être mis en curatelle que pendant ses périodes de crise, la survenance de la lucidité le rendant capable et éteignant les pouvoirs du curateur (situation pleine d'incertitudes, aujourd'hui inconcevable). Peu à peu, les deux institutions s'étaient rapprochées, puis confondues : à ce point, avait-on dit, que « *tutelle et curatelle c'est tout un* ». Dans le Code Napoléon, la distinction réapparut, mais comme dans la Rome primitive, la curatelle avait un domaine limité pour des situations peu durables (mineurs émancipés, fœtus (avec un « curateur au ventre » (!)), successions vacantes ; faibles d'esprit et prodigues étaient assistés d'un « conseil judiciaire »). La loi de 1968 lui avait redonné de l'importance, devenant une véritable protection, mais moins poussée que ne l'était la tutelle (une semi-incapacité), même pour les faibles d'esprit et les prodigues.

Contre l'histoire, la loi de 2007 a mis la curatelle avant la tutelle, voulant ainsi exprimer que la tutelle, mesure la plus grave, ne devrait être employée qu'à titre ultime, par application du principe de subsidiarité et qu'il fallait donc aller du moins au plus (droit commun de l'insanité d'esprit, puis sauvegarde de justice, puis curatelle, enfin, mais en dernier lieu, tutelle), le mandat de protection future étant renvoyé ailleurs, parce qu'il n'est pas une protection, mais seulement une représentation. Une donnée sociologique peut aussi expliquer ce renversement de l'ordre traditionnel : dans la pratique contemporaine, la curatelle s'étend progressivement au détriment de la tutelle [1]. Mais est maintenue par la loi nouvelle l'expression de « juge des tutelles » (pas « de curatelle ») et les pouvoirs de la personne en curatelle sont définis par référence à ceux du tuteur (art. 467, al. 1) : la tutelle continue à être le modèle.

Section I
RÈGLES COMMUNES

On exposera d'abord les règles relatives à l'ouverture de la curatelle et de la tutelle (§ 1), puis celles qui intéressent sa procédure, sa durée, son financement et son achèvement (§ 2) et enfin les sanctions des règles limitant la capacité du majeur (§ 3).

§ 1. Ouverture de la curatelle et de la tutelle

746. Ouverture d'une mesure de protection. — En 1804, le droit de demander la mise en tutelle ou en curatelle d'un majeur était conféré à tous les successeurs éventuels du majeur et ne l'était qu'à eux ; on estimait que la protection de l'incapable avait pour raison profonde d'assurer la conservation de ses biens dans la famille : il fallait empêcher le majeur de dilapider ses biens de manière qu'ils puissent être transmis à ses successibles.

Aujourd'hui, la protection du majeur se fonde encore, en partie, sur la solidarité familiale, mais d'une façon plus restreinte et surtout autrement entendue. Ce sont avant tout ses proches, énumérés par la loi (art. 430), qui peuvent demander la mise en curatelle ou en tutelle d'un majeur. Comme en 1804, ses proches sont ses héritiers présomptifs, mais maintenant il s'agit plus qu'une coïncidence que d'une raison d'être, et le régime s'est assoupli. Ayant détaché de toutes perspectives successorales la protection des majeurs dont les facultés sont altérées, la loi de 2007 a ajouté toutes sortes d'autres personnes sans vocation héréditaire ; ces changements qui peuvent paraître secondaires traduisent des transformations en profondeur dans la condition des majeurs protégés.

La loi énumère limitativement [2] les personnes qui peuvent demander l'ouverture d'une mesure de protection judiciaire. Elle ne veut pas que n'importe qui puisse le faire, car toute suspicion sur la santé mentale est grave ; seuls des sentiments

---

1. Placements sous tutelle : 1990 : 27739 ; 2004 : 32408. Augmentation : 49,5 %. Placements sous curatelle : 1990 : 13975 ; 2004 : 33009. Augmentation : 136,2 %.
2. Cass. civ. 1re, 23 juin 1987, *Bull. civ.* I, n° 207 ; *Defrénois* 1987, art. 34106, n° 99, p. 1406, obs. J. Massip : « *Les dispositions de l'article 493, alinéa 1, qui énumèrent limitativement les personnes qui ont qualité pour requérir l'ouverture de la tutelle, édictées dans un souci de protection de la liberté, ont un caractère d'ordre public ; le juge doit relever d'office les fins de non-recevoir fondées sur ce texte* ». En l'espèce, une tante avait saisi le juge des tutelles d'une requête pour ouvrir la tutelle de sa nièce ; le juge l'avait déclarée irrecevable et après avoir entendu la nièce, il a jugé inopportun de se saisir d'office, ce que d'ailleurs la loi de 2007 ne lui permettrait plus. *Cf.* J. Massip, n. préc. : il ne faut pas que des parents éloignés ou des tiers viennent « *troubler la sérénité des personnes que ses dispositions* (de la loi) *entendaient protéger* ».

d'affection peuvent la justifier. La loi de 2007 a élargi la liste fixée par la loi de 1968, et surtout supprimé la faculté qu'avait le juge de se saisir d'office.

La personne qu'il y a lieu de protéger peut le demander elle-même ; elle le fait rarement [3].

La liste des autres personnes s'est élargie. Sous l'empire de la loi de 1968, n'avaient le droit de demander l'ouverture d'une tutelle que le conjoint, sauf s'il n'y avait plus de communauté de vie, ses ascendants et descendants et ses frères et sœurs : liste plus étroite que celle des successibles mais plus large que celle des héritiers réservataires. S'y ajoutaient le curateur et le ministère public. Le juge des tutelles pouvait aussi se saisir d'office, ce qui permettait d'assouplir la rigidité de la liste légale et de répondre aux cas d'urgence, alerté par un tiers ou les services sociaux. Il le faisait très souvent (54 % des cas d'ouverture) (art. 493, al. 1, anc.).

La loi de 2007 a élargi la liste : « *son conjoint, le partenaire avec qui elle a conclu un pacte civil de solidarité ou son concubin, à moins que la vie commune ait cessé entre eux, ou [...] un parent ou un allié, une personne entretenant avec le majeur des liens étroits et stables, ou la personne qui exerce à son égard une mesure de protection juridique* ». Par prétérition elle a supprimé le pouvoir du juge de se saisir d'office (art. 430).

747. Prééminence du droit matrimonial. — En outre, il n'y a pas lieu d'ouvrir une curatelle ou une tutelle si les effets du mariage ou du régime matrimonial permettent de pourvoir à la protection du conjoint (art. 428), notamment par l'effet du « régime primaire » [4]. Les articles 217 et 219 permettent au juge des tutelles, par un mécanisme d'autorisation ou de représentation conjugales, d'augmenter les pouvoirs du conjoint de l'époux qui est « *hors d'état de manifester sa volonté* » ; en général, le mariage protège mieux le malade ou le vieux que ne le fait la curatelle ou la tutelle, même conjugale. S'applique ici le principe de subsidiarité [5]. Mais le juge des tutelles peut écarter cette règle et ordonner une curatelle ou une tutelle s'il y a mésentente conjugale [6].

La jurisprudence interprète largement ce texte ; la représentation judiciaire de l'article 219 s'applique même si l'époux est en curatelle [7] ou aurait pu, en raison de son état, être mis en tutelle [8] : le conjoint échappant au contrôle du conseil de famille, la protection conjugale de l'époux incapable est donc assouplie, ce qui n'est pas sans dangers.

---

3. Ex. : A. LESAGE, *Histoire de Gil Blas de Santillane* (1715-1732), L. VII, Ch. III et IV. Gil Blas devient le favori de l'archevêque de Grenade. L'archevêque : « *Ainsi, mon cher Gil Blas, continue le prélat, j'exige une chose de ton zèle ; quand tu t'apercevras que ma plume sentira la vieillesse, lorsque tu me verras baisser, ne manque pas de m'en avertir. Je ne me fie point à moi là-dessus. Mon amour-propre pourrait me séduire. Cette remarque demande un esprit désintéressé. Je fais choix du tien, que je connais bon ; je m'en rapporterai à ton jugement.* » Quelque temps après, l'archevêque eut une apoplexie et en guérit ; Gil Blas, en termes mesurés, lui dit que ses homélies étaient devenues moins bonnes : « *Puisque vous m'avez recommandé d'être franc et sincère, je prendrai la liberté de vous dire que votre dernier discours ne me paraît pas tout à fait de la force des précédents* ». Réponse de l'archevêque : « *Apprenez que je n'ai jamais composé de meilleure homélie que celle qui a le malheur de n'avoir pas votre approbation. Mon esprit, grâce au ciel, n'a encore rien perdu de sa vigueur* [...]. *Adieu, Monsieur Gil Blas : je vous souhaite toutes sortes de prospérités avec un peu plus de goût* ».
4. G. RAOUL-CORMEIL, « Le conjoint de la personne vulnérable », Defrénois 2008.1303.
5. *Supra*, n° 704.
6. Cass. civ. 1re, 30 mai 2000, *JCP* G 2001.II.10529, n. Th. Fossier ; n.p.B.
7. * Cass. civ. 1re, 18 févr. 1981, *Carruzzo*, *Bull. civ.* I, n° 60 ; *JCP* N 1981.II.155, n. Ph. Rémy ; *Defrénois* 1981, art. 32967, n° 73, p. 964, obs. G. Champenois ; *Journ. not.* 1982, art. 56633, n° 15, p. 446 : « *l'article 219 est applicable quel que soit le régime matrimonial des époux et même si le conjoint dont la représentation est demandée est déjà placé sous l'un des régimes de protection institués par la loi du 3 janvier 1968* ». En l'espèce, le mari était en curatelle ; il aurait donc pu vendre le pavillon dont il était propriétaire avec l'assistance de son conjoint ; mais celle-ci était devenue hors d'état de manifester sa volonté ; plutôt que de demander une mise en tutelle, le mari a, malgré l'opposition de son fils, obtenu l'application de l'article 219, ce qui l'a dispensé d'obtenir le consentement du conseil de famille et permis de faire vendre l'immeuble aux enchères.
8. * Cass. civ. 1re, 9 nov. 1981, *dame Larivière*, *Bull. civ.* I, n° 333 ; *JCP* G 1982.II.19908, n. J. Prévault ; *Defrénois* 1982, art. 32852, n° 23, p. 423, obs. G. Champenois ; *RTD civ.* 1982.137, obs.

748. Tutelle et curatelle légale et dative (loi de 1968). — Le caractère familial de la curatelle et de la tutelle est manifeste à l'égard du majeur protégé, bien qu'il fût dans la loi de 1968 moins accusé qu'il ne l'était en 1804 et dans celle de 2007 encore moins que pour le mineur.

Dans la loi de 1968, il n'existait qu'une tutelle légale, celle qui résultait du mariage : l'époux était de droit tuteur ou curateur de son conjoint (art. 498 anc.), parce qu'il était généralement celui qui était le plus apte et le plus disposé à le protéger ; c'était même une obligation découlant du mariage (cf. l'art. 213, prévoyant l'obligation d'assistance entre époux). Mais ce n'était pas toujours vrai. La loi écartait la tutelle ou la curatelle de plein droit conférée au conjoint lorsque la communauté de vie avait cessé entre époux [9] ; le juge jouissait d'un large pouvoir modérateur : « *Ou que le juge n'estime qu'une autre cause interdit de lui confier la tutelle* » (art. 496, al. 1, et 509-1, al. 2 anc., L. 1968) [10].

Lorsque n'existait pas de conjoint auquel on pouvait faire confiance, la tutelle et la curatelle étaient datives, c'est-à-dire que le conseil de famille (s'il en existait) pour la tutelle ou le juge des tutelles pour la curatelle (et sur appel, le tribunal de grande instance), exerçaient librement leur choix, sans avoir à le justifier [11]. Bien que la tutelle ou la curatelle familiales dûssent être préférées, le tuteur ou le curateur n'était pas nécessairement un membre de la famille de la personne protégée, ce qui était plus courant que pour la tutelle des mineurs, car il arrivait souvent que les membres de la famille fûssent âgés, handicapés, éloignés géographiquement, ou rejettent le malade mental ou le vieux hors du groupe familial : le juge devait rechercher l'intérêt de l'incapable [12]. Souvent le tuteur était une personne morale, généralement une association tutélaire. Le tuteur devait être indépendant ; aussi, ne pouvait-il être ni le salarié de l'incapable [13], ni le médecin traitant, ni l'établissement de traitement, ni un membre de son personnel (art. 496-2 anc.) [14].

À la différence des mineurs, la loi ne prévoyait pas de tutelle testamentaire des majeurs ; s'il y avait une disposition testamentaire sur ce point, le conseil de famille ou le juge des tutelles pouvait s'en inspirer.

Certains médecins, notamment des psychiatres, préféraient que la tutelle ne fût pas confiée aux familles, où ils voyaient une cause fréquente de la maladie mentale du majeur. Le contraire était aussi souvent (plus souvent ?) vrai. C'est généralement dans sa famille qu'on trouve, qu'on perd et qu'on retrouve son équilibre. C'est en brisant des liens familiaux que souvent on désagrège (parfois pour toujours) une personnalité (celle du majeur protégé – mal protégé – et celle des autres, les « siens »).

J. Rubellin-Devichi : « *Vu l'article 219, alinéa 1 ; ce texte est applicable, même si le conjoint dont la représentation est demandée, aurait pu, en raison de son état, être placé sous le régime de la tutelle* ». En l'espèce, l'épouse, après avoir établi que son mari était hors d'état de manifester sa volonté (il avait 85 ans et était complètement gâteux), avait demandé au tribunal de grande instance l'autorisation de vendre un immeuble du mari qui lui occasionnait de lourdes charges ; un petit-fils a vainement prétendu qu'il eût fallu organiser une tutelle.

9. Cass. civ. 1re, 28 mai 1991, *Defrénois* 1991, art. 35142, n° 98 ; n.p.B. : jugé qu'il y a encore « *communauté de vie* » si elle a matériellement cessé du fait de la maladie de l'époux placé sous tutelle.

10. Ex. : l'inexpérience, l'inaptitude, l'improbité, la mésentente. Ex. : Cass. civ. 1re, 11 mai 1999, *D.* 2000. som. 107, obs. Ph. Delmas Saint-Hilaire ; *JCP* G 1999.II.10043, n. Th. Fossier ; n.p.B. : « *Le tribunal a constaté l'existence d'une situation conflictuelle entre M. R. et sa belle-famille et décidé que, pour préserver la paix des familles, il convenait de maintenir un tiers neutre en qualité de gérant de la tutelle* ».

11. Cass. civ. 1re, 17 mars 1992, *Bull. civ.* I, n° 88 ; *D.* 1993.17, n. J. Massip ; *JCP* G 1993.II.22077, n. H. Fulchiron : « *Si l'esprit général de la loi implique que préférence soit donnée, chaque fois qu'il est possible, à la tutelle familiale, il appartient au juge des tutelles et sur recours au TGI de déterminer souverainement, eu égard notamment à l'intérêt de l'incapable, le mode d'exercice de la tutelle qui est le plus approprié* ».

12. Cass. civ. 1re, 23 mai 1973, *Bull. civ.* I, n° 179 ; *D.* 1973, IR, 166 : « *Sous réserve de l'observation des règles légales, le conseil de famille a toute liberté dans le choix du tuteur [...] ; (il) n'avait pas l'obligation d'indiquer les raisons pour lesquelles il refusait de reconnaître comme tuteur Henry Noirel* ».

13. Cass. soc., 6 mai 1993, *Bull. civ.* V, n° 132 ; *D.* 1993, IR, 151 ; *RTD civ.* 1993.560, obs. J. Hauser : « *Le tuteur, chargé de la protection d'un incapable majeur, ne pouvait se trouver placé sous la subordination de celui-ci en qualité de salarié* ».

14. Ex. (pour un curateur) : Cass. civ. 1re, 30 mars 2004, *Defrénois* 2004.1242, obs. J. Massip ; n.p.B.

749. Tutelle et curatelle d'État : la *Big Mother* (loi de 1968). — La tutelle ou la curatelle devaient être déférées à l'État lorsqu'elles étaient vacantes (art. 433 anc.), c'est-à-dire lorsque le conseil de famille ou le juge des tutelles ne parvenaient pas à trouver quelqu'un qui en aurait assumé la fonction ; elles avaient donc un caractère subsidiaire [15]. Elles étaient avec la gérance de la tutelle les deux seuls modes de protection des majeurs extra-familiaux.

La loi de 1968 avait entendu ne leur conférer qu'une place réduite, car c'était à la famille qu'il convenait d'abord de protéger ses membres majeurs dont les facultés avaient été altérées. Or, à la différence de ce qui se passe pour les mineurs contrairement à l'objectif poursuivi par la loi, la tutelle et la curatelle d'État ont été sous l'empire de la loi de 1968 souvent pratiquées pour les majeurs [16], car les familles s'occupent plus facilement de l'enfant orphelin que du majeur fragilisé par la vie. Les causes en étaient multiples : recul de la cohésion et de la solidarité familiales, tendance des juges à y recourir chaque fois qu'apparaissaient des conflits familiaux, vieillissement et urbanisation des populations, prolétarisation des fortunes.

L'histoire de la tutelle et de la curatelle d'État traduit une évolution en profondeur de la société française et de ses mentalités : allant de l'Église à l'État laïque, puis, tout récemment, de l'État aux professionnels encadrés par l'État. Dans l'ancienne France, lorsque la famille ne pouvait protéger les *miserabiles personae* (les orphelins et les veuves), l'Église le faisait. Puis, à partir de la Révolution et au nom de la laïcité, ce fut la collectivité publique, notamment avec la tutelle et la curatelle d'État (l'État, dans la tradition républicaine, a toujours été *La big Mother*).

Dans la pratique, à partir de 1960, l'État et le département se sont révélés incapables d'exercer convenablement ces fonctions, que souvent ils déléguaient à un professionnel ou à un notaire, ou surtout à une association tutélaire ou de parents de malades mentaux (ex. UDAF, *D*. 6 nov. 1974, modifié, art. 6 et 7) si leur financement était assuré. Comme il l'était mal, elles étaient peu satisfaites du système, mécontentement qu'approuvait la Cour de cassation [17] : le système devenait mauvais.

750. Curatelle et tutelle dative (loi de 2007). — Comme pour les mineurs, la loi de 2007 a fait disparaître la tutelle légale ; désormais toutes les tutelles sont datives et l'œuvre du juge des tutelles (art. 496, al. 1), parfois dépendante de la volonté du majeur. La tutelle et les curatelles d'État et la gérance de tutelle ont été remplacées par les mandataires judiciaires à la protection des majeurs, qui sont des professionnels rémunérés.

Le conjoint est de droit tuteur ou curateur de son conjoint « *à moins que la communauté de vie n'ait cessé entre eux ou que le juge n'estime qu'une autre cause interdit de lui confier la tutelle* » (art. 496, al. 1).

La loi a innové dans la désignation du curateur et du tuteur par le juge ; il peut y en avoir plusieurs ; il peut avoir été choisi par le majeur mais généralement, il a un caractère familial, ou plutôt quasi familial, lorsqu'il est choisi parmi les proches ; enfin, hypothèse très courante lorsque le majeur est hospitalisé, il peut être choisi dans le personnel hospitalier.

751. Pluralité de curateurs et de tuteurs. — La loi a aussi innové en permettant de nommer plusieurs curateurs ou tuteurs. Cette pluralité était déjà admise par la loi de 1968 mais seulement lorsqu'elle avait des objets différents : un tuteur à la personne et un tuteur aux biens (art. 417 anc.). La nouveauté est de permettre maintenant deux tuteurs pour la même personne : une « coprotection » exercée en commun. Ce qui répond surtout aux besoins des enfants handicapés qui jus-

---

15. Jurisprudence souvent réitérée ... pour la **tutelle** : Ex. Cass. civ. 1re, 8 mars 2005, *Bull. civ.* I, n° 120 ; *D*. 2006.1572, obs. J.-J. Lemouland ; *RTD civ*. 2005.364, obs. J. Hauser : ... une **curatelle** : Cass. civ. 1re, 6 oct. 1998, *Bull. civ.* I, n° 270 ; *D*. 1999.402, n. J. Massip ; *Defrénois* 1999, art. 36998, n° 36, m. n. ; *RTD civ*. 1999.65, obs. J. Hauser.
16. 40 000 en 1992, 193 706 en 2005.
17. Ex. : Cass. civ. 1re, 5 mars 1991, *Bull. civ.* I, n° 82.

qu'alors, lors de leur majorité, ne pouvaient avoir qu'un unique tuteur. Désormais, les deux parents pourront continuer à exercer en commun cette fonction (art. 447).

752. Curateur ou tuteur choisi par le majeur. — Si le majeur a choisi son curateur ou son tuteur, le juge doit en principe maintenir ce choix (art. 448). La loi paraît même le lui « imposer », mais il conserve sa liberté, « *si l'intérêt de la personne protégée commande de l'écarter* » ; en outre, ce choix est caduc si la personne désignée le refuse ou s'il est impossible de l'exécuter. Ce qui participe du même esprit que le mandat de protection future, sauf que la protection est ici véritable (curatelle ou tutelle) puisqu'il y a intervention d'un juge. Comme tout le droit contemporain de la famille, le droit des incapacités devient dominé par la liberté, avec ses avantages (une incapacité acceptée est mieux vécue que celle qui est contrainte) et ses risques (le mauvais choix).

Il en est de même lorsque le dernier vivant des père et mère exerçant l'autorité parentale sur son enfant mineur ou un majeur handicapé « *ou en assumant la charge matérielle et affective* » désigne pour après sa mort le curateur ou le tuteur.

753. Curateur ou tuteur choisi parmi les proches. — Contrairement à la loi de 1968, la loi a établi une hiérarchie (art. 449) : le juge n'est plus libre de désigner le curateur ou le tuteur qui lui paraît le plus apte ; il doit d'abord, comme on vient de le voir, désigner le curateur ou le tuteur choisi par le majeur.

À défaut, le conjoint, le pacsé ou le concubin « *à moins que la vie commune ait cessé entre eux* (il n'y a plus de concubinage) *ou qu'une autre cause empêche de leur confier la mesure* » ; le juge devra alors prendre une ordonnance notifiée au conjoint, pacsé, concubin écarté et mentionnant les motifs interdisant de lui confier cette charge. La loi de 2007 multiplie les formalités, rendant lourde la protection.

À défaut « *un parent, un allié ou une personne résidant avec le majeur protégé* (ce qu'il n'est pourtant pas encore) *et entretenant avec lui des liens étroits et stables* ». La loi précise que « *le juge prend en considération les sentiments exprimés par celui-ci* (le majeur), *ses relations habituelles, l'intérêt porté à son égard et les recommandations éventuelles de ses parents et alliés ainsi que son entourage* », ce qui imposera aussi l'obligation de motiver.

À défaut, le juge nomme un mandataire judiciaire à la protection des majeurs (art. 450, al. 1)[18]. Sont ainsi supprimées la tutelle et la curatelle d'État et la gérance de la tutelle de la loi de 1968.

754. Curateur ou tuteur préposé d'un établissement de santé. — Lorsque le majeur est hébergé ou soigné dans un établissement de santé (où le séjour est généralement provisoire) ou social ou médico-social (où le séjour est généralement définitif), le juge peut nommer curateur ou tuteur « *une personne ou un service préposé de l'établissement* », s'il est inscrit sur la liste des mandataires judiciaires à la protection des majeurs agréés. Ce qui ressemble à l'ancienne gérance de la tutelle [19], avec les avantages que présente la proximité, sans qu'il soit désormais nécessaire d'établir la faiblesse du patrimoine du majeur protégé. Par un surcroît de précautions contre le risque de dépendance du préposé à l'établissement, le juge doit se justifier par l'intérêt du majeur (art. 451). La mission de ce « mandataire » s'étend à la protection de la personne sauf décision contraire.

755. Une charge personnelle. — Comme l'avait fait la loi de 1968 (art. 418, al. 1 anc.), la loi de 2007 précise que la curatelle et la tutelle sont des charges personnelles (art. 452, al. 1), ce qui

---

18. *Supra*, n° 534.
19. *Infra*, n° 788.

n'empêche pas le curateur ou le tuteur de s'adjoindre, sous leur responsabilité, le concours d'un tiers pour l'accomplissement d'actes dont la liste sera fixée par un futur décret.

756. Subrogé-curateur et subrogé-tuteur. — Un subrogé-curateur ou un subrogé-tuteur peut être nommé par le conseil de famille (qui n'existe pas dans la curatelle) ou à défaut par le juge des tutelles. Il a les mêmes obligations d'assistance et de surveillance et la même responsabilité que le subrogé-tuteur d'un mineur (art. 454) [20].

757. Curateur et tuteur *ad hoc*. — Comme pour les mineurs [21], un curateur ou un tuteur *ad hoc* doit être nommé chaque fois qu'existe une opposition d'intérêts entre la personne protégée et son curateur ou son tuteur (art. 455).

758. Mandataires judiciaires à la protection des majeurs. — Pour protéger les majeurs lorsque leur famille ou leurs proches ne peuvent le faire (curatelle, tutelle, mandat spécial dans la sauvegarde de justice) ou pour assurer les mesures d'accompagnement judiciaire, la loi de 2007 a créé une nouvelle profession, les mandataires judiciaires à la protection des majeurs, dont le statut est minutieusement réglementé (CASF, art. L. 471-1 à 471-8, 472-1 à 472-10). Dépassant les débats classiques opposant le droit français où traditionnellement cette protection relevait avant tout de la famille au droit allemand qui en avait une vision plus étatique, la protection est aussi souvent devenue professionnelle, depuis le 1er janvier 2009, lorsque la famille ne peut l'assurer, donnant un nouveau visage à la protection des majeurs. Ces mandataires remplaceront à l'avenir les tutelles et curatelles d'État et les gérances de tutelle et pourront comme les curateurs et les tuteurs assurer la protection de la personne.

Il peut s'agir de personnes physiques exerçant ou non une autre profession (avocats, notaires, voire médecins), soumises à l'agrément du représentant de l'État dans chaque département et inscrites par lui sur une liste après avis conforme du procureur de la République, pour que soient vérifiées leur moralité et leur expérience professionnelle. Il peut s'agir aussi d'agents hospitaliers dont l'indépendance à l'égard de leur établissement et la formation professionnelle devront être garanties et organisées dans les établissements hébergeant des adultes et des personnes âgées. Il peut s'agir aussi des services hospitaliers.

Le représentant de l'État dans le département contrôlera l'activité de ces mandataires (CASF, art. 462-10). Étrangers à la famille et n'étant pas proches du majeur protégé, ils devront être informés sur les mesures de protection qui seront prises, information plus étendue que celle donnée au curateur ou au tuteur (art. 471-7).

L'expression de mandataires judiciaires à la protection des majeurs n'est pas des plus heureuses : elle est assez lourde et de surcroît inexacte : un mandataire, par la nature de son contrat, a un pouvoir de représentation, ce qui convient s'il exerce des fonctions tutélaires, non s'il s'agit de curatelle, normalement destinée à simplement assister : le contraire d'un mandataire. Le risque que fait naître cette nouvelle institution sera de rendre bureaucratique la protection des majeurs.

Ce « mandataire » est civilement responsable de ses fautes : de toutes ces fautes, comme tous les organes de protection des majeurs, sauf s'il exerce des fonctions d'assistance (pour les biens ou les personnes), où il n'est responsable que de ses fautes lourdes ou dolosives [22].

759. Responsabilité civile. — Depuis la loi de 2007, la loi (C. civ., art. 421) prévoit une responsabilité civile fondée sur la faute de tous les organes de protection judicaire des majeurs (juge des tutelles, greffier, procureur de la République, tuteur et subrogé tuteur, mandataire judicaire à la protection des majeurs, membres du Conseil de la famille) : une faute simple, à l'exception du curateur ou

---

20. *Supra*, n° 636.
21. *Supra*, n° 620.
22. *Infra*, n° 759 ; M. REBOURG, « La responsabilité civile des mandataires judiciaires à la protection des majeurs dans l'exercice de leur missions », *Dr. Famille*, août 2010.

du subrogé curateur (sauf si la curatelle est renforcée) qui ne sont responsables que de leur dol ou de leur faute lourde.

Lorsque la faute a été commise dans l'organisation ou le fonctionnement de la mesure de protection par le fait du juge des tutelles ou de son greffier, la responsabilité de l'État est substituée à celle de l'organe tutélaire (art. 422, al. 1) [23]. Lorsque la faute est commise par un mandataire judiciaire à la protection des majeurs, la victime peut agir contre lui ou contre l'État qui a une action récursoire (art. 422, al. 2).

§ 2. Procédure, durée, achèvement et financement

760. Procédure : principe du contradictoire. — Le Code Napoléon avait prévu une procédure longue et compliquée devant le tribunal civil ; afin d'éviter l'arbitraire, la loi avait voulu que cette incapacité ne fût organisée que si le juge avait la certitude que l'intéressé était véritablement aliéné, notamment en l'interrogeant. Cette procédure fut jugée trop longue, trop onéreuse, surtout contraire à la thérapeutique contemporaine. La loi de 1968 a posé un principe nouveau : l'ouverture de la tutelle est décidée par le juge des tutelles.

La loi a voulu que la procédure fût rapide : un an après le dépôt de la requête, elle devient caduque (C. pr. civ., art. 1252).

Le juge doit avoir fait constater par un médecin spécialiste, choisi sur une liste établie par le procureur de la République, l'altération des facultés (mentales ou corporelles) (art. 431), ce qui a soulevé une difficulté quand l'intéressé ne voulait pas se faire examiner. La Cour de cassation a jugé qu'il ne pouvait se prévaloir de l'absence de cette formalité substantielle, car c'était de son propre fait que l'examen n'avait pas eu lieu [24].

Le juge, des tutelles doit, comme le prévoyait le droit antérieur [25], entendre ou appeler l'intéressé qui peut, avec l'accord du juge, être accompagné par un avocat ou toute autre personne de son choix, sauf si cette audition compromet sa santé ou s'il ne comprend pas ou est incapable d'exprimer sa volonté (art. 432) ; le dossier de tutelle doit avoir été mis à sa disposition. Si l'intéressé ne vient pas malgré deux convocations, le juge peut décider la mise en curatelle ou en tutelle [26]. La décision prononçant la curatelle ou la tutelle est notifiée à l'incapable, avec la même exception de l'inopportunité ; si elle ne lui est pas signifiée, elle doit être notifiée à ses conseils. La curatelle ou la tutelle ne peuvent s'ouvrir que pour les majeurs et les mineurs émancipés (art. 429, al. 1) ; mais il est possible d'introduire une procédure dans la dernière année de la minorité (art. 429, al. 2), ce qui est utile lorsqu'il s'agit d'un enfant handicapé afin qu'il n'y ait pas d'interruption dans sa protection. Le jugement ne peut ouvrir la curatelle ou la tutelle que

---

23. Seul le majeur protégé, son représentant légal et ses ayants-droit peuvent agir : Cass. civ. 1re, 17 mars 2010, 09-11271, *Bull. civ.* I, n° 68 ; *AJ famille* 2010.237, n. L. Pécaut-Rivolier.

24. Ex. * Cass. civ. 1re, 18 janv. 1972, *Seive*, *Bull. civ.* I, n° 21 ; *D.* 1972.373, n. crit. M. Contamine-Raynaud ; *Defrénois* 1972, art. 30129, n. appr. J. Massip : « *Si la constatation, par un médecin spécialiste, de l'altération des facultés mentales ou corporelles du malade constitue une formalité substantielle préalable à l'ouverture d'une tutelle ou d'une curatelle, la personne qui fait l'objet de cette mesure ne saurait être fondée à se prévaloir du non-accomplissement de cette formalité, alors que c'est par son propre fait que cet examen médical n'a pas eu lieu* ». En l'espèce, le juge des tutelles, malgré le refus de Raymond Seive de se présenter devant un médecin spécialiste désigné par le juge des tutelles, le plaça sous le régime de la curatelle au vu « *de différents certificats médicaux de date récente* ». Rejet du pourvoi. Comp. les hésitations de J. Carbonnier, p. 198.

25. Comp. Cass. civ. 1re, 13 juill. 2007, *Bull. civ.* I, n° 205 ; *D.* 2005, Pan. 1571, obs. J.-J. Lemouland et Plazy ; *RTD civ.* 2004.716, obs. J. Hauser : cassation de l'arrêt qui n'avait pas permis au majeur protégé d'assister personnellement aux débats et de prendre connaissance des conclusions de l'expert, méconnaissant ainsi l'exigence du contradictoire : Cass. civ. 1re, 28 nov. 2006, *Bull. civ.* I, n° 526 ; *D.* 2006.IR.3011. ; *RTD civ.* 2007.91, obs. J. Hauser.

26. Cass. civ. 1re, 24 nov. 1998, *Bull. civ.* I, n° 33 ; *JCP* G 1999.IV.1071 ; *RTD civ.* 1999.362, obs. J. Hauser.

s'il précise que ses conditions légales sont réunies. Le jugement prononçant la curatelle ou la tutelle est, même à la demande de parents, d'alliés ou d'amis qui n'étaient pas intervenus à l'instance, susceptible de recours [27] devant le tribunal de grande instance (non la cour d'appel, ce qui est exceptionnel et s'explique par des raisons de rapidité et d'économie) ; ce recours est rarement pratiqué.

761. Information du majeur protégé. — La loi de 2007 insiste sur la nécessité d'informer le majeur protégé des mesures dont il est ou peut être l'objet : elle espère qu'ainsi il les acceptera et les comprendra mieux : surtout elle entend le traiter en adulte. Elle le fait d'une manière circonstanciée afin de tenir compte de la diversité des situations, art. 357-1 : « *La personne protégée reçoit de la personne chargée de sa protection, selon les modalités adaptées à son état et sans préjudice des informations que les tiers sont tenus de lui dispenser en vertu de la loi, toutes informations sur sa situation personnelle, les actes concernés, leur utilité, leur degré d'urgence, leurs effets et les conséquences d'un refus de sa part.* »

762. Publicité. — La loi de 2007 a maintenu le régime de publicité organisé par la loi de 1968. Le jugement de curatelle ou de tutelle (ouverture, modification ou mainlevée) est opposable aux tiers deux mois après avoir été inscrit en marge de l'acte de naissance de la personne protégée (art. 444 ; C. pr. civ., art. 1233, al. 1) [28] ; en l'absence de publicité, l'incapacité du majeur est inopposable aux tiers. Dans le droit applicable avant le 10 janvier 2009, le jugement de mainlevée était opposable aux tiers par lui-même sans qu'une publicité fût nécessaire [29], sauf à ceux en ayant eu une connaissance personnelle.

763. Une durée de cinq ans. — Sous l'empire du droit antérieur à la loi de 2007, la tutelle et la curatelle pouvaient être ordonnées pour une durée indéterminée, ne s'achevant qu'à la mort de l'incapable (art. 507 et 509 anc., L. 1968). Afin d'en faciliter la révision, la loi de 2007 les a limitées à cinq ans, renouvelables une fois. Cependant, si l'altération des facultés paraît irréversible, le juge peut la renouveler pour une durée plus longue (non l'ordonner, de façon à avoir vu le majeur au moins deux fois) par une décision en en donnant les raisons et se référant à un certificat médical conforme (art. 441-442).

De même, le curateur ou le tuteur ne sont pas tenus de conserver leurs fonctions plus de cinq ans, sauf les conjoints, pacsés, enfants et les mandataires judiciaires à la protection des majeurs où la protection n'est plus familiale (art. 453).

764. Procédure pénale contre les majeurs protégés. — À raison des procédures pénales engagées contre un majeur protégé, la Cour européenne des droits de l'homme a condamné la France car la comparution du majeur n'assurait pas les garanties nécessaires [30]. Tenant compte de cette condamnation, la loi de 2007 (C. pr. pén,. art. 706-112) impose que lors des poursuites, le majeur protégé soit soumis à une expertise médicale et assisté d'un avocat [31].

---

27. La loi de 2007 a prévu que la tierce opposition ne pouvait « *être exercée que par les créanciers de la personne protégée et en cas de fraude à leurs droits* » (art. 499, al. 3 nouv.).
28. Ex. : un majeur est mis en curatelle, puis se fait ouvrir un compte en banque et consentir un découvert sans l'assistance de son curateur. Selon que le jugement de mise en curatelle a été ou non publié deux mois avant l'ouverture du crédit, la banque ne peut ou peut se faire rembourser.
29. Cass. civ. 3ᵉ, 1ᵉʳ octobre 2008, n° 07-16273, *Bull. civ.* III, n° 145 ; *Défrénois* 2009.326, n. L. Noguéro ; *RTD civ.* 2009.93, obs. J. Hauser ; *Dr. Famille* 2008, com. 177 obs. crit. Th. Fossier.
30. CEDH, 30 janv. 2001, *Vaudelle c. France, D.* 2002.353, n. A. Gouttenoire-Cornut et E. Rubi-Cavagna ; *JCP* G 2001.II.10526, n. L. Di Raimondo I, 342, n° 14, obs. Fr. Sudre ; *RTD civ.* 2001.330, obs. J. Hauser, 439, obs. J.-P. Marguénaud ; *Dr. Famille* 2001.66, obs. Th. Fossier.
31. Appliqué par Cass. crim., 14 avr. 2010, 08-85503 ; *Dr. Famille* 2010, comm. 120, n. I. Maria.

765. Achèvement de la curatelle et de la tutelle. — La curatelle ou la tutelle cesse si disparaissent les causes qui les ont suscitées [32] ; et aussi par la mort. Elle s'achève aussi, par application de la loi de 2007, à l'expiration du délai fixé (art. 443, al. 1), ou par la guérison qui doit être constatée par un jugement de mainlevée [33], aujourd'hui plus souvent prononcé que naguère.

La curatelle peut se transformer en tutelle, et inversement ; le juge des tutelles doit constater l'aggravation de l'état de l'intéressé ou son amélioration. Il doit toujours se référer à un certificat médical et avoir entendu la personne protégée et le curateur ou le tuteur.

Lorsque le majeur change sa résidence habituelle en la fixant hors du territoire national, la loi de 2007 a pris une mesure compliquée, indifférente aux règles générales du droit international privé. Parce que de nombreux Français vont se faire soigner ou héberger dans une maison de retraite située à l'étranger (notamment en Belgique), elle n'a pas voulu appliquer le principe de territorialité qui aurait eu pour conséquence que la curatelle ou la tutelle prononcée en France seraient devenues caduques. Elle a décidé que ces mesures continuaient à produire leur effet, mais le juge pourrait y mettre fin « *si cet éloignement empêche le suivi et le contrôle de la mesure* » ; malgré cette règle, tout Français, même résidant à l'étranger, continue à pouvoir saisir les tribunaux français pour faire appliquer la loi française en application des art. 3 et 15 (art. 443, al. 2 nouv.).

766. Comptes. — Le tuteur (art. 510 à 514), le curateur lorsqu'il représente le majeur, c'est-à-dire dans une curatelle renforcée (art. 472), l'ancien gérant de tutelle (art. 500 anc., L. 1968), tout mandataire (art. 1993) (dans la sauvegarde de justice, le mandataire spécial art. 437, al. 3 et le mandataire judiciaire à la protection des majeurs) et aujourd'hui le mandataire de protection future (art. 486) doivent rendre compte de leur gestion, comme doit le faire tout administrateur du patrimoine d'autrui.

En pratique (tant que la loi de 2007 n'aura pas été appliquée), la reddition des comptes est imparfaite et beaucoup de juges des tutelles, notamment à Paris, se contentent de peu. La loi de 2007 a entendu rendre plus transparents les comptes de gestion et en adapter le coût à l'étendue de chaque patrimoine. Comme sous l'empire de la loi de 1968, chaque année, un compte de gestion doit être remis au greffier en chef et, s'il en existe, au subrogé-tuteur, avec les pièces justificatives (art. 510). Lorsque la tutelle a un caractère familial ou quasi-familial (ex. le tuteur est un « proche » du majeur protégé) et que les ressources en jeu sont modiques, le juge peut en dispenser le tuteur (art. 512). Au contraire, si la fortune est importante, le juge peut imposer le recours à un technicien (c'est-à-dire un expert-comptable) aux frais du majeur (art. 513).

767. Financement. — Le financement des mesures judiciaires de protection d'un majeur, tel qu'il était organisé avant la loi de 2007, a été l'objet de vives critiques aussi bien du fait des autorités publiques que des associations tutélaires. Lui ont d'abord été reprochés sa complexité et son coût excessif ; le gouvernement affirme que la réforme atténuera ces maux, ce qui est hypothétique. À cause aussi d'une mauvaise gestion tenant à des mauvaises règles.

Les principes fondamentaux n'ont guère changé en 2007 ; ce qui évolue, ce seront leurs modalités d'application : 1°) Le financement incombe surtout à la collectivité publique (État, départements, sécurité sociale, hôpitaux publics, etc.), en raison de la solidarité nationale. 2°) Une partie de ces dépenses devrait être

---

32. Il faut donc que n'existent plus : 1°) l'altération des facultés mentales ; 2°) la nécessité d'être représenté (ou conseillé s'il s'agit d'une curatelle) d'une manière continue dans les actes de la vie civile : Cass. civ. 1re, 31 janv. 1995, *Bull. civ.* I, n° 61 ; *D.* 1996.123, n. Th. Verheyde ; *Defrénois* 1995, art. 36145, n° 100, obs. J. Massip ; *RTD civ.* 1995.329, obs. J. Hauser.

33. **Étymologie** de mainlevée : du latin *manus, us* = main, symbole de force et d'autorité + *levo, are* = lever, alléger.

supportée par le majeur protégé (ou à sa famille, ou à ses héritiers) en tenant compte de ses ressources car il est juste et nécessaire de responsabiliser les familles. En l'état, les débats ont exclusivement porté sur ces modalités : taux de la proportionnalité de la charge aux dépenses, nature des prestations supportées par le majeur.

Voici deux exemples de mauvaise gestion tenant à des mauvaises règles sous l'empire de la loi de 1968. 1°) Le financement des tutelles et curatelles d'État aurait dû être partiellement assuré par la personne protégée au moyen d'un prélèvement, variant selon ses ressources (*D.* 6 nov. 1974, art. 12) ; en fait, 80 % était supporté par l'État, parce que les prélèvements n'étaient pas souvent effectués. 2°) La tutelle aux prestations sociales adultes (TPSA) était entièrement à la charge des collectivités publiques (État, département, caisses d'allocations familiales, sécurité sociale, etc.) ; aussi les tribunaux s'en étaient servis pour financer les associations tutélaires (« mettre du beurre dans leurs épinards » avait-on dit) en ouvrant une tutelle alors qu'il n'y avait aucune altération des facultés, le tuteur de droit civil étant alors également tuteur aux prestations sociales.

Pour mettre fin à ces dérives, la loi a supprimé les tutelles d'État et la TPSA, remplacées par des mandataires judiciaires à la protection des majeurs et en escompte d'importantes économies ; le financement des nouveaux mandataires obéit à des règles complexes, indiquées ici pour mémoire (la matière relevant du droit des finances publiques).

À la différence des curateurs et tuteurs, qui, étant membres de la famille, exercent leurs fonctions gratuitement, sauf décision contraire du juge des tutelles ou du conseil de famille (C. civ., art. 419), les mandataires judiciaires à la protection des majeurs sont des professionnels rémunérés. La charge en pèse sur la personne protégée (CASF, art. L. 471-5), selon des modalités tenant compte de ses ressources. Si la collectivité publique (le département le plus souvent) en a assuré le financement, elle ne peut en demander le remboursement par la succession ni par le donataire ou le légataire, ce qui est une règle qu'il peut juger malencontreuse. La rémunération du mandataire est fixée selon une « base » ; une indemnité complémentaire peut lui être accordée par le juge, à titre exceptionnel, après avis du procureur de la République, si des diligences particulièrement longues et complexes sont nécessaires et si la rémunération de base s'avère insuffisante.

§ 3. SANCTIONS

La sanction de la méconnaissance des règles assurant la protection des majeurs a été modifiée en 2007, où ont été établies des sanctions en échelle.

I. — Loi de 1968

768. Nullité de droit. — Selon la loi de 1968, l'acte d'un majeur sous tutelle agissant seul était nul, d'une nullité de droit, dès lors qu'il avait été fait deux mois après la publicité du jugement ouvrant la tutelle (art. 502 anc., combiné avec l'art. 493-2 anc.). Il n'y avait donc ni à apprécier l'état mental de son auteur, ni à démontrer la lésion de l'acte, ni à distinguer entre acte de disposition et acte d'administration. Cependant, l'acte conservatoire ou de la vie courante [34] fait par le majeur était valable. Un acte de disposition fait par le tuteur devait avoir été autorisé par le juge des tutelles avant d'être conclu, à peine de nullité [35].

Comme toute nullité, elle devait être demandée en justice ; comme toute nullité de protection, elle était relative : elle ne pouvait donc être invoquée que par la personne protégée (une fois recouvrée sa capacité), ou son tuteur (pendant la durée de l'incapacité) ou ses héritiers (après son

---

34. Cass. civ. 1re, 19 oct. 2004, *Bull. civ.* I, n° 227, p. 227 ; *Defrénois* 2005.444, obs. J. Massip ; *D.* 2006.1575, obs. J.-J. Lemouland ; *RTD civ.* 2005.103, obs. J. Hauser : jugé que n'est pas un acte de la vie courante la souscription d'un contrat de financement (par l'octroi d'une carte de crédit).

35. Jurisprudence constante : ex. : Cass. civ. 3e, 23 juin 2004, *Defrénois* 2005.445 ; n.p.B. : l'autorisation donnée par le juge des tutelles au représentant légal de l'incapable doit être préalable à la conclusion de l'acte.

décès). Si l'acte avait été autorisé, même à tort, par le juge, sa nullité ne pouvait être demandée, mais la responsabilité de l'État était engagée.

769. Nullité facultative et « période suspecte ». — Seuls les actes postérieurs à la publication du jugement d'ouverture de la tutelle étaient frappés d'une nullité de droit. Les actes antérieurs pouvaient être annulés « *si la cause qui a déterminé l'ouverture de la tutelle existait notoirement à l'époque où ils ont été faits* » (art. 503 anc.) [36]. La nullité n'était pas de droit : elle était facultative pour le juge, qui était libre de la prononcer ou non selon les circonstances : selon qu'il jugeait que l'auteur de l'acte avait ou non perdu ses facultés [37]. Cette rétroactivité du jugement de tutelle, pondérée par le juge, faisait apparaître, comme dans la « faillite », une sorte de « période suspecte » qui précédait ce jugement et était généralement conforme à la réalité : l'altération des facultés précédait souvent le jugement pendant une longue période.

Cette nullité était singulière puisqu'elle faisait produire une sorte de rétroactivité au jugement de tutelle. Cinq conditions devaient être réunies pour qu'elle eût lieu : 1) qu'un jugement de tutelle eut été prononcé [38] ; 2) que l'altération des facultés existât et fût notoire [39] lors de l'acte ; mais, à la différence du droit commun (art. 489, al. 1 anc.), il n'était pas nécessaire de prouver l'altération au moment où l'acte avait été passé [40] ; il suffisait plus vaguement, qu'elle eût existé à cette époque [41] ; 3) que cette altération fût notoire [42] ; 4) qu'il s'agit d'un acte volontaire [43], comme toujours lorsqu'il s'agit de nullité pour cause d'incapacité ; 5) et, pour les actes à titre onéreux, que l'acte ne fût pas contraire aux intérêts de l'incapable ; c'est ici qu'apparaît le caractère facultatif de la nullité ; le juge refusera de la prononcer s'il estimait, par exemple, que l'acte avait été équilibré et opportun [44] ; l'acte ne pouvait être annulé que s'il avait été lésionnaire, au sens particulier qu'a la lésion dans le droit des incapacités. Le légataire universel pouvait invoquer cette règle [45].

En outre, l'acte antérieur au jugement de tutelle pouvait aussi avoir été annulé pour insanité pour d'esprit. L'action était prescrite cinq ans après l'acte ; mais la prescription était suspendue si l'intéressé démontrait qu'il avait été dans l'impossibilité d'agir [46].

770. Nullité facultative ; prescription : épée de Damoclès. — Cette « période suspecte » pouvait avoir duré longtemps, d'autant plus que le point de départ de la prescription extinctive (quinquennale) de l'action en nullité commençait à la date à laquelle cessait la protection, c'est-à-dire lorsque s'achevait en fait la tutelle, et cette tutelle de fait pouvait avoir, elle aussi, duré longtemps. La conjonction de l'indétermination de la « période suspecte » et du retard dans le point de départ de la prescription expliquait que l'on pût critiquer un acte de très nombreuses

---

36. En outre, le juge devait, d'office, examiner si l'incapable n'était pas sain d'esprit au sens de l'art. 489, al. 1 (*supra*, n° 715) : Cass. civ. 1re, 6 juin 1990, *Defrénois* 1990, art. 34912, n° 116, obs. J. Massip ; n.p.B.

37. La règle ne s'appliquait pas aux actes précédant l'ouverture d'une curatelle, sans doute parce que l'altération des facultés était moins grave : Cass. civ. 1re, 29 nov. 1983, *Bull. civ.* I, n° 282 ; *Defrénois* 1984, art. 33230, n° 7, p. 293, obs. J. Massip ; *Gaz. Pal.* 1984.I.269, m. n.

38. Cass. civ. 1re, 12 avr. 1985, *Bull. civ.* I, n° 59 ; *D.* 1985.518, n. J. Massip ; *Defrénois* 1985, art. 33581, n° 81, p. 1010, m. n.

39. Cass. civ. 1re, 30 juin 2004, *Defrénois* 2005.448, obs. J. Massip ; n.p.B.

40. Ex. Cass. civ. 1re, 24 mai 2007, n° 06-16957, *Bull. civ.* I, n° 208 ; *D.* 2007 AJ 1666, obs. Deleporte-Carré, 2008.320 obs. J.-J. Lemouland.

41. Jurisprudence constante ; ex. : Cass. civ. 1re, 25 févr. 1986, *Bull. civ.* I, n° 41 ; *Defrénois* 1986, art. 33821, n° 104, p. 1436, obs. J. Massip ; *Gaz. Pal.* 1986.II.771, m. n.

42. Cass. civ. 1re, 26 juin 1979, *Bull. civ.* I, n° 192 ; *Defrénois* 1980, art. 32236, n° 7, p. 382, obs. J. Massip ; *Gaz. Pal.* 1980.I.226, m. n.

43. Cass. civ. 1re, 8 nov. 1983, *Bull. civ.* I, n° 259 ; *D.* 1984.325, n. J. Massip ; *Defrénois* 1984, art. 33278, n° 5, p. 506, m. n.

44. Jurisprudence constante, souvent réitérée. Ex. : Cass. civ. 1re, 25 avr. 1989, *Bull. civ.* I, n° 170 ; *D.* 1989, IR, 151.

45. Cass. civ. 1re, 14 juin 2005, *Bull. civ.* I, n° 258 ; *D.* 2006.1575, obs. J.-J. Lemouland ; *Defrénois* 2005.1858, obs. J. Massip ; *RJPF* 2005.11/41, n. J. Casey.

46. *Supra*, n° 715.

années après qu'il avait été conclu [47], ce qui faisait naître une insécurité pour toutes les transactions, une épée de Damoclès.

Cette sorte de rétroactivité, que le Code Napoléon connaissait, embarrassait la doctrine : affirmant le caractère constitutif du jugement de tutelle, il lui était difficile d'admettre une quelconque rétroactivité. En réalité, le jugement d'ouverture de la tutelle a une double nature. Il est, à certains égards, constitutif, puisqu'il prononce une incapacité et établit ainsi un état nouveau. Il présente aussi un aspect déclaratif, puisqu'il constate une altération des facultés qui lui était antérieure. Cette double nature du jugement n'a rien d'insolite et est commune à la plupart des jugements (par exemple, les jugements de responsabilité).

II. — Loi de 2007

771. Des sanctions en échelle. — La loi de 2007 prévoit aussi de sanctionner l'irrégularité des actes méconnaissant la protection des majeurs mais en modifiant le droit antérieur. Ces règles sont les mêmes qu'il s'agisse de curatelle ou de tutelle, mais plus complexes que celles de la loi de 1968, car elles distinguent selon la date (le principe est le même qu'en 1968, mais les modalités ont changé) et la nature des faits.

La sécurité des actes juridique s'en trouve renforcée, mais la protection du majeur diminuée.

Pour les actes conclus moins de deux ans avant la publication du jugement d'ouverture de la mesure de protection (la même rétroactivité qu'avait organisée la loi de 1968 continue, mais très atténuée puisqu'elle est limitée à deux ans), les obligations pesant sur le majeur « *peuvent être réduites sur la seule preuve que son inaptitude à défendre ses intérêts, par suite de l'altération de ses facultés personnelles, était notoire ou connue du cocontractant à l'époque où les actes ont été passés. Ces actes peuvent* [...] *être annulés s'il est justifié d'un préjudice subi par la personne. Par dérogation à l'article 2252* (suspension de la prescription contre les majeurs en tutelle), *l'action doit être introduite dans les cinq ans de la date du jugement d'ouverture de la mesure* » (art. 464).

Lorsque l'acte a été conclu fait après le jugement, une autre échelle intervient : 1°) s'il aurait pu être fait **sans assistance ni représentation** (essentiellement, les actes de la vie courante), il peut être rescindé ou réduit à raison de sa lésion, comme s'il y avait eu une sauvegarde de justice, sauf s'il avait été autorisé par le juge ou le conseil de famille ; 2°) s'il aurait dû être fait **avec l'assistance** (essentiellement celle du curateur) « *l'acte ne peut être annulé que s'il est établi que la personne protégée a subi un préjudice* » ; 3°) s'il aurait dû être fait par un **représentant** (essentiellement, les actes d'un majeur en tutelle), « *l'acte est nul de plein droit, sans qu'il soit nécessaire de justifier d'un préjudice* » ; 4°) Il en est de même de l'acte accompli par le curateur ou le tuteur alors qu'il « *aurait dû être fait par la personne protégée* **avec son assistance** *ou qui ne pouvait être accompli* qu'**avec l'autorisation** *du juge ou du conseil de famille* » (art. 465).

La prescription est de cinq ans (*ib.*).

En outre, comme dans le régime qu'avait prévu la loi de 1968, l'acte peut être annulé en raison de l'insanité d'esprit parce que son auteur n'était pas alors sain d'esprit (art. 414-1) [48]. Cette action en nullité est prescrite cinq ans, qui ne

---

47. Ex. : * Cass. civ. 1re, 17 févr. 1987, *Bull. civ.* I, n° 59 ; *D.* 1987.417, n. J. Massip ; *Défrénois* 1987, art. 33978, n° 42, p. 777, m. n.
48. *Supra*, n° 715.

commencent à courir que lorsque le majeur (ou ses ayants droit) a commis les faits qui lui auraient permis d'agir (art. 2224) ou a retrouvé sa santé d'esprit [49].

Section II
CURATELLE

Le majeur sous curatelle est un semi-incapable : il intervient lui-même sur la scène juridique ; mais pour les actes les plus graves, il doit être assisté d'un conseil, le curateur, sans l'autorisation duquel l'acte n'est pas valable.

772. Histoire. — La curatelle des majeurs est l'héritière de l'incapacité du prodigue et du faible d'esprit que le Code Napoléon, à la suite de l'Ancien droit, avait prévue.
Dans l'Ancien droit la protection du prodigue était assurée au moyen d'injonctions judiciaires (par exemple, l'interdiction de plaider) qui variait selon les individus et avec les circonstances. Comme le disait Denis Cochin (un avocat du XVIIIe s.) « *le remède change selon les circonstances* ».
Le Code Napoléon avait légalisé le système, en énumérant les différents actes que le prodigue ou le faible d'esprit ne pouvait faire sans l'autorisation de son conseil (art. 499 et 513 anciens). Le système avait pour inconvénients, outre sa rigidité, le risque de l'omission ; précisément, la loi ne mentionnait pas les achats, par lesquels un prodigue ou un faible d'esprit pouvait facilement se ruiner. Aussi la jurisprudence du XIXe siècle avait-elle fait un travail prétorien remarquable pour déterminer l'étendue de l'incapacité du prodigue et du faible d'esprit et en définir la cause de curatelle.
La loi de 1968 en avait maintenu l'essentiel, en l'élargissant, le simplifiant et même en permettant, un peu comme nos anciens Parlements, d'aménager la curatelle. L'institution était devenue presque aussi vivante que la tutelle (en 2001, environ 26 000 jugements).

La loi de 2007 a donné à ces développements une expression juridique, conférant la préséance à la curatelle avant la tutelle (art. 467 à 472) ; mais elle en a soustrait la prodigalité : à la fois élargissement et rétrécissement des causes d'ouverture (§ 1) ; la loi détermine les pouvoirs respectifs du curateur et du majeur (§ 2) mais les assouplit en prévoyant une curatelle allégée ou renforcée (§ 3) ; elle prévoit également une responsabilité exceptionnelle du curateur (§ 4).

§ 1. Ouverture de la curatelle

Bien que la loi de 1968 ne les eût pas définies, elle avait élargi les causes d'ouverture de la curatelle, au moyen d'une définition fonctionnelle. Méthode maintenue par la loi de 2007, sauf que la prodigalité ne pourra plus, à partir du 1er janvier 2009, être une cause de curatelle.

773. Définition fonctionnelle. — Cet élargissement résulte d'un changement de méthode. En 1968, il était déjà apparu à l'égard des faibles d'esprit, dont le concept avait disparu et été remplacé par la notion, toute fonctionnelle, reprise en 2007, de personne qui, en raison de l'altération de ses facultés « *sans être hors d'état d'agir elle-même, a besoin d'être assistée ou contrôlée d'une manière continue dans les actes de la vie civile* » (art. 440, al. 1). Désormais, on n'est pas protégé parce qu'on est faible ou diminué etc., on est jugé faible ou diminué parce

---

49. Cass. civ. 1re, 1er juill. 2009, n° 08-13518, *Bull. civ* I, n° 150 ; *D.* 2009.2660, n. G. Raoul-Cormeil.

qu'on a besoin d'être assisté : le raisonnement est renversé. Ce qui implique deux conditions, dont la Cour de cassation vérifie l'existence 1°) L'altération des facultés [50] ; 2°) la nécessité pour le majeur d'être assisté ou contrôlé dans la vie civile [51]. S'appliquent donc les principes de nécessité et de subsidiarité (pas de curatelle si la sauvegarde de justice assure une protection suffisante).

Cette définition s'applique à celui que la vieillesse épuise, ou que la maladie rend très influençable, ou auquel l'ivrognerie ou les stupéfiants font perdre sa clairvoyance, ou que les soucis dépriment à l'excès, ou qui est mû par la manie processive [52]. Le seul fait de faire partie d'une secte ne justifie pas l'ouverture d'une curatelle [53].

774. Prodigalité (loi de 1968). — L'élargissement était surtout apparu à l'égard de la prodigalité, plus rarement invoquée : la loi (art. 488, al. 3, anc., L. 1968) disait que devait être protégé celui « *qui, par sa prodigalité, son intempérance et son oisiveté, s'expose à tomber dans le besoin ou compromet l'exécution de ses obligations familiales* » ; c'est-à-dire que, par sa paresse ou ses excès, il ne pouvait plus subvenir aux besoins des siens, en gaspillant son capital ou ses revenus ou ne se procurant aucune ressource. L'objectif de la loi était le même qu'en 1804 : protéger la famille de l'incapable en même temps que l'incapable lui-même [54]. Mais pas de la même manière : il ne s'agissait plus tellement de conserver un capital aux héritiers que de pourvoir aux besoins de ses membres vivants [55]. Le critère faisait échapper la prodigalité au subjectivisme antérieur. À partir du 1er janvier 2009, par application de la loi de 2007, la question n'aura plus d'intérêt, la prodigalité cessant d'être une cause de mise en curatelle.

---

50. La production d'un certificat médical est nécessaire et la Cour de cassation exerce son contrôle. Ex. : Cass. civ. 1re, 24 oct. 1995, *Bull. civ.* I, n° 371 ; *D.* 1997.22, n. B. Fillion-Dufouleur ; *JCP* G 1996.II.22698, n. Fr. Kessler ; *Defrénois* 1995, art. 36354, n° 48, obs. J. Massip ; en l'espèce, le TGI avait ordonné la mise en curatelle du majeur pour altération de ses facultés et précisé : « *Il résulte du certificat délivré par le médecin spécialiste que la mesure prise par le juge des tutelles apparaît justifiée* » ; cassation : « *En se prononçant ainsi, sans préciser qu'une altération des facultés mentales avait été constatée par le médecin, le TGI n'a pas donné de base légale à sa décision* ».
51. Jurisprudence constante ; ex. : Cass. civ. 1re, 24 oct. 1995, cité supra : « *Vu les articles 490, alinéa 1 et 508 ; la mise en curatelle prévue par ces textes exige la constatation par les juges du fond, d'une part de l'altération médicalement établie des facultés mentales* (ou, le cas échéant, la prodigalité, sans qu'il soit nécessaire qu'elle soit « médicalement établie ») *et, d'autre part, la nécessité pour celui-ci d'être conseillé ou contrôlé dans la vie civile* ».
52. Ex. : Cass. civ. 1re, 18 déc. 1979, *Bull. civ.* I, n° 325 ; *Defrénois* 1980, art. 32494, n° 97, obs. J. Massip. En l'espèce, le juge des tutelles avait placé Vilain en curatelle « *en précisant qu'il était fait défense à l'intéressé de plaider sans l'assistance de son curateur* » ; un rapport de l'expertise médicale avait en effet conclu « *que l'attitude de Vilain est révélatrice de son besoin de vivre dans l'acharnement procédurier* », qu'il avait une « *personnalité paranoïaque et processive qui le pousse à entreprendre des procédures longues et ruineuses* » ; le tribunal, confirmant la décision du juge des tutelles et approuvé par la Cour de cassation, avait conclu que « *la manie processive de Vilain risque de compromettre de manière irréversible l'avenir de son épouse et de ses enfants* ». J. RACINE, *Les Plaideurs*, A. I, Sc. 7 : La comtesse de Pimbêche : « Monsieur, tous mes procès allaient être finis : Il ne m'en restait plus que quatre ou cinq petits : l'un contre mon mari, l'autre contre mon père, Et contre mes enfants, Ah ! Monsieur, la misère ! ».
53. Cass. civ. 1re, 2 oct. 2001, *Bull. civ.* I, n° 238 ; *D.* 2002.2161, obs. Ph. Delmas-Saint-Hilaire ; *Defrénois* 2002, art. 37478, n° 7, obs. J. Massip.
54. Ex. : Cass. civ. 1re, 24 sept. 2002, *Bull. civ.* I, n° 217 ; *Defrénois* 2003.128, obs. J. Massip ; devait être mise en curatelle la vieille dame qui « *avait pris des engagements disproportionnés sur ses biens personnels et s'était livrée à des dépenses exorbitantes et répétées obérant gravement son patrimoine et l'exposant à se trouver rapidement dans le besoin* ».
55. Cass. civ. 1re, 24 oct. 1995, *Bull. civ.* I, n° 372 ; *D.* 1997.22, n. B. Fillion-Dufouleur ; *JCP* G 1995.II.22968, n. F. Kessler ; jugé que devait être mis en curatelle, malgré l'avis contraire du médecin, un vieux monsieur qui commençait à liquider complètement une fortune considérable. Cette décision était contestable et explique peut-être que la loi de 2007 ait cessé de faire de la prodigalité une cause d'incapacité : chacun est libre de disposer de son patrimoine comme il l'entend, s'il ne compromet pas ses obligations familiales ou ne se met pas à la charge de la nation.

§ 2. POUVOIRS DU CURATEUR ET DU MAJEUR PROTÉGÉ

775. Assistance. — Dans le régime de la loi de 1968, le curateur n'avait pas seulement à autoriser ou interdire des actes juridiques, mais aussi à enseigner la maîtrise de soi à un prodigue, la désintoxication à un alcoolique et à un drogué, etc., ce qui n'était pas des missions faciles et annonçait ce qui en 2007 allait devenir les mesures d'accompagnement social.

Le principe est que le curateur assiste mais ne représente pas : « *il ne peut se substituer à la personne qu'il protège pour agir en son nom* » (art. 469, al. 1), ce qui constitue la différence caractéristique avec la tutelle, qui est une représentation. Il en est une autre : la curatelle n'intervient que pour les actes graves, alors que la tutelle intéresse tous (ou presque) les actes du majeur.

Comme l'avait relevé Jean Carbonnier, « *l'assistance n'est pas seulement une autorisation* [...] (elle) *paraît exiger un concours continu à l'acte, devrait s'accompagner* [...] *par conseils et contrôles* » [56].

Tel est le principe, mais comme dans tout le droit contemporain de l'incapacité, il peut être gradué par le juge soit d'une manière durable, le juge des tutelles pouvant alléger ou renforcer la tutelle, soit pour un acte déterminé, le curateur pouvant obtenir du juge des tutelles de le faire pour le compte du majeur dont l'inaction « *compromet gravement ses intérêts* » (al. 2), règle qui condamne la jurisprudence appliquant la loi de 1968 qui ne le permettait pas [57].

Si, d'une manière durable, le majeur a besoin d'être représenté, le curateur doit demander une curatelle renforcée ou une mise en tutelle.

776. Actes juridiques. — Comme dans la loi de 1968, le majeur en curatelle a une capacité moins étendue que le majeur capable, mais plus que le majeur en tutelle ; s'entrecroisent ainsi les différentes règles de protection : celles sur l'insanité d'esprit, la sauvegarde de justice et la tutelle.

La loi de 2007 a voulu simplifier en distinguant celles qui sont communes à la curatelle et à la tutelle (mais dans ces règles prétendument communes certaines ne s'appliquent qu'à l'une) et les règles spéciales, ce qui a compliqué le système. En outre, bien que la loi nouvelle ait voulu faire de la curatelle une mesure de protection plus normale que la tutelle, c'est la tutelle qui continue à être la référence, la curatelle n'en étant qu'une dérogation.

Le principe en effet est que le majeur sous curatelle n'a besoin de l'assistance de son curateur que pour les actes que le tuteur n'aurait pu faire sans l'autorisation du juge des tutelles ou du conseil de famille, c'est-à-dire pratiquement les actes les plus graves : les actes de disposition portant atteinte à son patrimoine (art. 467, al. 1) par exemple, une donation ou une assurance sur la vie [58] auxquels s'ajoute le mariage (art. 460).

L'acte accompli par le majeur sans cette assistance est annulable (art. 465, 2°), à condition, ajoute la loi de 2007, que le majeur ait subi un préjudice. Il s'agit d'une nullité relative, que seuls peuvent demander le majeur en curatelle et son curateur, qui devient alors un représentant (art. 465, al. 6). Le majeur et le curateur peuvent aussi demander la nullité pour insanité d'esprit (art. 466) [59].

---

56. Jean CARBONNIER, n° 101, p. 186.
57. Ex. : Cass. civ. 1re, 24 mai 1989, *Bull. civ.* I, n° 214 ; *Defrénois* 1989, art. 34.574, n° 94, obs. J. Massip.
58. Cass. 1re, 8 juill. 2009, *Bull. civ.* I, n° 161 ; *Defrénois* 2009.2200, obs. J. Massip.
59. V. *supra*, n° 715.

À la différence de la nullité qui frappe les actes du majeur sous tutelle, qui est une nullité de droit, la nullité est ici facultative, et par conséquent soumise à l'appréciation du juge (art. 465, 2°)[60].

Pour tous les autres actes, notamment les actes d'administration et les testaments (art. 470)[61], le majeur sous curatelle n'a pas besoin d'assistance, mais ils peuvent être rescindés pour cause de lésion ou réduits pour cause d'excès (art. 465, 1°) « *comme s'il avait été accompli par une personne placée sous sauvegarde de justice* », à moins, ajoute la loi de 2007, qu'ils aient été expressément autorisés par le juge (ou par le conseil de famille, dit la loi, mais il n'en existe pas dans la curatelle).

Les capitaux revenant au majeur sous curatelle doivent être versés à son compte mentionnant son régime de protection et le majeur ne peut en faire emploi qu'avec l'assistance de son curateur (art. 468).

777. Actions en justice. — Comme dans l'Ancien droit[62], le Code Napoléon interdisait à l'individu pourvu d'un conseil judiciaire de plaider sans l'assistance de son conseil. La loi du 1968 avait posé un principe contraire, le majeur sous curatelle pouvait, du moment qu'elle présentait un caractère patrimonial[63], exercer une action en justice sans autorisation[64], ce qui n'était pas sans dangers : il y a des névrosés de la procédure ; cependant, le juge des tutelles pouvait le lui interdire s'il n'avait pas l'assistance de son curateur (art. 511 anc.). La loi de 2007 est revenue à la nécessité générale de l'assistance pour que puisse agir en justice le majeur en curatelle quelle que soit la nature de l'action (art. 468, al. 3). Mais l'article 504, al. 2 prévoit que le tuteur « *agit seul en justice pour faire valoir les droits patrimoniaux de la personne protégée* », ce qui soulèvera comme l'article 511 ancien (L. 1968) des difficultés pour distinguer les actions patrimoniales des actions extra-patrimoniales[65].

Le curateur ne pouvait introduire une action pour le compte de l'incapable puisqu'il n'en était pas le représentant : mais il était son conseil et aurait donc pu invoquer des moyens différents de

---

60. Ex. : Cass. civ. 1re, 17 mars 2010, 08-15658, *Bull. civ.* I, n° 66 ; *Defrénois* 2010.1440, n. D. Noguéro ; *Dr. Famille* 2010, comm. 88, n. I. Maria ; en l'espèce, un majeur sous curatelle renforcée avait souscrit des assurances-vie au profit de son curateur sans y avoir été autorisé par un curateur *ad hoc* ; la cour d'appel, par application de la loi de 1968 (celle de 2007 exclut aussi la nullité de droit), avait décidé qu'il s'agissait d'une nullité facultative et que les circonstances excluaient (l'acte ayant été jugé raisonnable) ; dans son pourvoi, l'héritière avait soutenu qu'il s'agissait d'une nullité de droit. Rejet : « *même accomplis dans l'intérêt du curateur, les actes de disposition faits par le majeur en curatelle, seul, sans l'assistance d'un curateur* ad hoc*, sont susceptibles d'annulation sur le fondement de l'article 510-1, dans sa rédaction issue de la loi du 3 janvier 1968 applicable en l'espèce ; ce texte n'édicte pas une nullité de droit et laisse au juge la faculté d'apprécier s'il doit ou non prononcer la nullité, eu égard aux circonstances de la cause* ».
61. Cass. civ. 1re, 28 janvier 2003, *Defrénois* 2003.1093, obs. J. Massip ; n.p.B. : en l'espèce, une vieille dame, âgée de 91 ans, avait institué légataire universelle son aide ménagère ; à la demande de ses neveux, ce testament a été annulé, les juges ayant relevé que lors de la rédaction du testament, la testatrice était sans discernement.
62. J. RACINE, *Les Plaideurs* I, 7 : « *Je ne sais pas quel biais ils ont imaginé,//Ni tout ce qu'ils ont fait, mais on leur a donné//Un arrêt par lequel, moi, vêtue et nourrie//On me défend, Monsieur, de plaider de ma vie* ».
63. Non les actions extrapatrimoniales : Cass. civ. 1re, 2 nov. 1994, *Bull. civ.* I, n° 313 ; *JCP* G 1995.II.22555, 2e esp., n. Th. Fossier ; *Defrénois* 1995, art. 36.145, n° 99, obs. J. Massip ; *RTD civ.* 1995.327, obs. J. Hauser.
64. Jurisprudence plusieurs fois réitérée ; ex. : Cass. civ. 1re, 22 nov. 2005, *Bull. civ.* I, n° 439 ; *D.* 2006.1572, obs. J. M. Plazy ; *JCP* 2005.IV.3718 ; *Defrénois* 2006.355, obs. J. Massip ; *RTD civ.* 2006.89, obs. J. Hauser.
65. I. MARIA, *Dr. Famille* 2010, comm. 50.

ceux de l'incapable ; c'était sans doute pour cette raison que c'était à lui aussi que les significations devaient être faites (art. 510-2 anc.), règle donc la méconnaissance était sans incidence sur la recevabilité de son action [66]. *Sur les difficultés de procédure pénale quand la personne poursuivie est un majeur sous curatelle* [67].

§ 3. Curatelles allégées et renforcées

778. Une curatelle sur mesure. — Le juge des tutelles peut, comme pour la tutelle, aménager la curatelle, soit en l'allégeant, diminuant ainsi l'incapacité, en prévoyant que le majeur en curatelle peut faire seul certains actes de disposition (art. 471), ce qui le rapproche d'un majeur sous sauvegarde.

La psychiatrie contemporaine enseigne que l'activité (notamment juridique) peut être une bonne thérapeutique pour ceux dont les facultés diminuent. En fait, la pratique de la curatelle allégée n'est pas fréquente.

Au contraire, et il le fait très souvent (près de 80 % des curatelles), il peut aggraver son incapacité en ordonnant une curatelle renforcée (art. 512) ce qui la rapproche d'une tutelle, en interdisant au majeur de faire seul certains actes d'administration ou même de recevoir les paiements ; les revenus du majeur étant perçus par le curateur qui assure lui-même le règlement des dépenses, « *et dépose l'excédent sur un compte laissé à la disposition de l'intéressé ou le verse entre ses mains* » (*ib.*). Le juge doit expliquer pourquoi le majeur n'est pas apte à faire une utilisation normale de ses revenus et la Cour de cassation censure les décisions de curatelle renforcée insuffisamment motivées [68]. Ce curateur peut aussi conclure au nom du majeur un bail d'habitation ou une convention d'hébergement. Le contrat de travail doit cependant être conclu par le majeur lui-même, mais lorsqu'il est l'employeur avec l'assistance de son curateur ou à défaut celle du juge des tutelles [69]. Le curateur d'une curatelle renforcée est tenu, comme un tuteur puisqu'il représente le majeur, de faire inventaire et rendre ses comptes.

Cette mesure présente des inconvénients car elle a souvent pour objet des vieillards dont elle aggrave le sentiment de dépendance, l'ennui et par conséquent la décrépitude [70].

---

66. Cass. civ. 1re, 22 nov. 2005, précité *supra*, note 64.
67. *Supra*, n° 764.
68. Jurisprudence constante : Ex. Cass. civ. 1re, 6 avr. 1994, *Bull. civ.* I, n° 142 ; *JCP* G 1995.II.22413, 2e esp., n. Th. Fossier ; *Defrénois* 1994.1105, n. J. Massip : les juges doivent « *rechercher si la majeure protégée était, ou non apte à percevoir ses revenus et en faire une utilisation normale* » Dans la pratique, les motifs justifiant la curatelle renforcée sont très succincts.
69. Cass. civ. 1e, 3 oct. 2006, *Bull. civ.* I, n° 427 ; *JCP* G 2007.II.10096, n. Cl. Geffroy et M. Nissabouri ; *RTD civ.* 2007.93, obs. J. Hauser ; *RJPF* 2007-1/11, n. Fr. J. Pansier : « *s'agissant d'un acte engageant le patrimoine, le contrat de travail conclu par un majeur sous une curatelle renforcée, en qualité d'employeur, constitue un acte pour lequel l'assistance d'un curateur est nécessaire* ».
70. Cass. civ. 1re, 1er juill. 1986, *Bull. civ.* I, n° 190 ; *Defrénois* 1986, art. 33821, n° 106, p. 144, obs. J. Massip : « *Il lui* (au tribunal de grand instance) *appartenait seulement de rechercher si le majeur protégé était ou non apte à recevoir ses revenus et à en faire une utilisation normale* ». En l'espèce, un vieux monsieur très porté sur la boisson fut mis en curatelle ; le tuteur (une association tutélaire) demanda d'en percevoir les revenus ; approuvé par la Cour de cassation, le tribunal le refusa : « *tout individu doit pouvoir disposer de ses revenus comme il l'entend* (principe de liberté), *quitte à les boire, dès lors qu'il ne risque pas de se trouver à la charge de ses concitoyens* » (J. Massip, n. préc.). En d'autres termes, la protection doit, s'il est possible, se concilier avec la liberté. La Cour de cassation appliquait alors sans texte, le principe de nécessité ; comp. *supra*, n°s 683 et 704).

§ 4. Responsabilité du curateur

779. Une responsabilité exceptionnelle. — En règle générale, le curateur ne fait qu'assister la personne protégée dans la gestion de ses biens. N'en étant pas l'administrateur, il n'a pas de comptes à rendre et n'est responsable que s'il commet une faute lourde ou un dol, non de gestion mais de conseil ; il n'a la responsabilité d'un administrateur, que lorsqu'il exerce une curatelle aggravée (art. 421).

> Même en ce cas, il ne doit pas supporter la responsabilité tenant aux faits commis par la personne protégée que depuis 1991 la jurisprudence [71] fait peser sur les personnes exerçant un pouvoir permanent et continu sur les majeurs et les mineurs dont ils ont la garde [72].

Section III
TUTELLE

780. Plan. — Le majeur sous tutelle est le majeur protégé dont l'incapacité est la plus étendue ; tous les actes juridiques qui l'intéressent, sauf ceux ayant un caractère personnel, sont accomplis par son représentant légal, le tuteur, et il ne peut les faire lui-même. Cette incapacité est l'héritière de l'interdiction judiciaire prévue par le Code Napoléon ; la loi de 1968 avait donné à son organisation deux traits nouveaux dont la plupart ont été maintenus par la loi de 2007. Pour la vivifier, elle l'a simplifiée ; pour l'adapter à la diversité des situations médicales, elle l'a assouplie ; conçue en 1968 comme une institution patrimoniale, elle est, depuis la loi de 2007, devenue aussi une protection de la personne.

> Alors que l'interdiction judiciaire était tombée en désuétude, la tutelle est assez pratiquée, mais se développe moins que la curatelle : près de 30 000 par an ; la tutelle complète l'est moins, au contraire de l'administration légale supprimée par la loi de 2007 et de la gérance en tutelle que la même loi a remplacée par les mandataires judiciaires à la protection des majeurs.

Les conditions d'ouverture de la tutelle sont assez rigoureuses. L'incapacité du majeur sous tutelle est générale, la protection de sa personne et la gestion de son patrimoine est assurée par les organes de la tutelle, un régime que la loi permet néanmoins d'assouplir (ouverture).

§ 1. Ouverture de la tutelle

781. Conditions d'ouverture. — Les conditions d'ouverture de la tutelle sont de deux ordres : une condition de fond et des conditions d'exercice. La condition de fond est définie fonctionnellement : le majeur qui, « *pour l'une des causes prévues à l'art. 425* (altération des facultés personnelles de nature à empêcher l'expression

---

71. Cass. ass. plén., 29 mars 1991, *Blieck*, cité *infra*, note 81, n° 784.
72. Ex. : Cass. civ. 2e, 29 mars 2006, *Bull. civ.* II, n° 96 ; *D.* 2006, IR, 1066 : « *L'UDAF a été désignée comme curateur de Mme Y.* (un majeur protégé) *et n'avait qu'une mission d'assistance et non de représentation ; la mesure de protection concerne les biens du majeur sans pouvoir s'appliquer à ses faits et gestes dont l'intéressée est responsable* [...] *; la cour d'appel* [...] *en a exactement déduit qu'aucune faute n'avait été commise par l'UDAF* [...] *ayant agi comme curateur de la locataire des consorts X* [...] *dans l'exécution de la mission définie par l'art. 512* (anc., comp. 510 nouv.), *le curateur n'étant pas responsable des actes de la personne protégée mais seulement de la gestion de ses biens* » : v. aussi *supra*, n° 405.

de sa volonté) *doit être représentée d'une manière continue dans les actes important de la vie civile* » (art. 440, al. 3). La loi de 1968 avait à peu près la même définition (art. 492 cbné avec art. 490, al. 1 anc.), sauf que celle de 2007 exige qu'il s'agisse d'actes « *importants* », ce qui implique deux conditions d'exercice, permettant de constater : 1°) l'altération des facultés médicalement constatée ; 2°) la nécessité d'être représenté.

Notion qui s'applique aux grands malades mentaux, aux paralysés, aux sourds-muets et surtout aux vieillards très diminués.

§ 2. Incapacité du majeur en tutelle ; pouvoirs du tuteur

L'incapacité du majeur en tutelle et les pouvoirs du tuteur sont très étendus ; ils sont fixés par une règle de principe (I) qui peut être aménagée (II).

I. — Principe

782. Conseil de famille. — Avant de statuer, le juge des tutelles peut réunir un conseil de famille (C. pr. civ., art. 1234, *D.* 5 déc. 2008). La constitution de ce conseil, obligatoire dans le Code Napoléon pour que fût ordonnée l'interdiction judiciaire, seule cause alors admise pour qu'un majeur fût mis en tutelle, était devenue facultative en 1968 pour la mise en tutelle d'un majeur, ce qu'a confirmé la loi de 2007 (art. 456-457) ; les décisions relatives à la tutelle sont habituellement prises par le juge des tutelles seul, qui ne réunit le conseil de famille que s'il le juge opportun. Il peut fonctionner hors la présence du juge (ce qui se passait déjà avant la loi de 2007, de façon informelle).

Il désigne le tuteur et le subrogé-tuteur ; sur proposition du tuteur, il arrête le budget, fixe les sommes nécessaires à l'entretien de la personne protégée, à la rémunération éventuelle du tuteur, et les actes que le tuteur peut accomplir seul (art. 500 à 502)

783. Incapacité de droit continue et générale ; exceptions : actes courants, personnels et libéralités. — L'incapacité du majeur en tutelle est de droit, continue et générale (art. 465, 3°). Elle est de droit, c'est-à-dire qu'elle résulte automatiquement du jugement d'ouverture de la tutelle. À partir de ce jugement, elle est continue et s'exerce constamment même pendant les intervalles lucides. Elle est générale, car elle s'applique à tous les actes du majeur, actes d'administration comme de disposition. Mais elle est écartée pour les actes de la vie courante, modifiée pour le mariage (et le pacs), les actes personnels et, les libéralités (testaments et donations) et aussi les actions en justice qui ont leur régime propre [73].

1° Sous l'empire de la loi de 1968 (art. 389-3 anc., L. 1964, relatif aux mineurs, étendu aux majeurs par l'art. 495 anc., L. 1968), confirmée sur ce point par la loi de 2007 (art. 473, al. 1), la jurisprudence avait décidé que l'incapacité ne s'étendait pas aux **actes de la vie courante** [74].

---

73. Mais le majeur en tutelle peut introduire un pourvoi en cassation contre un jugement le mettant en tutelle : Cass. civ., 1re juill. 2006, *Bull. civ.* I, n° 370 ; *D.* 2006 IR, 2276 ; *JCP* G 2006.II.10020, n. S. Bouzol.

74. Cass. civ. 1re, 3 juin 1980, *Bull. civ.* I, n° 172 ; *Défrénois* 1981, art. 32.599, n° 9, p. 380, obs. J. Massip ; *Gaz. Pal.* 1981.I.172, m. n. ; *JCP* G 1982.I.3076, annexe : « *Le principe, posé à l'article 502, de l'incapacité complète du majeur en tutelle, ne fait pas obstacle à ce que, par application des dispositions combinées des articles 450 et 495, celui-ci puisse valablement accomplir certains actes de la vie courante pouvant être regardés comme autorisés par l'usage* ». En l'espèce, le majeur sous tutelle

2° Toujours sous l'empire de la loi de 1968, la loi avait pris des dispositions particulières pour **le mariage** (art. 506 anc.), soulignant que cette union devait être exceptionnelle : 1°) l'avis du médecin traitant devait être demandé ; 2°) le conseil de famille devait autoriser ce mariage ; le juge des tutelles pouvait frapper d'appel cette délibération (C. pr. civ., art. 1222) ; 3°) le majeur devait exprimer son consentement [75]. Conformément à son esprit qui veut augmenter la liberté des majeurs protégés, la loi de 2007 a allégé les formalités de ces mariages (art. 460, al. 2) ; elle se contente de l'autorisation du juge des tutelles ou du conseil de famille, impose « *l'audition* » (*lapsus* : il faut évidemment lire le consentement) des futurs conjoints et prévoit le recueil, le cas échéant, de l'avis des parents et de l'entourage. Mêmes règles pour le Pacs (art. 462, al. 1).

3° Sur le **testament** du majeur en tutelle, la loi a été instable et en plusieurs étapes (1968, 2006, 2007), allégé les contrôles auxquels il était soumis.

Selon la loi de 1968, le majeur en tutelle ne pouvait après l'ouverture de la tutelle faire un testament, même pendant un intervalle lucide (art. 504 anc.), sauf si le juge des tutelles l'y avait autorisé [76] (art. 501 anc.) ; le testament fait avant l'ouverture de la tutelle pouvait être annulé si les facultés du testateur étaient déjà altérées [77] (art. 503 anc.) ou si après l'ouverture de la tutelle « *a disparu la cause qui avait amené le testateur à disposer* (art. 504, al. 2 anc., L. 1968) [78].

La loi du 23 juin 2006 avait élargi la liberté du majeur en substituant le conseil de famille au juge des tutelles (ce qui n'était pas sans dangers car certaines familles ont une grande cupidité à l'encontre de ses membres quand ils sont devenus des vieillards) et en imposant l'assistance du tuteur (art. 504, al. 1 anc.) (ce qui était singulier pour un acte aussi personnel que le testament). La jurisprudence avait admis qu'il pouvait sans autorisation révoquer le testament antérieur (il était étrange de distinguer la rédaction du testament de sa révocation, alors qu'il s'agissait de la même question, savoir si le majeur sous tutelle avait un discernement suffisant pour faire un acte à cause de mort).

La loi de 2007 maintient dans l'essentiel le droit antérieur, supprimant seulement la curieuse nécessité de l'« assistance » du tuteur et confirmant la jurisprudence sur la libre révocation du testament : le majeur sous tutelle peut donc faire seul son testament, mais avec l'autorisation du juge des tutelles ou du conseil de famille ; il peut librement révoquer son testament. Comme dans

---

a vainement réclamé le remboursement des 1 200 F versés à son avocat en « remerciement » des multiples services que celui-ci lui avait rendus ; jugé que cette somme était minime compte tenu de la situation financière du *solvens*. V. la critique de Montanier, « Les actes de la vie courante », *JCP* G 1982.I.3076. Mais Cass. civ. 1re, 27 mai 2003, *Bull civ.* I, n° 127 ; *D.* 2004.1859, obs. J.-J. Lemouland : est nulle la convention d'honoraires passée par un majeur sous tutelle avec un avocat, car, dit la Cour, ce n'est pas une convention de la vie courante.

75. Cass. civ. 1re, 24 mars 1998, *Bull. civ.* I, n° 124 ; *D.* 1999.19, n. J. J. Lemouland ; *Defrénois* 1998, art. 36.8954, n° 133, obs. J. Massip ; *RTD civ.* 1998.658, obs. J. Hauser : « *Si le mariage d'un majeur en tutelle n'est permis qu'avec le consentement du conseil de famille ou des deux parents, il nécessite, préalablement, le consentement du majeur* ».

76. Ex. : Cass. civ., 1re, 29 mai 2001, *D.* 2002 som. 2167, obs. J.-J. Lemouland ; *JCP* G 2002.II.10172, n. Courtois-Champenois ; *Defrénois* 2001.1358, obs. J. Massip ; n.p.B. ; en l'espèce, un vieux monsieur (de plus de 80 ans) avait épousé une jeune dame d'un peu de moins de 60 ans ; un an après le mariage, il fut mis en tutelle et résida dans une maison de retraite ; deux ans après sa mise en tutelle, il obtint du juge des tutelles l'autorisation de faire un testament, à la condition, imposa le juge, d'être authentique ; deux ans après il décéda ; le testament déshérita sa femme ; jugé que sa veuve était sans qualité pour contester l'autorisation de tester.

77. Cass. civ. 1re, 5 janv. 1999, *Dr. Famille* 1999, n° 59 ; n.p.B. ; dans la même affaire, après la décision de la cour de renvoi : Cass. civ. 1re, 28 janvier 2003, *Defrénois* 2003.1090, obs. J. Massip ; n.p.B. : pour qu'un testament soit « *annulé sur le fondement de l'article 503, il n'est pas nécessaire de rapporter la preuve de l'insanité d'esprit au moment de l'acte ; il suffit que la cause qui a déterminé l'ouverture de la tutelle ait existé, notamment à l'époque où l'acte a été fait* » (c'est-à-dire l'altération des facultés mentales).

78. Sous l'empire de la loi de 1968, la Cour de cassation avait refusé d'étendre cette incapacité à une assurance sur la vie malgré les analogies (faculté de révocation unilatérale) avec le testament : Cass. civ. 1re, 11 juin 1996, *Bull. civ.* I, n° 249 ; *D.* 1998.20, n. crit. Ph. Delmas Saint-Hilaire ; *JCP* N 1996.II.1751, n. Fr. Lucet ; *Defrénois* 1996, art. 36434, n° 141, obs. crit. J. Massip ; *RTD civ.* 1996.877, obs. crit. J. Hauser. Puis (Cass. civ. 2e, 15 mars 2007, *Bull. civ.* II, n° 68 ; *D.* 2007.1932, n. D. Nagaro) lorsque le majeur sous tutelle était « *dans l'incapacité absolue d'agir* », elle a permis au gérant de tutelle d'obtenir du j.d.t. l'autorisation de modifier les bénéficiaires de l'assurance sur la vie par application de l'art. 500, al. 2 anc. permettant au j.d.t. d'élargir le pouvoir du gérant.

la loi de 1968, le testament fait avant l'ouverture de la tutelle peut être annulé s'il est établi que le testateur était dément lorsqu'il avait testé, ou, si après l'ouverture de la tutelle « *la cause qui avait déterminé le testateur avait disparu*" (art. 476, al. 3). Cette dernière règle n'a plus guère de sens depuis qu'avec la loi de 2007 le testateur peut librement révoquer son testament ; elle n'a d'intérêt que lorsqu'il est totalement incapable d'avoir une volonté (ex. coma).

4° En plusieurs étapes, la loi a également accru le pouvoir du majeur de faire des **donations**. Selon la loi de 1968, son tuteur ne pouvait en faire en son nom qu'avec l'autorisation du conseil de famille, et uniquement au profit de ses descendants (en avancement de part successorale) ou de son conjoint (art. 505 anc.). La loi de 2006 avait étendu la liste des donataires possibles aux frères et sœurs (*ib*.). La loi de 2007 lui a permis de faire désormais des donations à qui il voudra, avec l'autorisation du juge des tutelles ou du conseil de famille ; au besoin, il peut être représenté (art. 476, al. 1)[79]. Si lors de la donation, le donateur n'a plus la santé d'esprit, la donation est nulle[80].

784. Actions en justice. — Le tuteur ne peut agir, en demande ou en défense, pour faire valoir les droits extrapatrimoniaux du majeur qu'il protège qu'après autorisation du Conseil de famille ou des injonction du juge de tutelle (art. 475, al. 2 nouv.).

785. Responsabilité délictuelle. — Cette incapacité ne s'applique pas aux faits : le majeur sous tutelle doit réparer les dommages causés par ses faits, comme s'il n'était pas incapable (art. 414-3).

Par application de l'article 1384, alinéa 1, la jurisprudence a, à partir de 1990, déclaré responsables les personnes, surtout morales, lorsqu'elles ont un pouvoir permanent de contrôle sur un incapable dont elles ont la garde[81] ; cette responsabilité cesse lorsque l'autorité ne s'exerce plus[82]. Pour ne pas aggraver les lourdes obligations du tuteur, elle décide que cette responsabilité ne s'applique pas au tuteur, sauf peut-être lorsqu'il s'agit d'un tuteur professionnel[83].

786. Gestion du tuteur. — La gestion du patrimoine de tous les incapables relève des mêmes règles, qu'il s'agisse des mineurs ou des majeurs, énoncées maintenant par les art. 496 et s. ; la loi de 2007 le dit en renvoyant à ce corps général de règles, pour les majeurs (art. 474) et les mineurs (art. 408, al. 3 nouv.) ; de même, la loi de 1968 renvoyait les majeurs aux mineurs (art. 495 anc.). Le majeur sous tutelle est donc représenté par son tuteur et ne peut agir par lui-même. Les pouvoirs du tuteur dépendent de la gravité des actes ; tantôt, il agit seul, tantôt

---

79. N. Peterka, « Les libéralités du majeur protégé dans la loi du 5 mars 2007 », *Dr. Famille* 2007, n° 5.
80. *Supra*, n°s 716 et 717.
81. Arrêt de principe : Cass. ass. plén., 29 mars 1991, *Blieck, Bull. civ. ass. plén.*, n° 1 ; *D.* 1991.324, n. Chr. Larroumet ; *JCP* G 1991.II.21673, concl. Dontenville, n. J. Ghestin ; *RTD civ.* 1991.541, obs. P. Jourdain : « *En l'état de ces constatations, d'où il résulte que l'association avait accepté la charge d'organiser et de contrôler, à titre permanent, le mode de vie de cet handicapé, la cour d'appel a décidé, à bon droit, qu'elle devait répondre de celui-ci, au sens de l'article 1384, alinéa 1, et qu'elle était tenue de réparer les dommages qu'il avait causés* ».
82. Cass. civ. 2e, 25 févr. 1998, *Bull. civ.* II, n° 62 ; *D.* 1998.315, concl. R. Kessous ; *JCP* G 1998.II.10149, n. G. Viney ; *Défrénois* 1998, art. 36860, n° 101, obs. J. Massip ; *RTD civ.* 1998.345, obs. J. Hauser : « *L'arrêt* (de la cour d'appel) *retient qu'après être descendu du car, Roger Thierry* (l'handicapé) *ne se trouvait plus sous l'autorité de l'association* (dont il était le pensionnaire), *laquelle n'avait plus à partir de ce moment la surveillance et l'organisation des conditions de vie de l'handicapé* [...] ; *la responsabilité de AEIM* (l'association) *n'était pas engagée sur le fondement de l'article 1384, alinéa 1* » ; v. A. M. Calliou-Scanvion, « L'article 1384, alinéa 1, et la responsabilité du fait d'autrui : un fardeau non transférable sur les épaules d'autrui », *D.* 1998, chr. 240.
83. Cass. civ. 2e, 25 févr. 1998, précité : « *S'il résulte de l'article 490 (anc.) que la mesure édictée en faveur d'un majeur, dont les facultés mentales sont altérées, concerne non seulement la gestion de ses biens mais aussi la protection de sa personne, il ne s'ensuit pas que son tuteur ou l'administrateur légal sous contrôle judiciaire du juge des tutelles est responsable des agissements de la personne protégée sur le fondement de l'article 1384, alinéa 1* ». La solution est différente pour le tuteur d'un mineur : Cass. crim., 28 mars 2000, *Bull. crim.*, n° 140 ; *D.* 2000 som. 466, obs. D. Mazeaud ; *JCP* G 2000.I.241, n° 9, obs. G.Viney ; *LPA*, 16 juin 2000, n. A. M. Calliou-Scanvion.

avec le contre-seing du subrogé-tuteur, tantôt avec l'autorisation du conseil de famille, tantôt avec des formalités spéciales.

Par exemple, le tuteur peut sans autorisation introduire une action relative aux droits patrimoniaux de son pupille et demander la nullité de son testament [84].

II. — Aménagements

Sous l'empire de la loi de 1968, le juge des tutelles pouvait simplifier cette organisation ; soit, parce que le majeur protégé avait une famille en laquelle le juge avait confiance ; la tutelle prenait la forme de l'administration légale (A) ; soit, au contraire, en raison de l'absence de famille : la tutelle prenait la forme d'une tutelle d'État ; soit, en raison du peu d'importance des biens appartenant au majeur ; la tutelle prenait la forme d'une gérance (B). Dans ces tutelles simplifiées, le subrogé-tuteur et le conseil de famille disparaissaient sauf lorsqu'il s'agissait du mariage du majeur, où il fallait l'autorisation d'un conseil de famille spécial (art. 506 anc.). La loi de 2007 a fait disparaître ces tutelles simplifiées, purement et simplement lorsqu'il s'agissait de l'administration légale, ou en les remplaçant par les mandataires judiciaires à la protection des majeurs lorsqu'il s'agissait de la gérance de tutelle. Elle a maintenu le pouvoir qu'a le juge des tutelles d'atténuer l'incapacité du majeur (C).

A. Ancienne administration légale des majeurs protégés (loi de 1968)

787. Les parents. — Dans la loi de 1968, lorsque le majeur à protéger avait des parents (conjoint, descendants, ascendants, frères, neveux, collatéraux) ou des alliés aptes à gérer ses biens, le juge des tutelles pouvait lui appliquer le régime de l'administration légale des mineurs (art. 497 anc.) ; il le faisait notamment lorsqu'il s'agissait d'enfants handicapés qui devenaient majeurs : ils pouvaient ainsi conserver le même régime de protection [85].

L'administrateur légal était soumis aux mêmes obligations que le tuteur [86], notamment l'obligation de rendre des comptes.

Le système était plus simple que la tutelle complète : ni conseil de famille, ni subrogé-tuteur, ce qui expliquait son succès auprès des juges des tutelles : plus de la moitié des tutelles, tandis que les tutelles complètes qui représentaient, en 1969, 30 % des tutelles étaient, en 2001, moins de 0,5 %. L'autre moitié se partageait entre la tutelle en gérance et un peu plus la tutelle d'État. La loi du 28 mai 1996 en avait facilité l'exercice : la loi de 1968 n'admettait ce système que si l'incapable avait un conjoint, un descendant, un frère ou une sœur ; désormais, il suffisait d'avoir des « parents » ou des « alliés » : le risque était la disparition des organes de contrôle, l'incapable pouvant être livré à la cupidité de ses parents [87].

La loi de 2007 a fait disparaître ce particularisme mais il est facile de parvenir au même résultat en prévoyant une tutelle sans conseil de famille et sans subrogé-tuteur.

B. Ancienne gérance de la tutelle (loi de 1968)

788. Tutelle des petits revenus. — La gérance de la tutelle avait été créée par la loi de 1968 ; la loi de 2007 l'a fait disparaître pour la remplacer par les mandataires judiciaires à la protection

---

84. Cass. civ. 1re, 20 sept. 2006, *Bull. civ.* I, n° 412 ; *JCP* G 2006.IV.2005 ; recevabilité d'une action en nullité pour insanité d'esprit d'un testament instituant un légataire universel, intentée par l'administrateur légal d'un héritier sous tutelle car d'une part, cette action « *avait pour seul effet de permettre l'application des dispositions légales de dévolution successorale et n'emportait pas nécessairement acceptation pure et simple d'une succession, d'autre part, avait un caractère patrimonial et pouvait, dès lors, être introduite sans l'autorisation du juge des tutelles* ».

85. Lorsqu'existent plusieurs personnes (par ex. plusieurs ascendants) susceptibles de remplir la fonction : Cass. civ. 1re, 24 nov. 1987, *Bull. civ.* I, n° 306 ; *D.* 1987, IR, 253 ; *Defrénois* 1988, art. 34186, n° 10, p. 323, obs. J. Massip : « *Le choix de l'administrateur légal relève du pouvoir souverain des juges du fond.* ».

86. Cass. civ. 1re, 13 déc. 1994, *Bull. civ.* I, n° 370 ; *D.* 1995, IR, 9 ; *Defrénois* 1995, art. 36100, n° 58, obs. J. Massip ; *JCP* G 1995.IV.405 ; *RTD civ.* 1995.327, obs. J. Hauser.

87. Critique : J. Massip, « L'extension du régime de l'administration légale pour les majeurs en tutelle », *Defrénois* 1998, art. 36384.

des majeurs, intéressant les malades hospitalisés ou les vieillards en hospice qui n'avaient pas beaucoup de biens [88]. Par exemple, ceux qui n'avaient pour seule ressource qu'une pension de retraite : c'était la « tutelle des petits revenus ».

La loi (art. 499 anc.) permettait au juge des tutelles de mettre le patrimoine de l'incapable en « gérance ». Ce qui conférait au gérant moins de pouvoirs que n'en avait un tuteur ; il pouvait seulement percevoir les revenus de l'incapable [89], en payer les dépenses et verser le surplus à un compte (art. 500, al. 1 anc.) ; mais il ne pouvait rien faire d'autre sans autorisation judiciaire, notamment exercer une action en justice [90]. La gestion était simplifiée : il n'y avait ni conseil de famille, ni subrogé-tuteur. C'était à peine une représentation légale, tant les pouvoirs des gérants étaient limités.

Le gérant était souvent un membre du personnel hospitalier et la loi avait entendu qu'il fût indépendant envers son administration ou qu'il fût un administrateur spécial, ayant l'habitude de gérer des patrimoines : la protection des incapables était devenue une profession lucrative (D. 15 févr. 1969, ce que systématise la loi de 2007 chaque fois que la protection se fait en dehors de la famille). Ce gérant ne pouvait faire aucun autre acte que ceux qu'énumérait la loi, pour le compte de l'incapable ; si d'autres étaient nécessaires, il devait obtenir une autorisation expresse du juge (art. 500, al. 2 anc.) [91] : notamment, il ne pouvait accomplir seul les actes personnels à l'incapable [92] ; si ces actes devaient être fréquents, il valait mieux transformer la gérance en tutelle.

Comme la tutelle d'État, la gérance de la tutelle avait un caractère subsidiaire et supposait l'absence de famille susceptible d'exercer la tutelle ; elle impliquait aussi la modicité du patrimoine [93]. Bien que beaucoup de juges des tutelles eussent une pratique différente, la gérance ne devait pas être ouverte si le majeur déficient avait des biens importants [94]. Cependant, même lorsqu'existait une famille, le juge pouvait nommer un gérant de tutelle s'il l'estimait opportun [95].

C. ATTÉNUATION JUDICIAIRE DE L'INCAPACITÉ

789. Une tutelle sur mesure. — Le juge des tutelles peut atténuer l'incapacité contractuelle du majeur sous tutelle, et lui permettre de faire un certain nombre d'actes, soit avec l'assistance de son « tuteur » qui se transforme ainsi en curateur, soit-même seul (art. 473, al. 2). Cet assouplissement peut avoir pour objet un acte déterminé ou une série d'actes, un acte d'administration ou même un acte de disposition [96].

---

88. **Biblio.** : A. MANNHEIM-AYACHE, « Le gérant de la tutelle à l'hôpital public », *Cah. dr.*, 1984, t. 5, p. 3 ; de la m. : « La tutelle en gérance des majeurs incapables hospitalisés », *RDSS* 1984.509.
89. Cass. civ. 1re, 4 mai 1994, *Bull. civ.* I, n° 158 ; *JCP* G 1994.II.22413, 3e esp., n. Th. Fossier : « *L'exercice de cette mission implique la faculté de faire tous les actes nécessaires pour parvenir à la perception de ces revenus, notamment en poursuivant les voies d'exécution qui s'avéreraient nécessaires* ».
90. Mais il peut exercer... les voies de recours : Cass. civ. 1re, 28 févr. 1995, *Bull. civ.* I, n° 106 ; *Defrénois* 1995, art. 36210, n° 137, obs. J. Massip ; *JCP* G 1995.IV.1055 ; *RTD civ.* 1995.603, obs. J. Hauser... Les voies d'exécution : Cass. civ. 1re, 4 mai 1994, *Bull. civ.* I, n° 158, *JCP* G 1995.II.22413, 3e arrêt ; *Defrénois* 1994.1455, obs. J. Massip ; *RTD. civ.* 1994.568, obs. J. Hauser.
91. TI Saint-Girons, 23 févr. 1995, *D.* 1996.299, n. J. Massip ; *Defrénois* 1996, art. 36354, n° 52, m. n. ; *RTD civ.* 1995.602, obs. J. Hauser : action en divorce.
92. **Assurance sur la vie :** Cass. civ. 1re, 31 mars 1992, *Bull. civ.* I, n° 94 ; *D.* 1992.508, n. J. Massip ; *Defrénois* 1992, art. 35335, n° 98, m. n. ; *RTD civ.* 1993.99, obs. J. Hauser. **Droit à l'image :** Cass. civ. 1re, 24 févr. 1993, aff. *du décompte de la vie ordinaire*, *Bull. civ.* I, n° 87 ; *D.* 1993.614, n. Th. Verneyre ; *JCP* G 1993.IV.1102 ; *Defrénois* 1993, art. 35611, n° 88, obs. J. Massip.
93. Jurisprudence constante souvent réitérée. Ex. : Cass. civ. 1re, 31 mars 1992, *Bull. civ.* I, n° 99 ; *D.* 1993.17, n. J. Massip ; *JCP* G 1993.II.22077, n. H. Fulchiron.
94. Ex. : Cass. civ. 1re, 12 nov. 1986, *Bull. civ.* I, n° 260 ; *Gaz. Pal.* 1987.I.483, n. J. Massip ; *Defrénois* 1987, art. 33905, n° 8, p. 323, m. n. Cassation ; *cf.* aussi Cass. civ. 1re, 31 mars 1992, cité *supra*, note 93.
95. Cass. civ. 1re, 17 mars 1992, *Bull. civ.* I, n° 88 ; *D.* 1992, IR, 110.
96. Sous l'empire du droit antérieur à la loi de 2007, la jurisprudence avait refusé d'appliquer cette règle modératrice à l'incapacité électorale : Cass. civ. 1re, 19 nov. 1982, *Bull. civ.* I, n° 325 ; *Defrénois* 1983, art. 33082, n° 50, p. 783, obs. J. Massip. La loi de 2007, en modifiant l'art. L. 5 du Code électoral, a donné au juge le pouvoir de maintenir ou de supprimer le droit de voter pour un majeur en tutelle.

Ce qui permet d'adapter le régime de l'incapacité à l'état du majeur en tenant compte de l'évolution de sa santé, ou d'une lucidité partielle et temporaire : le juge des tutelles peut, par exemple, tenir compte de la volonté du majeur afin de déterminer sa résidence [97] ou l'autoriser à tester : un nouveau signe du rôle qu'exerce le juge des tutelles dans l'incapacité des majeurs.

Cette « tutelle allégée » est très peu pratiquée (1 % des tutelles).

Section IV
ACCOMPAGNEMENTS SOCIAUX

790. Les personnes en détresse sociale et financière. — A coté des protections traditionnelles des majeurs dont les facultés sont altérées (curatelle, tutelle et, à un moindre degré, sauvegarde de justice et mandat de protection future), la loi de 2007 a remplacé l'ancienne tutelle aux prestations sociales adultes qu'avait prévue la loi de 1966 [98], en instituant des « mesures d'accompagnement ». Il ne s'agit plus de protéger une personne mentalement diminuée, mais d'aider celle qui est en détresse sociale ou financière pour l'amener à se « réinsérer » et rétablir son autonomie [99] dans la gestion de ses prestations sociales, sans en faire un incapable. Ces mesures ont un caractère progressif : d'abord de nature contractuelle et administrative : les mesures d'accompagnement social personnalisé (les MASP), puis, en cas d'échec, les mesures d'accompagnement judiciaire (les MAJ), plus contraignantes.

Ce n'est plus du droit civil, mais de l'aide sociale, d'une nature différente. D'abord dans leur objet, limité aux prestations sociales pour qu'elles puissent être convenablement gérées. Puis dans leur esprit : ces mesures ont surtout pour objet des conseils, parfois très directifs, avec des règles nombreuses, complexes et minutieuses, faites surtout pour ceux qui l'appliquent, essentiellement les travailleurs sociaux.

791. Le prodigue n'est plus un incapable : le laisser aller. — La loi de 2007 a estimé que le prodigue n'avait plus à être protégé ; depuis qu'elle s'applique (1er janvier 2009), la prodigalité n'est plus une cause de curatelle. Le législateur a considéré que comme l'oisiveté ou l'intempérance, la prodigalité était une liberté, chacun étant libre de dépenser ou de gaspiller sa fortune comme il lui plaît ou de ne rien faire, ou de boire plus que de raison.

Mais l'acte de prodigalité peut être annulé par application du droit commun des actes juridiques, pour cause d'insanité d'esprit si elle est établie (art. 414-1 nouv. ; 489, al. 1 anc., L. 1968) » [100]. En outre, la loi pénale assure une protection aux prodigues vulnérables parce que devenus faibles d'esprit, en punissant « *l'abus*

---

97. Cass. civ. 1re, 25 mars 1997, *Bull. civ.* I, n° 107 ; *Defrénois* 1997, art. 36690, n° 42, m. n. ; *JCP* G 1997.II.22882, n. Th. Fossier ; *D.* 1998.333, n. J. Massip : « *Après avoir relevé que Nadège Y. est capable d'évoluer et de faire des progrès sur le plan intellectuel, affectif et social, qu'elle n'est pas dépourvue de volonté propre et qu'elle a émis à plusieurs reprises le souhait de rester près de son père, le tribunal a considéré souverainement qu'il convenait de respecter ce choix* » ; en l'espèce, les parents étaient divorcés et se disputaient la garde de leur enfant, majeur en tutelle.

98. *Supra*, n° 533.

99. **Étymologie** d'autonomie : du grec αυτος + νομος = n'être gouverné que par la loi dont on a soi-même fixé la teneur. Bien que le mot soit souvent utilisé par la législation sociale, notamment la loi de 2007, littéralement l'« autonomie » d'une personne est une idée absurde : personne n'est autonome, personne ne peut se fixer sa propre loi. Le mot est pourtant devenu usuel dans le langage médical, et, maintenant, même dans celui des affaires (ex. : la gestion autonome d'une unité de production). En droit international privé, l'« autonomie de la volonté » fut exaltée au XIXe s., vilipendée pendant le XXe s. et reprend au XXIe s. une partie de son ancienne faveur.

100. *Supra*, n° 715.

frauduleux [...] *de la situation de faiblesse* [...] *d'une personne* (d'une) *particulière vulnérabilité* » (C. pén., art. 223-15-2)[101].

La loi de 1968 exigeait pour que le prodigue fût mis en curatelle que celui-ci « *s'expose à tomber dans le besoin ou compromet l'exécution de ses obligations familiales* » (art. 488, al. 3 anc.). Le prodigue était donc libre de dépenser comme il lui plaisait, mais sa liberté était une liberté responsable, écartée si elle portait atteinte à ses obligations envers la société et sa famille.

Un autre grief, moins souvent avancé, presque inconscient, tenait à la médicalisation actuelle du droit des incapacités. La prodigalité (comme l'intempérance ou l'oisiveté) n'est pas une maladie mais seulement un trait de caractère, tout au plus une faiblesse et n'est donc pas constatable par un certificat médical : pas malade, pas incapable, ou plutôt, sans certificat médical, pas d'incapacité.

La politique législative de la loi de 2007 est contestable en retirant à la loi sa fonction éducatrice et à la liberté son sens. Par besoin d'avoir beaucoup fréquenté les vieillards isolés pour savoir qu'il est facile de leur soutirer leur argent : la solitude est pour eux une épreuve et les prédateurs le savent bien : ils connaissent les trucs pour les plumer. Même s'il ne s'agit plus de vieillesse mais de prodigalité, c'est une loi de laisser-aller.

L'accompagnement social auquel la loi soumettra les prodigues sera dérisoire, puisqu'il ne s'appliquera qu'à ceux qui reçoivent des prestations sociales pour la gestion de ces prestations.

792. L'accompagnement social personnalisé ; la MASP. — « *Toute personne majeure qui perçoit des prestations sociales dont la santé ou la sécurité est menacée par les difficultés qu'elle éprouve à gérer ses ressources peut bénéficier d'une mesure d'accompagnement social personnalisé* » (une MASP : CASF, art. L. 271-1 à 271-8), qui suppose que ce majeur 1°) soit menacé dans sa santé ou sa sécurité ; 2°) reçoive des prestations sociales ; 3°) gère ses prestations avec difficulté. Elle n'est pas une incapable et ne peut être l'objet d'aucune mesure de protection (curatelle, tutelle, sauvegarde de justice) puisqu'il n'y a pas d'altération de ses facultés. Le département (aujourd'hui compétent pour toutes les prestations sociales) lui proposer un contrat d'accompagnement social individualisé lui permettant de mieux gérer ses prestations sociales, reposant sur des engagements réciproques, notamment une contribution financière du majeur aux dépenses d'accompagnement (art. L. 271-2, al. 3) « *d'une durée de six mois à un an et peut être modifiée par avenant. Il peut être renouvelé, après avoir fait l'objet d'une évaluation préalable, sans que la durée réelle de la mesure d'accompagnement social personnalisé puisse excéder quatre ans* » et « *tendant à rétablir les conditions d'une gestion autonome des prestations sociales* » (al. 1). Ce contrat se substitue à l'ancienne tutelle aux prestations sociales adultes de la loi de 1969 et ressemble au « contrat d'insertion sociale » permettant aux bénéficiaires du RSA (revenu de solidarité active remplaçant depuis la loi du 2 déc. 2008 et le décret du 15 avril 2008 le RMI [revenu minimum d'insertion] « *de retrouver ou de développer leur autonomie sociale* (art. L. 262-38, L. 1er déc. 1988, souvent modifiée), contrat dont l'efficacité a été médiocre.

Ce contrat peut prévoir (il le fera sans doute souvent) que les prestations sociales seront versées au Président du conseil général pour le compte du majeur, en l'affectant en priorité aux dépenses du logement (art. L. 271-2, al. 2) : le logement est en effet la première condition de l'insertion sociale. Le majeur a ainsi

---

101. Ex. : dans l'actuelle *aff. Liliane Bettencourt* une vieille dame est riche de 23 milliards de dollars, gagnés par son génie des affaires ; à partir de soixante ans elle a pratiqué généreusement le mécénat, créant de nombreuses fondations caritatives et culturelles. Lorsqu'elle a atteint 85 ans, elle donna plus d'un milliard de dollars, qualifié de mécénat, à un de ses jeunes amis, François-Marie Banier, photographe de mondanités. Sa fille a porté plainte contre François-Marie Banier pour abus de situation de faiblesse. L'affaire a pris d'importants développements politiques.

conventionnellement limité sa capacité – une petite tutelle limitée aux prestations sociales.

Si « l'intéressé » *(sic)* refuse le contrat (souvent les socialement exclus, ayant perdu leurs repères, refusent systématiquement l'aide [et surtout les conseils] qu'on leur propose) ou ne les exécutent pas, le président du conseil général peut demander au juge d'instance d'ordonner le versement direct et mensuel au bailleur des prestations sociales (art. L. 271-5). La capacité deviendra alors judiciairement limitée, moins qu'elle ne l'aurait été par une éventuelle et future mesure d'accompagnement judiciaire plus contraignante.

Si ces actions ont échoué, un « *rapport d'évaluation de la situation sociale et pécuniaire du majeur* » est transmis au procureur de la République qui décidera s'il faut organiser une sauvegarde de justice, une tutelle, une curatelle ou une mesure d'accompagnement judiciaire (une MAJ) en saisissant le juge des tutelles (art. L. 271-6).

793. L'accompagnement judiciaire ; la MAJ. — Si le majeur refuse le contrat ou ne l'exécute pas, la situation devient judiciaire, à la demande exclusive du procureur de la République : afin de prendre une mesure d'accompagnement judiciaire ; la MAJ (C. civ., art. 495 à 495-9). Comme la MASP, « *elle est destinée à rétablir l'autonomie financière de l'intéressé dans la gestion de ses ressources* », uniquement pour la gestion de certaines de ses prestations sociales, le mandataire gérant de ces prestations étant choisi par le juge sur une liste établie par décret (art. 495-4, al. 1). Elle a donc en raison de son caractère judiciaire un domaine plus étroit que la MASP, dont la nature est contractuelle et administrative et peut donc être plus étendue). Comme la MASP, elle est très pédagogique : le mandataire judiciaire doit exercer « *une action éducative* » (art. 495-7, al. 3), par exemple, en établissant pour le majeur ainsi conseillé un budget. Elle ne crée pas d'incapacité (art. 495-3), bien que ce soit le mandataire qui perçoit les prestations, non directement, mais sur un compte ouvert au nom du majeur [102]. Comme aujourd'hui toutes les mesures de protection, sa durée est limitée : elle ne pourra dépasser deux ans, renouvelables, sans pouvoir dépasser quatre ans (art. 495-8).

Par application du principe de subsidiarité, ces mesures ne doivent pas s'appliquer s'il existe d'autres modes de protection juridique (mariage, pacs, curatelle, tutelle, mandat de protection future, art. 495-1, al. 2 et 495-2).

---

102. *Supra*, n° 722.

INDEX DES ADAGES [1]

À chacun le sien : 283.
Contra non valentem non currit praescriptio : 715.
De minimis non curat praetor : 609.
Infans conceptus pro nato habetur quoties de commodis ejus habetur : 7.
Kirche, Kinder, Küche : 271.
L'union fait la force : 350.

Minor restituitur non tamquam minor sed tamquam laesus : 609, **611**.
Ne doit mie garder l'agneau qui doit en avoir la peau : 619.
Nomen, tractatus, fama : 132.
Nul en France ne plaide par procureur : 444, **445**.

---

1. Les chiffres envoient aux numéros de paragraphe, non aux pages. Les chiffes en caractères gras indiquent le siège principal de la matière.

INDEX DES ARTICLES DU CODE CIVIL [1]

Articles	N^{os}
3	503, 765
7	199
8	271
9	280, **312**, 322, 326, 327, 328, 329, 344
9-1	280, 313, 344, 345
15	765
16	5, **292**
16-1	289
16-1-1	308
16-3	7, 12, 290
16-4	5, 304
16-5	289
16-6	293
16-7	256, 298
16-8	293
16-9	293
16-10	290
16-11	100
34	254
46	262
55	6, 256, 261
57	6, 122, 256
60	156
61-61-4	154
61-1	154
61-2	154
78	10, 257
79	257
79-1	6
88-92	13
88	23, 262
91	10
99	261
102	199, **206**, **210**, 221
106	220
108	217
108-2	218

Articles	N^{os}
108-3	218
109	219
111	221
112	16
113	18
114	18
120	18
121	18
122	18
123	17, 20
124	20
127	20
128	17, 21
130	22
131	22
132	22
165	203
176	223
205	685
214-2	304
217	747
219	747
259-2	314
264	138
300	136
309	210
311	6
311-2	132
311-21	131, 134, 135
311-23	134
314	256, 634
314-6	128
357	135
357-1	136, 761
363	136
371-1	601
372	620
382 à 387	628

---

1. Les chiffres envoient aux numéros de paragraphe et non aux pages. Ceux qui sont en caractères gras indiquent le siège principal de la matière.

Articles	N^{os}
383	629, 630
385	631
387	630
388	597
388-1	601
388-2	620
388-3	532, 618
389	619
389-1	622
389-2	622
389-3	494, 620, 621
389-4	620, 622, 623
389-5	531, 620, 622, 624, **625**
389-6	531, 626
389-7	622
390	690
391	628, 631
391-1	641
393	494
394	353, 534
395	534, **633**
396	634
397	534, 634
398	533
399	637
400	531
401	532, 534, 632
402	632, 637
403	632
404	632
405	634
408	494, 536, 661, 608, **614**, 638, 639, 786
408-1	537
411	635
413	641
413-1 à 413-8	642
413-2	642
414	596, 683
414-1	345, 492, **714**, 718, 730, 771
414-2	716, 717, 718, 719
414-3	505, 606, 715, **720**, **785**
415	529 **534**, 687, 758
416	533
421	759, 779
422	532
425	700, 724, 735
426	522, 721

Articles	N^{os}
427	722
428	683, 704, 747
429	760
430	746
431	699, 704, 760
432	702, **760**
433 à 439	723
433	724, 725
434	532, 725
435	723
436	731, 732, 753
437	733, 766
438	733
439	705, 723, 729
440	724, **773**, 781
441	501, 705, 763
442	501, 705, 763
443	765
444	762
447	753
448	734, 752
449	753
450	755
452	757
453	726, 763
454	756
455	757
456 à 457	533, 782
456	533
457-1 à 463	536, 692
457-1	692
458 à 459	692
459	499, 692
459-1	499
460	776, 783
462	783
464	771
465	771, **776**, 783
466	776
467 à 472	772
468	537, 777
469	775
470	776
471	778
472	766
473	783, 789
474	786
475	784
476	783

Articles	N^{os}
477 à 494	734
479	734
480	734
481	735
485	784
486	**736**, 766
490-1	537
491-1	494
496	524, 611, 623, **750**
497	639
498	639
500 à 502	782
500	530, 534
501	639
503	639
504	524, 627, 639
505	639, 777
506	625, 639, 640
507-1	626, 639
509	538, 639
510	639, 640, 766
510 à 514	640, 733, 766
511	640
512	640, **778**
513	640, 760
514	640
515	640
515-1	272
528	1
529	351
595	627
720	203
725, ? ? ?1	6, 7
725, ? ? ?2	17
725-1	10
735	271
812	734
813-1	14
815	369
815-3	368
815-5	368
815-6	368
815-5-1	352, 368
815-17	370
820	369
821 à 823	369
901	492, 717, 719
902	494
903	625

Articles	N^{os}
904	601, 613
906	7
909	692
910	402
1123	436, **492**, 493
1124	608
1125	526
1125-1	692
1241	610
1304	526, 715
1305	609, **611**
1308	642
1312	529, 612
1319	260
1382	313, 318, 327, **344**, 441, 606
1384	606, 607, 720, 785
1594	494
1599	527
1718	627
1832	381
1837	440
1838	369
1842	381
1844-7	369, 447
1844-8	448
1844-15	388
1845	387
1857	387
1858	583
1861	387
1871 à 1873	389
1872	389
1873-3	369
1873-6 à 1873-15	368
1983	17
1993	731, 766
2003	735
2017	734
2060	376
2224	771
2235	526
2252	771
2284	370, 437
2285	370
2224	863
2235	526
2276	82, 377, 413
2284	437, 502, 505

Articles	N^{os}
2285	648
2288	515
2402	**277**, 850
2403	274

Articles	N^{os}
2404	276
2405	274
2406	278
2409	276

INDEX DES PRINCIPALES DÉCISIONS JUDICIAIRES [1]

a) Index alphabétique

A

Alain Ducasse, sté, Cass. com. 6 mai 2003 : 168.
Arbellot, Cass. civ. 1re, 13 juill. 1955, 14 oct. 1969, 7 janv. 1975 : 162.
Ass. Front national, Cass. civ. 2e, 24 juin 1998 : 331.
Ass. des scouts de France, Cass. civ. 1re, 8 nov. 1988 : 438.

B

Beau, Sté André, Cass. com., 24 juin 2008 : 168.
Bigot-Duval, dame, Req., 29 mai 1865 : 352.
** Bordas, aff., Cass. com., 12 mars 1985 : 168.
Bousquet, de : Cass. civ., 1er juin 1863 : 128.
Butelot, épx, Cass. civ. 1re, 12 janv. 1955 : 717.

C

Caisse rurale de la commune de Ménigod, Cass. ch. réunies, 11 mars 1914 : 395.
Canard enchaîné, Le, c. France : CEDH, gde Ch., 21 janv. 1999 : 325, 346.
Carruzzo, Cass. civ. 1re, 18 févr. 1981 : 721, 747.
Chalabi c. France, CEDH, 11 sept. 2008 : 441.
Chantal Nobel, aff., Cass. civ. 1re, 10 juin 1987 : 336.
Chemin de fer d'Orléans, Req., 19 juin 1876 : 209.
** Comité d'établissement des forges et aciéries de la marine, Cass. civ. 2e, 28 janv. 1954 : 431.

D

De Bousquet, Cass. civ., 1er juin 1863 : 128.
Decottignies, aff. du mari étrangleur, Cass. civ. 1re, 26 janv. 1983 : 721.
De Wangen, Isabelle, TGI, Paris, 10 févr. 1981 : 137.
Derguini, Cass. ass. plén., 9 mai 1984 : 606.
D'Orléans, prince Henri, Cass. civ. 1re, 30 septembre 2003 : 152.
Dreux-Brézé, aff. de, T. confl., 17 juin 1899 : 126.
Ducasse Alain, sté, Cass. com., 6 mai 2003 : 168.

E

Épinglettes, aff. des, Cass. civ. 1re, 13 janv. 1998 : **319**, 332.
Erard pianos, Cass. civ., 30 janv. 1878 : 167.
Érignac, aff. du préfet, Cass civ. 1re, 20 déc. 2000 : 318, **338**.
** Érulin, cons., Cass. ass. plén. 12 juill. 2000 : 318, **344**.

F

Figaro, Le, Cass. civ. 1re, 9 juill. 2003 : **325**, 330, 332.
François Mitterand, Grand secret de, Cass. civ. 1re, 16 juill. 1997 : 329, **346**.
Frédérica, Cass. civ. 1re, 26 janv. 1983 ; Cass. civ. 1re, 2 juin 1987 : 261.
Front national, Cass. civ. 2e, 24 juin 1998 : 331.
Fullenwarth, Cass. ass. plén., 9 mai 1984 : 606.

G

Gabillet, Cass. ass. plén., 9 mai 1984 : 606.
Grand secret, aff. du, Cass. civ. 1re, 16 juill. 1997 : 329, **346**.

---

1. Les chiffres envoient aux numéros de paragraphe et non aux pages. Les décisions les plus importantes sont précédées de deux astérisques. Les chiffres en caractères gras indiquent le siège principal de la décision.

Grimaldi, Stéphanie, Cass. civ. 1re, 3 avr. 2002 : **322**, 325.
Gubler, dr., Cass. civ. 1re, 16 juill. 1997 : 329, **346**.
Guignols de l'info, Cass. ass. plén., 12 juill. 2000 : 319.

I

Isabelle de Wangen, TGI, Paris, 10 févr. 1981 : 137.

K

Kirzner, Salomon, aff., Cass. civ. 1re, 12 juill. 1960 : 262.

L

Larivière, dame, Cass. civ. 1re, 9 nov. 1981 : 747.
Leclerc, Michel, Cass. com., 9 nov. 1987 : 167.
Lemaire, Cass. ass. plén., 9 mai 1984 : 606.
Leyla Sahim c. Turquie, CEDH, 29 juin 2004 : 285.

M

Marchais, Cass. civ., 25 mars 1861 : 610.
Mari étrangleur, aff. du, Decottignies, Cass. civ. 1re, 26 janv. 1983 : 721.
Mennesson, Cass. ass. plén., 17 déc. 2008 : **256**, 298.
Michel Leclerc, Cass. com., 9 nov. 1987 : 167.
Milhaud, CE, 2 juill. 1993, Cass. civ. 1re, 16 juill. 1997 : 10.
Mitterand, Fr., aff. du grand secret, Cass. civ. 1re, 16 juill. 1997 : 329, **346**.
Monaco, de, Stéphanie : Cass. civ. 1re, 3 avr. 2002 : **322**, 325.

N

Nikon, sté, Cass. soc., 2 oct. 2001 : 316.

P

Pfifferling, épx, Cass. ch. mixte, 29 janv. 1971 : 625.
Pianos Erard, Cass. civ., 30 janv. 1878 : 167.

R

Routa, Req., 28 nov. 1876 : 255.

S

Sahim Leyla c. Turquie, CEDH, 29 juin 2004 : 285.
Salomon Kirzner, aff. Cass. civ. 1re, 12 juill. 1960 : 262.
Schweitzer, veuve, Cass. com., 17 juill. 1950 : 228.
Scouts de France, ass. des, Cass. civ. 1re, 8 nov. 1988 : 438.
Seive, Cass. civ. 1re, 18 janv. 1972 : 760.
Seranayaké, CE, 26 oct. 2001 : 290.
Sté Alain Ducasse : Cass. com., 6 mai 2003 : 168.
Sté André Beau, Cass. com., 24 juin 2008 : 168.
Sté scientifique de spiritisme, aff. de la, Req., 29 oct. 1894 : 394, **436**.
Sté civ. particul. Hôtel de Girencourt : Cass. ass. plén., 7 mai 2004 : 341.
Sté Nikon, Cass. soc., 2 oct. 2001 : 316.
Stéphanie de Monaco : Cass. civ. 1re, 3 avr. 2002 : **322**, 325.
Stéphanie de Monaco : Cass. civ. 1re, 23 avr. 2003 : 322.

W

Wangen de, Isabelle, TGI, Paris, 10 févr. 1981 : 137.

b) Index chronologique

Cass. civ., 25 mars 1861, Marchais : 610.
Cass. civ., 1er juin 1863, de Bousquet : 128.
Req., 29 mai 1865, dame Bigot-Duval : 351.
Req., 19 juin 1876, Chemin de fer d'Orléans : 209.
Req., 28 nov. 1876, Routa : 255.
Cass. civ., 30 janv. 1878, pianos Erard : 167.
Req., 29 oct. 1894, aff. de la sté scientifique de spiritisme : 394, **436**.
T. confl., 17 juin 1899, aff. de Dreux Brézé : 126.
Cass. ch. réun., 11 mars 1914, Caisse rurale de la commune de Ménigod : 395.
Cass. com., 17 juill. 1950, veuve Schweitzer : 228.
** Cass. civ. 2e, 28 janv. 1954, Comité d'établissement des forges et aciéries de la marine : 431.
Cass. civ. 1re, 12 janv. 1955, épx Butelot : 717.
Cass. civ. 1re, 13 juill. 1955, Arbellot : 162.
Cass. civ. 1re, 12 juill. 1960, aff. Salomon Kirzner : 262.
Cass. civ. 1re, 14 oct. 1969, Arbellot : 162.

Cass. ch. mixte, 29 janv. 1971, époux Pfifferling : 625.
Cass. civ. 1re, 18 janv. 1972, Seive : 761.
Cass. civ. 1re, 7 janv. 1975, Arbellot : 162.
TGI, Paris, 10 févr. 1981, aff. Isabelle de Wangen : 137.
Cass. civ. 1re, 18 févr. 1981, Carruzzo : 721, 747.
Cass. civ. 1re, 9 nov. 1981, dame Larivière : 747.
Cass. civ. 1re, 26 janv. 1983, Decottignies, aff. du mari étrangleur : 721.
Cass. civ. 1re, 26 janv. 1983, Frederica : 261.
Cass. ass. plén., 9 mai 1984, Fullenwarth : 606.
Cass. ass. plén., 9 mai 1984, Gabillet : 606.
Cass. ass. plén., 9 mai 1984, Lemaire et Derguini, 2 arrêts : 606.
** Cass. com., 12 mars 1985, aff. Bordas : 168.
Cass. civ. 1re, 2 juin 1987, Frederica : 261.
Cass. com., 9 nov. 1987, Michel Leclerc : 167.
Cass. civ. 1re, 8 nov. 1988, aff. des scouts de France : 438.
Cass. civ. 1re, 21 juin 1989 : 627.
Cass. civ. 1re, 20 nov. 1990 : 317.
** Cass. ass. plén., 11 déc. 1992 : 9.
CE, 2 juill. 1993, Milhaud : 10.
Cass. civ. 1re, 16 juill. 1997, Dr Gubler : 329, **346**.
Cass. civ. 1re, 13 janv. 1998, aff. des épinglettes : **319**, 333.
Cass. civ. 1re, 16 juin 1998 : **128**, 134.
Cass. civ. 2e, 24 juin 1998, Ass. Front national : 331.
CEDH, 21 janv. 1999, Le Canard enchaîné c. France, gde ch., 325, 346.
Cass. ass. plén., 12 juill. 2000, les guignols de l'info : 319.
** Cass. ass. plén., 12 juill. 2000, cons. Érulin : 319, **338**.
Cass civ. 1re, 20 déc. 2000, aff. du préfet Érignac : **318,** 338.
CE, 26 oct. 2001, Seranayaké : 290.
Cass. soc., 2 oct. 2001 : sté Nikon : 316.
Cass. civ. 1re, 3 avr. 2002, Stéphanie de Monaco : **322**, 325.
Cass. civ. 1re, 23 avr. 2003, Stéphanie de Monaco : 322.
Cass. com., 6 mai 2003, sté Alain Ducasse : 168.
Cass. civ. 1re, 9 juill. 2003, Le Figaro : **325**, 330, 332.
Cass. civ. 1re, 30 sept. 2003, prince Henri d'Orléans : 152.
Cass. ass. plén., 7 mai 2004, sté civ. particulière hôtel de Girencourt : 341.
CEDH, 29 juin 2004, Leyla Sahim c. Turquie : 285.

Cass. civ. 1re, 6 févr. 2008 : 7.
Cass. com., 24 juin 2008 : sté André Beau : 168.
CEDH, 11 sept. 2008, Chalabi c. France : 441.
Cass. ass. plén., 17 déc. 2008, Mennesson : **256**, 298.
Cass. soc., 11 févr. 2009 : 316.

c) Index thématique

PREMIÈRE PARTIE. — PERSONNES

LIVRE I. — PERSONNES PHYSIQUES

TITRE I. — EXISTENCE DE LA PERSONNE

Enfant mort-né
— Cass. civ. 1re, 6 févr. 2008 : 7.
Transsexualisme
— Cass. ass. plén., 11 déc. 1992 : 9.
Réanimation et expériences médicales
— CE ass., 2 juill. 1993, Milhaud : 10.

TITRE II. — IDENTIFICATION DE LA PERSONNE

SOUS-TITRE I. — NOM

Chapitre I. — Éléments et attribution du nom

Titres de noblesse
— T. confl., 17 juin 1899, aff. de Dreux-Brézé : 126.
Preuve
— Cass. civ., 1er juin 1863, de Bousquet : 128.
Possession d'état et patronyme
— Cass. civ. 1re, 16 juin 1998 : 128.
Nullité de la reconnaissance et changement de nom
— Cass. civ. 1re, 16 juin 1998 : 128.
Nom de la femme divorcée remariée
— TGI, Paris, 10 févr. 1981, aff. Isabelle de Wangen : 137.
Nom ; imprescriptibilité et perte
— Cass. civ. 1re, 30 sept. 2003, Henri d'Orléans : 152.

Chapitre II. — Nature et régime du nom

Usurpation du patronyme ; attribution de l'action ; affaire Arbellot
— Cass. civ. 1re, 13 juill. 1955 : 162.
— Cass. civ. 1re, 14 oct. 1969 : 162.

— Cass. civ. 1re, 7 janv. 1975 : 162.
Utilisation commerciale de son patronyme ; homonymie et usurpation
— Cass. civ., 30 janv. 1878, pianos Erard : 167.
Utilisation commerciale de son patronyme ; homonymie et usurpation
— Cass. com., 6 nov. 1987, Michel Leclerc : 167.
Nom de famille utilisé en marque commerciale
— ** Cass. com., 12 mars 1985, aff. Bordas : 168.
— Cass. com., 6 mai 2003, sté Alain Ducasse : 168.
— Cass. com., 24 juin 2008, sté André Beau : 168.

SOUS-TITRE II. — DOMICILE

Jurisprudence des gares principales
— Req., 19 juin 1876, Chemin de fer d'Orléans : 209.
Élection de domicile et domicile réel
— Cass. com., 17 juill. 1950, veuve Schweitzer : 228.

SOUS-TITRE III. — ACTES DE L'ÉTAT CIVIL

Nullité d'un acte de l'état civil
— Req., 28 nov. 1876, Routa : 255.
Mères porteuses ; absence d'effets de l'acte de naissance dressé à l'étranger : Cass. ass. plén., 17 déc. 2008, Mennesson : 256.
Rectification d'un acte de l'état civil ; prénom
— Cass. civ. 1re, 26 janv. 1983, Frédérica : 261.
— Cass. civ. 1re, 2 juin 1987, Frédérica : 261.
Production impossible ; application de l'article 46.
— Cass. civ. 1re, 12 juill. 1960, aff. Salomon Kirzner : 262.

TITRE III. — DROITS DE LA PERSONNE

SOUS-TITRE II. — DROITS DE LA PERSONNALITÉ

CHAPITRE I. — LIBERTÉS CIVILES

Foulards islamiques en Turquie
— CEDH, 29 juin 2004, Leyla Sahim c. Turquie : 285.

Sous-Chapitre I. — Respect de l'intégrité physique

Actes médicaux et consentement du patient
— CE, 21 oct. 2001, Seranayaké : 290.
État civil de l'enfant d'une mère porteuse
— Cass. civ. 1re, 17 déc. 2008 : 298.

Chapitre II. — Droits de la personnalité (au sens étroit)

Sous-Chapitre II. — Respect de la dignité humaine

Secret de la correspondance
— Cass. soc., 2 oct. 2001, Sté Nikon : 316.
— Cass. soc., 11 févr. 2009, familles de salariés : 316.
Droit à l'oubli (non)
— Cass. civ. 1re, 20 nov. 1990 : 317.
Droit à la satire
— Cass. ass. plén., 12 juill. 2000, Les guignols de l'info : 319.
— Caricature : Cass. civ. 1re, 13 janv. 1998, aff. des Épinglettes : 319.
Respect de l'usage du mort
— Cass. civ. 1re, 20 déc. 2000, aff. du préfet Erignac : 318.
Vie privée ; fait public
— Cass. civ. 1re, 3 avr. 2002, Stéphanie de Monaco : 322.
— Cass. civ. 1re, 23 avr. 2003, Stéphanie de Monaco : 322.
Vie privée ; information anodine
— Cass. civ. 1re, 3 avr. 2002, Stéphanie de Monaco : 325.
Liberté d'information et débat d'intérêt général
— CEDH, 20 janv. 1999, Le Canard enchaîné c. France : 325.
Respect de la vie privée et liberté d'expression
— Cass. civ. 1re, 9 juill. 2003, Le Figaro : **325**, 332.
Respect de la vie privée ; suspension des livres y portant atteinte
— Cass. civ. 1re, 16 juill. 1997, dr. Gubler : 329, **346**.
— Cass. civ. 1re, 9 juill. 2003, Le Figaro : 330.
Droit de réponse
— Cass. civ. 2e, 24 juin 1998, Ass. Front national : 331.
Droit à l'image ; différence avec respect vie privée
Droit à l'image sur une chose
— Cass. ass. plén., 7 mai 2004, sté civ. particulière hôtel de Girencourt : 341.

Utilisation commerciale du droit à l'image
— Cass. civ. 1re, 13 janv. 1998, aff. des épinglettes : 319, 333.

Liberté de la presse et dignité de la personne
— Cass. civ. 1re, 20 déc. 2000, aff. du préfet Érignac : 338.

Pas d'art. 1382 pour les abus de la liberté d'expression
— ** Cass. ass. plén. 12 juill. 2000, cons. Érulin : 344.

Secret des journalistes
— CEDH, Gde ch., 21 janv. 1999, Le Canard enchaîné c. France : 346.

Secret médical
— Cass. civ. 1re, 16 juill. 1997, dr. Gubler : 346.

LIVRE II. — PERSONNES MORALES

Premières vues sur les personnes morales

Personnalité morale des sociétés immobilières ; nature mobilière des droits sociaux
— Req., 29 mai 1865, dame Bigot-Duval : 351.

Chapitre II. — Diversité de la personnalité morale

Définitions de l'association et de la société
— Req., 29 oct. 1894, aff. de la sté scientifique du spiritisme : 394.
— Cass. ch. réunies, 11 mars 1914, Caisse rurale de la commune de Ménigod : 395.

Chapitre III. — Régime des personnes morales

Réalité de la personne morale
— ** Cass. civ. 2e, 28 janv. 1954, Comité d'établissement des forges et aciéries de la marine : 431.

Absence de personnalité d'une société dont l'activité est désintéressée
— Req., 29 oct. 1894, aff. de la sté scientifique de spiritisme : 436.

Protection du nom d'une association
— Cass. civ. 1re, 8 nov. 1988, ass. des scouts de France : 438.

Droits de la personnalité d'une personne morale et liberté de la presse
— CEDH, 11 sept. 2008, Chalabi c. France : 441.

DEUXIÈME PARTIE. — PERSONNES PROTÉGÉES

TITRE I. — MINEUR

Chapitre I. — Droit commun de la minorité

Responsabilité civile des parents du fait de leurs enfants privés de discernement
— Cass. ass. plén., 9 mai 1984, Fullenwarth : 606.

Responsabilité civile pour faute du mineur privé de discernement
— Cass. ass. plén., 9 mai 1984, Lemaire et Derguini, 2 arrêts : 606.

Responsabilité civile du mineur privé de discernement, gardien d'une chose
— Cass. ass. plén., 9 mai 1984, Gabillet : 606.

Nullité de droit d'un acte de disposition irrégulier en la forme
— Cass. civ., 25 mars 1861, Marchais : 610.

Chapitre II. — Administration des biens et émancipation

Renonciation à un droit appartenant à un mineur ; validité ; non
— Cass. ch. mixte, 29 janv. 1971, époux Pfifferling : 625.

Majeurs protégés ; acte d'administration ; juge des tutelles
— Cass. civ. 1re, 21 juin 1989 : 627.

TITRE II. — MAJEURS PROTÉGÉS

Chapitre I. — Protection inorganisée

Insanité d'esprit ; action exercée après la mort ; preuve intrinsèque
— Cass. civ. 1re, 12 janv. 1955, époux Butelot : 717.

Majeurs protégés ; logement familial ; résidence secondaire ; non
— Cass. civ. 1re, 18 févr. 1981, Carruzzo : 721.

Logement familial de l'incapable majeur ; droits de l'époux divorcé
— Cass. civ. 1re, 26 janv. 1983, Decottignies, aff. du mari étrangleur : 721.

Chapitre II. — Protections organisées

Majeur protégé ; conjoint ; représentation judiciaire ; tutelle ; non
— Cass. civ. 1re, 18 févr. 1981, Carruzzo : 747.

Majeur protégé ; représentation d'un époux par l'autre
— Cass. civ. 1re, 9 nov. 1981, dame Larivière : 747.

Tutelle ; curatelle ; procédure ; refus de se présenter devant le médecin spécialiste
— Cass. civ. 1re, 18 janv. 1972, Seive : 760.

INDEX ALPHABÉTIQUE DES MATIÈRES [1]

A

Absence : 13-22.
— de consentement : 714-719.
Abus du droit
— droit de réponse : 331.
Abus de personnalité morale : 432.
Acquiescement, adm. lég. du mineur : 625.
Actes
— adm. et de disposition
  – généralités s. incapacités : 522-524.
  – majeurs protégés
    - curatelle : 776.
    - tutelle : 768.
  – mineurs :
    - adm. lég. : 623-627.
    - bail : 627.
    - tuteur : 639.
    - nullité : 609-612.
— conservatoires
  – généralités s. incapacités : 521.
  – majeur en tutelle : 768.
  – mineurs : 611, **614**.
  – sauvegarde de justice : 732.
— courants
  – majeurs en tutelle : 783.
  – mineurs : 611, **614**.
— état civil, de l'- : 249 et s.
  – décès : 10, **257**, 262.
  – naissance : 6, **256**.
— médicaux : 290
— personnels
  – majeurs protégés : **692**, 783.
Action en justice
— adm. légale, mineur : 623.
— associations
  – action : 445.
    - civile : 403, **445**.
    - *class action* : 403.
    - collective : 403, **445**.
  – agréées : **403**, 445.
  – déclarées : 401.
  – diffamation, en : 342-345.
  – non déclarées : 400.
  – reconnues d'utilité publique : 402.
— curatelle : 777.
— gérant de tutelle : 788.

— majeurs en curatelle : 777.
— majeurs en tutelle : 784.
— mineurs : 623.
— nullité, en
  – a. état civil : **255**, 262.
  – altérat. facultés : 714-719.
  – incapacité : 525, 529, 783.
— personnes morales : 444-445.
— préventive (vie privée) : 330.
— protection du nom : 161-164.
— rectificat. a. état civ. : 261.
— resp. contre tuteur : 641.
— supplétive d'état civil : 262.
— syndicat copropriét. : 416.
— syndicat professionnel : 406.
— tuteur : 785.
Administrateur *ad hoc* : 620.
Administration
— association : 404-405.
Administration légale
— histoire : 617-618.
— majeur protégé : 787.
— mineur : 619-628.
  – pure et simple : 622, **625**.
  – sous contrôle : 622, 626.
Administration provisoire
— personne morale : 404, **433**.
Adoption
— majeur en tutelle : 692.
— nom : 136.
Adresse, droit de la personnalité : 324.
Affectio societatis : **381**, 388.
Affiches, dt de la personnalité : 329, 441, 445.
Âge
— discernement : 604.
— droit pénal : 607.
— minorité : 597.
Agrément
— association : **403**, 445.
Agriculture
— EARL : 418-419.
— groupements : 387, **411**.
Aliénés
— internement : 687-692.
Altération des facultés : 699.
Altération du consentement : 714 et s.

---

1. Les chiffres envoient aux numéros de paragraphe et non aux pages. Ceux qui sont en gras indiquent le siège principal de la matière.

Amnésique : 14.
AMP : 297.
Animal :
— droits de l'- : 1.
— sépulture de l' : 308.
— xénogreffes : 294.
Animus
— *donandi* : 401, 436.
— *manendi* : 200, **213**.
Anonymat
— don de sperme : 293.
Antipsychiatrie : 690.
Apports
— association : **401**, 449.
Arbitrage : 376, 503.
Armoiries : 127.
Assistance médicale à la procréation : 297.
Associations : 392-409.
— action en justice : 403, 445.
— action civile : 446.
— administrateur provisoire : 404, 433.
— agréées : **403**, 445.
— apport : **401**, 450.
— capacité de recevoir : 398-402.
— congrégations : 408.
— consommateurs : 403.
— critère : 395-396.
— cultuelles : 407.
— déclarées : 401.
— diocésaines : 407.
— discipline : 446.
— dissolution : 400, 447-450.
— droits de la personnalité : 441.
— exclusion de l'- : 446.
— gestion : 404.
— illicites : 397.
— liberté : 397.
— nom : 438-439.
— non déclarées : 400.
— nullité : 397.
— objet illicite : 397.
— personnalité, droits de la : 441.
— reconnues d'utilité publique : 402.
— reprise : 450.
— responsabilité : 405, **434-435**.
— sectes : 409.
— spécialité : 436.
— sportives : 395.
— tutélaires : 499.
 – mineurs : 635.
Assurance sur la vie
— curatelle : 776.
— gérance de tutelle (drt anc.) : 788.
— tutelle : 783.
Atteinte à la vie privée : 312-347.
Auctoritas **:** 508.
Autobiographie : 322-324.
Autonomie
— personne, de la, CEDH : 283.
— personne accompagnée : 788.

Avortement : 7.
— mineure, sur une - : 613.

B

Bail, tutelle mineurs : 617, **627**.
Banque
— compte en : 722.
Bière, mise en, cadavre : 10.
Bioéthique : 292-307.
Blâme, assoc. : 446.
Bonne foi, presse : 343.
Burqa : 285.

C

Cadavre : 10, 295, **308**.
Capacité
— associations : 399-403.
— pers. morales : 436.
 – associations : 399-403, 788.
— pers. phys. : **494**, 683.
— pouvoir et : 512.
Capitaux, placement et réception, v. ces mots.
Caricature
— dénigrement : 342, **441**.
— droit de réponse : 331.
— liberté d'expression : 319.
— satire : 319.
Carte de crédit, curatelle : 774.
Cautionnement, incap. : 608, **625**.
CEDH : 281-283.
— assistance médicale à la procréation : 297.
— diffamation : **311**, 441.
— domicile : 208, 215.
 – droit à : 208, 314.
— droits de la personnalité : 281-283.
 – écologie : 341.
 – personne morale : 439.
— droits de l'embryon : 7.
 – enfant adultérin : 271.
 – FIV : 297.
 – foulards islamiques : 285.
— liberté
 – association, d'- : 397.
 – mouvement, de : 285.
 – presse, de la : **311**, 346.
 – religion, de : 281, 285, 441.
 – respect de l'intégrité physique : 289 s.
 – vie privée : 312.
— nom, prénom : 111, 122, 148.
— nom de domaine : 141.
— procédure pénale (maj. protégés) : 764.
— sexe : 312.
— voile islamique : 285.
Cellules souches : 303.
Certificat médical altération facultés : 699.
Cession droits sociaux : 382.

Changement
— domicile, de : 212-213.
— nom, de : 152, **153-155**.
   – vie privée : 324.
   – enf. naturel : 324.
— prénom, de : 156-158.
   – discrimination : 316.
Chirurgie : 290.
Choses, images s. -, droit à : 341.
Class action : 403, 446.
Clonage : 304.
CNIL : 317.
Coma : 10.
Comité d'éthique : 307.
— avis : 7.
Compte en banque
— majeur protégé : 722.
— mineur : 614.
   – adm. lég. : 623.
Comptes
— curatelle et tutelle d'un majeur : 766.
— mandat de protection future : 736.
— protection de la personne : 692.
— sauvegarde justice, mandat : 731.
— tutelle d'un mineur : 640.
Conception d'un enfant : 7.
Concubinage
— constat du : 314.
— livret de famille : 253.
— nom : 139.
— preuve : 314.
— société : 388.
— travail, licenciement : 316.
Concurrence, restrictions : 287, 396.
— nom, confusion : 167.
Confirmation, nullité, incapacité : 526.
Congrégation religieuse : 408.
— dissolution : 450.
Conjoint
— prééminence protection majeurs : **748**, 749.
— tutelle : 786.
Conscience, liberté de : 285.
Conseil de famille
— généralités : 533.
— majeurs : 782.
— mineurs : 637.
Consentement, absence de- : 714-719.
Constitution, égalité des personnes : 269-270, **285**.
Contrat d'association : 398.
Contrat de travail
— liberté : 287, **316**.
— majeur sous curatelle : 778.
— mineur : 615.
— respect de la vie privée : 316.
Contrat d'insertion sociale : 791.
Conversion de la tutelle ou de la curatelle : 765.
Coopérative : 395.

Copropriété, groupements : 416.
Corps humain : 3, 289-307.
— mort : 308.
Correspondance, secret : 347, 733.
— droit du travail : 316.
— majeurs protégés : 692, **733**.
Cultuelle, ass. : 407.
Curatelle
— allégée : 778.
— conjugale : 747.
— curateur *ad hoc* : 759.
— État, d' : 749.
— généralités : 508.
— majeur, d'un : 772-779.
— ouverture : 746-757.
— publicité : 762.
— renforcée : 778.
— responsabilité : 779.

D

Décès : 10-12 (v. aussi mort).
— art. état civil : 10, **257**, 262.
— image du mort : 318.
— respect du mort : 10, 299, 303, 318.
Déclarat. droits de l'homme : 269.
Dénigrement : 342, 344, **441**.
Dépendance : 585.
Diagnostic
— préimplantatoire : 302.
— prénatal : 7.
Diffamation (droit de la presse) : 342-345.
— bonne foi : 343.
— caricatures : 309.
— CEDH : 311.
— pers. morale : 441.
— pers. phys. : 342-345.
— prescription : 345.
Dignité pers. hum. : 4, 280, 290, **309**, 338.
Diocésaine, ass. : 407.
Discernement
— a. conservations : 521.
— majeurs : défaut de : 715.
— mineurs : âge de : 604.
Disciplinaire, pouvoir, assoc. : 446.
Discrimination : 270, **273**, 342.
— changement de prénom : 316.
Disparition : 23.
Disposition, acte de : v. Acte d'administration.
Dissolution
— association : 400, **447-450**.
— groupement de fait : 365.
— pers. morale : 448-450.
Divorce
— adm. légale : 620, **622**.
— nom : 138.
   – titre nobiliaire : 126.
— secret correspondance : 347.

Domaine, nom de - : 142.
Domicile : 199-228.
— aliéné (de l'-) : 721.
— divulgation du : 324.
— droits de la personnalité : **207**, 323.
— écologie : 215.
— élu : 222-228.
— inviolabilité : 210, **314**.
— liberté : 286.
— mineur : 218.
— pers. morale : 439.
— restrictions conventionnelles : 286.
— vie privée : **314**, 324.
— violation : 210, **314**.
— virtuel s. Internet : 314.
Dommages-intérêts
— vie privée : 310, **327**.
Don d'organes : 292, **293**.
Donation : 719, 778.
— biens du majeur : 783.
— biens du mineur : 625.
Droit
— enfant, de l'- : 598.
— femmes, des - : 271-272.
— homme, de l'- : 281-283.
  – liberté locomotrice : 286.
— honneur, à l'- : 331, **342-345**.
— image, à l'- : 333-341.
  – mort : 318.
— international privé
  – capacité : 503.
  – domicile : 204.
  – état civil : 101.
  – mariage : 210.
  – nom : 153.
— jouissance légale, de : 629-631.
— liberté d'expression, à l'- : 281, **311**.
— logement, au : 283.
— nom, au : 149, 162.
— oubli, à l'- : 317.
— personnalité, de la : 312-347.
  – pers. morales : 441.
— réponse, de : 331.
— respect (au) de la vie privée : 312-346.
Durée mesures de protection : 763.

E

Écoutes téléphoniques : 347.
— travail et vie privée : 316.
Égalité civile : 269-273.
— association (non) : 399.
— personnes morales (non) : 375.
— sexes, des : 271-272.
— usurpation de nom : **163**, 169.
EIRL : 371.
Élection de domicile : 222-228.
— siège social : 439.
Émancipation : 642.
— jouissance légale : 630.

Embryon : 7, **299-305**.
— *in utero* : 7.
— personne morale : 365.
Empreinte génétique : **100**, 308.
— adm. légale : 625.
Emprunt
— adm. légale : 625.
Enfant
— délinquant : 597.
— droits de l'- : 598.
  – conçu : 7.
  – mort-né : 6.
  – nom : 131-135.
Entreprise de tendance : 316.
Entreprise individuelle à responsabilité limitée : 371.
Environnement
— diffamation : 342.
— domicile : 215.
Époux, curateur ou tuteur : 749, 750, 785.
Esclavage domestique : 287.
Essais thérapeutiques : 306.
État : 355, **376**.
État civil
— actes de l'- : 249 et s.
— officier d'- : **140**, 261.
Étrangers : 4, **286**.
Eugénisme : 7, 302.
EURL : 412, **418-419**, 467.
Euthanasie : 12.
Examens génétiques : 292.
Exclusion d'association : 446.
Exhumation : 308.
Expériences médicales : 306.

F

Faible d'esprit : 772.
« **Faillite** » : 391, 448.
Fécondation *in vitro* : 297.
Femme
— égalité civile : 271-272.
— nom
  – concubine : 139.
  – femme mariée : 137-138.
Fichier
— dts de la personnalité : 316.
Fictions littéraires : 326.
Fiducie : 537.
Filiale de stés : **366**, 440.
Filiation, nom : 133-134.
— adoptive : 135.
Financement mandataires protection
— protection majeurs : 767.
Fin de vie : 12.
Fisc
— association religieuse : 407.
— incapable : 616.
— sectes : 409.

— transparence : 351, **375**.
FIV : 297.
Fœtus : 7, **299-303**.
Fondations : 413-414.
— congrégation : 408.
— dissolution : 450.
Fonds communs
— de créances : 417.
— de placement : 417.
Fonds de commerce : 166, **412**.
Fortune, dt de la personnalité : 101, **324**.
Foulards islamiques : 285, 316.
Fouille : 316.
Fous : 687-692.
Francisation du nom : 159.
Fraude
— absence : 22.
— acte de l'état civ. : 255.
— marque de fabrique : 167.
Funérailles : 308.

G

Gamètes, don de : 291.
Gares principales, jurisprudence des : **209**, 440.
Génétique : 292.
— empreinte : **100**, 304.
— examen : 293.
Génome humain : 5.
Gérance de la tutelle (drt anc.) : 788.
Gestation pour autrui : 256, **298**, 397.
Grabataire : 4, **10**.
Greffe d'organes : 291, 292, **293**.
Groupe de sociétés : 366.
Groupements : 348.
— agricoles d'exploit. en commun : 411.
— fait de : 365.
— fonciers agricoles : 411.
— intérêt (d') économique : 410.

H

Halde : 273.
Handicap
— naissance : 7.
— stérilisation : 290, **687**.
Holding, sté : 366.
Hommes, droits de l'- : 281-283.
Homosexualité
— discrimination : 272-273.
— injures : 342.
— vie privée et travail : 316.
Honneur, droit à l'- : 342-345.
— pers. morale : 441.
Hospitalisation psychiatrique des malades : 691.
Humour, dt de la presse : 319.

I

Image, droit à l'- : 333-341.
— biens : 341.
— contrats : 333.
— dignité de la pers. hum. : 338.
— domicile : 314.
— logement, photo : 314.
— mort, d'un : 318.
— personne morale : 443.
— personne physique : 280, **335-340**.
— sanction, occultation : 330.
Immatriculation sociétés : 381, **432**.
Immutabilité nom
— nom de famille : 149-152.
— pers. morale : 438.
— prénom : 156-158.
Imprescriptibilité
— nom, du : 153.
Incapacités : 492-788.
— exercice, d'- : 508-510.
— jouissance, de : 506-507.
Indisponibilité
— état de l'- : 9, 101.
— nom, du : 152.
— personne, de la : 289.
Indivision : 368-370.
Inégalités
— associations : 399.
— personnes morales : 380.
— sociétés : 383-389.
Information
— liberté d'- : 325.
 – image : 335-337.
— majeur protégé : 691, 702, **761**.
 – stérilisation : 290.
Informatique
— libertés, vie privée : 317.
Injure (droit de la presse) : 342.
Innocence, présomption d'- : 313.
Insanité d'esprit : **713-720**, 769, 771.
Inscription hypothécaire : 521.
— a. conservatoire, incap. : 521.
— sauvegarde just. : 732.
Intérêt
— de l'enfant
 – prénom : 156-158.
 – nom : 134.
Internement : 687-692.
Internet
— domicile virtuel : 439.
— droit de réponse : 331.
— dts de la personnalité, respect : 320.
— forum, exclusion : 447.
— nom de domaine : 142.
— prescription : 345.
— vie privée : 320.
Intuitus personae : 383, 386, 387.
Inventaire
— mandat de protection future : 736.

— sauvegarde just. : 732.
— tutelle : 639.
Inviolabilité du domicile : 210, **314**.

J

Jouissance, incapacité de : 506-507.
Jouissance légale, droit de : 629-631.
Journaliste, secret prof. : 346.
Juge
— des référés : 328-330.
— des tutelles : 531.
  – absence : 16.
  – généralités : 531.
    - logement : 721.
    - ouverture tut. ou curatelle : 746.
    - sauvegarde justice : 726-727.
  – mineur : 618.
— pouvoir modérateur
  – curatelle sur mesure : 778.
  – logement familial : 721.
  – resp. de l'aliéné : 720.
  – tutelle du conjoint (maj. protégé) : 748.
  – tutelle sur mesure : 789.
Jugement
— déclaratif d'absence : 21.
— déclaratif de décès : 10, 23.
Jurisprudence des gares principales : 209, 439.

L

Laïcité
— associations : 392.
— congrégations : 408.
— foulards islamiques : 285.
Lésion, v. Rescision.
Lettres missives, secret : 346, 691, 733.
Liberté : 285-287.
— association, d'- : 397.
— circulation, de : 286.
— conscience, de : 285.
— domicile, du : 286.
— expression, d'- : 311-345.
  – utilisat., d'-, commerc. image : 338.
— personne, de la : 285-287.
— presse, de la : 311-345.
  – secret professionnel : 346.
— religieuse : **285**, 316.
— syndicale : 430.
  – travail, du : 287, 316.
— vie personnelle : 287.
Liquidation des personnes morales : 449-450.
Livret de famille : 253.
Logement
— droit au : 283.
— majeur protégé : 721.
— respect de la vie privée (image) : 314.

Loi
— *Aillagon* : 413.
— *Caillavet* : 295.
— *Esquirol* : 688-689.
— *Gramont, de* : 1.
— *Huriet* : 306.
— *Kouchner* : 7, **290**.
— *Léonetti* : 12.
— *Schloecher* : 4.
— *Veil* : 7.
— *Verdeille* : 397.
— *Vivien* : 409.
— *Waldeck-Rousseau* : 392.

M

Mainlevée tutelle, curatelle : 765.
MAJ : 793.
Majeurs protégés : 683-793.
Majorité civile : 596.
Malades mentaux : 687-692, 714 s.
Mandat
— association : 405.
— gestion personne morale : 433.
— protection future, de : 734-737.
— sauvegarde justice : **731**, 733.
Mandataires judiciaires à la protection de majeurs : 758.
Mariage
— majeur en curatelle : 776.
— majeur en tutelle : 783.
— mineur : 613.
— nom, effets sur le : 137.
— prééminence conjoint dans protection majeur : 747.
Marque de fabrique
— dénigrement : 441.
— nom : 168.
MASP : 792.
Maternité de substitution : 256, **298**, 367.
Mécénat : 393, 402, **413**.
Médecins
— anesthésiste : 12.
— association, de : 395.
— avortement : 7.
— bioéthique : 293-307.
— certificat altération facultés : 699.
— c. médical : 290.
  – incapacité : 502, 521.
— chirurgie : 290.
— consentement du patient : 12, **290**.
— curatelle : 749, 761.
— décès, preuve : 10, 257.
— droits de la personnalité : 295, 307.
— euthanasie : 12.
— expériences médicales : 306.
— gérance de la tutelle (drt anc.) : 787.
— groupe, de : 395.
— logement majeur protégé : 721.

— majeur non protégé, insanité d'esprit : 345.
— majeur protégé : 686, **699**.
— médecine de groupe : 395.
— mise sous sauvegarde : 725.
— opération chirurgicale : 290.
— prélèvements d'organes : 11, **293**.
— preuve insanité esprit : **717**, 719.
— pseudonyme : 124.
— recherches biomédicales : 306.
— refus de soins : 12, **292**.
— sauvegarde de justice : 725-726.
— secret professionnel : **346**, 718.
— soins palliatifs : 12.
— transsexualisme : 9.
— tutelle : **725**, 781.
— urgence (soins) : 521.

Médecine : 5.
— altération des facultés (maj. protégé) : 761.
— chirurgie esthétique : 290.
— expériences médicales : 306.
 – majeurs protégés : 686, **699**.
— intégrité de la personne : 293-306.
— mort, preuve : 10.
— prédictive : 290.
— secret professionnel : 346.

Mères porteuses : 256, **298**, 397.

Mineur : 597-642.
— domicile : 218.
— droit pénal : 597.

Mort : 10-12.
— a. état civil : 10, **257**, 262.
— cadavre : **10**, 299, 303.
— civile : **10**, 507.
— définition : 10.
— diffamation : 342.
— euthanasie : 12.
— funérailles : 308.
— image du- : 318.
— mort-né : 6.
— presse, droit de la : **342**, 344.
— preuve : 10.
— respect du - : **10**, 302, 318.
— vie privée *post mortem* : 318.

N

Naissance : 6, 256.
Nationalisations : 377.
Nationalité
— pers. morale : 440.
Neuroscience : 305.
Noblesse, titres de : 126, 254.
Nom : 108-171.
— adoption : 136.
— association : 398, 438-439.
— attribution : 128-141.
— changement de : 153-159.
 – vie privée : 313, **315**, 324.
— collectif, sté en : 383.
— commercial
 – personnes morales : 438-439.
 – personnes physiques : 168, 169.
— concubine, de la : 139.
— divorce : 138.
— domaine, de - : 142.
— droit international privé : 153.
— enfant, de l'- : 133-136.
— famille, de - : 131-139.
— femme mariée, de la - : 137.
— francisation du - : 159.
— immutabilité du - : 149 s.
— imprescriptibilité du - : 152.
— internet : 439.
— marque de fabrique : 168.
— nature jurid. du - : 147.
— personnes morales, des - : 438.
— possession du - : 152.
— possession d'état : 128.
— prescription du - : 152.
— protection du - : 160-171.
— rectification a. état civil : 261.
— relèvement du - : 155.
— SCP : 170.
— traduction : 159.
— usage d'- : 110, 119, **144**.
— utilisation commerciale : 166-169.
 – utilisation littéraire : 171.
 – mariage : 137.

Nommage : 142.
Notaire
— force probante, santé esprit : 718.
— secret professionnel : 346.
Nullité
— acte de l'état civil : 255.
— association : 397.
— de droit, généralités : 526-527.
— délibérat. cons. famille : 637.
— insanité d'esprit, pour : 715.
— majeur protégé
 – sous curatelle : 776.
 – sous tutelle
  - de droit : 768.
  - facultat. : 769-770.
— mineur : 609-612.
 – nullité de droit : 610.

O

Officier d'état civil
— nom de l'enfant : 140.
— prénom de l'enfant : 140.
Organes
— corps humain, du, prélèvement : 10, 292, **293**.
— société, de la : 391.

— trafic d'- : 296.
Origine, respect de la vie privée : 324.
Origines, droit de connaître ses - : 101, **293**.
Oubli, droit à l'- : 317.
Ouverture tutelle ou curatelle
— majeurs protégés : 746-759.

P

Palliatifs, soins : 12.
Parodie : 319, **441**.
Partage
— incapable : 639.
— personne morale : 450.
Particule : 125, 152.
Patrimoine, pers. morale : 351.
— d'affectation : 414, 418.
— droit de la personnalité : 293.
Patronyme, nom de famille : 131-140.
Payement, acte d'administr., minorité
— à adm. légal : 623.
Période suspecte, majeur en tutelle : 769-770.
Personnalité, droits de la : 280-346.
— domicile : 207.
— personne morale : 441.
Personne humaine
— corps mort : 295, 308.
— dignité : 4, 280, **338**.
— incapacités : 535.
— protection de la -, majeur protégé : 692.
Personne morale : 348-450.
— action en justice : 444-445.
— action civile : 445.
— discipline : 446.
— domicile : 439.
— droits de la personnalité : 441.
— droit public, de : 376-378, 444.
— droit de réponse : 330.
— existence : 429-432.
— image, droit à l'- : 441.
— fictive : 432.
— nationalité : 440.
— nom : 438-439.
— patrimoine : 351, **437**.
— publicité : 432.
— responsabilité
– civile : 434.
– pénale : 435.
— semi-personnalité : 365-370.
— transformation : 447.
— vie privée : 441.
Personne protégée : 492, 492-793, **790-793**.
Personne vulnérable : 492.
Photographie, respect vie privée : 333-341.
Placement
— aliéné (personne de l'-) : 691.

— capitaux
– adm. légale
- pure et simple : 625.
- sous contrôle jud. : 626.
— tutelle : 639.
– tutelle de fait : 530.
Portefeuille de valeurs mobilières (personnes protégées) : 639.
Possession
— nom : 152.
Possession d'état
— nom de famille : 128.
Post mortem
— don d'organes : 293.
— empreintes génétiques : 100.
— procréation médicalement assistée : 299.
— respect du cadavre : **295**, 308.
— vie privée : 318.
Pouvoir
— capacité et : 512.
— disciplinaire : 446.
— modération juge, v. juge.
Prélèvements d'organes : 9, **293**, 296.
Prénom : 122.
— acte de naissance : 256.
— adoption : 135.
— changement : 156-158.
– discrimination : 316.
— choix : 122.
— francisation : 159.
— rectificat. a. état civil : 261.
— usurpation commerc. : 167.
Prescription
— acquisition du nom : 152.
— a. en diffamation : 344.
— a. en nullité
– altération facultés : **715**, 719.
– insanité d'esprit : 769, 771.
– incapacité : 526.
- avant ouverture tutelle : 770, 771.
- reddition de comptes : 640.
- responsabilité : 641.
- restitution : 641.
Présomption d'innocence : 313.
Présomption
— absence d'- : 16-18.
— Consentement, de (don d'organes) : 293, **294**
— décès, de : 21.
— innocence, d'atteinte à la - : 313.
— vie, de : 17.
Presse, liberté de la : 310-311, **321-345**.
— référés : 329-330.
Prestations sociales, tutelle aux (droit ancien) : 534.
Prêtre, secret professionnel : 346.
Preuve
— altération consentement, de l'- : 716-717.
— concubinage, du : 314.

— mort, de la : 10.
— naissance, de la : 6.
— secret, du : **346,** 347.
— vie, de la : **8**, 17.
Principe
— contradictoire, du
 – association : 446.
 – incapacité : 701, 702.
— dignité de la personne, de la - : 280, **309**, **338**.
— nécessité, subsidiarité et proportionnalité, de (incapacités) : 683, **704**.
Procédure pénale :
— majeurs protégés : 764.
Procréation médicalement assistée : 297.
Procureur de la République : 534.
Prodigue : 683, 774, **791**.
— mariage, curatelle : 774.
— a. en resp. contre tuteur : 641.
 – tuteur de fait : 530.
Protection future, mandat de : 734-737.
Pseudonyme : **124**, 315.
— utilisat. commerc. : 167.
Publicité
— absence, de l'- : 20.
— curatelle, de la : **259**, 762.
— état civil, de l'- : 258.
— foncière, a. conservat. : 521.
— pers. morale : 432.
— répertoire civil : 259.
— sauvegarde de justice, de la : 259, **728**.
— sociétés, des : 432.
— tutelle, de la : 259, **762**, 768.
— vie privée, de la : 322-323.

Q

Qualité de la vie : 5.

R

Racisme : 273.
Raison sociale : 170.
Réception capitaux : 342, 345.
— curatelle : 776.
— mineur
 – adm. légale : 623.
 – tutelle : 639.
— tuteur de fait : 530.
Recherches biomédicales : 306.
Reconnaissance d'enfant
— majeurs sous tutelle : 783.
— mineurs : 613.
Rectification d'un acte de l'état civil
— action : 261.
— nom : 154-155.
Reddition des comptes
— curateur : 766.
— tuteur majeur : 766.
— tuteur mineur : 640.

Référés (droits de la personnalité) : 280, **328-330**.
Régime matrim., prééminence s. protect. majeur : 747.
Réification de la personne : 4.
— coma prolongé : 10.
— dons d'organe : 293.
— droits de la personnalité : 333, **341**.
— embryon : 7, **299**.
Relèvement des noms : 155.
Religion
— atteinte aux sentiments : **329**, 442.
— congrégation : 408 ; v. aussi ce mot.
— cultuelles : 407.
— discrimination : 273, 442.
— droits de la personnalité : 285.
 – dommages-intérêts : 327.
 – droits de la personnalité : **328**, 442.
 – injure : 342.
 – personne morale, à : 442.
 – personne physique, à : 342.
 – recevabilité action : 445.
— embryon : 7.
— liberté : 285.
— majeur protégé : 691.
— parodie : 319, **329**, 442.
— propriété, et - : 285.
— secret : 345.
— sectes : 409.
— sentiments relig. atteinte à : **329**, 442.
— séparation des églises et de l'État : 407.
— travail : 316.
— vie privée : 316.
 – sanctions : 327-330.
Renonciation
— adm. lég., mineur : 625.
— image, droit à : 335.
— nom, au : 152.
— respect de la vie privée, droit au : 335.
Répertoire civil : 259.
Réponse, droit de : 331.
Reprise
— apports (-assoc.) : 450.
Rescision pour cause de lésion
— généralités (incapacités) : 528.
— majeur protégé
 – curatelle : 776.
 – sauvegarde : 730.
— mineur : 611.
 – contrat de travail : 615.
Résidence : 207, **214**.
Respect
— mort, du : 10, 295, **308**.
— personnalité, de la : 280.
— presse : 340.
— sentiments religieux, des : **330**, 441.
— vie privée, de la : 312-345.
Responsabilité civile
— aliéné, de l'- : **720**, 745.
— association : 405.

— atteinte à la vie privée : 330.
— curateur, du : 779
  – État, de l'- : 532, **759**.
  – juge des tutelles, du : 531.
  – tuteur, du : 531, **769**.
— liberté de la presse : 310, **326**.
— majeur sous tutelle : 785.
— mandataires sociaux : 391.
— mineur, du
  – privé de discernement : 604.
  – tuteur, du : 641.
— mineurs, des : 636.
— personne morale, de la : 434.
— presse, de la : 327.
— société, dirigeants : 391.
— tuteur
  – fait, de : 530.
  – majeur, du : 786.
  – mineur, du : 641.
  – prescription : 641.
Responsabilité pénale
— mineur, du : 607.
— personnes morales, des : 435.
Restitutions
— incapacité
  – nullité : 529.
  – mineur : 611-612.
— prescription : 641.
— retour de l'absent : 22.
Romans, dt de la personnalité : 326.

S

Saisie d'un journal : 329-330.
Saisine du juge des tutelles : 746.
Saisissabilité (pers. morale mixte) : 377.
Salarié, vie privée : 316.
Sang : 290, **291**.
Sans domicile fixe : 208.
Santé d'esprit
— acte juridique : 713-719.
— droit de la personnalité : 325.
Satire : 319, 441.
Sauvegarde de justice : 723-733.
— mandat : 731, **733**.
— preuve d'un trouble mental : 720.
Scission pers. mor. : 438, 447.
SCP : 170, 387.
SDF : 208.
Secret
— avocat, de l' : 346.
— correspondance, de la : 316, **347**.
— domicile, du : 324.
— écoutes téléphoniques, des : 347.
— médical : 346.
  – anomalie génétique : 292.
— AMP : **292,** 297.
— professionnel : 346.
— religieux : 346.

Secte : 407, **409**, 684, 773.
— secret religieux : 346.
— transfusion sanguine : **292**, 293.
Séparation des églises et de l'État : 407.
Sépulture : 308.
Sexe : 9.
— acte de naissance : 9, 256.
  – rectification : 261.
— cour europ. droits de l'homme : 312.
— égalité des : 271-272.
— homosexuels : 9.
— transsexualisme : 9, 157.
SICA : 411.
Sida
— expériences médicales : 306.
— sang contaminé : 292.
Siège social
— domicile : 439, 440.
— nationalité : 440.
Sigles : 438.
SMS : 316, 347.
Société
— anonyme : 385.
— civile : **387**, 411.
  – mineur : 625.
— commandite, en : 384.
— concubins, de : 388.
— distinction avec association : 394-396.
— dissolution de la : 447, **448-449**.
— fait, de : 388.
— fictive
  – personnalité morale : 432.
— groupe de : 366.
— *holding* : 366.
— mineur : 625.
— nom collectif, en : 383.
— participation, en : 389.
— responsabilité : 391.
— SA : 385.
— SARL : 386.
  – mineur : 625.
  – siège social : **439**, 440.
— SCP : **170**, 387.
— SNC : 383.
Soins palliatifs : 12.
Spécialité des personnes morales
— généralités : 436.
— indivision : 370.
Sperme, don de : 293.
Sport
— association : 395, 448.
— sportif, transfert : 4.
Statut personnel : 101.
Stérilisation : 290, 687.
Subrogé-tuteur
— majeur : 758.
— mineur : 636.
— réception capital : 639.
Subventions (association) : 393, 401.
Sujet de droit : 1.

Surnom : **123**, 254.
Syndicat : 406.
— copropriété, de : 416.
— professionnel : 406.
  – liberté : 430.

T

Témoins de Jéhovah : 290, 409.
Testament
— aliénés, des : 718, **719**.
  – de vie : 12.
— majeur sous curatelle : 776.
— majeur sous tutelle : 783.
— mineur : **613**, 639.
Tests génétiques : 292.
Tierce opposition, jgmt de tutelle : 761.
Titres de noblesse
— acte de l'état civil : 254.
— nature : 126.
— utilisation commerciale et littéraire : 126, **170-171**.
Transaction
— adm. lég., mineur : 625.
Transformation pers. morale : 447.
Transfusion sanguine : **290**, 291.
Transparence, sté
— civile : 351.
— fiscale : **375**, 396.
Transsexualisme : **9**, 157.
— échec : 290.
Travail
— contrat de travail : v. ces mots.
— égalité entre les sexes : 271.
— esclavage domestique : 287.
— groupe de sociétés : 366.
— liberté civile, et : 287.
— liberté religieuse : 316.
— vie privée, et : 316.
  – écoutes téléphoniques : 347.
Trouble mental : 714-720.
— nullité de l'acte : 715.
— perception : 771.
— responsabilité civile : 720.
Trust
— Fondation de France : 413.
— tut. aux prest. soc. : 534.
Tutelle
— *ad hoc*
  – majeur : 759.
  – mineur : 620.
— administrative
  – ass. reconnue util. pub. : 336, **402**.
  – cultuelle : 407.
— cessation : 765.
— conjugale : 742, 748.
— dative : 632, 737, 752.
— départementale : 635.

— distinction tut. aux biens et à la personne : 634.
— État, d'
  – majeurs : 751.
  – mineurs : 635.
— fait, de : **530**, 641.
— généralités : 508, **534**.
— gérance, en : 788.
— légale
  – majeurs, des : 780-789.
  – mineurs, des : 632-641.
  – prestations sociales, aux : 534, 792-793.
  – procédure : 531, **769**.
  – publicité : 762.
— majeurs : 780 s.
— mineurs : 635.
— ouverture : 746-759.
— testament
  – majeurs protégés : 783.
  – mineurs : 632 s.
— testamentaire
  – majeurs protégés : 748.
  – mineurs : 632.
— vacance, de la : 635, 752.

U

Union libre : v. Concubinage.
Universalité de fait : 365, **412**.
Urgence
— a. conservatoires : 521.
— maj. protégés
  – sauvegarde : 732.
  – opérat. chirurgicale : 290.
— référés : 328-331.
— saisie d'un journal : 328-329.
Usage, nom d'- : 141.
— concubinage : 139.
— mariage : 137.
— pseudonyme : 124.

V

Vacance, tutelle
— majeurs : 750.
— mineurs : 635.
Vaccination : 290.
Vagabondage : 208.
Valeurs mobilières (incapacité) : 625.
— contrat de gestion : 639.
Vente d'immeuble
— majeur protégé : 776.
— mineur : 639.
Vérité
— diffamations : 342-343.
Viabilité d'un enfant : 6.
Vie privée
— changement de nom : 324.

— liberté de la presse : 321-330.
— liberté du travail : 316.
— logement, photo du - : 314.
— protection de la : 312-345.
  – posthume : 318.
Vieillesse : 292, **685**.
Violation domicile : 210, **314**.
— personnes morales : 439.

Voile islamique : 285, 316.
Voix : 340.
Vulnérables, personnes : 492.

X

Xénogreffes : 294.

TABLE DES MATIÈRES

PREMIÈRE PARTIE
PERSONNES

LIVRE I
PERSONNES PHYSIQUES

TITRE I. – EXISTENCE DE LA PERSONNE	7
Chapitre unique. – Naissance et mort	9
Section I. – Naissance	10
Section II. – Mort	16
Section III. – Absence et disparition	18
§ 1. – *Absence*	19
I. – Présomption d'absence	20
A) *Conditions*	20
B) *Effets*	20
II. – Déclaration d'absence	21
A) *Conditions*	22
B) *Effets*	22
§ 2. – *Disparition*	22
TITRE II. – IDENTIFICATION DE LA PERSONNE	25
Sous-Titre I. – Nom	27
Chapitre I. – Éléments et attribution du nom	31
Section I. – Éléments du nom	31
§ 1. – *Éléments nécessaires*	33
I. – Nom de famille	33
II. – Prénom	34
§ 2. – *Éléments accessoires*	35
I. – Surnom et pseudonyme	35
II. – Titres nobiliaires	36
Section II. – Attribution du nom	39
§ 1. – *Filiation*	41
§ 2. – *Mariage et concubinage*	43
§ 3. – *Attribution administrative*	45
§ 4. – *Nom d'usage et nom de domaine*	45
Chapitre II. – Nature et régime du nom	49
Section I. – Immutabilité du nom	50
§ 1. – *Principe*	50
I. – Origine	50
II. – Conséquences du principe	51
A) *Conséquences pénales*	51

B) *Conséquences civiles*	51
§ 2. – *Tempéraments*	53
I. – Changements de nom proprement dits	54
A) *Changement du nom de famille*	54
B) *Changement du prénom*	56
II. – Francisation	57
Section II. – Protection du nom	58
§ 1. – *Usurpation du nom*	58
§ 2. – *Utilisations abusives du nom*	60
I. – Usage commercial	60
II. – Utilisation professionnelle	63
III. – Utilisation littéraire	63
Sous-Titre II. – Domicile	65
Section I. – Caractères du domicile	67
§ 1. – *Relativité de la notion*	67
I. – Relativité de la définition	67
II. – Relatif réalisme	68
§ 2. – *Nécessité et unicité du domicile*	69
I. – Nécessité du domicile	69
II. – Unicité du domicile	70
Section II. – Détermination du domicile	71
§ 1. – *Domicile volontaire*	71
I. – Factum	72
II. – Animus	72
III. – Appréciation	73
§ 2. – *Domiciles légaux*	74
I. – Domiciles familiaux	74
II. – Domiciles professionnels	75
§ 3. – *Domicile élu*	76
I. – Sources	76
II. – Nature et effets	76
A) *Nature juridique*	76
B) *Effets*	77
Sous-Titre III. – Actes de l'état civil	79
Section I. – Organisation	81
§ 1. – *Officiers d'état civil*	81
§ 2. – *Registres et actes*	81
I. – Règles générales	81
II. – Règles particulières	83
Section II. – Utilité	84
§ 1. – *Publicité*	84
§ 2. – *Force probante*	84
Section III. – Contentieux	85
TITRE III. – DROITS DE LA PERSONNE	89
Sous-Titre I. – Égalité civile	91
Sous-Titre II. – Droits de la personnalité	95
Chapitre I. – Libertés civiles	99

Section I. – Liberté de conscience 99
Section II. – Liberté de mouvement.. 101
Section III. – Liberté d'action 103

Chapitre II. – Droits de la personnalité (au sens étroit) 105

Sous-chapitre I. – Respect de l'intégrité physique 107
Section 1. – Intégrité physique 107
Section 2. – Funérailles 120

Sous-chapitre II. – Respect de la dignité humaine 121
Section 1. – Respect de la vie privée 124
§ 1. – *Généralités*... 124
§ 2. – *Absence d'autorisation ; faits non publics* 133
§ 3. – *Vie privée*... 134
§ 4. – *Sanctions* 137
Section II. – Droit à l'image... 142
§ 1. – *Fondements* 142
§ 2. – *Conditions* 143
    I. – Identification de la personne 144
    II. – Atteinte à la vie privée.. 144
    III. – Absence d'autorisation 145
    IV. – Droits à l'image, à l'information et à la création artistique 146
    V. – Respect de la dignité de la personne 147
    VI. – Images protégées 148
Section III. – Droit à l'honneur.. 149
Section IV. – Droit au secret 154

LIVRE II
PERSONNES MORALES

Premières vues sur les personnes morales 161

Chapitre I. – Semi-personnalité 165
Section I. – Groupements larvaires... 165
Section II. – Groupements multicellulaires... 166
Section III. – Personnes morales en veilleuse 167
Section IV. – Indivision 167
Section V. – Entreprises individuelles à responsabilité limitée.................. 169

Chapitre II. – Diversité des personnes morales 171
Section I. – Relativité de la personnalité morale.. 171
Section II. – Personnes morales de droit public... 172
Section III. – Personnes morales mixtes 173
Section IV. – Personnes morales de droit privé 174
Sous-section I. – Groupements de personnes 174
§ 1. – *Sociétés*... 175
    I. – Diversité... 176
        A) *Sociétés commerciales* 176
        B) *Sociétés civiles* 177

C) *Sociétés de fait*	178
D) *Sociétés en participation*	178
II. – Gestion	179
§ 2. – *Associations*	179
I. – Droit commun	183
A) *Diversité*	184
B) *Gestion*	187
II. – Syndicats professionnels	189
III. – Associations religieuses	190
§ 3. – *Autres groupements*	194
Sous-section II. – Masses de biens	195
§ 1. – *Fondations*	196
§ 2. – *Groupements de propriétaires*	197
§ 3. – *Entreprises unipersonnelles à responsabilité limitée*	198
Chapitre III. – Régime des personnes morales	201
Section I. – Création	201
§ 1. – *La volonté inutile*	201
§ 2. – *La volonté insuffisante*	202
Section 2. – Fonctionnement	204
§ 1. – *Expression de la volonté*	204
§ 2. – *Capacité*	205
§ 3. – *Patrimoine*	206
§ 4. – *Attributs extrapatrimoniaux*	207
I. – Individualisation	207
II. – Pouvoir d'ester en justice	211
III. – Pouvoir disciplinaire	214
Section III. – Dissolution	215

DEUXIÈME PARTIE
PERSONNES PROTÉGÉES

Premières vues sur les personnes protégées	221
Section I. – Différentes incapacités	227
§ 1. – *Notion d'incapacité*	227
§ 2. – *Domaine de l'incapacité*	228
§ 3. – *Étendue de l'incapacité*	229
I. – Incapacité de jouissance	229
II. – Incapacité d'exercice	230
III. – Incapacité et défaut de pouvoir	231
§ 4. – *Causes des incapacités*	232
Section II. – Organisation des incapacités	232
§ 1. – *Régime des incapacités*	234
I. – Politique législative	234
A) *Énumération juridique d'actes déterminés*	234
B) *Formule générale à contenu économique*	235
II. – Droit positif	236
§ 2. – *Sanctions des incapacités*	237
I. – Nullité de droit	238
II. – Rescision pour lésion	239
III. – Conséquences de la nullité	240
IV. – Tutelle de fait	240

§ 3. – *Institutions protectrices* 241

TITRE I. – MINEURS 245

Premières vues sur la minorité 247

Chapitre I. – Droit commun de la minorité 251
Section I. – Mineur sans discernement 251
Section II. – Mineur doué de discernement 253
§ 1. – *Capacité pénale* 253
§ 2. – *Incapacité contractuelle* 253
    I. – Particularisme des nullités 254
    II. – Dérogations légales à l'incapacité du mineur 256
Section III. – Jeune majeur de 18 ans 257

Chapitre II. – Administration des biens et émancipation 259
Section I. – Administration des biens 259
§ 1. – *Administration légale* 261
    I. – Qui est administrateur légal ? 261
    II. – Obligations et pouvoirs 262
    III. – Fin de l'administration légale 267
    IV. – Droit de jouissance légale 267
§ 2. – *Tutelle* 269
    I. – Organisation 269
        A) *Organes individuels* 269
        B) *Organe collégial : le conseil de famille* 272
    II. – Fonctionnement 273
Section II. – Émancipation 275

TITRE II. – MAJEURS PROTÉGÉS 277

Premières vues sur les majeurs protégés 279
§ 1. – *Personne du majeur protégé* 282
§ 2. – *Biens du majeur protégé* 286
    I. – Relations du majeur protégé avec les tiers 287
    II. – Relations du majeur protégé avec sa famille 287
    III. – Diversité de l'altération des facultés 287

Chapitre I. – Protections légales inorganisées 293
Section I. – Majeurs sans protection 293
§ 1. – *Insanité d'esprit invoquée du vivant du majeur* 294
§ 2. – *Mort du majeur atteint d'insanité d'esprit* 294
    I. – Principe 295
    II. – Tempéraments 295
    III. – Exceptions 297
§ 3. – *Responsabilité du majeur atteint d'un trouble mental* 297
§ 4. – *Logement du majeur atteint d'un trouble mental* 298
§ 5. – *Comptes en banque* 299
Section II. – Sauvegarde de justice 299
§ 1. – *Conditions* 300
    I. – Conditions de fond 300
    II. – Conditions d'exercice 300
    III. – Fin de la sauvegarde 301

§ 2. – *Effets* 301
    I. – Protection des actes du sauvegardé 302
    II. – Embryon d'organisation.. 302
Section III. – Mandat de protection future 305

Chapitre II. – Protections légales organisées 309
Section I. – Règles communes 310
§ 1. – *Ouverture de la curatelle et de la tutelle* 310
§ 2. – *Procédure, durée, achèvement et financement*................................ 316
§ 3. – *Sanctions* 319
    I. – Loi de 1968.. 319
    II. – Loi de 2007 321
Section II. – Curatelle.. 322
§ 1. – *Ouverture de la curatelle* 322
§ 2. – *Pouvoirs du curateur et du majeur protégé*..................................... 324
§ 3. – *Curatelles allégées et renforcées*... 326
§ 4. – *Responsabilité du curateur* 327
Section III. – Tutelle 327
§ 1. – *Ouverture de la tutelle* 327
§ 2. – *Incapacité du majeur en tutelle ; pouvoirs du tuteur*....................... 328
    I. – Principe.. 328
    II. – Aménagements... 331
        A) *Ancienne administration légale des majeurs protégés (loi de 1968)*..... 331
        B) *Ancienne gérance de la tutelle (loi de 1968)* 331
        C) *Atténuation judiciaire de l'incapacité*.. 332
Section IV. – Accompagnements sociaux 333

INDEX

— des adages 337
— des articles du Code civil 339
— des principales décisions judiciaires... 343
— alphabétique des matières.. 349

Defrénois - Lextenso Éditions
33, rue du Mail, 75081 Paris Cedex 02
Dépôt légal : Septembre 2010

Cet ouvrage a été achevé d'imprimer en septembtre 2010
dans les ateliers de Normandie Roto Impression s.a.s.
61250 Lonrai (Orne)
N° d'impression : 103453

Imprimé en France

Composé en France
JOUVE. 1, rue du docteur Sauvé, 53100 Mayenne
N° 535723D. Dépôt légal : Septembre 2010